国家出版基金项目

NATIONAL PUBLICATION FOUNDATION

M

马克思主义
文化理论发展史

上

◎陆扬 等 著

百花洲文艺出版社

BAIHUAZHOU LITERATURE AND ART PRESS

图书在版编目（CIP）数据

马克思主义文化理论发展史 / 陆扬等著. — 南昌：
百花洲文艺出版社, 2018.9
ISBN 978-7-5500-2902-6

Ⅰ.①马… Ⅱ.①陆… Ⅲ.①马克思主义 – 文化理论 – 研究
Ⅳ.①A811.67

中国版本图书馆CIP数据核字（2018）第140758号

马克思主义文化理论发展史

MAKESI ZHUYI WENHUA LILUN FAZHAN SHI

陆扬　等 著

出 版 人	章华荣
责任编辑	童子乐　张　越
特约编辑	尤佳娟
书籍设计	方　方
制　　作	何 丹
出版发行	百花洲文艺出版社
社　　址	南昌市红谷滩世贸路898号博能中心一期A座20楼
邮　　编	330038
经　　销	全国新华书店
印　　刷	江西华奥印务有限责任公司
开　　本	720mm×1000mm　1/16　　印张　36.75
版　　次	2018年12月第1版第1次印刷
字　　数	530千字
书　　号	ISBN 978-7-5500-2902-6
定　　价	128.00元（全二册）

赣版权登字　05-2018-282

邮购联系　0791-86895108
网　　址　http://www.bhzwy.com
图书若有印装错误，影响阅读，可向承印厂联系调换。

目录

M
KARL MARX

马
克
思
主
义
文
化
理
论
发
展
史

目
录

前 言

　　"文化"从概念上推考，它是外来语，词源上它并不是来自《易传》中的"观乎人文，以化成天下"，以及刘向《说苑·指武》中的"文化不改，然后加诛"。中国传统文化中的文饰文治也好，抑或教化也好，都不足以将"文化"这个概念进入近代以来日趋复杂的内涵和曲折历史表现出来。"文化"作为culture（英语和法语）、Kultur（德语）、cultura（意大利语）这一概念的对译，它的词根是拉丁语colere，意指种植、培育、栖息，就像后来大多数精神层面的概念那样，它最初所指的主要是物质层面，这一点在我们探讨马克思的文化思想时，应是不容忽略的。

　　那么，有没有可能尝试叙写一部尚没有前人写过的马克思主义文化理论史？一旦尝试下来，我们很快发现这似乎是一个没有可能的尝试。假如我们从远谈不上系统的马克思恩格斯的文化思想起步，围绕基础／上层建筑，以及意识形态批判这两个文化理论的中心话题，一路伸展到当今后工业社会、后现代语境中以"法国理论"为代表的形形色色的文化话语，可能遇到的第一个困难，便是这些对马克思教导念念不忘的高头讲章和实证批判。如何分辨出哪一些是真马克思主义，哪一些是非马克思主义，哪一些是假马克思主义，哪一些又是反马克思主义？甚至，将它们一并归纳在"马克思主义文化理论"这个标题之下，合法性何在？这有点像当年德里达出版《马克思的幽灵》的一鸣惊人，仿佛是斯芬克斯说要筹划成立第四国际，众人瞠目结舌之余，马上就让它变成了众矢之的。虽然有詹姆逊等人持宽容态度，认为情有可原，可是伊格尔顿献上的是毫不留情的坚决批判。后来方方面面的反击和斡旋汇集到一部不算来得太迟的文集——《鬼魂分割》。幽灵距离鬼魂，原本不过一步之遥。或者更确切地说，它们本是名异实同。问题是，即便是佩里·安德森、弗雷德里克·詹姆逊和特里·伊格尔顿，这些我们耳熟能详的正统西方马克思主义主流学者的名字，我们又能在多大程度上认可其文化思想属于"真正的马克思主义"？

在过去的半个世纪里，拜西方左翼和右翼理论家们的热心，以及中国话语异军突起并亮相世界舞台所赐，"文化"已经成为我们最为火热的社会政治和学术关注的点。特别是我们的主流意识形态提出解放和发展文化生产力的战略思想之后，普天之下莫不在谈文化。当一个概念变得无所不包的时候，它的具体内涵也就成了一个令人颇费猜测的问号。当文化与马克思主义结盟，一个最流行的概念和我们的主流意识形态携手并进的时候，它确切的内涵和外延又是什么？卢卡奇和葛兰西以降，历代马克思主义理论家们开始格外关注起文化问题，这对于此一时期有长足发展的马克思主义文化理论，又提供了怎样一种语境框架和发展模态？这些问题，很显然已经不是好高骛远的宏大叙事可以抵挡下来的，而必然需要借鉴布尔迪厄所谓的"走进厨房，把手弄脏"的趣味或者说口味批判社会学，深入理论的来源，解析其因由果报。布尔迪厄名著《区隔》认定康德美学是为虎作伥，为资产阶级社会既定等级秩序张目，其批判的武器之一就是马克思的《资本论》。更为晚近的有以阐发空间政治地理学蜚声的大卫·哈维，这位今天西方世界最正统的左派，谈起《共产党宣言》和《资本论》来，依然还是那么热血沸腾。我们又能在多大程度上让这两位可敬的大家，在"真马""非马""假马""反马"之间排队？也许我们唯一可以做的，还是回到文本。

回到文本我们可以发现，从普列汉诺夫和考茨基等第一代马克思主义理论家开始，论者大都把马克思对社会科学的独特贡献，首先定位在他对资本主义生产方式"内在运动"的分析，认为其间运作的规律决定了历史发展的结构，也决定了这一发展的方向。从苏联建立到我国改革开放前的理论界，长期以来基本上都把基础和上层建筑的关系，理解为近乎机械的关系。但实际上文化并不光是一种结果，它同样是我们人类生活生生不息的动因；它不仅仅是经济基础的反映，同样也是内在于历时和共时语境的民族精神和时代精神，是可以主导基础的推动力。确认这一点，也是本书叙述的一个前提。

列宁之后，西方马克思主义者开始聚焦文化的深层因由，即无产阶级如何夺得文化领导权的问题。如卢卡奇和葛兰西便是求诸文化分析，来解释匈牙利和意大利的革命失败。阿尔都塞解构意识形态，把它定位在家庭、学校、教会、工会这类基本生存环境的体验方式上面，无疑同样是在为意识形态这个马克思主义文化的核心概念充实物质内涵，是以阿尔都塞的意识形态理论终而成为伯明翰文化研究的结构主义范式。总体上看，西方马克思主义割裂决定论的是是非非诚然一言难尽，但是它凸显文化的革命性和实践性，绝非空穴来风。

美国文化理论家道格拉斯·凯尔纳，在其《文化马克思主义和文化研究》[①] 一文中，以文化马克思主义为文化研究传统的理论先导。作者开篇就说，伯明翰大学传统的社会学、唯物主义和政治学的文化研究方法，在文化马克思主义的许多流派里，都可以找到先驱。凯尔纳注意到马克思谈过欧仁·苏的小说和大众传媒，也说起过"荷马史诗"是人类童年时代的产物，这是将文化文本同历史和社会发展紧密联系了起来。但凯尔纳也认为马克思和恩格斯是倾向于认为一定时期的文化观念总是服务于统治阶级的利益，为阶级统治的合法性提供意识形态支持。要之，意识形

---

① Douglas Kellner, "Cultural Marxism and Cultural studies"，中译文见《学术研究》，2011年第11期，第5—13页。

态批判和经济基础／上层建筑的辩证一样，都是马克思主义文化理论的核心内容。但即便如此，文化马克思主义究竟应该作何定义，作者终还是语焉不详。

值得注意的是凯尔纳就伯明翰学派和法兰克福学派这两股20世纪影响最大的文化马克思主义主流作了比较分析。他认为英国文化研究热衷工人阶级文化和青年亚文化分析，没有像法兰克福学派那样关注现代派和先锋美学运动，所以在推动大众文化研究的同时，在传统精英文化即艺术的研究方面，成果远不抵法兰克福学派。故先锋艺术运动的反抗和解放潜能，虽然是法兰克福学派学者特别是阿多诺特别关注的对象，却被英国文化研究忽视了。但伯明翰学派坚持认为文化研究必须置于文化生产与消费社会的语境中来进行，从而将文化分析与社会、政治和经济研究密切联系起来。这是值得赞许的。此外，英国文化研究一些早期权威著述采用跨学科方法，深入分析文化生产和分配的政治经济学，以及文本和受众的关系等。在凯尔纳看来，这一视角与法兰克福学派也有诸多相似处。如霍尔的纲领性文献《编码与解码》，就是以马克思《政治经济学批判大纲》为范本，分析了"生产—分配—消费—再生产"的不断循环的连接过程。通过电视话语的制作和传播来讨论意义的生产和解码，霍尔是将《政治经济学批判大纲》的模态更加具体化了。凯尔纳的分析自然是不无道理的。就对国内广有影响的法兰克福文化工业批判理论来看，阿多诺和霍克海默判定文化工业是将数千年来判若两途的高雅文化和低俗文化硬性捆绑在一起，这无论对于高雅文化还是通俗文化，它肯定都不是福音。但法兰克福学派是不是将文化生产的理论分析简单化了？另一方面，伯明翰文化研究传统见证了先后以文化主义、结构主义、葛兰西霸权理论、连接理论四种范式，来把威廉斯、霍加特、E. P. 汤普森对工人阶级文化的关切，和霍尔时代的符号学以及媒体研究转向串联起来，文化从启蒙演绎为生活方式，进而被阐释为各种政治力量的角逐场地。但与之相关的问题同样显现出来：伯明翰学派是不是将工人阶级文化和青年亚文化浪漫化了？

近年拉克劳和墨菲标举的"后马克思主义"异军突起，攀缘它反本质主义和反中心主义的后现代理路，我们可以往前推溯，甚至将列斐伏尔、德勒兹、福柯、布尔迪厄、德里达、波德利亚、詹姆逊和齐泽克这些名字一道纳入这个宽泛的框架。这些人物与马克思主义的渊源各不相同，理论建树也自成系统，其荦荦大端者，甚至非"文化批判"一语可以概括，是典型的"非决定论领导权连接实践"。而比较第二国际时期卢森堡等人同伯恩斯坦的论争，我们甚至可以发现理论是怎么艰难地在反顾它的起点。后马克思主义相信马克思主义的启蒙现代性并没有过时，在今天依然具有解放意义。英国学者保罗·鲍曼《后马克思主义与文化研究》一书中这段话值得回味：

> 先别在意"后"马克思主义，"马克思主义"存在什么问题吗？进而言之，要是马克思主义就是，或者过去是一个疑云密布的问题，那么为什么今天还言必称马克思主义？如前所述，马克思主义的一个基本问题事关其决定论中的简化主义。换言之，在马克思主义中，几乎所有事物的决定，都是同被视为封闭系统的阶级和经济方面的某些"本质性"东西联系在一起的。对于霍尔和拉克劳以及其他一些人来说，阶级本质主义和经济主义是叫人失望的简单化判断，无以解释万事万物，故而也是令人生疑的。但是，他们有意对决定论的过程作更为深入的理论再思考，因此也标志并且保持了马克思主义的一种结构性言说。[①]

这还是反对对马克思主义作经济决定论的本质主义阐释。经济决定论既然不能尽如人意，那么文化决定论又当何论？事情当然没有这样简单。事实上无论是经济还是文化，都不可能成为社会发展的一元决定动因。保罗·鲍曼没有说错，正是在对决定论的更为深入的理论再思考中，马克思主义在彰显它与时俱进的"结构性言

① Paul Bowman, *Post-Marxism versus Cultural Studies: Theory, Politics and Intervention*, Edinburgh: Edinburgh University Press, 2007, p. 4.

说"。很显然，从文化工业批判、文化研究到后马克思主义的文化思想，这些大体历经从现代性到后现代的各类新异理论形态，不但始终与马克思的"幽灵"同行，而且毋庸置疑显示了现代文化理论与马克思主义的天生因缘，我们把它叫作文化马克思主义，应是恰如其名。

文化按照马修·阿诺德的说法，它是光明和甜美的。光明是教育，甜美是艺术。因此文化说到底有如柏拉图《理想国》著名洞喻中那个普照大地的太阳，象征着照亮愚昧的启蒙精神。就此而言，阿诺德的《文化与无政府主义》与席勒的《美育书简》是异曲同工，都是在对暴力革命失望之余，期望通过文化的普及和美的熏陶，潜移默化完善人格，来达成社会进步。文化与美学的血亲关系，由此可见一斑。虽然，用葛兰西的话来说，阿诺德和席勒都应是资产阶级为确立文化霸权而不遗余力的"有机知识分子"；虽然，阿诺德的文化启蒙主义在后现代话语中给批驳得体无完肤，但是我们有理由重申文化与美学、文化与马克思主义的必然联系。事实上文化研究与马克思主义的血缘关系历来多为学界关注，有关文论亦不胜枚举。如英国学者杰雷米·吉尔伯特在其《开放的一种伦理：激进民主文化研究》一文中，就20世纪90年代许多学者提出的能否以"后马克思主义"为文化研究理论范式，明确表示无此必要，因为：

> 无论是斯图亚特·霍尔事实上的后马克思主义，以及"文化研究"所有那些仅仅批判过马克思主义经济决定论的学者们也好，还是与此密切相关的厄内斯托·拉克劳和项塔尔·墨菲的正统"后马克思主义"也好，都已经深深渗入文化研究的主流，或隐或显地再来建构这一立场，实是多此一举。①

吉尔伯特这里是说"后马克思主义"对于文化研究来说并不是陌生的东西。其

---

① Jeremy Gilbert, "A Certain Ethics of Openness: Radical Democratic Cultural Studies", *Strategies: Journal of Theory, Culture & Politics*, 14: 2, 1977, November, p. 189.

实反顾文化研究的历史，也可以说它是一段马克思主义文化思想的发展史。

本书因此大体分为六个板块展开叙述。它们分别是：马克思恩格斯的文化思想、从第二国际到列宁主义、西方马克思主义的兴起、法兰克福学派、文化研究的轨迹、后工业社会的文化理论。丹尼尔·贝尔早在20世纪70年代，就在描述"后工业社会"的到来。这个后工业社会也就是现代资本主义，或者说是詹姆逊所说的"晚期资本主义社会"。据贝尔说，后工业社会的到来也意味着文化大变革的到来。可是我们马上发现一个悖论：今天凡是运用马克思主义方法，强调经济与结构变化者，被视为保守主义；反过来标举意识自足者，被认为是革命家。马克思当年的基础／意识形态因果关系，实际上是给逆转了过来。贝尔认为这里的关键在于用什么理论来加以框定架构。本书的框架，毋庸置疑是马克思主义文化理论的框架结构。马克思主义文化理论高屋建瓴，然永远和实践相互依存。当年德里达一时恍惚，亮出一个"文本之外一无所有"的口号，当时就给人驳斥得体无完肤。但是言说任何一种理论，离开文本只能是无稽空谈，是以我们再一次重申回归文本。

第一编　马克思恩格斯的文化思想

　　马克思和恩格斯的文化观迄至今日远未得到充分发掘。两人著述中"文化"一语每每与"文明"互释，所指明显涉及物质层面。马克思将它们理解为人类物质和精神发展达到相当程度之后的高级状态。虽然马克思和恩格斯没有留下系统完整的文化理论，但是迄至今日，无论是东方还是西方，举凡建构任何一种文化理论，马克思主义永远是一个里程碑式的基石。法兰克福学派的文化产业批判理论、葛兰西的文化霸权理论，以及英国伯明翰学派的文化研究，都直接缘起于马克思主义创始人的有关学说。故弄清楚文化在马克思本人的哲学中究竟占据怎样一种地位，重要意义不言而喻。事实上，马克思和恩格斯的著作中没有"文化"概念的具体阐述，其有关基础和上层建筑，以及对意识形态、哲学、宗教等等的论述，留下丰富的文化思想和巨大的阐释空间。

　　研读马克思和恩格斯的相关著述，如果我们说生产永远是在文化框架的内部进行，这并不言过其实。生产如此，政治和权力亦然。马克思和恩格斯在他们的早期著作中，即已看到资本主义生产方式具有一种革命性动力，因为它打破旧传统，把刻板僵硬的社会关系转化成更具流动性和开放性的形式。这也就是所谓的现代性。人类社会的历史发展产生了新的制度、新的阶级和新的政治，在这一过程中，文化对于应财产和权力分配等等之需形成的国家机器的构成，发挥着至为关键的作用。一个存在不稳定因素、存在潜在危机的社会，必然需要一种统治意识形态模式来对社会起到整合作用。此一意识形态模式提供的价值系统，其主要的功能就是维护社会统一和社会稳定。故此，人类社会的历史发展之中，文化作为意识形态，当是一个势在必然的、举足轻重的机制，是社会整合的基础所在。至此我们可以重申，没有文化就没有生产，无论是精神的生产还是物质的生产。

第一章　文化的社会存在维度

通览马克思和恩格斯的著作，议及文化的段落并不很多，将之作为一个核心哲学概念，抽丝剥茧予以深入剖析的文字，几近空白。这当然并不是说马克思不关心文化问题，事实上马克思的经济基础和上层建筑思想以及意识形态等理论，从来都是后代文化理论建构绕不过去的核心问题。但这一现象可以显示，直到马克思的时代，"文化"还是相对边缘的概念，尚未进入意识形态的中心话语，所以马恩著作中关于文化的描写不多并不奇怪。总的来看，马克思主义创始人著作中"文化"一语每与"文明""精神生产""意识形态""哲学"等概念互释，一方面对传统文化的精神释义展开批判；一方面又秉承了"文化"一语的启蒙传统，视文化为人类解放的力量。故而，虽然马克思和恩格斯没有留下系统完整的文化理论，但是迄至今日，无论是东方还是西方，举凡建构任何一种文化理论，马克思主义永远是必须用浓墨重彩书写的一个重要篇章。法兰克福学派的文化产业批判理论、葛兰西的文化霸权理论，以及英国伯明翰学派的文化研究，都直接缘起于马克思主义创始人的有关学说。故弄清楚文化在马克思本人的哲学中究竟占据怎样一种地位，对于叙写马克思主义文化理论的发展史，重要意义不言而喻。

一、马克思之前的文化哲学

文化的定义汗漫无边。从教育启蒙、心理学、人类学、社会学，以及文学艺术入手，都可以写出洋洋洒洒的文化大论。从哲学视野来定义文化，应始于古罗马时期的西塞罗。西塞罗从"文化"的原初意义"培育"生发开去，将文化引申为心灵的培育。这个引申或者说譬喻，意味着我们今天叫作"文化"的这个语词，自其诞生之初，用马克思主义的术语来说，就同时兼指着经济基础和上层结筑两个层面。从物质到精神，然后精神反馈物质，这似乎从来就是"文化"一路走来展示给我们的基本特征。但是"文化"走过的这一段历程，并没有清楚的坐标可以分界。在马克思之前，德国哲学中的文化概念从18世纪开始，即以精神生活的认知占据主流地位。比较有代表性的如康德在1790年出版的《判断力批判》下卷第83节《作为目的论系统的自然的最终目的》中的这一段文字：

> 一个理性的存在者一旦有能力将杂乱无章的目的概括起来，故而也就是作出他的自由选择，那就是"文化"。因此，单是文化本身就能成为最终目的，就人类而言，我们有理由将它归因于自然。①

康德这里是将文化与幸福对举，视之为人类的两个目的系统，以前者为顺应自然即可达成，以后者为熟练调动外在自然和内在自然诸多目的后达成。所以在康德看来，文化高于自然，它可以说就是自然的终极目的，因为它更多地显示出理性，可以克服自然幸福中容易出现的享乐主义倾向。适因于此，康德强调说，美的艺术与科学能给人以普遍性的快感，虽然不至于立竿见影，道德上立马移风易俗，但是可以使人变得文明起来。所以说到底，文化有助于克服感性的专横，树立理性的权威。

---

① Immanuel Kant, *Critique of Judgment*, English trans. J. H. Bernard, London: Macmillan company, 1914, p. 355.

与康德同时代的德国诗人和哲学家、康德在格尼斯堡大学的校友赫尔德，也对文化有诸多论述。赫尔德秉承意大利历史哲学家维柯的传统，有意找出变动不居的历史事实背后的基本规律，这个规律也就是文化。赫尔德不同于康德的地方，是不像彼时康德那样持主流观点，把文化看作人类的普遍精神生活，而凸显文化的地域和民族特征。在他分别于1784年、1785年、1787年和1789年出版的名著《人类历史哲学观念》（*Ideen zur Philosophie der Geschichte der Menschheit*）中，提出文化的概念系由三个要素界定，它们分别是社会同质性、伦理一致性和不同文化之间的限定性。这意味着：首先，文化铸就了一个特定民族的全部生活，使每一种行为、每一个对象概莫能外，都无可置疑地成为这个特定文化的组成部分；其次，文化总是某一个民族的文化，是这个民族的"花儿"；[①] 最后，文化与文化之间具有严格的边界，每一种文化都是一个特定民族的文化，与其他民族的文化判然不同地区分开来。赫尔德的文化定义是我们熟悉的，一如法国文化不同于英国文化和俄罗斯文化，更不同于日本文化。在赫尔德看来，文化是统一的，但是它统一在一个特定民族的内部。文化因此是复数的，它在不同时期、不同民族的内部具有各自不同的形态。赫尔德已经在反对唯我独尊的欧洲中心主义，承认地球上所有的文化都是平等的，各有其自身的价值，并无高下优劣之分。但是文化帝国主义，其实也是在这个严格的文化分野之中悄悄滋长的。

赫尔德的文化定义对后代影响极大。它同样影响到了黑格尔的历史哲学。赫尔德被认为是用诗的精神来研究历史，而且能够直接从气候与地理入手来进行研究，其开明的新教世界观，也使他得以超越传统，洞察一切民族的思想内涵。可是正所谓矫枉过正，以黑格尔的视野来看，赫尔德的洋溢诗情便是将形而上学束之高阁，以至于其历史哲学虽然动人，可是缺乏哲学基础，少有思辨底蕴。但即便如此，我们发现黑格尔对于文化的描述，也还是沿承了赫尔德的传统。如黑格尔说：

① Johann Gottfried Herder, *Outlines of a Philosophy of the History of Man*, New York: Bergman Publishers, 1966, 13, VII, p. 394.

在国家内表现它自己、而且使自己被认识的普遍的原则——包括国家一切的那个形式，——就是构成一国文化的那个一般原则。①

　　这个框定在一个特定国家之内的叫作"文化"的一般原则，也就是所谓的"民族精神"。所以可以这么说，文化是形式，它的内容是民族精神，而民族精神的内核，在黑格尔看来是无条件信仰上帝的宗教。故而世界历史上各种民族精神，都表现出其道德生活，其艺术、宗教和科学的特殊性。黑格尔的这一文化观念，同赫尔德以民族来为文化划定边界的立场，是一脉相承的。但是黑格尔将赫尔德的"民族"换成了"国家"，与此同时，充分强调文化的普遍原则特征，将之纳入了"绝对精神"的发展轨迹。

　　黑格尔著述中言及文化之处并不很多，可见迄至当时，"文化"还远没有成为一个流行不衰的哲学术语。但是《历史哲学》中黑格尔有一段话可视为他给予文化的一个定义：

　　　　一般所谓"文化"，便是熟悉那些普通性，检出了各种真实的区别，替它们定下了名称，而并没有浸渍在事物内容真正的深处。"文化"是一种形式上的东西，因为它的目的不过要把无论任何内容分析为各个构成部分，而从它们的思想定义和思想形态上来理解它们。②

　　这个定义中，黑格尔依然是立足于精神世界来表述文化。但文化作为形式，它应是包含了精神世界的各个方面。所以文化作为精神生活，它的概念要大于哲学。诚如黑格尔所言，哲学在文化内当然有其生存条件，这个条件便是从事思想内容的

①　黑格尔：《历史哲学》，王造时译，生活·读书·新知三联书店，1956年，第90页。
②　黑格尔：《历史哲学》，王造时译，生活·读书·新知三联书店，1956年，第109页。

研究，同时给它穿上具有普遍性的形式外衣。正因为如此，黑格尔指出，在精神发展史上，每一个阶段的形式文化不但能够生长，而且必须生长、成熟。这个阶段一方面发展成为国家，一方面在此一文明的基础上，发展出理智的反省和思想的各种形式，比如法律。唯其如此，黑格尔强调说，只有在国家生活里面，人类才能有文化之必需，故此也才有各种科学以及高雅诗歌和艺术的发生。而文化作为形式，虽然它的内容可以因国家不同而各自相异，就如每一种文化具有自己的艺术、科学和哲学，但是有一样东西是万变之中不变的，那就是思想的"理性"和"自由"。所谓自由，也就是对于理性的自觉意识，它与思想同出一源。由此，我们可以概括出黑格尔文化思想的三个方面：一、文化是精神生活的总体形式；二、文化具有鲜明的国家边界，不同国家具有不同形态的文化；三、文化作为人类发展高级阶段的产物，它也是文明的同义语。

二、人类学的文化概念

除了以上精神倾向的文化释义，19世纪人类学层面上的文化概念也开始流行。这一层面上，文化与文明大体可以互释。在马克思早期著作中，我们就可以看到，马克思对文化和文明这两个概念，常常是一视同仁的。如《1844年经济学哲学手稿》中马克思在阐释什么是共产主义时指出，以私有财产普遍化来反对私有财产，就好比用公妻制来反对婚姻，那都属于粗陋不堪的原始共产主义，因为它否定人的个性，是用妒忌心隐蔽了贪财欲。对此马克思评论说：

> 粗陋的共产主义不过是这种忌妒心和这种从想象的最低限度出发的平均主义的完成。它具有一个特定的、有限制的尺度。对整个文化和文明的世界的抽象否定，向贫穷的、需求不高的人——他不仅没有超越私有财产的水平，甚至从来没有达到私有财产的水平——的非自然的简单状态的倒

退……①

    这里马克思以文化和文明并举，将其理解为人类物质和精神发展达到相当程度之后的高级状态。马克思这里的立场是清楚明白的：共产主义只能是物质财富极大丰富之后的产物，一个口袋里空空如也的穷人夸夸其谈地说打倒私有制，那只能是向物质极度贫乏的前私有制社会倒退。由是观之，文化是自然状态的对立面。人类历史发展的过程，也就是从自然向文化发展的过程。这里马克思再次举譬了他认为是人与人"最自然关系"的男人与女人的关系。理由是这一关系之中，人与自然的关系直接就是人与人的关系，反过来人与人的关系，直接也就是人与自然的关系。故此，此种关系是通过感性的形式，作为一种显而易见的事实，表现出人的本质在何程度上有似自然，反之自然在何种程度上见出了人的本质。马克思认为，这里体现的说到底也就是文化的问题："因此，从这种关系就可以判断人的整个文化教养程度。"②"文化"一语在这里，我们可以说，正可体现出从自然到文明的演进过程。

    文化重过程不重结果的特点，使它日后同文明见出了分别。事实上，在马克思之后相当一部分理论家的概括中，文化多被视为导向某种成果的累进运动，文明则被视为成果本身。换言之，文化侧重精神，文明侧重物质。文化和文明的这一矛盾，在20世纪英国文学批评家F. R. 利维斯的《大众文明与少数人文化》中，被发挥到了极致。仅从书名上看，作者就明确把文化和文明分别开来：以文化为少数知识精英专有的高雅趣味，它代表的是经典文学的欣赏；反之用文明一词来描述流行刊物、侦探小说、报纸、电影、爵士乐这些不假思索、让人大量消费而毫无趣味可言的大众文化产品，总而言之是美国文化的流毒。文化和文明的这一对立阐释，大体在20世纪以来的文化阐释传统中被延续了下来。

① 马克思：《1844年经济学哲学手稿》，人民出版社，2000年，第79—80页。
② 马克思：《1844年经济学哲学手稿》，人民出版社，2000年，第80页。

M
KARL MARX
马克思主义文化理论发展史

但是文化同文明互释是19世纪的传统。19世纪出现了一个被认为是划时代的文化定义，英国人类学家爱德华·泰勒1871年出版的名著《原始文化：神话、哲学、宗教、语言、艺术和习俗发展之研究》中的相关描述，就把文化和文明并提：

> 文化，或文明，就其广泛的民族学意义来说，是包括全部的知识、信仰、艺术、道德、法律、风俗以及作为社会成员的人所掌握和接受的任何其他的才能和习惯的复合体。人类社会中各种不同的文化现象，只要能够用普遍适用的原理来研究，就都可成为适合于研究人类思想和活动规律的对象。①

泰勒给文化所下的这个定义将文化和文明等而论之，把文明看作文化的同义词，而不是耿耿于怀后来F. R. 利维斯所说的少数人文化和大众文明之间难以协调的冲突。但泰勒这个影响巨大的文化定义并非无根之木。它的根子还是在19世纪的德国。1843年至1852年，德国人类学家古斯塔夫·克莱姆出版十卷本《人类文化通史》，将文化定义为习俗工艺、家庭生活、公共生活以及宗教、科学和艺术的总和，并将人类文化进化分出野蛮、驯养和自由三大阶段。所以不奇怪，泰勒的《原始文化》也将人类的发展分为蒙昧状态、野蛮时期和文明时期三个阶段，而且开篇就声明，他写这本书的宗旨之一，即是把落后部落的文化跟先进民族的文化加以对照。这里的"落后"和"先进"，很显然，绝不仅仅是限于精神生活。

以文化与文明并提，我们可以称之为人类学的文化概念。在马克思的著作中，我们发现，写于1875年的《哥达纲领批判》，多次沿用了这一19世纪流行的人类学意义上的文化概念。《哥达纲领批判》主旨系为李卜克内西和倍倍尔领导的德国社会民主党的纲领草案提出批评意见。是年5月，该党将在哥达代表大会上与全德工人联合会合并，成立德国社会主义工人党。《哥达纲领批判》的宗旨这样来看，毋宁

---

① 爱德华·泰勒：《原始文化：神话、哲学、宗教、语言、艺术和习俗发展之研究》，连树声译，广西师范大学出版社，2005年，第1页。

说就是一种文化批判，乃是针对"劳动是一切财富和一切文化的源泉"这个基本命题而发。但是马克思这里关注的重点既不是财富，也不是文化，而是劳动。马克思指出，《哥达纲领》是将劳动从社会中剥离出来，把它孤立起来且抽象化了，所以"劳动是一切财富和一切文化的源泉"这个命题，只有如此表述才合乎情理：

> "劳动只有作为社会的劳动"，或者换个说法，"只有在社会里和通过社会"，"才能成为财富和文化的源泉"。①

这是因为在马克思看来，劳动不是哪一种超自然的创造力，而必受其社会关系所制约，换言之，劳动成为财富和文化的源泉，只有在人类社会错综复杂的关系中才能实现。所以：

> 一个除自己的劳动力外没有任何其他财产的人，在任何社会的和文化的状态中，都不得不为占有劳动的物质条件的他人做奴隶。②

> 孤立的劳动（假定它的物质条件是具备的）虽能创造使用价值，但它既不能创造财富，也不能创造文化。③

马克思在这里表现、重申的劳动观念，与其《1844年经济学哲学手稿》中的异化劳动思想是一脉相承的，劳动之所以不可能是自然状态之下的抽象劳动，是因为阶级社会中它必被异化，必渗透着剥削与被剥削的社会关系。所以劳动只有作为社会的劳动，才能创造财富和文化，这在任何社会及文化形态中概莫能外。文化在这

① 马克思：《哥达纲领批判》，《马克思恩格斯选集》第3卷，人民出版社，1995年，第300页。
② 马克思：《哥达纲领批判》，《马克思恩格斯选集》第3卷，人民出版社，1995年，第298页。
③ 马克思：《哥达纲领批判》，《马克思恩格斯选集》第3卷，人民出版社，1995年，第298页。

里分别与"财富"和"社会"并称，都显示了丰富的人类学意义上的物质基础内涵，以及与此相应的精神世界形态。就此而言，文化的概念，大体可同文明互释，这是19世纪拜人类学中兴赋予文化一语对应于自然的通行理解。

《哥达纲领批判》中，马克思也在对应于自然的意义上，使用了"文明"一语。如马克思批判《哥达纲领》滥用"现代国家""现代社会"等字眼，进而给"现代社会"下了这样一个定义：

> "现代社会"就是存在于一切文明国度中的资本主义社会，它或多或少地摆脱了中世纪的杂质，或多或少地由于每个国度的特殊的历史发展而改变了形态，或多或少地有了发展。①

这里"文明"作为一切现代社会的基础，很显然它并不是"财富"此一物质生活符号的对立面，反之是它的累进和积聚，这就是资本主义。诚如马克思接着所言，不同的文明国度中的不同的国家，不管它们形式上如何纷繁相异，都有一个共同点，那就是建筑在资本主义多少已经发展了的现代资产阶级社会的基础之上。这和文化主要指精神生活的教化程度是有所不同的。但是就两个概念均是相对于"自然"的发展状态而言，文化与文明同义。

三、文化也是社会存在

文化既然可以和文明互用，《资本论》第1卷第14章"绝对剩余价值和相对剩余价值"中马克思谈到的"文化初期"，便也顺理成章同样是意指文明初期。马克思说：

---

① 马克思：《哥达纲领批判》，《马克思恩格斯选集》第3卷，人民出版社，1995年，第313页。

在文化初期，已经取得的劳动生产力很低，但是需要也很低，需要是同满足需要的手段一同发展的，并且是依靠这些手段发展的。其次，在这个文化初期，社会上依靠他人劳动来生活的那部分人的数量，同直接生产者的数量相比，是微不足道的。随着社会劳动生产力的增进，这部分人也就绝对地和相对地增大起来。①

马克思这里所说的"文化初期"，可以对应后来摩尔根《古代社会》中文化或者说文明三分期中的"野蛮时代"，绝对剩余价值和相对剩余价值的生产都相当有限。换言之，它是人类进入"文明时代"之前的文明初级阶段。

进而视之，"文明"所指涉的社会发展程度，同样也可以用"文化"一语替换表达。"文化"在这里就不仅意指精神生活，同样也将一个时代物质层面的发展包括其中。除了以上泰勒将文化与文明并提的著名人类学文化定义外，同时期美国人类学家路易斯·亨利·摩尔根积四十年研究，于1877年出版的人类学名著《古代社会》，言及文化，亦是在今日大致是文明一语的意义上使用这个概念。如摩尔根视文化为人类技术的发明和发展以及人类智力的发展水平，由此将人类历史划分为蒙昧、野蛮和文明三个文化时期，一如该书的副标题"人类从蒙昧时代经过野蛮时代到文明时代的发展过程研究"所示。晚年马克思在1880年至1882年作成的《人类学笔记》，就无条件认可了摩尔根这一我们可以称之为文化人类学的思路。如马克思注意到摩尔根重申人类上述三个文化时期的发展其实并不均衡：

有一些在地理上与外界隔绝，以致独自经历了各个不同的发展阶段；另外一些则由于外来的影响而混杂不纯。例如非洲过去和现在都处于蒙昧时代和野蛮时代两种文化交织混杂状态；澳大利亚和波利尼西亚则曾经处于完完

① 马克思：《资本论》，《马克思恩格斯文集》第5卷，人民出版社，2009年，第585—586页。

全全的蒙昧状态。美洲印第安人族系，和其他一切现存的族系不同，他们提供了三个顺序相承的文化时期的人类状态。①

上面这段文字中，涉及文化的"蒙昧时代和野蛮时代两种文化交织混杂状态"和"三个顺序相承的文化时期的人类状态"两段话，都以黑体字进行强调，足见马克思对于摩尔根的"文化时期"亦即文明阶段的描述是充分认同的。

马克思认可摩尔根以古希腊社会为"文明时代"的开端，在摘录《古代文化》"自从文明时代开始以来所经过的时间，只是人类已经经过的生存时间的一小部分"时，特别添加括号，强调"而且是很小的一部分"。马克思坚信当人类进入共产主义这一更高级的社会制度中，以财富为最终目的的所谓文明时代将要终结，古代氏族的自由、平等和博爱理念，将在更高级的形式上复活。紧接着马克思摘录摩尔根《古代社会》第552页上的这一段话，也显示了文化与文明两语的互通释义：

　　　　人类出于同源，因此具有同一的智力资本，同一的躯体形式，所以，人类经验的成果在相同文化阶段上的一切时代和地区中都是基本相同的。②

泰勒《原始文化》中也将人类的发展分为蒙昧状态、野蛮时期和文明时期三个阶段，而且开篇就声明，他写这本书的宗旨之一，即是把落后部落的文化跟先进民族的文化加以对照。由此可见，这里的文化概念，应是一个大于文明的概念，如上所见，它可以等同于一个民族的文明发展状态，也可以将文明作为其中的一个特定阶段囊括麾下。马克思著作中的"文化"一语，一般指意很显然也沿承了这个19世

① 马克思：《路易斯·亨·摩尔根〈古代社会〉一书摘要》，《马克思恩格斯全集》第45卷，人民出版社，2003年，第331页。

② 马克思：《路易斯·亨·摩尔根〈古代社会〉一书摘要》，《马克思恩格斯全集》第45卷，人民出版社，2003年，第398页。

纪通行的人类学意义上的文化观念。

综上所述，我们可以得出三个初步的结论。

首先，"文化"一语到马克思的时代，还没有完全发展成为一个独立自足的抽象概念，它的指意在感性的物质生活本义和抽象的精神生活引申义之间徘徊。这很大程度上应能说明马克思何以没有将它视为一个核心范畴，加以条分缕析地系统阐述，留下一个相对完整的文化理论体系。假如伊格尔顿所言不虚，"文化"直到马修·阿诺德，才摆脱"道德"和"知识"这类形容词性质，成为今日广被接受的启蒙意义上的"文化"本身，那么我们也理应明确这一事实，这就是阿诺德《文化与无政府状态》，在它结集出版的1869年，马克思刚刚出版了他的《资本论》第1卷。这一时期马克思经济拮据，在恩格斯的倾囊相助下才得以生存和写作，其艰难的物质生活条件与养尊处优的阿诺德完全不同。马克思未必会注意到阿诺德这本当时反应平平的小书。即便有所涉猎，肯定也不会认同阿诺德这位杰出的资产阶级公共知识分子为建构本阶级文化霸权的不懈努力。

其次，所以不奇怪，马克思主要是在人类学的意义上，偶尔使用是时开始流行的"文化"一语，认同19世纪人类学的框架之中，文化与文明的互释。这里马克思无论是将文化与社会、财富并提也好，还是引述摩尔根《古代社会》中的"文化时期"也好，都是在彰显"文化"这个概念在通行理解的精神生活内涵之外同样具有的物质层面意蕴。这也再一次说明何以马克思和恩格斯一并提出了"文化史批判"，可以见出两位无产阶级革命导师实际上并不十分认同从康德、赫尔德到黑格尔的德国古典哲学中的文化释义，即将文化愈益抽象化、精神化的趋势。诚如在马克思身后发表的《〈政治经济学批判〉导言》中认为的"应该在这里提到而不该忘记的各点"之一："这所谓文化史全部是宗教史和政治史。"[1]这里的"文化史"是有具体所指的。从马克思的《伦敦笔记》来看，他在1852年至1853年间，读过并

① 马克思：《〈政治经济学批判〉导言》，《马克思恩格斯选集》第2卷，人民出版社，1995年，第27页。

做过摘录的，至少有三部本国同胞撰写的文化史，它们分别是威·瓦克斯穆特的《文化通史》、威·德鲁曼的《文化史大纲》以及古斯塔夫·克莱姆的《人类文化通史》。在马克思看来，它们无疑是太注重精神生活而忽略了文化的物质层面。

最后，也是最重要的，马克思的文化思想绝不拘泥于马克思在多大程度上使用了"文化"一词。虽然马克思没有留下系统完整的文化理论，但是后代举凡建构任何一种文化理论，马克思学说永远是一个里程碑式的基石。法兰克福学派的文化产业批判理论、葛兰西的文化霸权理论，以及英国伯明翰学派的文化研究，都直接缘起于马克思的有关学说。事实上，马克思和恩格斯著作中有关经济基础和上层建筑，以及对意识形态、哲学等概念的论述，留下了丰富的文化思想和巨大的阐释空间。我们不妨重读马克思的这一段经典论述：

> 这些生产关系的总和构成社会的经济结构，即有法律的和政治的上层建筑竖立其上并有一定的社会意识形式与之相适应的现实基础。物质生活的生产方式制约着整个社会生活、政治生活和精神生活的过程。不是人们的意识决定人们的存在，相反，是人们的社会存在决定人们的意识。①

这一段话是后来几成众矢之的的"经济决定论"的来源。按照恩格斯1890年9月21日《给布洛赫的信》中的解释，根据唯物史观，历史过程中的决定因素归根到底是现实生活的生产和再生产，他和马克思从来没有肯定过比这更多的东西，假如因此得出经济决定论，那只能是荒诞无稽的肆意歪曲。恩格斯进而强调了经济基础和上层建筑的"互相作用"。这也是之后正统马克思主义对于上述命题的正解。问题是，文化是不是仅仅是上层建筑的同义词？文化是不是仅仅等同于马克思和恩格斯都耿耿于怀的"文化史"？简言之，文化在历史过程中扮演的角色，是不是仅仅见

---

① 马克思：《〈政治经济学批判〉导言》，《马克思恩格斯选集》第2卷，人民出版社，1995年，第32页。

于它对经济基础的互相作用或者说反作用？

回答应是否定的。如上所见，马克思使用"文化"一语，将之与"文明"互释，大都是兼顾到文化从最初的耕作、培育到精神教化，即从自然到心灵的意指过程。而对于以宗教史和政治史为主体内容的历史上的一切抽象"文化史"的描述，是不以为然的。由此我们可以得出的结论是，马克思著作中的文化概念秉承了人类学的文化认知传统，它可以互释"文明"，指示社会发展特定阶段物质生活和精神生活的总体特征。可以说，文化因其丰富的物质生活的内涵，本身同样也是社会存在的一个组成部分，而且是举足轻重的组成部分。文化是上层建筑，同样也是基础结构，这应是马克思文化思想留给我们最为意味深长的启示。

第二章　"文化史批判"

所谓的"文化史批判"，是马克思和恩格斯文化思想的一个重要组成部分。理论界多从马克思恩格斯著作中述及的几处"文化史"演绎出一个虚拟的"文化史观"，将之等同于"唯心史观"，这应是一个误解。症结主要在于忽略了马克思恩格斯写作时代"文化"这个概念的使用语境。言及马克思主义经典作家的文化思想，恩格斯《反杜林论》中有一句话多为人援引："文化上的每一个进步，都是迈向自由的一步。"事实上对这句话望文生义的理解不在少数，仿佛恩格斯是在宣示一种与时俱进的当代视野的文化自觉意识。但这样的解读实为典型的断章取义。我们可以来看这句话的上下文：

<blockquote>
自由就在于根据对自然界的必然性的认识来支配我们自己和外部自然；因此它必然是历史发展的产物。最初的、从动物界分离出来的人，在一切本质方面是和动物本身一样不自由的；但是文化上的每一个进步，都是迈向自由的一步。在人类历史的初期，发现了从机械运动到热的转化，即摩擦
</blockquote>

生火；在到目前为止的发展的末期，发现了从热到机械运动的转化，即蒸汽机。①

很显然，这里恩格斯并不是在强调文化的至高重要性，说明精神生活可以怎样反作用于经济基础。恩格斯这里所说的"文化"，与时代精神、民族精神、观念信仰等以后文化的种种宏大叙事释义，基本上没有关系。相反"文化"在这里的所指主要是物质层面的，与精神层面的"自由"形成对举。所以不奇怪，就人对自然力的支配而言，恩格斯指出，摩擦生火的意义要远超过蒸汽机，因为它使人类最终与动物区分开来。与之相比，即便蒸汽机代表了巨大的生产力，有可能使我们展望消灭阶级的社会，有可能第一次开始来谈真正的人的自由，它与火的发明也还不能等量齐观。至此我们清楚了，恩格斯在这里所谈到的"文化"不是别的，它就是"文明"。

一、文化通释文明

文化与文明互释，指的是广泛意义上的社会形态，而并不专门指后来更多使用的精神观念，这是马克思恩格斯著作中不约而同的习惯用法。一如马克思早年《1844年经济学哲学手稿》中文化与文明并提，晚年《人类学笔记》无条件认可摩尔根把人类历史划分为蒙昧、野蛮和文明三个"文化时期"的观点，恩格斯接续马克思研读摩尔根《古代社会》的名作《家庭、私有制和国家的起源》，其第一章的标题就是"史前各文化阶段"。同马克思一样，恩格斯也全盘沿用了摩尔根蒙昧时代、野蛮时代和文明时代的三分"文化时期"构架。恩格斯认为摩尔根的《古代社会》雄辩地证明了马克思的唯物史观。该书1884年第一版序言中恩格斯指出，摩尔根在美国是以他自己的方式，重新发现了四十年前马克思所发现的唯物主义历史

---

① 恩格斯：《反杜林论》，《马克思恩格斯选集》第3卷，人民出版社，1995年，第456页。

观，且以此为指导，把野蛮时代和文明时代加以对比，得出了与马克思相同的结果。恩格斯从摩尔根以文字的发明为文明时代的标志的观点出发，认为荷马吟唱的英雄时代，还是属于野蛮时代的高级阶段，即便它已经取得了光彩夺目的文明成就。诚如恩格斯所言：

> 如果我们把凯撒，甚至塔西佗对日耳曼人的记述跟这些成就作一比较，便可看出，野蛮时代高级阶段在生产的发展上已经取得多么丰富的成就，那时日耳曼人尚处在这个文化阶段的初期，而荷马时代的希腊人已经准备由这个文化阶段过渡到更高的阶段了。①

这可见，恩格斯这里所说的"文化阶段"，具体指的是"野蛮时代"的"高级阶段"，在这之上的更高阶段，就是"文明时代"。这里的关键在于，无论用"文化"来命名包括蒙昧、野蛮和文明三个基本时期在内的人类总体史前史和成文历史也好，还是专指三个基本时期中的哪个阶段，甚或作为"文明时代"的同义语也好，文化在马克思和恩格斯看来，它的记录和书写理当彰显唯物主义的历史观。这是马克思得出的结果，也是摩尔根得出的结果，同样也是恩格斯本人得出的结果。

马克思恩格斯写作的19世纪，是人类学勃兴的世纪，文化（Kultur）一词在德国人类学中开始被广泛使用，用来指称表示人类生活的特定进步形态。这正是"文明"一词在今天所谓人类创造财富的总和的当代释义，意指特定时间和空间上物质和精神生活的总体过程和结果，如"四大文明"。而文明作为开化、道德和知识进步的写照，一方面与野蛮对峙，成为人类发展高级阶段的"文化时期"，由此成为文化的一个亚属；另一方面又与落后对照，指文治教化更高阶段的个人和社会素质。马克思和恩格斯对于"文明"的以上两种意指，事实上是经常交替使用的。如

① 恩格斯：《家庭、私有制和国家的起源》，《马克思恩格斯文集》第4卷，人民出版社，2009年，第38页。

《资本论》第3卷中马克思说：

> 资本的文明面之一是，它榨取这种剩余劳动的方式和条件，同以前的奴隶制、农奴制等形式相比，都更有利于生产力的发展，有利于社会关系的发展，有利于更高级的新形态的各种要素的创造。[①]

上文中的"文明"是说资本主义的社会形态，可视为对资本主义现代性的一个非常正面的评价。马克思坚信随着资本的发展，物质生活和精神生活中人剥削人的现象将被消灭；同时剩余劳动率的优化，可进一步促使社会现实财富和社会再生产过程不断扩大。唯其如此，马克思又说："像野蛮人为了满足自己的需要，为了维持和再生产自己的生命，必须与自然搏斗一样，文明人也必须这样做；而且在一切社会形式中，在一切可能的生产方式中，他都必须这样做。"[②] 很显然，这里"文明人"的概念，也就是现代人的意思，马克思认为人类摆脱自然必然性，走向自由王国的过程中，野蛮人和现代人的努力本质上是一样的，即他们必须不断地适应外部自然，变更生产方式。这里值得注意的是一切社会形式、一切可能的生产方式，人类的文化也好，文明也好，在马克思看来，就是在这一最大的物质生产的基础上发生的。

特里·伊格尔顿《文化的观念》一书中对文化和文明在19世纪的趋同倾向有过一个辨析。他认为文化属于启蒙运动的普遍精神，推崇世俗的渐进的自我发展。文明则主要是法国式的概念，法国教化和优雅可不是向来为人称道。但是，"尽管法国式的'文明'通常包括政治、经济和技术生活，德国式的'文化'却要更狭义

---

① 马克思：《资本论》第3卷，《马克思恩格斯文集》第7卷，人民出版社，2009年，第927—928页。

② 马克思：《资本论》第3卷，《马克思恩格斯文集》第7卷，人民出版社，2009年，第928页。

地指涉宗教、艺术和知识。它还可以指某个群体或个体，而不是整个社会的知识修养。'文明'缓解民族差异，'文化'则彰显差异。'文化'与'文明'之间的张力，与德法之间的竞争状态大有关系"①。应该说伊格尔顿的概括还不是全面的，但是它显示了19世纪语境中文化与文明相比更偏重于精神生活的特点。对于理解马克思和恩格斯的"文化史批判"，它可以作为一个注脚。

文化与文明通释，由此可见，文化同样具有浓厚的物质底蕴。1843年至1852年，德国人类学家古斯塔夫·克莱姆出版十卷本《人类文化通史》，从人类鸿蒙初辟写到当今"自由"阶段，将文化定义为习俗工艺、家庭生活、公共生活以及宗教、科学和艺术的总和，并分出人类"文化进化"的野蛮、归化和自由三大时期。克莱姆被认为直接影响了英国人类学家爱德华·泰勒，后者的《原始文化》也将人类的发展分为蒙昧状态、野蛮时期和文明时期三个阶段，而且作者开篇就声明，他写这本书的宗旨之一，就是把落后部落的文化跟先进民族的文化加以对照。这里的"落后"和"先进"，很显然，绝不仅仅限于精神生活。文化在19世纪人类学中的这一总体语境，马克思和恩格斯显然都是再熟悉不过的。

二、为什么批判"文化史"

马克思恩格斯著作中涉及"文化史"批判的篇幅不多，但唯其如此，作为马克思和恩格斯文化思想的重要组成部分，这些相关文字格外引人注目，而且多被理论界转述。我们先来看马克思《〈政治经济学批判〉导言》中的开篇一段话：

（a）摆在面前的对象，首先是物质生产。

在社会中进行生产的个人，——因而，这些个人的一定社会性质的生产，当然是出发点，被斯密和李嘉图当作出发点的单个的孤立的猎人和渔

① Terry Eagleton, *The Idea of Culture,* Oxford: Blackwell, 2000, p. 9.

夫，属于18世纪的缺乏想象力的虚构。这是鲁滨逊一类的故事，这类故事决不像文化史家想象的那样，仅仅表示对过度文明的反动和要回到被误解了的自然生活中去。[①]

马克思很显然对"文化史家"叙写的历史是不满意的，认为他们忽略了鲁滨孙一类故事当中的资本原始积累因素，只把它们看作对现代文明的反动，怀旧与自然同在的"黄金时代"。在马克思看来，亚当·斯密和李嘉图笔下作为资本主义起步个案的个别猎人和渔夫，无异于18世纪小说家笛福《鲁滨孙漂流记》中的主人公，是属于毫无想象力的虚构。问题是怎样解读鲁滨孙的故事，诚如《〈政治经济学批判〉导言》开门见山就予以强调，政治经济学的对象首先是物质生产，马克思事实上给出了两种解读模式。一种是"文化史家"的读法，从中读出返璞归真、回归自然。这是典型的浪漫主义读法。马克思本人对于是时流行的浪漫主义向来无多好感。所以就像对卢梭社会契约论的同类误读一样，马克思给予的评价是"自然主义"，是"美学"上的错觉。另一种是首先立足于物质生产的政治经济学读法，即是说，亚当·斯密和李嘉图的猎人和渔夫也好，鲁滨孙故事也好，社会契约论也好，它们都是预言了16世纪就开始准备，而在18世纪大踏步走向成熟的"市民社会"。换言之，它们是预演了资本主义从原始积累走向成熟的历史必然过程。这也是马克思本人认可的读法。

那么，这些"文化史家"指的究竟是何许人也？马克思本人语焉不详，后代理论界则多以唯心史观一言以蔽之。唯心史观是德国古典哲学的主流历史观，从康德、赫尔德、谢林、费希特到黑格尔，都持唯心史观，概莫能外。而马克思哲学不同于以往全部哲学的革命意义在于，诚如他的著名宣言所示："哲学家们只是用不

① 马克思：《〈政治经济学批判〉导言》，《马克思恩格斯选集》第2卷，人民出版社，1995年，第1页。

同的方式解释世界，而问题在于改变世界。"① 改变世界首先是物质世界的改变，所以不奇怪，政治经济学的第一对象在马克思看来，只能是物质生产而不可能是精神生产。它意味着人类的全部历史中，现实的物质世界和生产方式的改变永远是基础所在，唯有在物质生活的基础上，精神生活的叙述才见出意义。就马克思对本国哲学传统称得上是巨细无遗的扬弃来看，这里的"文化史家"所指涉的不可能是德国古典哲学，而应是如前所述的19世纪开始繁荣的德国人类学。

同样是在《〈政治经济学批判〉导言》中，马克思还有一处提到了"文化史"，可以和上文的"文化史家"互释。这是《导言》的第四部分，马克思在论述"生产、生产资料和生产关系、生产关系和交往关系、国家形式和意识形式同出产关系和交往关系的关系、法的关系、家庭关系"时，提醒读者切莫忘记的第二点：

历来的观念的历史叙述同现实的历史叙述的关系，特别是所谓的文化史，这所谓的文化史全部是宗教史和政治史。（顺便也可以说一下历来的历史叙述的各种不同方式。所谓客观的、主观的（伦理的等等）。哲学的。）②

还是老问题，谁的文化史？1995年版的《马克思恩格斯选集》加了一个注释，告诉我们从马克思的《伦敦笔记》来看，他在1852年至1853年间读过，并且在其第XIX、XX和XXI笔记本中做了摘录的，至少有三部文化史。它们分别是威廉·瓦克斯穆特的《文化通史》，1850年莱比锡版第一部，1857年莱比锡版第二部；威廉·德鲁曼的《文化史大纲》，1847年柯尼斯堡版；古斯塔夫·克莱姆的《人类文化通

① 马克思：《关于费尔巴哈的提纲》，《马克思恩格斯选集》第1卷，人民出版社，1995年，第61页。

② 马克思：《〈政治经济学批判〉导言》，《马克思恩格斯选集》第2卷，人民出版社，1995年，第27页。引文中标点有误，经查原书如此，此处遵从原貌。

史》，1847年莱比锡版第六卷，1849年莱比锡版第七卷。马克思对这些作家并没有成见。三人都是马克思的德国同胞，威廉·瓦克斯穆特是历史学家，在1870年5月11日致恩格斯的信中，马克思还不无风趣地援引过瓦克斯穆特《欧洲风俗史》第二部（1833年）中克尔特人的婚俗材料。古斯塔夫·克莱姆是人类学家，文化的概念被引入人类学，用来描述文明进步的总体形态，克莱姆是标志性的人物。其将人类"文化进化"分为野蛮、归化、自由三阶段的基本构架，也多为嗣后包括泰勒和摩尔根在内的各国人类学家沿承。但克莱姆的文化人类学致力于从心灵上来说明人类的文化发展，认为人类根据精神气质的不同，可以分为主动和被动两大种类。这一点恰恰是马克思未必愿意认可的。比较来看，美国人类学家摩尔根以"古代社会"来命名克莱姆的"文化进化"，以"文明"替换"自由"作为人类发展的最后一个阶段，无疑更能得到马克思的认同。诚如恩格斯所言，古斯塔夫·克莱姆最终是"以他自己的方式，重新发现了四十年前马克思所发现的唯物主义历史观"。

由此可见，马克思上文中"所谓的文化史"，指的主要是同时代德国的文化史学和人类学。这都是19世纪出现的新兴学科，远不似哲学那般源远流长。正是在这两门学科中，文化开始与文明通释，迈出了它走向宏大叙事，同时也是实证叙事的举足轻重的一步。但我们可以确信，马克思对他读过的几部文化史著作并不满意，缘由如上所见，是因为它们"全部是宗教史和政治史"。换言之，它们是单纯的"观念的历史叙述"，没有同"现实的历史叙述"很好结合起来。对于文化这个语词，一如文明一语，同样包含了社会形态和精神教化完善两个层面，马克思很显然是倾向于从社会存在的基础层面上，来加以使用的。

同是在《〈政治经济学批判〉导言》中，接下来马克思对希腊艺术的著名论述，无疑也显示了他反对仅仅从宗教和政治这些观念形态来写文化史，而是充分强调结合现实历史来写精神生活史的基本立场。希腊艺术在现代社会依然高不可攀这个命题，虽然经常被释为经济决定论的典型反例，即科学技术的发展未必一定导致对应的艺术生产的同构进步，但马克思这里同样予以重申的，恰恰是希腊艺术不可能产生于埃及或任何一种其他的人类的早期文明之中，而只能产生于古代希腊的社会发展形态，即它的"现实历史"，只是：

> 困难不在于理解希腊艺术和史诗同一定社会发展形式结合在一起。困难的是，它们何以仍然能够给我们以艺术享受，而且就某个方面说还是一种规范和高不可及的范本。①

所以问题不在于精神生产和物质基础的因果关系，即便这关系肯定不是机械的关系，而在于希腊文化的魅力何以"某个方面说还是一种规范和高不可及的范本"。马克思的回答是希腊艺术表达了人类不复再现的童年的天真，希腊是历史上人类童年时代发展得最完美的地方，故而显现出永不复返的永久的魅力。马克思进而指出，有粗野的儿童，有早熟的儿童，古代民族中有许多是属于这一类的，但是希腊人是正常的儿童。他真心认为希腊文化在德国同样有丰厚传统。18世纪温克尔曼就称希腊人的天性最是完善，盖因雅典娜专门赐予希腊人这块得天独厚的温润之地，使之人才辈出。所以："研究埃及人、伊特拉里亚人和其他民族的艺术，可以扩大我们的视野，使我们有正确的判断，而研究希腊人的艺术则应该把我们的认识引向统一，引向真理。"② 但是，谁又是粗野的儿童，以及早熟的儿童？埃及文明、希伯来文明、波斯文明，以及更为遥远的东方比如印度文明和华夏文明，又展示了怎样一种童年性格？

三、"文化史"不等于唯心史观

恩格斯1877年发表的《反杜林论》，也涉及文化史批判问题。批判的语境是恩

① 马克思：《〈政治经济学批判〉导言》，《马克思恩格斯选集》第2卷，人民出版社，1995年，第29页。

② 温克尔曼：《希腊人的艺术》，邵大箴译，广西师范大学出版社，2001年，第107页。

M
KARL MARX
马克思主义文化理论发展史

格斯有意阐明的现代唯物主义历史观。恩格斯指出，黑格尔的体系可视为德国唯心主义的最后一次流产，因为它包含了不可救药的内在矛盾。而一旦了解德国唯心主义是完全荒谬的，就必然导致唯物主义的产生。恩格斯强调现代唯物主义不是18世纪的形而上学机械唯物主义，反之它把历史看作人类的发展过程，且致力于发现这个过程的运动规律。与此同时，现代唯物主义概括了自然科学的最新成就，所以它本质上是辩证的。换言之，历史唯物主义和自然唯物主义在恩格斯看来，应是殊途同归。适因于此，恩格斯认为，自然科学的范式转化，可以由早已经发生的历史事实加以印证。如1831年里昂发生了第一次工人起义，1838年至1842年，英国宪章派运动达到高潮。因此一个显见的事实是，在欧洲最发达国家的历史中，无产阶级和资产阶级的阶级斗争上升到了首要地位，资产阶级经济学鼓吹资本和劳动的利益一致，自由竞争必将带来全面幸福，这完全是一派胡言。但是恩格斯发现，唯心史观对于业已发展得如火如荼的阶级斗争，压根就是视而不见：

> 旧的、还没有被排挤掉的唯心主义历史观不知道任何基于物质利益的阶级斗争，而且根本不知道任何物质利益；生产和一切经济关系，在它那里只是被当作"文化史"的从属因素顺便提一下。①

恩格斯这里所说的"文化史"，通常被解释为"唯心史观"的同位语。意思是说唯心史观认为历史的决定因素是文化，所以历史就是"文化史"，经济关系在这一文化决定历史的论调中不占主导地位，只是被当作附庸因素顺便提及。但综上所述，应能看出这是对恩格斯的误读。纵览马克思和恩格斯的著作，两人很少在观念层面上使用"文化"一语。甚至，作为后代一切文化理论核心命题的基础和上层建筑关系问题，马克思和恩格斯的相关论述也通篇不见"文化"一词。很难设想恩格

① 恩格斯：《反杜林论》，《马克思恩格斯选集》第3卷，人民出版社，1995年，第365页。

第一编 马克思恩格斯的文化思想

31

斯会用"文化史"来指涉唯心主义的宏大历史叙事。同前文同出于《反杜林论》中的"文化上的每一个进步,都是迈向自由的一步"一样,恩格斯这里所言的文化,无疑指的都是19世纪德国人类学意义上的共识,即文明。

"文化史"由是观之,应是人类社会生活的通史,一如马克思《伦敦笔记》中记述的那三部文化史那样,用马克思本人的说法,它们大抵都是"宗教史和政治史"。假如"文化史"能够更多重视"生产和一切经济关系",而不是仅仅把它们当作从属因素,想必马克思和恩格斯不至于对它如此耿耿于怀。可见,即便马克思和恩格斯对是时的"文化史"写作不甚满意,主要也是因为它们忽略了生产关系,而多多少少受席卷19世纪欧洲的浪漫主义影响,在宣扬返璞归真的黄金时代乌托邦。同哲学上的唯心史观相比,此类明显属于通俗层次的文化史,显而易见并无必然的联系。实际上恩格斯更愿意强调的是近代历史中工人阶级的作用,他紧接着重申了《共产党宣言》中对嗣后无产阶级革命影响深远的著名命题:"新的事实迫使人们对以往的全部历史作一番新的研究,结果发现:以往的全部历史,都是阶级斗争的历史。"①

在这之前,马克思1873年1月撰于伦敦的《资本论》第1卷第2版的跋,其中也涉及"文化史"。但是不同于恩格斯是不满唯心史观把生产和经济关系视为"文化史"的从属因素而一言带过,马克思反过来强调意识要素在文化史上只起着从属作用。这个判断出自马克思本人援引的俄国经济学家伊拉列翁·伊格纳切维奇·考夫曼的下面一段话:

> 马克思把社会运动看做受一定规律支配的自然史过程,这些规律不仅不以人的意志、意识和意图为转移,反而决定人的意志、意识和意图……既然意识要素在文化史上只起着这种从属作用,那么不言而喻,以文化本身为对

① 恩格斯:《反杜林论》,《马克思恩格斯选集》第3卷,人民出版社,1995年,第365页。

象的批判，比任何事情更不能以意识的某种形式或某种结果为依据。这就是说，作为这种批判的出发点的不能是观念，而只能是外部的现象。①

《资本论》第1卷1867年在汉堡出版，1871年即售罄。用马克思自己的话说，《资本论》在德国工人阶级广大范围内迅速得到理解，是对他的劳动的最好报酬。但是马克思马上发现了德国资产阶级的敌意，他们先是企图像对待马克思以前著作那样，用沉默置《资本论》于死地，这一招失灵后，便有庸俗经济学的空谈家，油嘴滑舌来指责马克思的问题和叙述方法，马克思认为这一切都不值一驳，反之他将目光转向了俄国。马克思注意到1872年彼得堡出版了《资本论》俄译本，初版3000册很快销售一空。马克思进而读到彼得堡的《欧洲通报》1872年5月号上彼得堡大学教授伊拉列翁·伊格纳切维奇·考夫曼的一篇文章，此文专谈《资本论》方法，题为《卡尔·马克思的政治经济学批判的观点》。对于考夫曼的评价马克思大体表示认同，事实上两人后来也有过交往。但是马克思不同意考夫曼对他的方法论的判断，认为其研究方法是严格的实在论，叙述方法不幸却受制于德国辩证法。换言之，马克思哲学上是唯心主义，经济学上是实证主义。这个观点不算新鲜，不过是照搬了重弹了德国资产阶级评论家所谓的马克思堕入"黑格尔诡辩"的老调。马克思认为反驳这种谬识最好的办法是以其人之道还治其人之身，是以大段摘引了考夫曼文章中围绕马克思《〈政治经济学批判〉序言》以及对马克思唯物主义方法论的评价。

从上面的引文来看，考夫曼所说的"文化史"无疑就是文明史，即人类自走出野蛮阶段以来，从现实到观念的全部历史。考夫曼指出，在马克思看来意识要素在文化史中只具有从属地位，所以即便是以文化本身为对象的批判，换言之，即便是广义的意识形态批判，也不可能以观念和意识为依据，而必须从历史事实出发，甚

---

① 马克思：《资本论》第1卷，《马克思恩格斯文集》第5卷，人民出版社，2009年，第21页。

至，不是将事实同观念比较对照，而是将一种事实同另一种事实比较对照。这样得出的结论就是，经济生活不存在抽象的一般规律，恰恰相反，每个历史时期都有它自己的规律。马克思对考夫曼的上述评价并无异议，他说："这位作者先生把他称为我的实际方法的东西描述得这样恰当，并且在谈到我个人对这种方法的运用时又抱着这样的好感，那他所描述的不正是辩证方法吗？"①很显然，马克思认为考夫曼恰如其分概括了自己的辩证方法，这也使考夫曼本人谓马克思是最大的唯心主义哲学家，同时又是空前的实在论经济学家的说法不攻自破。

那么对于文化史批判，考夫曼为马克思认可的以上描述，又意味着什么？很显然，它再一次呼应了马克思《〈政治经济学批判〉导言》中的唯物主义文化史观，即结合观念和现实来写历史，特别是文化史的观点。马克思的文化思想由此可见，是坚定地建立在唯物史观的基础上面的。诚如在转述考夫曼对自己辩证方法的大段评论并表示认同之后，马克思紧接着又谈到他自己的辩证方法与黑格尔有根本不同：黑格尔认为是思维创造现实，现实不过是思维过程的外部显现；他本人则是恰恰相反，认为观念东西不过是被移入人的头脑，并且在头脑中改造过的物质的东西而已。由此我们可以得出如下结论：文化的历史不是由源自西方本体论传统的形而上观念所主宰，给定的历史事实即现实，并不是在同观念的比较对照中确立其文化意义，反之是在历史事实的相互比较对照之中产生了观念，进而言之，产生了特定的生产关系，并且始终在调节改进这些关系的历史运动，将最终说明观念形态的文化的生产。说到底，这也是马克思和恩格斯文化史批判给予我们的最终启迪。

第三章　经济基础与上层建筑

马克思和恩格斯的著作中未见对文化概念本身条分缕析、展开系统阐述的文

---

①　马克思：《资本论》第1卷，《马克思恩格斯文集》第5卷，人民出版社，2009年，第21页。

字，但是现代文化理论的发展，很大程度上是建立在马克思和恩格斯的两个基本思想上的。其一是经济基础与上层建筑的关系，其二是两人的意识形态批判思想。这两个思想中，前者可以说是一切马克思主义文化理论，甚至，一切现代形态文化理论的起点所在。它的简单表述是，社会存在决定社会意识。但是经济基础和上层建筑本身作为一对比喻性表述，其间相互牵掣、相互生成的复杂关系，远非嗣后几成众矢之的的"经济决定论"可一言以蔽之的。

一、上层建筑与经济基础

有关上层建筑和经济基础的话题，历来被人征引最多的是马克思1859年《〈政治经济学批判〉序言》中的这一段话：

> 人们在自己生活的社会生产中发生一定的、必然的、不以他们的意志为转移的关系，即同他们的物质生产力的一定发展阶段相适合的生产关系。这些生产关系的总和构成社会的经济结构，即有法律的和政治的上层建筑竖立其上并有一定的社会意识形式与之相适应的现实基础。物质生活的生产方式制约着整个社会生活、政治生活和精神生活的过程。不是人们的意识决定人们的存在，相反，是人们的社会存在决定人们的意识。[1]

《〈政治经济学批判〉序言》本身篇幅不长。马克思告诉我们，上面这一段历史唯物主义的经典表达，其由来是反思他本人的第一部著作《黑格尔法哲学批判》。马克思称该书的研究得出这一结果，那就是法的关系就像国家的形式一样，既不能从它们本身来理解，也不能从所谓人类精神的一般发展来理解，相反它们植根于物质的生活关系。马克思认为这一点黑格尔本人已经意识到了，故按照18世纪

---

① 马克思：《〈政治经济学批判〉序言》，《马克思恩格斯文集》第2卷，人民出版社，2009年，第591页。

英国和法国的先例，将此种物质的生活关系的总和，概括为"市民社会"。对市民社会的解剖应当求诸政治经济学。马克思因此追根溯源，从巴黎开始投身于政治经济学的研究，并让心得起到提纲挈领的作用，以全面指导自己的研究工作。这个心得的简要表述，即是以上文字。

与同一个时代的物质生产力相适应的生产关系，其总和构成经济结构，它是基础。上层建筑本身并不是严格的哲学和政治经济学术语，在马克思之前，似乎也少见哪一位思想家用它来意指被认为竖立在物质基础之上的精神世界。上面这段话中的"上层建筑"，虽然已经不是第一次亮相于马克思著述的哲学语境，但是它有一个直接限定语"法律的和政治的"，就此而言，它更像是马克思和恩格斯始终耿耿于怀的资产阶级意识形态。那么，紧跟其后的"一定的社会意识形式"又是什么？这里的问题在于，马克思哲学中经济、政治和文化力量盘根错节的复杂关系，很大程度上被后代马克思主义理论家忽略了。如从普列汉诺夫到考茨基的第一代马克思主义理论家开始，论者大都把马克思对社会科学的独特贡献，首先定位在他对资本主义生产方式"内在运动"的分析，认为其间运作的规律决定了历史发展的结构，也决定了这一发展的方向。从苏联建立到我国改革开放前的理论界，长期以来继承的基本上就是马克思的这一阐释传统，都曾经把"基础"和"上层建筑"的关系，理解为近乎机械的关系。经济对于上层建筑的决定作用，很大程度上被绝对化下来，马克思主义由是成为一种宏大叙事，牢牢确立了经济和政治的中心地位。这样，文化作为上层建筑的一个部分或者干脆说它的代名词，每每就被视为一个决定一切之潜在经济结构的反映，它是物质生产的副产品，是果而不是因。

但是文化作为一种已被充分认可的生产力，很显然同样是社会发展的因，而不仅仅是果。如果单纯将文化看作是上层建筑，包括观念和意识的产品，文化将失去它的独立自足性，它将失去历史，失去发展，只能反映或者呼应物质生产的过程。如果观念的生产取决于经济力量和阶级利益，那么文化本身对于社会变革，就不能产生直接的作用。所以，再清楚不过的事实是，对于马克思主义的这样一种刻板理解，毫不奇怪是不足以把握文化自身的复杂性的。所以问题远非如此简单，我们看到，紧接着上文马克思又说：

> 社会的物质生产力发展到一定阶段，便同它们一直在其中运动的现存生产关系或财产关系（这只是生产关系的法律用语）发生矛盾。于是这些关系便由生产力的发展形式变成生产力的桎梏。那时社会革命的时代就到来了。随着经济基础的变更，全部庞大的上层建筑也或慢或快地发生变革。在考察这些变革时，必须时刻把下面两者区别开来：一种是生产的经济条件方面所发生的物质的、可以用自然科学的精确性指明的变革，一种是人们借以意识到这个冲突并力求把它克服的那些法律的、政治的、宗教的、艺术的或哲学的，简言之，意识形态的形式。[①]

这里马克思所说的"意识形态"，已经脱去早年《德意志意识形态》中讽刺德国形而上学家时的那一贬责意义，而成为上层建筑的另一个表述。但是与前文明确以"法律的和政治的"来限定上层建筑不同，此处马克思将"意识形态的形式"扩大到了法律的、政治的、宗教的、艺术的或哲学的诸多方面。换言之，后者虽然未必涉及人类社会文化生活的全部，但显而易见涵盖了传统认知中最为典型的文化形态。作为上层建筑的意识形态同经济基础判然两分，马克思特别指出，当社会变更发生的时候，必须把物质生活的变更和精神生活的变更区分开来。这里强调的不复是何者为先，何者为后，恰恰相反，是经济物质层面和意识形态层面各司其职，不可混为一谈的问题。

耐人寻味的是，马克思指出可用自然科学旁证的仅限于物质生产的变革，精神即文化的生产不在此列。即是说，文化的变革不似物质生产的变革，它是无法用

[①]　马克思：《〈政治经济学批判〉序言》，《马克思恩格斯文集》第2卷，人民出版社，2009年，第591—592页。

自然科学的精确性来表示的。不仅如此,马克思明确指出,社会革命的到来,社会冲突的发生,我们正是通过"那些法律的、政治的、宗教的、艺术的或哲学的,简言之,意识形态的形式"来感知并且认知,同时力求将之克服的。就此而言,文化对于社会发展的推动作用,并不下于经济基础,在这一点上马克思与他的本国同胞马克斯·韦伯的文化决定论,绝非势不两立。但很显然,马克思的上述文字揭示了法律的、政治的、宗教的、艺术的或哲学的生产。简言之,精神文化的生产具有它自己的逻辑和规律,不必对自然科学亦步亦趋。换言之,比较可以用自然科学的精确性来指明的经济,作为意识形态的文化完全不必自惭形秽,它并不比前者短缺什么,两者的变革是并驾齐驱的。说到底,两种文化的互相对话和互相渗透,有它的必要性也有必然性,这不是任何个人的意志可以左右的。

雷蒙·威廉斯注意到马克思早在七年前撰写的《路易·波拿巴的雾月十八日》一文中,已经在开始使用"上层建筑"这个隐喻,当时的语境是这样的:

> 在不同的占有形式上,在社会生存条件上,耸立着由各种不同的、表现独特的情感、幻想、思想方式和人生观构成的整个上层建筑。整个阶级在它的物质条件和相应的社会关系的基础上创造和构成这一切。通过传统和教育承受了这些情感和观点的个人,会以为这些情感和观点就是他的行为的真实动机和出发点。①

威廉斯对这段话的阐释是,这里的"上层建筑"一语,与它在前面《〈政治经济学批判〉序言》中的用法明显不同。此处的上层建筑是指一个阶级整体的意识形态或者说意识形式,即它看待世界的基本模态。由此我们看出马克思说的"上层建筑"是先后显示出三种含义来:其一是指现实生产关系的法律与政治形式;其二是

① 马克思:《路易·波拿巴的雾月十八日》,《马克思恩格斯选集》第1卷,人民出版社,1995年,第611页。

指特定阶级的世界观总体意识形式；其三则是指人们一切活动中意识到的基本经济冲突，以及克服此一冲突的全部过程。威廉斯指出，这三个含义将我们的目光分别引向：一、制度机构；二、各种意识形式；三、政治和文化实践。有鉴于此，威廉斯认为马克思笔下的"上层建筑"，与其说是精确定义，莫若说是一个隐喻。因为它的指意并不确定，它既可以指制度机构，也可以指意识形态或者说意识形式，又可以指政治和文化实践，其意义是根据特定的语境得到确认的。甚至，它可以将以上三个方面的指意悉尽涵盖下来。

值得注意的是，威廉斯不光以隐喻来读马克思的上层建筑，同样倾向于以隐喻来读与之对应的"基础"。他指出：

> 在1851—1852年的用法中，"基础"一词还没有出现，马克思把特定形式的阶级意识的起源确定为"所有制形式"和"生存的社会条件"。而在1859年的用法中，马克思几乎是有意识地将其变成隐喻："社会的经济结构，即有法律的和政治的上层建筑（Überbau）竖立（erhebt）其上的现实基础（die reale Basis）。"在后来的论述中又把它换作"经济基础"（öknomische Grundlage）。[1]

威廉斯的意思是"基础"一语在马克思笔下，同样具有一个意义演变过程，故具有多重意义，如所有制形式、生存的社会条件、社会的经济结构、现实基础等。很显然，这些指意并不是完全相同，没有区别的。就此而言，"基础"同样不宜做简单理解，一如它在英语中被译作base，法语中被译为infrastructure，意大利语则译成structtura，这些译名的意思不完全相似。就它们在中文中相沿成习的译名而言，分别是为基础、基础设施和结构。应当说威廉斯的分析不无道理，这也都说明了"基

---

[1] 雷蒙德·威廉斯：《马克思主义与文学》，王尔勃、周莉译，河南大学出版社，2008年，第83页。

础"一语的复杂性，远不是经济一元可以涵盖。要之，上层建筑与基础的认知与互动，当非精神生活与物质生活、精神生产与物质生产的概括可以简单厘定。

二、恩格斯的补充

由上可见，上层建筑和基础的关系，远不是一种机械刻板的关系。马克思虽然没有创建系统的文化理论，但是他的著述中涉及文化问题不在少数。一方面马克思将文化形式视为社会和阶级利益的直接表现，如他暗示列奥纳多·达·芬奇的作品完全依据于佛罗伦萨当时所达到的物质生产状态；拉斐尔的作品则有赖于前人艺术中技术发展达到的水平，有赖于一切有关国家的社会组织和劳动分工。《德意志意识形态》中，马克思和恩格斯也再次强调了艺术的历史生成，必然是缘于劳动分工的发展，以及由此生成的人类文化达到的状态。但是另一方面，通览马克思本人的著作，他多次谈到过上层建筑怎样微妙地反作用于社会生活的生产和再生产。如《资本论》中他谈到，通过将几乎所有的传统节日改成工作日，新教在资本主义的产生中扮演了一个主要角色。观念形态这里如何积极作用于作为物质力量的社会再生产，表现得再清楚不过。通读马克斯·韦伯的《新教与资本主义的兴起》后，我们发现，其实也是这一思路。

但是对于基础和上层建筑的关系，最有代表性的应是恩格斯的补充说明。1890年恩格斯致布洛赫的信中有一段著名的话，恩格斯说：

根据唯物史观，历史过程中的决定性因素归根到底是现实生活的生产和再生产。无论马克思或我都从来没有肯定过比这更多的东西。如果有人在这里加以歪曲，说经济因素是唯一决定性的因素，那么他就是把这个命题变成毫无内容的、抽象的、荒诞无稽的空话。经济状况是基础，但是对历史斗争的进程发生影响并且在许多情况下主要是决定着这一斗争的形式的，还有上层建筑的各种因素：阶段斗争的各种政治形式及其成果——由胜利了的阶级

M

KARL MARX

马克思主义文化理论发展史

在获胜以后确立的宪法等等，各种法的形式以及所有这些实际斗争在参加者头脑中的反映，政治的、法律的和哲学的理论，宗教的观点以及它们向教义体系的进一步发展。这里表现出这一切因素间的相互作用，而在这种相互作用中归根到底是经济运动作为必然的东西通过无穷无尽的偶然事件（即这样一些事物和事变，它们的内部联系是如此疏远或者是如此难于确定，以致我们可以认为这种联系并不存在，忘掉这种联系）向前发展。①

这清楚表明，所谓"经济决定论"，不光是对马克思和恩格斯相关学说的误解和曲解，而且是把基础和上层建筑这个马克思主义文化理论的基本命题，变成了荒诞不经的废话和空话。用恩格斯自己的话说，"否则把理论应用于任何历史时期，就会比解一个简单的一次方程式更容易了"②。

恩格斯在同一封信中，认为历史的发展可以从两个方面来加以阐释。首先，经济的前提和条件归根到底是决定性的，但是政治等等的前提和条件，甚至人们头脑中的观念传统，也起着一定的作用，虽然不是决定性的作用。为此他举譬普鲁士国家的形成，指出只有书呆子才会断定勃兰登堡在北德意志的许多小邦中脱颖而出完全是经济必然性使然，而不是也由其他因素所决定的。所以，要从经济上说明每一个德意志小邦的过去和现在的存在，很难不闹出笑话来。其次，历史的创造过程中，最终结果总是从许多单个的意志的相互冲突中产生出来的。多元意志构成一个总的合力，其中每个意志都对合力有所贡献，虽然它们彼此交错，互有冲突。很显然，这是一种多元决定论的历史发展观点。为此恩格斯对约瑟夫·布洛赫这位时年19岁的《社会主义月刊》青年编辑坦诚相告：

① 恩格斯：《恩格斯致约瑟夫·布洛赫》，《马克思恩格斯文集》第10卷，人民出版社，2009年，第591—592页。

② 恩格斯：《恩格斯致约瑟夫·布洛赫》，《马克思恩格斯文集》第10卷，人民出版社，2009年，第592页。

青年们有时过分看重经济方面，这有一部分是马克思和我应当负责的。我们在反驳我们的论敌时，常常不得不强调被他们否认的主要原则，并且不是始终都有时间、地点和机会来给其他参与相互作用的因素以应有的重视。①

概言之，基础和上层建筑的互动推动历史发展，历史的创造取决于多元力量的总体合力，恩格斯强调这是他和马克思一以贯之的理论立场。并劝导布洛赫根据他们的原著来研究此一理论，而不是人云亦云，光着目于经济方面。由此恩格斯开出的书单，包括马克思的《路易·波拿巴的雾月十八日》《资本论》，以及他本人的《反杜林论》和《路德维希·费尔巴哈和德国古典哲学的终结》。

恩格斯本人1885年在给《路易·波拿巴的雾月十八日》第三版所撰序言中，着力渲染的是阶级斗争在历史发展中的原动力，他说：

正是马克思最先发现了重大的历史运动规律。根据这个规律，一切历史上的斗争，无论是在政治、宗教、哲学的领域中进行的，还是在其他意识形态领域中进行的，实际上只是或多或少明显地表现了各社会阶级的斗争，而这些阶级的存在以及它们之间的冲突，又为它们的经济状况的发展程度、它们的生产的性质和方式以及由生产所决定的交换的性质和方式所制约。这个规律对于历史，同能量转化定律对于自然科学具有同样的意义。②

---

① 恩格斯：《恩格斯致约瑟夫·布洛赫》，《马克思恩格斯文集》第10卷，人民出版社，2009年，第593页。

② 恩格斯：《〈路易·波拿巴的雾月十八日〉第三版序言》，《马克思恩格斯文集》第2卷，人民出版社，2009年，第469页。

问题的症结在于阶级斗争。《路易·波拿巴的雾月十八日》通篇写的是物质条件与相应社会关系驱动的阶级斗争。法国的农民、工人、共和派、社会民主派，换言之资产阶级的地产集团和资本集团，你来我往，乱象迭起。马克思本人1869年为该书第二版撰写的序言中说，在这之前，相关题材引起他注意的两部作品中，维克多·雨果的《小拿破仑》极尽尖刻讽刺，缺乏历史意识；蒲鲁东的《政变》则将波拿巴政变描述成以往历史发展的结果，导致自己身不由己站到了政变主人公的立场上去。"相反，我则是证明，法国阶级斗争怎样造成了一种局势和条件，使得一个平庸而可笑的人物有可能扮演了英雄的角色。"[①] 问题是，阶级斗争属于基础还是属于上层建筑？

《路易·波拿巴的雾月十八日》作为恩格斯推荐给布洛赫的解读马克思基础与上层建筑关系的首要著作，如上所见，是有针对性的。这个针对性就是马克思所述之"通过传统和教育承受了这些情感和观点的个人，会以为这些情感和观点就是他的行为的真实动机和出发点"。具体说，就是这些对拿破仑辉煌的传统情感的历史惯性，引导以农民为人口主体的法国选民晕晕乎乎走向票箱，让其侄子路易·波拿巴坐收渔利，登上大位。马克思提醒我们历史变故中各个党派的言辞和幻想同它们的本来面目和实际利益会有区别。前者是上层建筑，后者是基础所在。但是对于恩格斯来说，则更愿重申阶级斗争的历史动力作用。但是，阶级的形成固然是与经济状况及生产方式密切相关，阶级斗争本身如恩格斯所言，大都是在政治、宗教等意识形态领域中进行的。其中被理念、观念和幻想遮蔽的各阶层实际利益也必须得到还原，但是实际利益本身，其实是酝酿不出革命的。由是观之，经济基础就很难被理解为某种一成不变的制度结构，它可以说是生产关系的总和。而凡言关系，必首先涉及人和人之间的社会关系。在阶级社会中，它也就是阶级关系。对于阶级关系的破坏和重组，文化的作用将被证明是举足轻重的。

---

① 马克思：《路易·波拿巴的雾月十八日》，《马克思恩格斯文集》第2卷，人民出版社，2009年，第466页。

三、精神生产与物质生产

马克思认为特定形态的经济关系决定着与其作用相适应的国家和社会意识形式。故而历史不是由叱咤风云的英雄人物写成，反之历史人物不过是经济范畴的人格化。《资本论》第1版序言中马克思开宗明义指出：

> 我决不用玫瑰色描绘资本家和地主的面貌。不过这里涉及的人，只是经济范畴的人格化，是一定阶级关系和利益的承担者。我的观点是把经济的社会形态的发展理解为一种自然史的过程。[①]

这和上文恩格斯所述相似，明确将经济范畴定位在阶级关系和利益上面。尤其是马克思以自然史发展的不以个人意志为转移的强制性规律来界说社会经济形态的发展，依然可显示出黑格尔主义的影响。经济形态将类似黑格尔的绝对精神，从原始公社式的亚细亚生产方式，到古希腊罗马奴隶制的生产方式，然后封建的生产方式，直至现代资本主义的生产方式，有条不紊逐级向上演进，最终带领我们走进光辉灿烂的共产主义大同世界。但是既然这个庄严恢宏的社会演进过程被理解为自然史的进步，那么其历史性和时代性的必然限制，也就充分体现出来。

由此涉及精神生产与物质生产的关系，马克思《剩余价值理论》第一册中有一段著名的话：

> 要研究精神生产和物质生产之间的联系，首先必须把这种物质生产本身不是当作一般范畴来考察，而是从一定的历史的形式来考察。例如，与资本主义生产方式相适应的精神生产，就和中世纪生产方式相适应的精神生产不

① 马克思：《资本论》第1卷，《马克思恩格斯文集》第5卷，人民出版社，2009年，第10页。

同。如果物质生产本身不从它的特殊的历史的形式来看，那就不可能理解与它相适应的精神生产的特征以及这两种生产的相互作用。这样就不能超出庸俗的见解。这都是因为"文明"的空话引起的。①

　　这里马克思强调的还是历史性对于物质生产的限制。即经济基础不可能是一劳永逸的原动因，而必以特定的历史形式表现出来。反过来，作为上层建筑的精神生产，一方面系由物质生产特殊的即历史的形式所决定；另一方面，它又能反过来"相互作用"于物质生产。这是说，作为观念形态的上层建筑，绝不可能仅仅是基础的一种消极反映，假如对它的能动性视而不见，那么只能是庸俗的见解。马克思特别指出，这一切都是因为"文明"的空头讲章引起的。这里针对的，无疑还是彼时马克思和恩格斯耿耿于怀的"文化史"学者们津津乐道的"文明"的历史，贬低甚至无视人类物质生产历史的风习。是以马克思拨乱反正，倡导以历史视野来考察物质生产。

　　即便如此，马克思对精神生产如何能够反作用于物质生产，依然是不遗余力给予充分认可的。具有讽刺意义的是，在我们喊基础决定论喊得最响的那一段时光，我们的文化政策其实恰恰是反其道行之，将精神生产的地位捧到了令人胆战心惊的高度。微言大义、含沙射影、毒草香花，涉及的都是文化产品的精神内涵，同作为决定因素的物质生产条件其实没有干系。由此来看马克思对精神生产与物质生产的辩证分析，无论如何是意味深长的。早在写作《剩余价值理论》之前，马克思在1857—1858年经济学手稿中即指出，自然界没有任何机器，没有造出机车、铁路、电报、纺机等等，它们都是人的意志驾驭自然界的结果，是对象化的知识力量。故而：

① 马克思：《剩余价值理论》，《马克思恩格斯全集》第33卷，人民出版社，2004年，第346页。

固定资本的发展表明，一般社会知识，已经在多么大的程度上变成了直接的生产力，从而社会生活过程的条件本身在多么大的程度上受到一般智力的控制并按照这种智力得到改造。它表明，社会生产力已经在多么大的程度上，不仅以知识的形式，而且作为社会实践的直接器官，作为实际生活过程的直接器官被生产出来。①

　　这段话清楚表明，经济结构作为基础，它并不是自然而然生存在那里的一个客体，有待主体条分缕析地加以解剖。反之它本身是文化作用于自然的结果，是作为观念形态的知识和文化的对象化。这个命题实际上是颠倒了基础和上层建筑的传统理解模态。因为我们同样可以说，随着社会知识的不断进步，它所形成的直接的生产力也相应得到发展。

　　当然，文化决定论从来就不是马克思资本主义批判的初衷，反之作为是时流行的唯心主义风习，自始至终是马克思哲学作为批判的靶的。基础和上层建筑的理论构架，正是在这个总体背景下提出并日渐完备的。但是批判的武器并不能替代武器的批判。这是说，基础决定上层建筑这个拨乱反正的公理，本身亦有与时俱进的不断深入阐释之需。事实上马克思本人就是这样做的。马克思本人对希腊艺术的论述，雄辩地阐释了文化在现代资本主义经济和社会力量的运作中，可以具有一种潜在的自足性。我们不妨再一次来读《〈政治经济学批判〉导言》中的一段我们再熟悉不过的话：

　　关于艺术，大家知道，它的一定的繁盛时期决不是同社会的一般发展成比例的，因而也决不是同仿佛是社会组织的骨骼的物质基础的一般发展成比例的。例如，拿希腊人或莎士比亚同现代人相比。就某些艺术形式，例如史

① 马克思：《政治经济学批判（1857—1858年手稿）》，《马克思恩格斯文集》第8卷，人民出版社，2009年，第198页。

诗来说，甚至谁都承认：当艺术生产一旦作为艺术生产出现，它们就再不能以那种在世界史上划时代的、古典的形式创造出来；因此，在艺术本身的领域内，某些有重大意义的艺术形式只有在艺术发展的不发达阶段上才是可能的。如果说在艺术本身的领域内部的不同艺术种类的关系中有这种情形，那么，在整个艺术领域同社会一般发展的关系上有这种情形，就不足为奇了。困难只在于对这些矛盾作一般的表述。一旦它们的特殊性被确定了，它们也就被解释明白了。①

　　一般表述即理论概括。即是说，虽然我们时时刻刻、方方面面能够感受到精神生产与物质生产的复杂关系，但是诉诸理论说明殊非易事。反之它更适合以鲜明特殊性的个案来以身说法。马克思这里阐明的不是别的，正是物质生产的发展同文化生产的不平衡关系。经济基础在社会生活中固然发挥着决定性作用，但是文化生产的古典想象，可以远高于现代资本主义的物质文明。这是马克思主义文化思想缺一不可的两个方面。任何非此即彼、偏执一端的做法，不但在理论上片面不可取，在实践上也会带来始料不及的恶果。

　　故一个显见的事实是，文化作为一种意识形态，本身就对基础结构具有能动的形构作用。事实上，马克思发现资本主义的生产方式，并不十分适合于文化的发展。或者说，它不见得就是产生优秀文化的良好土壤。如紧接上文马克思又不无讽刺地反问道，在罗伯茨公司面前，武尔坎又在哪里？在避雷针面前，朱庇特又在哪里？在动产信用公司面前，海尔梅斯又在哪里？武尔坎是罗马神话中的火神，朱庇特是最高神，海尔梅斯是神使。资本主义的发展在马克思看来，与光辉灿烂的古代文化似乎是格格不入。所以火药与枪弹一经发明，阿基里斯的勇武变得毫无意义。《伊利亚特》是荷马一班行吟诗人口口传唱形成的。活字印刷的发明，随着传播媒

---

　　① 马克思：《〈政治经济学批判〉导言》，《马克思恩格斯选集》第2卷，人民出版社，1995年，第28页。

介的革命性改变，当初的原生态也就难以为继。马克思甚至担心随着印刷机的出现，歌谣、传说和诗神缪斯都要绝迹，因而史诗的必要条件势将消失不再。可是希腊艺术为什么还是高不可及的艺术范型？事实上马克思并没有用作为基础的物质生产来最终说明这个问题：“但是，困难不在于理解希腊艺术和史诗同一定社会发展形式结合在一起。困难的是，它们何以仍然能够给我们以艺术享受，而且就某方面说还是一种规范和高不可及的范本。”①

精神生产与物质生产大体同步发展固不待言，困难的是，我们如何来解释希腊艺术何以至今还是一种规范和高不可攀的范本。作为它的武库和土壤的希腊神话已经一去不返，但是希腊艺术何以永远让后代人顶礼膜拜？马克思承认艺术的繁盛时期同社会的一般发展实际上不成比例，而且态度坚决，认为这是公理。艺术“因而也决不是同仿佛是社会组织的骨骼的物质基础的一般发展成比例的”。这几乎就是釜底抽薪，不但基本上否定了经济，而且基本上否定了基础决定论。

马克思的解答是，希腊艺术的魅力是永久的，今天回过头来看希腊艺术，有一种成年人反顾儿童天真的愉快。再现儿童的天真是魅力的一个原因而不是全部原因，但是有一点可以肯定，这就是精神生产的自足性于此得到了精彩的表达，它具有超越历史和超越国界的层面，它的魅力并不仅仅在于反映了一个时代，一种社会生活。自温克尔曼《古代艺术史》（1764）以温暖气候、城邦民主制等自然环境和社会环境来解析希腊艺术，将之归结为高贵的单纯，静穆的伟大，无条件膜拜希腊艺术几乎成为欧洲文化的一种集体无意识。它影响到黑格尔，同样也影响到马克思。人类都有童年时代，各大文明都有光辉灿烂的古代文化。对于19世纪的欧洲而言，两河流域的古巴比伦文明、古埃及文明，特别是基督教继承下来的希伯来文明，都不是陌生的世界。但是马克思独独以希腊人为正常的儿童，由此来解释希腊艺术的永久魅力。这未必是一个世界主义的视野，它恰恰反过来说明，是时不遗余

① 马克思：《〈政治经济学批判〉导言》，《马克思恩格斯选集》第2卷，人民出版社，1995年，第29页。

力树立古希腊黄金时代形象的各类"文化史"，影响何其深广。

由是观之，"生产"作为马克思社会理论的一个核心概念，就不应该仅仅定位在"基础"之中，不应该仅仅把它看作一个物质范畴。精神生产因此不仅是一种比喻，而且具有文化创造的一切含义，涉及知识、思想、想象、技能、判断等等多不胜数的人文因素。《1844年哲学经济学手稿》中，马克思关于蜜蜂和建筑师的比喻众所周知。马克思这个譬喻的含义，毋宁说便是劳动的形式就是文化的形式。蜘蛛织网有似织工，蜜蜂修筑蜂房叫许多建筑家自叹不如。但是最蹩脚的建筑师盖出的房子，也胜过巧夺天工的蜂房，因为建筑师在盖起房子之前，心里就有了一个蓝图，所以它是自由的创造。要之，精神生产固然反映了特定的社会生活，但是就像建筑师心里的蓝图，它积极参与了社会生产的更进一步发展。可以说，没有文化就没有生产。文化并不是存在于社会物种生活过程之外的什么东西，而是层层渗透进了它的基础结构。物质生产作为一种生产活动，总是发生在一个特定的文化框架内部。它永远不是孤立的。而文化框架本身亦是一种过程，它所促生的价值和目的，对于物质基础的生产来说，其重要性应当说无论如何强调也不为过。

因此，如果我们说生产永远是在文化框架的内部进行，这并非言过其实。生产如此，政治和权力亦然。马克思在他的早期著作中，即已看到资本主义生产方式具有一种革命性动力，因为它打破旧传统，把刻板僵硬的社会关系转化成更具流动性和开放性的形式。这也就是所谓的现代性。人类社会的历史发展产生了新的制度、新的阶级和新的政治，在这一过程中，文化对于应财产和权力分配等等之需形成的国家机器的构成，发挥着至为关键的作用。一个存在不稳定因素、存在潜在危机的社会，必然需要一种统治意识形态模式来对社会起到整合作用。此一意识形态模式提供的价值系统，其主要的功能就是维护社会的统一和稳定。这意味人类社会的历史发展之中，文化是一个势在必然、举足轻重的机制，是社会整合的基础所在。没有文化就没有生产。

第四章　意识形态理论

马克思和恩格斯的意识形态理论，是两人文化思想的另一个核心组成部分。就意识形态（ideology）一语作词源考，这个词被公认是拜18至19世纪法国启蒙哲学家特拉西伯爵所赐。1817年至1818年间，他出版了《意识形态初步》（Eléments d'idéologie）五卷，这是他先前相关专论的一个总结。特拉西秉承了洛克的唯物主义经验论与孔狄亚克的感觉主义心理学，有意造出"意识形态"一词，期望能对人性有更进一步的确切说明。从字面上看，意识形态不过是指"观念的科学"，但实际上，特拉西恰恰是希望能更多从生理学而不仅仅是心理学的角度，来重新审度人性。立足于孔狄亚克的感觉主义，特拉西将精神生活分为四个层面：知觉、记忆、判断和意愿。其中知觉是此时此刻神经末端引发的感觉，记忆是以往经验刺激神经的结果，判断是不同感觉之间的知觉，意愿是欲望的体验，所以也是一种感觉。从而最终将人类的认知活动，还原为神经系统对外界的反应。更具体说，意识形态即观念学，将被视为动物学的一个组成部分。唯其如此，意识形态作为观念的科学，可望摆脱以往太过强烈的形而上学色彩，成为自然科学的一个部分。

一、虚假的意识

《意识形态初步》原本今已难觅。但这样一种感觉唯物主义认知哲学，背靠动物学来定位意识形态，在今天看来或许是落落寡合，但是它确实也就是特拉西当年树起"意识形态"旗帜的一个基本视域。换言之，意识形态这个概念在其诞生之初，本义是出于建立一种客观科学的期望。这与它后来沦落为虚假意识和烦琐形而上学的代名词，甚至资本主义国家镇压机器的帮凶，很显然是截然不同的。而特拉西，正是通过将观念还原为感觉经验，反对宗教偏见，使观念成为一门科学，由此开启了意识形态的历史。

但是意识形态终究是"观念"的历史，终究会重归形而上学。拿破仑不齿是时几乎跻身法国主流哲学的意识形态高论，斥之为无稽之谈，亦多为学界申引。事实上拿破仑压根没觉得意识形态同科学有什么干系，反之毫不含糊斥之为不着边际的形而上学。拿破仑说：

> 正是由于这些意识形态空论家（ideologues）的教条——这种繁琐的形而上学费尽心思地认为寻找到了事物的第一因，并以此为基础为各民族立法，而不是使法律契合那些出自人类心灵和历史教训的知识——我们美丽的法兰西才不得不承受所有这些灾难。[①]

由此可见，拿破仑对意识形态是不屑一顾的，认为除了头脑发热的追随者，它说服不了任何人。总体上看，到马克思和恩格斯写作的19世纪，意识形态的形象是灰头土脸的，它是科学的对立面，是天马行空、不着边际的形而上学，即旧哲学。这个判断很大程度上直接来自马克思和恩格斯的《德意志意识形态》。该书第一章开篇就说："正如德意志意识形态家们所宣告的，德国在最近几年里经历了一次空前的变革。"[②] 这里的"意识形态家"指的就是彼时以青年黑格尔派为主要代表的德国哲学，它的特点是夸夸其谈，流连于纯思想批判，绕开反对资产阶级现存制度的实际斗争。"意识形态家"的原文是ideologe，1972年版的《马克思恩格斯选集》中译作"思想家"，1995年《马克思恩格斯选集》新版，改译"玄想家"，是以2009年出版的《马克思恩格斯文集》中有一个注释，说明既然ideologe这个词是由ideologie即意识形态派生出来的，为保持这两个词译法的一致性，故将"思想家""玄想家"改译为"意识形态家"。在马克思和恩格斯看来，彼时此种颠倒意识与

① 转引自雷蒙德·威廉斯：《马克思主义与文学》，王尔勃、周莉译，河南大学出版社，2008年，第61页。

② 马克思、恩格斯：《德意志意识形态》，《马克思恩格斯文集》第1卷，人民出版社，2009年，第512页。

存在的哲学，就是"德意志意识形态"。

关于意识与存在的关系，马克思和恩格斯的表述是，思想、观念和意识的生产，最初是和人们的物质活动以及现实生活的语言交织在一起的。所以存在决定意识：

> 意识在任何时候都只能是被意识到了的存在，而人们的存在就是他们的现实生活过程。如果在全部意识形态中，人们和他们的关系就像在照相机中一样是倒立呈像的，那么这种现象也是从人们生活的历史过程中产生的，正如物体在视网膜上的倒影是直接从人们生活的生理过程中产生的一样。①

存在决定意识自不待言。问题是，在马克思和恩格斯看来，意识形态作为"被意识到了的存在"，其反映的现实生活是倒立成像的。换言之，它是对真实世界的扭曲、遮蔽和变形。是以得出意识形态是虚假的意识、颠倒的意识这一结论，势所必然。

马克思和恩格斯紧接着指出，德国哲学是从天上降到地上，但是他们宁可反过来从地上升到天上，脚踏实地，而不是从所言所思的观念出发。所以：

> 我们的出发点是从事实际活动的人，而且从他们的现实生活过程中还可以描绘出这一生活过程在意识形态上的反射和反响的发展。甚至人们头脑中的模糊幻象也是他们的可以通过经验来确认的、与物质前提相联系的物质生活过程的必然升华物。因此，道德、宗教、形而上学和其他意识形态，以及与它们相适应的意识形式便不再保留独立性的外观了。它们没有历史，没有发展，而发展着自己的物质生产和物质交往的人们，在改变自己的这个现实

---

① 马克思、恩格斯：《德意志意识形态》，《马克思恩格斯选集》第1卷，人民出版社，1995年，第72页。

的同时也改变着自己的思维和思维的产物。不是意识决定生活，而是生活决定意识。[①]

《德意志意识形态》中这段关于意识形态的著名文字，给予意识形态的说明很显然是相当负面的。意识形态没有独立的外观，没有历史，没有发展，完全因"发展着自己的物质生产和物质交往的人们"在头脑中响应生活和世界，方得其形状。但是另一方面，作为出发点的"从事实际活动的人"，诚如马克思的一贯立场，很难仅仅被界定在物质生活过程之中。由此留下的阐释空间，我们可以说，意味着作为基础的物质生活中间，同样包含着精神的生产。

值得注意的是马克思和恩格斯这里所言的意识形态，首先指的是道德、宗教、哲学这三大精神生活领域，然后波及其他。再伸延下去，则有与主流意识形态相适应的，深入我们日常生活方方面面的各种"意识形式"。虽然，马克思与恩格斯强调考究意识形态与现实生活的关系，不宜将意识看作有生命的个人，反之应当从有生命的个人出发，将意识仅仅看作是他们的意识而已。但问题是人从来就不是处在离群索居、与世隔绝状态之中，而必然是处在能动的生活过程之中。所以在马克思恩格斯看来，历史固然不可能像唯心主义者所认为的那样，完全是主体的想象活动，反过来也不可能像经验主义者认为的那样，纯粹是僵死事实的搜集。简言之，意识形态不应当是空洞的空话，它必为真正的知识所取代。

恩格斯1893年在给弗·梅林的信中，有一段著名的话多被人援引，被视为以意识形态为虚假意识的代表性表述：

> 意识形态是由所谓的思想家通过意识、但是通过虚假的意识完成的过程。推动他的真正动力始终是他所不知道的，否则这就不是意识形态的过程

---

① 马克思、恩格斯：《德意志意识形态》，《马克思恩格斯选集》第1卷，人民出版社，1995年，第73页。

了。因此，他想象出虚假的或表面的动力。因为这是思维过程，所以它的内容和形式都是他从纯粹的思维中——不是从他自己的思维中，就是从他的先辈的思维中引出的。①

恩格斯这里是在马克思去世以后，重申他和马克思的基本立场。如他所言，人们首先是从经济事实出发，然后引出政治、法律等意识形态观念，进而付诸行动。恩格斯称这是一条必由之路。问题在于人们这样做的时候，往往顾及内容却未能顾及形式，即意识形态是如何产生的，是以有上面这段著名的话。"所谓的思想家"无疑是指莱比锡大学教授保尔·巴尔特等与马克思和恩格斯同时代的一批与马恩隔阂较深的德国哲学家。在恩格斯看来，这批德国哲学家的哲学脱离实际，从思辨到思辨，而且他们觉得这是理所当然的。就像恩格斯紧接着所言，他们一心以为哲学是因思维所生，却不去进一步追究它更为遥远的物质生活根源。这样一种脱离生活、脱离存在构筑起来的意识形态，即为"虚假的意识"。恩格斯的这一解释，表面上看，正是呼应了早年马克思恩格斯《德意志意识形态》中的意识形态批判立场。

二、意识形态的发展与消亡

《资本论》中马克思也谈到过意识形态问题。第1卷第1章的一条注释中，马克思重申了他1859年的著作《政治经济学批判》中的立场：

在那本书中我曾经说过，一定的生产方式以及与它相适应的生产关系，简言之，"社会的经济结构，即有法律的和政治的上层建筑竖立其上并有一定的社会意识形式与之相适应的现实基础"，"物质生活的生产方式制约着

① 恩格斯：《致弗·梅林》，《马克思恩格斯选集》第4卷，人民出版社，1995年，第726页。

整个社会生活、政治生活和精神生活的过程"。可是据上述报纸说，这一切提法固然适用于物质利益占统治地位的现今世界，但却不适用于天主教占统治地位的中世纪，也不适用于政治占统治地位的雅典和罗马。①

马克思这里是在回应《政治经济学批判》一书出版后遭到的非议。"上述报纸"指的应是在美国波士顿发行的一家德文报纸《先驱报》，该报1859年7月12日刊出匿名文章《卡尔·马克思先生》，讽刺《〈政治经济学批判〉序言》中的著名观点太为离谱，是"一种女人的情绪推翻了一个王国"②。马克思是以在日后的《资本论》中有如上答复。马克思指出，宗教和政治诚然是中世界和古希腊罗马的两种主导意识形态，但是它们并不能用来吃饭，直接解决生计问题。例如稍微对罗马共和国的历史有所了解的人，就会明白地产的历史构成了罗马的秘史。从另一方面说，堂吉诃德自以为游侠替天行道，可以并存于一切社会经济形式，其爆出的笑料亦为人所周知。换言之，他是中世纪骑士精神的化身，到生产关系发生巨大变革的文艺复兴时代，这种精神就是明日黄花了。

这里涉及意识形态的具体内容和与时俱进的问题。上文中，与现实基础相适应的一定社会的"意识形式"，并不包括"法律的和政治的上层建筑"，它们的关系大体是平行的。前者作为意识形态一般观念的各种具体化形式，更多侧重文化和思想层面；后者体现的则是国家机器的威权。在后代马克思主义文化理论中，意识形态与上层建筑每每被重合阐释，时而又分立开来。如上所述，考虑到马克思使用上层建筑和基础这两个形象来说明物质生活与精神生产的关系，首先是一种比喻，这里就具体概念的纠缠分析应无多大意义。假如认同意识形态最终可与"上层建筑"

① 马克思：《资本论》第1卷，《马克思恩格斯文集》第5卷，人民出版社，2009年，第100页。

② 马克思：《资本论》第1卷，《马克思恩格斯文集》第5卷，人民出版社，2009年，第906页。

并提。那么很显然，它大体包含这样三层内涵：一、以法律和政治为代表的国家机器；二、以哲学、宗教与艺术为代表的观念和文化传统；三、与时俱进的时代内容，即作为统治阶级的主导思想。

马克思这样分析了意识形态的时代特征：同是在《资本论》中，他指出，商品社会中，生产者将自己的产品视为商品，当作价值对待，由此其私人的劳动升格为抽象的、普遍的人类的劳动，对于这一社会形态而言，崇拜抽象人的基督教，特别是资本主义时代的新教等，就是最适当的宗教形式。在古代亚细亚和希腊社会，商品意识淡薄，尚居于隶属地位，则流行自然宗教与民间宗教。而一旦人与人之间、人与自然之间的关系变得极其清晰明白而且合理，即是宗教的消亡之日。换言之，"只有当社会生活过程即物质生产过程的形态，作为自由联合的人的产物，处于人的有意识有计划的控制之下的时候，它才会把自己的神秘的纱幕揭掉"[①]。 这是预言当我们进入物质基础极大丰富起来的共产主义社会后，宗教这一主导意识形式，势将失去它存在的土壤。马克思的这一观念，很大程度上是呼应了他青年时代《〈黑格尔法哲学批判〉导言》中的著名判断：宗教的苦难既是现实苦难的表现，又是对现实苦难的抗议，宗教是人民的鸦片。而现代社会中，"对宗教的批判变成对法的批判，对神学的批判变成对政治的批判"[②]。

不光宗教，哲学也可以消亡。在《〈黑格尔法哲学批判〉导言》中马克思指出，正如古代民族是在想象和神话中经历了自己的史前史，德国人是在思想和哲学中经历了自己的未来的历史。而当批判的锋芒不是指向现实历史，反之是指向哲学的时候，马克思强调说，除了在黑格尔著作中得到最系统表述的德国法哲学和国家哲学，总体上看德国哲学比起英法这些"先进"国家的哲学整个儿是落后了一截。

① 马克思：《资本论》第1卷，《马克思恩格斯文集》第5卷，人民出版社，2009年，第97页。

② 马克思：《〈黑格尔法哲学批判〉导言》，《马克思恩格斯文集》第1卷，人民出版社，2009年，第4页。

即它不是如后者那样仅仅是同现代国家制度实际分裂，而是认为压根就不存在这种制度。是以它的批判，难免是天马行空，纸上谈兵。故而：

> 德国的实践政治派要求对哲学的否定是正当的。该派的错误不在于提出了这个要求，而在于停留于这个要求——没有认真实现它，也不可能实现它。该派以为，只要背对着哲学，并且扭过头去对哲学嘟囔几句陈腐的气话，对哲学的否定就实现了……一句话，你们不使哲学成为现实，就不能够消灭哲学。①

马克思支持是时德国实践政治派否定哲学的要求，唯反对此一要求流于空谈，认为其没有从德国的社会实践出发来达成这一目标，因为"你们不使哲学成为现实，就不能够消灭哲学"。这个观点无论如何是意味深长的。同理，对于实践派的对立面理论政治派，马克思的评价是，这一派别虽然起源于哲学，但是反过来只看到哲学同现实世界的批判斗争，却没有意识到哲学本身是这个世界的观念性补充。说到底，"该派的根本缺陷可以归结如下：它以为，不消灭哲学，就能够使哲学成为现实"②。

哲学的消灭由是观之，可以说是马克思批判哲学的策略之需。马克思的一个著名口号是，批判的武器不能替代武器的批判，物质的力量只能用物质力量来摧毁。但这并不意味包括哲学和宗教在内的意识形态批判无足轻重。诚如紧接着马克思所言："理论一经掌握群众，也会变成物质力量。"③而理论的解放，最终将落实到

---

① 马克思：《〈黑格尔法哲学批判〉导言》，《马克思恩格斯文集》第1卷，人民出版社，2009年，第9—10页。

② 马克思：《〈黑格尔法哲学批判〉导言》，《马克思恩格斯文集》第1卷，人民出版社，2009年，第10页。

③ 马克思：《〈黑格尔法哲学批判〉导言》，《马克思恩格斯文集》第1卷，人民出版社，2009年，第11页。

人本身上面。唯其如此，意识形态将不复是云里雾里的高谈阔论，而将成为革命实践的直接组成部分。

三、统治阶级的思想

马克思和恩格斯的意识形态论述对文化理论的最大贡献，是提出了统治阶级的思想在每一时代都是占统治地位的思想这一命题。它集中见于《德意志意识形态》中的这一段话：

> 统治阶级的思想在每一时代都是占统治地位的思想。这就是说，一个阶级是社会上占统治地位的物质力量，同时也是社会上占统治地位的精神力量。支配着物质生产资料的阶级，同时也支配着精神生产资料，因此，那些没有精神生产资料的人的思想，一般地是隶属于这个阶级的。占统治地位的思想不过是占统治地位的物质关系在观念上的表现，不过是以思想的形式表现出来的占统治地位的物质关系；因而，这就是那些使某一个阶级成为统治阶级的关系在观念上的表现，因而这也就是这个阶级的统治的思想。[1]

这段文字的理解同样困惑了我们很长时间。过去一个流行的看法，包括法兰克福学派和阿尔都塞的结构主义马克思主义等，倾向于认为不论是意识形态还是阶级统治的概念，都是一元性的，故统治意识形态就是铁板一块，内部没有矛盾。文化作为支撑资产阶级阶级规则，并将其合法化的意识形态，意味着维持社会整合性的那些为人普遍接受的共通价值，不是来自"下面"，而是来自"上面"，来自生产并且传布意识形态的机制和制度，如教会、国家和教育等等。就此而言，资本主义社会的主流文化是一个高度集中、统一的社会概念，意识形态价值即从此一中心中

① 马克思、恩格斯：《德意志意识形态》，《马克思恩格斯选集》第1卷，人民出版社，1995年，第98页。

流出。多元的、对抗的，以及自足的文化领域，在这里都没有市场。文化由此被吞没在社会和经济力量之中，被视为一种被动的反映，是为"意识形态黏合剂"。这样一种观点，就把意识形态还原到阶级利益的辩护上来。马克思的意识形态批判理论，最终被还原到资本主义经济利益动因的批判上面。

但马克思本人著作中频频出现的辩证模式，足以澄清一切把这段话看作统治阶级内部思想铁板一块的误解和曲解。如马克思在他的历史研究中，就充分认识到统治阶级内部的重重矛盾和利益分歧，可以导致物质资源、思想和文化上的严重冲突。互为冲突的不同思想并存在社会之上，即便一种思想占据统治地位，却并不排除其他不同观念的活跃存在。这意味着控制物质生产的社会阶级可以同样控制精神生产，但未必能够直接控制一切文化形式。这不但因为统治阶级内部的矛盾从来没有平息过，而且占据统治地位的意识形态，时时面临来自外部的挑战。诚如紧接上文马克思和恩格斯指出，构成统治阶级的个人也都具有各自不同的意识，他们是作为思维着的人在进行统治的。这里两人是将统治阶级本身和统治阶级的思想区分开来：

> 他们调节着自己时代的思想的生产和分配；而这就意味着他们的思想是一个时代的占统治地位的思想。例如，在某一国家的某个时期，王权、贵族和资产阶级为夺取统治而争斗，因而，在那里统治是分享的，那里占统治地位的思想就会是关于分权的学说……[①]

进而视之，如果完全不考虑这些思想的基础即个人和历史的环境，那么就可以说，例如，在贵族统治时期占统治地位的是忠诚信义等等，在资产阶级统治时期占统治地位的则是自由平等等等。而且一个显见的趋势是统治阶级的思想愈来愈抽象且普遍化。即是说，虽然每一个企图取代旧统治阶级的新阶级，为了达到自己目

---

① 马克思、恩格斯：《德意志意识形态》，《马克思恩格斯选集》第1卷，人民出版社，1995年，第99页。

的，不得不把自己的利益说成是社会全体成员的共同利益，赋予自己的思想以普遍的形式，但是在抽象化和普遍化的表象之下，实质永远是分歧而不是铁板一块。

意识形态作为统治阶级的主导思想，它的阐释实际上便也与"虚假的意识"渐行渐远。因为资产阶级固然有它推翻封建统治构筑起来的意识形态，同时赋予它毋庸置疑的普世价值，如法国大革命鼓吹的自由、平等、博爱。无产阶级一旦推翻资产阶级，建立自己的政权，同样会悉心经营自己的意识形态。意识形态由是观之，很大程度上正可与日后葛兰西通力阐发的霸权或者说领导权理论相通。它本身不复是一个贬义语词，其内涵将取决于它的民族和阶级属性。这如《德意志意识形态》所言的意识形态作为与时俱进的某个特定民族的政治、法律、道德、宗教，以及形而上学语言中的精神和文化生产，同此一民族的想象、思维和精神交往一样，都是物质行动的直接产物。更具体说，它们是劳动分工的产物：

KARL MARX

马
克
思
主
义
文
化
理
论
发
展
史

> 分工起初只是性行为方面的分工，后来是由于天赋（例如体力）、需要、偶然性等等才自发地或"自然形成"分工。分工只是从物质劳动和精神劳动分离的时候起才真正成为分工。从这时候起意识才能现实地想象：它是和现存实践的意识不同的某种东西；它不用想象某种现实的东西就能现实地想象某种东西。从这时候起，意识才能摆脱世界而去构造"纯粹的"理论、神学、哲学、道德等等。[①]

马克思和恩格斯这里所说的"纯粹的"理论、神学、哲学、道德等，作为意识形态最一般的观念形式，其发生点被定位在物质劳动和精神劳动的分工上面，这是承续了古希腊亚里士多德之后的认识论传统。《形而上学》卷一第一章说，在被发现的越来越多的知识中，有一些是为生活所必需，有一些则供消磨时间。两者比

---

①　马克思、恩格斯：《德意志意识形态》，《马克思恩格斯选集》第1卷，人民出版社，1995年，第82页。

较，人们普遍认为后一种知识更见出智慧，因为这些知识并不是为了实用。故此：

> 只有当所有的实用发明已经具备，那些既不是旨在提供快乐，也不是为满足生活必需的知识，才能得以发现，而它们首先是见于人们开始拥有闲暇的国度。这也是为什么数学类知识是在埃及奠立，因为在那里允许僧侣阶层休闲自得。[①]

亚里士多德这段话可视为一段序曲，映照出马克思和恩格斯如何立足劳动分工，进而想象，来谈论意识可以摆脱实际功利需要而自立体统。在这里，虚假的意识也好，统治阶级的思想也好，一切都显得无关紧要，紧要的是意识可以凭借想象出来的世上本不存在的事物，促进人类在实践中日渐丰富起来的想象机能，来给意识自己营造丰富多彩的精神世界。诚如亚里士多德上文所言，数学知识发端于埃及，是因为埃及出现了可以休闲自得的僧侣阶级。用柏拉图《理想国》中著名洞寓的术语来说，那些面壁囚徒，在错将眼前幻影当作真实的愚昧状态中，当无与观念世界结缘的福分。

分工不但导致意识形态的缘起，将精神生产与物质生产区分开来，甚至，这一分野同样进入了统治阶级内部，从而有了思想家和实干家的区别。马克思和恩格斯指出：

> 因此在这个阶级内部，一部分人是作为该阶级的思想家出现的，他们是这一阶级的积极的、有概括能力的玄想家，他们把编造这一阶级关于自身的幻想当作主要的谋生之道，而另一些人对于这些思想和幻想则采取比较消极的态度，并且准备接受这些思想和幻想，因为在实际中他们是这个阶级的积

① Aristotle, *Metaphysics*, 982a, English trans. C. D. C. Reeve, Indianapolis: Hackett Publishing Company, 2016, p. 4.

极成员，很少有时间来编造关于自身的幻想和思想。[①]

　　思想家不仅提供思想，而且提供幻想。思想家不是在推行愚民政策，因为他们所编织的思想和幻想是由同一阶级不善思想的积极成员予以发扬光大的。而在这个发扬光大的过程中，统治阶级的思想和幻想，换言之，意识形态，将被赋予普遍化的形式，成为全民接受的普世观念："这在观念上的表达就是：赋予自己的思想以普遍性的形式，把它们描绘成唯一合乎理性的、有普遍意义的思想。"[②]资产阶级的文化领导权是这样确立的，应无疑问，无产阶级同样可以仿效。

　　由此可见，把意识形态限制在阶级或经济利益的范域之中，应当说并不是马克思的本意。马克思恩格斯的基础与上层结构理论，以及他们的统治思想的理论，作为两人文化思想的核心部分，并非互不相容。两者都没有否认文化一方面是具有创造力的正面价值，一方面又体现着资本主义的拜物教。同时两者都坚持文化是一种意识形态，它受物质现实所制约，但是反过来看，它对经济基础的影响和作用，无论如何强调，亦不为过的。恩格斯1890年10月致康·施密特的信中，那一段著名的话足以说明问题：

　　　经济关系反映为法的原则，同样必然是一种头足倒置的反映。这种反映是在活动者没有意识到的情况下发生的；法学家以为他是凭着先验的原理来活动的，然而这只不过是经济的反映而已。这样一来，一切都头足倒置了。而这种颠倒——在它没有被认识以前构成我们称之为意识形态观点的那种东西——又对经济基础发生反作用，并且能在某种限度内改变经济基础，我认

---

　　① 马克思、恩格斯：《德意志意识形态》，《马克思恩格斯选集》第1卷，人民出版社，1995年，第99页。

　　② 马克思、恩格斯：《德意志意识形态》，《马克思恩格斯选集》第1卷，人民出版社，1995年，第100页。

为这是不言而喻的。[①]

　　意识形态不但反作用于经济基础，而且某种程度上可以改变经济基础，恩格斯认为这是个不言而喻的公理，事实上在日后的社会学阐释中，大都已经去掉了"某种限度内"这个修饰语。文化作为生产力，不光是特定基础的反映，同时也毫不含糊地在引领经济基础发生变革。诚如恩格斯接下来所言，那些更高地悬浮在空中的意识形态领域如宗教和哲学，换言之，比较法的原则更为抽象且形而上的观念形态，虽然都起源于史前愚昧时代对自然的恐惧、对灵魂的迷惑一类"虚假观念"，但是要给这一切原始状态的愚昧寻找经济上的发生动因，那就是太迂腐了。

　　① 恩格斯：《致康·斯密特》，《马克思恩格斯选集》第4卷，人民出版社，1995年，第702页。

第二编　从第二国际到列宁主义

　　第二国际是相对于第一国际而得名的。1864年，英、法、德、意4个欧洲发达国家的工人代表在伦敦成立"国际工人联合会"（International Workingman's Association），此即第一国际。马克思代表德国工人出席了国际成立大会，后来成为实际上的真正领袖。1871年巴黎公社失败之后，新的历史形式下第一国际渐趋衰微，民族国家建立自己的社会主义政党被提上日程。1876年，第一国际在美国费城举行的代表会议上，正式宣布解散。

　　第二国际诞生于1889年，是年法国大革命的纪念日7月14日，在巴黎召开了德、法、英、美、俄等22个国家393名代表参加的国际社会主义个人代表大会，它标志着第二国际的成立。大会通过了《劳工法案》，倡导8小时工作制，宣布5月1日为国际劳动节。但是第二国际没有发表过成立宣言和纲领性文件。为适应资本主义进入相对稳定发展阶段的历史特征，第二国际不复以各国工人政党上级自居，很长时间没有常设机构和共同规章，而是通过历次代表大会决议，给各国政党指引社会主义运动的方向。第二国际以资本主义内阁支持政府拨款，各国社会党热衷帮助政府参加

"一战"为标志，开始走向解体。列宁在得知1914年8月4日德国社民党议员在德国国会投票通过军事预算案的消息后，当即宣布，第二国际已死，第三国际万岁！虽然，1920年7月原第二国际社会党领袖在日内瓦开会，正式在组织上恢复第二国际，但是明显右倾的第二国际此时已是强弩之末，已经无力同俄国担纲首领的第三国际分庭抗礼了。

第二国际的成立很大程度上系恩格斯大力促成，其文化思想虽然尚还处在萌芽阶段，但是马克思和恩格斯的影响始终如一地延续下来了。第二国际除了有李卜克内西、倍倍尔这样身体力行的革命家，还有伯恩斯坦、考茨基、普列汉诺夫、罗莎·卢森堡等一大批理论家。一方面，在与伯恩斯坦修正主义的论争中，"正统"马克思主义的理论立场开始形成；另一方面，围绕经济基础和上层建筑，以及意识形态的话题，马克思主义的文化思想也有了更进一步的阐释和发展。马克思主义不是一种时尚，1890年8月27日恩格斯致拉法格信曾经说道："所有这些先生们都在搞马克思主义，然而他们属于10年前你在法国就很熟悉的那一种马克思主义者，关于这种马克思主义者，马克思曾经说过：'我只知道我自己不是马克思主义者。'"① 由此可见，早在马克思和恩格斯生平，两人对是时被恩格斯称为学理主义和教条主义态度的马克思主义热情，已经极不以为然。两人更愿意它能够成为行动的指南。这可见，马克思主义自它诞生之初，就具有巨大的与时俱进的阐释空间。马克思主义文化理论的发展脉络，无疑亦当作如是观。

罗莎·卢森堡撰于1903年的《马克思主义的停滞与进步》一文中，有一段可以代表这一时期正统马克思主义的文化思想。卢森堡指出，工人阶级不仅长于斗争实践，而且如恩格斯所言，它是今天唯一保持了理论兴趣的阶级。工人阶级的求知欲是当代最重要的文化现象。而从精神上说，工人的斗争意味着社会的文化革新。那么，什么是文化，特别是阶级社会中的文化？卢森堡的回答是："每一个阶级社会

---

① 恩格斯：《致保·拉法格》，《马克思恩格斯选集》第4卷，人民出版社，1995年，第695页。

中的精神文化即科学和艺术都是统治阶级的创造物，其目的部分是满足社会过程的需要，部分是满足统治阶级成员的精神需要。"①

比较马克思和恩格斯著作中文化与文明基本同义的普遍用法，文化的概念已经开始变得更为明晰起来。虽然文化这里对科学和艺术一视同仁，可视为广义上精神生产的同义语，但是第二国际的其他马克思主义理论家如考茨基，已经在分辨精神生产中科学和艺术的不同应对策略。而一切阶级社会中的文化都是统治阶级的文化，这个正统马克思主义著名的文化命题，将在两年后列宁的文章《党的组织和党的出版物》中，得到最为系统也是最为正统的阐述。

值得注意的是，卢森堡还就新旧文化的交替过程发表了她的看法。她认为在建立文化领导权方面，工人阶级与资产阶级的处境和努力空间完全不同。她指出，处在上升地位的阶级，如法国的第三等级资产阶级，也能够在取得政权之前，首先在思想上获取统治地位。如此新兴阶级在自身处于被压迫阶级地位之时，就可以提出与没落阶级旧文化针锋相对的新文化来。但是无产阶级不同，在卢森堡看来，资本主义文化的渗透力是无所不在的。一无所有的无产阶级只要是生活在资本主义社会之中，就断无希望自动创造自己的精神文化。因为资本主义社会的经济基础，决定了这个社会内部不可能有资产阶级文化以外的任何其他文化。工人阶级用自己的双手创造了资产阶级文化的物质内容及其整个社会基础，然而也只能在这个制度和惯例内部，享受有限的文化自由。故而有人称无产阶级开始戴领带，用名片，这都表明了工人阶级在分享文明的进步，实在不足一道。卢森堡强调说，工人阶级只有从他们当前的阶级状况中完全解放出来，才有可能创造自己的文化。假如比较日后葛兰西将要提出的相关理论，我们可以说，卢森堡是暗示了文化霸权学说的初级阶段。

① 中共中央马克思恩格斯列宁斯大林著作编译局国际共运史研究室编：《卢森堡文选》上卷，人民出版社，1984年，第475页。

第五章　伯恩斯坦

第二国际的马克思主义文化思想，作为马克思主义主体理论的一个部分，同样很大程度上是围绕伯恩斯坦修正主义的论争展开的。

爱德华·伯恩斯坦（1850—1932）出生在柏林的一个犹太人工人家庭，16岁时，中学未及毕业就进了柏林银行当职员。1872年他加入德国社会民主党，同时追随拉萨尔主义。1874年，他参与写作《哥达纲领》。1875年，同倍倍尔和李卜克内西一道，联合拉萨尔派，在哥达筹备了"统一党国会"。伯恩斯坦此后在《一个社会主义者的发展过程》中说，他曾迷恋过杜林，特别是后者对社会主义中自由主义因素的有力强调，但是1877年，恩格斯反杜林连载论文发表后，他同杜林的个人关系开始疏远。1880年12月伯恩斯坦与倍倍尔到伦敦拜访马克思和恩格斯，次年起他担任德国社会民主党机关刊物《社会民主党人报》主编，直至1890年该报停刊。其间"恩格斯开始同我进行友好的书信来往，而在马克思活着的时候，恩格斯多半是受他的委托而写信的"[1]。恩格斯还指定他为遗嘱执行人之一。恩格斯逝世后，1896年至1898年，伯恩斯坦在考茨基主编的《新时代》上，发表了以《社会主义问题》为总标题的6篇文章，对马克思和恩格斯进行质疑。伯恩斯坦1899年出版的《社会主义的前提和社会民主党的任务》一书，被认为是第二国际修正主义的纲领。列宁曾经给予此书这样的评价："爱德·伯恩施坦的名著《前提》这样一部最平凡的作品，却具有显著的政治意义，它成了马克思主义内部的一个完全脱离马克思主义的流派的宣言。"[2]

---

[1]　伯恩施坦：《一个社会主义者的发展过程》，殷叙彝编：《伯恩施坦文选》，殷叙彝等译，人民出版社，2008年，第496页。

[2]　列宁：《我们的取消派》，《列宁全集》第20卷，人民出版社，1989年，第115页。

一、修正主义的提出

伯恩斯坦挑战的首先是马克思的历史唯物主义，他认为历史唯物主义很大程度上是来源于黑格尔的形而上学辩证法。进而将早期马克思主义与后期马克思主义区分开来，认为早期马克思主义著作，例如《共产党宣言》，具有强烈的布朗基主义暴力倾向。奥古斯特·布朗基曾经担任巴黎公社议会主席，不遗余力投身革命。不同于一般的空想社会主义者，布朗基屡败屡战，策动武装起义夺取政权。后来罗莎·卢森堡和伯恩斯坦，都也用布朗基主义的名义，指责过列宁。《社会主义的前提和社会民主党的任务》第一版序中，伯恩斯坦就提出《共产党宣言》对于现代社会发展一般趋势的描绘是正确的，但是具体结论则是错误的，如对于发展时间的估计。对于马克思主义的晚期形式，伯恩斯坦则表示支持，认为马克思晚年承认了在民主国家中，资本主义可以通过立法改革，和平过渡到社会主义，而不必非得求诸革命。在这里，上层建筑的改革就变得举足轻重了：

> 就政治上说，我们看到一切先进国家的资本主义资产阶级的特权一步一步地向各种民主制度让步。在这些制度的影响下，并且在日益活跃有力的工人运动的推动下，开始出现一种反对资本的剥削倾向的社会反作用，它在目前固然还是十分小心谨慎地摸索前进，但毕竟已经存在，而且将愈来愈使更多的经济生活领域受到它的影响。[1]

我们不难发现，伯恩斯坦这里实际上是在鼓吹一种文化决定论，相信政治、制度、法律和伦理，总而言之，上层建筑的改革，最终可以影响经济基础，替代暴力革命，完成向社会主义的过渡。诚如他接下来所言，对于资本家的剥削，工人阶级

---

[1] 伯恩施坦：《社会主义的前提和社会民主党的任务》，殷叙彝编：《伯恩施坦文选》，殷叙彝等译，人民出版社，2008年，第101—102页。

夺取政权，本身并不是最终目的，而只是实现一定目的的手段。这可见，说伯恩斯坦是进化论社会主义和修正主义的鼻祖，应是实至名归的。

伯恩斯坦自称他完全知道自己的许多观点违背了马克思和恩格斯的理论主张。他说，两人的著作曾经对他的社会主义思想产生过极大影响。特别是恩格斯一直与他保持私人友谊，而且在遗嘱中表明了对他一以贯之的信任态度。但是他之所以背离马克思和恩格斯的基本理论，实是他长年以来内心斗争的结果。甚至，他声称有证据表明，马克思和恩格斯本人随着时间的推移，也已经明显改变了自己的见解。十年之后，《社会主义的前提和社会民主党的任务》发行一万三千册版的序中，伯恩斯坦再次重申他写作此书的宗旨：工人阶级解放斗争的历史权利和目的不取决于任何现成公式，而是取决于此一阶级的历史存在条件和由此产生的经济的、政治的和道德的需要。工人阶级所必须实现的是理想，而不是教义。如果有人说这是"修正主义"，那么他不应当忘记，"马克思和恩格斯在他们当时也是修正主义者，他们是社会主义历史上所见到过的最大的修正主义者。任何一种新的真理，任何一种新的认识，都是修正主义"。

在1909年撰于柏林、根据同年4月在阿姆斯特丹一次讲演写成的《社会民主党内的修正主义》中，伯恩斯坦交代了"修正主义"这个名称的由来。他声明修正主义者的名称是别人强加给他的，并非他的自愿选择。进而引申道，宗教改革时期的新教徒、英国革命时期的教友派，甚至辉格党和托利党，最初都是骂人的意思，托利本义是强盗，辉格是酸牛奶的意思。但是它们最后都被人心平气和地接受下来。这样来看修正主义，还不是一个太糟糕的名谓。至于包括他在内的修正主义者有哪些特点，伯恩斯坦认为修正主义并不天生意味着与马克思主义对立，所谓但凡修正主义者，首先必是一个反马克思主义者，事实上这是任何一个修正主义者都担当不起的。那么，马克思主义的基本思想，在他这个头号修正主义者看来，又是什么呢？

伯恩斯坦指出，在马克思之前，社会主义者大抵流于空想，多多少少是些异想天开的人，要不就是一些改良主义者，对现存社会缺乏深刻的基本分析。马克思则恰恰相反，主张现代社会是一个发展着的有机体，具有自身的独特规律，既不能任意图谋改变，也不能任意把它僵化。至于社会发展的规律，1859年马克思的《〈政治经济学批判〉序言》对它作了最系统的概括。伯恩斯坦提请读者注意达尔文的《物种起源》也发表在同一年里，认为这两部著作完全可以相提并论。它们产生在同一历史时代，绝不会是巧合。两者的基本思想，也是表现了同样的精神。两位作者都放弃了求诸上帝，就像达尔文阐述了植物和动物的新形态和品种起源一样，马克思阐明了人类各个社会发展的历史。故马克思的功绩首先在于，作为社会发展的理论家，他追溯人类劳动手段的历史，将社会发展还原为生产工具的发展，而生产工具正是人类器官的延伸。

二、平衡经济与意识的"科学理论"

将达尔文的进化论与马克思主义并提，这也许是伯恩斯坦的创举。事实上源于达尔文的社会进化论虽然风靡一时，大有与马克思主义争锋并进的态势，包括考茨基同样也热衷于社会进化论，终究还是时过境迁，仅仅流于理论的传布和记忆。对于马克思的基本思想，即人类社会的历史就是一部反复进行的、不断采取新形式的历史，伯恩斯坦认为这很可能是给人作了片面的解释：

> 人们可能夸大了技术经济因素的决定力量；人们可能忘记了人类具有思维的头脑，忘记了思想和意识形态、道德和法权概念在一定程度上有着自己独特的发展，它们对于文化发展，甚至生产发展都是具有部分决定性的要素。人们可能十分片面地理解生产方式的概念，极其夸大了经济因素的影响。同样，人们可能从另一方面将马克思的历史观冲淡得黯然无色，把决定力量过多地归之于思想意识，过少地归之于经济因素。[①]

---

① 伯恩施坦：《社会主义党内的修正主义》，殷叙彝编：《伯恩施坦文选》，殷叙彝等译，人民出版社，2008年，第415—416页。

伯恩斯坦这里对于马克思主义所谓两种片面倾向的批评，其实并无新意。伯恩斯坦认为经济决定论是忽略了上层建筑的"部分决定性的要素"，但是他同时认为有些人反过来过度鼓吹思想意识的重要作用亦不可取，因为那是忽略了经济的决定地位。对于这样一种平衡论，事实上即使是不遗余力批判伯恩斯坦的"正统派"的马克思主义阵营，也无从辩驳。值得注意的是，伯恩斯坦在这里将文化发展与生产发展对举，以"文化发展"来表现整个精神世界的生产。相较马克思上层建筑和基础的比喻，文化的概念开始显得相对明晰起来。此外，伯恩斯坦这里所说的意识形态，同样有别于马克思和恩格斯笔下那种国家机器、统治阶级思想乃至上层建筑另一个名称的一般含义，而显然更多倾向于"观念的科学"这一意识形态的本义，是以同思想、道德和法权概念可以并列，一起组成了上层建筑的基本结构。不过，伯恩斯坦最终还是将社会发展的原动力定位到了马克思所说的物质基础上面，指出尽管思想有如此强大的生命过程，一般的法权观念等等的根源，最终还是在于经济关系、社会状态和构成社会的阶级性质。伯恩斯坦承认，这一点在彼时学界几成老生常谈，是鲜有人提出疑义的。

伯恩斯坦认为马克思和恩格斯是将社会主义从空中幻想拉回到了现实世界的坚实土地上来，两人故而将社会主义理论从思辨的演绎转移到了现实的归纳。为此他高度评价《资本论》，认为这是马克思思想成熟时期的结晶，与早年《共产党宣言》中的布朗基主义破坏热情完全不同。他引用了《资本论》中的以下两段话：

> 一个社会即使探索到了本身运动的自然规律——本书的最终目的就是揭示现代社会的经济运动规律，——它还是既不能跳过也不能用法令取消自然的发展阶段。

> 现在的社会不是坚实的结晶体，而是一个能够变化并且经常处于变化过

程中的有机体。①

这两段话中，伯恩斯坦特别用黑体字强调了"既不能跳过也不能用法令取消自然的发展阶段"，和"变化过程中的"两处文字，换言之，一是规律，二是变革。伯恩斯坦认为，这两段话分别表征了马克思主义的两条基本原理，前者意味着工人阶级以及任何一个其他阶级都不能随心所欲或按照哪一个现成公式来改造社会。重大的社会改革欲成为可能，必须改变社会的全部生活条件，必须达到一定的发展程度。后者意味着，社会主义变革的概念，于此同样有着确定的界限。伯恩斯坦据此陈述了他同考茨基的分歧：

> 任何修正主义者现在都承认马克思的这两条原理。的确，我乐于承认，修正主义者也许比马克思本人更加重视它们的意义和效力，并且无论如何比一些属于马克思学派但是在修正主义者看来形成了狭隘的马克思主义正统派的人更为重视，这些人认为马克思根据一定的历史前提提出的原理有着持久的教条的力量，而不是承认它只有相对的意义。在我们看来，以考茨基为主要代表的马克思主义正统派不懂得，如果实际发展同毕竟只是由理论预示的发展不相符合（这种情况是屡次发生的），那么以最初的假定为根据而得出的公式也必须改变。②

正统马克思主义派以考茨基和普列汉诺夫为主要代表。虽然，考茨基因为同伯恩斯坦相近的改良主义中派立场，以及"一战"时期的国家主义倾向和反布尔什维

① 马克思：《资本论》第1卷，《马克思恩格斯文集》第5卷，人民出版社，2009年，第9—10、10—13页。

② 伯恩施坦：《社会主义党内的修正主义》，殷叙彝编：《伯恩施坦文选》，殷叙彝等译，人民出版社，2008年，第421页。

马克思主义文化理论发展史

克革命的坚决态度，跟晚年的普列汉诺夫一样，曾被列宁指责为机会主义。伯恩斯坦同样耿耿于怀于普列汉诺夫激烈批判过他，反对自己强调资本主义发展是工人阶级发展的必要前提。他反唇相讥普列汉诺夫本人没有逃脱被本国革命者称为"俄国的伯恩斯坦"的命运。上面这段话，伯恩斯坦则是在反讥考茨基将马克思主义教条化，不是投身真正的科学理论。简言之，考茨基是回到了《共产党宣言》中已被马克思本人纠正的原理和思想，对马克思在发展顶峰时期所写的著作视而不见。

三、文化的作用

总体上看，伯恩斯坦更愿意强调社会主义运动中文化的潜移默化非暴力功用，虽然对于文化本身的分析，还未及提上日程。《什么是社会主义》等文献中，他曾多次重申，透过反动势力的抽搐挣扎，他看到阶级斗争本身采取愈来愈文明的形式，而他正是将阶级斗争即工人政治和经济斗争的这种文明化，看成实现社会主义的最好保证：

> 因此我希望，对于那些还不了解社会主义并且对它抱有成见的人，我的解释即使不能争取他们信仰社会主义，但至少可以使他们相信，社会主义是指一个巨大的文化运动，这是一个不可阻挡的运动。这一运动集中表现为一个巨大的政党，在工人中间扩大社会启蒙工作，启发对国民经济的需要的理解，启发对那些为了继续推动社会沿着社会进步的轨道前进所必须采取的措施的性质的理解，它正是通过这些而为整体谋福利的。如果没有这一运动，那么我们今天所得到的就不仅是革命，而且会有无政府状态以及和它相连的一切恐怖。[1]

---

① 伯恩施坦：《什么是社会主义》，殷叙彝编：《伯恩施坦文选》，殷叙彝等译，人民出版社，2008年，第473页。

马修·阿诺德的《文化与无政府状态》出版于1869年，距伯恩斯坦《什么是社会主义》这篇演讲文献的发表已经半个世纪过去。阿诺德写《文化与无政府状态》可视为对两年前通过的议会选举法修正法案中普及公民权内容的一个回应，是时围绕公民选举权的一个争议焦点，就是它是不是应当被及城镇中的工人阶级。在伯恩斯坦的时代，工人阶级的选举权固然已经不成问题，但是阿诺德《文化与无政府状态》一书中将文化定位在伟大人文传统的启蒙教育，将之与动乱暴乱的无政府状态对举，则无疑渗入了伯恩斯坦的进化论社会主义思想。阿诺德以社会主义为一个巨大的文化运动，推动社会沿着既定轨道前进，鼓吹启蒙，反对革命，避免无政府状态及其恐怖后果。这一切与伯恩斯坦本人多有批判的空想社会主义乌托邦何其相似。在山雨欲来风满楼的1818年，它显得不合时宜。

伯恩斯坦的修正主义立场遭到以罗莎·卢森堡为首的正统马克思主义者的激烈抨击。即便是伯恩斯坦的挚友考茨基，虽然一度不让普列汉诺夫在他主编的《新时代》上刊发攻击伯恩斯坦的文章，后来也转变立场，在1898年7月30日出版的《新时代》刊出普列汉诺夫的讲演稿《伯恩斯坦与唯物主义》，标志着欧洲社会主义刊物上第一篇批判伯恩斯坦修正主义文献的面世。考茨基编发了一系列著名文章，拉开同伯恩斯坦论战的理论大幕。卢森堡1899年出版《社会改良还是革命？》，对伯恩斯坦展开激烈批判。卢森堡指出，社会改良还是社会革命？这个标题乍一看来叫人惊奇：社会民主党并不反对社会改良，也并不将推翻现存制度的社会革命同社会改良对立起来，事实上两者之间有着不可分割的联系，为社会改良而斗争是手段，而社会革命是目的，问题是伯恩斯坦的修正主义将这两个要素对立起来，实质上是要取消社会革命，以社会改良来取代阶级斗争。卢森堡认为，伯恩斯坦鼓吹资本主义无须经历暴力革命，就可以通过经济、道德和文化的渐进提升，通过倡导自由主义，而和平渗入社会主义，但实际上这在阶级社会里是断无可能的。卢森堡说：

他（伯恩斯坦）想代表的是一般人类的、抽象的科学，抽象的自由主义，抽象的道德。但是因为现实社会是由阶级组成的，这些阶级有截然相反的利益、意图和观点，所以在社会问题上的一般人类科学、抽象的自由主义、抽象的道德暂时只是一种幻想，一种自我欺骗。伯恩斯坦所谓的一般人类的科学、民主和道德，只不过是统治者的东西，也就是说，是资产阶级的科学，资产阶级民主和资产阶级道德。[①]

卢森堡的批判除了比较坚持党性和阶级立场外，应当说是比较理性的。如她指出伯恩斯坦提倡的自由主义和抽象道德，"暂时"只是一种幻想，一种欺骗，换言之，它们不适用于阶级对立依然尖锐的第二国际时期的西欧各国。这也是事实。但是不是科学必分资产阶级科学和无产阶级科学，民主和道德必分资产阶级道德和无产阶级民主道德？概言之，我们是不是有判然两分的一种资产阶级文化，和一种无产阶级文化？对于这个问题，日后雷蒙·威廉斯将提出他的明确质疑。

第六章　普列汉诺夫

格奥尔基·瓦连廷诺维奇·普列汉诺夫（1856—1918），祖先是鞑靼人，父亲是退职上尉，母亲为别林斯基近亲后代。他19岁就参加民粹派组织，投身革命，24岁迫于沙俄政府搜捕，第二次逃亡欧洲，开始长达三十七年的流亡生活。这期间他多次见到恩格斯，结识了考茨基、李卜克内西和伯恩斯坦等一批第二国际领军人物，且将《共产党宣言》译成俄文。他还在日内瓦大学和巴黎大学求学，在图书馆里大量阅读，通晓德、英等多种欧洲语言，能用法语流畅写作。从这个履历来看，普列汉诺夫对欧洲的文化传统的熟悉，当不下于对他自己祖国的文化的熟悉。

普列汉诺夫作为政治家并不成熟。他早在1883年就在日内瓦组织了俄国第一个马

克思主义社团"劳动解放社",1903年10月他与列宁共同主持召开俄国社会民主工党第二次代表大会,普列汉诺夫当选为党的总委员会主席。然而普列汉诺夫晚年转向孟什维克保守立场,支持帝国主义战争,坚决反对布尔什维克革命,则使他曾经夺目光辉的政治生涯前功尽弃。但是作为马克思主义理论家,普列汉诺夫的开创性贡献,无论是东方还是西方,马克思主义还是非马克思主义阵营,都是公认的。从19世纪90年代开始,他一系列日后影响深广的著述纷纷面世,主要有《社会主义和政治斗争》(1883)、《我们的意见分歧》(1885)、《资产阶级革命》(1890—1891)、《唯物主义历史观念》(1891)、《论一元论历史观的发展问题》(1895)、《论个人在历史上的作用》以及《没有地址的信》(1899—1900)等。

一、生产力与社会心理

普列汉诺夫是俄国马克思主义之父,也是第二国际最有代表性的正统马克思主义理论家之一。1923年至1927年,苏联出版过24卷的《普列汉诺夫全集》。苏联科学院哲学研究所1956年又出版5卷本《普列汉诺夫哲学著作选集》,编辑委员伏·福米娜在给该书所撰长篇绪论中,开篇给予他如下崇高评价:

> 俄国第一个马克思主义者普列汉诺夫是一个最卓越的思想家和评论家。在十九世纪八十至九十年代,他以论述马克思主义的理论和历史的卓越著作出现在俄国和国际舞台上。普列汉诺夫在他的著作中捍卫、论证并通俗化了马克思和恩格斯的学说,深刻地阐发并具体化了马克思主义哲学、特别是历史唯物主义理论上的一些问题,如:人民群众和个人在历史上的作用,基础和上层建筑的相互作用,思想体系的作用,等等。[1]

---

[1] 伏·福米娜:《普列汉诺夫及其在保卫和论证马克思主义哲学中的作用》,苏联科学院哲学研究所编:《普列汉诺夫哲学著作选集》第一卷,生活·读书·新知三联书店,1959年,第1页。

按照福米娜的归纳，普列汉诺夫有关哲学史、美学史、社会政治思想史方面，特别是有关唯物主义和俄国哲学史方面的著述，"是他对科学思想和先进文化的发展所做的伟大贡献"①。应当说，这个评价是名副其实的。

《论一元论历史观的发展问题》被公认是普列汉诺夫最重要的哲学及史学著作。所谓一元论，是针对心物二元论而言，在普列汉诺夫看来，正确的历史观只可能是历史唯物主义，而不可能是唯心主义与唯物主义并举。普列汉诺夫之后交代，为了让这本书通过审查，他不得不隐去"历史唯物主义"，取用了"一元论"这样一个晦涩的词语，并托名别尔托夫，才得以在国内正式出版。列宁称此书培养了整整一代俄国的马克思主义者。恩格斯在1895年1月30日年致维拉·查苏利奇的信中，称赞此书出得非常及时。2月8日又直接写信给普列汉诺夫，祝贺此书终于能在铁幕森严的俄国国内出版：

> 维拉把您的书交给我了，谢谢。我已开始读，但需要一定的时间。您争取到使这本书在本国出版，这本身无论如何是一次巨大的胜利。这是又一个阶段，即使我们不能保住这块刚刚争得的新阵地，但这仍不失为一个打破冻冰的先例。②

从中可见，恩格斯未及读完此书，已经判定它是开辟了一个新的阶段。这未必是客套话。第二年，《论一元论历史观的发展问题》的德文版就在斯图加特面世。之后此书被相继译成法、英、意、西、波等多种文字，堪称共产主义运动中的一部经典性理论著作。

---

① 苏联科学院哲学研究所编：《普列汉诺夫哲学著作选集》第一卷，生活·读书·新知三联书店，1959年，第1页。

② 恩格斯：《致格奥尔基·瓦连廷诺维奇·普列汉诺夫》，《马克思恩格斯全集》第39卷，人民出版社，1974年，第383页。

《论一元论历史观的发展问题》系论争之作，故言辞犀利。该书第二、三版序言中作者声明在先，说他不想修改自己的各个论据，因为对论战性著作做任何修改，都意味着用新的武器反对自己的论敌，迫使对方用旧的武器作战，这是不公平的。特别是自己当时已经故世的主要论敌尼·康·米海洛夫斯基尤其如此。米海洛夫斯基是19世纪下半叶俄国著名的民粹派思想家。普列汉诺夫开篇就陈述了他同米海洛夫斯基的分歧，他引了后者1894年1月在《俄国财富》上的一段话："如果您现在遇到一个年轻人……他甚至有些过分性急地向您声明，他是'唯物主义者'，那么这并不意味着，他曾经是我国很早以前有过的毕希纳和摩莱肖特的崇拜者那种一般哲学意义上的唯物主义者。常常是您的交谈者无论对唯物主义的形而上学方面还是科学方面都没有丝毫的兴趣，关于这些方面他所具有的甚至是极为模糊的概念。他想说的是，他是经济唯物主义理论的信徒，而且还是在特殊的、有条件的意义上……"① 由此可见，普列汉诺夫同民粹派理论家展开论争的首要问题，就是为唯物主义辩护，说明它并不是如论敌所讥讽的那样，是一种唯经济论。

那么，什么是"一般哲学意义上的唯物主义"？普列汉诺夫的回答是，唯物主义是唯心主义的对立面。唯心主义试图用精神属性解释一切自然现象与物质属性。反之唯物主义则试图用物质属性，用人类的或动物的躯体组织来解释心理现象。故一切将物质看作第一因的哲学家属于唯物主义者阵营，一切将精神视为第一因的哲学家都是唯心主义者。这一解答基本上属于老生常谈，特别是以生理组织来释精神现象，最多是17世纪经验主义和18世纪感觉实证主义针对形而上学的矫枉过正之谈，要将它定位为与精神之学对举的唯物主义哲学本质，多少显得言不由衷。但是，普列汉诺夫紧接着对唯物主义与上层建筑关系的论断，则无疑开始见出了马克思主义文化思想的更具体表述。普列汉诺夫指出，时间在唯物主义的基本原理之上，建构起了最为丰富多彩的上层建筑，"这些上层建筑使得一个时代的唯物主义

---

① 普列汉诺夫：《论一元论历史观的发展问题》，王荫庭译，商务印书馆，2012年，第4页。

具有跟另一个时代的唯物主义完全不同的面貌"①。时间即历史，在普列汉诺夫看来，每一个时代独树一帜的文化结构，使它的物质基础同其他时代区别开来。这已经不是决定和反决定的辩证问题了。

一般认为第二国际以考茨基和普列汉诺夫为首的正统马克思主义理论，在确立马克思和恩格斯辩证唯物主义与历史唯物主义理论架构的同时，也确认了一种经济决定论。但是事实并非如此简单。在经济基础与上层建筑的关系方面，普列汉诺夫重申，生产力的特定状况不仅制约着特定社会的内部关系，同样还制约着特定社会与其他社会的外部关系。在此基础上，为满足社会出现的新的需要，产生了新的机构。但是这些错综复杂的上层建筑，包括武装系统、战略、外交、国际法等的发展特点，最终还是取决于经济发展的程度。由是观之，阶级关系可以还原为生产关系：

> 什么是各阶级的相互关系呢？这首先就是人们在社会生产过程中相互间发生的那种关系：生产关系。这些关系在社会的政治组织中以及在各阶级的政治斗争中得到自己的表现，而这种斗争乃是各种不同的政治理论产生和发展的动力；在经济的基础上必然耸立着符合该基础的思想体系的上层建筑。②

值得注意的是，普列汉诺夫特别强调了"思想体系的上层建筑"的产生过程是在人们不知不觉中发生的，它不是应付一时之需的权宜之计，而是被视为仿佛是天经地义的东西。换言之，它经历了一个从意识到无意识层面的积淀和转换过程。这一思想，将在以后阿尔都塞的意识形态理论中得到进一步的深化。

---

① 普列汉诺夫：《论一元论历史观的发展问题》，王荫庭译，商务印书馆，2012年，第5页。
② 普列汉诺夫：《论一元论历史观的发展问题》，王荫庭译，商务印书馆，2012年，第186页。

进一步看，普列汉诺夫对马克思主义上层建筑有更为细化的陈述。上文中言及的政治理论，在普列汉诺夫看来还属于思想体系的初级阶段，哲学与艺术属于在它之上的高级思想体系。为此他比较了马克思和法国19世纪文学批评家伊波利特·泰纳的哲学与艺术观念。普列汉诺夫认为马克思的所有信徒都无条件同意泰纳，愿意认可一切艺术作品和哲学体系，都可以用特定时代的精神和风俗状况来加以解释。只是问题在于，这个特定时代的精神和风俗状况，又当何论？泰纳的回答是，人们处境的变化引起他们心理的变化。这同样没有问题。问题在于，普列汉诺夫指出，究竟是什么引起社会人处境，即社会制度的变化呢？

普列汉诺夫指出，关于泰纳，说明文化的缘起面临一个悖论。那就是他以社会心理为终极因，认为精神和风俗的一般状况不仅创造各种艺术、文学和哲学，而且创造特定民族的工业和全部社会设施。由此得出的结论是，社会人的心理取决于他的处境，他的处境又决定于社会心理，这分明是一个悖论。故只有马克思的历史理论，真正解决了这个18世纪启蒙运动以降叫人一直头痛的二律背反。这个解决之道在普列汉诺夫看来，即是以生产力替代社会心理，作为历史发展的终极因。即是说，社会环境的属性取决于特定时代的生产力状况。一旦生产力状况确定了，社会环境的特征也相应得到确定，同时适应这种环境的社会心理，也就得到了确定。如是以环境为一方，同以精神及风俗为另一方的相互作用，最终是在生产力状况上得到了说明。

二、论卢梭

生产力状况上的最终说明并不等于经济唯物主义。事实上对于是时俄国"合法马克思主义者"和孟什维克奉行的经济唯物主义，普列汉诺夫多有反驳，认为那是民粹主义和主观主义的历史观。在1897年发表的一篇书评《论唯物主义历史观》中，普列汉诺夫对经济唯物主义有过如下质疑：

该怎样称呼这些虽然断言经济因素在社会生活中起支配作用，同时却深信这个因素——即社会经济——本身乃是人的知识和概念的产物的人的历史观点呢？除称为唯心主义观点外，不能把这样的观点称为别的东西。可见，经济唯物主义还不排斥历史唯心主义。[①]

这里普列汉诺夫的观点很明确：经济决定论的出现有其必然性和合理性，但是显而易见它不宜用来替代社会生活的综合观点，来分析文化和精神生活的起源。用他自己的话说，真正的和彻底的唯物主义者实际上并不喜欢到处乱套用经济因素。关于哪个因素在社会生活中起着举足轻重的支配作用，这个问题提得不恰当，黑格尔就是例子。而马克思《政治经济学批判》面世以来，只有理论上一无所知的人，才会忽略社会历史因素的复杂性。

本着这一基本视野，普列汉诺夫分析了卢梭等人的文化思想。《让·卢梭和他的人类不平等起源的学说》一文1912年9月刊于《同时代人》杂志，后收入《普列汉诺夫全集》俄文版第18卷。这篇曾经作为附录被收入卢梭《论人类不平等的起源和基础》一书的著名文献，在国内已经由商务印书馆多次重印。普列汉诺夫在分析卢梭何以有着不同于同一时期绝大多数启蒙思想家的历史观时，再三强调生产力是知识和技术进步的最终因素，以及特定地理物质环境决定社会制度的性质。这一切都显示出普列汉诺夫的相关文化思想。如他指出，研究原始文化不在于树林里漫步，灵魂出窍与神明交游，反之：

要了解原始时代人类文化的景象，只有敏感的灵魂的热情是不够的；至少需要有一些关于野蛮部落生活条件的知识。因此再没有比嘲笑卢梭和宣布他得出的结论都是最纯粹的虚构更为容易的了。其实，早从伏尔泰时代以

---

① 普列汉诺夫：《论唯物主义历史观》，王荫庭编：《普列汉诺夫读本》，中央编译出版社，2008年，第131页。

来，很多人就是这样做的，伏尔泰就说过这样一句俏皮话：卢梭使他产生了用四只脚跑进森林去的欲望。不过，实际上，《论人类不平等的起源和基础》有可笑的东西，也有更为天才无比的思想。[①]

卢梭"更为天才无比的思想"，在普列汉诺夫看来，就是不人云亦云，不屈从用观念来解释18世纪世界的流行作风。反之卢梭懂得，要了解原始文化的历史，弄清楚原始人的观念为什么并不是终极原因。有些人坚持认为在自然状态中的人，就已经有了正义和非正义的观念，却没有指出他们何以会有这种观念。故卢梭是坚决反对用社会政治概念的发展史，来说明社会政治关系的发展进程。卢梭指出，在人们产生政府和权力的概念之前，是需要许多时间的。虽然在《论人类不平等的起源和基础》中，卢梭也承认由于人类能力的发展和智慧的进步，不平等才成长和巩固起来。但问题在于能力和智慧的发展进步在卢梭心目中并不是社会发展的最主要原因，普列汉诺夫指出，卢梭很清楚他自己的研究目的——确定究竟是哪些条件引起了人类智慧的进步和能力的发展。这些条件，说到底也是地理环境和物质生产的条件。

正是在这一点上，普列汉诺夫认为卢梭与爱尔维修相似。他引爱尔维修的话说，科学与艺术的进步，与其说是天才所成，不如说是出于时代的必然。这个时代的必然就是环境和初民的需要。普列汉诺夫注意到卢梭举例说明埃及科学和艺术的起源与传播应归功于尼罗河的泛滥。在希腊，阿提卡的山石地貌比斯巴达的肥沃土壤则更适宜于科学与艺术的发展。由此卢梭得出的结论是，北方民族一般来说比南方民族更为机智，是因为他们非如此不能生活下去。卢梭感慨大自然在吝啬赐富饶于土地的地方，将富饶赐予了精神。继之，在沿海和河流地带，人们发明了捕鱼器具，由此成为渔民；在森林中，人们发明了弓箭，由此成为猎人；寒冷地带，人为御寒以兽皮为衣；火山地带，人们开始有了冶炼金属的灵感；如此等等。所以说到

---

① 普列汉诺夫：《论一元论历史观的发展问题》，王荫庭译，商务印书馆，2012年，第312页。

底，不是意识决定存在，而是存在决定意识：

> 卢梭在其关于文化发展大概过程的猜测中既然以这一毋庸置疑的原理为指南，他就表明自己是一个真正有天才的人。不过他对文化发展最初阶段的人类"生活条件"却很少了解。因此他对这种生活条件的观念完全不正确，这样在把自己正确的方法应用于思考文化领域内人类最初的进步的时候，他就给自己造成了许多困难。[①]

普列汉诺夫认为，卢梭肯定科学和艺术的缘起和发展首先取决于特定地理环境中的基本生存需要，而不是知识观念，足以表明他是一个真正的天才。但是他没有去深入了解彼时人类生活的具体条件，终究还是功亏一篑。这个原初初民文化发展的"生活条件"，在普列汉诺夫看来，不是别的，只能是立足于生产力发展状况的社会关系。就此而言，卢梭《论人类不平等的起源和基础》中指出私有制的产生先于国家的产生，换言之，人们的政治关系将因他们之间的公民的、财富的关系来加以说明。这终究还是一种值得欢迎的历史唯物主义态度。而卢梭对人类文化发展过程的这一唯物主义态度多为现代社会的思想家们视而不见，反之只欣赏卢梭行文的华美风格，真是遗憾之至。

三、论文化发展

关于普列汉诺夫的文化发展思想，福米娜（又译福明娜）有过一个提纲挈领的评论。她着目的首先还是阶级性，她说：

> 普列汉诺夫，在争取俄国先进文化的全面发展的斗争中起了巨大的作

---

① 普列汉诺夫：《论一元论历史观的发展问题》，王荫庭译，商务印书馆，2012年，第332页。

用。他是俄国先进文化优秀代表们的接替人和继承者，他保卫了这个文化的伟大传统。但普列汉诺夫并不仅以保卫文化遗产为限。他还站在马克思主义立场上进一步探讨了美学问题。作为一个马克思主义者，普列汉诺夫在研究俄国民族文化时，揭示了它的阶级特征。[①]

所谓文化发展的阶级特征，据福米娜的归纳便是在阶级社会中文化和思想必然具有阶级性，而统治阶级的文化和思想则始终占据统治地位。故福米娜读普列汉诺夫，重点便是他笔下的19世纪前期带有鲜明的贵族色彩的俄国文化。到20世纪文化力量则表现为两个极端：无产阶级文化和资产阶级文化。

福米娜对普列汉诺夫文化思想的评价毫无疑问具有列宁主义的色彩。用福柯的理论范式来说，便是一切时代的文化表征及其认知，必然笼罩着权力的阴影。理论的范式转换固然日新月异，文本的原初意义的解读即便同样可以与时俱进，终究还是有着一个历史主义的视域限定。由是来读普列汉诺夫"进一步探讨"的"美学问题"，他的艺术论《没有地址的信》无疑是当仁不让的代表作。我们可以发现，普列汉诺夫的美学思想，其实是远非阶级特征这个标签可以概括的。

《没有地址的信》系普列汉诺夫1899年至1900年间写成，他生前只发表了第一封信和第二封信。第一封信以《论艺术·社会学的研究》为题，最初是以论文形式发表在"合法马克思主义"机关刊物《创始》1899年第4期也是最后一期上，该杂志是年5月号即告停刊，普列汉诺夫这篇原打算分两期刊完的文章半途中止。同年《科学评论》杂志第11期重新刊登了上述文章，只是将论文改成了书信体文献。《科学评论》次年第3期上，以《原始民族的艺术》为题，刊出了普列汉诺夫的第二封信。后面四封信皆系在普列汉诺夫遗稿中发现。1964年三联书店出版的该书中译本，则根据《普列汉诺夫哲学著作选集》俄文原文做了校订，将第二、三封信合并为第二

---

① 福明娜：《普列汉诺夫的文学和艺术观》，张祺译，新文艺出版社，1958年，第1页。

M
KARL MARX
马克思主义文化理论发展史

封信，第四封信作为第三封信，第五、六封信合并为第四封信。

普列汉诺夫的第一封信开篇是从托尔斯泰的著名美学论著《什么是艺术？》谈起的。托尔斯泰认为自鲍姆加登开辟美学学科以来，谈美的各种学说汗漫无边，多不胜数，但无非是两种基本倾向：其一是某种绝对理念的显形，其二是无关功利的快感。前者是客观主义，后者是主观主义。总而言之都是走神秘主义路线，把本来清晰明白的东西越讲越糊涂。故而假如寻求给艺术下个定义，必须将它与美脱钩，才不至于落入纠缠不清的形而上学泥淖。按说托尔斯泰呼吁艺术定义与美脱绑不失为明达之见，但是托尔斯泰接下来给艺术所下的定义，即将艺术定义为情感的表达和交流，似乎也是老生常谈，并无太多新意。普列汉诺夫不满意托尔斯泰将艺术与语言两分，即我们使用语言向他人传达自己的思想，而使用艺术来相互传达自己的情感。他反驳道，托尔斯泰这里说得不对，因为语言服务于人，不仅表达思想，同样也表达情感。例如诗歌即是以语言为工具。同理说艺术只是表达情感，亦为不妥，因为艺术既表现情感，也表现思想，只是并非付诸抽象，而是用生动的形象来加表现的。

有鉴于此，普列汉诺夫声明他将毫不含糊地坚持用唯物史观的观点，来考察艺术。所谓唯物史观，他指出，是和唯心史观针锋相对的。例如：

圣西门从唯心主义观点来观察历史，以为希腊人的社会关系可以用他们的宗教观来说明，而拥护唯物主义观点的我则要说：希腊人的共和的奥林普斯是他们的社会制度的反映。圣西门对于希腊人的宗教观从何而来这个问题，回答说它们是从他们的科学世界观产生的，而我则以为，希腊人的科学世界观在自己的历史发展中本身是受希腊各个民族所拥有的生产力的发展制约的。[1]

---

[1] 普列汉诺夫：《论艺术（没有地址的信）》，曹葆华译，生活·读书·新知三联书店，1973年，第7页。

这可见，普列汉诺夫始终是在自觉用马克思主义的唯物史观，来解释任何一个时代观念和文化的缘起及发展。在这一唯物史观中，生产力的发展将为一切科学和不科学的观念形态提供最终的说明。对于艺术的研究，普列汉诺夫认为它是提供了一个出发点，不仅可以说明艺术的个别问题，同样足以镜鉴艺术史的发展规律。它有别于达尔文的从生物学出发的进化论唯物主义，但并不等同于狭窄片面的经济唯物主义。

普列汉诺夫批评了达尔文的进化论美学。他引述了《物种起源》中动物也有美感的观点："美感——这种感觉也曾经被宣称为人类专有的特点。但是，如果我们记得某些鸟类的雄鸟在雌鸟面前有意地展示自己的羽毛，炫耀鲜艳的色彩，而其他没有美丽羽毛的鸟类就不这样卖弄风情，那末，当然，我们就不会怀疑雌鸟是欣赏雄鸟的美丽了。"[1]达尔文接下来说，世界各国的妇女也都用色彩鲜艳的羽毛来装饰自己，这一点和动物没有两样。此外交尾期间雄鸟优美的啼声，无疑也是雌鸟所喜欢的。由此可以得出结论，人类和动物所喜欢的颜色和声音是同样的。

普列汉诺夫认为达尔文的结论可疑，因为达尔文陈述的事实并没有说明上述趣味的起源。而如果生物学不能说明审美趣味的起源，那么它就不足以说明人类审美趣味的历史发展。他进一步引述达尔文的文字说，美的概念，至少就女性的美来说，在人们心里是没有定见的。而且不同的人种、不同的民族有不同的审美趣味。从大多数野蛮人令人讨厌的装饰和同样令人讨厌的音乐来看，他们对美的感受力还不如某种动物，比如鸟类。由此针锋相对，普列汉诺夫提出了他的质疑意见，那就是既然美的观念在同一人种的不同民族之间各不相同，那么很显然，我们就无须在生物学中来探寻这一差异的原因。诚如达尔文本人所言，对于文明人来说，这些美感是与复杂的观念以及思想的进程密切相关的。即是说，达尔文本人言不由衷，当

---

[1]　普列汉诺夫：《论艺术（没有地址的信）》，曹葆华译，生活·读书·新知三联书店，1973年，第8页。

他将文明人、复杂的观念与思想进程同人类的美感紧密联系起来的时候，他已经不由自主地从生物学转向了社会学的立场。

不光是艺术和美感，文化亦然。在阐述人类对称感的由来时，普列汉诺夫总结出这样一条定律：大自然给予人以能力，而此种能力的练习和实际运用，则取决于它的文化发展进程。那么，何谓"文化发展进程"？普列汉诺夫调侃说他这里说的"文化"，是他有意使用的一个并不精确的名词。但是毋庸置疑文化发展同样最终将由生产力的发展得到说明。对此普列汉诺夫这样回敬了他假设的多元决定论的论敌：

> 事实上，敬爱的先生，您是希望文化的发展进程也由其他的"因素"来决定。我要问您：艺术是不是这些因素之一呢？自然，您会回答说是的，于是我们就得出下面的论点：人类文化的发展进程是由艺术的发展所决定，而艺术的发展则是由人类文化的发展进程所决定。关于所有其他的"因素"，如经济、民法、政治制度、道德等等，您也一定会这样说。那末我们会得出什么结论呢？得出下面的结论：人类文化的发展进程是由上述一切因素的作用所决定，而上述一切因素的发展则是由人类文化的发展进程所决定。[①]

可见，多元决定论在普列汉诺夫看来，是落入了循环论证的逻辑圈套。为此他追溯了史达尔夫人从民族性格到政治和社会制度来分析文学的过程，指出这一观点为圣-伯甫等人接受，成为19世纪欧洲批评界的主流意见。进而指出，当泰纳断言人们的心理是因其境况变化而变化的时候，他是一个唯物主义者；当他声称人们的境况是由他们的心理所决定时，就是在重述18世纪的唯心主义观念。而泰纳关于文学和艺术的最精辟见解，显然是出于前者而非后者。摆脱这一循环论证的逻辑怪圈，其表述最终将是："任何一个民族的艺术都是由它的心理所决定的；它的心理是由

---

① 普列汉诺夫：《论艺术（没有地址的信）》，曹葆华译，生活·读书·新知三联书店，1973年，第39页。

它的境况所造成的，而它的境况归根到底是受它的生产力状况和它的生产关系制约的。"①唯有如此，普列汉诺夫认为，方是坚持了文化发展的唯物史观。

但文化发展的唯物史观不等于拥抱经济唯物主义。《论唯物主义的历史观》中有一段著名的话，足以显示普列汉诺夫的文化思想，是不足以经济决定论一言以蔽之的：

> 要了解某一国家的科学思想史或艺术史，只知道它的经济是不够的。必须知道如何从经济进而研究社会心理；对于社会心理若没有精细的研究与了解，思想体系的历史的唯物主义解释根本就不可能……社会心理学异常重要。甚至在法律和政治制度的历史中都必须估计到它，而在文学、艺术、哲学等学科的历史中，如果没有它，就一步也动不得。②

M

KARL MARX

马克思主义文化理论发展史

社会心理在这里不复是唯心史观的符号，而成为从法律、政治到文学、艺术、哲学等一切上层建筑和意识形态之必需。换言之，一切文化形式，必打上社会心理的印记。这或可说明，普列汉诺夫在19世纪一路风行的法国批评中，何以对泰纳的环境—心理决定论始终情有独钟。

至此我们可以对普列汉诺夫的文化思想总结如下。文化诚如上文普列汉诺夫本人所坦言，尚是一个"不精确"的概念，其内涵和外延尚有待以后的马克思主义理论家做更进一步的深化和拓展。但是，经济基础决定上层建筑这个马克思主义的基本原理，在他的大量相关著述中无疑是一以贯之的。而且他毫不含糊地将经济基础定位在生产力的发展状况以及为生产力所制约的经济关系之上。由是，他是为日后

---

① 普列汉诺夫：《论艺术（没有地址的信）》，曹葆华译，生活·读书·新知三联书店，1973年，第47页。

② 普列汉诺夫：《论唯物主义的历史观》，苏联科学院哲学研究所编：《普列汉诺夫哲学著作选集》第二卷，生活·读书·新知三联书店，1961年，第272—273页。

马克思主义文化思想的发展，定下了一块基石和一个基本框架。但与此同时，他对于社会环境和社会心理的重视，则是充分细化了物质生产和精神生产之间的中间环节。从他对泰纳的欣赏中就可以看到，环境和心理是多么相亲相爱，联手演绎了从基础到上层建筑之间的过渡过程。甚至我们同样可以说，当普列汉诺夫断言泰纳认为环境决定心理是体现了唯物史观，普列汉诺夫是在联姻环境与物质生产；当普列汉诺夫断言泰纳认为心理决定环境是重弹了唯心史观的论调，普列汉诺夫是联姻社会心理与精神生产。而在社会环境和社会心理之间，矗立着同样是立足于特定时代生产力发展状况的社会政治制度。

第七章　考茨基

卡尔·考茨基（1854—1938）是第二国际正统马克思主义的标志性人物。作为恩格斯的接班人，他长期是第二国际的领袖和第一理论家，甚至一度有"马克思主义教皇"之称。卡尔出生在布拉格一个中产阶级犹太人家庭，父亲约翰·考茨基是设计师，母亲米娜是演员和作家，考茨基7岁时举家搬迁到维也纳。1874年起，卡尔·考茨基进维也纳大学攻读历史、哲学与经济，1875年参加奥地利社会民主党。1880年他在苏黎世加入由德国社会改良主义者卡尔·赫希伯格资助的德国社会主义集团，并同赫希伯格私人秘书伯恩斯坦结为好友，在后者影响下，成为一名马克思主义者。次年，他在伦敦拜会了马克思和恩格斯。

1883年，考茨基在斯图亚特创办了德国民主党的理论刊物《新时代》月刊，1890年又改为周刊，考茨基担任主编直到1917年。1888年，恩格斯委托他主编马克思的3卷《剩余价值理论》。1891年，他跟倍倍尔与伯恩斯坦一道，起草了德国社会民主党的《爱尔福特纲领》，成为党的重要领袖和理论家。恩格斯去世后，伯恩斯坦攻击马克思和恩格斯的阶级斗争理论，考茨基表达了明确的谴责立场，认为伯恩斯坦过度强调社会主义的伦理基础，称其期望联手资产阶级"进步分子"，以和平过渡取代阶级革命。1914年第一次世界大战爆发，德国社会民主党在国会投票支持军事拨款。考茨基建议投弃权票，持和平主义立场。1918年德国十一月革命后，他曾出任革命政府的外交部副部长。

十月革命爆发后，走"中派"路线的考茨基，与列宁和托洛茨基围绕布尔什维克国家的性质，分歧凸显。列宁1918年著《无产阶级革命与叛徒考茨基》，重申考茨基这个第二国际最有威望的人物，从口头上承认马克思主义到将之变成一种自由派资产阶级学说。故而是同普列汉诺夫一样，是与资产阶级同流合污，用诡辩论阉割马克思主义活生生的革命灵魂，承认马克思主义中的一切，就是不承认用革命的手段进行阶级斗争。考茨基1934年发表的《马克思主义与布尔什维克主义：民主与独裁》一书中，则反唇相讥列宁先是在彼得堡、继之在莫斯科领导的布尔什维克暴力革命，是用新的独裁取代了沙皇俄国的独裁老传统。在开天辟地的革命大潮来临之际，考茨基的倒行逆施导致第二国际日渐式微，当在意料之中。1938年考茨基为避纳粹迫害逃亡布拉格和荷兰，不久卒于阿姆斯特丹。其子本尼迪克·考茨基在集中营里度过七年，其妻露易丝·考茨基死于奥斯维辛集中营。卡尔·考茨基著述丰多，主要有《爱尔福特纲领解说》（1892）、《土地问题》（1898）、《伯恩斯坦与社会民主党的纲领》（1899）、《社会革命》（1902）、《基督教的基础》（1908）、《无产阶级专政》（1918）、《唯物主义历史观》（1927）等。

一、精神生产的三种形式

考茨基1887年出版的《卡尔·马克思的经济学说》，早在1919年就在李大钊主持的北京《晨报副刊》上开始连载，易名《马氏资本论释义》。1926年又由上海民智书局出版日文转译的单行本，题名《资本论解说》，是德国马克思主义政治经济学系统阐释中最早登陆中国的著作之一，译者是戴季陶和胡汉民。戴季陶在译序中呼吁中山先生的门徒树立信心，像考茨基忠实阐释马克思的学说一样，来发扬光大孙中山的学说。胡汉民译序开篇给予考茨基如下评价：

"德国的考茨基无论他政治立场怎么样，他对于马克斯经济学的解释，总算是第一个功臣。大抵他政治的思想，脱不了19世纪末期以来德国社会的环境，时时有妥协的倾向，因而得机会主义者的徽号。尤其是做第二国际的指导者，到1914—1915年，实在是正统派名誉破产的时代。却是他对于马克斯经济学说研究最深，他个人的学术素养，也足以为他制胜的工具。"

这个评价今天来看也是恰如其分的。就此而言，在马克思主义传播史上考茨基的地位多少类似俄国的普列汉诺夫，作为政治家固不足道，作为理论家则是标志了一个时代。故如胡汉民言，即便第二国际时过境迁，很快为第三国际即共产国际替代，但它曾经的领袖人物毕竟是以理论的建树在马克思主义文化发展史上书写了显目的篇章。

《卡尔·马克思的经济学说》是考茨基早期著作，理论形态谈不上成熟。但即便是这部最早的《资本论》普及著作中，考茨基也满怀热情地展示了新社会的曙光。该书第二编第十章结尾处，作者满怀热情地展望机械化大工业新时代的到来，认为马克思指出了这一新社会的曙光，工业革命将为新人类的产生提供基础。这个新人类是完全脱离了手工业偏狭眼界的新人类。它不是原始共产时代的人类，那是自然的奴隶，也不是古希腊罗马时代的人类，那是压迫奴隶，须得购买美和力的时代，而是身心全面发展的活泼泼的快乐人类。这个新时代的展望，可以说是在更高的层面上，复兴了古希腊极力推崇美和精神的黄金时代乌托邦。

考茨基1902年出版的《社会革命》一书，应是他所谓正统马克思主义理论立场的代表性著作。该书辟专章讨论过精神生产的问题。何谓社会革命？考茨基首先引证马克思的观点，指出《〈政治经济学批判〉序言》中，马克思是将社会整个庞大的法律和政治上层建筑或快或慢的变革作为社会革命，并认为它的起因是经济基础的变革。要之，考茨基的解答是，社会革命的概念很显然不同于经济基础的变革，后者是由蒸汽机的发明和发现美洲等事件引起的，它是革命的动因，而不是革命本身。就此而言，相对于经济基础变革的上层建筑社会革命，从文化的广泛意义上言，总体上亦可视之为文化的建设问题。

《社会革命》的第八节题名为"精神生产"，比较集中地见出考茨基的文化思想。所谓精神生产，是相对物质生产而言。它的内容包括在物质生产的基础上，人们建立起来的各种艺术作品、科学研究、文学创作的生产。考茨基指出，对于现代文明社会来说，继续推进此一方面的生产，是与面包和肉类、煤和铁的继续生产同样必要的。但是无产阶级革命既然改变了物质生产，它必然也不愿看到精神生产一如既往，同资本主义社会时期毫无二致。那么无产阶级的精神生产又当何论呢？

以无产阶级夺取政权之后，物质生产破除旧的生产力桎梏，艺术和科学的物质资料将会进一步丰富，社会财富积累远超过资本主义社会为先决条件，考茨基逐一分析了他所划分的精神生产的三种形式：其一是为了直接满足社会需要而由社会团体进行；其二是由个体企业承担；其三是由资本主义企业经营。只有在这三方面协调妥帖，社会主义社会的物质生产，方有可能满足高度发展的精神生产的需要。

首先，社会团体从事的精神生产。考茨基这里所说的社会，主要是指国家和政府，而非今日社会人员、社会车辆这一类的闲散指意。这个层面的精神生产主要是教育，直接关涉到科学。考茨基指出，从最基础的国民教育，一直到高等学府，除却为数很少的私人学校，都属于此一形式的精神生产。其目的不是追求利润，而是完全为了国计民生的长远考虑。如考茨基所言：

> 对于精神活动，尤其是科学活动来说，社会性的教育事业具有至高无上的重要意义。其意义不仅在于它对正在成长的青年一代具有影响，而且在于它愈来愈支配着科学研究。学校教师，尤其是高等学校的教师，愈来愈成为一些重要科研机构的垄断人，而今日没有这些科研机构便几乎不可能进行科学研究。①

---

① 考茨基：《社会革命》，王学东编：《考茨基文选》，何江等译，人民出版社，2008年，第186页。

值得注意的是考茨基对于国家教育重要意义的估价，主要着眼于自然科学。他认为现代社会自然科学高度发达，非倾国家之力，个人难以开创此局面。社会科学方面，考茨基则枚举了人类学、考古学一类，同样都是耗费人精力巨大的职业，假如没有国家资助，个人生计势将捉襟见肘。有鉴于阶级社会中科学同样必然被打上阶级的印记，因为科研人员都是活生生的社会人，不可能超脱阶级矛盾，考茨基的设想是，无产阶级一旦掌握政权后，将最终采用消灭阶级的策略，来给社会科学家提供更为自由的活动空间。

其次，个体从事的精神生产。这一方面是典型的艺术生产，更具体说，是造型艺术的生产。对此考茨基的设想是，随着资本主义剥削的废止，当今在艺术品市场上的主流买家将销声匿迹。这对于艺术生产当然有影响，但是也不至于让它无以为继，只是改变其性质罢了。例如绘画和雕塑，它们将不复成为商品，专为个人收藏，而是将被赋予无可置疑的公共性，陈列在无产阶级政权大量的公共建筑之内，就像伯里克利时代的雅典和文艺复兴时期的意大利那样，成为公共空间的有机组成部分。与此同时，艺术品的商品维度和市场维度，将不复存在。精神生产与物质生产，将合二为一。

考茨基的这一乌托邦主义文化设想，建立在马克思劳动理论的基础上面。换言之，劳动本身将是一种充满愉悦的自由的人类生活之必需，而不是为养家糊口生计所迫的异化劳动。这当然是以物质极大丰富为前提的。用考茨基的话说，那就是现代社会提高工资和缩短劳动时间取得的巨大进展，有可能使从事物质生产的人们同时从事精神生产，特别是那一类并不直接带来物质收益，而本身却是一种报偿的最高级的精神活动。由此艺术家的才能可以得到最大限度的自由发挥，这与资本主义社会中物质生产与精神生产完全分离，只有少数得天独厚的人才能够将精神劳动和物质劳动兼而事之这一现实完全不同。故此：

想使较高级的文化教育成为公共的福利而又不危及社会的存在，那么不仅从教育的角度来说，而且从经济上的必要性来说，都要求我们在学校里不仅使正在成长的一代人熟悉精神劳动，而且熟悉体力劳动，在他们身上牢固地扎下精神生产与物质生产相结合的习惯的根子。[①]

这还是强调通过教育来缩短体力劳动和精神劳动的差距。概言之，精神生产与物质生产的结合甚至同一，不仅是一种理想主义的设想，而且具有经济上的必然性。

其三，资本主义企业从事的精神生产。考茨基这里主要指以作家和演员为群体的出版业、报社和剧院。他指出，在无产阶级政权下，这类精神生产的资本主义剥削是无以为继的。但问题是，假如国家照单全收出版社、报社等一应资本主义企业，由此来中止文化资本家的剥削行为，是不是有助于精神生产的发展？对此考茨基的回答是否定的。他指出，如果将精神生活中如此巨大而重要的部分交由国家集中管理，势必导致其千篇一律，停顿不前。而且，即便国家不复是哪一个阶级的专政，而是由多数人的代表来领导，可是艺术贵在标新立异，精神生活假如取决于多数派的决定，将是非常悲哀的事情。所以，尽管无产阶级政权为艺术和科学的发展提供了更多的个人自由，但是假如它将精神活动束缚在只有靠社会和国家财力方能支撑的事业之中，恰恰是抵消了它所提供的全部自由。

二、精神生产的无政府主义

我们发现考茨基的立论实际上面临着一个两难困境。一方面精神生产中的资本主义剥削必须被废除，一方面国家接手又不利于精神生产自身的发展。对此考茨基的解答是，在社会必需的精神生产中，就像整个生产一样，可以采取国家和地方

---

① 考茨基：《社会革命》，王学东编：《考茨基文选》，何江等译，人民出版社，2008年，第189页。

双管齐下、共同提供资金的办法，来避免中央政府对精神生活的任何操纵。不仅如此，还可以让自由组合的社团取代资本主义企业，来促进精神领域中的生产，包括发行报纸、收购艺术品、出版书刊、举办科学考察等，由此来体现精神生产的社会主义性质。但是平心而论，考茨基这一以社团自由组合替代资本主义文化生产企业的构想，理论上既少周全阐释，实践上也未必可行。它充其量相当于日后社会主义过程中的合作社水平。按照考茨基的说明，这样做可以免蹈无政府主义的覆辙，盖无政府主义原本是小资产阶级反抗资本主义的产物，信奉此道的小手工业者习惯于自行其是安排工作，起而反抗资本主义工厂生产的森严纪律和单调乏味。但是一旦进入社会主义，个体自由劳动的土壤不复存在时，自由组合的社团便取而代之。由此来看知识分子这个"新中间阶级"，不过是早期小资产阶级更为自觉的精华部分而已。他们同样渴望自由劳动，反抗机械乏味的纪律束缚。要之，他们的社会理想同样也是小资产阶级的理想，即无政府主义的理想。

耐人寻味的是考茨基认为无政府主义对于精神生产具有积极意义。为此提出了他文化思想中最有价值的一个命题：物质生产追求共产主义，精神生产保留无政府主义。对此他有如下陈述：

> 在精神生产领域里，对生产的集中领导不仅是不必要的，而且简直是荒谬的；在这个领域里，完全可以盛行自由生产，而决不至于变成受价值支配的商品生产或者受大企业支配的资本主义生产。
>
> 物质生产上的共产主义，精神生产上的无政府主义，这就是社会主义生产制度的模式。它是由无产阶级的统治，换句话说，由社会革命按照经济事实的逻辑而发展出来的，不管无产阶级的愿望、意图和理论本来如何。[①]

---

① 考茨基：《社会革命》，王学东编：《考茨基文选》，何江等译，人民出版社，2008年，第193页。

精神生产不宜随波逐流于资本主义市场经济，同样不宜交由国家意识形态直接掌控，这是考茨基文化思想中最大的亮点，虽然这个论点的可行性值得怀疑。事实上在此后的社会主义实践中，这个论点也最多可以解释20世纪上半叶的未来主义、达达主义、超现实主义一类现代主义先锋派艺术运动。对于垄断资本主义时代，据法兰克福学派观之，又是攀缘国家意识形态，又是卖身投靠市场的"文化工业"，它的理论镜鉴是苍白无力的。但是不容否认，这个命题有其充分合理的意义，那就是在最大限度上赋予艺术生产以个性的自由发挥。

无政府主义本身不是自足自立的生产方式。考茨基对于上述命题的说明是，现阶段的物质生产方式，就其荦荦大端而言，只有两种：其一是共产主义的生产方式，其二是资本主义的生产方式。资本主义的生产方式是现实所在，无须多做解释。共产主义的生产方式，则是以生产资料的社会所有制以及中央政府对生产的有计划领导为标志，简言之，就是计划经济。比较来看，无政府主义的物质生产充其量只是一个插曲。考茨基对此的解释是，社会主义社会的物质产生要么走集中生产的计划经济路线，要么接受价值规律的支配。因为价值规律能够调节各生产部门的比例关系，从而防止出现纽扣充斥市场、面包奇缺这类不合理现象。假如抛弃价值规律自行其是，在物质生产上来实现无政府主义理想，只能导致西绪弗斯永不停息推巨石上山这样的徒劳无功的苦力买卖。但是精神生产不同，考茨基指出，精神生产的前提是物质生活有充分保障，唯其如此，能够保证多余产品和劳动力井然有序流向自由创造精神财富的各个部门。除了教育有其特定规律，须有国家社会加以调节，精神生产与国计民生并非直接勾连，放任无政府主义应无大碍。比如今天多一点悲剧创作，少一点抒情诗；明天反过来抒情诗泛滥，悲剧寥寥无几，对于社会的兴旺发达没有丝毫影响。所以价值规律适用于物质生产领域，并不同样适用于精神生产领域。

精神生产特别是艺术生产能在多大程度上摆脱国家专制的控制，获得无政府主义一般的彻底自由？这个问题令人颇费猜测。从历史上看，精神生产百花齐放的时期，大都是在弱势政权之下。举凡中央集权的强势政府，多不遗余力欲将精神生产的方方面面纳入主流意识形态轨道。屋大维时期的维吉尔，路易十四时期的波瓦洛，由是观之都是后来葛兰西所谓"有机知识分子"的先驱，都鞍前马后效命于统治阶级的文化霸权。其实从柏拉图到圣奥古斯丁，甚至再到20世纪的列斐伏尔，也都曾孜孜不倦地确认文艺的政治维度。这样来看，考茨基背靠无政府主义来标举精神生产的鲜明个性，充其量也只是一种乌托邦设想。或者，它是不是资产阶级"为艺术而艺术"的唯美主义口号，改头换面后登陆了第二国际的社会主义文化理论舞台？这也并非无稽之谈。只有唯美主义敢于视金钱为粪土，蔑视价值规律。而蔑视的前提是唯美主义者大都养尊处优，基本上无须考量劳碌生计。考茨基以无政府主义为集中生产和顺从价值规律之间的权宜之计，以此为口号来倡导精神生产，多多少少也像是一种权宜之计。

三、为历史唯物主义辩

西文中唯物主义与物质主义是同一个词。离开纯粹哲学的语境，它同高扬精神的唯心主义相比，历史评价并不十分乐观。是以考茨基晚年的巨著《唯物主义历史观》的一个首要使命就是为唯物主义正名。该书序言中说，早年无产阶级的革命战士大都身陷囹圄，或者流亡异域，没有正常的职业。马克思就是在流亡中著述了《资本论》。但当今文明世界的大多数国家里，对于阶级斗争的理论家已经不复有上述"强迫休息"的压力，所以他有可能全力以赴献身理论工作，为唯物主义历史观建立至今尚未具备的一个扎实基础。他进而指出，唯物主义历史观并不否认人的意志力量，但它强调人的意志只有在经济关系提供的可能性中发挥效用，否则它将一事无成。故理解唯物史观，当务之急是走出学院，做面向大众的普及工作。

那么，什么是马克思的唯物主义历史观？考茨基罗列了包括哲学家波特兰·罗素在内的一系列反对意见，大体有：

马克思主义者从来没有充分注意到一件事实，这就是：追求权力的欲望是和追求金钱的欲望同样强烈的动机，同样巨大的不义之源。

　　马克思主义顽固地不肯洞察社会主义动机的多样性和复杂性。

　　它"培养出一种粗俗的、本质上是小市民的彻底牟利主义"。

　　因此，就这种（唯物主义的）观点（关于历史发展的）的最突出的形式而言，它的意思无非是说：道德、宗教和艺术不仅是受到经济条件的影响，而且是完完全全从那些条件在社会意识中的思想反映里产生出来的。①

　　对于以上反对意见，考茨基指出，所谓经济包括全部人类生活，人类生活仅仅是牟利欲望使然，无论是马克思本人，还是他的任何一个忠实学生，都没有提出过这样的主张。马克思在研究经济问题的时候，当然是将牟利欲望当作经济行为原动力，但是绝没有将之视为一切人类行为的原动力，故殊有必要将经济动机和经济条件区分开来。唯物史观绝不是重申将自私自利和追求快乐当作人类行为唯一动机这种陈腐观念，反之马克思和恩格斯谈经济，着眼点是历史。即他们意欲说明的并不是普遍的人类的东西，而是历史的特殊的东西。即是说，两人所研究的不是人类何以有思想和观念，而是思想和观念何以在不同的时代呈现不同的样貌，而观念变迁的根本原因，只有在人类生活的经济条件中去寻找。显然，这跟假定人类永远只被物质利益所驱动，完全是两回事情。

　　考茨基引述了马克思1859年《〈政治经济学批判〉序言》中的著名论断：生产关系的总和构成社会的经济结构，法律和政治的上层建筑矗立其上，物质生活的生产方

① 考茨基：《唯物主义历史观》第一分册，上海人民出版社，1964年，第2—3页。

M
KARL MARX
马克思主义文化理论发展史

式制约着整个社会生活、政治生活和精神生活过程。同时还引述了其下经济基础变革导致上层建筑相应变革一大段文字。他指出，这是马克思历史观的精髓所在。尤其值得注意的是马克思不是在哪一部历史著作的序言里，而是在一部经济学著作的序言里，在他宏伟巨著《资本论》的序言里作如是说，意义更是非比寻常。它是不是意味着马克思对他本人的经济学成就评价高于他的唯物史观？抑或意味着《资本论》中对资本主义结构的深入研究，比马克思的唯物主义历史观更为重要？考茨基认为这里面的关系应该是辩证的。即假如没有这一历史观，马克思绝不会把他一生中理论最深刻的一部分，贡献给《政治经济学批判》这部经济学主要著作的。

考茨基进而指出，马克思以前的社会主义者是用伦理观点去论证社会主义，将之视为一种正义诉求，并且在李嘉图价值理论等古典经济学中，已经读出充分证据，证明资本主义剥削的不义基础。但马克思因为有了唯物主义历史观，恰恰没有用伦理眼光去论证社会主义，反之着眼于生产关系，认为现代社会主义是工业资本主义的产儿，更具体说，是从工业资本主义中产生的无产阶级斗争的产儿。而阶级斗争的发展和社会主义的最终实现，亦将取决于资本主义生产条件的发展和变化。至此我们可以发现，考茨基在不遗余力复述马克思的基础/上层建筑文化思想和政治经济学的过程中，明显还是带有社会进化论的印记。这一点上他自己也有一个交代：

> 我的历史思想的萌芽，本来是在马克思和恩格斯获得其历史观以后三十年才形成的，那是七十年代的事。当时达尔文主义是风行全世界的学说。在马克思和恩格斯创立唯物主义世界观的时候，还谈不上什么达尔文主义。他们是从黑格尔出发的，我是从达尔文出发的。我所研究的首先是达尔文，后来才是马克思，首先是有机体的发展，后来才是经济的发展，首先是物种的生存斗争，后来才是阶级斗争。[①]

---

① 考茨基：《唯物主义历史观》第一分册，上海人民出版社，1964年，第17页。

考茨基自称他着手阐述唯物主义历史观，情形与浮士德颇为相似，一开口不知道说什么是好。唯物主义是不是早已是明日黄花？是不是可以另辟新词，来替代这个刺耳的名词？甚至，干脆就用经济来定义唯物主义？考茨基承认这些问题都确实存在，但是，诚如每一个时期的社会存在决定了人们此一时期的意识的特殊性，他指出，马克思和恩格斯是从一种确定的哲学出发，通过他们的历史研究和经济研究，特别是通过对法国革命和英国工人状况的研究，从而达成其历史观的。马克思和恩格斯将这一哲学名为唯物主义，这就是事实。这个事实足以使马克思恩格斯笔下的唯物主义，有别于历史上的一切朴素唯物主义、庸俗唯物主义和机械唯物主义。考茨基引了恩格斯《费尔巴哈论》和《自然辩证法》中的论述，强调根据恩格斯的观点：物质是由世界的总和组成的，唯物主义承认物质，只不过意味着承认世界现实存在于我们以外，而不是思维的头脑的产物。《反杜林论》则将唯物主义的定义从物质的性质认知，发展到了辩证唯物主义的方法。而马克思和恩格斯，正是借助于这一方法，论证了他们的唯物主义历史观。就此而言，考茨基的结论是，唯物主义历史观并非永远和唯物主义哲学绑定在一起，它可以与任何一种使用辩证唯物主义方法的世界观结合起来：

> 不管这种历史观把自己称为唯物主义的，或是反对机械唯物主义，宁愿采用实在论或一元论、实证主义或感觉主义、经验主义或经验批判主义等名称，都没有什么关系。普列汉诺夫就曾经给他的一本俄文著作题名《一元论的历史观》。[1]

考茨基戏称这个书名相当动听，不过他还是宁可采用唯物主义历史观这个名

---

[1] 考茨基：《唯物主义历史观》第一分册，上海人民出版社，1964年，第29页。

称，因为它是和马克思、恩格斯这两位老师的特定哲学结合在一起的。在马克思的所有学生中，考茨基的评价是普列汉诺夫是总体观点上最接近马克思和恩格斯的哲学家。

由上可见，考茨基作为最有代表性的正统马克思主义理论家、阐释家和普及者，其学说应是体现了马克思主义诞生之后，第一阶段所形成的理论系统与理论形态。他和普列汉诺夫一样坚持不懈从哲学维度来普及马克思恩格斯的历史唯物主义，对阶级斗争意识念念不忘，毫不含糊地将社会发展的原动力定位在物质生产之上。同时，两人又都受达尔文主义影响，多多少少同情社会进化论，由此势所必然同列宁和托洛茨基的布尔什维克革命分道扬镳。如果说普列汉诺夫显示了俄国文化的革命和审美热情，那么考茨基则是更多展示了德国文化的深思熟虑和希伯来文化的超越特征。故而说考茨基只是重复马克思恩格斯言论，自己贡献无多也好，抑或反过来说他最终是同伯恩斯坦同流合污，走上修正主义道路也好，他毋庸置疑标志着一个时代的正统马克思主义理论水平。作为考茨基曾经的追随者，列宁很长时间对考茨基赞不绝口，称他是马克思主义的大师，虽然"一战"爆发后革命和渐进改革矛盾日显，两人又反目成仇，一个讥讽对方是"国家资本主义"，一个痛斥对方是"叛徒"。这当中的是是非非今天我们应该可以摆脱成王败寇的习惯思维，更为从容地作出客观判断。无论如何，物质生产上的共产主义——精神生产上的无政府主义，考茨基的这个著名命题，对于理解马克思主义文化理论的发展脉络，迄至今日所提供的还远不只是乌托邦和反乌托邦意义。

第八章　列宁

列宁（1870—1924）本名弗拉基米尔·伊里奇·乌里扬诺夫，列宁是他的笔名。列宁不但是无产阶级革命的领袖，世界上第一个社会主义国家苏联的第一缔造人，也是著述丰厚的马克思主义重大理论家，至少在政治哲学层面上，开启了一个列宁主义的新时代。列宁出生在一个富有的中产阶级家庭，1887年进入喀山大学攻读法律，因为参加反沙皇的抗议运动被开除出校。此后他自学不辍，取得彼得堡大学法律学位，同时投身革命，成为一名马克思主义者。1893年，列宁移居圣彼得堡，成为俄国社会民主工党核心人物。1895年他以煽动暴乱罪被捕，入狱年余，1897年至1900年流放西伯利亚，其间结识家道中落的贵族女儿克鲁普斯卡娅，两人结为夫妻。流放结束后列宁出走西欧，发表大量著述，奠定党内杰出理论家地位。1903年7月，布鲁塞尔召开的代表大会上，围绕意识形态分歧，俄国社会民主工党分裂为布尔什维克多数派和孟什维克少数派。逐次形成的列宁主义，成为布尔什维克思想体系的基石。

　　1905年11月，俄国资产阶级革命爆发后列宁短暂回国，革命失败后再度出国，开始长达10余年的第二次流亡生活。"一战"爆发后，列宁提出变帝国主义战争为国内无产阶级革命，借此推翻资本主义，建立社会主义国家。1917年二月革命推翻沙皇，列宁从瑞士回到彼得堡，筹备推翻临时政府，建立苏维埃布尔什维克政权。十月革命胜利后，列宁出任第一届人民委员会主席。1917—1922年俄国内战爆发，列宁提议成立"契卡"，推行考茨基等人耿耿于怀的"红色恐怖"，实行战时新经济政策，并于1918年3月与德国签订和约，割让大片俄国领土。晚年列宁劳累成疾，患脑溢血，病因固然与1918年8月在工厂演讲后遭遇枪击直接相关，但无分巨细事必躬亲，每天工作14至16小时，亦极大损害了他的健康。1923年列宁病情开始恶化，停止一切政治活动。次年1月21日，列宁在莫斯科逝世，终年53岁。

一、外部灌输理论

　　1919年3月2日，列宁在莫斯科发起"共产国际"大会，以有别于第二国际的本名"工人国际"。30个国家的共产党和左派组织代表出席会议，大会通过《共产国际宣言》和《共产国际行动纲领》等文件，第三国际由此宣告诞生。第三国际成立之初，各国支部多为从第二国际各国支部分裂而出。第三国际正式抛弃改良主义，号召世界革命。1922年7月，中国共产党参加共产国际，成为它的一个支部。列宁著作丰厚：《列宁全集》俄文版1941年至1951年出版第1—35卷，1957年后又增补至45卷；《列宁全集》中文版1984年开始发行第1卷，共计60卷，凡2600万字，分为著作卷、书信卷和笔记卷三大部分。

列宁文化思想的哲学基础是唯物主义反映论。它的前提是物质世界是不以人们感觉和意志为转移的客观存在。早在1894年出版的《什么是"人民之友"以及他们如何攻击社会民主党人？》一书中，对此已有明确表达。列宁的早期著述同普列汉诺夫相似，大多为论战文献，特别是针对民粹派领袖米海洛夫斯基的论战。这一时期马克思主义经由普列汉诺夫等人发起的劳动解放社，已经传入俄国，米海洛夫斯基等"人民之友"开始走修正主义路线，以逻辑力量和渊博学识两相结合的范式来概括《资本论》。这在社会民主党的立场看来，明显是在说漂亮空话。事实上此书中列宁几乎是言必称普列汉诺夫，显示自己的批判并非一己之见。列宁这样概括马克思和恩格斯的基本思想：

> 他们的基本思想（在摘自马克思著作的上述引文中也已表达得十分明确）是把社会关系分成物质的社会关系和思想的社会关系。思想的社会关系不过是物质的社会关系的上层建筑，而物质的社会关系是不以人的意志和意识为转移而形成的，是人维持生存的活动的（结果）形式。[①]

上文括号中的"摘自马克思著作的上述引文"，指的是该文中列宁引自马克思《〈政治经济学批判〉序言》中自"为了解决使我苦恼的疑问，我写的第一部著作是对黑格尔法哲学的批判性的分析"起始，以下一大段经济基础和上层建筑的相关论述，直至"大体说来，亚细亚的、古希腊罗马的、封建的和现代资产阶级的生产

---

① 列宁：《什么是"人民之友"以及他们如何攻击社会民主党人？》，《列宁选集》第1卷，人民出版社，1995年，第18—19页。

方式可以看做是经济的社会形态演进的几个时代"止。^① 将社会关系分为物质的和思想的社会关系，即基础和上层建筑的关系的比喻，这的确是马克思和恩格斯的思想。但是物质的社会关系"不以人的意志和意识为转移"，则是列宁对马克思主义这一基本思想的进一步延伸。对此列宁的经典定义，可以用《唯物主义与经验批判主义》中这一段话来作代表：

> 物质这个概念，正如我们已经讲过的，在认识论上指的只是不依赖于人的意识而存在并且为人的意识所反映的客观实在，而不是任何别的东西。^②

"不依赖于人的意识而存在"，"为人的意识所反映"，这样一种反映论的唯物主义阐释，对于其后社会主义国家马克思主义意识形态的建构和阐释所产生的巨大影响，是无论如何估计都不为过的。

列宁这一物质世界不以人的意志和意识为转移的基本立场，影响到他的文化思想，则是表现在他提出工人阶级的思想必受其历史条件和自身因素影响，不可能自身发展出社会主义理论，而必须从外部输入革命意识。这在他1902年至1903年间写成的小册子《怎么办？》中即有明确阐述。《怎么办？》有一个副标题"我们运动中的迫切问题"。迫切问题之一是回击伯恩斯坦的修正主义，即主张社会民主党应当从呼吁革命变身为支持社会改良的民主政党。列宁指出，伯恩斯坦已经提出了一整套新的论据来为此政治诉求辩护。如否认以唯物史观来论证社会主义的必要性和必然性；否认无产阶级日益贫困、劳资矛盾日益尖锐；坚决否定无产阶级专政理论；等等。而这一从革命向改良的转向，必然同样导致转向用资产阶级观点来否定

① 马克思：《〈政治经济学批判〉序言》，《马克思恩格斯文集》第2卷，人民出版社，2009年，第591—592页。

② 列宁：《唯物主义和经验批判主义》，《列宁选集》第2卷，人民出版社，1995年，第192页。

批评马克思主义的基本理论。有鉴于此，该书致力于辨别无产阶级革命的自觉意识和自发意识之间的关系。按照列宁的说明，工人阶级原始的骚乱是自发的，但是它也是自觉性的一种萌芽状态。进而视之，有计划的罢工本身已是阶级斗争的萌芽，但也只是萌芽而已。因为罢工本身还是工联主义运动，不是社会民主主义的斗争。所以无产阶级革命必须有外来的先进理论加以领导：

> 我们说，工人本来也不可能有社会民主主义的意识。这种意识只能从外面灌输进去，各国的历史都证明：工人阶级单靠自己本身的力量，只能形成工联主义的意识，即确信必须结成工会，必须同工厂主斗争，必须向政府争取颁布对工人是必要的某些法律，如此等等。而社会主义学说则是从有产阶级的有教养的人即知识分子创造的哲学理论、历史理论和经济理论中发展起来的。现代科学社会主义的创始人马克思和恩格斯本人，按他们的社会地位来说，也是资产阶级知识分子。[①]

列宁这里划分阶级的标准很清楚，这个标准不是意识形态，而是经济和物质基础。不光德国的马克思和恩格斯原本就是资产阶级知识分子，俄国的亦然。列宁强调，俄国社会民主党的理论同样与工人运动的自发增长毫不相干，反之它是革命知识分子思想发展水到渠成的结果，如"劳动解放社"的例子。知识分子不必深入群众，接受工人阶级的再教育，反之以往的知识传统，包括哲学、史学和经济学在内的一切文化形态，将有可能按照自身的发展规律，吐故纳新，凤凰涅槃，培养出马克思、恩格斯这样的伟大革命导师来。这个列宁著作中一以贯之的重要思想，无疑是他文化理论中的一个亮点。

尚与考茨基处在蜜月时期的列宁，认为他上述思想不是自己的发明，反之考

---

① 列宁：《怎么办？》，《列宁选集》第1卷，人民出版社，1995年，第317—318页。

茨基早有论述在先。他大段引用了考茨基刊于《新时代》杂志第20年期（1901—1902）第1册第3期上，言及奥地利社会民主党新纲领草案时发表的一段话，其中考茨基说道：

> 现代社会主义意识，只有在深刻的科学知识的基础上才能产生出来。其实，现代的经济科学，也像现代的技术（举例来说）一样，是社会主义生产的条件，而无产阶级尽管有极其强烈的愿望，却不能创造出现代的经济科学，也不能创造出现代的技术；这两种东西都是从现代社会发展过程中产生出来的。但科学的代表人物并不是无产阶级，而是**资产阶级知识分子**〈黑体是卡·考·用的〉；现代社会主义也就是从这一阶层的个别人物的头脑中产生的，他们把这个学说传授给才智出众的无产者，后者又在条件许可的地方把它灌输到无产阶级斗争中去。可见，社会主义意识是一种从外面灌输（von außen Hineingetragenes）到无产阶级的阶级斗争中去的东西，而不是一种从这个斗争中自发地（urwüchsig）产生出来的东西。[1]

列宁认为考茨基说的完全正确又十分重要。由此可见，早期列宁的无产阶级革命学说，很大程度上与第二国际主流理论是保持同步的。列宁本人的此一著名的先进文化外部灌输理论，诚如列宁自己交代，它的来源是卡尔·考茨基的类似思想。甚至我们可以发现，阶级意识产生于不以人的主观意志为转移的社会生产条件这一列宁主义的著名命题，考茨基同样已有论述在前："无产阶级尽管有极其强烈的愿望，却不能创造出现代的经济科学，也不能创造出现代的技术。"在这里作为上层建筑的科学和作为生产基础的技术，实际上是并为一谈，互作参照印证了。

对于考茨基的上述大段语录，列宁的感受是，既然无产阶级无以在工人运动中

---

① 列宁：《怎么办？》，《列宁选集》第1卷，人民出版社，1995年，第326页。

自发创立自己的意识形态，那么其主导意识形态只有可能是从外部输入，或者是输入资产阶级的意识形态，或者是输入社会主义的意识形态。除此之外，更无他择。盖因人类从来没有创造过任何"第三种"意识形态。在阶级社会中，一切意识形态必带上阶级的印记，任何时候也不可能有非阶级或超阶级的意识形态。要之，对社会主义意识形态的任何轻视，反过来只能意味着资产阶级意识形态的强化。对于无产阶级来说，即便是社会主义意识形态的外部输入，在其最初阶段也还是只能依靠觉醒过来的资产阶级知识分子，一如上文述及马克思和恩格斯的例子，甚至，列宁本人的例子。以列宁的出身、求学、写作、革命和婚姻的背景来看，它们自始至终都是从浸润深厚的资产阶级文化中脱颖而出，与工人阶级少有干系。工人阶级是对象，必须有先进的革命理论和文化理论来加引导。

二、党性、阶级性和出版自由

列宁1905年11月刊于布尔什维克第一份公开报纸上的著名文章《党的组织和党的出版物》，从上述视野看，谈的就是无产阶级文化必须采取的立场问题。这篇文章的背景是，在是年10月全俄政治大罢工之后，俄国国内革命形势急转直下，沙皇颁布了允诺公民自由和召开立宪杜马的宣言，对报刊出版的严密控制，也有了松动。列宁11月从国外回到彼得堡待了短暂的一段时间，直接主持布尔什维克的领导工作。是以该文开篇就说，资产阶级民主革命之后，俄国社会民主党的工作条件大有改善，所谓非法报刊与合法报刊的区别，这个农奴制俄国的可悲遗迹，正在成为历史。由此党的出版物问题，被提到了日程上来。这个问题原本不是问题，因为在沙俄报刊审查制度之下，一切非法报刊都是党的报刊，一切合法报刊都是非党报刊。虽然两者之间的关系其实复杂甚至虚假，比如就非党的合法报刊而言，又都"倾向"于这个那个政党。有些人远没有成熟到具有党的立场，认识肤浅；有些人表达党的观点是出于无奈，吞吞吐吐。结果就是伊索式的曲里拐弯的笔调，忍声吞气的写作语言。总之，这是个该诅咒的时代！现在无产阶级结束了这一丑恶现象，曙光已经初露天边了。

党性是社会民主党的党性。1905年距离布尔什维克改天换地的十月革命尚有时日，换言之，党性还远不是共产国际的党性，而是第二国际的俄国社会民主党多数派，即两年之前刚刚分立出来的布尔什维克的党性。即便如此，这在言论出版自由鲜有空间的旧沙俄时代，几无可能。我们还记得普列汉诺夫又用匿名，又改书名，1895年终于在国内成功出版《论一元论历史观的发展问题》之后，恩格斯闻讯都致信祝贺，视为奇迹。转眼不过十年过去，形式已经大变，用列宁自己的话说，革命派和沙皇已经势均力敌，处在谁也不能战胜谁的僵持状态了。在这一特殊状态之下，流亡西欧的列宁回国提出党的出版物的原则，正可视为后来葛兰西所说的新兴阶级登上历史舞台之初，必先不遗余力营造文化领导权的一个经典范例。

那么，党的出版物的原则又是什么？出版物如何体现无产阶级的党性？对此列宁提出了著名的齿轮和螺丝钉的比喻：

> 党的出版物的这个原则是什么呢？这不只是说，对于社会主义无产阶级，写作事业不能是个人或集团的赚钱工具，而且根本不能是与无产阶级总的事业无关的个人事业。无党性的写作者滚开！超人的写作者滚开！写作事业应当成为整个无产阶级事业的一部分，成为由整个工人阶级的整个觉悟的先锋队所开动的一部巨大的社会民主主义机器的"齿轮和螺丝钉"。写作事业应当成为社会民主党有组织的、有计划的、统一的党的工作的一个组成部分。[1]

简言之，在社会民主党这部由工人阶级先锋队开动的巨大的机器上面，作家和一切写作者只能心甘情愿做上面的齿轮和螺丝钉，而绝不容许对个人得失斤斤计较。写作和出版，总而言之无产阶级的文学和文化事业必须"成为社会民主党有组

---

[1] 列宁：《党的组织和党的出版物》，《列宁选集》第1卷，人民出版社，1995年，第663页。

织的、有计划的、统一的党的工作的一个组成部分"，这可以说是柏拉图的传统。是以多年以后，列斐伏尔在他的《美学概论》中，还对柏拉图诗学中鲜明的政治意识赞不绝口。

但事实上列宁也意识到了"齿轮和螺丝钉"的说法会遭致非议。故不但承认螺丝钉的比喻是有缺陷的，而且紧接着重申写作事业最不宜机械划一，硬性规定少数服从多数。强调恰恰相反，文学和写作事业必须突出个性，给予创造性和个人爱好以广阔的天地。但是列宁强调文学和一切文化活动的个性并非无涉党的组织。对此列宁的解释是，它并非意味着出版社、书店、图书馆等一应文化场所都要成为党的机构，向党汇报工作情况，而主要是引入生气勃勃的无产阶级精神，冲破"作者管写，读者管读"这个旧俄国坐享其成式的半商业化文化模式。不仅如此，就是时俄国的出版业来看，列宁发觉一边是所谓亚洲式的农奴制书报审查制度，一边是被欧洲的资产阶级买卖关系玷污了的文学现状。很显然，文学自身不足以发展出符合党性的出版和文化事业，必须有外来的理论唤醒它的沉睡状态。这一回理论的来源不仅是马克思主义，它更是一种列宁主义。

对于强调出版物党性有可能压制言论自由的反对意见，列宁的反驳主要有两点。其一是言论和出版理应享有自由，但是结社同样享有自由。对于社会民主党而言，它必须清洗宣传反党观点的党员。其二是资产阶级的绝对言论自由主张是虚伪的。资本主义社会作家受制于商业要求，不可能有真正的自由。所谓自由不过是金钱豢养的假面具。故而真正的自由反而是在没有负担的无产阶级这里：

> 这将是自由的写作，因为把一批又一批新生力量吸收到写作队伍中来的，不是私利贪欲，也不是名誉地位，而是社会主义思想和对劳动人民的同情。这将是自由的写作，因为它不是为饱食终日的贵妇人服务，不是为百无聊赖、胖得发愁的"一万个上层分子"服务，而是为千千万万劳动人民，为这些国家的精华、国家的力量、国家的未来服务。这将是自由的写作，它要

用社会主义无产阶级的经验和生气勃勃的工作去丰富人类革命思想的最新成就，它要使过去的经验（从原始空想的社会主义发展而成的科学社会主义）和现在的经验（工人同志们当前的斗争）之间经常发生相互作用。①

这里体现的是一种无产阶级的非功利，却包含着国家和社会至上的功利的全新的布尔什维克美学。它可以比较当年柏拉图同样呼吁文学为国家服务的意识形态诗学，柏拉图以颂神的诗和歌颂当代政治领袖的诗为仅有的两种好诗，可是论证多少显得苍白。列宁的写作美学朝气蓬勃、激情洋溢，为千千万万劳动人民服务，为国家的未来服务，以一切商业的考量为耻辱，它将成为此后无产阶级专政国家文化事业的一个鲜明特色。

党性的另一个名称是阶级性。如果说当革命的风暴尚起于青蘋之末，星星之火尚未及燎原之际，列宁苦心钻研马克思和恩格斯的说法，借用资产阶级知识分子先进理论来引导工人阶级走出自发状态的惰性，那么在无产阶级夺取政权之后，阶级性反过来很快变身成了抵御资产阶级意识形态侵蚀的盾牌。这一变身不但在《党的组织和党的出版物》中已有清晰体现，而且1921年8月5日列宁在致米雅斯尼科夫的信中将它阐述得更为坚定而明确。米雅斯尼科夫曾致书俄共（布）中央，并在彼得堡等地党组织内多次发言，呼吁给予包括君主派和无政府主义者在内的一切政治派别以言论和出版自由。对此列宁表示反对，信中说"从君主派到无政府主义者都享有出版自由"，这的确十分中听。但是一切马克思主义者和经历过四年俄国革命的工人们，肯定对此不以为然，他们必然要求首先弄清楚，这是何种出版自由，是干什么用的，是给予哪一个阶级的出版自由？换言之，阶级性将是一切出版自由和文化自由的标尺所在。

列宁指出，"出版自由"这个口号曾经具有革命性。它曾经反映了资产阶级

---

① 列宁：《党的组织和党的出版物》，《列宁选集》第1卷，人民出版社，1995年，第666—667页。

反对僧侣阶级和封建阶级、地主阶级的斗争。而世界上没有一个国家，像刚刚成立的苏俄这个新兴的无产阶级国家那样，正在致力于帮助群众摆脱宗教和地主阶级的影响，故毫无疑问，新俄国是世界上最享有"出版自由"的国家。反之放眼世界，凡是有资本家的地方，出版自由就是收买——收买报刊、收买作家、收买舆论，总而言之那是为虎作伥、服务资产阶级的自由。列宁这一立场显然具有非常现实的考量。那就是新生的布尔什维克俄国面临西方敌对势力包围，在无产阶级政权尚未得到充分稳固的苏俄来谈出版自由，只能是给孟什维克和社会革命党、立宪民主党等一应机会主义提供东山再起、重建政治组织的口实。用列宁的话说，便是"资产阶级（在全世界）还比我们强，强很多倍。再让它有建立政治组织的自由（=出版自由，因为报刊是政治组织的中心和基础）这个武器，那就是为敌人的活动开方便之门，就是帮助阶级敌人"[①]。

　　"出版自由"由此毋庸置疑地体现了它鲜明的"阶级性"。列宁指出米雅斯尼科夫是陷入了温情主义的泥潭。米雅斯尼科夫1922年2月20日被俄共（布）开除出党。列宁在《关于"出版自由"》这封信中，已经开宗明义，声明组织处理是一回事，他现在做的是另一回事情，那就是将米雅斯尼科夫的信"当作资料性和政治性的文献来加以评价"[②]。对于米雅斯尼科夫信中提到的出版自由有助于揭发党内泛滥的胡作非为之举和营私舞弊现象的说法，列宁指出那是米雅斯尼科夫一厢情愿、误入歧途，失去了对局面的冷静判断。因为目前的情势是："出版自由会助长世界资产阶级的力量。这是事实。'出版自由'不会用来祛除俄国共产党的许多弱点、错误、偏差、毛病（毫无疑问，毛病有的是），因为这是世界资产阶级不愿意的。出版自由会成为这个世界资产阶级手中的武器。资产阶级并没有死，它还活着，正在一旁窥伺着我们。"[③]资产阶级不光是一旁窥伺，而且已经雇佣了许多代理人。

① 列宁：《关于"出版自由"》，《列宁选集》第4卷，人民出版社，1995年，第546页。

② 列宁：《关于"出版自由"》，《列宁选集》第4卷，人民出版社，1995年，第545页。

③ 列宁：《关于"出版自由"》，《列宁选集》第4卷，人民出版社，1995年，第547页。

所以说到底，所谓出版自由绝不是超阶级的自由，它只能是西方资产阶级的自由，是收买报刊与政治组织的"自由"。至此我们可以发现，揭开一切文化命题温情脉脉的抽象面具，鲜明地首先在党性、阶级性中来考量它们的利弊得失，这将是影响深远的列宁主义文化思想的一个最鲜明的特色。

三、无产阶级文化

这个特色同样见于列宁有关无产阶级文化的阐述。1920年10月列宁有两篇文献集中谈到无产阶级文化的问题。一是10月2日在俄国共产主义青年团第三次代表大会上的讲话《青年团的任务》；一是10月8日的《关于无产阶级文化》的第一部分《决议草案》，以及第二部分——10月9日的《决议草案要点》的未全手稿。这两篇文献对于厘清列宁的无产阶级文化思想，提供了相当明确的勾勒线索。

首先，无产阶级文化不是空穴来风，它是在资产阶级文化和以往一切文化传统的基础上发展起来的。列宁指出，马克思的学说之所以在革命阶级中最是深入人心，是因为马克思是站在人类在资本主义制度下获得的全部知识之上，深入研究了人类社会的发展规律，对资本主义社会做出了最确切、最缜密、最深刻的研究。所以：

> 当我们谈到无产阶级文化的时候，就必须注意这一点。应当明确地认识到，只有确切地了解人类全部发展过程所创造的文化，只有对这种文化加以改造，才能建设无产阶级的文化，没有这样的认识，我们就不能完成这项任务。无产阶级文化并不是从天上掉下来的，也不是那些自命为无产阶级文化专家的人杜撰出来的。①

列宁的共青团第三次代表大会讲话并不是专门谈论文化，特别是设有专门谈无

① 列宁：《青年团的任务》，《列宁选集》第4卷，人民出版社，1995年，第285页。

产阶级文化。但是上面这段话中，列宁明确认可了无产阶级文化的存在，将它视为先进文化的标志，区别于腐朽没落的资产阶级文化。列宁本来是用无产阶级文化来佐证马克思主义并非是隔绝传统，而是建立在对资本主义社会最确切、最缜密和最深刻的分析之上。问题是，这里我们同样可以用马克思的科学社会主义反证无产阶级文化的密切联系。即认可它是立足于人类在资本主义制度下获得的全部文化积累之上。用列宁自己的话说，那就是"无产阶级文化应当是人类在资本主义社会、地主社会和官僚社会压迫下创造出来的全部知识合乎规律的发展。条条大道小路一向通往，而且还会通往无产阶级文化"①。

列宁上文说到的"那些自命为无产阶级文化专家的人"，指的是当时无产阶级文化协会的代表人物。这个协会十月革命前夕在彼得堡成立，十月革命之后在俄国各地成立分会，各地协会最多时达1381个，有40余万会员，拥有《无产阶级文化》《未来》等十数种刊物，以及"中央舞台""第一工人剧院"等各种文化阵地，可谓声势浩大。1920年8月，协会还成立了国际局，在英、德等欧洲国家也相继成立了无产阶级文化协会。列宁不满亚·波格丹诺夫等人领导下的无产阶级文化协会欲自立门户，同苏维埃政权的文化部门分庭抗礼，是以他明确表态反对这个协会的文化自治倾向，警告无产阶级文化协会割裂传统，否认既往文化遗产，试图通过实验来创造"纯粹无产阶级文化"的企图，其实这是空中楼阁，断无可能。

《关于无产阶级文化》这一决议草案，就是在这一背景下出台的。1920年10月5日至12日无产阶级文化协会在莫斯科举行第一次代表大会。9日和11日，俄共（布）中央政治局开会，以列宁的决议草案为基础，讨论了无产阶级文化协会的问题。是以列宁草拟的决议草案开篇第一句话就是："从10月8日《消息报》上看，卢那察尔斯基在无产阶级文化协会代表大会上说的话，跟我昨天同他商定的正相反。"这里指的是10月8日《消息报》报道的卢那察尔斯基7日在全俄无产阶级文化协会第一

---

① 列宁：《青年团的任务》，《列宁选集》第4卷，人民出版社，1995年，第285页。

次代表大会上的讲话。这是列宁耿耿于怀的原因。关于这一事件，卢那察尔斯基日后在本人的回忆录中，是这样描述的："1920年10月无产阶级文化协会举行代表大会时，弗拉基米尔·伊里奇要我去参加会议，并明确指出，无产阶级文化协会必须接受教育人民委员部的领导，把自己看成是它的一个机构等等。总之，弗拉基米尔·伊里奇要求我们把无产阶级文化协会吸引到国家这方面来，当时他还采取了种种措施使它靠近党。我在代表大会上的讲话，措辞相当婉转温和，而传到弗拉基米尔·伊里奇那里时就变得更加软弱无力了。他把我叫去申斥了一顿，后来无产阶级文化协会就根据他的指示改组了。"①

《消息报》10月7日以一则短消息刊登了卢那察尔斯基在无产阶级文化协会第一次全俄代表大会上的讲话。主要报道了卢那察尔斯基讲话的两个侧面。一是国际文化视野，二是协会同教育部的关系。对于前者，作为无产阶级文化协会的名誉主席，卢那察尔斯基不无自豪地声称无产阶级文化协会不仅对俄国，对西方的劳动群众也具有很大的吸引力。柏林已经成立了"无产阶级文化协会"。故协会国际局将广泛宣传无产阶级文化协会的思想看作头等大事。对于后者，据报道卢那察尔斯基是这样说的："卢那察尔斯基同志指出，应当保证无产阶级文化协会的特殊地位，完全的自治，因为无产阶级文化协会主要致力于创造无产阶级文化的新形式和显示无产阶级蕴藏的创作才能；必须使无产阶级文化协会这样极端重要的组织及其关心教育人民委员部的任务，通过派遣自己的全权代表参加教育人民委员部所属的艺术和教育委员会来发挥自己的作用。"②卢那察尔斯基的想法比较天真，他设想无产阶级文化协会和教育人民委员部可以各司其职：教育部掌管教育，主要担当教育青年工人事务；无产阶级文化协会则负责无产阶级文化事业，使其成为国营企业和国家财产的第一个消费者，同时尽最大可能去研究各种形式的艺术，使用一切文化设备。

---

① 见《列宁选集》第4卷"注释"，人民出版社，1995年，第839页。

② 戈尔布诺夫：《列宁与无产阶级文化协会》，申强、王平译，外国文学出版社，1980年，第170页。

列宁起草的"决议草案"一共5条，言简意赅。无产阶级文化这个概念本身的明确阐述，在马克思主义文化思想的发展史上具有重要意义。列宁这里所说的文化，很大程度上同教育息息相通。故决议第二条是：无产阶级应当通过其先锋队共产党，作为最积极最主要的力量参与整个国民教育事业。第三条则重申只有马克思主义的世界观，才正确反映了无产阶级的利益、观点与文化。但最关键的是第四条，它可视为列宁给无产阶级文化所下的一个定义：

> 马克思主义这一革命无产阶级的思想体系赢得了世界历史性的意义，是因为它并没有抛弃资产阶级时代最宝贵的成就，相反却吸收和改造了两千多年来人类思想和文化发展中一切有价值的东西。只有在这个基础上，按照这个方向，在无产阶级专政（这是无产阶级反对一切剥削的最后的斗争）的实际经验的鼓舞下继续进行工作，才能认为是发展真正的无产阶级文化。①

在这个无产阶级文化的基本定义中，意识形态、思想、文化等值。马克思主义作为无产阶级的意识形态，一方面是结果，即它吸收和改造了资产阶级以及人类历史上一切有价值的思想和文化遗产；另一方面又是起因，即在此种意识形态的基础之上，加上无产阶级革命实践经验——这是作为"资产阶级知识分子"的马克思和恩格斯本人所缺乏的——然后有可能发展出真正的无产阶级文化。换言之，无产阶级文化不能仅流于理论，而是需要实践，它是理论和实践的完美结合。

以上定义中的另一个思想，是对待文化遗产的可贵态度。它与波格丹诺夫等人为代表的"无产阶级文化派"针锋相对，充分肯定资产阶级时代最宝贵的成就被整合进了马克思主义，是以建设无产阶级文化，不可能隔绝它同资本主义社会——这它刚刚脱颖而出的资产阶级时代——之间千丝万缕的联系。比起无产阶级文化

---

① 列宁：《关于无产阶级文化》，《列宁选集》第4卷，人民出版社，1995年，第299页。

派貌似义无反顾一往无前的激进立场，它当然是一种更辩证也更多温情的文化革命思想。即便比较前述之列宁严厉斥责出版自由，以它为资产阶级文化侵略手段进而进行政治颠覆的急先锋的相关论述，很难不叫人忽略这里特定的论争语境，我们也有充分理由认同它并非一种权宜之言。这个语境是列宁同无产阶级文化派的分歧，分歧不仅见于文化，更见于组织，如紧接着决议第五条所陈述的全俄无产阶级文化协会代表大会坚持的原则：坚决反对"臆造自己的特殊的文化，把自己关在与世隔绝的组织中，把教育人民委员会和无产阶级文化协会的工作范围截然分开，或者在教育人民委员部机构中实行无产阶级文化协会的'自治'等等。相反，代表大会认定，无产阶级文化协会的一切组织必须无条件地把自己完全看作教育人民委员部机关系统中的辅助机构，并且在苏维埃政权（特别是教育人民委员部）和俄国共产党的总的领导下，把自己的任务当作无产阶级专政任务的一部分来完成"①。

由此我们清楚了，列宁在这里反复重申的，是关于文化的领导权问题。不是无产阶级和资产阶级争夺文化领导权，而是无产阶级夺取政权之后，一样面临的无产阶级文化领导权问题。它较之无产阶级文化派对待文化遗产的态度，更显得举足轻重，是为亟须解决的当务之急。这在中文版《列宁选集》没有被收入，它见于《列宁全集》的《关于无产阶级文化》的第二部分，列宁10月9日草拟的《决议草案要点》中，表达得尤其清楚：

1.不是特殊的思想，而是马克思主义。

2.不是臆造新的无产阶级文化，而是根据马克思主义世界观和无产阶级在其专政时代的生活与斗争的条件的观点，发扬现有文化的优秀的典范、传统和成果。

3.不是离开教育人民委员部独树一帜，而是它的一部分，因为俄国共产

① 列宁：《关于无产阶级文化》，《列宁选集》第4卷，人民出版社，1995年，第299页。

党+教育人民委员部=无产阶级文化协会的总和。

4.无产阶级文化协会应同教育人民委员部有密切的联系，并从属于后者。[①]

什么是无产阶级文化？首先它是马克思主义的文化。其次它不是新的创造，而是既往文化，也就是资产阶级文化在无产阶级专政时代之下的新形态。再次，无产阶级文化必须接受党的领导，具体说，是接受教育人民委员部的领导。最后，文化在体制上应当隶属教育。

任何一种文化不可能隔断与既往传统的联系。无产阶级文化也不例外。事实上就是它所主张的"文化独立"，很大一部分指的也就是所谓工人阶级的独立创作。在浩瀚的文化传统中，工人阶级的独立创作完全是无例可循的新生事物，也许的确需要多加鼓励。如波格丹诺夫在《论艺术遗产》杂志上刊文鼓吹工人阶级独立创作：

> 工人阶级必须找到、制定高于过去所有文化的观点，并贯彻到底，就像自由思想家对待宗教世界的观点一样。那时就能掌握这种文化而不屈从于它，使它成为建设新生活的工具和同旧社会作斗争的武器。[②]

高于旧文化，把握旧文化，以使旧为新用。无产阶级文化派的这一立场，比较此一时期欧洲流行的未来派、立体派等现代主义先锋艺术章程，并不出格。按照波格丹诺夫的说法，无产阶级文化之所以不能全盘接收资产阶级文化，而必须有所选择，取其精华，是因为旧文化中没有无产阶级的观点。这样一种革命立场，我们不难发现，与列宁本人论述出版自由时一力重申的无产阶级阶级性，其实多可交通。但是涉及话语权利问题，性质就不一样了。

---

① 列宁：《关于无产阶级文化》，《列宁全集》第39卷，人民出版社，1986年，第334页。

② 见郑异凡编译：《苏联"无产阶级文化派"论争资料》，人民出版社，1980年，第114—115页。

《论无产阶级文化》决议草案颁布之后，问题并没有得到一劳永逸的解决。列宁同无产阶级文化协会的纠缠仍在延续。1922年9月27日，时任协会主席普列特涅夫在《真理报》上刊出题为《在意识形态的战线上》的文章，再一次阐述协会的弃旧迎新的基本文化目标和实践任务。文章开篇说，在革命之后的第五个年头，文化问题，广一点——意识形态问题，上升到首要地位。普列特涅夫进而重申：

> 创造新的无产阶级的阶级文化，就是无产阶级文化协会的基本目标。在科学与艺术的领域里把无产阶级的创作力量表现出来与集中起来，则是它的基本实践任务。必须用这些力量来达到无产阶级文化协会给自己提出的目标。创造新的无产阶级的阶级文化并不是传播文化的任务，——这是资产阶级和无产阶级不可调和的敌对意识形态的一个斗争过程。[①]

列宁对于这段话的批注是"哈哈！"，并且给"创造新的"等词语加上了下划线。对于后文作者所说的无产阶级的艺术家将是艺术家，同时也是工人等语，则给予批注"一派胡言"。并且随后致函《真理报》主编，令组织批评。曾经是满腔豪情的无产阶级文化协会，终究是在1925年归属工会，让它认祖归宗接受无产阶级的领导。1932年，协会无疾而终，宣告解散。

四、文化革命

列宁拒绝无产阶级文化的狂飙突进，呼吁接纳资产阶级文化的既有传统，这里所说的文化，很大程度上也涉及文化的普及内涵，即一个民族达到的文明程度。更具体说，就是工农阶级的文化教育问题。就此而言，文化再度等值于文明，首先在于扫盲和识字程度的普及。列宁晚年病中口授的一批文献中，1923年1月2日成稿，

① 见郑异凡编译：《苏联"无产阶级文化派"论争资料》，人民出版社，1980年，第18页。

1月4日刊于《真理报》的《日记摘录》一文，即表示关注前一年出版的《俄国识字状况》一书。他枚举了俄国居民识字状况的一个对比。对比的年份是1897年和1920年，亦即沙俄时代与十月革命三年之后的新俄国时期。相关数据是每1000人中男子的识字人数是318人比409人；妇女的识字人数是131人比223人；总体上是108人比218人。进步无疑是显著的，但是列宁认为不足。故此：

> 当我们高谈无产阶级文化及其与资产阶级文化的关系时，事实提供的数据向我们表明，在我国就是资产阶级文化的状况也是很差的。果然不出所料，我们距离普遍识字还远得很，甚至和沙皇时代（1897年）比，我们的进步也太慢。这是对那些一直沉湎于"无产阶级文化"的幻想之中的人的一个严厉警告和责难。这说明我们还要做多少非做不可的粗活，才能达到西欧一个普通文明国家达到的水平。这也说明，我们现在还要进行多么繁重的工作，才能在我国无产阶级所取得的成就的基础上真正达到稍高的文化水平。[1]

高谈无产阶级文化，这当然又是在讽刺波格丹诺夫等人的马赫主义无产阶级文化独立论。在列宁看来，谈论文化首先在于推广教育，提高国民素质。否则一切文化无从谈起，不但无产阶级文化，甚至资产阶级文化也谈不上。1923年的苏联，用列宁本人的话说，还处在半亚洲式的不文明状态，非做重大努力不可能摆脱现状。但是列宁对前景表示乐观。因为俄国已经建立起世界上第一个无产阶级国家政权，且不说在文化方面，就是在识字方面大多数工人深知自己的巨大不足，愿意任劳任怨改进自己的文化状态。对此列宁提出了一系列举措，包括极大提高教师的地位，使之达到资产阶级社会里前所未有，以后也不可能有的高度。加强组织国民教师的工作，使其从资产阶级的支柱，变成苏维埃制度的支柱。列宁的以上思想可以与四

---

① 列宁：《日记摘录（1923年1月2日）》，《列宁选集》第4卷，人民出版社，1995年，第762—763页。

分之一个世纪之后理查德·霍加特的文化研究开山之作《识字的用途》，以及再往后的E. P. 汤普森的《英国工人阶级的形成》做一比较。后两者正也是在英国工人阶级的识字运动中，见证了工人阶级阶级意识的形成。

1923年1月4日至6日列宁口授的重要文献，由妻子克鲁普斯卡娅5月转交中央委员会，并得到政治局高度重视的《论合作社》，进一步阐述了他的"文化革命"思想。列宁该文的结论是，合作社的发展大体上等于社会主义的发展。与此同时必须承认这个事实，那就是无产阶级政权成立之后，对于社会主义的看法整个改变了，以往重心是在政治斗争，在于革命和夺取政权，如今转移到"文化主义"上来了。所谓文化主义，它曾经是俄国资产阶级知识分子鼓吹普及教育的不切实际的改良主义路线，但是列宁认为今天无产阶级可以借用这一方针，因为排除国际关系不谈，就国内经济关系来看，列宁认为"文化主义"是当时的工作重心。但是这一次文化主义的推广对象不光是工人阶级，还包括农民。文化主义的路线势必酝酿一场文化革命，列宁指出，它是彻底合作化的前提所在。而且它足以驳斥敌人的攻击口实——所谓在一个文化不够发达的国家里推行社会主义是冒失行为。但是他们错了，新俄国的政治和社会变革，已经构成今天文化变革和文化革命的先导：

> 现在，只要实现了这个文化革命，我们的国家就能成为完全社会主义的国家了。但是这个文化革命，无论在纯粹文化方面（因为我们是文盲）或物质方面（因为要成为有文化的人，就要有相当发达的物质生产资料的生产，要有相当的物质基础），对于我们说来，都是异常困难的。[①]

文化革命由是观之，它是一个伟大的事业，不是破旧立新，而是继往开来的伟大事业。它是无产阶级建立政权之后的当务之急，甚至，是经济建设的第一要务。列

---

① 列宁：《论合作社》，《列宁选集》第4卷，人民出版社，1995年，第774页。

M
KARL MARX
马克思主义文化理论发展史

宁晚年健康状况急剧恶化，辗转病榻上依然念念不忘文化革命的展开，足见列宁最终意识到文化在共产主义事业中举足轻重的地位。如他起草的《共产国际第四次代表大会文献》所言，对于一穷二白的俄国来说，最重要的任务就是学习学习再学习。而对于学习欧洲先进文化而言，文化的阶级属性一时似乎变得不那么重要了。诚如列宁所说："有人在争论，这属于无产阶级文化，还是属于资产阶级文化？我不来答复这个问题。但是你无论如何，我们必须首先学习读、写和理解读过的东西，这是毫无疑问的。"① 列宁耿耿于怀的是俄国的国民素质，即国民总体上的文化水平明显低于西方资本主义国家，即便后者并非完美无缺，如意大利依然还难以摆脱黑手党的困扰，但总体上看西欧的文化水平要高于俄国，这同样是毫无疑问的。故而：

> 对那些过多地、过于轻率地侈谈什么"无产阶级"文化的人，我们就不禁要抱这种态度，因为在开始的时候，我们能够有真正的资产阶级文化也就够了，在开始的时候，我们能够抛掉资产阶级制度以前的糟糕之极的文化，即官僚或农奴制等等的文化也就不错了。在文化问题上，急躁冒进是最有害的。②

"不禁要抱这种态度"是指列宁本人对迅速提高新俄国文化水平曾经持有的怀疑主义态度，他不敢相信可以将不下于西欧优秀人才的现代精英集中到国家机关里来。但是很显然，列宁认可资产阶级文化与它所替代的以往一切文化模态相较，都是一种伟大的进步。文化革命由是观之，宗旨就在于文化的普及，不光是提高个人，更是提高整个国家的国民素质。资产阶级文化和无产阶级文化的分野在这里变得无足轻重，举足轻重的是文化本身。文化再一次证明，它将是一个漫长的革命。阶级意识可以存在，但是它同样是可以超越的。

---

① 列宁：《共产国际第四次代表大会文献》，《列宁选集》第4卷，人民出版社，1995年，第728—729页。

② 列宁：《宁肯少些，但要好些》，《列宁选集》第4卷，人民出版社，1995年，第784页。

列宁的文化思想总的来看，具有强烈的党性和阶级性意识，明确如何应对有所作为，有所不作为，而绝不是非功利无条件的文明甚至革命启蒙。文化的支点因此不仅在于普及性，而且在于实用性。无产阶级文化必须为无产阶级专政服务。即便服务于无产阶级专政，也不宜奢望自立门户，同任何一种政治权力分庭抗礼。但是另一方面，无产阶级文化的设想不可能是空中楼阁，而必然建立在资产阶级文化的基础之上。对于无产阶级文化／资产阶级文化的这一辩证破解，似乎构成了列宁文化思想中的一个悖论。卢卡奇①1946年撰写的《列宁与文化问题》一文中，曾经不吝美誉赞美列宁的文化思想。他指出：

> 对列宁来说，文化享受的可能性是从这一个角度出发的，也就是说，对于每一个人来说，都必须具有可以接近、可以掌握它的现实基础。从这里决定了社会主义文化政策的普及性质。所以必须首先创造一切社会和经济基础，创造一切——有时是非常简单的——文化的先决条件，使得劳动群众和文化之间的大门洞开，而这扇大门过去是被堵塞起来的。②

1946年依然是卢卡奇同苏联的蜜月时期，所以对列宁和斯大林的一切思想推崇备至。但是卢卡奇这里没有说错，唯物主义、普及教育，这是列宁文化思想的两个鲜明亮点。对此，我们同样可以旗帜鲜明地将其命名为列宁主义。

① 卢卡奇曾译作"卢卡契"。

② 卢卡奇：《列宁与文化问题》，见中国社会科学院外国文学研究所外国文学研究资料丛刊编辑委员会编：《卢卡契文学论文集》，中国社会科学出版社，1980年，第366页。

第三编　西方马克思主义的兴起

西方马克思主义的另一个名称是新马克思主义或西方新马克思主义。1955年法国哲学家梅洛·庞蒂在《辩证法的历险》一书中专设《"西方的"马克思主义》一章，阐述和介绍他认为有别于列宁主义的对马克思主义的新解释及其运用，并将这一思潮溯源到卢卡奇的《历史和阶级意识》。1976年，英国新左派史学家佩里·安德森在他的《西方马克思主义探讨》一书中称，在这个改变了的世界上，革命的理论完全起了变化，这变化就产生了今天可以称之为"西方马克思主义"的理论。"西方马克思主义"这个概念虽然是广大无边，但终究还是有迹可循。该书开篇就说，马克思主义诞生100多年来，它的历史还有待编写。马克思主义的发展虽然时间不长，但是相对复杂，而且时有转变。而对于马克思主义不断变形和转变的原因和形式，大部分人还尚未有深入探究。所以：

　　本书要探讨的有限主题是"西方马克思主义"，这个名词本身并不指明精确的空间或时间。因此，这本小书的目的是要确定这一部分理论著作在历史上所处的位置，并提出其一致的结构关系——换句话说，本书要提出：西方马克思主义尽管存在种种内部分歧和对立，却仍然构成一种具有共同学术传统的理论。[①]

安德森把柯尔施、卢卡奇、本雅明、葛兰西、马尔库塞、阿多诺、萨特、戈德曼、阿尔都塞等人都列在了这个名单之中。当然我们还能在这个名单上加上弗洛姆、威廉斯、伊格尔顿和詹姆逊等人的名字。的确，汇集在西方马克思主义这面大旗下面的各路人马委实是太为广大，他们不但理论各异，而且彼此之间的相似点每每只能用维特根斯坦"家族相似"的原则来作描述。但诚如安德森所言，这一切并不妨碍西方马克思主义形成了一个大体具有共同特征的学术传统。这清晰表明，马克思主义理论的重心在从经济和政治转向文化的同时，它的性质也从革命转变为学术。

对于西方马克思主义的源起、发展、构成和特点等问题，安德森认为，西方马克思主义是第一次世界大战后，资本主义发达地区无产阶级革命失败的产物，它是在社会主义理论和工人阶级实践之间愈益分离的情况下发展起来的。故而这个思潮首要的根本特点在于它的学术结构与政治实践相脱离。因此这一批理论家使用的语言愈益带有灰色艰深的专业化色彩，而使理论愈益奥秘化。如他认为卢卡奇的语言烦琐难解，充满学究气；葛兰西则因多年监禁，而养成使人绞尽脑汁的支离破碎深奥文风；本雅明爱用简短而迂回的格言式语言；萨特的语言犹如炼金术士那一套古板又新奇的词汇的迷宫；等等。此外整个西方马克思主义传统的指针，是在不断摆向当代资产阶级文化。如卢卡奇思想上仍然受到韦伯社会学以及狄尔泰哲学的深刻影响；法兰克福学派的集体作品，从1930年代开始充满了弗洛伊德心理分析的概念和论点；等等。作为上述特点的结果，方法问题和文化问题也被愈益突显出来。

---

① 佩里·安德森：《西方马克思主义探讨》，高铦等译，人民出版社，1981年，第7页。

西方马克思主义经历了一个"文化转向"。安德森指出，西方马克思主义并不是一个严格的学术流派，其代表人物虽然多运用他们各自所理解的马克思主义基本观点来研究分析文学问题，作为他们哲学和社会理论的补充和延伸，但是在重新研究、重新发现等等旗号之下，在丰富了马克思主义传统的同时，他们的理论实际上往往也有意无意偏离了马克思主义的基本原理。具体说，西方马克思主义典型的研究对象并不是国家和法律，它注意的焦点是文化。安德森说，西方马克思主义者们不断地从经济学和政治学转向哲学，仿佛与马克思这位历史唯物主义的创始人背道而驰——马克思当年可是不断地从哲学转向经济学和政治学，以后者作为他思想的中心部分。由此来看，似乎政治转了一个循环。究其原因，安德森认为在欧洲无产阶级革命失败之后，马克思主义理论同群众实践之间的政治统一发生破裂，使得西方马克思主义理论上偏向当代资产阶级文化。这并不意味先进的资本主义国家堵塞了社会主义的一切进路，而是随着共产主义运动的斯大林化，资本主义的活力再次凸显出来，它经过两次世界大战之后迅速恢复和发展的经济实力，也必然反映在它的文化发展方面。安德森的分析当然不是空穴来风，事实上卢卡奇、葛兰西等第一批西方马克思主义者，也是在马克思预言的无产阶级革命在现实中不复可能之后，转向文化领域的研究，期望率先在意识形态上效法资产阶级的革命传统，酝酿建立无产阶级领导权的。

可以说，正是通过西方马克思主义者们的努力，文化的自觉意识开始长入马克思主义的理论阐述。它意味着文化不是上层建筑的某些方面，机械地为经济基础所反映和支配，甚或就是资产阶级的虚假的意识形态，而是在社会生活调节和资本主义现有秩序维护中起着举足轻重的作用。与此同时，青年马克思《1844年经济学哲学手稿》中的人道主义思想被充分重视。人们围绕它是马克思的一贯思想，还是与后期以《资本论》为代表的科学马克思主义形成了"认识论断裂"，也多有争论发生。如列斐伏尔的《美学概论》中高度推崇马克思《手稿》中"劳动创造了美"这个中心命题，以及现实对象处处体现出人的本质力量对象化的思想。阿尔都塞则坚决否定《手稿》中的人道主义是成熟的马克思主义理论。而在文化的领域内，引人注目的当是西方马克思主义者对美学和艺术的关注。一般认为西方马克思主义美学的理论形态至少具有以下一些基本特征。首先是批判精神。这在法兰克福学派的著作中表现得尤为突出。学派的主要成就在于哲学、社会政治研究方面，但它在美学方面的业绩也相当引人注目，本雅明的机械复制时代的艺术、布洛赫的艺术乌托邦思想、马尔库塞的新感性思想，其影响都深入渗透到今天西方美学的理论重构，阿多诺的《美学理论》更被一些人认为是20世纪最重要的美学著作。法兰克福学派尖锐批判资本主义制度压抑人性，认为审美以它的感性特征，可以使人在艺术活动中至少得到暂时的解放。其次是总体性。卢卡奇早年就提出，马克思主义区别于资产阶级科学的地方并不在于它从经济动机上去解释历史，而是在于它有总体性的观念。总体性因此成为西方马克思主义重建哲学的一个中心，但其中的重心则明显偏离客体向主体倾斜，反映到审美判断上面就体现为鲜明的人道主义主体意识。第三，同追求主体意识极浓的总体性特征相联系，对审美和艺术活动的关注由社会和历史层面解释向主体的认识和心理层面倾斜。这在法兰克福学派对先锋艺术显示出的浓厚兴趣中，亦表现得相当清楚。形式不复单纯同审美联盟，而被认为是从根本上完成了对艺术作品的社会造型和干预姿态。

第九章　卢卡奇

乔治·卢卡奇（1885—1971）是西方马克思主义的开山人物之一，匈牙利哲学家、美学家和文学批评家。他的"总体性""物化"和"阶级意识"等一系列相关理论的提出，形成了他极具个性的马克思主义理论。卢卡奇通力标举当时还默默无闻的马克思《1844年经济学哲学手稿》，认为其中的人道主义叙述，其重要意义不下于日后客观冷静的科学马克思主义。这也为建构马克思主义文化思想提供了理论依据。卢卡奇还被认为是一个列宁主义哲学家，是从意识形态入手，将列宁的革命实践相关思想，打造成了列宁主义哲学。乔治·卢卡奇出身于布达佩斯一个犹太投资银行家家庭。父亲被奥匈帝国授予男爵爵位，这个爵位也传给了乔治。卢卡奇中学毕业后入布达佩斯大学学习法律和经济学，后转攻哲学，于1906年在科罗茨瓦获法学博士学位。1909年，又以《戏剧的形式》论文在布达佩斯大学获博士学位。卢卡奇同德国渊源很深。1906年至1910年他在柏林从事德国古典哲学的研究，其间结识了德国哲学家乔治·西美尔。之后，1913年在海德堡，又结交了马克斯·韦伯和恩斯特·布洛赫。这一时期卢卡奇醉心的是康德主义、黑格尔、狄尔泰和陀思妥耶夫斯基。代表作是《心灵与形式》（1911）和《小说理论》（1920）。

1915年卢卡奇回到布达佩斯。1918年加入匈牙利共产党，次年在历时5个月的匈牙利苏维埃共和国政府任教育人民委员部部长。革命失败后流亡维也纳，参与主编《共产主义》杂志。1923年出版文集《历史和阶级意识》，该文集高扬主观能动性和人道主义，致力于对商品拜物教等物化现象作深入分析，被认为是西方马克思主义的发轫之作。虽然此书遭共产国际批判，卢卡奇本人也因此离开《共产主义》编辑部，但他对列宁主义的一往情深未有消减。1929年卢卡奇去莫斯科，在马克思恩格斯研究院工作，有机会研读了《1844年经济学哲学手稿》等马克思未及公开的早期著作。1931年侨居柏林，任德国共产党作家工作委员会负责人。1933年纳粹执政，卢卡奇再度移居莫斯科，在苏联科学院哲学研究所工作，先后担任《文学批评》等多种杂志编委。1945年回到布达佩斯，当选为匈牙利科学院院士，在布达佩斯大学哲学系任教。"匈牙利事件"后他被开除党籍，1967年重新加入匈牙利共产党。

卢卡奇在他命运曲折的一生中写下了大量文艺论著，这些论著在西方被认为是马克思主义美学的经典阐述，其中最主要的有《历史小说》（1947）、《现实主义问题》（1948）、《美学史论丛》（1953）、《理性的毁灭》（1954）、《审美特性》（1963）等。卢卡奇强调意识形态对艺术的持久影响和先导作用，同时，他又明确指出艺术同哲学相似，因其并不直接影响社会结构，所以不是纯粹的意识形态形式。卢卡奇憎恶表现主义和现代派艺术，偏好19世纪现实主义小说。他提出每一部伟大的文学作品都创造了一个独特无二的"它自己的世界"，而同日常生活区别开来。现实主义小说的大师诸如巴尔扎克和托尔斯泰，通过典型人物的塑造最大程度上真实反映现实生活，展示出时代精神的根本趋势，经常是站到了作者自己意识形态的反面。反之现代派的先锋艺术家们则无一例外是表现晚期资本主义分崩离析世界中被异化个体的主体性，故而是颓废的艺术。他的这一观点不但引发了同布洛赫和布莱希特围绕表现主义的著名论争，同时与法兰克福学派，特别是阿多诺和霍克海默推崇现代派艺术文化工业批判立场，也是判然不同的。加上晚年未完成的巨著《关于社会存在的本体论》等，卢卡奇著作中同样蕴含了丰富的文化理论。他提出的"总体性""物化""阶级意识"等概念，此后都是马克思主义文化理论中当仁不让的关键词。卢卡奇突出马克思主义的文化批判维度，反对第二国际阵营中盛行不衰的"科学主义"，和形形色色的"经济还原主义"。这一切可以说都早早见于他"阶级意识"的文化阐释中。

一、完整的文化

"完整的文化"这个理念，是卢卡奇早期著作《小说理论》中提出来的。同后来几乎所有的文化批判理论家相似，卢卡奇认为希腊的文化是完整的文化。《小说理论》写于1914年至1915年，显示作者从新康德主义向黑格尔主义的转向，被认为是作者投身于马克思主义之前的最后一部重要著作。该书开篇就说，在那些幸福的时代里，繁星点点的夜空就是一切可能路径的地图，星光照亮着条条道路。在那些时代里，一切都是新鲜而又熟悉，充满冒险又游刃有余。世界广阔无边，同时又是家园。因为灵魂中燃烧的火焰，同头上星辰原本同出一脉。世界与自我、星与火，固然大不相同，但是它们从来就不是陌生人。盖火是一切光的灵魂，光是一切火的外衣。是以卢卡奇引了诺瓦利斯的一句名言：哲学犯思乡病，无论身居何方，但念回故乡。这个故乡就是希腊文化：

如果我们愿意，这条思路可以引领我们去探寻希腊世界的秘密：它的完美对于我们来说简直不可思议，因此也就是一道使我们与之隔绝的、无法跨越的鸿沟。希腊人只知答案而不知问题，只知（甚至是玄妙的）谜底而不知道谜面，只知形式而不知混沌。在历史悖论的这一头，他为形式（From）画出了一个创造性的源泉，这一切都使他成就了完美，而在历史悖论的我们这一头，它却只能将我们引向琐碎。[①]

在卢卡奇看来，希腊文化天生就是历史哲学和美学、心理学与形而上学的综合体，博大精深，一切尽在不言之间。这一切构成了现代社会不复可见的"总体性"（Totalität）。对于这个日后将在《历史与阶级意识》等著作中得到更深入阐释的关键词，《小说理论》中卢卡奇给予的说明是，总体性是构成每一个个别现象的根本实在，它意味着封存在它自身内部的某些东西是完整的，因为一切都发生在它自身内部，没有任何东西指向更高于它的外部。故只有知识就是美德，美德就是幸福的地方，存在的总体性方有可能。这个地方只能是希腊世界，用卢卡奇的话说，希腊人是穿行在历史自身之中，他们的文化发展就是一部历史哲学。

对于卢卡奇的总体性观念，完成马克思主义转向之后的《作为马克思主义者的罗莎·卢森堡》一文中，开篇有一个定义性说明：

不是经济动机在历史解释中的首要地位（Vorherrschaft），而是总体的观点，使马克思主义同资产阶级科学有决定性的区别。总体范畴，整体对各个部分的全面的、决定性的统治地位（Herrschaft），是马克思取自黑格尔并

① 卢卡奇：《小说理论》，《卢卡奇早期文选》，张亮、吴勇立译，南京大学出版社，2004年，第5—6页。

独创性地改造成为一门全新科学的基础的方法的本质。^①

　　这是卢卡奇一如既往重申马克思主义黑格尔渊源的思路。据他所言，无产阶级科学的彻底革命性，不仅在于同资产阶级社会相对立的革命内容，而且在于方法本身的革命性质。这就是强调总体范畴的统治地位，以其为革命原则的支柱。故而对于马克思主义来说，归根到底不存在独立的法学、政治经济学和历史科学，而只有一门唯一的、统一的、关于社会总体发展的科学。进而言之，总体的观点不仅规定对象，而且也规定认识的主体。在现代社会中，这直接导致阶级意识的崛起。就《历史与阶级意识》的描述来看，卢卡奇被认为赋予了了总体性三种内涵：第一是指当下发生的社会历史的本体建构过程，这也是《资本论》所描绘的资本的抽象统治；其次是一种乌托邦理想，在缅怀以往传统价值的同时，猛烈抨击资本主义时代的物化实质；最后是他著名的总体辩证法："确切地说，黑格尔辩证法的革命原则之所以能够在这种颠倒中并通过这种颠倒而显露出来，是因为马克思维护了这种方法的本质，总体的观点，把所有局部现象都看作是整体——被理解为思想和历史的统一的辩证法过程——的因素。"^②

　　卢卡奇的文化思想总体上看，明显受到黑格尔和西美尔影响。黑格尔的影响在于凡谈哲学，必反映出它的历史状态；西美尔的影响在于，现代工业社会瓦解传统，摧毁了古代社会的和谐状态。这是青年卢卡奇前马克思主义阶段资本主义制度批判的两个轨迹。希腊的总体文化的表现形式是史诗，史诗之后有悲剧和哲学。卢卡奇承认它们都是古代文化伟大的典范，但是尖锐冲突的悲剧替代浑然一统的史诗，就像雅典娜手持利斧劈开父亲宙斯的头颅，来到世界上面，本身显示人类已经

---

　　① 卢卡奇：《历史与阶级意识——关于马克思主义辩证法的研究》，杜章智等译，商务印书馆，2009年，第79页。

　　② 卢卡奇：《历史与阶级意识——关于马克思主义辩证法的研究》，杜章智等译，商务印书馆，2009年，第80页。

无可逆转地告别了他原始的完整统一状态。就像黑格尔的绝对精神，正题异化成为反题。而柏拉图哲学确立的新智者形象，不仅照亮了悲剧英雄，而且照亮了英雄所征服的黑暗，故而他是以超越英雄的方式将英雄神化。故假如说悲剧是提供了答案，却没有发现生活中的问题，哲学则使生活与本质彻底地分离开来。由此哲学世界成为希腊精神所要创造的最后的典范性生活结构。它创造了永恒的问题，还有答案，但是史诗那种混沌统一性荡然无存了。

卢卡奇视"荷马史诗"为乌托邦的黄金时代，固然是欧洲文艺复兴以降一以贯之的传统。他对第一次世界大战的印象，无疑也在深化他"资本主义社会毁灭文化"这一基本判断。1962年卢卡奇为《小说理论》作序时指出，该书的直接写作动机源于1914年"一战"的爆发，也源于社会民主党支持战争对左翼知识界产生的影响。他本人对此有强烈的拒斥感，同时感到前路迷惘，一旦诉于言表，便有了《小说理论》第一稿的面世。甚至，最初卢卡奇设想采用系列对话形式，写一群年轻人逃离故乡，躲避战争，一方面就像《十日谈》到世外桃源讲故事那样，一方面又通过陀思妥耶夫斯基的视角，讨论"欧洲的没落"。由是观之，希腊史诗不仅是乌托邦，同时也是对现代社会小说时代的一个直接参照系：

> 史诗和小说是伟大史诗的两种客体化形式，它们的差异并不是由其作者创作信念的差异，而是由作者创作时所面临的历史哲学的现实所决定的。小说是这样一个时代的史诗，在这个时代里，生活的外延总体性不再直接地既存，生活的内在性已经变成了一个问题，但这个时代依旧拥有总体性信念。①

所以史诗与小说的不同，关键不在于韵文和散文的区别，而在于史诗赋形式于

---

① 卢卡奇：《小说理论》，《卢卡奇早期文选》，张亮、吴勇立译，南京大学出版社，2004年，第32页。

从自身出发的封闭的生活总体性，小说则以赋形的方式揭示并建构了隐藏着的生活总体性。换言之，史诗是纯粹的儿童世界，小说表现日常生活心理。

卢卡奇指出，小说是一个被上帝遗弃的世界的史诗。史诗里没有上帝也没有魔鬼，它是自在自为的。但是小说人物的心理状态具有魔鬼性质。小说的客观性是成熟男人的洞见，它的内容是从心灵出发寻找自我的历险故事。特别是小说的反讽文体，是无神论时代的消极神秘主义。按照卢卡奇的解释，反讽是用直觉的双重眼光在看世界，可以看到上帝降临处也正是被上帝抛弃的地方，它看到了一个理想失落的乌托邦家园。反讽不得不在内在的痛苦旅程中徒劳地寻找适合它的唯一世界。总之，小说的反讽，就是现代资本主义社会的无奈写照：

M
KARL MARX

马
克
思
主
义
文
化
理
论
发
展
史

> 反讽给造物主恶意的满足赋形，也就是人类对上帝强大然而毫无价值的劣质作品发起的所有反抗均告失败，给上帝带来幸灾乐祸的满足，并且在同时，也给上帝的无以表述的痛苦赋形，因为上帝作为救世主却无力再进入那个世界。反讽，作为走到尽头的主观性的自我超越，是在没有上帝的世界中所能获得的最高自由。所以，它不仅是一个创造真实总体性的客观惟一可能的先验条件，而且，它把这总体性、小说，升格为我们时代的典型艺术形式，因为小说的结构类型与今天世界的状况本质上是一致的。[①]

这个分崩离析的现代资本主义社会，与史诗所表现的古希腊那种完整的文化，无疑是判然不同的。至此不妨说，卢卡奇是以他自己的黑格尔主义的历史逻辑，解读了马克思曾经着迷的希腊艺术的永恒魅力。

即便如此，小说作为现代社会的典型艺术形式，依然有可能达成自己的总体性。早期卢卡奇曾经寄希望于陀思妥耶夫斯基的小说内涵，认为只有在陀思妥耶夫

---

① 卢卡奇：《小说理论》，《卢卡奇早期文选》，张亮、吴勇立译，南京大学出版社，2004年，第65页。

斯基作品里才展现出这样一个新世界。但是《小说理论》最后是在讨论托尔斯泰小说的史诗性质，实际上未有余暇细说陀思妥耶夫斯基。而即便是极有史诗气派的托尔斯泰小说，在卢卡奇看来也未能解决现代社会中文化与自然的悲哀对立：

> 只有在文化的基础上，而不论人们对此采取何种态度，人和事件的总体性才是可能的。托尔斯泰的史诗作品的决定性要素，无论是框架结构还是具体的内容，都属于他认为是有问题的而加以拒绝的文化世界。[①]

这是说，托尔斯泰虽然向往自然，却还是身不由己陷入现代社会自然与文化的判然两分之中。值得注意的是，卢卡奇的文学趣味终究是定位在现实主义之上。这不等于左拉等自然主义作家的客观纪实，卢卡奇认为那是浮光掠影，只及表象，未能深入历史逻辑。《历史小说》和《欧洲现实主义研究》等著作中，卢卡奇重申他的现实主义是黑格尔主义历史逻辑和马克思唯物辩证法的结合，唯其如此，主观与客观、个别和抽象可望得到完美的结合，在新的总体性上，重构古代那种完整的文化。

二、物化

"物化"概念的陈述主要见于卢卡奇的《历史与阶级意识》。该书是卢卡奇1919年至1922年四年间所撰8篇文章的集结，1923年在柏林出版。除了专为文集所写的《物化和无产阶级意识》与《关于组织问题的方法论》，余皆事先刊布于不同杂志。是时卢卡奇身居匈牙利共产党领导岗位。此书一方面是对革命力量问题和组织的问题的实践思考，另一方面也是卢卡奇尝试用黑格尔辩证法来重新阐释马克思主义的一个尝试，故不但被公认是卢卡奇毕生最重要的著作之一，也被认为是西方

---

① 卢卡奇：《小说理论》，《卢卡奇早期文选》，张亮、吴勇立译，南京大学出版社，2004年，第110页。

马克思主义的开山之作。该书1967年新版序言中作者说，此书和他走向光明的最初十二年，即1918年至1930年间的其他重要文献一样，带有他马克思主义学徒时期的特征。回首往事，他能看到黑格尔的精神伦理学所带有的反资本主义浪漫因素，这对于他当时世界观的形成，还是起了光明积极的作用。俄国革命的胜利，沙皇尤其是资本主义的倒台，使人看到了曙光。但是在当时的文化政治领域中，特殊的思潮使他走上了抽象的乌托邦主义。"总体性"这个范畴，则导致他将总体方法论的核心地位，与经济的优先性对立了起来。总之他是在努力恢复马克思主义的黑格尔传统，纠正普列汉诺夫等人过高估计费尔巴哈在黑格尔与马克思之间的中介作用的论调，而明确提出马克思是直接衔接着黑格尔。四十多年之后，卢卡奇这样回顾了《历史与阶级意识》中围绕"物化"展开的文化批判思路：

> 按照黑格尔的看法，客体，即物，仅仅作为自我意识的外化物而存在，使其返回主体将意味着客观现实即一切现实的终结。《历史与阶级意识》跟在黑格尔后面，也将异化等同于对象化（Vergegenständlichung，用马克思在《经济学哲学手稿》中所使用的术语）。这个根本的和严重的错误对《历史与阶级意识》的成功肯定起了极大的作用。如上所说，在哲学上对异化的揭示当时正在酝酿之中，很快它就成了那种旨在探讨人在当代资本主义中的状况的文化批判的中心问题。①

在1967年那个特殊的革命年代，在中国"文化大革命"的烈火很快将燃向欧洲的前夜，卢卡奇的自我批判也许显得言不由衷。但是他没有说错，将文化批判上升到哲学，将社会的异化转变为永恒的"人类状况"，这正是《历史与阶级意识》在马克思主义文化理论中异军突起的原委所在。

---

① 卢卡奇：《历史与阶级意识——关于马克思主义辩证法的研究》，杜章智等译，商务印书馆，2009年，第19页。

卢卡奇对于"正统马克思主义"有一个独特的阐释。《什么是正统马克思主义？》是《历史与阶级意识》中的第一篇文章，也是文集中唯一一篇用匈牙利文写成、发表在布达佩斯刊物上的文章。卢卡奇开宗明义地提出，正统马克思主义不是陈腐观念的代名词。相反正统马克思主义仅仅是指方法，具体说是辩证唯物主义的方法，而并不意味着正统马克思主义无条件恪守马克思恩格斯任何一个论点。马克思的具体论点可以与时俱进，但是唯物主义辩证法，作为一种科学的信念，只能按其创始人奠定的方向发展、扩大和深化。这个观点无疑是振聋发聩的。为此卢卡奇甚至认为恩格斯《反杜林论》辩证法，亦有明显不足：

> 他认为，辩证法是由一个规定转变为另一个规定的连续不断的过程，是矛盾的不断扬弃，不断相互转换，因此片面的和僵化的因果关系必定为相互作用所取代。但是他对最根本的相互作用，即历史过程中的主体和客体之间的辩证关系连提都没有提到，更不要说把它置于与它相称的方法论的中心地位了。①

换言之，在卢卡奇看来，马克思主义辩证法的要义，就在于突显历史过程中主体和客体之间的辩证关系，而且将它置于与其相称的方法论的中心地位。用卢卡奇本人的话说，如果辩证方法的这一含义弄混了，它就必然显得多余和累赘，成为马克思主义"社会学"或"政治学"的装饰品了。

本着这一回归黑格尔的马克思主义辩证方法论的理解，卢卡奇提出了他著名的"物化"理论。《历史与阶级意识》的扛鼎之作——《物化和无产阶级意识》一章中，作者开篇就指出，马克思描述整个资本主义社会并揭示其基本性质的两部伟大成熟著作《政治经济学批判》和《资本论》，都是从分析商品开始的，这绝非偶

---

① 卢卡奇：《历史与阶级意识——关于马克思主义辩证法的研究》，杜章智等译，商务印书馆，2009年，第51页。

然。他强调说，商品交换固然古已有之，但是商品拜物教，则是现代资本主义的一个特有的问题。这个问题是：商品交换及其结构性后果，在多大程度上能影响整个外部的和内部的社会生活？对此卢卡奇的回答是，商品只有在成为整个社会存在的普遍范畴时，才能按其本质来理解；由于商品关系的物化，商品才能对社会的客观发展和人对社会的态度产生决定性意义。他引了马克思《资本论》中的这一段话，认为其是对物化现象的精到描述：

> 可见，商品形式的奥秘不过在于：商品形式在人们面前把人们本身劳动的社会性质反映成劳动产品本身的物的性质，反映成这些物的天然的社会属性，从而把生产者同总劳动的社会关系反映成存在于生产者之外的物与物之间的社会关系。由于这种转换，劳动产品成了商品，成了可感觉而又超感觉的物或社会的物。……这只是人们自己的一定的社会关系，但它在人们面前采取了物与物的关系的虚幻形式。①

这段话可视为卢卡奇借用马克思的描述，给予"物化"的一个正式定义。对于人为商品物化的这一段经典描述，卢卡奇本人的理解是，商品社会中人自己的活动和劳动因此被异化为他的对立面。这一异化既发生在客观方面，也发生在主观方面。在客观方面，是产生出一个由物以及物与物之间关系构成的世界，其规律虽然逐渐被人认识，但不以人的意志为改变。这是说商品世界客观的市场经济规律。在主观方面，人的活动同人本身相对立地被客体化，变成了商品。

卢卡奇的物化思想提供了很快风靡一时的大众社会理论的雏形。他借用马克斯·韦伯的合理化理论，强调从手工业到机械工业的过程，也就是强调上述人类异化劳动的不断合理化的过程，故一方面，劳动过程日益被分解为貌似合理的局部操

---

① 马克思：《资本论》第1卷，见卢卡奇：《历史与阶级意识——关于马克思主义辩证法的研究》，杜章智等译，商务印书馆，2009年，第152页。

M
KARL MARX

马克思主义文化理论发展史

作，工人同产品的整个生产过程被隔断，工作被简化为机械重复操作。另一方面，这个机械化琐细化的合理化过程，被及整个社会心理，即是说，以商品流通为中介的人类活动物化过程，在向一切人类意识扩张。人突然发现，无论在客观上还是主观劳动态度上，他都不是这个过程的真正主人，而是作为一个部件被结合到某个机械系统之中。这个系统运作完全独立于他的意志之外，他不管愿意与否，必须服从它的规律。由此个性变得毫无意义，人就是整个物化社会中的孤立的原子。前资本主义时代也有血腥压迫，甚至大规模的机械化劳动，如小亚细亚的运河开掘、罗马的矿山开发等，但据卢卡奇观之，那是个别的奴隶劳动现象，不能涵盖说明所有社会成员的命运。但是资本主义社会不同，随着商品范畴的普遍化，情况发生质变，工人的命运成为整个社会的普遍命运。概言之，"生产者同其生产资料的分离，所有自然生产单位的解体和破坏等等，现代资本主义产生的所有经济——社会前提，都在促使以合理物化的关系取代更明显展示出人的关系的自然关系"①。

对于现代社会无可逆转的物化现实，卢卡奇认为资产阶级和无产阶级所持立场是根本不同的。资产阶级采取的是自欺欺人的态度，对自己立场的社会存在基础——经济活动视而不见。他引了新康德主义历史哲学家李凯尔特《自然科学概念构成的界限》（1896）中的这一段话：

> 如果历史学家基于对他所隶属的集体（Gemeinschaft）的价值的考虑，来构造他的概念，那么他的描述的客观性将完全依赖于实际材料的正确性，同时究竟是过去的这个事件，还是那个事件才是主要的这样一个问题就根本不会出现。如果他，举例来说，把艺术的发展和美的文化价值，把国家的发展和政治的文化价值联系起来的话，他就会摆脱任何随意性，只要他放弃非历史的价值判断，那么他提出的描述对于任何一个把美的文化价值或政治的

---

① 卢卡奇：《历史与阶级意识——关于马克思主义辩证法的研究》，杜章智等译，商务印书馆，2009年，第158—159页。

文化价值作为普遍适用于他的集体成员的人来说，就都是适用的。①

　　李凯尔特的上述文化史观，在卢卡奇看来是资产阶级对待物化的典型态度。
"文化价值"这里是给抽象化了，它到底是什么东西，我们对它有何实质性认识，
都无关紧要。只要它对史学界所隶属的集体，也就是它的阶级有用，那就当仁不让
成为客观性的标识。由是观之，"文化价值"成了资产阶级史学家们的自在之物，
总体世界史淡出不现，由于没有充分运用总体范畴，因而也阻碍了对个别现象的真
正认识。简言之，资产阶级自以为是物化世界的主人，实质上终究还是难以摆脱人
为物役的异化状态。是以资本主义社会中物化被推到极点，资产阶级意识缘木求
鱼，只见树木不见森林，不可能理解自己的社会基础。

　　相反无产阶级意识以劳动和资本的辩证关系为出发点，联系远离生产过程的其
他形式，并将之置于辩证的总体之中来加认识，可望洞察物化形式的道路。而说到
底，这一切的根源在于实践：

　　　　因此，无产阶级意识中反映的东西就是从资本主义发展的辩证矛盾中
迸发出来的积极的和新的东西，它决不是无产阶级杜撰的或是无中生有"创
造"出来的东西，而是总的发展过程的必然结果；但是这东西首先要被提高
为无产阶级意识的一部分，要由无产阶级使之成为实践的，它才能从抽象的
可能性变为具体的现实。②

　　所以对于克服物化而言，卢卡奇的宗旨非常明确：只有变成了实践的无产阶级

---

　　① 卢卡奇：《历史与阶级意识——关于马克思主义辩证法的研究》，杜章智等译，商务印书
馆，2009年，第238页。

　　② 卢卡奇：《历史与阶级意识——关于马克思主义辩证法的研究》，杜章智等译，商务印书
馆，2009年，第309页。

意识，才具有改变社会的功能。尽管无产阶级意识最初只是关于实践的理论，但是它终将发展成为改造现实的实践理论。从理论到实践，从实践到理论，用卢卡奇本人的话说，无产阶级思维的实践性质的形成和变为现实，同样也是辩证的过程。甚至，无产阶级本身，也只有当它采取真正实践的态度时，才能克服物化。卢卡奇的这一思想，对于第二国际正统马克思主义常常欲言又止的经济决定论，无疑是一个巨大的反驳。实践有没有可能替代单纯的物质生产，成为马克思主义基础／上层建筑这一著名文化思想的新的原生点？无论如何，卢卡奇是开辟了西方马克思主义的阐释道路。

三、社会存在与意识形态

1964年，卢卡奇79岁高龄之际，开始酝酿写作《关于社会存在的本体论》的宏大计划，计划本身是一个更宏大规划《伦理学》的基础部分。在前一年完成《审美特性》之后，年届八旬的卢卡奇旋即转战伦理学的哲学本体论，可见他的大哲学家心志，又岂止是烈士暮年，壮心不已。《关于社会存在的本体论》篇幅浩大，卢卡奇呕心沥血写作长达1300余页。此书作为卢卡奇的收官巨著，虽然作者本人未及见到它的最终面世，影响似也不及他昔年的《历史与阶级意识》，甚至观点立场与之多有抵牾，但是以主客体相互作用的实践本体论，取代物质本体的基本思想，无疑是一以贯之的。

所谓本体论，卢卡奇声明他首先指的是社会存在的本质和特性，即在存在的基础上对世界进行哲学思考。作者开篇指出，过去几个世纪里，认识论、逻辑学和方法论一直统治着人们的哲学思维，现在有必要重提本体论，特别是马克思主义哲学中的本体论因素。而社会存在作为其各部分相互作用的有机整体，不仅包括物质生活，同样也包括意识形态。卢卡奇呼吁纠正将意识形态看作现实之假象、幻象的传统偏见，反之应当像马克思《〈政治经济学批判〉序言》中所规定的那样，把它理解为人们借以意识到社会存在基础上产生的冲突，以及力求克服冲突的那些法律的、政治的、宗教的、艺术的或哲学的等意识形态形式。卢卡奇对于马克思以上意识形态表述的阐释是：

> 马克思的这一包罗万象的规定——而这正是它得以被广泛地运用的最主要的因素——，根本没有对意识形态在方法论和实际内容方面是正确的或错误的这个问题作出任何明确的回答。实际上，正确和错误两者是同样可能的，因此，我们这里所说的意识形态既可以促成人们接近存在，也可以促成人们背离存在。对人们具有重要意义的某个社会生活方面应被视为存在还是应被视为假象？人们对于这个问题的兴趣孕育着冲突，这种兴趣无论如何都在我们这个问题的历史上起着某种重大作用。特别是在社会发生危机的时候，这样的意识形态能够变成真正的精神力量。①

卢卡奇对意识形态的这一基本认知框架，涉及他给予"实践"的两个关键说明：一、实践是人作为人而存在的存在基础，作为人的存在的一切方面的基础；二、人类精神生活的复杂和表面上似乎远离现实的表现，乃是人类第一实践即劳动在存在中引起的那个过程的一些必要的因素。换言之，劳动是实践的第一核心，社会意识同样是一种社会存在。

卢卡奇认为，以第二国际为代表的传统马克思主义理论，是将社会存在与社会意识错误对立。这对立有认识论的根据，又恰恰因为注重认识论而忽略了具有决定意义的本体论。在卢卡奇看来，普列汉诺夫便是用最有影响力的方式，阐述了基础与上层建筑的关系：基础由生产力状况以及由生产力制约的经济关系构成；在此基础上，产生了作为上层建筑的社会—政治体系。也就是说，只有在生产力和经济关系的基础之上，社会意识作为社会心理的反映，才能因着政治制度而产生。他认为

① 卢卡奇：《关于社会存在的本体论·上卷——社会存在本体论引论》，白锡堃等译，重庆出版社，1993年，第5—6页。

普列汉诺夫这里完全处于19世纪的认识论的影响之下，是物理学的机械决定论模态使然。这也使马克思的后继者们陷入困境：似乎因为马克思正确地赋予经济规律性一种同自然规律本身相似的普遍有效性，就无须进一步的具体化或限制，便能将之直接运用到社会存在上面。但这样做的结果，只能导致对本体论情景的一种双重曲解：

> 首先，与马克思本来的观点相当对立的是，社会存在本身，首先是经济现实，似乎是某种纯自然的东西（最终是无意识的存在）；我们已看到，在普列汉诺夫那里，意识作为问题在很迟的阶段上才出现。马克思的理论，即个别的目的性行为（由此也就是有意识地采取的行为）具有自身的客观规律性，与这类理论毫无共同点。社会存在与社会意识的形而上学对立，与马克思的本体论严重矛盾，在马克思的本体论中，任何社会存在都与有意识的行为（与选择性的设定）不可分割地联结在一起。第二，它造成一种机械的宿命论的对经济必然性的过分夸大。①

卢卡奇声明这里更多涉及的是一般的庸俗马克思主义，而不是普列汉诺夫的理论。问题是即便普列汉诺夫这位在列宁之前最具哲学素养的理论家，其理论在卢卡奇看来也未能幸免落入上述社会存在与社会意识的形而上学二元论。

卢卡奇认为以上存在与意识的对立，是新康德主义对马克思的"补充"，而非马克思的本意。那么马克思的本意何在？对于马克思《〈政治经济学批判〉序言》中"不是人们的意识决定人们的存在，相反，是人们的社会存在决定人们的意识"这段名言，卢卡奇的解释是，它同上述对立理论是毫不相干的。反之，马克思一方面不是把社会存在与社会意识对立起来，另一方面从"不是人们的意识决定人们的

---

① 卢卡奇：《关于社会存在的本体论·上卷——社会存在本体论引论》，白锡堃等译，重庆出版社，1993年，第768—769页。

存在"这个否定句来看，马克思这里也只是在反对唯心主义，仅仅是确认了社会存在相对于意识在本体论上的优先地位。而即便马克思强调了经济在本体论上具有优先地位，据卢卡奇观之，也不意味任何一种孰高孰低的等级关系，而是表明这一简单事实：上层建筑的社会存在固然总是以经济的再生产为先决条件，但假如没有一种即便是以矛盾方式与经济存在相适应的上层建筑，经济存在本身的再生产将不复可能。简言之，经济只是一个必然王国，在它的彼岸矗立着作为目的本身的人类能力的全面发展，那是真正的自由王国。

《关于社会存在的本体论》下卷第三章"观念的东西与意识形态"中，卢卡奇进一步沿着他的总体性思路，分析了经济基础／上层建筑这个马克思主义文化理论中的核心问题。他认为正统马克思主义是用方法论上的二元论来概括经济基础与上层建筑的关系，是将经济领域描述成或多或少机械的、规律性的一类东西，反之那些观念的、心理学性质的推动力只在上层建筑和意识形态领域中表现出来。普列汉诺夫《马克思主义的基本问题》即持这样的观念。考茨基则力图完成某种方法论中的统一，晚年基本上是从生物学范畴来总结全部社会存在，而使目的论消失在因果链之中。马克斯·阿德勒的《唯物史观基础》又反其道行之，主张消灭社会存在中的一切物质因素，连经济关系也变成主要是思想关系，而使整个人类社会变成康德主义的意识产物。最后，斯大林主义则是主观上标举唯意志论的党的决议论，客观上推广机械唯物论，由此构成双管齐下的二元论。卢卡奇认为，所有这些理论都是失败的，因为它们都没有正确地反映和分析社会存在充满活力的结构的统一性和独特性。

那么，何为正确的方法？正确的方法是总体性路线。卢卡奇指出，在考察经济领域时，必须认识到，我们考察的对象是一个具有客观规律的社会整体，这个整体的各个"要素"，就其本体论本质而言同样亦为整体，各自有其目的和活力，而所有这些目的的总和，则促成了社会存在的再生产。是以马克思一方面指出，某些简单的范畴，如作为使用价值的生产者的劳动，必然是每一种社会形态都具有的；另一方面又阐明，范畴之间的关系以及它们在整个过程中的职能，不仅经历着历史演

马克思主义文化理论发展史

M
KARL MARX

变，而且只有到了发达阶段，它们才获得同自身相符合的性质，例如劳动的范畴古已有之，但是从经济学抽象意义上加以把握的劳动，才是现代范畴。总之，正确的方法是确认社会存在的根本统一的结构、社会存在诸多元素的最终统一性，以及社会存在的积极运动力量。同时充分意识到这个事实：假如没有人的目的论设定此一动力，那么任何具有社会意义的事情都不会发生。由此可以得出这一结论：

> 我们迄今的阐述使我们首先得出这样的结论，就是就其基本的本体论结构而言，社会存在乃是某种统一的东西：社会存在的最终"要素"是人的目的论设定，在经济领域的内部和外部，这类目的论设定在其基本存在性质方面并未表现出任何原则上的差异性。[1]

目的论即社会存在中的观念因素，在卢卡奇看来它具有本体论的意义。所谓经济领域的内部和外部，前者是指直接以社会和自然界之间的物质交换为准的目的论设定，后者是指以改变他人意识为直接意图的目的论设定。两者当然判然有别，但是也有共性。对于考察经济基础与意识形态上层建筑的关系，卢卡奇强调说，这一认知有关键性意义。另一方面，卢卡奇重申社会的原始整体性具有历史特征。如劳动本身作为决定人类和个人发展的动力，就不是一成不变的东西，而是有一个历史过程。同样人类发展的一切因素无论怎样变化，无论表面上显得怎样独立，其实它们都有着广泛的中介，并且只是具有相对的独立性，这些因素永远都应当被视为人类历史发展全部过程中的不同运行阶段。

由此过渡到意识形态问题的专门讨论：意识形态一方面作为上层建筑的同义词，一方面作为"虚假的意识"即社会存在的某种扭曲反映或个人的任意武断想象，这一两重性历来萦回不散地笼罩在它的一切定义和阐释上面。《观念的东西与

---

① 卢卡奇：《关于社会存在的本体论·下卷——若干最重要的综合问题》，白锡堃等译，重庆出版社，1993年，第411页。

意识形态》一章中篇幅长达百余页的第三节《意识形态问题》因此引人注目，被认为是卢卡奇意识形态理论的系统表述。该节开篇就提起葛兰西《实践哲学》中言及意识形态一语的上述双重意义，认为葛兰西的阐释固然有趣，但有不足，即只是将必然的上层建筑同个别人的任意想象对照，没有深入下去。卢卡奇本人倾向于意识形态的前一种阐释，即马克思所言的经济基础之上必然形成的思想上层建筑，反对将之视为个别的人的天马行空的幻想。对于马克思《〈政治经济学批判〉序言》中他本人一再援引的那一段意识形态经典表述——"人们借以意识到的这个冲突并力求把它克服的那些法律的、政治的、宗教的、艺术的或哲学的，简言之，意识形态的形式"，卢卡奇对此处的阐释是，马克思这里所说的冲突虽然指的是经济条件的伟大变革，但是这并不妨碍将他的定义延伸到整个社会生活和社会发展。他指出，马克思的著作中没有哪个地方有一道万里长城，将巨大的社会危机同经济再生产过程的正常运行断然分隔开来。基于以下两个关键，有理由将马克思的意识形态理论用于日常生活：

> 问题的关键在于下述两点：第一，某种社会形态的经济结构和活力，建筑在归根到底——当然仅仅是归根到底——是具有同一结构的范畴关系的基础之上；第二，只有在社会存在中完成了从某种社会形态到另一种社会形态的过渡，或者现有的社会形态开始进入一个具有决定意义的新时期的时候，社会形态的经济结构和活力才会发生彻底的变化。这种变化决不是什么"突然"发生的"灾难"，而是正常的发展本身的必然结果。因此，我们相信我们有理由把马克思的上述规定的实质也用于一定的社会形态的日常生活，有理由把意识形态形式看作也是人们借以意识到日常生活中充满的诸多问题并力求把它们克服的手段。①

---

① 卢卡奇：《关于社会存在的本体论·下卷——若干最重要的综合问题》，白锡堃等译，重庆出版社，1993年，第487—488页。

卢卡奇这里无疑是在充分强调文化的主导作用。意识形态参与日常生活，发挥认知和克服社会冲突的主导职能，这意味着意识形态必然是一种社会斗争手段。卢卡奇指出，历史上的意识形态形式固然各有不同，表现为对种种传统、宗教、科学和方法的不同解释，但是它们首先是斗争手段，具有指导社会实践的资质。至于它们的具体使用方法以及具体性质，则取决于社会斗争本身的历史内涵了。

四、艺术的意识形态功能

那么，意识形态是不是仅仅是社会斗争和阶级斗争的手段？答案是否定的。事实上卢卡奇对于哲学和艺术这样与社会现实，至少与社会斗争保持相对超脱关系的意识形态形式，给予了大量专门阐述。就哲学而言，卢卡奇指出，哲学的核心对象是人类，即是说，它要从过去、现在和未来的角度，绘制出一幅宇宙以及其中的社会的本体论图像，进而探讨现实世界的必然性和可能性。它对社会存在的影响是间接的。哲学家的空想好高骛远，大都难以落实，但是它们间接影响着人们的价值观念，从正面和负面影响着社会冲突的解决途径。就艺术而言，艺术的核心是人，与日常生活中自发的人格形成相反，艺术领域的人格培养是一种有意识的设定，它不同于日常生活中以劳动实践为准的目的论，没有直接的现实的功利考虑，而是通过创造模仿性的作品，来引发人们一定的情感。至于这情感是否变成实际行动，本身不具有任何必然性。对此卢卡奇回顾他《审美特性》中高度推测模仿说的艺术论，认为该书无非是阐述了艺术的两个侧面：一方面，艺术虽然也能暂时给人们留下强烈的印象，也能在克服意识形态冲突时起到一定作用，但是很快消失无踪；另一方面，艺术的真正宗旨在于揭示人类怎样经历自己的命运，唯有如此，它才具有永久的魅力。

卢卡奇认为古希腊文化很早就恰到好处地把握了哲学和艺术这种虽然在实践中并不直接发挥影响，然而对人类命运具有决定性意义的本质。如苏格拉底始终意识到生活与学说的统一，由此在克服重大冲突以及为克服此类冲突进行思想准备方面起了特殊作用；而亚里士多德《诗学》谈诗人按照必然性和可能性来描述事件，所以诗高于历史，比历史更有哲学意味，以及亚氏悲剧激发怜悯与恐惧之情并使之净化的相关理论，都是极为精当地揭示了艺术模仿论的本质，以一种至今依然有效的准确性，确认了艺术模仿的本质和客观性特征。卢卡奇进而用他的物化理论解释了原始神话的缘起。他指出，绝大部分自然事实都是以物的表现形式直接给定的。如劳动产品中凝聚的对象化，通常表现为人工制品。但是直接来看，对象化的形成过程始终是抽象的，需要涉猎专门知识方能领略。是以在日常生活中，人们通常不解"物"的抽象化物化过程，而把它们看作想当然的给定之物，仿佛是一个超验"造物主"的产品：

> 哲学（智慧）和艺术就正是这样。像法这样的同生活有着极其强烈的直接联系的领域，不能被投影到超验中去，于是在过去，人们就把立法者变成神话人物，并且让（摩西以及人世间的莱喀古士、梭伦等等的）超验启示作为这些立法者所宣布的法的基础。今天，只要仍然有人把一些比较高级的精神领域理解为"没有经过一定的形成过程的"价值、直觉（数学）、灵感（艺术）等等，那么上述那些把人类自己的行为变成神（有时则是通过受神派遣的英雄）的赐予的原始神话，就还会活在当今的具有高度发达的科学水平的人的观点之中。①

这是说像哲学、艺术这样对社会存在影响比较间接的意识形态，虽然不同于法律政治这些国家机器直接介入社会现实，但是诚如以上原始神话的例子，仔细考究，依然可以见出经验向超验过渡的对象化过程。

---

① 卢卡奇：《关于社会存在的本体论·下卷——若干最重要的综合问题》，白锡堃等译，重庆出版社，1993年，第584—585页。

M
KARL MARX
马克思主义文化理论发展史

《审美特性》作为卢卡奇半个世纪美学耕耘的一个总结，很大程度上，同样是建立在社会存在与意识形态的辩证思考上面。该书前言中，作者开宗明义交代他要毫无成见地考察审美态度在人的全部活动和对外部世界的各种反映中处于什么地位，以及审美产物及其范畴组成与对客观现实的其他反映方式有什么关系。但是美学思考的出发点同样是社会存在，故日常生活中的立场态度是第一性的，直接影响到哲学和艺术这些更高且更复杂的反映方式。卢卡奇用了长河与分支的比喻来描述生活与艺术的关系。他说，假如将日常生活看作是一条长河，那么就是在这条长河中，分流出了科学和艺术这样两种对现实更高的感知和再现形式，它们通过对生活的作用和影响，又重新注入日常生活的长河。长河也意味着传统的继承。为此卢卡奇指责日丹诺夫为首的教条主义片面求新，一味强调那些使马克思主义与人类思想伟大传统相脱离的东西，包括对辩证法的先驱亚里士多德和黑格尔视而不见，结果是自身的理论贫乏不堪。而在经典作家本人那里，是找不到这样一种形而上学的新旧对比的。从美学领域来看，卢卡奇发现思想意识总是落后于实际成就，因此审美问题的哲学基础，尤其值得认真考量。由此涉及唯物主义的基本问题：

> 有人以为唯物主义的世界图像——存在先于意识，社会存在先于社会意识——同样具有宗教等级制的性质，这是一种很普遍的误解。唯物主义所说的存在的第一性，首先在于确定了这样一个事实：有无意识的存在，但没有无存在的意识。由此决不能得出意识隶属于存在这样的宗教等级制的隶属关系。[1]

意识并不从属于存在，反之意识通过对具体理论和实践的肯定，可以在现实中支配存在。这就是卢卡奇标举的历史唯物主义辩证法。这里历史的意味在于，随着

---

① 卢卡契：《审美特性》第一卷，徐恒醇译，中国社会科学出版社，1986年，第8—9页。

意识对存在的实际认识不断增加，意识对存在的支配能力亦将不断发展。在与其说是马克思主义，不如说是黑格尔主义背景下的有条不紊井然有序的历史线索中，任何一种机械反映论是没有地位的。

回到意识形态的问题，意识形态既然可以通过对具体理论和实践的肯定来支配社会存在，那么它的具体社会职能该如何认知？确切地说，如何既用社会历史观点去认清形势，又具体确定克服特定冲突的方式方法？两者孰先孰后？卢卡奇认为这里涉及总体和局部孰先孰后的问题。前者是指先以科学和哲学的客观视野把握革命发展的总体趋势，而后得出克服具体冲突的战略和策略；后者是指先确定具体策略，而后理论跟上，辅助宣传。卢卡奇认为对意识形态的这两种态度，也是列宁主义和斯大林主义的区别。为此他以斯大林20世纪20年代与托洛茨基在中国革命问题上的分歧为例，指出斯大林就是将亚洲式的生产关系简单排除出马克思主义体系，其输出的"理论"是建立在并不存在的中国封建主义解体之上。斯大林1939年又同希特勒签订和约，同样鼓吹第一次世界大战和第二次世界大战都是帝国主义战争，故而即使面对法西斯侵略，法国和英国工人应当采取当年李卜克内西的立场，认识到"敌人在我们自己国家内部"，如此等等。不说这些策略本身的成败得失，卢卡奇的结论是，斯大林是机会主义者，只从实际利益出发，对历史形势的理论分析不过是宣传手段而已。这同马克思主义的方法显然是背道而驰的。

那么，马克思主义的方法意味着什么？我们记得《历史与阶级意识》中卢卡奇开门见山地宣称正统马克思主义是一种方法，而不是马克思恩格斯的哪些具体观点的著名判断。在晚年《关于社会存在的本体论》这部论述社会存在与意识形态的收官之作中，他再一次重申了这一立场。卢卡奇指出，今天对于马克思主义的理解，依然有着策略主义的弊端。而马克思的学说必将是与时俱进、不断革新的。即是说，应当在真正的马克思的方法论基础上，科学地揭示当时总体经济形势和诸多问题，并指出其解决方法。而不是将马克思主义当年表述的许多范畴不加辨析地机械地用于当前形势。卢卡奇就此得出的结论是：在人类关于世界的思维的发展中，马克思的方法占有特殊的位置；因此，马克思的方法包含着这样一种可能性，就是它可以作为意识形态而参与克服社会冲突的斗争，它既能从思想上为解决这些冲突提供客观的科学基础，又能从思想上为自在的人类转变为自为的人类指明合乎人性的、合乎人类的发展前景。

这是说马克思主义的方法既有局部的战略策略意义，又有总体的世界观意义。卢卡奇的这个从总体上把握马克思主义，而不拘泥于一言一说的观点，在今天看来也是符合实际，具有积极意义的。卢卡奇的马克思主义文化思想，可以说是从谈方法起始，到重申方法为终。这样来看卢卡奇本人的物化、总体性、阶级意识以及意识形态支配社会存在等一系列思想，不但具有强烈的人文主义色彩，而且说到底也是开启了西方马克思主义的方法论模态，不论我们将这模态概括为与时俱进也好，还是削足适履也好。

第十章　葛兰西

安东尼奥·葛兰西（1891—1937）是著名的马克思主义文化理论家，意大利共产党的创始人之一。他出生在意大利撒丁岛的一个小职员家庭，幼年父亲入狱，不得不四处打工，身体状况也自小不佳。1911年至1914年安东尼奥·葛兰西获奖学金在都灵大学读书的时候，就积极投身革命，1913年他参加意大利社会党，1921年1月和陶里亚蒂一起创建意大利共产党，1924年任该党总书记。1926年被法西斯政府逮捕，次年被判二十年徒刑。因健康状态每况愈下，葛兰西独居一室，这使他有条件广泛阅读，写就大量笔记和书简。1932年他被列入意大利与苏联的政治犯交换计划名单，然计划未果。1937年因健康极度恶化，始得获保释就医，同年葛兰西去世，葬于罗马的新教墓地。

葛兰西是西方马克思主义文化理论发展史上的关键人物。在狱中他写了篇幅达到3000余页的34本笔记，被他的妻妹取出寄往莫斯科，成为今人看到的葛兰西《狱中书简》和《狱中札记》两卷的大部分内容。这些著述大都是他在十一年铁窗生涯中撰成，书中对意大利的历史和民族主义进行反思，同时对马克思主义和批判理论进行新的思考。其间葛兰西不但常常为疾病所困，而且写作不能引起监狱当局的注意。这使他的文字，被公认带有一种与众不同的独特风格。对此佩里·安德森在《西方马克思主义探讨》中指出，一般理论作家，包括马克思主义理论作家大都在大学里谋有职位，具有优越的知识分子背景。但是葛兰西不同，就算葛兰西自视为知识分子，一个工人阶级的知识分子，他的理论观点却是直接源出于他的政治经验和他饱受无度的政治压迫。对于葛兰西来说，马克思主义并不仅仅是种科学，亦不仅仅是解释世界的方法，而首先是一种为工人阶级谋求解放的政治理论。

葛兰西的笔记涉及政治、哲学、历史、文学、社会学和美学等等诸多文化领域。哲学上他称马克思主义是一种把精神和物质、人和自然都统一在内的"实践哲学"，认为它以人的基本的实践活动为考察对象，既避免了唯我论，又充分发挥了创造性，因为承认人的实践活动，也就是承认外部世界的实在性和规律性。为此他强调马克思的辩证法是历史的辩证法，反对"唯物辩证法"的命题，认为这是布哈林对马克思的曲解，是庸俗的机械唯物主义的翻版。葛兰西强调说，实践哲学已经成为现代文化的一个方面，它在很大程度上丰富了特定的文化思潮。但是对实践的研究为正统派马克思主义所忽视，诚如普列汉诺夫《基本问题》一文中所提及的，正统派实质上是与19世纪最后二十五年来一股特别的文化思潮即实证主义和科学主义一脉相通的。正统派不由自主反意识形态、反宗教先验论，却以庸俗唯物主义为百试不爽的武器。但是实践哲学反其道行之：

实践哲学的前提是以下这一切国家的文化：文艺复兴和宗教改革，德国哲学和法国大革命，加尔文教和英国古典经济学，世俗的自由主义以及植根于整个现代生活观的历史主义。实践哲学则是以上整个精神和道德改革运动得以圆满成功的顶点，成为大众文化与高级文化对立中的辩证法。[①]

这当中的历史主义意识，是再清楚不过的。在葛兰西看来，实践哲学是处于从属地位的社会集团的观念，这个集团被剥夺了历史首创精神，还没有很好地组织起来，不足以掌握国家，实现对整个社会的领导权。但是这一新的、独立的、独创的理论，必将随着社会关系的发展而发展，在建立国家、确立主导文化问题的全部复杂性显露出来之后，在此基础上提出全面的解决方案。简言之，它就是无产阶级文化霸权或者说领导权的基础模态。

葛兰西强调文学本身不能产生文学，它是一个更为广泛的文化历史的组成部分。他留下大量文学和艺术批评与随笔，认为艺术作为观念形态，属于历史的范畴，是从社会实践出发的历史事实。因此葛兰西强调文学艺术同社会生活的联系，特别是与政治生活的联系，进而提出文艺作为反映一个特定社会之精神生活的上层建筑，代表了一个民族对生活和对人的观念。《狱中札记》中葛兰西本着这一认识，多次比较过本国两位同胞桑克蒂斯和克罗齐的文学和艺术批评，认为桑克蒂斯的批评是战斗的批评，因为它反映时代的冲突，同社会中的文化斗争紧密联系，故而是体现了深刻的人道主义。反之克罗齐的批评脱离社会生活鼓吹纯艺术性，是冷冰冰的美学批评。所以这两位批评家可以表现同一社会和历史因素，但其中一人当得上艺术家的称号，另一人则是画匠而已。总之，"实践哲学具有的文学批评的典范，是戴·桑克蒂斯提出来的，而不是柯罗齐或任何其他人（卡尔杜奇更说不上）。这个批评应当和甚至具有讽刺形式的一切偏颇的热情融合一致为争取新文化而斗争"[②]。

① 葛兰西：《实践哲学研究中的几个问题》，李鹏程编：《葛兰西文选》，葆煦译，人民出版社，2008年，第228页。

② 葛兰西：《狱中札记》，葆煦译，人民出版社，1983年，第457页。

一、论学校

葛兰西的著作被认为是致力于同时解决马克思主义中的两个薄弱环节，那就是对政治和文化的相对忽略。美国社会学家菲利普·斯密斯便作如是言，他在《文化理论：导论》一书中认为：除了《路易·波拿巴的雾月十八日》等几篇文章之外，马克思从未真正接受用政治策略来推进共产主义事业的必要性。同样，马克思也没有考虑国家在规范社会生活、维护资本主义赖以生存的必要条件中所扮演的角色。马克思的决定论框架似乎是在宣称，革命是不可避免的，而人们什么都不用做，只需等到适当的经济条件来临的那一天。直到20世纪，列宁与葛兰西这一类的马克思主义政治策略家才开始追问，文化与政治是怎样促进或阻碍了一个"不可避免"的革命性转变。[①]

斯密斯这个判断肯定是似是而非的。马克思主义从来就不是一种学院派理论。诚如马克思的著名宣言，哲学的使命不在于阐释世界，而在于改变世界。马克思本人的思想，也较历史上任何一种理论更为深刻地改变了世界的政治和文化格局。但是斯密斯有一点没有说错，那就是葛兰西秉承列宁主义的务实作风，更多地将关注的焦点集中到了国家、学校和知识分子的政治和文化职能上面。

葛兰西在《狱中札记》里用相当篇幅讨论了学校的意识形态功能，指出它在知识界的形成过程中，起着举足轻重的作用。知识界是自主独立的社会集团，还是一切社会集团都具有自身特定的知识界范畴？葛兰西认为对于这个复杂问题的回答，主要是有两个方面。第一是共时性的理解，即所有的社会集团既然产生在历来经济生产基础之上，也就同步为自己造就了知识阶层，比如资本主义同时为自己创造出技术人员、政治经济学家、新文化新法律的组织者等。封建阶级亦然，它也造就了自己的知识界。只是农民例外，农民虽然在生产中起着重要作用，但是农民并没有因此产生自己的"有机"知识界，也没有将任何一个传统知识阶层"同化"过来，

---

① 可参看2008年商务印书馆出版的《文化理论：导论》一书。

反而是农民出身的知识分子被其他社会集团吸收过去。所以大部分传统知识分子是农民出身。第二是历时性的理解，即所有重要的社会集团，在作为经济基础产物走向历史舞台时，也都能够找到先已存在的知识范畴，这也是历史发展延续性的证明。最典型的莫过于教士阶层，它们在漫长的历史中形成的宗教意识形态，将各个时期的学校、教养、道德、司法、慈善事业、社会救济等等在内的一切文化形态都纳入怀中，而一举垄断了上层建筑。由此也可见，知识分子具有阶级性是毋庸置疑的，假如自以为是独立不羁的社会良知阶层，那只能是自欺欺人的乌托邦。

既然每一个阶级在建立自己统治地位的努力中，首要的任务便是同化并在意识形态上战胜传统文化，那么启蒙和教育的位置，就格外突显出来。这里的中心场所不在别处，就在学校。葛兰西指出，学校是培养各级知识界的媒介，不同国家文化水平的高低和复杂性，客观上是可以从专门学校的数量和就学的人数来衡量的。是以学校的意识形态功能以及职能实现过程中具有哪些特点，值得认真分析。就学校的类型而言，葛兰西认为学校分为古典型和职业型两种是合理的分类。前者实行古希腊和古罗马文化精神为基础的人文主义教育，后者重在培养职业技术。两者的配置宜平衡和谐，不至于过度偏向于这一端或那一端，就像现实当中经常发生的那样。在此基础上，葛兰西呼吁考虑建设"统一学校"：

> 统一学校，或人文学校（这里"人文主义"一词，应在更广泛的意义上理解，而不仅在普通意义上理解），或普及文化学校，应当使青年受社会活动的培养，引导他们到一定成熟阶段，发展他们的能力，在智力和实践方面造就他们，培养他们善于独立选定方向，并且表现出独创精神。[1]

葛兰西在这里无疑是重视人文教育的基础地位的。为此他设想统一学校由国

---

① 葛兰西：《狱中札记》，葆煦译，人民出版社，1983年，第439页。

家承担学生生活费用，进而将私人教育一律转化为国家教育，认为非国有化教育不足以普及整个一代，而不划分阶级和等级。学期、教育内容和形式上，统一学校可与现行中小学相适应，进而加以改组。小学学习期限不长于三或四年，课程除了阅读、写作、算术、地理、历史这些基本科目之外，还应当添加至今尚未被重视的课程，如"法律与义务"等。其余课程应在六年内学完。总计十五或十六年，读完统一学校的全部阶段。而说到底，统一学校标志着不仅是学校中，也是全部社会生活中脑力劳动和体力劳动之间新关系的开始。故上述统一的原则，理应影响一切文化组织，给它们以新的内容。

葛兰西还进而阐述了高端教育机制的构想。这一块的标题是"根本变更大学与研究院任务的问题"。葛兰西指出，在日常生活与文化、脑力劳动与体力劳动新关系发生的条件下，研究院应当成为统一学校毕业后，学生们走向社会的文化组织。它让从事职业劳动的社会成员知识和文化上继续进一步，同时自发形成集体创造精神，是一切研究与科学领域中的专门化研究所。它应当在地域中集中起来，形成规模并进入国家中心，然后设立地方分支机构。最终是将现有各种形态的文化组织统一起来：文化研究院、研究所、哲学团体等。它们表现为对过去积累知识的系统化，同时凸显民族路线，方法上突出与集体生活和生产劳动的密切联系，充分重视选拔人才，每一地方团体必须具有人文主义与政治科学的部门。总之，在大多数场合下，研究院的成果性著作，既应当是文化的基础，也应能同时执行领导阶级的心理职能。葛兰西强调说，这一切设想是在于推动民族文化的集中化发展，希望影响可以超过天主教会。

关于教育的原则，葛兰西认为教育与教养应当同步，两者不宜完全分隔开来。他指出，儿童意识中反映的是他市民社会中所属的那一部分意识，那是在家庭、邻里和乡村等社会形式的互动中形成的。这里可以见出社会与文化的相互关系，它们和学校的教学计划是有所不同的。所以教师有义务将两者并重，因为教师所代表的文化范式与学生所代表的文化范式是多有矛盾的。以文学和哲学课为例，葛兰西认为20世纪意大利的中学是退化了。以前学生凭借趣味，接触大量具体知识，但是现在头脑里充满了公式和口号。而教育的最终目的是树人，培养作为社会整体一个剪影的人。是以葛兰西看好传统教育中的拉丁与希腊文学教学，认为它们与政治史的研究一道，都是教养的入门。而古希腊罗马体现的人文理想普及于社会，构成生活与民族文化的基本要素：

> 因为学习的目的是从内部发展个性，形成性格，其途径是掌握并融化现代欧洲文明的全部文化遗产。人们学习拉丁文和希腊文不是为了说那些话，不是为了做侍役、翻译员、买卖人。学习这些语言是为了具体研究这两个作为现代文明必要前提的民族的文明，即是为了本身自觉地认识自己。[1]

本着这一全面发展的教育理念，葛兰西除了支持不厌其详细致深入的课程安排，还反复重申"启发式"教育不以直接具体功利为目的。对此葛兰西对现代学校的状况表示担忧。他指出，由于文化传统和人的生活观念发生深刻危机，负有直接实际利益使命的职业类学校凌驾于非直接功利的教育型学校之上，其效果往往似是而非，适得其反。这类新型学校仿佛是民主的，其实却在使社会差别永恒化，将等级凝固起来。所以还是应当提倡统一学校的理论，一方面引导青年们走向职业选择，一方面培养他们的个性，铸就他们的领导能力。概言之，生产和领导职能双管齐下，这应当是学校意识形态功能的最好诠释。

二、文化霸权

《狱中札记》里葛兰西提出的"霸权"（hegemony）概念，对于以后的文化研究和文化理论影响深远。霸权对葛兰西而言是一个政治概念，用以解释为什么在资

---

[1]　葛兰西：《狱中札记》，葆煦译，人民出版社，1983年，第448页。

本主义制度下，社会革命迟迟不得发生。霸权是一个过程，葛兰西认为在一定的历史阶段，占据统治地位的阶级为了确保他们社会和文化上的领导地位，除了剥削和压迫，还劝诱被统治阶级接受它的道德、政治和文化价值。倘使统治阶级在这方面做得成功，就无须使用强制和武力手段。葛兰西认为这正是19世纪资本主义自由社会的特征。文化霸权这样来看，它便是社会统治集团可以使用的各种社会控制模式，它的产生背景是社会冲突。霸权观念的关键不在于强迫大众违背自己的意愿和良知，屈从统治阶级的权力压迫，而是让个人"心甘情愿"，积极参与，被同化到统治集团的世界观或者说霸权中来。霸权是一个过程，它需要统治阶级事先经营，事后也不能疏忽。这还如葛兰西所言：

M

KARL MARX

马克思主义文化理论发展史

> 主导阶级是以两种方式来实施主导，那就是"领导"和"支配"：领导它的同盟阶级，支配它的敌对阶级。故此，特定的阶级甚至在得到政权之前，就可以（而且必须）来"领导"。一旦权力在手，它就成为主导阶级，但是它依然是要继续"领导"下去……甚至在取得政权之前，"政治霸权"就即已势在必行，取得政治领导权或者说霸权，不能仅仅依靠主导地位给予的权力和物质力量。[1]

可见在葛兰西看来，知识和道德的文化霸权不仅是任何阶级需在夺得统治权力之前就来加以运作，而且即便奠定统治权力之后，也还要来继续经营。这导致利益亲近的集团加盟进来，形成阶级霸权联盟。反过来被支配和被"领导"的社会集团对自身的理解，同社会乃至世界发生的关系，则莫不身不由己，屈从了支配集团的话语权威，不知不觉与支配集团的意识形态捆绑在一起。当然从外表上看，它与统治阶级强加下来的社会控制形式，究竟还是有着明显的区别。

---

① Antonio Gramsci, *Selections From the Prison Notebooks*, London: Lawrence and Wishart, 1971, p. 57.

霸权的概念用到文化研究上面，被认为是力图表明日常的意义、表象和活动是如何被精心营造了一番，而将支配"集团"的阶级利益表现为自然而然、势所必然且无可争辩的大众利益，为人人所欲。如是研究文化的霸权方面，首先需要分析的便是"机制"（institutions）的概念，机制历来被认为是不偏不斜的，是中性的，对人一视同仁，并不特别偏向于哪个阶级、种族抑或性别。这类机制具体来看，就是国家、法律、教育制度、传媒和家庭。它们大量生产着知识、感觉和意义，作为文化载体的重要性不但体现在它们自我标举的方方面面功能，同样也体现在它们作为个人和社会意识的组织者和生产者的身份上面。虽然，这些文化载体具有相对的独立性和自足性，其组成的人及其专业特征和意识形态的特点，也多有不同，但是它们一起构成了霸权实施和推广的大本营。简言之，它们可以被某个权力集团"殖民化"，这个集团不仅仅是由经济上占据主导地位的阶级构成，同样也包括了它的"联盟"和它的下属阶级。

由此可见，文化霸权总是主导阶层和被主导阶层之间反复"协商"的结果。它意味着文化并非如文化工业理论所言，是统治阶级自上而下强制贯彻下来，而总是一个动态的过程，充满了矛盾、抵制、妥协和合作，然后激发新的矛盾、抵制、妥协、合作……协商和妥协当然是有限度的，用葛兰西本人的话说，这个限度就是，决不允许它们挑战阶级权力的经济基础。不仅如此，一旦知识和道德方面的文化领导权出现危机，不足以维护统治阶级的权力延续，那么，文化霸权完全有可能被军队、警察、监狱等强制性国家机器所替代，哪怕是暂时的替代。概言之，文化霸权的要害是统治阶级将它自身的利益"普世化"，将之表述为整个社会的利益。这当中通过协商、妥协等等一系列文化策略而使冲突隐而不显，仿佛是一个自然而然的过程。

即便如此，文化霸权也并非想当然可以如此轻易达成。按照英国文化研究学者约翰·斯多雷《文化理论与大众文化导论》一书的看法，资本主义霸权的最终建立，是一系列至少延续了三百年的政治、社会、文化和经济变革的结果。到19世纪末叶，资本主义的地位还是摇摇欲坠的。直到20世纪，特别是苏联和东欧社会主义国家解体之后，资本主义才仿佛多多少少奠定了国际霸权。① 这个看法类似美国史学家福山曾经风靡一时的"历史终结论"。可是，资本主义果真可以从此以后高枕无忧，为它全球范围的意识形态胜利弹冠相庆吗？

三、市民社会与知识分子

值得注意的是，葛兰西认为霸权的生产、再生产以及转化都是市民社会（civil society）的产物，反之国家采用的则是强制和压迫的手段。即是说，大众文化和大众传媒是通过市民社会涵盖了文化生产和消费的种种机制，来为霸权的生产、再生产和转化服务的。市民社会的特征是它标榜的自由和民主。但是教育、家庭、教会以及大众文化和大众传媒等等这一切自由民主的社会机制，无不是给霸权以文化和意识形态的形式，洞开了畅行其道的方便之门。正因为霸权在葛兰西看来与市民社会有着密切联系，所以他提出革命力量在夺取国家政权之前，必须首先夺取市民社会，然后组成被压迫集团的某种联盟，团结在一面霸权的大旗之下，将占据主导地位的现时霸权取而代之。没有这一霸权的斗争，一切夺取国家政权的努力都将是徒劳的。葛兰西认为这是市民社会的性质使然：

> "市民社会"成了一个非常复杂的结构，一个抵御着直接经济因素如危机和衰退等等灾难性"入侵"的结构。市民社会的上层建筑好似现代战争中的战壕系统。战争中时常有这样的情况，猛烈的炮火轰击似乎摧毁了敌人的整个防御系统，然而实际上它仅仅摧毁了外部周边，一旦挺进和攻击启动，攻击者会发现他们面前依然是一道牢固的防线。在经济大萧条中，同样的情况发生在政治领域。②

---

① John Storey, *An Introduction to Cultural Theory and Popular Culture*, London: Prentice Hall/Harvester Wheatsheaf, 1997, p. 124.

② Antonio Gramsci, *Selections From the Prison Notebooks*, London: Lawrence and Wishart, 1971, p. 235.

市民社会作为上述这样一个非常复杂的结构，足以表明它的产物之一霸权不可能是一个一成不变的观念系统，同样不可能永远高枕无忧稳坐在支配席位上面。这是说，即便霸权在以"常识"的形式帮助社会上最有权力的阶级和集团坐稳江山，但它毕竟是缘起于社会和阶级斗争，并且反过来影响到这斗争的发展方向。这可见霸权是社会支配集团为确保对其被支配集团的领导权，而不断变换手法予以推广的观念系列，其错综复杂的特点，使它有别于统治阶级的意识形态功能，后者带有更多的强制性特征。

另一方面，文化霸权的确立，在葛兰西看来，主要还是有赖于知识分子在其中出演的社会角色。换言之，霸权主要是知识分子所作所为的结果。就此而言，大众传媒文化的生产者、传输者以及阐释者，都是在市民社会的机制内部，参与霸权创建和霸权斗争的知识分子。而机制本身的运转，也取决于知识分子出演的角色。但葛兰西这里所说的知识分子（intellectuals）并不限定在艺术家、作家和学者这些所谓的社会精英，相反它的含义要广泛得多，泛指一切生产和传播观念以及知识的人。葛兰西认为，我们可以说所有的人都是知识分子，但并非所有的人都在社会中起到知识分子的作用。后者更大程度上也是一种职业功能，这自然就是指同霸权难分难解的文化、观念、知识和话语等等的生产、传播和阐释。诚如葛兰西所言：

> 每一个社会集团，在经济生产的世界中首次担负核心功能时，在组织上创造自身的同时，也创造了给予它同质性和自我意识的一个或数个知识分子阶层，他们的社会功能不仅仅表现在经济领域，同样也表现在社会和政治领域。比如说，资本主义企业家连同他自己，一并创造了工业技术员、政治经济学专家，以及新文化、新法律体系等等的组织者。[1]

① Antonio Gramsci, *Selections From the Prison Notebooks*, London: Lawrence and Wishart, 1971, p. 5.

这一类建构资本主义文化新秩序的知识分子，葛兰西称之为"有机知识分子"。在葛兰西看来，马修·阿诺德就是这样一个19世纪的文化精英，他出色地实现了建构资本主义文化领导权和普世意识形态的社会功能。

进而视之，知识分子在霸权建立和推广的过程中，轻重还有不同，并不是所有的知识分子对霸权都有举足轻重的影响力。有些知识分子是直接在生产霸权观念，有些可能是对之进行阐发加工，还有一些知识分子则是将上方权威下派的使命付诸实行。但是所有这些人具备了某种知识分子的功能，这是说，举凡意识形态的活动，必然牵涉到市民社会有关机制的霸权问题。现代大众媒介内部大众文化的生产、传播、消费以及阐释，用葛兰西的观点来看，就应当作如是理解。关于知识分子和市民社会的关系，葛兰西作了如是说明：

> 现在我们可以确定两个主要的上层建筑层面：一个可以叫作"市民社会"，那是我们通常所说的"私人"机构的集合；另一个是"政治社会"或者说"国家"。这两个层面一方面是对应于主导集团加诸社会的"霸权功能"，另一方面则对应于"直接支配"，或者说，通过国家和"法制"政府下达的命令。两者的功能完全是组织有序，相互联系的。知识分子是主导集团的"代理人"，履行社会霸权和政治政府的各种下属功能。[1]

这些下属功能在葛兰西看来，同样分成两方面。其一是大众仿佛"自然而然"认同主导阶级推广的社会生活方向，而且由于主导集团久久身居统治地位，这一认同久而久之下来，就非常具有"历史性"了。其二是对于主流文化不予"认同"的那些集团，不管他们是有意的还是无意的，运用国家机器的强制力量迫其就范。

[1] Antonio Gramsci, *Selections From the Prison Notebooks*, London: Lawrence and Wishart, 1971, p. 12.

葛兰西还就法国和英国资产阶级的文化霸权模式，做过一个比较。他认为法国是和谐建立文化霸权的一个典型。因为早在1789年大革命发生之前，新兴的社会阶级已经在政治上登上了历史舞台，它通过启蒙运动，将本阶级的利益鼓吹为全民的利益，故此资产阶级一旦当政，已无需向贵族等旧阶级做出关键性让步，反之可以将它们收编进自己的行列。而英国，情况则是判然不同，新兴阶级是伴随现代工业革命成长起来，它的文化具有浓厚的经济背景，但是在更高的层面上，旧有的土地贵族阶级依然是独占威望。它失去了经济优势，但是在很长一个时期内，它在道德和文化方面，一直占据优势。非但如此，它的文化是被新兴的主导阶级视为传统楷模给吸纳进来。即是说，英国的情况恰恰相反，旧有的土地贵族文化结合新兴文化的方式，一如法国和其他国家新兴文化接纳传统文化的方式。

　　斯图亚特·霍尔在其《文化研究及其理论遗产》一文中，称葛兰西的霸权理论是巨大的生产性隐喻。但是这个隐喻究竟意味着什么，说到底也是见仁见智。霸权理论当然不是百试不爽的灵丹妙药。不说别的，光是诸如电视电影、流行音乐、生活文化以及通俗文学等等的分析和研究，就都各各牵涉到不同领域独特的、具体的技术和理论问题，用布尔迪厄的话说，绝不是迷醉于泛泛的"宏大叙述"，却不想到厨房里弄脏双手的潇洒作风是可以解决的。此外，对于葛兰西来说，霸权主要是立足阶级来解释权力关系。随着文化研究的深入发展，出现以此种理论来涵盖种族、性别、意义和快感的研究，这也是值得注意的。

　　但葛兰西的上述理论应当说同样存在一些问题和局限。一个最明显不过的表现就是尽管葛兰西再三强调霸权和强制不是一回事情，可是实际上很难在两者之间划出一条明确的界线，因为霸权同样可以是强制性的。反过来看，强制亦可以通过霸权的形式一路下达。从历史上看，纳粹法西斯几近狂热的意识形态扩张，究竟是霸权还是强制使然？这个问题并不好回答，或许不如回答说是两者共同使然。再看现实，今天发端于经济的全球化大潮，其势不可当的锐利锋芒借助的是霸权策略还是强制手段？看来也是两者兼而有之。

进而视之，葛兰西以霸权为市民社会的产物，强制为国家手段的产物，之间的分野应当说同样不是容易澄清的。实际上葛兰西自己就承认市民社会的机制亦可以通过强制的方式来贯彻自身，反之国家机制同样可以借霸权的形式来运转。霸权可以说是阶级斗争的产物，但我们可以看到，这一产物偏袒的始终是斗争的一个方面，即牺牲被支配集团的利益来满足支配集团的需要，以至有人说，霸权的概念有时候就像一场足球赛，双方都想把球踢进对方的门，可是结果多半是一赢一输。而且它无一例外地总是以支配集团获得新的霸权形式胜利告终，虽然在这一霸权的新形式中，被支配集团的利益多少是有了些微进展。这个新的形式，不妨说就是统治阶级的意识形态。

第十一章　列斐伏尔

亨利·列斐伏尔（1901—1994）生于法国南部朗德省的阿热莫村（Hagetmau），早年他在巴黎大学（索邦）攻读哲学，1920年毕业。到1924年，他已经在"哲学"小组中，同保罗·尼赞、诺伯特·古特曼、乔治·弗里德曼和乔治·波利策等一班后来的大家酝酿起了哲学革命。这也使他们同这一时期流行的超现实主义和达达主义过从甚密。1928年列斐伏尔加入法国共产党，很快成为法共首屈一指的马克思主义理论家。1940年，他出版了第一部广有影响的著作《辩证唯物主义》，该书许多理论源自黑格尔的辩证法，事实上辩证法成为贯穿列斐伏尔以后著述的一根主线，其中凸显的异化理论和人的全面发展的主题，也与是时鼎力构建"辩证唯物主义体系"的斯大林主义迥异其趣。七年后他的《日常生活批判》第一卷问世，此书不仅是将《辩证唯物主义》的哲学主题向社会学扩展，而且奠定了之后日常生活哲学研究的不二经典地位。同时阴差阳错，列斐伏尔身不由己地成为法共抨击萨特存在主义的理论先锋。而反过来，列斐伏尔早期著作中的方法论，又为萨特日后《辩证理性批判》所汲取。1956年列斐伏尔出版《马克思主义中的现实问题》，其中有浓厚的反斯大林主义倾向，以至于尽管他鞍前马后为法共效命，不遗余力批判萨特甚至他本人的先时同事尼赞，还是蒙羞被开除出党，由此开始了他与法共分道扬镳的马克思主义研究道路。而且反过来，从法共的第一理论家，变身为法共政治的第一批判人，包括日后批判阿尔都塞的结构主义意识形态理论是走知识精英的技术主义路线，脱离了生活实践。

列斐伏尔的《日常生活批判》第一卷（1947）和同样影响巨大的《空间的生产》（1974）的英译本姗姗来迟，都是在1991年出版。事实上大卫·哈维在给《空间的生产》英译本所撰后记中，首先为英语世界系统介绍列斐伏尔的生平和著作。按照对列斐伏尔推崇备至的美国文化地理学家爱德华·索亚《后现代地理学》中的说法，英语世界里列斐伏尔的传布起步较晚，主要是在1968年，是时任教巴黎第十大学的列斐伏尔作为"学生运动之父"承担了革命失败的后果。与列斐伏尔的失望相对的，便是对立面阿尔都塞的结构主义和萨特的存在主义这两大法国马克思主义思潮的一路走红。但是正所谓三十年河东，三十年河西，列斐伏尔经哈维、索亚、曼纽尔·卡斯特尔等人的鼎力举荐，在英语世界的风头后来居上。他的九十余年岁月中，学术生涯数度起落，最终不仅影响了哲学的发展，而且被公认为深深影响到了社会学、地理学、政治学以及文学批评等诸多领域。可以说，他的"总体人"目标，最终是他自己身体力行去实现了。

一、 美学史的回顾

列斐伏尔的《美学概论》是根据作者1948年至1949年间发表在《法兰西艺术》杂志上的论文编撰而成，1953年出版。列斐伏尔1947年出版《日常生活批判》第一卷，此一卷后来广为风行，书中的观点成为情境主义国际灵感来源的日常生活革命理论，因与马克思主义正统理论相左受到法共党内批判，列斐伏尔心情一时陷入低谷。一定程度上，此书可视为作者从新锐理论的风口浪尖上退隐下来，在相对安全的美学领域作了一番耕耘。法国哲学家向有多产的传统，尤以列斐伏尔为甚，他一生著作多达六十余部。但与他迄今仍广有影响的日常生活理论、都市权利，以及社会空间理论的提出相比，他的这部《美学概论》显得沉寂落寞。事实上除了在译成俄文在苏联出版后得到苏联评论界高度评价之外，即便在中国，虽然1957年出了此书的中译本，列斐伏尔的美学思想也远没有达到过像普列汉诺夫、卢卡奇著作那样的普及程度和理论荣耀。故此，在列斐伏尔的学说重新成为显学的今天，梳理他的这一段马克思主义美学阐述的尝试的历程，对于深入理解一种理论建构的来龙去脉，当是不无裨益的。

《美学概论》的俄译本序中，以社会主义现实主义这一最先进、最正确的艺术创作方法与帝国主义资产阶级腐朽艺术的针锋相对为背景，介绍了列斐伏尔的《美学概论》：此书是简要论述马克思主义美学基础的一种尝试，列斐伏尔在这书里并不要求详尽无遗地论述马克思主义艺术理论，而只是想说明在他看来是马克思主义美学基础的最重要原理。因此作者有意识未将社会主义现实主义的一系列最重要的理论问题，包括典型问题在内，列入该书的研究范围。即便如此，斯密尔诺娃还是准确概括了《美学概论》中鲜明的人道主义主题：

> 列斐伏尔把马克思和恩格斯在美学中所完成的革命，与马克思主义奠基者们提出的社会实践和生产活动的概念这一事实联系起来，这些概念都是用来说明人、人的活动的不同形式和人类的全部历史。[①]

这段话可以和列斐伏尔本人作者序中交代的题旨互为参照。据列斐伏尔所言，他写作此书是为社会主义现实主义面临各种问题的理论研究打下基础，是用新的理论框架来梳理美学和艺术史上的老问题。换言之，这是列斐伏尔自觉使用马克思和恩格斯的辩证唯物主义方法，来重新构架美学理论的一个尝试。对于后来前赴后

---

① 斯密尔诺娃：《俄译本序》，亨利·列斐伏尔：《美学概论》，杨成寅、姚岳山译，朝花美术出版社，1957年，第5页。

继、对这一类尝试再熟悉不过的中国学人来说，它的启蒙和示范意义，当是不言而喻的。

梳理既往的美学史，必然涉及价值判断问题。以社会主义现实主义这一主导意识形态的标准来看，以往美学的体系建构因为这样那样的局限，最终失败是意料中事。所以不奇怪，《美学概论》第一章的标题，就是"过去美学的无能为力"。诚如列斐伏尔所言，美学理论总是依靠某一种"体系"，但是由于以往的哲学体系都是错误的，所以艺术理论必然亦难遁出形而上学和唯心主义的窠臼，最终流于神秘主义。但柏拉图和狄德罗是例外，事实上列斐伏尔相当推崇这两个人的美学思想。他指出，柏拉图的美学引起过巨大影响，直抵今日。这是因为柏拉图提出了永恒美和绝对美的理念，万物之为美，无不是反映了理念的美。故艺术家的任务，即是再现和创造这一精神和思想的美。所以柏拉图的美学虽然具有过高宣扬精神的唯心主义弊端，但是它首先是一种哲学的美学。这是列斐伏尔愿意称道它的原因。但问题是，一方面要想恢复古希腊理论的原初荣光，这谈何容易；另一方面柏拉图的影响，在列斐伏尔看来也是带有两面性。即柏拉图主义固然是鼓舞了一代又一代演员、美术家和诗人们的创造性探索，同时也在它的基础上，"产生了关于美的最庸俗空洞的陈词滥调"。这里他指的是温克尔曼，"陈词滥调"的注释中他枚举了温克尔曼的三段话：

> ……如果我们把关于人的美的概念理解为与最高存在相适应和相吻合的那种东西，那末这一概念就更加完善些……
>
> 宁静这种状态是……美所特有的……
>
> 美应当是像从泉源中汲取来的最清洁的水一样，如果它愈没有味道，就对健康愈有益……[1]

---

[1]　亨利·列斐伏尔：《美学概论》，杨成寅、姚岳山译，朝花美术出版社，1957年，第15页。

在列斐伏尔看来，温克尔曼的这些仿佛是不食人间烟火的空洞美论，便是柏拉图主义的负面影响。但是柏拉图强调斥责诗歌伤风败俗，以道德或者说政治标准为诗和艺术的唯一标准，在列斐伏尔看来，非但无有不妥，而且是身体力行显示了艺术反映生活和干涉生活的必然性。一定程度上，由是观之，柏拉图就是社会主义现实主义的先驱。

柏拉图以外，列斐伏尔分别回顾了狄德罗、康德和黑格尔的美学思想。对于狄德罗，列斐伏尔致力于批判的主要是他的文学观和艺术理论，而不是美论。他指出，狄德罗对绘画的见解、对学院派的全面批判，以及立足于作家经验和自己的艺术心得来建构自己的理论，在今天也还具有很伟大的意义。但是狄德罗的理论对某些问题同样是无能为力。因为它提出了一些问题，却不能解决这些问题。列斐伏尔这里指的是艺术与现实之间的差异关系，他指出狄德罗没有秉承柏拉图路线，将之笼统归结为绝对美和现实丑之间的分歧，而是采取18世纪的唯物主义立场，来深入探讨这些差异的艺术和社会根源所在。如艺术家怎样对题材进行加工？是模仿自然，还是进一步深化采用"典型化"方法？对此列斐伏尔的看法是，狄德罗虽然提出了问题，自己却摇摆在形式主义、自然主义和现实主义之间。形式主义是表现事物之间的抽象关系，自然主义是表现直接现实，只有现实主义才是表现事物本质。结果就难免进退维谷：要么忠实摹写对象，流于客观主义；要么抽象阐释对象，流于主观主义。而无以辨明自然主义与现实主义的区别。对狄德罗的"无能为力"，也许列斐伏尔本人1949年所著《狄德罗论》中的一段话可以更好地概括出来：

狄德罗这个人，是"两重性格的人"，而不可能是别的。艺术家和哲学家这两个身份，各自把他拉向自己方面，灵与肉没有协调得好。这种两重性，正说明了随着中世纪的终结而开始的、迄今尚未结束的时代，正说明了既没有法子取消矛盾，也不知怎么解决矛盾的两重性格的人的时代。两重性格，尚未发现和尚未解决的矛盾，正是现今人的起点，也是现今人的局限。①

换言之，狄德罗的困顿也是现代人的困顿。对于狄德罗这个他情有独钟的18世纪作家和美学家，列斐伏尔不但有对《拉摩的侄儿》等作品不厌其详的深入分析，而且给予的评价也是相当宽容的。

列斐伏尔对康德的批评是其形式主义。他指出，康德不似狄德罗那样耿耿于现实与作品之间的差异，而是专门关注形式与内容的关系，把形式凌驾于内容之上。故对于康德，艺术作品必具有统一性或内在的终极目的，艺术的美感特征之所以不同于其他任何一种对象，不是因为它的内容，而是因为它的纯粹形式。故如《判断力批判》中枚举的阿拉伯纹式，以及枝叶、卷须等形式中，都可见出毋庸置疑的美学意义。列斐伏尔赞赏康德强调审美愉悦是直接的快感，不夹杂概念的成分，指出这是将艺术与认知区分开来了。但是他认为康德的美学和柏拉图鼓吹的绝对美的形而上美论其实是殊途同归，都脱离历史，认为美的特征无关于一切外在的、实践的、社会的，甚至情感的条件。故艺术作为自由的象征，非功利、无目的、为艺术而艺术，这一切康德主义的传统，都是落入了形式主义的窠臼。所以，"批判康德的形式主义，不仅需要考察历史，而且特别要承认作品内容的第一性（承认作品的历史内容的第一性）"②。列斐伏尔特别在括号中的"历史内容"一语下面加上着重号，这和前面推举柏拉图以政治标准来度量艺术一样，很显然都是体现了这一时期马克思主义美学鲜明的历史意识。

最后论及黑格尔，列斐伏尔发现黑格尔是洞察了康德《判断力批判》形式主

---

① 亨利·列斐伏尔：《狄德罗论》，见《勒菲弗尔文艺论文选》，金志平、师玉译，作家出版社，1965年，第29页。

② 亨利·列斐伏尔：《美学概论》，杨成寅、姚岳山译，朝花美术出版社，1957年，第23页。

义的局限，故而强调艺术形式与内容的统一。他特别欣赏黑格尔以人的本质对象化来阐释艺术，认为这里可以看出黑格尔的天才推测，即将艺术与人的劳动，与人用以改造自然同时改造自己本身的实践活动联系起来。这一点不仅适用于社会的人，同样适用于个体的人。但即便如此，黑格尔在列斐伏尔看来，同样是"无能为力"的。他引马克思《资本论》第1卷序言中的论述，指出黑格尔的美学像他的辩证法一样，不但渗透了神秘主义，而且本末倒置。故而假如我们想从中汲取合理的东西，首先要让它双脚着地，给它以革命性批判。而这个革命性的改造，最终是由马克思完成的。

二、马克思《手稿》读解

《美学概论》第二章"马克思恩格斯论美学"是该书最突出的部分，可以说是系统阐述了列斐伏尔本人的马克思主义美学思想。与后来阿尔都塞以1845年的《德意志意识形态》为界判定马克思经历了一个从人道主义到科学社会主义的"认识论断裂"不同，列斐伏尔高度推崇青年马克思的《1844年经济学哲学手稿》（以下简称《手稿》）中的人本主义思想，大力论证"劳动创造了美"这个中心命题。事实上，《手稿》中开始提出的人的全面发展的思想，也成为后来列斐伏尔本人"总体人"（total man）理论的直接来源。

关于劳动和艺术的关系，列斐伏尔认为马克思和恩格斯是达成了五个共识。它们分别是：一、劳动不仅生产个别物品和工具，也生产人的世界，换言之，生产了人化的自然。二、艺术作品在特定的对象上凝聚了人们的大量劳动，它是劳动改造世界和改造人本身的最高表现。三、故艺术是劳动的产物，同时又是完全特定的劳动的产物。艺术家要求自己把握时代的生活和社会活动的全部内容。四、人的本质是在自己的历史过程中不断丰富起来的。艺术家的天性最健康、最富有社会性，其受"异化"较任何人都少。五、人是社会的生物。作为社会现象的生产，不仅为主体生产客体，而且也为客体生产主体。

本着上述前提，列斐伏尔引马克思《手稿》中的名言：对于人来说，对象的现实处处都是人的本质力量的现实，一切对象都是他本身的对象化，致力于从人的历史发展角度，来阐释审美需要和艺术活动的诞生。对于历史上美感如何从其自然属性中成长起来的过程，列斐伏尔将之命名为"文化"：

> 当感觉的器官丰富了起来的时候，就好像成了在一定阶段上所达到的文化的自然支柱、表现和器官；当感觉的器官渐渐成为"文化器官"（由于整个社会生活和实践，而不只是通常所理解的文化）的时候，这时就产生了艺术。[①]

很显然，列斐伏尔这里所说的"文化"，指的是人类从野蛮阶段、蒙昧阶段向文化阶段发展的人类学意义上的历史和社会进步，而不是"通常所理解"的启蒙、教化、风雅这些"文化"的当代释义。事实上这也是马克思和恩格斯著作中"文化史批判"部分言及文化时的通常意指。

列斐伏尔以他久负盛名的辩证唯物主义阐释了这一从自然到文化的美感发生过程，指出这是一个既是生物的又是社会的物质基础上所发生的辩证运动。一方面"我"的本质力量自身是"主观的能力"；另一方面对象的意义只有通过相应的感觉，方能被"我"感知。但是主观的能力反过来也需要自己的对象，假如寻不到，它就创造自己的对象。故而劳动的历史，也就是人的本质力量在客观和主观上同时发展的历史。列斐伏尔认为这一马克思主义的基本立场，是回答了以往艺术家无能为力的一个根本问题，那就是各种艺术的各种形式从哪里来的？列斐伏尔认为，马克思以他的人本主义视野告诉我们，各类艺术不是来自对美的不同理解，不是来自趣味判断的不同范畴，如愉悦、美、崇高等，也不是来自观念的不同体现，而是来

---

① 亨利·列斐伏尔：《美学概论》，杨成寅、姚岳山译，朝花美术出版社，1957年，第40页。

自感觉。

　　艺术来自感觉，并不意味回到感觉主义。诚如马克思《手稿》中的名言，对于没有受过教育的不能欣赏音乐的耳朵，再美的音乐也毫无意义，积淀在我们感觉之上的历史的和文化的内涵，才为艺术的诞生和发展提供了一切必然性和或然性。是以列斐伏尔强调，这里他所说的感觉不仅指通常的五官感觉，也指爱的感情、性的需要等其他"人化的"天性。总之，审美和艺术是在人类满足最基本生计之后的高层次感觉需要，再美丽的景色，在饥肠辘辘的穷人那里也是找不到相应的感觉的。这并不是说美和艺术是富裕阶级的专利，而是说贫困、穷苦、剥削、压迫阻止了人的本质的全面发展，这也是"异化"这个概念对于美学的含义所在。

　　值得注意的是列斐伏尔对艺术作为上层建筑的地位的解读。他引了马克思《〈政治经济学批判〉序言》中的这一段名言：

　　　　随着经济基础的变更，全部庞大的上层建筑也或慢或快地发生变革。在考察这些变革时，必须时刻把下面两者区别开来：一种是生产的经济条件方面所发生的物质的、可以用自然科学的精确性指明的变革，一种是人们借以意识到这个冲突并力求把它克服的那些法律的、政治的、宗教的、艺术的或哲学的，简言之，意识形态的形式。①

　　列斐伏尔对这段话的美学阐释，是艺术作为上层建筑，应与其他上层建筑现象一样，具有自己的鲜明特征。即便中世纪艺术同宗教紧密交织起来，艺术也没有与宗教混为一体，而是依然有着自己的命运。特别是所谓"上层建筑"这个概念，列斐伏尔认为不应抽象理解为建立在经济基础之上的人工建筑，反之它意味着艺术不可能脱离人与人之间在特定基础条件下的具体关系。换言之，艺术是从日常生活及

---

① 马克思：《〈政治经济学批判〉序言》，《马克思恩格斯文集》第2卷，人民出版社，2009年，第592页。

劳动中汲取内容，并赋予内容以特殊的艺术形式。可见艺术作为上层建筑，是植根于实际生活和劳动实践，植根于生产力的发展水平之上的。

很显然，列斐伏尔是结合他的日常生活批判思想，在阐释和发挥马克思的美学思想。生活实践和人与人之间的社会关系，由此成为列斐伏尔关注的焦点。列斐伏尔结合客观对象和内在自我来给艺术家下定义时，同样是在反复强调这样一个基本事实：艺术家个人必是紧密联系着一定时代的社会生活及文化。他指出，艺术家作为最"丰富的"人，没有理由因为他强大的内心世界，就来轻视创作的社会条件和历史环境，相反，问题恰恰在于要揭示这些不同因素之间的实际联系，包括艺术家个人的品位、其作品的失败成功、历史条件和当前社会各阶级的需求以及经济、文化发展水平等一系列关系。只有如此，艺术不至于流于玄之又玄的形而上学，而能在快感之中，深入体现出现实的本质来。

值得注意的是列斐伏尔在经济基础和作为思想体系和艺术活动的上层建筑之间，提出了中介的问题。他认为这个中介并不简单是基础和上层建筑之间的中间环节，而是一个意识、具体知识和概念的改造过程。它是现实的不充分的反映，其过程的历史极其错综复杂，甚至其中会呈现出"史前的内容"。概言之，它是以往社会意识的积淀，非加以加工改造，不足以成为伟大艺术的沃土。对此他引申了马克思《〈政治经济学批判〉导言》中论希腊艺术的著名例子：谁都知道，希腊神话不仅是希腊艺术的宝库，而且是希腊艺术的土壤。指出希腊艺术是在希腊城市及其周围农村的社会经济生活条件的基础上形成的。但紧接着他又引述马克思的进一步说明："希腊艺术的前提是希腊神话，也就是已经通过人民的幻想用一种不自觉的艺术方式加工过的自然和社会形式本身。这是希腊艺术的素材。不是随便一种神话，就是说，不是对自然（这里指一切对象的东西，包括社会在内）的随便一种不自觉的艺术加工。"[1]强调神话作为基础和上层建筑之间的一种中介，它的历史内涵必有其特点。由此对于古希腊艺

---

① 马克思：《〈政治经济学批判〉导言》，《马克思恩格斯选集》第2卷，人民出版社，1995年，第29页。

术何以伟大不可企及，且一去不返，给出了自己解答：

> 古希腊艺术伟大的原因何在呢？最直接的原因就在于：思想的过渡形态没有什么抽象的东西，它们保持了流行的生动的民间创作的活力，同时它们已经是对这种创作的加工，也就是说，它们似乎是站在走向艺术的中途。希腊社会经历过迅速的阶级分化过程，但仍然保持了无阶级的原始公社制度的特征。在这样的希腊社会中，人们赖以意识到自己、自己的关系和问题的思想体系还没有抽象的性质。[①]

这个解答远不只是马克思"希腊人是正常的儿童"这个命题的简单生发。生动的民间创作活力，对民间创作的加工，在走向艺术的中途，都指向前述之基础和上层建筑之间的那一种复杂中介。这个中介的根本是特定时代的日常生活，一如列斐伏尔所言，在这样的希腊社会中，人们开始有了自我意识，开始意识到自己与周边环境的关系。在划入抽象取义的意识形态之前，它们就体现为基础和上层建筑之间的中介。

三、与普列汉诺夫的分歧

一个特定时代的社会结构，作为艺术发生的历史中介，据列斐伏尔强调，是具有社会发展一定时期中的全部复杂性、全部相互关系和矛盾。包括人与自然的关系、人对社会存在的认识，也包括社会关系、劳动分工以及阶级关系乃至思想体系等等，不一而足。故在此一条件下研究艺术的缘起，殊非易事。他以17世纪法国古典主义艺术为例，认为普列汉诺夫立足17世纪法国的理性主义来解释此一时期的法国悲剧，特别是高乃依的悲剧，多少忽略了这个特定时期社会结构的多面复杂性。

---

① 亨利·列斐伏尔：《美学概论》，杨成寅、姚岳山译，朝花美术出版社，1957年，第52页。

比如，它所保存的中世纪的情感和思想因素，如《熙德》所示，在氏族和家族的血缘联系中就显示得相当清楚。同时政治的因素，如对民族统一的认识，也掺杂进来。所以列斐伏尔更愿意认为17世纪法国悲剧是彼时理性主义与这些因素斗争的结果，而非如普列汉诺夫所示，仅仅是理性主义本身的产物。

同理，对于马克思以人类无以再现童年的天真来解释希腊艺术的不朽魅力的看法，列斐伏尔也最终引申到了自己的日常生活中介和坚定不移的人道主义主题。他指出，不可能要求马克思这一篇导言解决一切问题。现在摆在我们面前的问题是：为什么古代希腊人能够如此？希腊神话及其艺术何以能够表现人类社会美丽童年的这种吸引力？此外希腊艺术对中世纪、文艺复兴、17世纪、法国大革命时期又分别发生了怎样不同的影响？对此列斐伏尔从三个方面作了解答：一、希腊人在尖锐的社会斗争中克服了自己文化中的野蛮因素，即与宇宙混沌无分的蒙昧观念，使它们在其主要神话中退居从属地位。二、这一事实与希腊城市以及与城市相连的乡村中的社会关系，是紧紧联系在一起的。三、希腊的人道主义是一种最早的新鲜自然、充满着幸福感的人道主义，它给予希腊人的幻想以明朗的艺术形式，表现出对理智、光明、正义和幸福的追求。概言之，从古希腊开始，艺术作品永远带有鲜明的历史性和社会性的印记。

由此列斐伏尔表达了他和普列汉诺夫的分歧。他认为关于艺术作品的内容方面，普列汉诺夫艺术起源于劳动的大量阐述，是发挥了马克思和恩格斯的宝贵见解。但是他质疑普列汉诺夫以"心理因素"替代发达社会中的经济因素，即以一个特定时代的心理特征，为包括艺术在内的一切意识形态的决定因素。列斐伏尔指出，普列汉诺夫的心理因素原理语焉不详：比如它指的是艺术作品的心理内容，还是指在个人意识中反映出来的时代精神？它是指独特的心理现象即民族精神呢，还是指民族的地域、经济和政治范畴的性质？如此等等，不一而足。但即便如此，普列汉诺夫对艺术作品内容的历史性、社会性以及思想方面的特点的解释，列斐伏尔承认，还是相当深入的。

相较于内容，列斐伏尔认为普列汉诺夫在形式方面的论述暴露了更大缺陷。他指出，除了蜻蜓点水，未能深入分析艺术加工、优美、完善这些形式因素，普列汉诺夫坚持艺术及艺术创作受美感影响，主张审美趣味和理解力是人的天性，这也不符合历史唯物主义的基本立场，而同"游戏说"一类有着太多联系。简言之，普列汉诺夫认为审美是从实用功能中脱颖而出的这一马克思主义美学主流观点，在列斐伏尔看来未能见出一以贯之的历史性和社会性。所以：

> 他说审美观点是与实用观点对立的，这一论断是大可怀疑的。大家知道，在另外一些地方，普列汉诺夫则强调了艺术的思想内容的意义及其社会作用。在发达的社会中，艺术作品已经没有花瓶、木箱、饰有雕刻的武器的直接效用。它们在比较简单的社会中都是"有用的"，往往都是极其美丽的东西，而它们的审美"价值"是与它们在人的关系中作为工具、"手段"的效用分不开的。[1]

列斐伏尔认为普列汉诺夫在这里是混淆了艺术的历史维度。原始社会人类婴儿时期的艺术创作和发达社会人类成年时期的艺术创作，应具有不同的社会生活内涵，而普列汉诺夫是将它们混为一谈了。在列斐伏尔看来，作为形式主因的审美，远谈不上是脱离了实用功效的纯粹快感对象，而是必然具有特定时代的社会功能。对此他举例说，近代社会中艺术作品就保持了它们的社会政治功能，如肖像表现统治阶级人物的威严伟大，城堡、教堂和宫殿表现城市、王国和君主的伟大。威尼斯总督府中陈列着16世纪伟大画家丁托列托的一幅画作，威尼斯人认为那是海神在向威尼斯呈上订婚戒指，可事实上这幅画刻画的，却是酒神狄俄尼索斯在向克里特女祭司阿里阿德涅献殷勤。对此列斐伏尔的评价是，那是艺术家有意识借用古代题材来表达现代主题，所以

---

① 亨利·列斐伏尔：《美学概论》，杨成寅、姚岳山译，朝花美术出版社，1957年，第64页。

神话本身并不是主题，反之它恰恰是被现代的主题掩盖起来了。

这一切说明了什么？列斐伏尔强调说，它显示了艺术永远具有实践的和社会政治的效用。效用不是艺术的基本标志，但是从广义上看，它是艺术毋庸置疑的必要因素。所谓从广义上言，即是说，艺术作品实践的、社会政治的实用功能，可以成为内容的一个方面。是以在历史条件下，在"政治标准"高于"艺术标准"的特定阶段，它可能成为艺术的主导因素。言及此，列斐伏尔提议读者参阅毛泽东的哲学著作。应无疑问，这里列斐伏尔指的是毛泽东阐述矛盾对立面相互转化的《矛盾论》和《实践论》。

由此来看普列汉诺夫的艺术论，列斐伏尔认为普列汉诺夫是出色地论证了内容的第一性，以及伟大作品如何做到了内容和形式的统一。问题在于普列汉诺夫未能深入研究艺术形式的成败得失及形式与内容统一的社会条件。鉴于这一批评视野，列斐伏尔进一步分析了狄德罗的例子。他指出，法国18世纪资产阶级的戏剧和感伤喜剧关联着资产阶级的兴起，它们勾画资产阶级自己的肖像，宣扬穷途末路的贵族的恶性和对立面资产阶级的善行。普列汉诺夫对18世纪文学的内容和发展有出色研究，但是他没有阐明一个重要的问题，那就是为什么狄德罗的剧本《一家之父》是失败之作，不如莫里哀和拉辛的作品，可是他的《拉摩的侄儿》却依然优秀？列斐伏尔则指出，《拉摩的侄儿》嘲笑了《一家之父》中资产阶级的道德，在这部杰出的享乐主义讽刺小说中，狄德罗显示了自己是一个真正的剧作家。个中因由，列斐伏尔认为普列汉诺夫没有给出令人满意的解答。

列斐伏尔本人在题为"内容"的《美学概论》第三章中，就上述问题有过一个回答。这个解答是，《拉摩的侄儿》对一切阶级社会伪善道德的攻击是客观的，狄德罗在这里不仅击中了业已腐朽的贵族阶级，也揭露了资产阶级必将到来的衰落和腐朽。作为超越了阶级性的小资产者，作为放浪不羁的文人，狄德罗无情地讽刺一夜暴富的资产阶级与无可奈何的公爵，两面出击，击中了一切阶级的要害。另一方面，狄德罗又是资产阶级的卫道士，特别是在《拉摩的侄儿》这样的经典作品里，表现了这个阶级还没有走向没落阶段的现实性。由此我们可以回过头来再看《狄德罗论》中列斐伏尔给予狄德罗的一个总体评价：

> 狄德罗生活在革命以前的时代，他的思想起着破坏的作用；他不是为争取一个新社会而摆脱现存社会的；他有时预感到新社会的来临，却是从抽象的概念出发；因此有时他走在时代的前面，而有时，并且往往又落在时代的后面。①

我们不难发现，列斐伏尔对于狄德罗的这一特别情愫，是历史主义的，又是辩证唯物主义的。它非常类似恩格斯分别给予但丁和巴尔扎克的著名评价：但丁是旧时代中世纪的最后一个诗人，新世纪文艺复兴的第一个诗人；巴尔扎克的全部同情都在注定灭亡的贵族阶级方面，但是因为现实主义的方法，"他看到了他心爱的贵族们灭亡的必然性，从而把他们描写成不配有更好命运的人"②。这一类高屋建瓴的历史主义批评模式，历来是马克思主义文论的一个强项。但是它并没有妨碍列斐伏尔洋洋洒洒解读狄德罗小说中的肉欲拜物教，解读狄德罗作品中的女人和激情主题。列斐伏尔《美学概论》的面世是在苏联社会主义现实主义唯我独尊的鼎盛时期，它应是"身体力行"，将马克思主义美学的基本原则予以细化和体系化的一个尝试。在这个尝试中，人道主义主题和唯物史观互为契合的努力，应能给我们留下深刻印象。

比较来看，普列汉诺夫的"心理因素"同样作为社会存在和意识形态之间的一个中介，可以说是体现了与列斐伏尔的"日常生活"相辅相成的艺术发生说明。如

① 亨利·列斐伏尔：《狄德罗论》，见《勒菲弗尔文艺论文选》，金志平、师玉译，作家出版社，1965年，第15页。
② 恩格斯：《致玛·哈克奈斯的信》，《马克思恩格斯选集》第4卷，人民出版社，2012年，第684页。

普列汉诺夫所言：

> 任何一个民族的艺术都是由它的心理所决定的；它的心理是由它的境况所造成的，而它的境况归根到底是受它的生产力状况和它的生产关系制约的。①

由此可见，普列汉诺夫的"心理因素"与其说是意在取代作为经济基础的社会存在，莫若说是它的一个补充，而且最终还原到了生产力及生产关系本身。据普列汉诺夫的解释，这个心理因素不是个人的心理，而是特定社会的心理模态。换言之，它就是特定历史阶段特定社会的特定文化特征。以文化为物质生活和精神生活的总体概况，我们可以认为，列斐伏尔和普列汉诺夫是双管齐下，最终分别从文化的物质和精神层面，解释了艺术与社会生活的关系。

四、 空间理论

空间理论上，列斐伏尔反对传统社会理论单纯视空间为社会关系演变的平台，反之指出它是社会关系至为重要的组成部分，空间既是在历史发展中生产出来，又随历史的演变而重新结构和转化。《空间的生产》中列斐伏尔分析了物质、精神、社会三种空间。关于三种空间的关系，《空间的生产》开篇就说，不久以前，"空间"一语还是严格限定在几何学的意义上面，指的纯然是一片空旷的区域。作为学术术语，则渐而与"欧几里得""等轴性""无限性"这一类语词齐头并进。由此人们的总体感觉是，空间的概念最终也是一个数学的概念。"社会空间"一说，由是观之，基本上是不知所云。

空间的概念有悠长的历史，这一点列斐伏尔自称他没有忘却，不过他特别看

---

① 普列汉诺夫：《没有地址的信》，苏联科学院哲学研究所编：《普列汉诺夫哲学著作选集》第五卷，生活·读书·新知三联书店，1984年，第350页。

重的是笛卡尔，认为笛卡尔的思想是空间概念史的转折点，自此以后，空间概念有了成熟的形式。即是说，笛卡尔终结了亚里士多德的时空传统，不复将时间和空间看作相助命名和分类感觉证据的范畴。况且此类范畴本身语焉不详，它既可以是安排感觉数据的纯然经验工具，又可以是超乎身体感官获得的材料之上的一般原理。而笛卡尔的逻辑既出，空间就进入了一个绝对的王国。它是对应于主体的客体，对应并且呈现于认知的外部世界，包容故而也是主导了所有感觉及至万事万物。要之，空间是否就是一种神圣属性？或者，它是世间万物无所不在的内在秩序？列斐伏尔认为这就是笛卡尔之后历代哲学家试图解答的问题，无论是斯宾诺莎、莱布尼兹，还是牛顿。然后有康德复兴并修正了古老的空间概念。列斐伏尔指出，康德的空间是相对的，它是知识的工具，是将现象加以分门别类的手段；但是，它和时间一样，依然是清晰地同经验领域区分开来，如康德所言，它属于主体意识的先验领域，而且是参与构造了这一领域内在的超验结构。而这一切，在列斐伏尔看来，是标志了哲学从抽象的纯粹逻各斯研究转向了更为具象的空间研究。

同哲学相对的是空间的数学研究传统。列斐伏尔认为数学顾名思义是一门同哲学分立开来的独立科学。数学从来不认为它缺欠哲学什么，它自足自立，且有自身的必然性。如数学家研究时空，便是顺理成章把时间和空间纳入了数学自己的领域。但是列斐伏尔发现，数学的空间研究方法其实是多有矛盾的。比如数学家们发明了许多空间：无限的空间、非欧几里得空间、弯曲空间、多维度空间、建构的空间、抽象的空间，以及解构的空间、转化的空间、拓扑学的空间，如此等等，不一而足。既有非常普遍的，又有非常专门的。但问题是，数学和现实之间，无论是物质的现实还是社会的现实，都存在很深的隔阂。解决这些隔阂中的问题，远超出了数学家的能力。故而在数学家无能为力之际，哲学的解决办法去而复返，空间再一次被理解为人类以逻各斯把握世界的精神能力，现在的问题是：既然社会生活也是在空间之中展开，以数学的空间为精神的存在，它如何一过渡到自然，二过渡到实践，进而三过渡到社会生活？

列斐伏尔注意到福柯《知识考古学》里也谈到了空间，他引了福柯的这一段话："知识也是空间，其间主体或可采取一种立场，来言说他在他的话语里加以讨论的客体。"①但列斐伏尔写作《空间的生产》一书时，显然还没有读到福柯后来的空间热情理论，称福柯没有解释清楚他所说的空间到底是指什么，它如何沟通理论领域和实践领域、精神领域和社会领域，以及哲学家的空间和普通人生活其间的物质空间。福柯本人在列斐伏尔《空间的生产》面世两年之后的1976年，发表过题为《其他空间》的专门讲演，虽然讲演的刊布已是八年之后的事情。福柯指出，空间成为理论关注的对象并不是新鲜事情，因为我们时代的焦虑与空间有着根本关系。对此福柯耿耿于怀，指出今天我们的生活依然是被一系列根深蒂固的二元对立所统治，诸如私人空间／公共空间、家庭空间／社会空间、文化空间／实用空间、休闲空间／工作空间，如此等等，不一而足。福柯进而援引本国哲学家加斯东·巴什拉《空间诗学》里的描述：我们并非生活在一个均质的空洞的空间里，相反我们的空间深深浸润着各种特质和奇思异想，它或者是亮丽的、轻盈的、明晰的，或者仍然是晦暗的、粗糙的、烦扰的，或者高高在上，或者深深塌陷，或者是涌泉般流动不居的，或者是石头或水晶般固定凝结的。但福柯也认为，巴什拉的分析虽然很深刻地反映了我们的时代，但主要还是涉及内部空间，而我们同样希望讨论外部空间。不光是福柯，列斐伏尔表示自己的理论与克莉斯蒂娃、德里达和罗兰·巴特的新近学说也是声气相求。这在一定程度上，不妨说亦可反证《空间的生产》一书所具有的后结构主义特征。

列斐伏尔本人也列数过令人目迷五色的各类空间。比如讲到绘画的空间，我们马上会想到毕加索的空间，这也是《阿维尼翁的少女》和《格尔尼卡》的空间，同理还有建筑的空间、造型的空间、文学的空间，那是艺术家和作家的特定世界。此外像休闲、工作、游戏、交通、公共设施等，无不涉及空间的概念。是以我们面临

---

① See Henri Lefebvre, *The Production of Space*, Malden: Blackwell Publishing, 1991, pp. 3–4.

着层层叠叠互相交叉的无数空间：几何的、经济的、民主的、社会的、生态的、政治的、商业的、国家的、大陆的、全球的，如此等等，一切皆是空间。列斐伏尔认为，所有这些描述空间的努力，是显示了今日社会及其生产方式中一个明显的，甚至是主导的趋势，那就是知识劳动和物质劳动一样，分工愈渐细密起来。空间的实践既然突入社会生活的方方面面，那么建构一种"空间科学"，便也是势在必然。为此列斐伏尔列举了有关此一"空间科学"的三个基本命题：

> 1.它代表了知识的政治用途，即西方意义上的"新资本主义"功用。记住知识在这一体系下，是多多少少被"直接"整合进了各种生产力，且通过"中介"，整合进了生产的社会关系。
>
> 2.它意味着发明一种用以控制那一用途的意识形态，同时意指知识高度功利性使用中的种种内在矛盾，虽然表面上看知识是非功利的。这一意识形态没有标记，对于接受其实践的人来说，它就是知识难分难解的一个组成部分。
>
> 3.它往好说是喻示了一种技术乌托邦，有似在真实世界，即现存生产方式的框架中，用计算机来模拟未来或可能世界。这里的起点是这样一种知识，它既是被整合进了，又并驾齐驱于生产方式。这里的技术乌托邦不仅仅是许多科幻小说的共同特征，而且也是一切有关空间之规划的共同特征，无论是建筑的空间、都市生活的空间，还是社会规划的空间。[①]

这三个基本命题可以说是列斐伏尔"社会空间"理论的一个宣言。社会空间的现实语境是西方当代资本主义社会，列斐伏尔具体分析了这个语境。他指出，当今很少人会否认资本和资本主义影响下的种种实践涉及了空间，从高楼林立的建筑到

---

① Henri Lefebvre, *The Production of Space*, Malden: Blackwell Publishing, 1991, pp. 8-9.

投资分布，再到世界范围的劳动分工，莫不如此。但"资本主义"是指什么？"影响"又是指什么？列斐伏尔发现对这两个概念的认知多有分歧。有人释之为金钱，有钱能使鬼推磨，一切都被商品化，一切都可以买和卖。另一些人则更关注舞台上的演员，本土公司、跨国公司、金融机构、政府中介等等。而资本主义事实上具有许多层面，诸如土地资本主义、商业资本主义、金融资本主义等等，这些层面上资本各尽所能，加上形形色色互为重叠的各式市场——商品市场、劳动力市场、知识市场、土地市场，以及资本自身的市场，所有这一切，就构成了资本主义。

除此之外，列斐伏尔发现资本主义还有一个经常被人忽略的层面，这就是由某一个阶级施行的"霸权"。葛兰西的霸权理论，实际上正是通过列斐伏尔的鼎力推举，嗣后成为文化研究的方法论标志的。列斐伏尔指出，葛兰西霸权概念提出的初衷，是旨在描述新社会建设中工人阶级的未来角色，但是它同样适用于资产阶级的行为，特别是同空间相关的行为。列斐伏尔并不讳言霸权说白了就是"专政"，先是资产阶级专政，然后是无产阶级专政。可是霸权不是简单使用暴力，它是通过政治、政治领袖、政党，以及知识分子和专家们，来对包括文化和知识在内的整个社会施加影响。统治阶级凭借现成的手段谋求维持霸权，知识即是此类手段之一。如是知识和权力的联系昭然可见。但列斐伏尔认为这一事实并不构成对知识形式的颠覆。相反，它指向两种知识之间的对峙：一方面是与权力合谋的知识，一方面是拒绝认可权力的知识。要之，空间在霸权所及之下，它还能无动于衷吗？空间还能是社会关系的被动接受和容纳地点吗？答案当然是否定的。

正是基于以上的思考，列斐伏尔提出了他的空间生产理论。如前所述，我们看到列斐伏尔讨论了三种空间：其一是物理空间，其二是精神空间，其三是社会空间。现在的问题是，人应当使用何种方法描述这三个空间之间的分野，以使它们不至于重叠、扭曲、脱节、错位乃至分裂开来？换言之，给予空间一个充分的理论说明，起点应当是什么？对此列斐伏尔首先排除了以哲学作为起点，原委是哲学本身卷入了空间的理论说明，它是当局者而不是旁观者。不说哲学家发明了多少空间的形而上说明，甚至哲学诞生之初，就是孕育在古希腊城邦的"现实"空间里。那么文学呢？列斐伏尔承认文学显然与空间大有关系，特别是地点和场景的描写。但是，我们可有什么标准得以判定某些文本较之另一些文本同空间关系更是密切呢？对此，列斐伏尔发现20世纪法国作家塞林纳是用日常生活的语言成功地唤醒了巴黎市郊以及非洲的空间。柏拉图在其《克里底亚篇》等著作中，绘声绘色地描绘了宇宙空间。德·昆西笔下的梦游伦敦街道、追逐妇女的身影。波德莱尔笔下的都市空间，则足可比肩雨果。唯一问题是文学文本中的空间表征比比皆是，虽然形式各有不同，却无以确定以哪一类形式作为空间文本分析的依据，所以文学也不在考虑之列。排除了哲学和文学，空间分析还有什么基点可以选择？我们发现列斐伏尔把眼光落在他所谓的一般的科学概念之上，诸如信息、传播、代码、符号等等，列斐伏尔认为这类概念有如文学文本那样，都具有毋庸置疑的普遍性。但即便这一类一般性概念，列斐伏尔发现它们同样可能导致偏差，这就是，空间的分析很可能被圈定在某一个领域之中，而使前面不同空间之间脱节、错位的担忧不但无以解决，反而变本加厉，火上浇油。要之，思想下来就只有一个选择，那就是挑选若干放之四海而皆准的普遍性概念，它们属于哲学，又不隶属于任何一种专门知识。这也就是黑格尔所谓的具象的抽象，它在今天还具有任何意义吗？对此列斐伏尔毫不犹豫作了肯定答复。而在这些具象的抽象里面，他旗帜鲜明地选择了"生产"和"生产行为"这两个概念。列斐伏尔强调生产和生产行为是马克思著作中经常出现的概念。问题是它们的意义能否给充分发掘出来，同时让它们重新走上征程？列斐伏尔承认"生产空间"这样的说法听起来不好理解，可是坚持认为空间空荡荡先在于一切将要充填其中的事物，同样不合时宜。那么，"空间的生产"，究竟应当作何阐释呢？

依然从"生产"一语谈起，列斐伏尔发现，"生产"在黑格尔哲学中就占有举足轻重地位：首先，绝对精神生产出了世界；其次，世界生产了人类；再次，人类反过来通过斗争和劳动，生产了历史、知识和自我意识，如是最终生产了心灵。

但列斐伏尔主要是从马克思主义哲学的角度来分析生产。他认为生产在马克思和恩格斯的著作中主要有广义和狭义两层意义。广义上说，人类作为社会存在是生产了自己的生活、自己的意识和自己的世界。就此而言，人类的社会历史中，没有什么不是生产出来的。即便是自然本身，就社会生活中感官对它的把握而言，一定意义上亦可被纳入生产的视域之中。人类生产了法律、政治、宗教、艺术和哲学，生产了具象世界也生产了抽象世界。要之，生产在广义上，对于人类就是无所不在的概念。

列斐伏尔进而就有关术语作了澄清。他认为自马克思和恩格斯以降，"生产"一语是被滥用了。生产变得无所不及：知识生产、意识形态生产、文字生产、意义生产、形象生产、话语生产、语言生产、符号生产等等。这样的混乱状态，不但是曲解了马克思和恩格斯的天才生产观念，也使概念肃清变得势在必然。列斐伏尔对此分析了"作品"（work）和"产品"（product）的差别，指出作品对应于自然，产品对应于生产；作品具有某种无以替代的独特性质，产品则可以无差别地予以复制。所以自然是创造作品，而不是生产产品。何以言之？列斐伏尔的解释是，自然并不劳动，它创造万物，完全是自然而然的，自然本身对它的造物一无所知。故一草一木并非产品，即便它们是在花园里。玫瑰并不知道自己的美艳和芬芳，它开花就是开花。自然是狂暴的、慷慨的、广阔无垠的，自然的空间并不是舞台。但列斐伏尔也发现今天自然正在渐行渐远。甚至渐行渐远还是婉转的说法，事实是种种"反自然"的东西，诸如抽象、符合、意象、话语等等，正在谋杀自然。故同上帝一样，自然也是气息奄奄了。换言之，人文正在扼杀自然。人文亦即社会实践。列斐伏尔指出，人文是创造作品、生产产品，两者都需要劳动。但对于作品，创意第一位，劳动居于次位；对于产品，劳动就是第一位的了。

对于马克思，列斐伏尔认为生产的意义是超越了主体和客体这样的一切哲学二元对立。他指出，马克思一直在寻找内在于生产以及生产行为的合理性，以清晰说明生产的概念。此一合理性何在？列斐伏尔发现马克思是将时间和空间的秩序加诸相关的生产关系，而使合理性首先表现为针对某一生产"对象"，组织起生产行为来。即是说，从一开始，生产行为中的空间因素——身体、肢体、眼睛以及从古到今的一应生产资料，就给调动起来。因此，一切生产行为的最终说明，与其借助不变恒常因素，不如借助不断在时间和空间序列中流动的变化因素。空间的合理性不是笼而统之的人类行为品质的某一种结果，相反，它自身就是本原，就是资源，生产者使用双手和工具进行劳动，为了特定目的进行生产的时候，空间性就蕴含其中了。

这样来看，依照列斐伏尔的推演，空间，更具体说是社会空间，就不仅仅是一个事物，一种产品，相反它不但包容了生产出来的事物，也包纳了事物的共时态的、并存不悖的、有序或无序的相互关系。它是一系列运作过程的结果，所以不可能被降格为某一种单纯客体。比较科学、表征、观念或梦这一类概念，它是一样真实也一样平实的：

> 社会空间本身作为过去行为的结果，它迎接新的行为的到来，同时暗示一些行为，禁止另一些行为。这些行为当中，有一些是为生产服务的，另一些则为消费（即享受生产的成果）服务。社会空间意指知识的极大多元化。①

第十二章　阿尔都塞

路易·阿尔都塞（1918—1990），生于前法属阿尔及利亚的小镇比曼德利，一生坎坷多磨，"二战"中曾被俘，在纳粹集中营中苦度四载，据说因此埋下了精神病的病根。但是磨难也奠定了他的马克思主义的思想情怀。阿尔都塞年轻时是虔诚

---

① Henri Lefebvre, *The Production of Space*, Malden: Blackwell Publishing, 1991, p. 73.

的天主教徒，后又醉心于黑格尔和现象学，跟随现象学家加斯东·巴什拉完成高等研究资格论文《黑格尔哲学中的内容概念》。1948年加入法共后，他开始系统研究马克思主义政治经济学批判理论，并对黑格尔的哲学概念进行深入反思。时好时坏的健康状况，则使他对弗洛伊德和拉康的理论产生浓厚兴趣，给他意识形态等问题的思考烙上精神分析的痕迹。上世纪50和60年代风靡一时的结构主义，亦成为阿尔都塞驳杂的思想来源之一。阿尔都塞曾于1962年至1963年间，在巴黎高师举办结构主义研讨班，日后众多蜚声一时的马克思主义理论家都曾是当时研讨班里的学生，比如巴里巴尔、朗西埃和马歇雷等。

一、意识形态的困惑

阿尔都塞的意识形态理论在过去的四分之一个世纪中几经复兴，是各式先锋理论最为流行的灵感来源之一。阿尔都塞通常不被归入后来假道美国走红全球、几成"后现代"同义语的"法国理论"（French Theory）的代表人物之列，但是他可以说是"法国理论"的隐身导师。他视意识形态为社会生活的一种无意识先天客观结构，反对人道主义，标榜科学，这与大多数西方马克思主义者的人道主义基本立场背道而驰。早在1965年出版的文集《保卫马克思》中，阿尔都塞就有相关意识形态的大量描述。这些描述秉承马克思和恩格斯《德意志意识形态》中的理论格局，几无例外是负面的。《保卫马克思》有一篇提纲挈领的序言，是收入此书的1961年至1965年间八篇文章的一个概括。其中阿尔都塞就将意识形态与科学对举，认为马克思的著作本身就是科学，但是在过去，却被当作一般的意识形态了。

这里涉及所谓的马克思的"认识论断裂"，据阿尔都塞观之，以1845年的《德意志意识形态》为界，马克思经历了一个"认识论断裂"，在这之前是意识形态旧哲学阶段，在这之后是创立历史唯物主义和辩证唯物主义的科学阶段。阿尔都塞进而建议将马克思从博士论文到1844年巴黎手稿之间的所有作品，叫作青年马克思时期著作。而在完成科学转向之后，马克思的著作又可以进一步两分，其一是从1845

年到1857年前后开始撰写《资本论》初稿，可以称为成长时期；其二是1857年之后包括《资本论》在内的所有著作，一概叫作成熟时期的著作。而横亘在前期意识形态阶段和后期科学阶段当中的1845年，则是被阿尔都塞称为"断裂时期著作"的《德意志意识形态》。

从这个分野来看，意识形态的形象是灰头土脸的，它是科学的对立面，是天马行空、不着边际的形而上学，即旧哲学。更具体说，它很大程度上就是迄今在中国大放异彩的德国古典哲学。这个判断很大程度上直接来自马克思和恩格斯的《德意志意识形态》，如该书第一章开篇就说："正如德意志意识形态家们所宣告的，德国在最近几年里经历了一次空前的变革。"①这里的"意识形态家"指的就是彼时以青年黑格尔派为主要代表的德国哲学，它的特点是夸夸其谈，"流连"纯思想批判，绕开反对资产阶级现存制度的实际斗争。在马克思和恩格斯看来，此种颠倒意识与存在的哲学就是"德意志意识形态"。

阿尔都塞认为成熟期的马克思主张结构因果性和多元决定论，是反经验主义、反历史主义和反人道主义的。如是来看，高扬人道主义的《1844年哲学经济学手稿》，据阿尔都塞所见也不过是见证了马克思思想发展的黎明前的黑暗，不仅如此，而且是离即将升起的太阳最远的著作。换言之，它是用费尔巴哈的假唯物主义，将黑格尔的唯心主义"颠倒"了过来。所以不奇怪，阿尔都塞同样是把意识形态看作了德国哲学的特有遗产：

> 严格地说，德意志意识形态的世界无可比拟地是最受意识形态压迫的世界，也就是离历史实际最远的世界，是欧洲各意识形态世界中受神秘主义和异化影响最深的世界。马克思就在这一世界中诞生，并开始思想。马克思的开端的偶然性在于，他诞生时被包裹在一块巨大的意识形态的襁褓之中，而

① 马克思、恩格斯：《德意志意识形态》，《马克思恩格斯文集》第1卷，人民出版社，2009年，第512页。

他成功地从这块沉重的襁褓中解脱了出来。①

　　阿尔都塞援引马克思后期著作中的看法，指出之所以这块意识形态襁褓是独独德国所有，相反法国和英国却不曾拥有，是因为德国历史上经济和政治落后，相应社会阶级状况也一样停滞不前。这导致在18和19世纪形成的德意志意识形态，给德国深深打上软弱印记，迫使德国知识分子首先思考其受奴役的直接原因，特别是思考宗教方面的原因。所有这一切造促使德国唯心主义哲学飞速发展，知识分子以哲学思考代替了他们的状态、问题、希望，乃至"活动"。一如马克思所言，法国人有政治头脑，英国人有经济头脑，而德国人则有理论头脑。故同德国的历史不发达相对应，德国的意识形态是过分发达了。只可惜那是异化的意识形态，同其反映的真实问题和真实对象相去甚远。简言之，意识形态说它是什么都行，但它绝不是社会存在在思想领域的真实反映。

　　阿尔都塞认为他是秉承了马克思的传统：认为上层建筑取决于经济基础，同时视上层建筑的研究为一独立自足的理论探索领域。由此他是来解决这个传统中一些悬而未决的问题，其中的一个核心问题，就是马克思著述中意识形态理论的缺失。关于意识形态的定义，流行看法之一是如恩格斯《致弗·梅林》中所言，它是一种虚假的意识，是由所谓的思想家偷偷塞给劳动阶级的，总而言之是统治阶级的思想工具。但是阿尔都塞的意识形态定义并不承认意识形态仅仅是阴谋权力集团的产物，相反认为意识形态无处不在，它包含了对现实的一切表征，涵盖了所有的社会制度和机构。当然，这一切都发生在资本主义意识形态国家机器的总体语境之中。

二、意识形态国家机器

　　阿尔都塞的著名文章《意识形态和意识形态国家机器》于1970年6月发表在《思

---

① 路易·阿尔都塞：《保卫马克思》，顾良译，商务印书馆，2010年，第62—63页。

想》杂志第151期。对于经济基础和上层建筑的关系，阿尔都塞重申了他先时《保卫马克思》与《阅读〈资本论〉》中的立场，那就是强调马克思"社会整体"观念截然不同于黑格尔的"总体"概念，而是具有鲜明的革命性。诚如经济基础是生产力和生产关系的统一，上层建筑同样是两个层面的统一，它们分别是：政治—法律，包括法律与国家；意识形态，包括宗教、伦理、法律、政治等各种不同样式的意识形态。为此阿尔都塞也反对黑格尔式的本质主义社会观，反之坚持认为社会总是处在包括三种实践——经济、政治和意识形态的动态建构和生成过程之中。阿尔都塞陈述意识形态理论，是从修正马克思经济基础决定上层建筑的基本命题开始的。他指出这个命题正好比大厦的地基跟地面建筑的关系，缺失基础，上层建筑就变成了空中楼阁。故上层建筑不具有决定作用，其有效性仅限于一是它对基础具有"相对独立性"，二是它对基础有"反作用"。但阿尔都塞认为大厦的隐喻具有局限，它是描述性的，未必能针锋相对地解决由此而来的各种问题。简言之，上层建筑不是经济基础的被动反映，相反对于基础的存在，它同样是不可或缺的。所以当务之急是认可这个基本命题的同时，想办法来超越它，即是说，用再生产的视野来思考上层建筑的本质特征，只有如此，大厦比喻不能解答的那些难题，才可以豁然开朗。

阿尔都塞由此出发，阐述了他的意识形态国家机器理论。它针对的是"马克思主义国家理论"，按照阿尔都塞的概括，后者包括以下基本立场：一、国家是镇压性的国家机器；二、必须对国家政权和国家机器加以区分；三、阶级斗争的目标在于国家政权，即统治阶级利用国家机器功能来实现其阶级目标；四、无产阶级必须夺取国家政权，打碎现成的资产阶级国家机器，先代之以完全不同的无产阶级国家机器，然后进入国家消亡过程。阿尔都塞认为以上理论需要作一点补充，由此提出了他影响深广的"结构主义"意识形态理论。

阿尔都塞把他的意识形态叫作意识形态国家机器（Appareils Idéologiques d'Etat），明确表示他所说的意识形态国家机器和马克思主义理论的国家机器不同。后者包括政府、军队、警察、法庭、监狱等等，对此阿尔都塞称之为"镇压性质的国家机器"。所谓镇压，是说这些国家机器最终是依靠暴力实施其功能，即便镇压本身可以不直接用暴力形式实行。比较来看，不同于上述"镇压性质的国家机器"，阿尔都塞的"意识形态国家机器"（AIE）又是什么？对此阿尔都塞作了如是说明：

> 我所说的意识形态国家机器是这样一些现实，它们以一些各具特点的、专门化机构的形式呈现在临近的观察者面前。我给这些现实开出了一个经验性的清单，它显然还必需接受仔细的考察、检验、修改和重组。尽管有这种需要包含着的所有保留意见，我们暂时还是可以把下列机构看成是意识形态国家机器（我列举的顺序没有任何特殊的含义）：
> ——宗教的AIE（由不同教会构成的制度），
> ——教育的AIE（由不同公立和私立"学校"构成的制度），
> ——家庭AIE，
> ——法律的AIE，
> ——政治的AIE（政治制度，包括不同党派），
> ——工会AIE，
> ——传播AIE（出版、广播、电视等等），
> ——文化AIE（文学、艺术、体育等等）。①

阿尔都塞进而指出，他列举的上述意识形态国家机器和镇压性的国家机器不同，区别主要在于两个方面。首先是镇压性的国家机器只有一种，而除此之外的意识形态国家机器却如上所见有许多种；前者是单数，后者是复数。其次，镇压性的国家机器整个属于公共领域；而他所说的意识形态国家机器，则恰恰相反，绝大多数是属于私人领域，如教会、政党、工会、家庭、一些学校、大多数报纸和文化事

---

① 路易·阿尔都塞：《意识形态和意识形态国家机器（研究笔记）》，见《哲学与政治：阿尔都塞读本》，陈越译，吉林人民出版社，2011年，第281页。

业等。

判定意识形态国家机器属于私人性质，诚如阿尔都塞自己承认的那样，明显是受了葛兰西的影响。葛兰西认为国家推行文化霸权采用的是强制和压迫的手段，但是包括家庭、社会团体、新闻传媒等在内的市民社会（civil society），则通过标榜自由和民主来为主流意识形态服务。另一方面，文化霸权的确立，在葛兰西看来，主要还是有赖于知识分子在其中出演的社会角色。换言之，霸权主要是知识分子所作所为的结果。诚如葛兰西所言：

> 每一个社会集团，在经济生产的世界中首次担负核心功能时，在组织上创造自身的同时，也创造了给予它同质性和自我意识的一个或数个知识分子阶层，他们的社会功能不仅仅表现在经济领域，同样也表现在社会和政治领域。比如说，资本主义企业家连同他自己，一并创造了工业技术员、政治经济学专家，以及新文化、新法律体系等等的组织者。[1]

这一类建构资本主义文化新秩序的知识分子，葛兰西称之为"有机知识分子"。在葛兰西看来，马修·阿诺德就是这样一个19世纪的文化精英，他出色地发挥了建构资本主义文化领导权和普世意识形态的社会功能。比较来看，阿尔都塞意识形态国际机器理论的提出，同葛兰西霸权理论大体一脉相承，都是强调任何一个阶级文化领导权的确立，是在市民社会里天长日久熏陶酝酿而成，而不是简单的暴力专政使然。

适因于此，阿尔都塞特别看重教育在经营意识形态国家机器过程中的特殊地位。他指出，在前资本主义时期，教会是占主导地位的意识形态国家机器，故法国大革命首要的目标和成就，不仅在于把国家政权从封建贵族手中解放出来，以国民

---

[1]　Antonio Gramsci, *Selections From the Prison Notebooks*, London: Lawrence and Wishart, 1971, p. 5.

卫队这类新的镇压性国家机器替代了旧贵族的镇压性国家机器，而且在于狠狠打击了教会这个第一号的意识形态国家机器，没收了教会财产，创造了启蒙思想这一新的意识形态，由此取代旧时占据统治地位的宗教意识形态国家机器。但是在资本主义社会里，教会的地位则为教育和家庭所替代，所以学校与家庭替代教会与家庭，成为主导意识形态的关键机构所在。

问题是，认可教育实际上成为资本主义社会占据统治地位的意识形态国家机器，其理由何在？它又是怎样发挥功能的呢？关于个中缘由，阿尔都塞作了四点说明：其一是无论哪一种意识形态国家机器，都服务于同样的结果——生产关系的再生产及资本主义剥削关系的再生产；其二是每一种意识形态国家机器都以其特有的方式服务于这唯一目标，如政治使人臣服于国家，传媒每天定剂量灌输民族主义、沙文主义、自由主义和道德主义，宗教劝导"有人批其右颊，左颊转过待批"，等等；其三，现时统治阶级意识形态这台音乐会，是由一个乐谱支配，它已将古希腊以降的人文主义、民族主义、道德主义、经济主义和林林总总特殊的普遍的利益尽收罄中；其四，这台音乐会上有一种意识形态国家机器，切切实实占据着统治地位，可是它如此沉默！这就是学校。

阿尔都塞这样描述学校里令人沮丧的意识形态熏陶：少年时期，学校就在定量灌输统治阶级意识形态包裹的各种"本领"，包括法文、算术、自然史、文学等，或者干脆就是纯粹的统治阶级意识形态，那是伦理学、公民教育和哲学。到16岁，大批孩子就被赶入工人和小农队伍中。另一部分年轻人继续深造，成为技术员、白领、工人、中小行政人员和形形色色的小资产者。最后一部分继续读书，到达顶点，那就或者成为半雇佣性的知识分子，或者进入统治阶层，成为资本家、经理、军人、政客，以及职业意识形态家。所谓职业意识形态家，即是擅长以恰如其分的轻蔑和煽动，大谈道德、美德、超越和法国的世界地位等，由此来影响人们的意识。总之：

正是通过在这个学徒期学习由大量灌输的统治阶级意识形态包裹起来的各种本领，资本主义社会形态的生产关系（即被剥削者对剥削者和剥削者对被剥削者的关系）才被大规模地再生产出来。造成资本主义制度赖以生存的这个结果的机制，自然被一种普遍盛行的关于学校的意识形态掩盖和隐瞒了。[①]

之所以普遍盛行，阿尔都塞解释说，因为学校本身就是一种占据统治地位的资产阶级意识形态的根本形式。阿尔都塞承认，学校有许多相反相成的习性，如一方面谦虚节制、听天由命、温良顺从，另一方面又玩世不恭、傲慢狂妄、巧言令色等，这种习性也会在家庭、教会、军队、圣经，甚至足球场上传布。但是，在资本主义社会形态中，除学校之外，没有哪一种别的意识形态国家机器，能够让全体儿童每天八小时来充当义务听众。学校貌似中立，尊重孩子的"良知"和"自由"，显得那样自然而然、必需甚至有益，就像若干世纪之前的教会那样。但实际上，它发挥意识形态国家机器的功能，也一如当年的教会。

学生如此，教师又当何论？阿尔都塞认为，有一部分教师试图从历史上和自己正在"教授"的学问中寻找武器，反戈一击，来反对自己身不由己陷入其中的意识形态、制度和实践。这些人是英雄。但是大多数教师甚至从来没有怀疑过窒息人的资本主义制度强加给他们的这项"工作"，不仅如此，他们还"苦心孤诣"运用新方法，"兢兢业业"，倾注全部心力来做好帮凶。一切显得自然而然，就像当年"慷慨大度"的教会。阿尔都塞写作《意识形态和意识形态国家机器》一文是在1969年，正值如火如荼的巴黎1968年红色风暴之后一年，是阶级斗争理论风行的年代。是时阿尔都塞本人主掌的巴黎高等师范学院哲学系，号称红色大本营。这也正应验了当年葛兰西的预言：资产阶级可以通过市民社会的舆论培养确立其文化霸权，无产阶级也一样可以这么做，通过营构无产阶级意识形态来在舆论上先声夺

① 路易·阿尔都塞：《意识形态和意识形态国家机器（研究笔记）》，见《哲学与政治：阿尔都塞读本》，陈越译，吉林人民出版社，2011年，第290—291页。

人，最终推翻资产阶级的统治。巴黎高师素有"哲学家的摇篮"的美称，先后培育出了萨特、波伏娃、福柯、德里达等一批最具有反叛精神的思想大家。阿尔都塞作为巴黎高师历史上最有名的一任哲学系主任，他究竟是愿意将他这一块煞费苦心、经营有年的最高学府命名为资产阶级还是劳动阶级的意识形态国家机器呢？

三、回顾意识形态理论

阿尔都塞身后出版了大量晚年未刊著作。其中《哲学与马克思主义》是阿尔都塞与墨西哥一位青年马克思主义女哲学家费南妲·纳瓦洛之间的访谈录。作者告诉我们，1983年至1984年间的冬天，费南妲到巴黎来看他，两人多有长谈，所以费南妲对他的基本哲学立场大体事先有了一个了解。访谈的问题不是他先有拟定，而是费南妲自己提问，然后又将答复整理出来，诉之于文。但是这个最初是70页的西班牙语访谈文本，是经过他本人审定的，他表示充分认可。

那么，回到我们的老问题上来，究竟什么是意识形态？费南妲首先引述了阿尔都塞著作中出现的几种定义。包括："意识形态必然是现实的一种歪曲表征"，"它是人们对其生存状态的想象表征"，"意识形态是一个作用于人们意识的统一观念系统"，以及"意识形态扮演一种社会功能：它确保社会成员的凝合"。①对于上述定义，阿尔都塞表示他愿意作两点说明。首先，考虑到没有语言和思想就没有人类活动，所以假如没有一整套用语词表达的观念体系，人类的实践也就无从谈起，而这个观念体系，也就是相关实践的意识形态。其次，意识形态不是某一个人想象出来的某种观念，而是社会产生的一套观念体系，它判然不同于纯粹的个人经验，而总是牵扯着一个特定的、实在的社会现实。

接下来的问题是，意识形态如何"支配"个人的"意识"？阿尔都塞的回答是，但凡某人"认识到"这些意识形态观念是"真的"，那么这一支配机制就发生

① Louis Althusser, "Philosophy and Marxism", *Philosophy of the Encounter: Later Writings, 1978-1987*, ed. by F. Matheron and O. Corpet, Eng trans. G. M. Goshgarian, London: Verso, 2006, p. 280.

了。问题是这一认识又如何产生？阿尔都塞指出，这些观念并不是真实呈现自身，而是我们认以为真。吊诡的是，恰恰相反，当我相信某一种观念，是观念主导了我，让我不由自主，完全是心甘情愿地认定那是真实，由此变成了一个"自由的"主体。所以角色倒转过来，主体反过来屈从客体，客体反过来压迫主体，这就是我们同意识形态的关系。阿尔都塞强调说，这就是意识形态实践的根本机制，正是这个机制，将个人转化为主体。所以个人总是先已成为主体，先已臣服于一种意识形态。正因如此，阿尔都塞表示认可"人类天生是意识形态动物"这个说法，重申了意识形态的非历史性。换言之，意识形态具有一种超越历史的品格，它过去存在，将来也会继续存在。它的"内容"可能发生变化，但是功能永恒不变，我们或者可以套用圣经上的话来形容阿尔都塞的这一立场：太初有意识形态，然后有人类社会。

意识形态没有历史，这个命题听起来似乎不符合马克思主义的基本立场。费南妲·纳瓦洛也提醒阿尔都塞，在20世纪70年代，他就肯定特定的意识形态是有历史的，甚至最终有可能是阶级斗争使然。对此阿尔都塞表示同意，但是他坚持意识形态总体上没有历史。理由是意识形态关注一切社会中最难理解和解释的东西，那就是社会本身的意识。它并不是关于世界的一系列观念，而是观念世界作为社会产品的一种清晰表征。那么，就像当年《意识形态和意识形态国家机器》中处处锋芒毕露的阶级斗争意识显示的那样，我们能不能说意识形态国家机器是统治阶级所一手炮制？对此阿尔都塞予以否认，指出意识形态的出现远较阶级斗争要早。他说：

> 实际的情况是，在显然是服膺于社会统一目标的各种各样社会功能的掩饰下，这些意识形态国家机器是为主导意识形态所投资，并且被它统一了。

关于意识形态的双重性质，我还想说一句。在现实中，没有哪一种意识形态纯粹是专横跋扈的胡说八道。它总是现实问题的一个指数，虽然包裹着错误认识的外衣，因而也必显得虚幻。①

　　比较《保卫马克思》和《意识形态和意识形态国家机器》等阿尔都塞早年经典文献中的意识形态阐述，我们可以发现当年如火如荼的光明热情渐行渐远。后工业社会的观念开始一路流行，后期阿尔都塞很显然是不愿意强调只有从阶级和阶级斗争的角度出发，才有可能解释特定社会形态中存在的各种意识形态这一激进立场了。阿尔都塞在给意识形态国家机器去阶级化的同时，重申它是深入人类无意识的一种基础结构。借用他自己评论马克思"认识论断裂"的话，这可视为早期偏狭的意识形态成见，过渡到了后期的科学主义立场。一定程度上，这未尝不是呼应了当年特拉西发明"意识形态"（即"观念学"）这个概念背后的哲学传统，这是洛克的唯物主义经验论和孔狄亚克的感觉主义心理学传统。

　　因此我们可以说，阿尔都塞强调他的意识形态不是凭空自动产生，相反是由物质经验所影响生成，是在学校、家庭、工会、教会这些市民社会的机体中形成，这并不意味消抹差异。它与雷蒙·威廉斯、E. P. 汤普森认为不同文化形态、意识形态分享着共同物质基础的理论是有区别的。对于阿尔都塞来说，物质性具有形形色色的不同模态，而他所要致力于说明的，恰恰是意识形态机器不同于其他社会实践的效果和机制。虽然，这些形形色色的"意识形态国家机器"终究还是言人人殊、众说纷纭。如阿尔都塞本人在巴黎高师开讲马克思的《资本论》，他门下出来的德里达等一批桀骜不驯的人物，无论如何也不是马修·阿诺德那样的资产阶级"有机知识分子"。由是观之，我们很难设想教育这个受到阿尔都塞特别青睐的意识形态国家机器就是资本主义意识形态牢不可破的再生产堡垒。可以说它更像是一块意识形态矛盾和冲突集中频繁发生的典型场地。

　　经过斯图亚特·霍尔的大力引荐，阿尔都塞的意识形态理论对近年文化研究

---

① Louis Althusser, "Philosophy and Marxism", *Philosophy of the Encounter: Later Writings, 1978-1987*, ed. by F. Matheron and O. Corpet, Eng trans. G. M. Goshgarian, London: Verso, 2006, p. 283.

的发展影响极大。它使文化研究偏离文化主义的整体描述性方法，而重视文化的差异甚至无意识层面，把每一种社会实践理解为自身具有相对独立内在法则的复杂单元。如英国学者约翰·斯多利雷的《文化理论与大众文化导论》，就把阿尔都塞的意识形态理论称为"阿尔都塞主义"：

> 路易·阿尔都塞的观念在20世纪70年代，对文化理论的影响无以复加。只消看看此一时期的若干主要刊物——《文化研究工作报告》《银幕》《新左派评论》，这影响便是一目了然。它们全都刊登论述阿尔都塞主义的文章，刊登阿尔都塞门徒写的文章，刊登反对阿尔都塞主义的文章。①

M
KARL MARX

马克思主义文化理论发展史

文化研究很长时间以游击队自居，沉溺于在传统学科边缘发动突袭。就方法论而言应是列维-斯特劳斯结构主义人类学所谓的"就地取材"（bricolage）方法。但按照麦克奎甘《文化方法论》（1997）序言中的说法，这样一种浪漫的英雄主义文化研究观念，早已一去不返。经过葛兰西而"转向"，假道阿尔都塞引入马克思的意识形态概念之后，文化研究热衷于在各式各类文化"文本"中发动意识形态批判。这也如霍尔《文化研究的若干范式》一文中所言，阿尔都塞理论的介入及其后的发展，极大地改造了文化研究的领域。它不但使文化研究从文化主义的人文主义视野，转向结构主义的科学主义视野，也为之后文化同形形色色意识形态要素的连接（articulation）创造了契机。

意识形态没有历史，意识形态无所不在，意识形态就是主体性，我们通过观照自己的意识形态镜像获得身份。这些阿尔都塞意识形态理论的基本命题，诚如阿尔都塞曾判定马克思没有充分意识到自己著作的意义一样，其后续意义很显然也超越了阿尔都塞本人的期望。它们是不是在讲授另一个乌托邦故事？意识形态能在多大

---

① John Storey, *An Introduction to Cultural Studies and Popular Culture*, London: Prentice Hall, 1997, p. 115.

程度上摆脱政治的影响？抑或是更紧密地将文化与政治绑定起来，打造一种先天先验的政治无意识？这将是另一个有待深入探究的话题。

四、论布莱希特

在阿尔都塞仅有的三篇论戏剧的文章中，有两篇都在谈论德国实验戏剧家布莱希特的戏剧改革，分别为《皮科罗剧团，贝尔多拉西和布莱希特（关于一部唯物主义戏剧的笔记）》（1962）与《布莱希特和马克思》（1968）。前者中阿尔都塞结合当时米兰的剧作家贝尔多兰西创作的新作《我们的米兰》来谈布莱希特，他称两人都创作了一种"唯物主义的戏剧"，打破了传统戏剧的意识形态神话。后者中阿尔都塞又将布莱希特的戏剧改革同马克思的哲学革命等量观之。在他看来，两人的功绩在于，分别在戏剧和哲学内部实现了一种"移置"。阿尔都塞大加赞赏这一革命性"移置"带来的实践效果，称两位革命家分别实现了对戏剧和哲学的去神秘化。尤为值得注意的是，在这两篇文章中，阿尔都塞还从自己的意识形态理论出发，对布莱希特打破舞台共鸣的戏剧改革宗旨提出自己的几点质疑。

关于"移置"效果，在《布莱希特和马克思》一文中，阿尔都塞细致界说布莱希特戏剧理论的核心——"间离化"，他指出自己更愿意将这个德文词"Verfremdungseffekt"译为"移置"或者说"错位"，而不是字面上的"间离"。作此翻译，在阿尔都塞看来，是因为布莱希特的戏剧改革不单是纯粹技术层面或艺术效果上的，阿尔都塞将这一改革与马克思的哲学革命类比，肯定了它具有比"陌生化""疏离"等词义远要深刻的内涵。"移置"似更能呈现布莱希特与马克思相似的颠覆性革命实践。阿尔都塞强调戏剧为人忽视的政治相关性，被布莱希特的"移置"实践揭示出来：

把哲学放回真正属于它的位置，也把戏剧放回真正属于它的位置，为的是把这种神秘化暴露为神秘化，同时也让人看到真正属于哲学和戏剧的功能。这一切当然是应该在哲学中、在戏剧中进行的。为了把哲学和戏剧放到真正属于它们的位置，就必须在哲学和戏剧的内部实现一种移置（sposta-mento）。①

这里所言的布莱希特借戏剧内部的"移置"使戏剧重归其位，也就是承认戏剧与政治不可回避的共谋关系。阿尔都塞指出，所有的戏剧都在言说政治，只不过传统戏剧陷入政治的操纵中而不自知，以审美主义和消费主义的外套来遮掩运作其中的意识形态神话，阿尔都塞将之称为一种"催眠"效果。而布莱希特对传统戏剧的内在"移置"，在他看来，则提供了打破这一神话的契机。

阿尔都塞进而从舞台、剧本与演员表演三个方面，条分缕析地阐述这一戏剧内部的"移置"革命。他指出，改革之一是布莱希特对观众头脑中关涉戏剧的意识形态加以移置，这是一种物理性的移置。简单地说，阿尔都塞谈的也就是布莱希特一整套戏剧技术革新，包括舞台布景、照明、服装、海报、道具等技术手段，都属于这一范畴，它旨在打破剧场布置营造给观众的舞台幻觉。改革之二是对传统戏剧观念进行移置，这一移置指的是布莱希特为批驳传统"史诗体"戏剧而创制出的戏剧新体裁。这一新体裁完全背离了自亚里士多德以来创制的"三整一律"的有机戏剧观，布莱希特主张创制一种无中心情节、无主角、消解戏剧矛盾的新叙事剧。改革之三是演员与剧中角色的移置。阿尔都塞指出，布莱希特试图让戏剧演员有意凸显舞台表演的虚假性，不再局限于戏剧角色的意识形态范畴。阿尔都塞还强调说，这并不是单纯表演体系的改革（譬如为我们所熟悉的从斯坦尼斯拉夫斯基表演体系到布莱希特表演体系的替换），而应从戏剧改革带来的社会效果去理解。

值得注意的是，在阿尔都塞那里，传统戏剧场景是社会意识形态的镜子，观众沉浸其中，也就被动地接受了整套意识形态灌输。因而布莱希特的表演体系改革，在阿尔都塞看来，也就被看作一种旨在改造社会的实践。他指出，布莱希特借助对

---

① 路易·阿尔都塞：《阿尔都塞论艺术五篇》（上），陈越、王立秋译，《文艺理论与批评》2011年第6期，第46页。

传统戏剧的内部"移置",让观众面对令人大失所望的场景。由此也就打破了社会机制的运作神话，使观众转而以惊异、陌生的态度对待舞台场景，自主评判是非。观众与戏剧场景的这一新关系，或者用阿尔都塞的语言，也就是观众与他所置身的自发意识形态环境的这一新关系，被阿尔都塞比喻为利用戏剧提供的零碎布料自行裁制服装，他再次结合马克思的哲学革命实践来评论戏剧的内在移置：

> 剧作不是一件外衣。观众应该在剧作的布料上，或确切地说，是在剧作给他提供的一片片布料上，亲手裁剪一件自己的外衣。因为在剧作里没有预制的外衣。简言之，没有主角。
>
> 我没有时间来表明，在马克思的哲学革命中，事情完全是以同样的方式发生的。马克思的哲学革命就在于引起哲学中的移置，这些移置具有双重的目标：在实践上废除哲学神秘化的作用，以及让那些受到马克思主义哲学实践影响的人在了解事实的情况下作决定。①

比较来看，布莱希特本人更侧重包括演员、剧本、道具在内的整套表演体系的技术调整。他将自己的任务定位为建立起一种"科学时代的戏剧"，旨在借助戏剧教育观众，让戏剧成为产生理性知识的场所。布莱希特的叙事剧，德语"das Epische"从词义上看它有叙事诗、史诗之义。但不同于传统史诗剧包揽万象的宏大历史叙事，布莱希特的叙事剧建立在对这一史诗体例的反拨上，转而主张把当时代的故事当作历史戏来演，通过与社会生活隔开一定的感知距离，带来一种陌生化效果，不再给观众营造一种舞台即为生活世界的幻觉。这与亚里士多德《诗学》第六章中著名的悲剧定义，即悲剧是对一个严肃、完整、有一定长度的行动的模仿，通过引发怜悯和恐惧并使它们得到净化，是背道而驰的。与亚里士多德的"模仿"

---

① 路易·阿尔都塞：《阿尔都塞论艺术五篇》（上），陈越、王立秋译，《文艺理论与批评》2011年第6期，第48页。

和"卡塔西斯"(katharsis)相反,布莱希特既不去营造模仿生活世界的舞台场景,也不再试图唤起观众的感情共鸣,而是让剧中演员着力凸显表演的虚构性,使观众不再认同剧中角色和舞台场景,这实际上也就中止了亚里士多德以来在戏剧效果与感情共鸣之间建立起的直接相关性。

不难看出,布莱希特倡导"科学戏剧",仰赖演员与观众的主体意识同时发挥作用。正是在这一点上,阿尔都塞与布莱希特分道扬镳。在阿尔都塞看来,不管是演员的主体意识还是观众的主体意识,都没有资格充当戏剧的中心。阿尔都塞指出,要正确理解布莱希特表演体系的改革,需要清除掉他关于观众意识的两个错误公式。其一是布莱希特对观众主体意识的过分夸大。其二是布莱希特试图借助演员表演来打破戏剧的感情共鸣。

第一个错误公式下,阿尔都塞指出,布莱希特预想观众可抵达一种清醒、冷静的"移置"状态。这一状态使他们能够摆脱虚幻的错误意识,转而获得对既定社会的反思批判力。但是即便戏剧表演达到布莱希特的预期,观众不再与剧中角色发生共鸣,他们也无力超越意识形态神话。阿尔都塞批驳道,布莱希特这一预期是在驱逐戏剧角色的绝对自我意识之后,又以观众的绝对自我意识取而代之:

> 这种分工等于把演员所不能完成的任务交给观众去完成。其实,观众没有任何资格充当为剧本所不能容忍的绝对自我意识。正如剧本不包含对自己的"故事"的"最后裁决"一样,观众也不是剧本的最后裁决者。观众本身也是按照一种不可靠的虚假意识来观看和体验剧本的。观众同剧中人一样生活在意识形态神话、幻觉和典型形式之中,观众是剧中人的亲兄弟。[①]

事实上,阿尔都塞在这里与其说是在批驳布莱希特,毋宁说是在为自身的意识

① 路易·阿尔都塞:《保卫马克思》,顾良译,商务印书馆,2013年,第124页。

形态理论张本。在他看来，意识形态神话并非是主体凭一己之力可以超脱的对象。阿尔都塞所谓的"主体"，必定是既定社会结构的产物，像呼吸空气一样依赖意识形态，并不具有布莱希特寄予厚望的理性反思的一刻。

基于此，阿尔都塞进一步反驳了布莱希特的第二个错误公式，认为戏剧的感情共鸣是不可避免的。他结合自己观剧的现场感受来谈这一问题，指出剧院的大厅就是一个小社会，从它优劣不等的位置次序，到戏剧幕间休息时的寒暄交谈，观众的社会身份都在被反复强化。因而，早在戏剧展开之前，观众与演员、观众与剧中角色之间更为普泛意义上的共鸣就已经发生。阿尔都塞强调说，社会意识形态作为一种根本性的连接因素，早已让剧中角色和台下观众浸透其间。而布莱希特废弃古典戏剧的共鸣说，着实是单从心理因素层面看待共鸣问题，却忽略了更为本质的社会象征层面的蕴含。

应当说，阿尔都塞是误解了布莱希特共鸣说的要旨。布莱希特意义上的打破共鸣，和阿尔都塞所谓舞台共鸣的不可避免，讨论的并不是同一个层面的问题。布莱希特的侧重点在戏剧效果，最为阿尔都塞所看重的戏剧结构的"移置"，也不过是布莱希特表演体系改革的有机组成部分，服务于打破共鸣的新戏剧效果。而阿尔都塞却强行用自己的理论框架去理解布莱希特，把共鸣的重点放在社会意识形态和主体关系的宽泛理论框架内探讨。虽然阿尔都塞也承认布莱希特的戏剧实践价值远高出其理论贡献，但又不甘心布莱希特对戏剧共鸣问题的探讨与自己的意识形态学说相抵牾，这或许是这一场对话背后的无意识动机。

五、症候阅读

症候阅读这一概念是阿尔都塞在1965年的《读〈资本论〉》中提出的。阿尔都塞称它是弗洛伊德精神分析学对患者陈述的理解。弗洛伊德认为，可以在日常生活和梦境话语的错误、疏忽和荒唐事中，看出无意识的复杂和隐藏结构的症候。拉康进而提出，可以根据这些症候进行语义分析，从而发现没有明白说出的无意识话语，而没有说出来的东西是和说出来和看得到的东西同样重要的。阿尔都塞正是在此一基础上，提出了所谓的"症候阅读"。他认为马克思在阅读、引证、批判亚当·斯密和大卫·李嘉图的经济学著作时有如精神分析学家，把他们不完整或有所忽略或错误的地方视为看不见的症候，从而发掘出埋藏在文本中的无意识理论框架。或者更准确地说，通过"阅读"这种劳动将它"生产"出来从而形成新的真理。

然而，究竟孰为"看见"，孰为"看不见"，而原本"看不见"的部分又何以被看到？为将这些令人费解的谜题逐渐揭开，阿尔都塞颇费了一番功夫。在提出症候阅读之前，他先提出了另外三种阅读方式："无辜的阅读""有罪的阅读"与"第一种阅读"。表面上，这四种阅读方式分为两组。前一组是"我们"阅读《资本论》的方式：无辜的阅读或有罪的阅读。后一组则是马克思阅读古典政治经济学时的两种不同方式：第一种阅读是所谓的"通过栅栏来阅读"，我们姑且命名为"栅栏阅读"；第二种阅读就是症候阅读。栅栏阅读与症候阅读，虽然这两种方式看似都为马克思所采用，但前一种方法实则混淆了《资本论》与古典政治经济学之间的界限，是马克思在叙述上未能将《资本论》的理论方法贯彻到底的表现。说到底，症候阅读才是马克思真正采取的理论方法，它是马克思超越他的那些先驱者的地方的真正标志。

阿尔都塞认为，进行栅栏阅读的马克思是独断的，因为他以自己的叙述为尺度来衡量他的先驱者们如亚当·斯密的著作。不妨借此意象做个联想，如果说亚当·斯密的著作是一堵墙，那么马克思的著作则是挡在墙前面的栅栏，栅栏这边的读者放眼望去，只能看到被栅栏切分的墙。如此一来，读者眼中亚当·斯密的功过得失，马克思的高明之处，完全是由马克思的论述作为栅栏即尺度，所先验决定的。

阿尔都塞不能接受的是，栅栏阅读会导致两方面荒唐的结论。其一，眼大漏神的亚当·斯密总是看不见一些显而易见的东西，明察秋毫的马克思却总能看到它们，这两人巨大的理论差距竟然仅仅在于"视力"！因此，马克思的理论与斯密的理论并无实质的差别，前者只是后者身上那许多大大小小的补丁。其二，虽然如此马克思仅仅是完成了的亚当·斯密而已，但是我们仍然无法望其项背，因为我们根本无从知晓他那超乎亚当·斯密的"视力"是从何而来的，它在方法论上全无保证，仿佛是伟人独具的天赋异禀，一种"本质直观"能力。而对此完全莫名其妙的我们，甚至绝难断定自己的洞察力能否赶上亚当·斯密，更别说马克思了：我们似乎注定只能通过马克思的文本，至多看到一些他早已看到了的东西，而无力像马克思一样看到更多。

在阿尔都塞看来，要破斥这些谬见，必须采用症候阅读的方法对待马克思的文本。阿尔都塞本人正是以这一方式读《资本论》的，而且并不认为症候阅读是他自己的发明。相反，他坚称，马克思在《资本论》中早已采用这一方法。并且，马克思正是靠这种方法克服亚当·斯密的"近视"，实现了对古典政治经济学的彻底批判，马克思对症候阅读的运用往往是以一种无意识的方式呈现。这并不是说它是被偶然碰上的，而是说它并未被提炼为一种直接以理论状态出现的方法论。故栅栏阅读，其错误在于将"看见"与"看不见"决然割裂并对立起来，这使得我们以为理论的认识过程就是一种反映过程，它围绕着对于外在客观事物的"看"进行，被看到的本质造就理论进步，看不到的则造成理论谬误。对此阿尔都塞明确指出，只有将"看见"与"看不见"之间的辩证关系揭示出来，"栅栏"之下的谬见才会消除，取而代之的则是症候阅读：

> 古典政治经济学没有看到的东西不是它没有看到的东西，而是它看到的东西；不是没有出现在它面前的东西，而恰恰是出现在它的面前的东西；不是它疏忽的东西，而恰恰是它没有疏忽的东西。因此，疏忽是没有看人们看到的东西。疏忽与对象无关，而与看本身有关。疏忽是与看相关而言的疏忽，而没有看是看所固有的，是看的一种形式，因此同看必然联系在一起。①

---

① 路易·阿尔都塞、艾蒂安·巴里巴尔：《读〈资本论〉》，李其庆、冯文光译，中央编译出版社，2008年，第9页。

为解释这段恐怕更加令人难以捉摸的表述，阿尔都塞详细地考察了《资本论》中题为"劳动力的价值或价格转化为工资"一章里的一段精彩论述，其中马克思谈到了古典政治经济学家将"劳动价值"概念偷换为"劳动力价值"概念。这段论述被阿尔都塞视作马克思本人进行症候阅读的典范。《资本论》中马克思指出，由于政治经济学家根本不重视什么"劳动价值"，而将旨趣放在生产费用上，因此他们的讨论从起始处就陷入了"劳动"与"劳动力"的混淆中。不是这些资产阶级经济学家看不到劳动，也不是他们看不到劳动力，而是基于他们总问题的限制，那种仅仅将劳动作为资本再生产的一个中间环节考察、从根本上无视劳动者的权利的资产阶级政治经济学总问题，将二者无可挽回地混为一谈了。为突显这个过程，阿尔都塞采用了一种"隐喻"式的分析模态，即为原来问答方式中的"沉默"留出"空缺的地方"。阿尔都塞下面这三段文字构成了一则完整的症候阅读：

> 最初的问题，用古典经济学的话来说就是：什么是劳动的价值？古典经济学生产这一回答的那一段文字，就其严格的、完全站得住脚的内容来说，可以表述为："劳动（……）的价值等于维持和再生产劳动（……）所必需的生活资料的价值。"在这一回答中有两个空白，两个空缺。

> 古典著作本身告诉了我们它所沉默的东西：它的沉默是它特有的话……现在我们只要设想在回答的结尾用"劳动者"一词来代替"劳动"一词，问题就解决了。那么，这个回答就成为："劳动的价值等于维持和再生产劳动者的价值。"但是，因为劳动者并不等于劳动，所以句子末尾的术语"劳动者"和句子开头的术语"劳动"就互相矛盾……因为工资购买的不是劳动者，而是他的"劳动"。

他（马克思）在这种表述中引入和重新建立了劳动力的概念，而这种劳动力的概念已经存在于古典经济学所作出的回答的空缺中……这样，回答就成为："劳动力的价值等于维持和再生产劳动力所必需的生活资料的价值"，而它的问题则以下列形式被生产出来："什么是劳动力的价值？"[①]

从中我们可以看出，首先，症候阅读不仅是"看"（或"阅读"）的过程，而且同时是"写"的过程。在症候阅读的定义上，阿尔都塞要求它以两篇文章的存在为前提，并以所"写"的那一篇为所"读"的那一篇的尺度。与栅栏阅读不同，在症候阅读中，阅读对象与写作对象已不再是连续的文本，不再是破衣服和补丁的关系，而是断裂的文本，在问与答所使用的概念上都发生断裂。阅读对象所呈现的症候——沉默，它迫使"阅读者"，同时也是"作者"，置身于新的"场所"。当"场所变换"发生，新的概念在全新的结构关系中浮出水面：不仅问题的答案变了，而且问题的提法也发生了彻底的改变。

其次，同时作为"写"的症候阅读，恰是一个生产过程，即通过产生新的概念及其结构得到新知识。换言之，症候阅读严格对应阿尔都塞1963年论文《关于唯物辩证法》中的"理论实践"：从上文引述的语段（1）进展到语段（3）的过程，正是从意识形态性的、抽象的一般性概念上升为科学的、具体的一般性概念的过程。

最后，这一空白、空缺、沉默的显现和发声，不会是客观、中立、无辜的阅读的结果，而是对于阅读的历史性的自觉，是将文本阅读的真理性交由现实的历史性去评判。劳动概念，作为抽象的一般性概念，在古典政治经济学中的混乱不堪恰恰意味着，在资本主义经济的以及政治与法权的总问题下，它没有严格的意义，取而代之的是模糊、混乱与空缺；它将使用价值与价值的真正关系，将剩余价值的秘密统统遮蔽起来。只有透过这种混乱，才能在场所的转换中最终打破既有的意识形

① 路易·阿尔都塞、艾蒂安·巴里巴尔：《读〈资本论〉》，李其庆、冯文光译，中央编译出版社，2008年，第10—12页。

态，迈向新的、作为具体的一般性概念。

阿尔都塞相信，症候阅读正是马克思本人的方法，马克思用这种读法阅读政治经济学，并揭示出价值与使用价值的概念、抽象劳动和具体劳动的概念，以及剩余价值概念，完成了对政治经济学的批判；但与此同时，在马克思主义的实际流传中，这种方法却长期被忽视。在《保卫马克思》中，阿尔都塞借列宁的话，指出《资本论》是以实践状态存在的辩证法，但毕竟不是以理论状态存在的辩证法。而在《读〈资本论〉》中，他试图读出隐含在《资本论》已经讲明的话语下沉默着的，但业已完成了的，实际存在着的辩证法理论。阿尔都塞明确表示：

> 我的要求无非就是对马克思以及马克思主义的著作逐一地进行"征候"阅读，即系统地不断地生产出总问题对它的对象的反思，这些对象只有通过这种反思才能够被看得见。对最深刻的总问题的揭示和生产使我们能够看到在其他情况下只是以暗示的形式和实践的形式存在的东西。①

至此，阿尔都塞宣称，不仅存在两个马克思，也就是采取栅栏阅读研究方法的青年马克思和采用症候阅读研究方法的1845年之后的马克思；而且在后一个马克思中，还存在着研究方法与叙述方法的错位。具体来说，阿尔都塞认为，由于马克思缺乏合适的叙述语言，导致他在症候阅读中取得的全新成果被部分地遮蔽了，也使马克思有时看似又退回到了栅栏阅读的水平上。而采用症候阅读方法的阿尔都塞，却从中看到了马克思真正概念的空缺，真正含义的沉默。而要避免这些空缺与沉默为旧的经验主义意识形态占据，不仅要与以青年马克思为据的人道主义的马克思主义相斗争，而且要恢复《资本论》等文本在叙述上的严格性，让马克思开口说出他原本就想说的话。

① 路易·阿尔都塞、艾蒂安·巴里巴尔：《读〈资本论〉》，李其庆、冯文光译，中央编译出版社，2008年，第20—21页。

凭借症候阅读，阿尔都塞很显然一方面竭力揭示马克思本人的思想方法，另一方面努力恢复马克思理论的严格性。然而，这种症候阅读究竟是马克思本人的方法，还是阿尔都塞的创造，自它提出之时起就不断受到争议。另一更为关键的问题是，症候阅读的方法本身能否成立，也还多有争议。如英国"分析马克思主义"开创者科恩所言，《保卫马克思》使人相信，马克思真正重要的思想不是在他青年时代的人道主义学说中，而是在《资本论》及其手稿中；但当我们进而读到《读〈资本论〉》时，阿尔都塞那优美而含糊的话语却不免令人大失所望，疑惑重重，所得甚少。[1]科恩或许言过其实，无论如何，症候阅读作为精神分析、结构主义和马克思主义三元结合的一种阅读模式，对于后现代文本观念的形成，影响是不容低估的。

　　① 　G. A. 柯亨：《卡尔·马克思的历史理论——一个辩护》，岳长龄译，重庆出版社，1989年，序言第2页。

第四编　法兰克福学派

　　法兰克福学派的发展起始于1923年在德国法兰克福成立的社会研究所，该研究所从属法兰克福大学。这是德国第一个隶属主要高校的马克思主义研究中心。研究所的创办过程中，青年马克思主义者菲利克斯·韦尔功不可没。早在1922年，韦尔就筹办过一届为时一周的研讨会，邀请了卢卡奇、卡尔·柯尔施、卡尔·魏特夫和弗雷德里克·波洛克等各路马克思主义思想家到会。研讨会大获成功之余，韦尔终于说动他的粮商父亲，投资建造大楼，拨款发放工资，创办永久的社会研究所，并与教育部官员谈判，给予研究所主任以教授职位，以保证它和大学的机制联系。这或许可见，法兰克福学派本身的成立，某种程度上言，也是文化和资本联姻的一个产物。

　　法兰克福学派对国家极权主义有强烈批判，应与是时德国的"反犹主义"关系密切。伴随着颠沛流离的学术迁徙，以及经受美国文化的冲击，法兰克福学派从成立之初就注定无法摆脱它的犹太"血统"。1924年6月22日社会研究所正式成立，第一任所长卡尔·格吕恩堡出生于罗马尼亚的一个犹太人家庭。菲利克斯·韦尔同样是犹太富商的儿子。学派第一期代表人物霍克海默、阿多诺、本雅明，都具有犹太人的文化背景，如德国学者洛伦茨·耶格尔所言：

> 不仅他们的出身是犹太人，而且他们中的一些人还深受这一宗教的影响——特别是心理分析家埃里希·弗罗姆和文学研究家莱奥·勒文塔尔。其他一些人，比如长期担任所长的马克思·霍克海默，在很长一段时间认为自己是还俗的犹太教士以后，在后来的日子里，又皈依了他们父辈的宗教。犹太教和批判理论在不同的时期是可以互相转译的。[①]

纳粹掌权后法兰克福学派主要成员霍克海默、阿多诺等先后逃离到美国。十多年身处异地的窘迫生活，也是他们批判理论形成和发展的重要时期。这一时期霍克海默的代表作品《启蒙辩证法》，其中有一篇文章专门讨论"反犹主义"。按照马克斯·韦伯的说法，古代的犹太人是"流浪民族"，他认为这一流浪民族的本性是推翻既有的社会秩序，追求政治自由。西美尔在他的《社会学》中，则将此解释为，犹太人作为流落异乡的陌生人，必然要对当地人的文化采取批判性客观态度。本雅明在纳粹上台后流亡法国，最后被迫在法国沦陷之后辗转逃亡美国的途中绝望自杀。本雅明理论中强烈的救赎思想，被认为也是来自古老的希伯来教义。

1930年马克斯·霍克海默接任社会研究所的第二任所长，招聘了包括阿多诺、弗洛姆、马尔库塞在内的一大批杰出思想家，并且创办了《社会研究杂志》，由此开创了嗣后影响深远的批判理论。从人员构成看，霍克海默本人是哲学家和社会学家，阿多诺是哲学家、社会学家和音乐学家，弗洛姆是精神分析学者，波洛克是社会学家和哲学家，马尔库塞是哲学家，它的"外围"成员本雅明，则是作家和文学批评家，彼此之间研究著述的联系是松弛的。1933年希特勒执政后，社会研究所先

---

① 洛伦茨·耶格尔：《阿多诺：一部政治传记》，陈晓春译，上海人民出版社，2007年，第62—63页。

后迁到日内瓦、巴黎，最终落户在美国，至1949—1950年间方迁回故土。法兰克福学派的形成，大致是在"二战"以后社会研究所从美国返回德国之后。学界一般以阿多诺、霍克海默、马尔库塞、波洛克以及本雅明，为法兰克福学派的代表人物。除了批判工具理性，法兰克福学派的文化理论被认为具有以下四个特征：

> 关注技术对社会生活的冲击，尤其是在大众文化再生产方面。
>
> 关注大众文化对普通民众的冲击。
>
> 受到弗洛伊德的很大影响，对性与人格的形成颇有兴趣。
>
> 致力于辨明人类意识在何种情况下是"破碎"的，在何种情况下能够把握"总体"。（例如，能够以新马克思主义的观点来认识世界，并因此获得真正的自由。）[①]

本编讨论霍克海默、阿多诺、本雅明和法兰克福学派第二代传人哈贝马斯的文化思想。分别来看，霍克海默采用的是传统学院式的写作风格，其文化理论逻辑层次都较为清晰，文化的双重性和矛盾性应为其理论的出发点，归宿则是理性自身的分裂特质。具体而言，霍克海默的文化理论可以分为三个层次：大众文化批判处于最外层；对启蒙概念的反思位于中间层，它显示启蒙作为一种追求自由的进步文化如何与自身相分裂，从而带有极权的特质；理论内核则是对理性概念的批判。在霍克海默看来，文化危机的根源在于，主观理性带来的现代人思想中的"合理化"（Rationalisierung）倾向，导致原本追求形而上超越性理念的客观理性沦为主观目的性工具。阿多诺的写作逻辑被认为是从哲学体系内部分化瓦解。这里除了讨论他最有代表性的文化工业理论，同时分析他的反犹主义剖析和现代音乐评论。阿多诺对现代音乐两位大家勋伯格与斯特拉文斯基褒贬不一的评价，可显示他意在说明，音

---

① 菲利普·史密斯：《文化理论》，张锟译，商务印书馆，2001年，第66页。

乐正处在用理性统治自然和表达欲望这两极之间，走投无路而欲罢不能。音乐须有撼动人心灵的真理性的特质。本雅明的文化理论更为复杂，因为他善用比喻和意象思维，被认为在撰写一种寓言式批评，即使在学术规范的压力下，也尽可能远离概念化思维。哈贝马斯的文化思想立足于他的交往理论，他眼中的文化是一种与传统相沟通的"知识储备"，是交往行为者借以沟通旧世界的工具，帮助人们达成共识的前提条件。总的来看，哈贝马斯已经不复在霍克海默所持的文化与文明相对立的视野中去讨论文化，也不再固守阿多诺的否定立场，对文化趋于同一化倾向的观点表示质疑。在哈贝马斯看来，大众文化不是承托主流文化的消极框架，而是能反抗等级世界的颠覆性力量，在此基础上他批判了经典法兰克福学派对大众文化极端否定的立场，并且用含义更为接近他所理解大众文化本质的Volkskultur即民众创造的文化，替代了带有更多否定意义的Massenkultur即大众被动接受的文化。

第十三章　霍克海默

　　马克斯·霍克海默（1895—1973）是德国哲学家，法兰克福学派的创始人之一，也是以他的名字为代表的批判理论的奠基人。他出生在斯图加特一个犹太血统的一个工厂主家庭，1922年在法兰克福大学获博士学位，博士论文的标题是《康德的判断力批判》。1925年起他在该校任教，后兼任哲学系主任。在1930年至1931年冬季学期开设了课程"英国和法国的启蒙"，这也为他后来写作《启蒙辩证法》做了铺垫。1930年继维也纳著名的马克思主义研究者，法学家和政治家格吕恩堡之后，霍克海默出任法兰克福社会研究所第二任所长，并创办了《社会研究杂志》。1933年希特勒执政后，他把社会研究所先后迁到日内瓦、巴黎和美国，并先后在哥伦比亚大学和加利福尼亚大学工作。1949—1950年间他把社会研究所迁回法兰克福，仍担任所长。1953年退休之后，著述依然甚丰。

　　霍克海默的思想受到康德和叔本华的伦理和生命哲学影响，后来他又研究过黑格尔和马克思的历史—社会理论，同时还接受了弗洛伊德精神分析学的一些方法。他的主要著作有《意识形态与乌托邦》（1930）、《黑格尔与形而上学问题》（1932）、《真理问题》（1935）、《启蒙辩证法》（1947，与阿多诺合著）、《工具理性批判》（1947）、《批判理论》（1967）、《传统理论与批判理论》（1970）和《社会哲学研究》等等。霍克海默的思想成就中，最有名的是他倡导的哲学和社会批判理论，这一理论同"传统理论"是格格不入的，因为"传统理论"置身于资本主义社会再生产自身的专门化劳动过程之中，从既定事实出发而屈从于资本主义的现存秩序。相反他的"批判理论"则超越现存资本主义的劳动分工和再生产机器的限制，从而能够揭露资本主义的固有矛盾，得出否定和推翻现存社会再生产过程的革命结论。以批判经验主义和实证主义为这一理论的哲学基础，霍克海默被认为通过分析工具理性的起源和本质，描述出了现代文化的商品化特征，又通过研讨极权主义的社会现象，揭示出了资本主义社会的经济结构和上层建筑，以及资本主义社会得以维系的心理和文化根源。作为工具理性批判的开创者，霍克海默可以说是承前启后，在从马克思的"异化"学说到卢卡奇的"物化"理论，再到哈贝马斯的"生活世界殖民化"思路这一传统中间，占有一席特殊的地位。

一、文化批判

针对霍克海默的风头明显不敌锋芒毕露的阿多诺等人的遗憾，哈贝马斯后来在霍克海默的纪念文章中有过一个说明。他说，1930年代在纽约形成的法兰克福学派中，霍克海默的地位是比较特殊的：他是社会研究所的所长和《社会研究杂志》的主编，是所有合作研究项目名副其实的主心骨，然而同他的合作者们相比，他自己著作的个性，更多是体现在一个学派的共性之中。所以霍克海默一直都是后来人称之为"法兰克福学派"的代名词，他比这个学派的所有其他成员，都更坚决地捍卫着这个学派。哈贝马斯的意见是值得重视的，即就霍克海默的批判理论而言，其对资本主义现存社会全面否定的思路，基本上就是整个法兰克福学派理论研究的大体方向和格局，包括他们的美学研究。

霍克海默与阿多诺相似，对大众文化持批判态度。撰于1941年、后来收入著名文集《批判理论》的《现代艺术和大众文化》一文中，他阐述多艺术同大众文化的不和谐关系。霍克海默指出，资本主义社会强加给人的束缚既然必定要引起反抗，这反抗同样见于已经变得个人化的艺术领域。艺术作为超越现实世界的精神产品，具有一种乌托邦性质，它能够唤起人对自由的回忆，而使流行的标准显得偏狭和粗俗。反之大众文化不过是工业社会的快感文化，对于儿童而言，它是用"顺应"的原则替代了恶名昭著的俄狄浦斯情结，个人生活转变成为连最细微处也受到管理的常规程序。故大众文化使人丧失对艺术的理解能力，因为艺术表现的是另一个世界，就像乔伊斯和毕加索的作品所示。这也可以解释现代艺术的怪诞和不和谐形式，因为内中的意识是从社会中分离出来的意识。总之，在现代资本主义条件下，大众性与艺术生产的具体内容和真理性没有任何联系了。

1944年霍克海默和阿多诺合著的《启蒙辩证法》中《启蒙的概念》一文斥责启蒙退化为神话，被彻底启蒙的世界陷入了野蛮状态。1946年霍克海默《工具理性批判》中将批判的锋芒直指理性的主观化倾向，认为主观理性对客观理性的压制导致文化偏离了追求真理的轨道。这都显示霍克海默的文化批判思想是一以贯之的。霍克海默对启蒙文化的批判，是基于启蒙作为进步精神和极权主义的双重性之上，而文化批判的内核乃是对于理性的批判，主观理性与客观理性作为理性的两个方面，任何一方的极端发展都会导致非理性的倾向。为说明这一点，有必要先梳理一下德语语境中的文化概念，这并不是为它宽泛的内涵设立边界，而是为理解霍克海默所谈的文化做一个铺垫。德语的语境中，文化与文明同样经常在对立的意义上使用，霍克海默继承了康德以来文化与文明两分的传统，但同时将固化的文明要素也纳入了文化批判的视野。他的文化批判（Kulturkritik），正是基于作为自由精神的文化和固化的文明这个双重结构而提出。说明这一点，可以从德语中"文化"一词的释义谈起。

德语的Kultur（文化）源于拉丁语的"cultura"，原意指耕作培育，后西塞罗引申为心灵上的培育，他还将"精神文化"（cultura animi）视为哲学语汇。但即使在文艺复兴时期，cultura都只作为修饰名词的形容词来使用，直到启蒙时代，天赋人权的倡导者普芬道夫（S. Pufendorf）才第一次将cultura确立为一个独立的名词概念。普芬道夫用"文化"状态来对抗野蛮的"自然"的状态。这样，文化这个新概念就保留了社会学意义上的物质文明学（ergologisch）要素。换言之，文化的概念从启蒙时代开始就包含了文明的要素。

德国浪漫主义先驱赫尔德被认为第一次发掘了现代的文化概念，用以指具有多样性的特定的生活方式。他给文化（kultur）和教养（kultiviert）赋予历史意味，认为不断变化、完善或者解体的生活方式和文化形态，是来自国家、社会和民众，扎根在人类群体的生活当中。赫尔德并以文化同语言密切联系，《论语言的起源》中他便有"艺术、科学、文化和语言随着各个民族的持续进步而得到提高和完善"[①]这样的说法。赫尔德将文化理解为一根长链，从一个民族传播至另一个民族，从人类诞生之初到历史演进的每个阶段，都能看到历史文化的传统和创造的踪迹，其中当然也包括习俗、规范等精神文明的成果。

德国历史学家斯宾格勒则强调文化与文明截然不同。文化是体现和表达心灵的一种独立自足的现象，是具有生命力、创造性的精神动向，每一种文化都会有它自己的文明，文明是文化不可避免的归宿，是一种发达阶段人类所能做到的最表面和最人为的状态。他在《西方的没落》一书中，即拿"希腊的心灵"与"罗马的才智"来类比"文化"与"文明"。斯宾格勒一再强调，文明人不再拥有未来的文化，文明就是结束，它紧随着已经完成了的成长、已经死亡的生命、凝固的发展，总之是文化的终结。[②]斯宾格勒将文化和文明两个概念对立起来，并且赋予文化一

---

① J. G. 赫尔德：《论语言的起源》，姚小平译，商务印书馆，2009年，第122页。

② Jachim Ritter und Karlfried Grueder, *Historisches Wörterbuch der Philosophie*（*Band 4: I-K*），Basel /Stuttgart: Schabe & Co. , 1976, S. 1319.

种鲜活的精神内涵,文明则被视为固化了的肤浅创造物。

其实在斯宾格勒之前,康德就已用更精练的语言在对立的意上使用文明与文化。他说:

> 我们通过艺术和科学高度文明化了。在各式各样的社会规范和礼貌方面,我们文明得甚至到了过分的地步。但要是以道德去衡量,我们还差得很远,因为道德这一观念是属于文化的;但我们对这一观念的使用却仅限于名誉和外在礼节中那些类似德行的东西,而这些只不过是文明而已。[①]

显然,斯宾格勒与康德的文化不但在道德上高出文明许多,甚至与文明是相对立的。于人而言,文明是外表上的修饰,而文化则是内在的价值规范。这种将文化看为具有创造性的精神性存在,反之把文明看作固化的物质性的观点,还在德国18和19世纪教育家威廉·冯·洪堡那里出现过。洪堡在"内在的"和"外在的"两种对立意义上使用文化和文明,认为它们是个体存在到达顶峰所经历的两个环节。[②]洪堡认为,文化主要是科学与艺术,它不以追求实用为目的,而是具有精神性和创造性。而文明只是各个民族外在的社会建树、风俗习惯。

综上我们可以发现,德语中的文化概念从一开始就包含着物质文明的要素,但由于固化的文明(社会规范、道德教条和物质成果)缺少了自由精神,而被康德以来的哲学家看成是文化的对立物。对文明进行批判,事实上已经成了德国哲学的一个传统。霍克海默显然继承了这个传统,在《反犹主义要素:启蒙的界限》一文中他将文明与反犹主义的屠杀行为、社会对抗自然的胜利联系在了一起,并将极权主

---

① Immanuel Kant, "Idee zu einerallgemeinen Geschichte in weltbuergerlicher Absicht (1784)", *Gesammelte Schriften, Band 8*, Berlin: Akademie, 1784, S. 26.

② W. von Humboldt, "Über die verschiedenheit des menschlichen sprachbaues und ihren einfluss auf die geistige entwickelung des menschengeschlechts(1830–1835)", W. von Humboldts Gesammelte *Schriften, Band 7*, Berlin: B.Behr's, 1907, S. 30.

义与文明相并列，"极权主义制度所使用的机制与文明一样源远流长"①。他批评美国文化时也使用了"文明"这个词："美国的文明没能产生出一点新的东西。它没有深度，思想也是无力的。"②显然，霍克海默是在消极的意义上使用文明一语的。但是，霍克海默所使用的文化概念并未因此就将文明的要素排除在外，他在一篇题名为《文化与尿壶》（"Kultur und Nachttopf"）的短札中说："'文化'是人们共同生活当中的自然物的收纳（Hereinnahme）。它好比尿壶，小姑娘必须将尿壶清空，而尿壶表面画上的印花则成了最后的正在消逝的见证。"③霍克海默认为，启蒙以后的文化变成了商品，它像信息那样到处传播，而不是在寻求它的人中间弥漫，同时，思想成了孤立化的探索，原始的活力丧失殆尽。由此可见，霍克海默是在两种层次上使用文化概念的，一方面将它作为批判固化文明的立足点，另一方面则将其本身作为批判的对象。

二、启蒙辩证法

《启蒙辩证法》初版是在1944年，系流亡美国的霍克海默与阿多诺合作撰成，两人的分工没有细节交代。故而此书是霍克海默的思想，同样也是阿多诺的思想。该书的写作灵感首先缘起于大众文化批判。两人逃离希特勒的纳粹德国，第一站是到纽约，目睹了最典型的美国式大众文化之后，两人的第一感觉便是，大众文化是极权主义，是以有著名的"文化工业"批判系统展开。但《启蒙辩证法》还有一个总的批判框架，那就是启蒙的自我毁灭。

① 霍克海默、阿道尔诺：《启蒙辩证法——哲学断片》，渠敬东、曹卫东译，上海人民出版社，2006年，第172页。

② Max Horkheimer, *Gesammelte Schriften, Band 14: Nachgelassene Schriften 1949-1972*, Herausgegeben von Alfred Schmidt und Gunzelin Schmit Noerr, Frankfurt am Main: S. Fischer, 1988, S. 288.

③ Max Horkheimer, *Gesammelte Schriften, Band 14: Nachgelassene Schriften 1949-1972*, Herausgegeben von Alfred Schmidt und Gunzelin Schmit Noerr, Frankfurt am Main: S. Fischer, 1988, S. 53.

《启蒙辩证法》的中心主题是：曾经将人类从宗教神秘力量中解放出来，倡导社会进步的理性，势将回归一种新的神秘极权统治。这当中的逻辑是，启蒙理性的特征在于以共相收编个别，是为典型的工具理性。此种理性无视事物是其所是的内在个性，抹杀它们感性的、社会的、历史的特征，一切只为满足理性主体的自我保护目标。现代资本主义社会的经济结构，就是为工具理性的这一最后胜利提供了充分必要条件：在资本主义社会里，一切生产都是因为市场需要来作安排，商品生产不是为了满足人们的使用之需，而是追逐利润，为了利上滚利。既然主导经济形式是为满足交换，而不是实际使用，那么可以设想，资本主义生产必然是倾向于一味求同，以求方便交换，反之则会抹杀个性，不顾使用者的实际需要。故而启蒙只要不割舍上述之工具理性，必然走向自我毁灭。该书"前言"中，两位作者这样交代了他们的写作初衷：

> 我们在研究过程中所遇到的疑难是我们必须探讨的第一个对象：启蒙的自我毁灭。我们并不怀疑，社会中的自由与启蒙思想是密不可分的。但是，我们认为，我们同样也清楚地认识到，启蒙思想的概念本身已经包含着今天随处可见的倒退的萌芽。在这方面，启蒙思想与相关的历史形态和社会制度比较起来并不逊色。如果没有启蒙对这一倒退的环节进行反思，它也就无法改变自身的命运了。[①]

霍克海默和阿多诺接过德国社会学家马克斯·韦伯的悲观悖论，即判定现代性的合理化过程既导向自由和解放，同时又导向束缚和物化。两人重申文明进步必然伴随着退步，文明的历史就是绝望的历史，这是因为启蒙精神不仅包含着从神话到科学、从野蛮到文明的过程，而且包含着由文明再次进入野蛮的过程，这就是启蒙

---

① 霍克海默、阿道尔诺：《启蒙辩证法——哲学断片》，渠敬东、曹卫东译，上海人民出版社，2006年，第2—3页。

辩证法，也就是说，启蒙精神由于自身逻辑而转向了反面：启蒙退化为神话，文明倒退为野蛮，自由走向了奴役，启蒙精神最终走向自我毁灭。霍克海默和阿多诺的这一启蒙辩证法思想，这样来看，归结起来是批判以征服、支配自然为出发点，以科学知识万能、技术理性至上为特征的工业文明的主导文化精神，其核心就是韦伯为之一咏三叹的工具理性即技术理性。

霍克海默和阿多诺在阐述启蒙理性的谱系时，多次用荷马《奥德赛》中奥德修斯归乡的故事，来比喻启蒙现代性进程中艺术和文化担当的角色。其中奥德修斯海上遭遇塞壬女妖的比喻，给人深刻印象。塞壬无比曼妙的歌声，或许可以让人联想到《哈姆雷特》中丹麦王子"生存，还是毁灭"那一段著名独白：假如一把小刀就可以一了百了，解脱这罪恶高视阔步的疲惫不堪的人生，将人带入甜蜜的梦乡，那该多么好啊。但是哈姆雷特马上意识到死亡是有去无回，自古以来，从未见人自彼岸回到此岸，来说一说那里是何等光景，所以终是犹豫不决，彻底打消这一了百了的诱惑。塞壬的歌声意味着什么？它意味着解脱，同样意味着死亡。前者是最大的快乐，后者是最大的悲哀。奥德修斯采取的对策是，让水手用蜡封住耳。

专心致志，不得分心旁骛。而奥德修斯本人，则一方面听到了塞壬的绝妙歌声；另一方面，却又无以实现歌声带来的快乐。诚如作者所言，歌声的诱惑力愈大，束缚愈紧。故此：

> 歌声对奥德修斯并未产生任何后果，而奥德修斯也只是点着头表示他将从这捆绑中解脱出来。但一切都太晚了，"充"耳不闻的水手们，只知道那歌声是危险可怕的，却不知道它是多么的美妙悦耳。他们把牢牢地绑在桅杆上，只是为了拯救奥德修斯和他们自己的性命。他们使他们的压迫者连同自己一起获得了再生，而那位压迫者再也无法逃避他所扮演的社会角色。实际上，奥德修斯绑在自己身上的那条无法解脱的绳索也使塞壬远离了实际：她

们的诱惑显得毫无作用，只成了沉思冥想的一个单纯对象，成了艺术。[①]

这可见，艺术在霍克海默和阿多诺看来，就是塞壬的歌声，是被启蒙理性挡在门外的诱惑呼吁：一方面是置人于死地的感官诱惑；一方面是排除诱惑，一往无前的实践理性目的。诚如奥德修斯作为启蒙的化身，一方面需要证明权力带来的果实，尽情享用诱惑；一方面又不得不用工具理性的绳索，结结实实绑住他那恣意为所欲为的身体。故而与传统艺术旨在改变现实相比，当现代艺术获取它的自足地位之后，它便是在一个阶级社会中，明确无误体现了脑力劳动和体力劳动的分工，一如奥德修斯和他的水手们遭遇塞壬歌声的不同方式。

塞壬唱的又是什么？《奥德赛》第十二章里，写塞壬坐在鲜花盛开的绿野里，惯用缠绵悱恻的歌声，打发过路水手去往不归之乡，但见四周尸骨累累。当奥德修斯他们一帆风顺、塞壬岛遥遥在望时，突然之间就一片死寂笼罩下来。终于，奥德修斯听到了塞壬的歌声："来吧，大名鼎鼎的奥德修斯，阿开亚人的光荣，听听我俩的歌唱吧。听过我们的歌，你心旷神怡，重启航程，更聪明十分。我们知晓众神天意莫测，加给希腊人和特洛伊人的所有苦难，还会告诉你这世上行将发生的一切故事。""我俩"是说奥德修斯遭遇的塞壬，不多不少只有两名。即便参照其他神话版本，塞壬似乎也只有三名。所以塞壬究竟是什么形状？究竟是女妖、女仙还是女神？究竟是美少女、美人鱼，还是人面鸟身？这一切都无关紧要。重要的是塞壬是紧缺资源，正所谓"此曲只应天上有，人间能得几回闻"。事实上人间只有聪明绝顶的奥德修斯，靠着他那一帮闭目塞听的水手给他当奴隶，才有如此好福分。所以说塞壬的歌声该是神曲，应当不是夸张。不仅如此，奥德修斯独独一人享用过这无比美妙的塞壬之歌，又安然逃出绝境之后，剩下塞壬自个儿又是什么心情？或者说，她们还能够无动于衷，一如既往用欲仙欲死的歌声，来诱惑海上水手吗？根据

① 霍克海默、阿道尔诺：《启蒙辩证法——哲学断片》，渠敬东、曹卫东译，上海人民出版社，2006年，第27页。

后来罗马神话的解释，一旦有人听毕塞壬歌声，又完好脱身，塞壬的命数也就到了尽头。这可见塞壬的诱惑，同样也是在以自己性命做赌注。所以她们的歌声，其实也带着悲伤。

塞壬的歌声诱惑什么了？我们发现塞壬的诱惑不是肉欲，反之是最没有诱惑力的知识。或者说，它就是启蒙。想想浮士德怎样在中世纪的书斋里百无聊赖，以至于把《约翰福音》的第一句话"太初有道"改成"太初有为"，最终把灵魂出卖给魔鬼，换得在新鲜世界里的新鲜经验吧。塞壬没有跟奥德修斯说，过来吧，我们共沐爱河。反之是说我让你更加聪明，知道过去和未来的事情。这样一种诱惑事关知识，或者最多说故弄玄虚，承诺给人先知先觉的超验本领，跟七情六欲其实了无相干。这样来看，塞壬的诱惑，或者竟是另一种被启蒙的诱惑？按照霍克海默和阿多诺的说法，艺术就是塞壬的歌声，是被启蒙理性挡在门外的足以置人于死地的快乐诱惑。所以奥德修斯作为启蒙的化身，一方面需要证明权力带来的果实，尽情享用诱惑；另一方面又不得不用工具理性的绳索，结结实实绑住他那恣意妄为的身体。

那么，什么是启蒙辩证法？霍克海默和阿多诺指出，启蒙与科学知识相关，启蒙与神话构成一种辩证关系：启蒙一开始用人类掌握的自然科学知识祛除神话中的愚昧，但是当启蒙具有了足够的权力后，人类却深深地陷入了野蛮状态。启蒙倒退成了神话。启蒙的倒退带来两种后果：技术对人的控制和人对自然的压制。这说明，真正的启蒙远还没有完成。《启蒙辩证法》中作者指出，掌握着自身并行之有效的启蒙本身，是有能力突破启蒙的界限的。[1]因而，启蒙文化自身包含着自己的对立面，具有矛盾的双重性。

具体来说，启蒙的第一重含义是指：始终在进程当中的进步精神，它跟神话相对立，反对一切原始遗存并旨在消除一切统治性文化，它永远在进程之中。第二重含义是指：具有神话般极权性质的宰制性文化，它确立了人类对自然的统治权，

① 霍克海默、阿多尔诺：《启蒙辩证法——哲学断片》，渠敬东、曹卫东译，上海人民出版社，2006年，第19页。

此种启蒙已经实现它的目的，世界正笼罩在它所招致的灾难当中。正是启蒙的两重性导致了文化在历史的发展过程中与自身的分裂，第二重意义上的启蒙让人成为主宰者的同时，也确立了普遍的原则和规范，这些文明化的原则又反过来压制文化的自由发展。由是观之，启蒙两重性之间的对立，可以说也是文化与文明相对立的原因，启蒙因此具有极权性，其最突出表现是德国的纳粹统治。纳粹统治用《启蒙辩证法》的话说，是一种"强制性平等的胜利"，它平等却没有正义。启蒙思想一开始是祛除愚昧的进步文化，但被"彻底"启蒙的世界却成了纳粹的屠宰场，这里的启蒙显然不是追求自由，并致力于推翻统治权的第一重意义上启蒙，而是确立人类极权统治权的第二重义上的启蒙。极权统治不但残酷地控制人，而且有计划、按步骤地"清除"所谓异己，暴戾至极如同古代神话当中的人祭活动。

启蒙的极权性也体现在大众文化当中。"大众文化"在霍克海默那里具有特别的含义，它并不是指从大众当中自发生长出来的文化，也不是大众艺术的当代形式，甚至与艺术无甚瓜葛[1]，而是指依照某些流行标准制造出来的文化，它是经济王国的派生物，是自上而下的失去内在创造力的文化。诚如《现代艺术与大众文化》中所言，在大众文化中，"无论是'精英'还是大众都服从于那种在任何特定情况下只允许他们做出单一反应的机制。他们那些尚未开掘出来的本性因素无法得到相应的表现"[2]。霍克海默和阿多诺指出，第二重意义上的极权化的启蒙放弃了思考，它使科学、艺术都成为迎合世界的符号体系，失去反思的维度。[3]故所谓的"彻底启蒙者"，实际上才是真正需要被重新启蒙的个体。两位作者说："启蒙对一切个体进行教育，从而使尚未开化的整体获得自由，并作为统治力量支配万物，

① Max Horkheimer, *Gesammelte Schriften, Band 4*, Herausgegeben Von Alfred Schmidt, Frankfurt am Main: S. Fischer, 1988, S. 435.

② 曹卫东编：《霍克海默集》，上海远东出版社，1997年，第217页。

③ 霍克海默、阿道诺：《启蒙辩证法——哲学断片》，渠敬东、曹卫东译，上海人民出版社，2006年，第13页。

进而作用于人的存在和意识。"①这里的启蒙是指第一重意义上代表着进步和批判的启蒙文化。霍克海默坚信通过启蒙对其自身的批判，协调好与自然的关系，最终可以扬弃自身，实现第一重含义上的启蒙，即唯有充分重视一直被科学忽视的自然世界，启蒙才能获得自我实现，并最终自我扬弃。

由此可见，启蒙的双重性既是启蒙与神话辩证关系的依据，也是启蒙文化批判的立足点。故首先，一旦知晓霍克海默和阿多诺是在两重意义上使用启蒙概念，就会明了何以"神话就是启蒙，而启蒙却倒退成了神话"。其次，两人对启蒙概念进行批判，实乃对第二重含义上的启蒙的极权性进行批判，这也是大众文化的批判之根源，正是由于极权化的思想渗透在文化当中，才使得文化成为权威的附属物，从而丧失了追求真理的维度，变成了具有欺骗性和操控性的大众文化。最后，启蒙批判暗含了理性批判，因为启蒙是人类理性发展的产物。《启蒙辩证法》说："俄狄浦斯（Oedipus）对斯芬克斯之谜的回答：'这就是人！'便是启蒙精神的不变原型。"②从中看出，人类通过自身来思考自然界，人的理性具有一种趋向，那就是将自然界的散漫无序都整合成一个体系，由此产生了极权性及同一性倾向。因而，在《工具理性批判》中霍克海默直接跳跃到了理性概念，将理性作为文化批判的核心进行考察。

三、理性与非理性

如上所述，《启蒙辩证法》揭示出启蒙概念的分裂是由理性所激发的。理性如何导致自我的扭曲，由此成了霍克海默《工具理性批判》所考察的问题。霍克海默将理性作了区分，认为理性自身包括主观理性（subjektive Vernunft）与客观理

①　霍克海默、阿道尔诺：《启蒙辩证法——哲学断片》，渠敬东、曹卫东译，上海人民出版社，2006年，第33页。

②　霍克海默、阿道尔诺：《启蒙辩证法——哲学断片》，渠敬东、曹卫东译，上海人民出版社，2006年，第4页。

性（objektive Vernunft）。主观理性是以计算、工具为手段，依照主观目的行事的理性，它最终走向了形式化的理性即非理性。客观理性是以客观的标准、原则来行事，它以真理为至高目的。

理性的扭曲来自自我持存的推动。如哈贝马斯《现代性的哲学话语》中所言："启蒙过程从一开始就得益于自我持存的推动，但这种推动使理性发生了扭曲，因为它只要求理性以目的理性控制自然和控制冲动的形式表现出来，也就是说，它只要求理性是工具理性。"①霍克海默《工具理性批判》第一章"工具与目的"中分析了理性扭曲的整个过程：首先，主观理性已经或多或少被人接受，因为它具有适于达成某种目标的智谋②，实际上这种完全致力于个人目标的主观理性，只是出自自我持存（Selbsterhaltung）的考虑。然后，当这种理性在某个机构当中发挥作用，它的使用就带有逻辑的、计算的倾向。在主观主义者看来，理性自身没有目的，因此去讨论相对立的目的之优先性是毫无意义的。可能的讨论，仅存在于当两个目标服务于第三个或者更高的目标之时，这就意味着理性只是工具性的而非目的性的。③最后，理性完全成了手段（Instrument），被主观化、形式化地用于现代科学、普遍主义的法律观念和道德观念，而忘记了理性在受到自我持存（Selbsterhaltung）推动的同时也还应该具有超越自我持存的力量，即客观理性的力量。

霍克海默认为，尽管主观理性在历史上一直都内含在理性概念之内，但在历史上很长时间占统治地位的是客观理性"，它作为一种超越自我持存的和解的力量，不仅存在于个人的思想意识里，也存在于客观的世界里；存在于个人与社会阶层之间、社会机构、自然及其表象当中。柏拉图和亚里士多德的哲学体系，经院哲学和

---

① 哈贝马斯：《现代性的哲学话语》，曹卫东等译，译林出版社，2004年，第128页。

② Max Horkheimer, *Gesammelte Schriften, Band 6: Zur Kritik der instrumentellen Vernunft und Notizen 1949-1969*, Herausgegeben von Alfred Schmidt, Frankfurt am Main: S. Fischer,1991, S. 27.

③ Max Horkheimer, *Gesammelte Schriften, Band 6: Zur Kritik der instrumentellen Vernunft und Notizen 1949-1969* , Herausgegeben von Alfred Schmidt, Frankfurt am Main: S. Fischer, 1991, S. 9.

德国的理性主义，无一不是奠基在客观理性上面。"客观理性"追求的是一种形而上的客观秩序即规则，它与包括个人兴趣和自我持存在内的人类存在方式两相协调，如同柏拉图《国家篇》中所说，谁生活在客观理性的光照中，就同时生活在成功和幸福当中。客观理性关注的焦点并不在行为及其目标如何按部就班运行，而是致力于最高的善的理念（die Idee des hoechsten Gutes），以及人类的终极目的问题和通往此一最高目标的方式。

主观理性对客观理性的压迫主要通过合理化（Rationalisierung）来实现。合理化思想其实来源于马克斯·韦伯。《新教伦理与资本主义精神》导言中韦伯说，形式独特的现代西方资本主义受到技术能力发展的强烈影响。当今这种资本主义的合理性，基本上取决于最重要的技术因素的可计算性。韦伯努力寻求导致西方文化独具的合理性主义的缘由，最终落脚到了西方的宗教伦理。霍克海默却将这一韦伯所肯定的"西方所特有的合理化轨道"作为批判的对象，理由是，由主观理性带来的现代人思想中的"合理化"倾向，散布到了社会结构以及文化的各个方面，导致理性的个体在"进步"的铁蹄下被取消，从而走向非理性。

霍克海默主观理性的合理化倾向的批判，其实也包含着对现代文化的批判，《工具理性批判》的前言中，霍克海默即谈到要对统治思想进行一种不以行动为目的反思，他说：

> 有必要对作为一定文明观所折射的统治思想进行探讨。作者在这里所要做的，不是试图给出一个行动上的方案。相反，他认为现代的倾向是每种思想都被转化为行动，或者说当前文化危机（Kulturkrise）的征兆之一是在行动方面进行积极的节制：为了行动而行动决不会强于为了思想而思想，甚至远远比不上它。①

① Max Horkheimer, *Gesammelte Schriften, Band 6: Zur Kritik der instrumentellen Vernunft und Notizen 1949-1969* , Herausgegeben von Alfred Schmidt, Frankfurt am Main: S. Fischer, 1991, S. 26.

霍克海默所要揭示的，是现代人自以为正确的"合理化"倾向，其实是一种形式上的合理性，它缺少真正的具有客观性内容的基础。故现代文化的危机是，文化有了高下之别，那些被确认为"好的""干净的"文化受到追捧，余者则被嫌恶，人们避之不及。文化越来越倒退到古老的禁忌或者宗教里去，旧的生活方式在现代文明的表面下燃烧，为失去信念的现代人提供着热量。霍克海默强调说，在现代生活中，意义仅通过一种方式可以达到，那就是实现目标。人的消遣或者爱好已不复是人的内在生活，而是被带到休闲活动、社会交际等广泛的娱乐项目当中，其意义在大众文化的众目睽睽下死去。

理性的主观化不仅让文化的创造力大大削减，还导致大众的艺术的鉴赏力也日益钝化。艺术在他看来曾经是世界的表达、最后的判断，现在已变得完全中立了，充满趣味的艺术蜕化成了娱乐活动。霍克海默以贝多芬的《英雄》为例，说明艺术在大众文化当中丧失批判性、否定性，变成了像古董一样的东西。他说：

> 这部音乐作品是被物化了（ist verdinglicht），被弄成了一件博物馆里的作品，它的上演对于隶属于社会组织的人来说，只是一种闲暇活动、一个事件、一个明星登台或一个必须参加的社交聚会的有益契机。但这里没有与艺术作品生动的交流，没有直接的，自发产生的对其作用的领悟，没有它作为一幅图画的整体的把握，也就是那被称为真理的东西。[1]

这里我们可以看出，霍克海默对理性主观化、工具化的批判，是大众文化批判以理论及启蒙批判理论的核心。哈贝马斯评价霍克海默的批判理论时说："一旦目的理性膨胀成为总体性，也就取消了有效性要求与自我持存要求之间的区别，进而

---

[1] Max Horkheimer, *Gesammelte Schriften, Band 6: Zur Kritik der instrumentellen Vernunft und Notizen 1949-1969*, Herausgegeben von Alfred Schmidt, Frankfurt am Main: S. Fischer, 1991, S. 58−59.

第四编　法兰克福学派

225

摧毁了有效性和权力之间的壁垒，消解了现代世界观以为彻底克服神话就可以实现的基本概念的分化。作为工具理性，理性把自身与权力混同起来，并因此放弃了批判力量——这是应用于自身的意识形态批判的最后总暴露。"①这可见，霍克海默的工具理性批判，实际上是对主观理性片面取代客观理性的批判，理性的主观化导致启蒙与自身相分裂，由最初的"自我持存"走向极权主义；理性的主观化导致文化沦为意识形态的统治工具，艺术成了在偶然感觉序列中的消费，从而同政治和宗教一样从真理中被去除了。

回头来看霍克海默的大众文化批判，我们可以发现大众文化的欺骗性和操纵性与主观理性的膨胀紧密相联。如霍克海默就认为美国广播中的滑稽剧，尽管非常吸引听众，可是当中充满了野蛮的要素。这实际上是在批判大众文化的流行性（Popularitaet），认为它是被文化工业的掌权者所决定，因而大众对流行文化的接受表面上是自由的，实则是被操控的。令霍克海默深感失望的是，大众文化势头日大，确有日益取代艺术的倾向，与艺术创造息息相关的私人领域不断受到文明科技如广播、电视等大众传媒的干扰。他在《新艺术与大众文化》中以好莱坞的商业电影为例着重分析了大众文化的欺骗性，认为好莱坞的经济关系作为社会文明的产物，不允许追求艺术作品的内在逻辑即艺术作品的自律性，因此电影不属于艺术的行列。②概言之，现代社会中那些一味娱乐的文化商品，实际上是工业化的产物，是一种变质的需要，它与充满创造性的作为自由精神的文化，是两相分离的。

纵观霍克海默的文化批判历程，从文化到启蒙最后到理性，一路都在追寻文化陷落的真正原因，正如他在《传统理论与批判理论》中所说的，人类的未来有赖于批判行为的存在，而批判理论是植根于传统理论和正在流逝的传统文化之中。霍克海默在传统理论中找到了启蒙文化的极权主义倾向，在人类理性的觉醒中看到了主

---

① 哈贝马斯：《现代性的哲学话语》，曹卫东等译，译林出版社，2004年，第137页。

② Max Horkheimer, *Gesammelte Schriften, Band 4: Schriften 1936-1941*, Herausgegeben von Alfred Schmidt, Frankfurt am Main: S. Fischer, 1991, S. 435–436.

观化、工具化的一面，同时致力于批判理性的合理化倾向。文化、启蒙与理性层层深入的批判历程，一方面使启蒙的主体具有了反思的意识；另一方面启示了哈贝马斯提出交往理性。此一从概念内部展开批判的方法及其文化批判的多层次推进，无疑是马克思主义文化理论中极具特色的一页。

第十四章　阿多诺

西奥多·阿多诺（1903—1969）出生在法兰克福一个富裕的犹太家庭里，是独生子。母亲是虔诚的天主教徒，一个曾经在维也纳宫廷演出过的职业歌手。父亲是皈依了新教的犹太人，是一个成功的葡萄酒出口经销商。阿多诺自幼受到良好的音乐教育，音乐天赋非同常人，12岁就能在钢琴上演奏贝多芬的乐曲。在1921年以优异成绩中学毕业前夕，阿多诺已经为时代的革命风习所感召。他读过卢卡奇的《小说理论》，又迷住了恩斯特·布洛赫的《乌托邦的精神》。回忆这段时光，日后他写下了这样的话："布洛赫的著作是这样一种哲学，它可以在最发达的文学面前昂起头来，从不盲目屈从令人生厌的方法论……我受它影响如此之深，以至于成为我自己的哲学，我相信我的一切文字都有它的影子，无论是隐藏的还是显见的。"[1]阿多诺没有说错，反对因循守旧正是他所有文字的灵魂所在。除了他和霍克海默合著的《启蒙辩证法》，阿多诺的《最低限度的道德》（1951）、《多棱镜：文化批判与社会》（1955）以及《否定辩证法》（1966）等一系列著作，也对新左派产生过深刻影响。他身后出版的《美学理论》（1970），则被认为是20世纪最优秀的美学著作之一。

1921年阿多诺进法兰克福大学学习哲学、社会学和音乐，开始撰写音乐批评文章，并结识了马克斯·霍克海默。两年后，他又结识了本雅明。1924年，21岁的阿

---

① Theodor Adorno, *Notes to Literature: Volume 2*. New York: Columbia University Press, 1992, p. 12.

多诺就获得了哲学博士学位。希特勒上台后他先后避难于巴黎和牛津，继而到美国，"二战"结束后重返德国。他是作曲家阿诺德·勋伯格的忠实拥趸，阿多诺一生音乐批评的相关著述极为丰富。阿多诺本人是个训练有素的音乐家，他的钢琴演奏具有专业水准，年轻时曾在勋伯格及其弟子贝尔格指导下学习当时极有先锋意识的无调性作曲技巧。1990年代他还灌制过自己的无调性作品CD，并出版发行。1986年出版完毕的二十余册《阿多诺全集》中，他论述音乐的著述几近半数。他不但在音乐理论上多有建树，而且还会作曲，可以说当仁不让是20世纪最有资格评论音乐的哲学家。

但是阿多诺最为卓越的成就是在哲学与社会批判领域，尤其是他将马克思主义意识形态批判和弗洛伊德社会心理学的文化批判结合起来，影响最是深远。他在20世纪中叶与霍克海默合著并多次再版的《启蒙辩证法》，在哈贝马斯看来多少带有些悲观色彩，不仅具有独特的格言式文风，而且貌似不连贯的如星座般散落的章节，不但表达了对"启蒙"的反思、"文化工业"的批判，还附带剖析了"反犹主义"的心理机制。在阿多诺看来，"文化"一词本身便具有内在的矛盾，它既捍卫自由、传播自由、实现自由的维度，又正一步步让世界走向宰制。故阿多诺虽然始终没有参与实际政治活动，但是他和霍克海默的文化批判理论是马克思主义文化理论发展史上的一块丰碑。阿多诺的目的是文化内在的张力，他表面上批判文化现象，实际上锋芒指向现象背后的统治管理机制，他认为这才是导致文化败落的真正原因。应当说，即便在大众文化日新月异的今天，阿多诺的文化理论依然具有现实意义。

一、"文化工业"批判

"文化工业"一语，按照阿多诺本人《文化工业再思考》一文中的说法，最早当是他和霍克海默在1947年出版的《启蒙辩证法》中使用的。阿多诺告诉读者，他们在初稿里用的是"大众文化"这个术语，但是最终改成"文化工业"，以便从一开始就跟"大众文化"倡导者对这个术语的阐释划清界限——所谓大众文化纵然有种种不是，毕竟还是自下而上、自然而然从大众之中产生，是大众艺术的当代版式，等等。但是"文化工业"这个语词的意味就不同了，对此阿多诺作如下说明：

> 文化工业将陈旧熟悉的东西熔铸为一种新的特质，它的所有分支当中，产品都是为大众消费所设计，都在很大程度上决定着此种消费的性质，故此，多多少少都是有计划制造的。各个分支在结构上如出一辙，或者至少是彼此契合无间，井井有条被纳入一个几乎是天衣无缝的系统。当代的技术能力以及经济和管理的集中程度，使这一切成为可能。文化工业自上而下，有意识将它的消费者整合成一个模式。①

可见，"文化工业"这个术语，是霍克海默和阿多诺精心选择的，意谓大众文化不是自下而上、自动自发，而是统治阶级同商业利益集团合谋，从上到下炮制出来的，以此麻醉工人阶级大众。两人一开始就有意识假"文化工业"这个语词，来表明他们反对大众文化是自下而上、自发形成的鲜明态度。在阿多诺看来，文化工业是将数千年来泾渭有别的高雅文化和低俗文化硬性捆绑在一起，结果是两面不讨好：为求效益，高雅文化的严肃性被摧毁殆尽；而为文明计，低俗文化原有的那种离经叛道本能，也给磨平了棱角。结果只能是两败俱伤。所以无论对于高雅文化还是通俗文化，"文化工业"肯定都不是福音。

　　阿多诺认为文化工业的特征是标准化和伪个性化。他强调说，文化工业中的"工业"一词，不可过分拘泥于字面义。阿多诺的意思是，这里的工业一语主要指的不是生产本身，而是生产程序的标准化，就好像电影观众都再熟悉不过的美国西部片，其情节和人物无不限制在一个严格的生产程序里。对此阿多诺指出，电影作

---

① Theodor W. Adorno, "Culture Industry Reconsidered", *The Cultural Industry*, London: Routledge, 1991, p. 98.

为文化工业的核心部分，其生产过程同资本主义劳动大规模分工的技术模式是非常相似的，机器的使用、工人和生产资料的隔离，这一切都在显示文化工业内部的创新行为同自上而下控制力量之间经久不衰的冲突矛盾，即便如此，每一部电影作品依然仿佛还是富有鲜明个性。问题是，此种个性在阿多诺看来，只是一种幻相：它故作玄虚，表面上渲染某个远离尘嚣的灵魂家园，实际上还是替主流意识形态为虎作伥。所以，这样一种鲜明个性，说到底还是伪个性。

所以文化工业在阿多诺看来，总是脱逃不了"标准化"和"伪个性化"的罪责。而且据阿多诺的解释，工人阶级本来肩负推翻资本主义制度的历史使命，可是被文化工业的糖衣炮弹麻痹下来，乐不思蜀，最终把自己的阶级使命抛到了九霄云外。因此我们可以理解阿多诺作为一个马克思主义者，为什么总是对大众文化耿耿于怀、不肯原宥。但从历史上看，法兰克福学派批判理论的诞生有它特定的社会基础。"二战"期间，迁至美国的法兰克福社会研究所有相当一段时间是扎营在纽约，它的另一些成员则去了洛杉矶，包括好莱坞。战后研究所的一些成员同它的一些领袖人物如霍克海默和阿多诺等一起迁回了德国，另一些成员留在美国，如马尔库塞。所以不能忽略法兰克福学派对文化工业的批判，纳粹德国的法西斯社会和战后美国的垄断资本主义消费社会应是两个最为典型的语境。

《启蒙辩证法》中题为"文化工业"的章节有一个副标题：作为大众欺骗的启蒙。这或许是霍克海默和阿多诺对文化工业的一个最是言简意赅的概括。该章开篇就说，在社会学看来，传统宗教的基础已经不复存在，文化上混沌无分的前资本主义社会，其残渣余孽已经彻底消解，反之技术突飞猛进，社会分化程度与日俱增。但是文化不同，文化并没有因为社会分工的明晰，一般样变得分化开来，分门别类而各美其美。事实上，文化的统一性和整一性，可以说是"无以复加"：

> 如今，文化给一切事物打上了同样的印记。电影、广播和杂志组成了一个体系，它不但总体上统一无缺，而且每一个组成部分也都契合无间。即便

是那些政治上针锋相对的人物，他们的审美活动也必是满怀热情，对钢铁机器的节奏韵律大加褒扬、赞不绝口。[①]

这是说，千篇一律、千人一面就是文化工业产品的特征。文化生产的原则，在这里同商品生产的原则毫无二致。诚如作者所言，在资本主义的高度垄断之下，所有大众文化都是一致的，它通过人为的方式生产出来的框架结构，也愈益彰显出来。电影和广播不再需要装扮成艺术，它们已经变成了公平的交易，为了对它们精心生产出来的废品进行评价，真理被转化成了意识形态。既然它们自命为工业，那么它们就是工业。这就是文化工业。

值得注意的是霍克海默和阿多诺对电影的评价。在他们看来，电影制造幻觉的本领，远胜过传统戏剧，以至于经常看电影的观众把外部世界当成他刚刚看过的影片的延伸，反过来这些观众的以往经验，则是让制片人在苦心揣摩。其结果就是，真实生活与电影从此难分难解。制片人复制生活经验的技术越是严谨无误，观众便越是容易产生错觉，以为外部世界就是银幕上所呈现的模样。就这样，电影强迫它的受害者直接把它等同于现实。大众媒体的消费者的想象力由此丧失殆尽，他们看过的所有影片和娱乐产品教会了他们要期待什么，也教会了他们如何自动作出反应。制片商则是心知肚明，消费者即便心烦意乱，依然会一如既往消费他们的产品，因为每一个产品都是庞大无比的经济机器的模型。整个文化工业，就这样让人类在每一个产品有条不紊的情形下得以进行不断再生产。

由此可见，霍克海默和阿多诺是把文化工业视为资本主义总体经济的一个有机组成部分。在他们看来，文化不复是知识和艺术以及哲学冥思的储存库，不复是立足今天来展望明天，反之文化工业是以对现实的虚假表征，以堕落的今日乌托邦，来炮制虚假的幸福希望，由是观之，它本身可以说是对现实的一种辛辣反讽。文化

① Max Horkheimer, Theodor W. Adorno, *Dialectic of Enlightenment*, English trans. John Cumming, London: Allen Lane, 1973, p. 120.

工业不是以赤裸裸的压迫面目出现，它是以尊重个性的假象来抹平个性。标准化、伪个性，故此成为文化工业的两大特征。

二、趣味的堕落

阿多诺文化工业批判最有代表性的文献，公推是他的《论音乐的拜物性质和听觉的堕落》一文。该文的主旨是讨论听觉堕落，作者开篇就说，当今音乐趣味的堕落是紧衔两大发现而至，即音乐一方面是内心冲动的直接表现，一方面又是这冲动的驯服场地。对于流行音乐来说，毫无疑问它显示的是后者而不是前者。换言之，它已尽失狄俄尼索斯酒神精神，故而同趣味一语已是毫不相干。

关于趣味堕落的抱怨，阿多诺发现早在柏拉图时代已见端倪。如《理想国》卷三中柏拉图即称节奏与和声能深入灵魂最深处，故而受健康音乐熏陶，人便文质彬彬、知晓礼仪。反之柏拉图坚决反对悲戚或甜俗的曲调，或者鼓励人一醉方休的靡靡之音，认为此种音乐消磨意志，会导致险象环生。至于柏拉图何以将此种萎靡不振的音乐同吕底亚调式和爱奥尼亚调式联系起来，则迄今叫人不得要领。阿多诺指出，在柏拉图的"理想国"里，大多数的西方音乐都受爱奥尼亚风格影响，故而都在禁止之列。柏拉图唯一推崇的音乐是勇敢无畏、坚忍不拔的曲调，认为它们在人面临挫败苦难、身陷生死绝境的极端境地中，都能振奋心智，带来希望。阿多诺对此的评价是，柏拉图的"理想国"并不是哲学史上人们所谓的乌托邦，而是在方方面面，甚至包括音乐方面，约束它的公民，而音乐健康向上和萎靡不振的两分，其实早在柏拉图的时代，就已经是老生常谈了。而说到底，柏拉图这一立足伦理的音乐评价标准，体现的不是别的，它体现的正是斯巴达的禁欲主义传统。

但阿多诺发现，在音乐当中，禁欲这个概念本身是辩证的。即是说，禁欲主义虽然曾经与审美为敌，在今天来看，则成了先进艺术的标志。它并不是刻意复古、强求简朴，而是严格去除一切花里胡哨、单纯满足快感欲望的东西，仿佛艺术纯粹就为声色感官的消费，无须承载理性内容。这样来看，一切流行艺术充其量就是镜花水月的谎言罢了。它们曾经给人愉悦的表象，不复能提供快感；而曾经作为艺术定义的幸福期望，如今只剩下虚假幸福的面目，实质已荡然无存。故流行艺术给人的快感，只是停留在身体层面，是骗人的表象，唯独表象有所不及处反倒可能有真理留存。而靡靡之音之所以在社会上广为流行，阿多诺认为是因为大众的被动消费心理使然，因为当代音乐生活，已经整个成为商品形式一统的天下，前资本主义时代的遗迹已经被消抹干净，音乐中所有的崇高和超越因素，在今日美国的流行音乐里，只不过是为商品广告装点门面罢了。

阿多诺认为流行音乐导致听觉退化，它是音乐之中拜物教流行的必然笼统地结果。所谓听觉退化，阿多诺指出，并不是指听众回到他先前的水平，也不是笼统地指集体听觉的退化，今日通过大众传播首次接触音乐的千百万听众，与过去自不可同日而语。故而听觉退化，用阿多诺的术语说，是指退化到了婴儿水平：

> 相反，它是指当代的听觉水平退化到了婴儿阶段，并且在那里滞留不前。不仅是听的主体失落，他们选择和反应的自由失落不见，以及从遥不可追的过去就只见于少数人身上的那种敏锐的音乐感知能力，也一并失落无存，甚至他们执迷不悟，矢口否认存在这类感知。[1]

所以不奇怪，按照阿多诺的描述，当代流行音乐的听众要么是迷迷糊糊，要么是突然惊醒，其听觉经验是支离破碎的。而这一切与流行音乐的商业流通机制，特别是铺天盖地的广告轰炸，有着直接联系。其结果便是，面对退化的听觉，音乐整个变成一场笑剧。

阿多诺的上述看法，同样见于他的著名文章《论流行音乐》，这是1941年阿多诺在美国做社会学研究时，在社会学家乔治·辛普森的相助下，用英文撰写成的一

① Theodor W. Adorno, "On the Fetish Character in Music and the Regression of listing", *The Cultural Industry*, London: Routledge, 1991, p. 46.

篇大众文化声讨檄文。阿多诺对流行音乐的基本观点是，流行音乐给无可救药地标准化了：它的每一个细节都可以替换，就像一部庞大机器上的无数齿轮。故而流行歌曲基本上是如出一辙，无一例外都是四平八稳，以此迎合听众早已养成的习惯。而另一方面，为市场效果计，这些陈腐不堪的重复因子又必须隐藏起来，用个性和创新将它们包裹起来。诚然，新与旧、创新与陈腐的辩证，是一切文化形式的特征。但是很显然，流行音乐的逻辑是有所不同的。它的产品为招贴买点，必须标新立异，可是为了保证发行量，又必须顾及方方面面的口味，结果必然就是一个不伦不类的大杂烩。用阿多诺的术语来说，那就是"标准化"当中的"伪个性"，或者说，"伪个性"包裹起来的"标准化"。这是流行音乐的特点，也是后来整个文化工业产品的特点。

问题是，作为文化工业同义语的大众文化，其产品是不是不可救药地永远带着"伪个性化"和"标准化"的原罪？事实上对于霍克海默和阿多诺的文化工业批判理论，学界并非没有异议。比较有代表性的反对意见是，阿多诺用"标准化"和"伪个性化"此类术语来描述文化工业，有可能误导分析，仅凭先入之见就将大众文化看成是千篇一律的东西。同时，暗示大众文化的生产无异于流水线式的工业生产，这也不利于深入探讨大众文化的商品性质，因为商品的性质同工业生产的性质并不是一回事情。进而视之，将大众文化命名为文化工业，然后进一步将文化工业漫画化，判定它是根据自上而下的独断意志、由工厂流水线源源不断吐出毫无个性的标准化产品，这终究是将文化生产的理论分析简单化了。对文化工业批判理论的这些质疑，大体也是伯明翰学派对待法兰克福学派的态度。有鉴于此，我们不妨来看阿多诺《文化工业》选本的编选者和英译者J. M.伯恩斯坦的下面这段话：

阿多诺的理论和分析尽管过分强调了文化工业的同质性，它依然在警醒我们伪个性与个性、快感与幸福、一致与自由、伪活动与活动、他者幻觉与非千篇一律真正他者之间的区别。这一切和相关的分析术语，是阿多诺批判理论的核心所在。我想说，文化工业所产生的中立和退化状态，阿多诺是言之成理的。如果说文化工业的表面逻辑今日已大不同于阿多诺写作的年代，那么就其效果来看，则是迹近神秘地如出一辙。阿多诺清楚看到了文化工业的轨迹和它带来的威胁。既然他最悲观的预言已在飘逝远去，今日来看阿多诺文化工业的论述，虽然令人不快，却还是适当其时。[①]

这无疑是一种更为辩证的态度。法兰克福学派对文化工业的批判，其两个最为典型的语境应是纳粹德国和战后美国的垄断资本主义消费社会。脱离这两个典型语境来妄谈批判，或许难免是无的放矢、隔靴搔痒。

三、勋伯格与斯特拉文斯基

法兰克福学派第三代人物中深受阿多诺美学影响的阿尔布莱希特·韦尔默认为，自叔本华、尼采之后，阿多诺的艺术哲学对艺术家、批评家和知识分子产生了最为持久的影响，其中影响最深的领域莫过于音乐批评。[②]阿多诺似乎为音乐批评树立了一个范式，这与阿多诺自小受家庭影响固然有关，但是他对现代音乐的批评显然也包含了哲学家的才智。从1921年到1932年，阿多诺发表了百来篇讨论音乐批判和音乐美学的文章。如他1922年就刊文《艺术与文学新杂志》（"Neue Blatter fuer kunst und Literatur"），评论勋伯格刚刚在法兰克福上演的《月光下的皮埃罗》，赞美勋伯格的音乐形式使人精神振奋，认为恰是因为勋伯格降生在一个邪恶的时代，故而才有《月光下的皮埃罗》为我们无家可归的灵魂吟唱。勋伯格的音乐在阿多诺看来，是无情而逼真地表达了现代人所遭受的苦难。在《音乐》杂志上，他还发表

---

① J. M. Bernstein, "Introduction", Adorno, *The Cultural Industry*, London: Routledge, 1991, p. 26-27.

② 维尔默：《论现代和后现代的辩证法——遵循阿多诺的理性批判》，钦文译，商务印书馆，2003年，第5页。

过对勋伯格的《小单簧组曲》的评论，盛赞勋伯格的音乐表达了客观真理。可见，从一开始阿多诺就强调音乐可以触动人的灵魂，可以表达客观真理。但阿多诺将会表明，这一表达是寄寓在艺术非真实的审美表象当中。

1949年出版的《新音乐哲学》应该算作是阿多诺音乐评论当中最集中，也最具有冲突性的代表作品，它体现了阿多诺独特的思维方式和表达风格，然其艰涩与模糊程度也是音乐理论史上所罕见的。阿多诺在《新音乐哲学》中将勋伯格与"进步"（Fortschritt）一词联系在一起，较之相反，他将20世纪同样享有盛名的斯特拉文斯基与"倒退"（Reaktion）一词并列。该书导言的开头处，阿多诺引用黑格尔《美学》第三卷中的话开宗明义："我们在艺术中不是在做愉快的或有益的玩具，而是……要阐明一个真理。"①阿多诺指出，新音乐运动大展拳脚的十年是在第一次世界大战的前后，这个运动中出现的激进音乐是对文化工业扩张到音乐领域的一种反叛。可是，新音乐运动经过短暂的蓬勃之后便进入衰退，尤其在第二次世界大战之后，普遍流行的音乐风格是对传统破碎物的拼凑。究其原因，与新音乐运动投降错误的音乐意识（Falsches musikalisches Bewusstsein）密切相关，所谓错误的音乐意识是指公众对音乐缺乏正确的判断，一味地受到文化工业的操纵，以至于"从早期资产阶级形成的一切音乐好坏判断标准都已崩溃，开始将遍地的半瓶子醋式的作曲家奉为大师"②。这是因为对新音乐的优劣好坏，专业音乐家和评论家都不能作出判断。他们自以为听懂的东西，恰好是旧有音乐的僵死模型，而对音乐当中的人文关怀，即音乐的基础所在，却置若罔闻。伟大音乐的哲学遗产由此全部归于那轻视遗产的音乐商人，他们将其视为圣物，进而加工，从而实质上降低音乐的价值，使之成为点缀家庭的消费品。简而言之，错误的音乐意识产生于商业利润对文化的支配。

阿多诺认为音乐不能置身于社会之外，它虽远离概念，但却堪称所处时代的

M
KARL MARX

马克思主义文化理论发展史

① T. W .Adorno, *Philosopie der neuen Musik*, Frankfurt am Main: Suhrkamp, 1975, S. 13.

② T. W .Adorno, *Philosopie der neuen Musik*, Frankfurt am Main: Suhrkamp, 1975, S. 17.

审美文献，音乐当中"没有一个和弦是不恰当的，因为没有孤立存在和弦，每一个和弦都带有整体的，甚至整个历史的意义"①。阿多诺推崇勋伯格的音乐，因为勋伯格高度重视音乐表现社会现实的真实性的功能，他在音乐中使用不和谐的和弦，打破常规，表现出不受既有框架束缚的原始主义。同时主张音乐不应该粉饰，而要真实。故勋伯格的音乐正是带着对表象（Schein）与游戏的否定而趋向认识（Erkenntnis）。阿多诺这样评价勋伯格的无调性音乐："他最具有颠覆性的要素是音乐表达方式的改变。激情不再是伪造出来的，而是以音乐作为媒介，对无意识、震惊、心灵创伤的真实记录。"②如是，自由无羁的无调性音乐甚至冲击着社会中的各种禁忌，反抗着文明世界的秩序。这一将音乐与社会现实相沟通的观点，与阿多诺在《美学理论》中所持的现代艺术观是前后一致的。《美学理论》第二章"苦楚的话语"一节中，阿多诺即指出现代艺术的否定性（Negativität）来自所承受的现存文化的压制，现代艺术直接接受了这一压制原则，展现而非压制世界灾祸，自成趣味，而这正是现代艺术（gegenwaetige kunst）趋向黑暗的客观性。③现代艺术不同于幻想艺术、浪漫主义、装饰性艺术和巴洛克艺术，它不展现从未有过的东西，不以虚构出来的实体来粉饰现实，而是在避免受到现实污染的背景下着力表现现实的真面目。阿多诺恰好在勋伯格的音乐中嗅到了这种新音乐的破坏性。勋伯格从自由无调性转入十二音阶技巧进行创作，在阿多诺看来对于传统音乐同样具有革命性影响。他认为掌握十二音阶技巧对音乐创作来说固然是一种进步，但是十二音阶技法在音乐中意味着一整套支配自然的体系。"一方面，它让人类在音乐中实现解放，从自然必然性中解放出来；另一方面，它让自然屈服于人类目标。"④因而音乐的发展与启蒙理性的走向趋于一致，克服了自然的专制性的要素，自身会反过来压制

① T. W. Adorno, *Philosopie der neuen Musik*, Frankfurt am Main: Suhrkamp, 1975, S. 42.

② T. W. Adorno, *Philosopie der neuen Musik*, Frankfurt am Main: Suhrkamp, 1975, S .44.

③ T. W. Adorno, *Ästhetische Theorie*, Frankfurt am Main: Suhrkamp,1998, S. 35-36.

④ T. W. Adorno, *Philosopie der neuen Musik*, Frankfurt am Main: Suhrkamp, 1975, S. 65-66.

主体性和自由。音乐家只有从音乐技巧中超越出来，才能使音乐表达出格言般的真理。换言之，新的技巧固然有助于现代音乐表现现实，但也要免于精神被刻板的技巧所禁锢。

在阿多诺看来，斯特拉文斯基的音乐缺乏时代的真实性特征，也缺少了主观情感要素，"他为了讨好现象之严厉神色，而放弃了对本性的严肃发挥"[①]。他将斯特拉文斯基的所谓新古典主义界定为主体性丧失的关于音乐的音乐，因为它驱除了一切主观经验，将创作素材限定在历史上的音乐作品，所以这样的音乐冷酷而贫乏，从中听不到震颤人心灵的现代人的悲苦之音，故而也无法能够打动人的灵魂。如他批评斯特拉文斯基"一战"前的重要作品《春之祭》，说这部作品在精神内涵上有所欠缺，认为在《春之祭》粗野、狂暴、残酷的音乐结构背后蕴含着反人性的献身的思想。2009年法国影片《香奈儿秘密情史》（*Coco Chanel & Igor Stravinsky*）开头展现过一段斯特拉文斯基《春之祭》在法国香榭丽舍剧院公演时的场面：一开始观众还在耐着性子看台上凌乱、奇特的原始民族祭祀表演。随着音乐节奏越来越偏离和谐，音调越发诡谲，台上的舞蹈越来越紧张，带着战栗与疯狂，被献祭的少女痉挛般的舞姿，惹得观众席间开始议论纷纷，有人说这音乐不成曲调，亵渎了音乐这门高雅艺术，妇女们指责演员们像僵尸，粗陋不堪。进而有人连喝倒彩，也有人高喊"棒极了！这是杰作"，场面喧哗，乱作一团。最后是许多观众起身离场。《春之祭》修改后第二次公演取得成功，但是毫无疑问，这部作品对当时的欣赏习惯和趣味是具有极大挑战性的。

斯特拉文斯基在其《音乐诗学》（1942）的第一章"音乐现象"中谈到，理解音乐现象不能只凭借理智判断而缺乏本能的引导。因为本能是会犯错误的，它所提供的生动的虚幻的想象要比死板的事实更有价值。阿多诺认为斯特拉文斯的音乐就缺乏本能，而充满了韦伯、柴可夫斯基作品中的旋律，它不再是表达，而是死者的

---

① T. W. Adorno, *Philosopie der neuen Musik*, Frankfurt am Main: Suhrkamp, 1975, S. 128.

面具。①虽然斯特拉文斯基的作品亦不乏别出心裁的地方，阿多诺却并不欣赏这种革新，他认为这种革新带有精神分裂和性反常的特征，其所展示的令人销魂般个体牺牲的描述，是对生活的直接亵渎。他将斯特拉文斯基这个时期的另一部剧《彼得露什卡》同勋伯格的《月光下的皮埃罗》相对比，认为两部剧对悲剧人物的处理截然不同，勋伯格对剧中那个绝望、孤独、渴望寻求归宿的丑角充满了同情和理解，而斯特拉文斯基对剧中受尽凌辱的丑角则表现出疏离与嘲弄。因而《彼得露什卡》与《春之祭》的核心理念都是个体的奉献、牺牲、毁灭，创作者在感情上无动于衷，缺少感同身受的悲怆性。

阿多诺的《新音乐哲学》虽然充满了对勋伯格的赞扬和对斯特拉文斯基的贬斥，但研究阿多诺的学者耶格尔认为此书确实不是一本纯粹为勋伯格辩护的书，而是对现代音乐的一个诊断。即阿多诺意在说明，音乐正处在用理性统治自然和表达欲望这两极之间，从而走投无路。②这也正好印证阿多诺在该书导言中的所述，他讨论勋伯格和斯特拉文斯基的初衷是他俩分别代表着音乐创作领域的两种极端形式，并非出于对大人物的幻想。勋伯格和斯特拉文斯基这两位20世纪重要的音乐家，都在音乐创作领域大有革新。阿多诺品评他们的依据在于他们所革新的音乐形式是否与社会的现状相统一，对于人们的灵魂有冲击；是否表达了真实，致力于认识的目的。这样来看，两人的作品就迥异其趣了。

四、"反犹主义"的两重根源

"反犹主义"（Antisemitismus）似乎是个遥远的话题。阿多诺和霍克海默写作《启蒙辩证法》，已经宣布反犹主义者如今已不复存在。但即便到今天，似乎仍存在许多"反犹主义"的变体，如"恐怖主义""种族主义""霸权主义"，不一而

---

① T. W. Adorno, *Philosopie der neuen Musik*, Frankfurt am Main: Suhrkamp, 1975, S. 185−186.

② 洛伦茨·耶格尔：《阿多诺：一部政治传记》，陈晓春译，上海人民出版社，2007年，第180页。

足。关于民族、身份的偏见问题，并没有因为法西斯的消亡而淡化。阿多诺将"反犹主义"作为法西斯主义的变体进行抨击，其实也反映了人类文化史上的一个亘古问题，即对外来身份的恒久偏见和拒绝。依据弗洛伊德的理论，它的心理机制是，每一个群体，民族的或是宗教的，他们内心都有一种对外来民族的恐惧感，因为害怕被控制或者遭受道德污染，反而率先施行了恐怖，它极端的表现形式就是设置社会障碍，隔离或者消灭异己。"反犹主义"背后的推动力是极权主义国家的行政体制，犹太人只是被他们主观炮制出来的迫害对象，在反犹主义者与犹太人之间不存在对话的可能。因而，"反犹主义"的社会根源乃是启蒙理性失去反思后的极端化发展的结果——极权主义，是法西斯主义彻底失去理性的征兆，因为对犹太人实施的种族灭绝是赤裸裸的人对人的压迫，而压迫者听不到良知的声音，也失去了理性的辨别能力。

对这个话题的关注，还源于我的一次特殊的游历。2011年的冬天，我参加了莱比锡大学学生社团组织的一次周末郊游活动，一行人来到德国魏玛郊外的"二战"期间的集中营，参观了德国纳粹时期死刑犯的囚室和犹太人的集体牢房，目睹那些不堪忍受折磨、选择绝食致死的政治犯的照片，听到导游介绍那些四面封闭的房间是"夏天开暖气，冬日里关掉。走廊的卫生间，只是偶尔开放，犯人也许一个月才能用上一次厕所"，我忍不住从那窄小的走廊逃了出来，可是不小心又进入"处理死尸"的燃烧室，宽敞的地下室里一切都是那么有条理，尸体的堆放点，进燃炉的传送电梯，包括滴水不漏的掩埋方式，这一切让我全身发冷。德语里有一个很耐人寻味的单词"Leiche"（死尸），它与"leicht"（轻）非常相似，我不由得将它们理解为人死了就变轻了，沉重的是活着的灵魂。在回去的路上我心情沉重，观察周围与我一同参观的人，大部分人都陷入了内心的沉默，犹太人这个据说是被上帝拣选出来的民族，似乎命中注定要遭受罹患与不幸。

阿多诺指出了"反犹主义"的两重根源：一方面"反犹主义"的社会根源来自启蒙理性；另一方面他借用了弗洛伊德的"非家异感"，剖析出"反犹主义"的内在心理机制。欧洲是一个多民族聚集的地区，很多人都曾经历异乡之感，但应该没有一个民族像犹太民族有着那样强烈的、甚至于无法摆脱的作为异在的被排斥感。犹太民族于公元前586年被巴比伦人所征服并沦为囚徒；中世纪，又一次次地遭受宗教迫害；到近代，德国法西斯又进行大规模"清除"犹太人的恐怖行动；直至"二战"后，以色列建国，犹太人不再漂泊，可是它的周边巴勒斯坦地区战火依旧。用马克斯·韦伯的话来讲，犹太人在欧洲就是一个"流浪的民族"，它的无根性与受迫害的命运联系在一起。

　　阿多诺认为犹太人早已经被欧洲文明所同化，欧洲的启蒙精神也早就融入犹太人的血液当中。霍克海默在一段对犹太文化的追问中，也表现出一种犹太文化已被同化的失望情绪：

　　　　犹太文化在哪儿？它在多大程度上要胜过当今正在解体的欧洲和美国文明？现代犹太人为了接受低下的东西而放弃了高尚的东西，这是同化的本质所在。犹太人是一个民族，它团结在一起但没有自己的权力，只是通过思想来忠于自我。[①]

　　但是，犹太人已被欧洲文明所同化这一事实，并没有改变犹太人作为外乡人的凄惨命运。阿多诺认为，犹太民族悲惨的命运，并非来自其自身特殊的宗教文化，而是缘自欧洲统治者的利用，他们将犹太人塑造成为资产阶级剥削者，将被压迫者的仇恨都集中到了犹太人那里，使犹太人遭致了悲惨的处境。其实，犹太人原本有自己固定的生活秩序，而这样一种特殊性以及外来的身份被统治阶级排斥和敌视，以至于他们始终都无法真正融入欧洲民族。可是，他们在帮助统治者

---

　　① Max Horkheimer, *Gesammelte Schriften, Band 14: Nachgelassene Schriften 1949-1972*, Herausgegeben von Alfred Schmidt und Gunzelin Schmit Noerr, Frankfurt am Main: S. Fischer, 1988, S. 332.

推行资产阶级的生产方式的同时，也逐步成为被压迫者宣泄仇恨的出气筒：

> 不管这些杰出的犹太人成就了多少伟大的事业，他们都不能促使犹太人被接纳为欧洲民族；他们从来不被允许在欧洲扎下根来，因此他们也总作为无根的种族而被遣散各处。犹太人为了保证自己的生活地位，充其量只能依靠皇帝、诸侯或者是专制国家。……统治者总是让犹太人充当一种中间人，他们保护犹太人去反对那些必须为进步付出一定代价的劳苦大众。这样，犹太人就成了进步的殖民者。……他们把资产阶级的生活方式带到了不同的国家，同时也把所有深受资本主义压迫的人们的仇恨集中到了自己身上。[1]

根据阿多诺的分析，犹太人被同化乃是由其作为外来者的"无根"性所导致的。犹太人的资产阶级特性与统治阶级对外乡人的压迫息息相关，因而在犹太文化固有的秩序与统治阶级之间形成一种紧张的关系：犹太人渴望得统治阶级的接纳，但统治者令其始终无法达成所愿。正如阿多诺所说，他们之间是贪婪和恐惧的关系。但是，犹太人为了生存只能任由"被同化"为资产阶级剥削者，并且具有了资产阶级的启蒙精神："被同化了的犹太人在努力去遗忘那些屡遭奴役（仿佛是第二次行割礼）的痛苦回忆的过程中，具有了一种自我约束的启蒙精神，这种精神使他们从备受煎熬的共同体径直转变为近代资产阶级。"[2]他们被统治者利用去剥削劳苦大众，通过辛苦劳作取得经济利益，表面上守护了自己的权力，成为富有阶层，长久地被束缚在流通领域，但是，实际上并没有独占市场的他们，仍然随时会成为统治者的替罪羊。

① 霍克海默、阿道尔诺：《启蒙辩证法——哲学断片》，渠敬东、曹卫东译，上海人民出版社，2006年，第160页。

② 霍克海默、阿道尔诺：《启蒙辩证法——哲学断片》，渠敬东、曹卫东译，上海人民出版社，2006年，第154页。

M
KARL MARX
马克思主义文化理论发展史

将资产阶级的启蒙精神作为"反犹主义"（Antisemitismus）的一重根源，一方面是因为犹太人作为被怜悯的对象、下贱的族类，显然易于接受倡导个人主义、抽象人权和人性观念的启蒙精神；另一方面是由于反犹主义者迫害犹太人所采用的手段源自启蒙理性，犹太人正是在启蒙理性所进行的极权统治之下，一步步沦为"窃贼"和"殖民者"。正如阿多诺所言："商业与其说是他们的职业，倒不如说是他们的命运。"[①]在霍克海默和阿多诺看来启蒙理性自诞生之初就包裹着野蛮的种子，因为启蒙理性，人们从神话的野蛮中挣脱出来，也是因为理性，人们在新的强制统治下又倒退回了神话。因而，"反犹主义"看上去更像是一场文明的仪式：是我们内部冲突的外部化，即用一种定型化的道德的"我们"来反对一种定型化的不道德的"他们"。反犹主义者扣在犹太人头上的帽子"爱拉帮结派""不诚实""利用别人""谋权"等特性，都是具有偏见的个体在解决内部道德冲突时的想象和夸大，而反犹主义者自身正是这些帽子的践行者。启蒙对一切人进行了教育，让人们具有了先进的技术，并作为统治者支配万物，包括人类自身。法西斯颠倒黑白的谎言在宣传机制的包装下成了真理，他们借助技术力量让血腥的屠杀变得面目苍白且冷静，这一切都是极其"理性"的，以至于大众被反犹主义的借口动员起来，成为法西斯的帮凶。而实际上广大的反犹主义者在这场运动中并没有得到什么实在的好处，最多是一些幸灾乐祸的快感，洗劫犹太人财产的所得大都落入了上层的腰包。

启蒙辩证法如同幽灵一般，它时刻显现在阿多诺的"反犹主义"剖析。《启蒙辩证法》中"反犹主义要素"（Elemente des Antisemitismus）后面续了一个副标题"启蒙的界限"（Grenzen der Aufklaerung），或者可以译成"启蒙的边界"。这则标题可以理解为："反犹主义"是启蒙之光所能照耀到的边界，它同样是启蒙的衍生物。启蒙与神话之间如影随形的关系，也存在于反犹主义者与犹太人之间，反犹主义者本来要清除犹太人，可他们最终成了自己所塑造的犹太人形象。在阿多诺看

---

① 霍克海默、阿道尔诺：《启蒙辩证法——哲学断片》，渠敬东、曹卫东译，上海人民出版社，2006年，第161页。

来，反犹主义者在表面上时刻流露对犹太人的厌憎，实际上却在模仿着他们："愤怒、嘲弄和刻毒的模仿，原本是同一回事。法西斯主义常规、仪式中的纪律、制服以及一整套不合理的机构编制，其意义都在于促成模仿行为。"①犹太人将禁忌作为文明的基本准则，反犹主义者也是在官方宣布禁令的时刻聚众欢呼，以示他们为有着共同目标的集体。实际上，极权统治者所做的一切正是禁止他人做的，一旦极权统治者与受迫害者的地位发生掉转，原来的受迫害人（吉普赛人、犹太人等等）发觉自己拥有了统治权，也会调换成为杀人不眨眼的刽子手。因此"反犹主义"是启蒙理性自身招致的极权统治的结果，"反犹主义"思想具有一种主观目的的绝对专制，这与启蒙欲要照亮神话的全部阴霾一样，都是主观理性极端化发展的结果。

阿多诺还认识到"反犹主义"有着深刻的心理机制，这一心理机制借助弗洛伊德"非家异感"概念的讨论，将会呈现得更为清晰。其实，每一个我，或我们，同时也是他，他们，每一个作为他者的存在，既在不断地寻找归属，又在自觉或者不自觉地排斥异在，这就是为何自我身份问题的讨论仍在继续。阿多诺用"反犹主义"来把握这个难题，他曾旗帜鲜明地指出，"反犹主义"并非天生，它的根源也不在犹太人本身，而是源自一种相互投射的心理机制，作为外来人、"异客"，当置身于陌生群体时自然会产生一种无形的恐惧感。弗洛伊德指出，这种表面上陌生的不适感、恐惧感存在于我们的无意识当中，它是"母体式的"，即使在自家之内都有异质的存在令"我"不适。"反犹主义"的心理机制与此相类似，反犹主义者所敌视的犹太文化，其实是他们自身形象的投射。

《启蒙辩证法》中《反犹主义要素：启蒙的界限》一文共有四处注释，两处取自弗洛伊德，其中一处出自《非家异感》（*Das Unheimliche*），并且引用了里面的

---

① 霍克海默、阿道尔诺：《启蒙辩证法——哲学断片》，渠敬东、曹卫东译，上海人民出版社，2006年，第169—170页。

话，"那些看似被排除在外的陌生东西，实际上却令人那么熟悉"①。这段话后，阿多诺紧接分析道，犹太人身上那些看起来"异质的"甚至于"陌生的"东西，其实在反犹主义者那里都存在，犹太人的罪行、恶劣的形象其实是反犹主义者自身的"投射"，他最后得出结论：犹太人和反犹主义者、被迫害者和迫害者都属于不幸的人，在攻与守的盲目较量中，迫害者和他的受害者都属于同一个不幸的阵营。这样，犹太人和反犹主义者就被定义为在肉体上敌对的两个群体，同时又是在内心怀有惧怕的不幸的同类。"反犹主义"本身也可发展为一种可供调换的统治阶级的名录，因而，没有天生的反犹主义，也没有天生的反犹主义者：

> 反犹主义的盲目性和无目的性促使它把自己说成是一种出气筒，一种真理标准。愤怒在毫无还手之力的受害者身上发泄出来。既然受到迫害的人们可以在不同情况下相互替换——或是吉普赛人，犹太人，或是基督教徒，天主教徒等等——那么，一旦他们发觉自己拥有规范权力，他们也会相互替换着成为杀人不眨眼的刽子手。因此，没有天生的反犹主义，也没有天生的反犹主义者。那些叫嚷着犹太人血统是第二自然的成年人，并不比那些叫嚷着要消除血统的年轻人更知其缘由。②

这样的论断，恰恰在"非家异感"这个普遍的心理状态下，才是意味深长的。"非家异感"概念来自弗洛伊德1919年出版的一部小说 *Das Unheimliche*（中文有"暗恐"等多种译法），书中主人公讲述了自己成人后为之困扰的恐怖情绪，他认为这些成年后经历的恐怖都是新的、陌生的体验。弗洛伊德将这种陌生并且似乎无

---

① 霍克海默、阿道尔诺：《启蒙辩证法——哲学断片》，渠敬东、曹卫东译，上海人民出版社，2006年，第117页。

② 霍克海默、阿道尔诺：《启蒙辩证法——哲学断片》，渠敬东、曹卫东译，上海人民出版社，2006年，第156页。

来由的恐惧感称为 "das Gefühl des Unheimlichen"（非家异感），是一种具有固定形式的 "害怕"（Angst），它实际上源自孩提时的经历，它包括两种：其一是被压抑了的想象，比方说童年时的阉割梦魇。弗洛伊德解释道，倘若诗人在现实的情景中展开如霍夫曼的《沙人》（Der Sandmann）这样的怪诞故事，儿童很容易对其真实性产生困惑，由于不知是真是假而引发内心的斗争[①]；其二是被压抑的对现实的理解，比方说认为愿望能够在现实中引起信念的改变，这种童真的现实信念没有被彻底驱除而是处于一种克制的状态。弗洛伊德认为这两种情况都会引发 "非家异感" 体验。有意思的是，源自现实体验的 "非家异感" 的情况要远远少于源于虚构想象的 "非家异感"。

对于弗洛伊德来说，主人公所恐惧的事物在很久以前是熟悉的，也许是一个童年的愿望，或者是一个关于思想万能的天真的信念，它们随着人的成长被压抑，最终隐藏到人的无意识当中，然后在经历了 "非家异感" 体验和想象时，它们以一种异化的形式再现出来，"非家异的" 恐惧特性产生于情感冲动在害怕中被压抑的变异。从词源学上看，Unheimlich是由它的反义词Heimlich演变而来，它的核心部分heim具有 "Haus"（房子）、"Wohnort"（住处）、"Heimat"（家乡）三种字面含义，它们可理解为属于家的和熟悉的，家中的事务对于外人来说是不能随便说的，故Heimlich又可引申为 "Geheimnis"（秘密的）。因而，"非家异感" 表面上是对外界产生的不适反应，实际上是童年经历的复现，那些经历原本被自我秘密地封锁或者部分地压抑了，可是一旦遇到类似的情境它们就会浮现出来，由此产生莫名的恐惧和不安感。所以 "非家异感" 实际上是自我内心的投射。弗洛伊德认为 "非家异感" 普遍地存在于我们生活当中，不仅在外来人和原住民的关系里，也存在于人与自我的关系，它极端化的发展会导致对异己的厌恶和排斥，而让这种感觉释然

① Sigmund Freud, "Das Unheimliche", *Studienausgabe, Band IV: Psychologische Schriften, Herausgegeben von Alexander Mitscherlich, Angela Richards, James Strachey, Frankfurt am Main: Fischer*, 1982, S. 272.

的唯一方法就是找出潜藏在无意识中的"遭遇"，也就是压抑的穿越与复现，让"他者"与自身中被压抑的部分相遇。

如果通过精神分析，有助于我们理解"非家异感"的普遍性，那么"反犹"就不再是人类文化史上一个孤立的排外事件了。阿多诺认为"反犹主义"的解决之道就是认清对犹太人的厌憎是毫无道理可言的。陷入"反犹主义"阵营的人们一旦意识到集权主义者所罗列的反犹的理由是骗人的谎言和空洞的概念，他们就解脱出来了："能否把社会从反犹主义那里解放出来，这就要取决于这种厌憎的内涵时候能上升到概念的高度，取决于它能否认识到自己的空洞乏味。"①这恰好吻合了弗洛伊德对"非家异感"的分析结论：人们一旦认识到"非家异感"实际上存在于我们的内心当中，是一种对于"熟悉"的压抑所产生的恐惧心理，那么对异己普遍存在的敌视、恐惧和排斥就会消解掉了。显然，阿多诺所给出的治疗"反犹主义"的药方里渗透了弗洛伊德心理分析的要素"非家异感"概念。

从"反犹主义""非家异感"这两个概念扩展来看，在人类文化史上长期存在的民族、身份问题其实是一个社会学与心理学交织的问题，阿多诺的"反犹主义"一方面从哲学上对启蒙理性所导致的极权化进行了批判，另一方面也使用了心理分析的成果——"非家异感"概念。在弗洛伊德的理论中，克服"非家异感"与异在和谐地相处非常不容易，但也不是无法可循，首先要了解到"我"本身就是"自我"的异客。克里斯蒂娃2012年底在复旦大学所做的《陌生的我》的演讲中对这一点进行了发挥，她认为人的创造性正是从对"自我"的异在的发现中产生，发掘出来的潜能可以用于与别人进行友好的相处。与克里斯蒂娃对文化交流的乐观论调不同，阿多诺最广为人知的一句话是："奥斯维辛集中营之后写诗是野蛮的。"奥斯维辛屠杀了数百万人的残酷事实，让阿多诺严重怀疑人类的理性，这个从启蒙时代以来日日被高呼、至今被推崇的理性实际上是与野蛮如影随形的。

① 霍克海默、阿道尔诺：《启蒙辩证法——哲学断片》，渠敬东、曹卫东译，上海人民出版社，2006年，第165页。

由此可见，"反犹主义"不仅折射出启蒙理性的阴暗面，当它和"非家异感"联系在一起，还凸显出对异族身份的排斥问题。身份，它既是米兰·昆德拉的小说里面具有多重"面具"的爱人的目光，又隐含着阿兰·波德顿所描述的我们对于自身的普遍性焦虑。在阿多诺与弗洛伊德的思想交汇处，我们发现了解决身份问题的契机，那就是我们需要时刻保持对极权化思维以及统治方式的警惕，面对我们原有的文化要悉心保持，又要融入新的文化，我们需要既是"自己"又是"他人"。只有认识到自己也是自己的异乡人，才有可能心甘情愿地帮助作为异客的他人，而不是驱逐了之。只有如此，每个人、每个国家的独特性才有分享的可能。

第十五章　本雅明

瓦尔特·本雅明（1892—1940）是德国哲学家和文化批评家，法兰克福学派的代表人物之一。他出生在柏林一个富有的犹太人家庭，1912年入弗莱堡大学攻读哲学，然后又在慕尼黑和伯尔尼大学就读，并获博士学位。之后他作为一名自由撰稿人写作，没有像法兰克福学派其他成员那样走向学院生涯。第一次世界大战时期结识马克思主义思想家布洛赫，在布洛赫、卢卡奇，特别是布莱希特影响下接受马克思主义，1927年他访苏回国后加盟法兰克福学派，积极为学派的出版物撰稿。本雅明的文化思想具有兼收并蓄的特征，融合了德国唯心主义、历史唯物主义和犹太神秘主义。在文学批评和翻译理论方面，亦有突出贡献。他对歌德、卡夫卡、普鲁斯特、波德莱尔的评论，向为人称道。一定程度上，本雅明可以说是呼应了波德莱尔的文化现代性思想，在对文化工业几乎是一面倒的声讨中，独有他保持了一份冷静，继而以他无可挑剔的趣味对文化工业何以流行作了相当客观的分析。在纳粹上台、社会研究所被迫迁出德国之前，有一阵他频频为《社会研究杂志》撰稿，与研究所关系密切，算得上是研究所的一个"边缘"成员。1930年代本雅明侨居巴黎。纳粹入侵法国后，他想逃往西班牙，再穿过葡萄牙，漂洋避难美国，不料西班牙迫于法西斯压力，刚好在那一天关闭边境。就在边境小镇上，走投无路的本雅明吞下十五颗吗啡制剂，自杀身死。这一天是1940年9月26日。

20世纪50年代和60年代，阿多诺等人编辑出版了本雅明的多卷文集和书信集，使他声名顿起，形成蔚为可观的"本雅明复兴"。他留下的为数不多的著述，主要有《德国浪漫派的艺术批评概念》（1920）、《歌德的〈亲和力〉》（1924）、《单行道》（1928）、《德意志悲剧的诞生》（1928）、《机械复制时代的艺术作品》（1936）和《发达资本主义时代的抒情诗人》（1939）等。本雅明的文化批评侧重技术主义的客观分析。在《作为生产者的作家》中本雅明指出，技术这个概念是这样一种概念，它使作品接受直接的因而也是唯物主义的分析，从它出发可以克服内容和形式毫无结果的对立。因此，文学的倾向性可以存在于文学技术的进步或者倒退中。技术包括了促进艺术直接参与阶级斗争，成为政治斗争工具的各种手段、媒介、形式、技巧等等。例如从对报纸、广播、摄影的利用，到布莱希特的叙事剧中的间离技巧和电影的蒙太奇手法等等。所以对于作为生产者的作家来说，技术的进步也就是他政治进步的基础。总观本雅明的著述，汉娜·阿伦特对他有过一段精彩描述："他博学多闻，但不是学者；他所涉题目包括文本和诠释，但不是语文学家；他不甚倾心宗教却热衷于神学以及文本至上的神学诠释方式，但他不是神学家，对《圣经》也无偏好；他天生是作家，但他最大的雄心是写一部完全由引语组成的著作；……但他绝不是翻译家；……但他也绝不是文学批评家；……但他也不是历史学家，不是文学或别的什么史家。……但他既不是诗人也不是哲学家。"[1]这一连串的否定，可以说也是一连串的肯定。故今天我们可以说，本雅明当之无愧是语文学家、神学家、作家、翻译家、批评家、史学家，更是诗人和哲学家。

---

[1] 汉娜·阿伦特编：《启迪：本雅明文选》，张旭东、王斑译，生活·读书·新知三联书店，2008年，第23页。

一、机械复制时代的艺术作品

《机械复制时代的艺术作品》是本雅明流传最广，也是影响最大的文章。在这篇著名文献里本雅明发展了马克思未及深入展开的文化生产模式理论。按照马克思的预言，资产阶级生产方式不但肆无忌惮剥夺无产阶级，而且必然导致资本主义自身的毁灭。问题是，一旦无产阶级掌握政权，着力于建设自己的文化领导权，是不是要将资产阶级的艺术标准诸如创造性、天才、永恒价值、神秘性等等，一概弃之如敝屣？《机械复制时代的艺术作品》很大程度上正是在回答这一问题。本雅明提出对艺术作品的接受有两种不同的侧重方面：一种侧重于艺术品的膜拜价值，这是传统艺术；另一种侧重于艺术品的展示价值，这是现代艺术。而现代艺术的展示价值意味着艺术实践从早期的仪式中解放出来，通过机械复制而为大众所有。即是说，在机械复制时代，艺术作品的展示价值开始整个压倒膜拜价值，艺术作品不再沐浴于神秘光辉里而高不可攀，而是越来越接近日常生活，满足大众展示和观看自身形象的需要。摄影和电影便是最好的例子。比如照相，本雅明指出，它意味着世界历史上，机械复制第一次将艺术作品从它对艺术的寄生依赖中解放出来。一张摄影底片，可以冲印出无限数量的照片，要确定哪一张是"权威的"照片已是毫无意义的事情。概言之，传统艺术的"光晕"（Aura）正在消失，机械复制艺术更符合现代人的要求。

"光晕"是本雅明使用的术语，就艺术作品来说，光晕指它独一无二的时空存在方式、它的权威意味和它永恒的神秘意味，所以它和传统难分难解。但是机械复制在世界上开天辟地第一次把艺术作品从它对仪式的依附中解放出来了。结果是使作品的光晕在机械复制时代无可奈何地萎谢了。关于传统艺术在当代衰微的社会基础，本雅明说，这是因为当代群众渴望在空间上和人性上更"贴近"一些对象，故而通过占有一个对象的酷似物，占有它的复制品，来占有这个对象的愿望，便也与日俱增。复制技术恰恰满足了当代人的这一愿望，用众多的摹本代替了独一无二的存在，使被复制的对象恢复了活力。所以传统的大崩溃是势所必然的。概言之，机械复制艺术更符合现代人的要求。

同摄影相似的还有电影。事实上在机械复制时代的艺术中，本雅明最为推崇的就是电影这门新兴艺术。他认为电影展示了异样的世界和视觉无意识，电影的特征不仅在于人面对摄影机时如何表演，而且在于人借助摄像机表现了客观世界。电影以弗洛伊德心理学可以解释的方法，丰富了大众的观照世界，不但在视觉，而且在听觉方面导致了对感官的深化。电影展示的场面较绘画精确得多，而且可从多种视角来加以分析。特别是它表现出艺术和科学两相结合的特点，对此他甚至上溯到文艺复兴，认为现代技术给艺术带来的进步，正像达·芬奇绘画中渗透了解剖学、透视学、数学、气象学和色彩学。总之，电影不失为人类艺术活动中的一次革命。

在本雅明看来，机械复制最具启发性的形式是艺术品的复制品（Reproduktion des kunstwerk）和电影艺术（Filmkunst）。通过对这两种形式的分析，他指出机械复制的时代艺术发展具有五种新的趋向：

第一是艺术品的"原真性"（Echtheit）与"权威性"（Autorität）被"可复制性"所取代。"原真性"是由原作的"即时即地性"（alle Fälle sein Hier und Jetzt）构成，原作在历史中每一次变化的痕迹都"即时即地"镌刻在它的身上，这是手工复制品无法达到的。因而，原作遇到复制品时便获得了它的"权威性"。可是在机械复制时代艺术品的这两项优势都不再显著了：其一，机械复制创造出的赝品更逼真；其二，机械复制技术让原作的摹本比原作更为自由，可到达原作不能到的地方。

第二是艺术作品对于欣赏者而言独具的"光晕"消逝了。本雅明认为机械复制时代凋谢掉的东西就是艺术品的"光晕"。早在1931年撰写的《摄影小史》中本雅明就提到早期的相片有一道"灵韵"环绕。本雅明认为"光晕"最初的存在与艺术作品的礼仪（巫术礼仪、宗教礼仪）功能相关，但逐步演变为艺术作品的独一无二性。《机械复制时代的艺术作品》站在时空的角度来描述"光晕"："它是在一定距离之外但感觉上如此贴近之物的独一无二的显现。"[1]在这段话后面,本雅明举例描述一个人如何在午后绿荫下感受阳光中远处景色的光晕,并且强调这样的感觉转瞬即逝、不可复得。"光晕"的衰竭与大众影响的增长密切关联,大众"通过占有一个对象的酷似物、摹本或者占有它的复制品来占有这个对象的愿望与日俱增",机械复制刚好又迎合了这一需求。尤其是摄影技术产生出的原作本身就是复制品,它的独一无二性与可重复性紧密交叉在一起,最终取消了自身。

第三是艺术的膜拜价值(Kultwert)被展示价值(Ausstellungswert)所替代。本雅明强调,就艺术品的接受而言,有两方面尤为明显,一是侧重于艺术的膜拜价值,另一则侧重于艺术的展示价值。艺术发端于为巫术服务的创造物,它的膜拜价值是第一位的,可是随着复制技术的推广和日益多样化,艺术品的展示价值开始抑制其膜拜价值,以至于膜拜价值拉出了最后一道防线——人像摄影。现如今,利用高超的复制技术,可以轻而易举地让教堂里陈列的古老壁画和音乐厅中的古典交响乐以"拷贝"的形式摆放在家中,以供人随时观赏。艺术作为礼仪膜拜的必需品已经退居次位,艺术一方面从对礼仪的寄生中解放出来,另一方面通过人们对展示价值的推崇开始建立在政治的基础之上。电影艺术可视为机械复制时代最有影响的代理人。它用逼真的手段和无与伦比的可信性去表现迷人的或使人震惊的东西,它甚至培养了人们新的统觉反应。观众站在摄影机角度,便设身处地投入进演员角色,体验演员的情感世界,同时他们又采取摄影机的态度——对演员进行检测。这就不是一种能产生膜拜价值的态度。电影演员知道,当站在摄影机前时,他就站在了与观众相关联的机制中,而观众就是市场的买主。大众在观看电影并倾倒于明星射出的"魅力"时,也变得堕落了。本雅明指出,这正是法西斯利用明星效应而取消大

① 瓦尔特·本雅明:《机械复制时代的艺术作品》,王才勇译,中国城市出版社,2002年,第13页。

众阶级意识的目的之所在。[1]希特勒十分看重技术在政治宣传中的作用，他花重金邀请著名导演莱尼·里芬斯塔尔为纳粹拍摄纪录片《意志的胜利》，借此美化纳粹党的形象。影片1935年首映，获得了当年的威尼斯电影节和巴黎电影节最佳纪录片奖。不得不说，凭借此片希特勒及其政党的魅力被大大强化，迷惑了无数大众去追随纳粹。

第四是艺术的永恒性被"可完善性"（Verbesserungsfähigkeit）所取代。由于早期复制技术的局限，艺术品被要求具有永恒性，艺术家在创造时也会倾力创造一种永恒的价值。而随着艺术品可以被大规模地复制，这种永恒性被彻底取消了。比方说电影，它由于制作费用高昂，似乎生来就是为了大规模地"拷贝"发行。所以对于电影艺术而言，起决定作品的是可复制性，它制作的过程依赖于蒙太奇的剪辑，电影中的每一片段都是对剪辑内容的选择和复制，这样，电影的"可完善性"就彻底抛弃了永恒性。

最后，艺术的大众性取代了小众性。这里的大众是指以艺术为消遣的群体，小众则是指将艺术品作为凝神关照对象的艺术爱好者。一幅绘画作品往往被要求满足小众的品位，并且被小范围欣赏，即使在博物馆或者画展行，它也无法成为大众共时接受的对象。而机械复制时代的电影成为面向大众展示的技巧，大众也梦想成为电影中的某个角色。本雅明说："每个现代人都具有被拍成电影的要求。"[2]而电影导演所要做的仅仅是精心地挑选演员，将其当作道具放在合适的位置上，这种拍摄手段让越来越多的大众参与到电影的制作当中。大众性其实已经成为机械复制时代艺术作品最显著的特征，它们是可以大量被复制的艺术品，在大众近距离的欣赏中具有了现实的活力，并且最大限度地满足了大众占有艺术的心愿。今天已经进入

① 瓦尔特·本雅明：《机械复制时代的艺术作品》，王才勇译，中国城市出版社，2002年，第37页。

② 瓦尔特·本雅明：《机械复制时代的艺术作品》，王才勇译，中国城市出版社，2002年，第43页。

数字电影时代，电影作为大众文化的重要组成部分进入了大众的休闲生活。当影院中播放的3D电影以高昂的投入获得更巨大收益的同时，小成本的"微电影"也已在网络上取得了不俗的收视，相伴随的当然是植入商业广告的收益。

从今天看，本雅明对于艺术在现代文化中的发展倾向的把握，仍然具有很强的预见性和深刻的颠覆性，他将生产技术的发展作为讨论艺术特征的前提条件，因而所提出的艺术的"原真性""光晕"等特质，无一不是对古代艺术与现代艺术作品对照后的产物。这样就使得他的批判带有了历史的维度，颠覆了传统的艺术批评概念，尤其是新古典主义者们用永恒有效的范畴去定义艺术的传统方式。其实，本雅明早在1934年《作为生产者的作家》就提出了包含这一思想的"艺术生产理论"，认为艺术创作过程与物质生产过程一样，艺术家就是生产者，艺术品就是商品，而艺术创作技巧组成了艺术生命力，一定的创作技巧代表了一定的艺术发展水平。基于这一理论，以"光晕"为显著特征的传统艺术形式演变为以"大众性"为特征的机械复制时代的艺术就是极其自然的事。同时，在对传统艺术评价概念的拒斥上，《机械复制时代的艺术作品》与《德国悲剧的起源》也具有内在的一致性，在后者中他发现了德国"悲苦剧"中超越世俗的寓言结构，这片寓言的"废墟"蕴含着巴洛克艺术要求救赎的愿望。这一观点颠覆了新古典主义认为"悲苦剧"仅仅是对希腊悲剧的拙劣模仿的偏见。

但是，本雅明只看到技术革新对艺术形式的积极影响，而忽略了艺术在机械复制时代失落了自律的精神；只看到了机械复制为大众带来的新的理解的可能性，而低估了艺术大众化的消极作用：一方面文化工业在极力为电影寻找一个伪造的"灵韵"——明星崇拜；另一方面大众的批判意识在飞速流转的影像面前已经钝化，取而代之的是对虚幻现实的心悦诚服。实际上，本雅明关于"光晕"凋谢的论述，恰好包含了技术"合理化"的思想，在机械复制时代的艺术作品缺少艺术所应具有的"否定"的要素，这恰好是本雅明艺术批评所忽视或者说未能充分展开的地方。本雅明为我们阐明，发达资本主义和大众传媒的直接后果是传统艺术"光晕"的消逝，但是他并未像阿多诺那样由此对现代技术进行彻底的批判，而是寄希望于复制技术为大众带来理解和领悟艺术作品的新的可能性。同时，他还试图通过电影艺术的政治化来达到革命的目的：

> 崇尚艺术——摧毁世界，法西斯主义如是说，并像马里内蒂（Marinetti）承认的那样，从战争中期待由技术革新带来的艺术上的满足。这显然是"为艺术而艺术"的完满实现，从前，在荷马那里属于奥林匹克之神的关照对象的人类，现在已经成为利己的存在，他们的自我异化达到了那样的地步，以致他们将自身的毁灭当作首位的审美享受去体验。而这就是法西斯主义所谋求的政治的美学化（Ästhetisierung der Politik），共产主义则用艺术的政治化（Politisierung der Kunst）作出回应。①

显然，本雅明的希望与当时的政治现状存在巨大鸿沟。1936年整个政治文化没能制止法西斯的胜利，而是在几周之内被法西斯所毁灭。看看吧：1933年5月10日本雅明的书被焚毁，紧接着是博物馆的"肃清"运动，对一切反抗人士的拘捕行动，暴力和恐怖席卷了文化的领域。②而本雅明却寄希望"共产主义用艺术的政治化"去回应法西斯的"政治的美学化"，应是没有考虑到当时德国已首当其冲悲剧性地经历了艺术的政治化。

二、手工复制时代的"誊写美学"

自上世纪80年代《机械复制时代的艺术作品》（1936）被译为中文出版以来，

① Walter. Benjamin, "Das Kunstwerk im Zeitalter seiner technischen Reproduzierbarkeit", *Walter Benjamin Gesammelte Schriften, Band I, Teil 2*, Frankfurt am Main: Suhrkamp, 1974, S. 508.

② Jean-Michel Palmier, *Walter Benjamin: Lumpensammler, Engel und bucklicht Männlein Ästhetik und Politik bei Walter Benjamin*, Frankfurt am Main: Suhrkamp, 2009, S. 1156.

国内学界对这篇随笔的关注主要集中在以"机械复制"为核心的美学思想，侧重于艺术作品在机械复制时代以及后机械复制时代发展趋向的论述。约斯·德·穆尔将其看作研究数字化操控时代艺术作品的切入点，并把以展示价值为特征的现代艺术与以操控价值为特征的后现代艺术进行了对照。[①]曾军则从本雅明对不可复制的艺术、手工复制的艺术和机械复制的艺术的区分着眼，将数字技术看作机械复制技术的升级版和替代品。[②]这篇随笔在新媒体研究领域的影响由此可见一斑。

《机械复制时代的艺术作品》也可作为研究"手工复制时代"誊写美学的重要入口。本雅明在其开篇便着重指出，印刷即文字的机械复制在文学中所引发的巨大变化，从世界历史的角度来看，是一个极其重要的特例。接着在谈艺术作品的"原真性"时，他对"手工复制"与"机械复制"进行了区分，我们可以将这一区分延伸至文字领域，并且引出两个同"复制"密切相关的理论问题：一、文字的复制与艺术作品的复制有何不同？二、文字的手工复制与文字的机械复制的分歧何在？本雅明现有的研究文献对此论题虽有广泛涉及，但远未系统展开。

本雅明在《单行道》（1928）"中国古董"一节，曾专门就文字的手工复制——誊写，作过深入的美学阐释，当中强调誊写之于"文学文化"的重要价值尤其耐人寻味。联系他在同年发表的书评《评安雅·门德尔松与格奥尔格·门德尔松〈笔迹中的人〉》当中的笔迹学思想，即将录入笔迹的每张碎片都看成是大世界剧场的免费入场券，认为笔迹图像呈现的是人类本质与人类生活的哑剧。可以发现，誊写所保证的"文学文化"指向隐藏着书写者"无意识"的誊本笔迹。

① 参见约斯·德·穆尔：《数字化操控时代的艺术作品》，吕和应译，《学术研究》2008年第10期。约斯·德·穆尔，荷兰鹿特丹伊拉斯谟大学哲学教授，主要研究美学、艺术哲学、新媒介与信息交流技术哲学，著有《赛博空间的奥德赛》《后现代艺术与哲学的浪漫之欲》等多部作品。

② 参见曾军：《媒介形态变化与当代视觉文化的认知测绘》，《文化研究》2016年第2期。

关于复制的方式，总体可分为"手工复制"与"机械复制"①。在本雅明看来，早在印刷术使文字变得可以机械复制之前，版画艺术（Graphik，又名书画刻印艺术）就已借助木刻术成为可机械复制的了。②如此一来，纯粹的手工复制，在绘画领域便只有"临摹"，在书写领域就剩下了"誊写"。但是我们所说的"手工复制时代"还包括机械复制技术零星出现、缓慢发展的累积时期，主要是指19世纪之前对艺术作品的复制以手工技术为主导的时代。绘画在"手工复制时代"，虽可借助木刻、镌刻和蚀刻进行简单的机械复制，可是复制的数量有限，并且带有手工劳动者个人的印记。

在平版印刷的推动下，书写与绘画的机械复制才取得了质的飞跃。本雅明指出，以19世纪初期平版印刷（石印术）的发明为标志，机械复制技术进入了一个根本性阶段，版画才能以巨大的产量、日日翻新的造型投入市场，成为人们描摹日常生活的重要媒介。其实，早在15世纪中叶，随着古登堡印刷术的发明，文字的机械复制在欧洲就已经开启，并且在文学中引发了巨大的变化，被本雅明称为世界历史中的一个极其重要的特例。然而，文字的机械复制为何是一个特例？《机械复制时代的艺术作品》并没有给出明确的回答。对此我们可以从两个方面进行考察：其一，文字的复制较之艺术作品的复制有何不同？其二，文字的手工复制与文字的机械复制有何差异？

首先，要从本雅明对艺术作品的"手工复制"（die manuelle Reproduktion）与"机械复制"（die technische Reproduktion）的区分谈起：

---

① "机械复制"（die technische Reproduktion），也可译为"技术复制"，但是在本雅明的这篇随笔中，"机械复制"与"手工复制"（die manuelle Reproduktion）作为一组概念出现、互为对照，前者强调使用机械工具，后者强调手的实践。如果将"die technische Reproduktion"翻译为"技术复制"，则会导致歧义，因为"手工复制"同样也可看成一种手工技术，故笔者在本节中采用"机械复制"这一译法，使其与"手工复制"区别开来。

② Walter Benjamin, "Das Kunstwerk im Zeitalter seiner technischen Reproduzierbarkeit" (Dritte Fassung), in: *Walter Benjamin Gesammelte Schriften I*, Herausgegeben von Rolf Tiedemann und Hermann Schweppenhäuser, Frankfurt am Main: Suhrkamp Verlag, 1991, S. 474.

完全的原真性是机械复制（当然不只是机械复制）所达不到的，当真迹面对通常被标为赝品的手工复制品时，便保有了它全部的权威性，而面对机械复制品时就不是这样了。原因是两个方面的，首先机械复制证实比手工复制更独立于原作。比如，在摄影术中，机械复制可以突出原作的那些肉眼无法看到的部分，因为镜头是可调节的并能任意地选择角度。此外，摄影术还能借助特定的程序，诸如放大或慢镜头捕捉到逃身于自然视线之外的图像（Bilder）。其次，机械复制可以将原作的仿像（Abbild）带到原作自身无法到达的地方。①

艺术作品的手工复制较之机械复制更依赖于原作，同时也更能衬托出原作独一无二的地位。本雅明认为，"手工复制"不能保证艺术作品的"即时即地"（Das Hier und Jetzt）——它在其所处地点的独一无二的"在场"（Dasein），也不能像机械复制那样有效地拉近人们与原作的距离，打破欣赏原作的时空局限。然而，在笔者看来，手工复制过程中产生的触觉感悟，机械复制同样无法企及。绘画的临摹者有机会体验原作者的动作、姿态，甚至可以意外捕获大师创作时的手势，他在模仿大师的手势中绘画，并通过触觉传达自己的内在体验；而绘画的拍摄者只需用手按下快门，他对大师作品的体悟依靠视觉传达，在整个复制过程中，发挥主导性作用的是"眼"而不是"手"。苏珊·桑塔格在《论摄影》中曾一针见血地指出，人们通过拍摄将经验本身变成了一种观看的方式。②表面上，通过"眼"快速直接地捕捉对象，比借助"手"缓慢地临摹要更准确和逼近艺术作品的"原真性"；但经过局部放大和角度选择的复制品，经常呈现出一种碎片化的姿态，从而远离了艺术作品整体上的原真。尽管如此，不论艺术作品的手工复制，还是它的机械复制，都以

① Walter Benjamin, "Das Kunstwerk im Zeitalter seiner technischen Reproduzierbarkeit"（Dritte Fassung）, in: *Walter Benjamin Gesammelte Schriften I*, Herausgegeben von Rolf Tiedemann und Hermann Schweppenhäuser, Frankfurt am Main: Suhrkamp Verlag, 1991, S. 476.

② 参见苏珊·桑塔格：《论摄影》，黄灿然译，上海译文出版社，2014年，第31页。

追求与原作形态上的一致为目标。

文字的复制与艺术作品的复制则有不同。文字的机械复制，追求的是文字内容与原作一致基础上形式（排版、格式等）的灵活性，而艺术作品的机械复制，以图像为例，则是将尽可能逼真地再现原作视为第一要务。绘画，从原作到美术印刷品，原作的质感等物质性因素全部消失，只剩其形。文字的手工复制，虽也主要借助于"手"，但与艺术作品的手工复制的区别在于：誊写追求的是内容与原作统一基础上书写风格的个性化保留，誊本与原作的笔迹不必相仿；而临摹则要极力追求与原作的神似与形似，努力模仿原作者的技法和风格。誊写还让阅读与书写紧密地融合在一起，是一种独特的认知书写者内部新图景、发现文本之要旨的方式。纯粹的阅读，往往走马观花，阅读者容易用自己居高临下的态度来审视文本，也就是说，阅读中读者的主观性压制了文本的力量，因而任由自己的思绪驰骋。誊写的过程，尽管看上去死板、艰苦，但好处是放弃前见、放低身段，灵魂任由文本指引，最终留下带有自己精神特质的笔迹。这一思想出现在《单行道》（1928）中的"中国古董"一节，本雅明通过将誊写比作在乡间道路上行走，把阅读看成是从飞机上俯瞰而过，从而引申出誊写之于文学的重大意义：

> 一个人行走在乡间道路，与从乘坐飞机上俯瞰而过，对乡间道路力量的感受会迥然不同。如同阅读与誊写，所感受到的文本力量也截然不同。飞行的人仅仅看到，道路如何在景色中延伸，感到它的推进就像周围的景致那样遵循同样的轨迹。只有在路上行走的人，才能体验到道路的统治，如同来自某个人的领地，它对于飞行者则只是一马平川，道路借助它的每一次转弯，对远方、宫殿、林中空地、全景图的召唤，就好似指挥官对前方士兵发号施令。誊写下的文本也是如此独自指挥着抄写者的灵魂，而单纯的读者绝不会了解到他内在的新图景（Ansicht），以及它开辟出的穿过越来越稠密的内部原始森林的那条文本之路：因为读者任由他搏动着的自我沉浸在自由

的梦幻空间，而抄写者却任凭自我的这种搏动发号施令。因此，中国人的书籍誊抄工作成了文学文化（literarische Kultur）无与伦比的保证，而誊本（Abschrift）则成了解开中国之谜的钥匙。[①]

本雅明在这段话的末尾指出，誊写是"文学文化"[②]无与伦比的保证，誊本则为解开中国之谜的钥匙。可我们知道本雅明并不懂中文，也不确知誊本中的文字是否关乎"文学"，即狭义层面的小说、戏剧、散文、诗歌等文学样式；这里所言"文学文化"，具体指向何处？或者说，誊写的美学价值寄寓何处？

一方面，誊写活动本身，符合康德所言的审美活动的"无目的的合目的性"[③]。"誊写"给人的愉悦并不取决于誊抄的质量与数量，而是源自誊抄者依据特定的文本，结合其生命体验写下带有自我风格的笔迹的过程，因而它所合乎的目的是主观的，体现了一种顺应情感的情致。另一方面，誊写与书法关联甚密，书法可看作笔迹的艺术化。中国的书法家经常从自然界中摄取艺术灵感，擅长将一枝梅花、一只跳跃的斑豹，抑或松枝的纠缠盘结的气韵形态尽收笔底。本雅明曾在《法国国家图书馆中国画展》一文中指出，中国书法的动态特质，是由其笔墨当中所包含的多种潜在的相似所赋予的，故而把对于中国书法的美学阐释一步步引向关于"相似性"以及"模仿能力"的学说，玄之又玄。

此外，誊写下的笔迹——誊本，从其形式上看，是一套全新的书写经验，每一位书写者都有其独一无二的笔迹，即便同一书写者在不同时期留下的笔迹也有差异；笔迹所传达出的既是誊写者内在的、独特的生命体验，也是其生活环境的一种投射。

---

① Walter Benjamin, "Einbahnstraße", in: *Walter Benjamin Gesammelte Schriften IV*, Herausgegeben von Tillman Rexroth, Frankfurt am Main: Suhrkamp Verlag, 1991, S. 90.

② "文学文化"（literarische Kultur）可展开为"文学的文化"，而"文学的"（德语："literarisch"，英文："literary"），在德语语境中，除去指狭义层面的文学的诸多样式之外，还有一层较为宽泛的含义，即书面的。《单行道》的译者王才勇教授将它与"文化"合译为"文学文化"，笔者也沿用这一译法，但更倾向于从"书面文化"的角度去理解它。

③ 参见康德：《判断力批判》，邓晓芒译，人民出版社，2002年，第62页。

本雅明对笔迹学的领悟，直接影响了他对誊写术的美学阐释。1928年，本雅明在《文学世界》上发表了一篇关于笔迹学的书评，他从安雅·门德尔松与格奥尔格·门德尔松的新作《笔迹中的人》（1928，Der Mensch in der Handschrift））当中提出的"立体笔迹图像理论"出发，认为笔迹只是显现为平面的图像，其印痕表明一种立体的深度，对于书写者而言，在书写平面背后还存在着一个立体的空间。另一方面，在笔路中断处，笔尖返回至书写平面前方的空间，为的是去描绘它"精神的曲线"。本雅明由此追问：笔迹的立体图像空间是否就是透视表象空间的一个微观宇宙的仿像？再者，持心灵感应论的笔迹阐释者是否能从笔迹的立体图像中获得启示？他预测，"立体笔迹图像理论"至少是打开了这一前景，即有朝一日笔迹学研究可以为心灵感应过程研究提供助力；并据此将每一张带有笔迹的碎片都看成是大世界剧场的免费门票，认为其展示的是微缩了十万倍的全部"人类本质"（Menschenwesen）与"人类生活"（Menschenleben）的哑剧。[1]在这里，笔迹与心灵的关系凸显出来。本雅明于1930年发表的题名为《新旧笔迹学》（"Alte und neue Graphologie"）的广播稿则更明确地指出，安雅与格奥尔格将笔迹学研究引向了与内在意识紧密相联的图像阐释领域。巧合的是，他在1933年写作的《相似性学说》中坦言："最新的笔迹学教会我们，去识别手写的图像（Bilder），或更准确地说画谜（Vexierbilder），它是书写者的无意识在笔迹中隐藏的东西。"[2]对本雅明而言，笔迹学研究的真正意义在于从人类内心的极隐秘处，观看人类本质与人类生活的哑剧。

现在，我们再回到本雅明关于中国誊本的那个段落：中国人的书籍誊抄工作

① Walter Benjamin, "Anja und Georg Mendelsohn, Der Mensch in der Handschrift", in: *Walter Benjamin Gesammelte Schriften III*, Herausgegeben von Hella Tiedemann-Bartels, Frankfurt am Main: Suhrkamp Verlag, 1991, S. 139.

② Walter Benjamin, "Lehre vom Ähnlichen", in: *Walter Benjamin Gesammelte Schriften II*, Herausgegeben von Rolf Tiedemann und Hermann Schweppenhäuser, Frankfurt am Main: Suhrkamp Verlag, 1991, S. 208.

是"文学文化"无与伦比的保证，誊本则为解开中国之谜的钥匙。这里，"文学文化"不是指某一种文学特定的表达方式，也不是泛指文本传递出的思想内容，而是指向书写的形式。在誊抄过程中文本的内容与形式都会发生变异，其中变化最为显著的自然是书写的形式，也就是笔迹；它让誊本成其为独立的作品，当中的一笔一画都是抄写者审美趣味、心理状态的微观缩影，当然也可视为一种书面文化的见证。文本之内容，印刷术同样能够保证，而唯独誊写，可以将阅读、理解、思考、抄写、认知融为一体。因此，它所保证的"文学文化"，既包括原作所处时代的书写特征，又融入了书写者的性格以及在书写过程中的生命体验，并体现于选纸、用墨、执笔、布局、色彩、笔画结构等诸多细节。伊斯特·莱斯利对本雅明的笔迹学思想有过这样一番评述："手写体呈现的不仅是分析作家性格的一种方法，也是接近只被思考或许甚至未被思考之物的可能性。手稿的特征就体现在无意识的、未言表的因素，语言之前就存在的物，也许是外在于表达的东西。"①

"手工复制时代"的誊写术，虽是"文学文化"无与伦比的保证，却仍无力抵挡印刷文明的冲击，无力摆脱被边缘化的命运。誊抄本身耗时费力不说，在精确性与广泛传播方面也缺乏保证。15世纪中期德国古登堡印刷术的发明，使文字、手稿的批量复制成为可能。伴随着19世纪平版印刷的广泛应用，手工复制时代不可或缺的书籍誊抄工作逐渐消没，随之而来誊写的经验逐步被印刷的经验所取代，与其有着相似命运的还有"讲故事的艺术"。弗雷德里克·詹姆逊指出，本雅明在《讲故事的人》《波德莱尔的几个母题》《机械复制时代的艺术作品》三篇具有象征意义的文章中构筑了"关于经验之统一性的概念，以此来谴责现代心理和经验的破碎"②。他强调，我们对当今这个缺乏根基的时代的疑虑与批判，正是建立在这个关于经验的某种有机统一性的基础之上。在笔者看来，讲故事的艺术与誊写术构筑

---

① 伊斯特·莱斯利：《本雅明》，陈永国译，北京大学出版社，2013年，第96页。

② 弗雷德里克·詹姆逊：《对本雅明的几点看法》，《作为生产者的作者》，郭军等译，河南大学出版社，2014年，第243页。

了这种统一性的经验，不论是口传的经验，还是誊写的经验，都具有生命的张力，它们的日渐式微意味着文学"灵韵"的凋谢，也意味着讲故事的人与誊写者的谢幕。

三、讲故事的艺术与誊写术

本雅明曾经坦言，《讲故事的人——尼古拉·列斯科夫作品随想录》（1936）与《机械复制时代的艺术作品》的主题皆为"灵韵"的凋谢。[1]他在谈到艺术作品的"灵韵"时也指出，"灵韵"的凋谢是一个症候性事件，其意义超出了艺术的领域，"灵韵"被定义为"时空的编织物"，抑或"遥远之物的独一无二的显现"。讲故事的艺术与誊写术，关涉到文学的两种形态：口传的与书写的。二者的共同之处在于对"作者"（誊写者与讲故事的人）经验的保留。如果说，艺术作品的"灵韵"与它的膜拜价值、独一无二性密切相关，文学的"灵韵"则指向主体的经验，因而《讲故事的人》可视为本雅明誊写美学的另一重展开。

讲故事的艺术与手工劳动氛围之间的历史亲和性，在《讲故事的人》中一览无余。本雅明指出，史诗、神话、传说这类口传的经验依托于讲故事的艺术，在手工劳动中兴盛，或者也可称之为手艺。这门技艺的日薄西山，是因为人们一边听故事、一边纺线织布的情况愈渐稀少。在慢节奏的手工劳作中，人们通过听故事，逐渐深谙讲故事的艺术，手工劳动者生活的痕迹也会不知不觉地浸入故事当中，故而讲故事的艺术可视为手工复制时代的技艺；而在机械复制时代，伴随着讲故事者工匠、艺人出身氛围的消逝，故事最终由长篇小说和新闻报道取而代之。

口口相传的故事与长篇小说、新闻报道相比最显著的特征是：经验的可交流性与启迪性。故事取材于讲故事者自己的或听来的经验，然后在讲述过程中将其转化为听故事者的经验，如此一来，它当中自然不乏源自生活的智慧闪光；小说则出自

---

① 伊斯特·莱斯利：《本雅明》，陈永国译，北京大学出版社，2013年，第187页。

一个孤单的个体，小说家没有可借鉴的实例来道出自己最为切近的关怀，既没有人给他建议，他也不能给别人忠告，因而写小说意味着将人类生活当中无法交流之事推到极致，并且通过表现生活的丰富性来证明人类深刻的困惑。[①]在本雅明看来，普鲁斯特的小说是一个特例，他在小说当中试图通过"回忆"，在现代人面前重新树立起讲故事的人的形象。新闻报道则着眼于传达事情的精华，而非新闻事件与读者自身的相关性，它不会将世态人情融入其中，而且新闻的价值只存在于报道新闻的那一刻。本雅明在《论波德莱尔的几个母题》（1940）中谈到，新闻的意图并不是使读者将它所提供的讯息作为自身经验的一部分，而是将事件与能够对读者经验产生影响的区域隔离开来。[②]报纸之所以脱离经验，是因为它未能进入到"传统"当中去，没有经历徐缓的累积与创造的过程。故事则不同，本雅明举例说，希罗多德在《历史》中讲述的埃及国王沙门尼特的故事，它平实而干涩，未提供任何诠释，却能在数千年之后还能引人思索，保持并凝聚其力量，虽年深日久仍能将其发挥出来。这便呈现出与本雅明对"灵韵"[③]的描绘某种内在的一致。

《论波德莱尔的几个母题》谈到"灵韵"时指出："若人们将偶然定居在非意愿记忆中的想象（Vorstellung），称之为环绕着直观对象的灵韵，那么与一个直观对象的灵韵相应的经验，便沉淀在了作为实践（Übung）的使用对象上。"[④]在他看来，"灵韵"的经验构筑于人类社会频繁出现的一种反应机制，感觉到被注视的

---

① Walter Benjamin, "Der Erzähler. Betrachtungen zum Werk Nikolai Lesskows", in: *Walter Benjamin Gesammelte Schriften II*. Herausgegeben von Rolf Tiedemann und Hermann Schweppenhäuser, Frankfurt am Main: Suhrkamp Verlag, 1991, S. 443.

② Walter Benjamin, "Über einige Motive bei Baudelaire", in: *Walter Benjamin Gesammelte Schriften I*, Herausgegeben von Rolf Tiedemann und Hermann Schweppenhäuser, Frankfurt am Main: Suhrkamp Verlag, 1991, S. 610.

③ "灵韵"（Aura）的含义在德语维基百科主要呈现为以下几种：微风、和风；古希腊的清晨微风女神；用于形容某人的独特魅力；氛围，某种环境美学魅力；精神或身体的一种感觉，在癫痫、偏头痛之前发生；本雅明所创造的艺术理论概念。

④ Walter Benjamin, "Über einige Motive bei Baudelaire", in: *Walter Benjamin Gesammelte Schriften I*, Herausgegeben von Rolf Tiedemann und Hermann Schweppenhäuser, Frankfurt am Main: Suhrkamp Verlag, 1991, S. 644.

人会不自觉地将目光投向注视的一方，不仅人与人之间会有这样的情况，人与自然物之间也会发生这样的注视。在《机械复制时代的艺术作品》中，本雅明将自然对象的"灵韵"描述为"遥远之物的独一无二的显现，但它可能如此地贴近。在一个夏日的午后，一边休憩一边注视，地平线上的山脉或一根在休憩者身上投下阴影的树枝，那就是这座山脉或这根树枝的灵韵在散发"①。同样是这段话，它出现在早年发表的《摄影小史》（1931）中，前面还加上了一句，大意是："灵韵"是一种时空的编织物，可见"灵韵"与距离相关，空间的距离抑或时间的距离，自然景物在人遥远的注视中才有其"灵韵"的散发，感受某一个现象的"灵韵"意味着赋予它回望的能力。本雅明还指出，在文学创作当中，诗人可以赋予一只动物、一个无生命物这样的能力，让它抬起眼来在与读者的对视中拉开距离。同样，话语也可以拥有它的"灵韵"，人们看它时的距离越近，它回望时的距离就越远，回望的魔力也就越强。对此，伊格尔顿一针见血地说："灵韵开启距离只是为了更有效地赢得亲近。"②在笔者看来，当人们将情绪、感觉注入直观对象当中，对象就被赋予了生命力，从而拥有了与人同等的地位、同等对视的权利。

艺术作品的"灵韵"，指向它的膜拜价值、独一无二性；口传文学的"灵韵"则指向经验内容，它来自讲故事的人，它不断将自身的经验（自己的经历或道听途书的经验）转化为听故事者的经验，故事因此带有讲述者自身的记号。当口传的文学通过书写被固定下来，它依旧存有来自经验内容的"灵韵"。比如，西方古老的史诗作品，穿越时光隧道，仍具有直抵人心的力量，因为，讲故事的人将经验注入其中，这经验沉淀了几代人的智慧，故历久而弥新，仿佛专为时人而作。"经验"（Erfahrung），在德语中指体验或观察某一事物或事件后所获得的心得、知识、技

① Walter Benjamin, "Das Kunstwerk im Zeitalter seiner technischen Reproduzierbarkeit"（Dritte Fassung）, in: *Walter Benjamin Gesammelte Schriften I*, Herausgegeben von Rolf Tiedemann und Hermann Schweppenhäuser, Frankfurt am Main: Suhrkamp Verlag, 1991, S. 479.

② 特里·伊格尔顿：《瓦尔特·本雅明或走向革命批评》，郭国良、陆汉臻译，商务印书馆，2015年，第50页。

巧，并可用于后续作业。本雅明对其身处的时代叹息道："经验贬值了。而且看来它还将朝着一个无底洞贬下去。无论何时，你只要扫一眼报纸，就会发现它又创了新低，你会发现，不仅外部世界的图景，而且道德世界的图景也是一样，都在一夜之间遭受了我们从来以为不可能的变化。"①这里所言的"经验"特指"口口相传的经验"，在本雅明看来，经验的贬值不但影响我们看待外部世界的方式，还改变了我们内在的道德观念，讲故事的艺术行将就木，其实质则为真理的史诗面向——智慧的消亡。可是他并不将其仅仅视为一个"衰亡的现象"（Verfallserscheinung），或者是一个"现代的现象"，而更多地看成是世俗历史生产力的伴随现象，认为生产力逐渐把讲述从活的口语中剥离出来，并同时让人在消逝之物中感受到一种新的美。

誊写术亦属机械复制时代的消逝之物，本雅明在誊写术已然淡出人们的视线之际，偶遇来自中国的誊本，或许正是这种时空的交错感、面对异域文化新奇感，激发出了他阐释誊写美学的灵感来。一来，誊写者较之纯粹的阅读者，可以更深刻地感受到文本的力量，甚至整个灵魂都会受到文本的指引，从而发现内在自我的新图景；二来，当他听凭自我的搏动发号施令，抄写下融入独特感受的笔迹之时，曲折而隐秘的文本之路也正式向他敞开。誊写者通常不会像讲故事的人那样，事先陈述一段如何得知故事的原委，或者在经验内容上增奇附丽、网罗编织，但他在誊写时的心路历程是不可复制的，呈现内在自我的誊本笔迹亦是独一无二的，并且焕发出生命的张力。本雅明将笔迹视为一种立体图像，这与他对语言的独特理解密不可分。他认为语言（Sprache）拥有一副身躯（Leib），身躯也拥有一种语言，笔迹学将二者融为一体，笔迹的语言有血有肉，笔迹之身躯则在言说着。②雅克·朗西埃

马克思主义文化理论发展史

---

① Walter Benjamin, "Der Erzähler. Betrachtungen zum Werk Nikolai Lesskows", in: *Walter Benjamin Gesammelte Schriften II*. Herausgegeben von Rolf Tiedemann und Hermann Schweppenhäuser, Frankfurt am Main: Suhrkamp Verlag, S. 439.

② Walter Benjamin, "Anja und Georg Mendelssohn, Der Mensch in der Handschrift", in: *Walter Benjamin Gesammelte Schriften III*, Herausgegeben von Hella Tiedemann-Bartels, Frankfurt am Main: Suhrkamp Verlag: 1991, S. 138.

在《词语的肉身：书写的政治》中也表达了类似的观点："被书写的文字就像一幅无声的画，它在自身躯体上所保持的那些运动，激发了逻各斯的活力，并把它带向了它的目的地。"[1]可见，书写的深刻意涵须得从笔迹当中去探寻，而不能只局限于文字的字面含义。

誊写者表面上只是将文字、文本进行复制，实则通过书写下的笔迹将一种内在体验表达出来，他是沉默的言说者、潜意识的描绘者。誊写者与讲故事的人，都兼具"复制者"与"作者"的身份，复制过程中主体经验的融入，使得誊写与讲故事的艺术成为文学"灵韵"的重要保证。誊写所构筑的文学"灵韵"依托于誊本笔迹，古旧的誊本、衰退的字迹却具有一种魔力，让读者得以回望书写的历史；讲故事的艺术营造出的文学"灵韵"源自口传的经验，古老的传说、层叠的叙事却宛若发生在近前，意涵隽永，发人深省。概言之，誊写与讲故事的共同点在于对"作者"经验的保留，"作者"在这里不能按现代文学的"作者"观来理解，而是指将经验汇入作品的主体。印刷产业在提供丰富信息并为我们的阅读带来极大便利的同时，几乎终结了这种富有流动性的主体经验，但我们仍能感受到印刷术对于誊写之美的回望与致敬。

印刷与誊写，一则为文字的机械复制技术，一则为文字的手工复制技术。较之绘画、雕塑等艺术作品的复制，文字的复制更加注重文本的内容与原作保持一致，而非在书写形式上与原作的统一。因为读者最为关注的还是文本传递出的信息，也就是说，文字的复制在形式上更加自由和灵活。然而印刷术与誊写术之间的分歧远远大于它们的一致，分歧主要来自对文学的影响、是否产生灵韵以及观者的体验三个方面。

首先，印刷在文学中引发的影响远远大于誊写所引发的，文字的手工复制——誊写，虽然让口传的经验以书面的形式固定下来，但并未因此撼动讲故事的艺术在

① 雅克·朗西埃：《词语的肉身·书写的政治》，朱康、朱羽、黄锐杰译，西北大学出版社，2015年，第7页。

文学传播与创作中的地位。故誊写术与讲故事的艺术、誊写的经验与口传的经验，是互为补充的关系，一方没有压制另一方。而印刷术，则撼动了口传的经验在文学中的主导地位，并从根本上改变了文学的叙述方式与接受方式。本雅明在《讲故事的人》中指出，印刷术的发明使小说与新闻报道的广泛传播成为可能。随着小说与新闻报道的广泛传播，人们的注意力逐渐从"听"转移到了"看"，由一边听故事一边做手中的活计转变为在闲暇时间阅读小说或者浏览新闻；文学的叙述方式从口传转向了书写，它接受的方式则由围坐聆听演变成了独自阅读。

其次，誊写的过程，也是阅读的过程，誊写者心之所感，将笔迹及其印痕留在纸上，誊本背后彰显出生命的力度与深度，透过它可以感受到书写者灵魂的搏动，及由历史深处散发出的"灵韵"；而印刷文学作品的过程，纯粹只是复制文本的过程，印刷的文本是平面的，作者力透纸背的书写痕迹无从保留。诚然，随着印刷技术的发展，书写体与印刷体能够印在同一页纸上，印刷本也可以拥有手抄本的某些特征。如：2016年出版的小说S.，有人标榜其为最不可能被电子化的书，泛黄的纸张、咖啡渍、霉斑、手写体批注、23件附件，让这本书看上去布满了时间的印痕。书籍的策划人、《星际迷航》的导演艾布拉姆斯努力为读者营造出一种仿佛在游戏、探险的阅读体验，当中围绕小说《忒休斯之船》所做的各色批注最为引人瞩目，策划人意图通过呈现不同借阅者的手迹，来将读者带入小说借阅人之间的交流。然而，高超的印刷技术终究不能像誊写那样，获得书写者力透纸背的生命体验，让每一次复制成为一种全新的书写经验。或者，我们可以说，文学在它的机械复制时代，只剩下刻意渲染出的虚假的灵韵光圈，而丧失了来自遥远过去的本真气息。

最后，印刷术较之誊写术，带给人更为丰富的观看体验，以至于让人无法沉下心进入文本内部。本雅明在《单向街》"宣誓过的书籍审计员"一节，曾就文字在印刷技术发展过程中的变化及其对读者认知的深刻影响，有过一番奇异的描绘：

文字曾在印出的书中找到了一个收容所，它在那里能持有自律，而如今却被广告无情地拖到大街上，并且屈从于混乱经济中野蛮的他律。这是对其新形式的一种严格的培训。如若说文字为了最终在印刷的书籍中安睡，几百年前开始进入了逐渐躺下的过程，即从竖式的刻印文字到斜面书桌上的静止的手写体，那么，它现在又开始慢慢从静躺中站起。……一个现代人在打开一本书之前，眼前便已落下稠密的暴风雪般的变化着的、色彩缤纷、喧闹的字母，以至于他进入书中远古宁静的希望变得渺茫。[1]

这段话显露出本雅明批判的姿态、图像化的印刷文字（广告招贴、标语等）全面地侵入城市空间，在灯火霓虹中站立，带来强烈的视觉刺激，使人逐渐远离书中远古的宁静。这番描绘也可作为数字复制时代的一则预言，眼花缭乱的标题，新奇的文字样态，层出不穷的文本推送，让现代人的注意力不但无法在同一时间集中，也不会在同一阅读媒介上停留，目光频繁游移于电脑、电子书、纸质书、手机之间已是常态。陈定家在《网络思维：超越"深刻"的"浅薄"》中，将书籍诞生之后人类思维所经历的由浅薄到深刻的革命，概括为"杂乱的有序化"和"碎片的完整化"两种特征，它代表着传统的工业思维。[2]进入数字复制时代，网络思维大行其道，我们的认知又趋向于碎片化、杂乱化，文字越来越屈从于经济生活的他律，与其说"喧闹的字母"妨碍人们进入书中远古宁静的世界，不如说经济的锁链紧紧拴住了文化的咽喉，深入阅读带给人的精神慰藉日益被物欲的满足所取代。

然而，本雅明却从斯蒂芬·马拉美晚年的诗作《掷骰子》里体察到未来文学的真实样貌。这首诗的文字排列奇特，有时呈阶梯状，有时一行只有一个字，有时一页只有一个字。在他看来，这一文字尝试，完全是从马拉美风格的内部诞生出来，诗人将"广告的图像张力"充分借鉴到"文字图像"（Schriftbild）当中，而此后达

① Walter Benjamin, "Einbahnstraße", in: *Walter Benjamin Gesammelte Schriften IV*, Herausgegeben von Tillman Rexroth, Frankfurt am Main: Suhrkamp Verlag, 1991, S. 103.

② 参见陈定家：《网络思维：超越"深刻"的"浅薄"》，《中国图书评论》2016年第9期。

达主义者的文字实验则是从文人精准的反应神经出发，故远远不如马拉美的尝试意义深远。他还借此大胆预见了未来文字的发展趋向：

> 日益深入到新奇图像性之图像领域中去的文字，会一下子发现它与之适应的内容。诗人们，当他们开辟出不事张扬地产生文字结构的领域，即统计的与技术的图示结构，便会参与到图像文字（Biderschrift）中去，如同史前时代最早的文字专家。随着一种国际变形文字（Wandelschrift）的创立，诗人们将要重新树立起他们在民众生活中的权威，并且找到一个角色，与其相比所有在修辞学上进行改革的抱负，都将证明是古老的法兰克人的白日梦。[1]

可见，本雅明对文字发展的预见，并没有止于印刷术对书籍传统形式的冲击。他不无敏锐地发现，随着印刷等相关技术的发展，文字与图像将合为一体，文字的图像化抑或图像的文字化可以让诗人的地位重新被树立起来，而文学的变革不再是修辞学上的，而是文字形态上的，仿佛是一种向文字诞生之初的回归。这一来自20世纪上半叶的设想，在我们当今的文学创作中已被悄然印证。如2011年出版的《设计诗》，作者朱赢椿本身就是一名装帧设计师，他将诗歌用设计的手法制作呈现，书页之上富有诗意的图画，由经过放大、拆分、旋转、重复的文字构成，充分展现了作者对文字含义的感受；作者还将《设计诗》的手稿片段印在了"序"的部分，凌乱的图像中竟然有一张从北京到上海的动车车票，票面上的手写体或许只有作者本人才能完全读懂，但它在视觉上给人一种冲击，引人遐思，较之经某种软件设计出来的书页更能表现文学的另一种可能。看来，印刷术的发展与革新，时刻流露出对手工复制时代誊写术的回望和致敬，印刷体越富有个性就越接近手写体。从这个意义上说，誊写从未被边缘化，而是像幽灵一般紧随印刷的发展脚步，并使它不断

① Walter Benjamin, "Einbahnstraße", in: *Walter Benjamin Gesammelte Schriften IV*, Herausgegeben von Tillman Rexroth, Frankfurt am Main: Suhrkamp Verlag, 1991, S. 104.

地逼近自己的特质。

本雅明对书写形式的强调，让人联想到他的藏书理念。他酷爱收集书籍珍奇的版本，甚至将儿童类的插画书、精神病人写的书也纳入自己的收藏。他在1931年的随笔《打开我的藏书：一个关于收藏的谈话》中，将藏书者与书之间的关系刻画为不以使用价值为前提，书作为舞台、命运的剧场被研究和欣赏。他所看重的是关于书的那些细节：装帧、出版日期、出版地、先前的所有者，以及它们所勾连起的回忆、纪念与感想。相形之下，是否去阅读书中的内容，对于收藏者已不复重要。简言之，在本雅明那里，每本书都有它自己的命运，当中包含着它与藏书者的邂逅与分离。因此，收藏的意义在于让事物获得新生，乃至复活一个旧的世界[①]。誊本中的印迹和印刷本中的印迹，这些细微之物都因与观者的精神世界发生勾连而意义深远。20世纪另一位嗜书如命的作家海莲·汉芙也有类似的体会，她在"爱书人的圣经"——《查令十字街84号》中致信古董书商弗兰克，认为他赠书时另外写张卡片，而不直接题签在书的扉页上，显得有些过分拘谨了。其给出的理由是：在书页上写上字，不仅不会折损它的价值，反而能增添无可估算的价值。她尤其喜欢那种与心有灵犀的前人冥冥共读，时而戚戚于胸、时而被耳提面命的感觉。

印刷在数字复制时代，虽能带给人更为丰富的观看体验，也借鉴了誊写的优长，力图呈现"个性化"的文本，可是有一点是印刷无论如何都不可及的，那就是誊写过程中所构筑的经验，它包括书写者的精神状态、周围的环境、纸张的质地、用笔与墨水，不一而足。呈现书写者内在灵魂的立体笔迹图像无从复制，自不必说在誊写过程中所产生的心灵涤荡，也正因为此誊写的过程较之阅读传统书籍的过程，更能帮助人们抵达书中远古的宁静。许多人只是目睹了机械技术对艺术、文学的推动，而本雅明则从手工复制的边缘化，从书写文学对口传文学的替代现象，体

① Walter Benjamin, "Ich packe meine Bibliothek aus. Eine Rede über das Sammeln", in: *Walter Benjamin Gesammelte Schriften IV*, Herausgegeben von Rolf Tiedemann und Hermann Schweppenhäuser, Frankfurt am Main: Suhrkamp Verlag, 1991, S. 389-390.

察到了"灵韵"的消逝。他被一连串的"进步"惊得目瞪口呆，不得不背对"未来"，面朝"过去"。因此，本雅明在《单向街》中对于誊写的阐释不是一个孤立的断片，而是深深扎根在他对手工复制时代的思考当中。本雅明的誊写美学可看成是其机械复制美学思想的重要补充。

概言之，文字的复制较之艺术作品的复制，最显著的特征是灵活而富有个性的书写形式；文字的手工复制——誊写，较之文字的机械复制具有不可替代的美学价值。首先，誊写者比单纯的阅读者能够更深地领会文本，同时可以通过誊写来体察自己潜在的意识。透过本雅明的笔迹学思想，誊写所保证的"文学文化"是一种与书写相关的文化，誊写在传承、沟通与创造书写经验方面具有不可替代性。誊本所解开的中国之谜指向笔迹图像，作为呈现人类本质与生活的微缩图像，笔迹的价值不容小觑，将其看成是人类潜意识的图腾亦不为过。其次，誊写术与讲故事的艺术在文学"灵韵"的保障方面有着异曲同工之妙：前者侧重书写下的笔迹图像，后者则侧重于口传的经验内容。这两种"手工复制时代"的技艺看似平常，实则留给我们大量尚未充分认知的精神遗产，它们将"过去"与"当下"的经验融汇为永不消散的智慧，将生命与时代的印记都汇入作品当中，用生活构筑了"工匠精神"最丰满的肌理。最后，印刷术的发明为我们带来了异常丰富的阅读体验，亦使我们进入书中远古宁静的希望变得微茫。找回誊写过程中的阅读体验，并通过誊本笔迹了解内在的隐秘感受，似乎已成"天方夜谭"。但是，在数字复制技术的飞速发展过程中，也充满了对"手工复制时代"誊写美学的回望与借鉴，它将手写的图像变成了数字图像；尽管我们所体验到的，用约斯·德·穆尔教授在《数字化操控时代的艺术作品》中的话来讲，"是一系列原作的、光韵的副本"。最新的Kindle电子书的广告词为"还原纸质书的阅读体验"，或者在不远的未来会改为"还原手抄本的阅读体验"，然而它终究还是平面的。

四、《单行道》中的文化批判

本雅明《单行道》（1928）是一本奇特的走笔随想集。作者采用散论、格言、寓言相交织的意象拼贴的方式，揭露现代生活的愚蠢与堕落，追忆古老文化风俗，希望对现代人有所警示。"单行道"（Einbahnstraße）是德国城市街道拐角处经常可以见到的，意指单向行驶的交通标识，一般用粗黑醒目的大字，提示司机下一街将须单向行驶。本雅明的《单行道》多少带有隐喻的色彩，他用表现市民生活的丰富意象及尖锐评论，批判通货膨胀愈演愈烈的德国，喟叹其社会状况将"稳定"而"持续"地走向衰颓。《单行道》的写作与本雅明的女友拉西斯也颇有渊源，作者在"题献"中就大方地宣告此本书是为拉西斯而作："这条街叫作阿西娅·拉西斯街，以她来命名，她作为工程师在作者心里铺就此路。"（Diese Straße heißt Asja-Lacis-Straße, Nach der, die sie als Ingenieur im Autor durchgebrochen hat.）很显然，本雅明创作《单行道》的部分灵感，就是源自这位他所挚爱的女性。

就写作方式来看，《单行道》风格奇诡，一改此前本雅明在《德国浪漫派的艺术批评概念》和《德国悲剧的起源》中的长篇论述，是典型的意象拼贴式写作。"意象"（Denkbilder）一词，在德文中是由"思考"（Denk）和"景象"（Bilder）复合构成，一则思想的深度和景象的生动相得益彰，另一则"思考"在前"景象"在后，这说明"意象"的主导是为"思"。《单行道》中思考的景象多来自街道两旁，然内容的主体不是这些常被命名为章节标题的景物，乃是作者对时事鞭辟入里的批判，间或夹杂了许多文学批评的箴言，它们呈现于作家的细致的观察、离奇的梦境、精微的描述之中，作者在街上"游荡"，并非走马观花，也不只是将街道两旁扑面而来的景物尽情收纳于眼底，而是借助街景引出他的文化批判。

《单行道》既是本雅明在创作上的一次革命，也可视为本雅明由文学批评转向文化批判的一个标志。通过《单行道》，本雅明从《德国悲剧的起源》此类学院式写作中解放出来，突破之前囿于文学批评领域的创作限制，从此进入了更为广阔的文化批评领域。因此在此书中，本雅明不是坐在书房里迷恋古董的收藏家、鉴赏家，抑或文学批评家，而是像流浪汉般闲逛街头，脑海中殚精竭虑构思城市意象的文化批判家。尤其当发现欧洲城市的商业资本已将一切纳入交换的罗网，正在面目狰狞地向每个街道行人展开魔爪时，本雅明从传统文化出发重新审视现代人的生活，其批判对象，正是一味追求发展、试图控制自然和不惜牺牲自然的资产阶级现代性。我们可以选取三组代表性意象来做分析：其一是中国书籍与誊本；其二是古老民族的风俗；其三是书籍与妓女。

首先，中国书籍与誊本。本雅明认为誊本对于保存文化至关重要，这是因为在誊抄的过程当中，人一边誊写一边阅读，灵魂容易产生触动，而一般单纯的读者只会任由思绪在梦幻中飘散，很难了解到文本内在的崭新观点。这就好像走在公路上的人，与乘坐飞机俯瞰公路人的感受迥然不同，飞机上的乘客仅仅看到道路如何在景色中延伸，看不到消失在森林中的道路，而走在公路上的人则会注意到每一次转弯所需的距离、林中的空地大小以及道路标识，他就好像指挥前方士兵的将领，切实感受到了脚下道路的气势。他在《中国古董》（"Chinawaren"）一文的末尾写道："……中国的书籍副本（Bücherkopien）是无可比拟的文学文化（literarischer Kultur）之保证，而抄写誊本的实践，是打开中国之谜的钥匙。"[1]本雅明出生在极富裕的犹太家庭，耳濡目染，深谙古董收藏之道。他的童年纪事《驼背小人：1900年前后柏林的童年》中，就曾提到为家中沙龙增色的中国瓷器。在其著名的《开箱整理我的藏书》一文中，本雅明也曾谈到，一本旧书可以在藏书家那里获得新生，藏书家可以通过收集新藏品从而复活一个旧时代。对古籍内在价值的珍视，使得本雅明能将中国的古籍副本看作文学文化的象征，进而从中国古籍表意化的文字当中领悟到打开中国之谜的钥匙就在这些副本的抄写过程当中。

其次，古老民族的风俗。本雅明可谓"信而好古"之人，他不仅对偶然看到的

---

① W. Benjamin, "Einbahnstraße", in: *Walter Benjamin Gesammelte Schriften, Band IV, Teil 1*, Frankfurt am Main: Suhrkamp, 1972, S. 90.

中国古籍副本念念不忘，而且还常常忆起遥远的古老风俗。他认为，许多古老的风俗正在向现代人发出警告，这警告是："在我们接受大自然的丰厚的赐予的时候，要防止一种贪婪的姿态。因为我们没能对我们的土地有任何馈赠，因而在领受时表示敬意是恰当的，首先在接受时，我们要归还她一部分。"①本雅明发现这样一种在"接受"与"归还"之间保持平衡的风俗，体现在古代的祭酒仪式和农事采摘中，人们常用剩余的物品来表达对自然的敬意。而现代人遗忘了这些美德，只知道贪婪地掠夺自然，忘记了自己将赖以存活的土地日益变得贫瘠、干净的水源逐渐稀缺，忘记了对大自然的深深敬意。这一切在本雅明看来，正是现代人所失落的最宝贵的东西，长此以往，将会导致土地贫瘠，农田颗粒无收。

本雅明对现代生活方式所持的悲观态度，渗透至《单行道》的字里行间。他愤恨时人对无望时局的盲目忍耐，对"事情不会再这样下去了"（nicht mehr so weitergehen）这类世人聊以自慰的口头禅嗤之以鼻，有心让德国市民阶层清醒地意识到生活即将面临崩溃的局面。基于此，本雅明指出，人们出于内在狭隘的私人利益，在行为上却更多地被大众的本能所决定，这种本能比任何时候都要疯狂并且远离生活之旨。《单行道》中最长的一篇《德国全景：德国通货膨胀巡视》，即对日常生活用品的价格离谱暴涨到整个社会对待穷人的轻视和冷漠逐一审视，感慨世人在危险临近时，竟不如动物。动物大难临头尚可凭借本能的直觉觅得出路，社会中的人只有动物的麻木却没有动物的直觉，甚至看不到自己身边的危险，只是随波逐流，放任自己在刻板的生活中沉沦。"贫困"是本雅明所描述的"二战"前期德国市民的关键词，普遍的贫困像是巨大的阴影笼罩在中欧的上空，这样的贫困让穷人感到不堪，却仍然惯性般地依附于的政府的谎言，以至于人们原本运用理智的能力不战而挫。德国市民整体所处状态是"一幅愚蠢的图像：缺乏安全感，那是生命本

① W. Benjamin, "Einbahnstraße", in: *Walter Benjamin Gesammelte Schriften, Band IV, Teil 1*, Frankfurt am Main: Suhrkamp, 1972, S. 101.

第四编　法兰克福学派

能的反常，软弱无能，那是智力的衰退"①。本雅明的总结是，让德国一蹶不振并且与欧洲其他民族产生隔阂的原因，是由于愚蠢而陷入对集体力量的屈从，并最终走向笨拙的野蛮。

最后，书与妓女。本雅明不仅哀叹个人自由的失落，而且对书也展开了辛辣的讽刺。《单行道》中，他一改往日里藏书家的憨厚模样，对书发表了许多貌似不敬的格言，尤其是将书与妓女作为一对辩证意象的妙言警句，既令人忍俊不禁，又耐人寻味。比如他说：

> 书和妓女都可以带上床；书和妓女，他们有各自的男人，以他们为生并且让他们烦恼不堪，就书而言，这样的男人是批评家；书和妓女都喜欢在展示自己的时候转过身去；书的注脚是妓女长袜中的钞票……②

书和妓女原本风马牛不相及，一个好像永远处于高雅的殿堂，另一则常出没藏污纳垢之所，但在本雅明笔下，书籍、妓女的境遇似无本质的不同，商业化的书，如广告，不也是打扮得花枝招展站在街头引人暇顾？

要之，从以上《单行道》中涉及文化批判的古籍誊本、古老风俗、书与妓女三组意象来看，贯穿着对古老文学、文化和风俗的敬意，饱含了作者对过去的眷恋。《单行道》最后一节中，本雅明谈到古人与现代人最根本的区别在于，古人完全投入到跟宇宙的交流体验当中，同时从宇宙中汲取力量，而现代人对这种体验完全是陌生的，近代天文学的发展繁盛让古人对宇宙的迷狂状态淡出现代生活，现代人妄图开发和驾驭宇宙，抛弃了同宇宙的交流体验，故而在贪婪的掠夺中遭致灾难。科

---

① W. Benjamin, "Einbahnstraße", in: *Walter Benjamin Gesammelte Schriften, Band Ⅳ, Teil 1*, Frankfurt am Main: Suhrkamp, 1972, S. 96.

② W. Benjamin, "Einbahnstraße", in: *Walter Benjamin Gesammelte Schriften, Band Ⅳ, Teil 1*, Frankfurt am Main: Suhrkamp, 1972, S. 109-110.

技迅猛发展的现代社会，在本雅明看来是破碎的，现代人的困境并非仅是长期通胀导致的物质匮乏，而是对过去的遗忘和丢弃。若要逃过现代文明的异化，获得灵魂的救赎，唯有从过去的古老文化中寻找答案。古老的"过去"反倒是人类精神的青年时期，如同人在青年时的意识抑或尝试，日后忆起总会精神振奋，来自过去的弥赛亚也能让现代文明的缺失得以弥补。

关于现代文明堕落的话题，法兰克福学派的霍克海默和阿多诺也多有批判。其最核心的观点是，启蒙在帮助人挣脱神话的枷锁之后，又将人带入理性的捆绑，因而这样的启蒙还是不够成熟的。真正的启蒙将扬弃掉工具理性的顽疾。比较来看，霍克海默和阿多诺的文化批判究其实是对启蒙的医治，其宗旨还是面向未来的，并继续依托于理性的自省能力。而在本雅明这里，批判的归宿乃是拯救，拯救的希望并不在于继续启蒙，而是朝向过去寻访古老文化的精华，并用这些精华来滋养灵魂。我们发现，他的作品与收藏无一不是从古老文化或童年记忆中得来，却给人一种耳目一新的感觉。

从破碎的现实转向似乎完美无缺的过去的文化批判，似乎注定只能是充满意象的断片和未完成的线索，因为它既不限定于一个既成的框架，又向迷离的过去、变动的意象靠拢。《单行道》虽说是断片，但批判性题旨却一直贯穿始末，那些戛然而止处恰是作者的留白，正如他自己所说："对于伟大的作家来说，完成了的作品的分量要轻于那些贯穿他一生的断简残篇。……他在未完成的作品里施展魔力（Bannkreis）。"[①]这话本是用来评判他人，但不自觉地成了本雅明自己作品的注脚。正如阿多诺所言：

> 《单行道》的断片是图像（Bilder），但不同于柏拉图的洞喻或车喻，更确切地说它是用譬喻的咒语潦草写就的字谜拼图（Vexierbilder），它们的

---

① W. Benjamin, "Einbahnstraße", in: *Walter Benjamin Gesammelte Schriften, Band Ⅳ, Teil 1*, Frankfurt am Main: Suhrkamp, 1972, S. 88.

目的不仅是阻止概念化的思维，并且通过谜语的方式令其惊诧，从而引发思考，因为思维在传统的概念框架中似乎变得僵化、墨守成规和老套过时。那些在通常的风格中不能明证和克服的东西，可以激发思维的冲动和活力。①

阿多诺提到的洞喻和车喻，一则是用洞穴去隐喻人类的认识的局限，一则是将人类灵魂比作一驾马车，它由两匹马和一位驾车人三部分组成，这两则比喻意涵深刻，但本体、喻体一目了然。比较来看，《单行道》中的意象书写极力摆脱体系与概念的桎梏，所喻之物往往晦涩难解。本雅明的文化批判，不妨说是蕴藏在自己的童年记忆和古老民族的风俗之中，流淌在可悲的乞丐和赤裸的孩童的血脉里，或披挂于一栋建筑或一件古玩之上，如同用图片写下的日记，斑斓而驳杂，它将现代文化的矫揉造作与现代人的贪婪放纵展露无遗。

五、"拱廊街"写作计划

本雅明后期有一个雄心勃勃的"拱廊街"写作计划。拱廊街是19世纪奥斯曼巴黎的典型景观，是两边商铺林立的带有玻璃天棚的步行街。本雅明从1927年开始构思这个宏大的写作计划，但是最终只留下断章残片。本雅明的巴黎经验很大程度上在呼应波德莱尔，换言之，波德莱尔为之着迷的巴黎时期的本雅明有了切身体验。波德莱尔的文化现代性主题，其不衰的影响力很大程度上当归功于本雅明的独到阐释。本雅明撰有《论波德莱尔的若干主题》等多种文章，实际上构成最终未能完成的《拱廊街计划》中的相对完整的部分。《拱廊街计划》的宏大计划主要想深入探究19世纪的文化发展史。写作过程中，本雅明渐而对这一巨大的写作计划究竟能在多大程度上揭示19世纪的相关历史哲学产生怀疑，乃将有关波德莱尔部分独立出来，想就此单独先著一书。这个想法得到霍克海默的支持，并约他先为《社会研究

① T. W. Adorno, "Benjamins Einbahnstraße", in: *Gesammelte Schriften, Band 2: Noten zur Literatur*, Frankfurt am Main: Suhrkamp, S. 680-681.

杂志》撰写此一方面的文章。是以有本雅明1938年夏秋完成的《波德莱尔笔下的第二帝国的巴黎》一文。

但是阿多诺读完此稿后并不满意，1938年11月10日在给本雅明的信中，阿多诺对此文提出尖锐批评，认为该文理论层面论述太为单薄。本雅明表示洗耳恭听，1939年2月重新开始撰写关于波德莱尔的文章，题为《论波德莱尔的若干主题》，7月完稿，次年1月刊于《社会研究杂志》在欧洲出版的最后一期。同年9月，因本雅明被迫自杀，《拱廊街计划》中原本打算先行完成的波德莱尔部分也就只留下这两篇完整的文章，余者皆为纲要、笔记和残篇。但与此相关的，还有一篇题为《巴黎，19世纪的都市》的未完成的六章断片，1935年5月撰得，虽然只有寥寥20来页篇幅，然由于其中基本观点和框架业已成形，因而引起普遍关注。1972年开始出版本雅明全集的德国苏尔坎普（Suhrkamp）出版社，1974年即收集以上三篇文献，推出本雅明题为《波德莱尔：一个发达资本主义时代的抒情诗人》的单行本。[1]

本雅明将波德莱尔视为先知一类人物。认为波德莱尔的抒情诗抛弃了传统的单纯而加入了反思，且将反思提升到主导地位，从而在晦涩费解中见出强烈的震惊效果。此震惊正可呼应现代都市中现代人的震惊体验，同样它也是马克思《资本论》第1卷里议及"商品拜物教"时所涉及的话题。拱廊街和百货商场，都是巴黎这个纸醉金迷的消费都市的"梦幻世界"。对此英国社会学家麦克·费瑟斯通在其《消费文化与后现代主义》一书中，给予的评论是：

> 对于本雅明来说，它们是魔幻世界的物化表现，这也是马克思在《资本论》第1卷中，涉及"商品拜物教"部分所谈的内容。本雅明试图表现"商品的拜物教性质中隐而不现的性欲指向"[2]。

---

[1] 见王才勇：《发达资本主义时代的抒情诗人·译序》，江苏人民出版社，2005年，第20—21页。

[2] Mike Featherstone, *Consumer Culture and Postmodernism*, London: Sage Publications, 1991, p. 73.

在费瑟斯通看来，本雅明深化马克思的商品拜物教批判，即是联手弗洛伊德，凸显了其中隐而不显潜藏着的性的欲望。

本雅明指出波德莱尔是以一个"游荡者"（flâneur）的眼光，隔开一段距离来对资本主义城市生活作寓言式的观察，而且他的体验和表现方式也是典型的寓言方式。寓言是波德莱尔的天才体现，忧郁是此种天才的营养源泉。在波德莱尔笔下，巴黎第一次成为抒情诗的题材对象。波德莱尔的诗不是歌颂田园故乡，而是隔开距离来凝视巴黎这个纸醉金迷的资本主义都城。人群是一层面纱，通过这层面纱，熟悉的城市如同幽灵一般向游荡者招手致意。由此城市时而变成一道景观，时而变成了房屋。而这一切的典型环境就是拱廊街。本雅明指出，没有拱廊街，很难设想游荡者的街头闲逛经历能有如此大的魅力。关于拱廊街的具体描写，本雅明最终还是选择引用1852年一张巴黎导游图上的文字：

> 这些拱廊街是豪华工业的新发明，它们用玻璃做顶，地面铺的是大理石，这些大理石过道通向整个一大批建筑群，那些建筑的主人们就这种方式协同经营。通道两侧尽是些最高雅豪华的商店，灯光从上面照射下来，因此可以说，这样的拱廊街是一座小型城市，甚至是一个小型世界。[1]

本雅明发现，游荡者在拱廊街里可谓适得其所。拱廊街介于室内与街道之间，把大街变成了室内。游荡者靠在房屋之间的外墙之上，就像普通老百姓在家中四壁里一样安然自得。闪闪发光的珐琅商业招牌是墙壁上的点缀，就像一般市民家里客厅上悬挂的油画。墙壁是他笔记本下面的书桌，书报亭是他的图书馆，咖啡馆是他工作之余体味家居感觉的角落。"游荡者"就隐身在出没拱廊街里里外外的人群之中，却不同流合污，他是英雄而不是乌合之众。

---

① 瓦尔特·本雅明：《发达资本主义时代的抒情诗人》，王才勇译，江苏人民出版社，2005年，第33页。

故此，巴黎的流浪汉、阴谋家、政客、诗人、乞丐、醉汉、妓女、大众、商品、拱廊街、林荫道等目不暇接的现代都市形象，就是波德莱尔也是本雅明的寓言。艺术的使命即是表现此一现代生活的节奏，表现现代生活的"英雄们"怎样将他们的生活转变成为艺术作品。这样一种寓言如本雅明本人所言，它在思想的国度里有如废墟在物质的国度里。它显得遥远，但是它足以揭示艺术并不是知识精英周旋在象牙塔里的专利。美国学者苏珊·巴克-莫斯《本雅明的〈拱廊街计划〉》一文中，认为如洪水猛兽扑面而来的资本主义工业文明导致"现实"和"艺术"出现了有趣逆转：

> 现实变成了艺术，新的工业过程使商品和建筑结构的千奇百怪成为可能。现代城市不是别的，就是这类东西的繁荣昌盛，它们密密层层创造了建筑和消费品的艺术景观，无所不在一如先前的自然景观。事实上，对于像本雅明那样出生在都市环境里的孩子们来说，它们简直就是自然本身。本雅明对商品的理解不仅仅是批判的理解。他肯定它们形象上的乌托邦性质，它"把创造性从艺术中解放出来，就像16世纪科学挣脱了哲学的束缚"（《拱廊街计划》：1236，1249）。这一工业化生产的物质大厦和大道的壮丽景色，从导游手册到盥洗用具的形形色色的商品，对本雅明来说，就是大众文化，它是《拱廊街计划》的核心内容。①

说到底，在苏珊·巴克-莫斯这位女性批评家看来，本雅明未竟的拱廊街写作计划，显示的终究还是同霍克海默与阿多诺迥异其趣的大众文化批判方式。

《拱廊街计划》的副标题是"巴黎，十九世纪之都"，一切看来都在标举是时最前卫的现代性。可是通览全书，给人的感觉就像在浏览浩瀚无边的废墟，仿佛置

---

① Susan Buck-Morss, "Benjamin's Passagen-Werk", in: *New German Critique*, 29【1983】, p. 213. See Mike Featherstone, *Consumer Culture and Postmodernism*, London: Sage Publications, 1991, p. 74.

身于一个考古采掘现场，或者说，整个作品堪比一座支离破碎的庞贝古城，等待着我们对它进行现代视野的发掘和阐释。拱廊街是19世纪巴黎市中心的典型景观。但是19世纪巴黎艺术家和作家对包括拱廊街在内的钢铁材质建筑似乎带有一种与生俱来的憎恶感。罗兰·巴特曾引莫泊桑对埃菲尔铁塔这座宛如男根的钢铁怪物表示出的不可遏制蔑视感："埃菲尔铁塔？那是唯一让我白眼的地方！"①正因为铁塔，莫泊桑决绝地离开了巴黎，这个无论从里面、外面、上面、下面来看，无论视线怎么躲避，埃菲尔铁塔都似不速之客映入他眼帘的世界之都。如同埃菲尔铁塔，拱廊街那骷髅般的金属骨架，被认为散发着钢铁厂烟囱冒出来的黑乎乎气息，仿佛没有文化积淀的暴发户，让人心里发怵。那是大机器生产对光晕弥散的卢浮宫及黎塞留时期建造的国家图书馆等古典主义艺术的仇富性报复。

对于拱廊街的钢铁材质，本雅明本人有一个说明，他说："人们避免在住宅等持久性建筑中使用钢铁，而只是在建造走廊、展馆和车站时才使用它们，因为这些建筑只是起临时过渡作用。"②这里涉及本雅明推崇备至的波德莱尔的现代性美学——美就在转瞬即逝的过渡之中。可是，正因为拱廊街的过渡、偶然以及短暂易逝的现代性特征，在本雅明看来，它在诞生之初就速朽了。在拱廊街里，灰蒙蒙的玻璃将光影半遮半掩，让人感到昏昏沉沉，旧时代的尘埃在忽明忽暗的阳光中撒播曼舞，有一种鬼气森森的陈旧感。莫泊桑这一批艺术家，肯定不屑于如波德莱尔的"游荡者"那样，所谓大隐隐于市，神闲气定地悠然地散步其中。因此可以说，拱廊街这种现代性的烂熟表征，带着永恒的失落时代的烙印，有如黑漆漆的裹尸布，抑或夭折的早产儿，召唤我们唱起挽歌，为它们举行葬礼。

拱廊街建造之初是以希腊艺术为蓝本，但是本雅明对此不屑一顾。他认为人们对拱廊街的感情就如波德莱尔笔下的现代生活的爱情，不是一见钟情，而是最后萌

① Roland Barthes, *La Tour Eiffel*, Paris: CNP/Seuil, 1989, p. 7.

② Walter Benjamin, Jean Lacoste（trans.）, *Paris, capitale du XIXe siècle:Le livre des passages*, Paris: Les Editions du Cerf , 3e édition, 2009, p. 36.

生情感。波德莱尔认为艺术和美是由短暂、过渡性和永恒不变性这两方面组成。但是与波德莱尔的诗歌不同，拱廊街缺少了艺术和美的另一半，那就是永恒和不变。第三帝国时期，官方的口号是，建造拱廊街以希腊古典精神为主导，由此对建筑进行技术革新。可是在本雅明看来，钢铁硬生生地植入这些仿制的古希腊廊柱中，使它们毫无庄严的肃穆、伟大的崇高可言。此外，艺术品在拱廊街中任由批发商处置，这也使当代人对它们很难有崇敬感。《拱廊街计划》一开篇，本雅明就引用了当时街头巷尾传唱的新歌谣来否定拱廊街的艺术内涵，认为它不过是大工业生产的产物：

> 这些宫殿里具有魔幻力的廊柱，
>
> 向外行们展示着它的所有部分，
>
> 在这些柱廊展示的物品中，
>
> 工业是艺术的仇敌。[①]

本雅明认为，拱廊街作为第三帝国时代的典型建筑形式，体现的是一种革命性的恐怖主义，因为它以国家作为其最终目的。正如拿破仑三世没有意识到国家的行政职能就是资产阶级统治的工具，彼一时代的建筑师们也没有意识到钢铁的构架功能就是控制整个建筑。拱廊街里，天下熙熙，皆为利来；天下攘攘，皆为利往。本雅明对此不无悲哀，认为拱廊街作为资本主义商品经济的聚集地，与生俱来带着罪恶。因此，《拱廊街研究》主体部分一开篇，作者就引用了兰波《彩画集》中的诗句："贩卖身体，贩卖嗓音，但唯一不出售的是无可置疑的、丰厚的财富。"这一赤裸裸的物化和异化的过程，可以呼应马克思的《资本论》。《资本论》中马克思指出，物化不仅是商品的特点，而且是资本主义生产的基本范畴。虽然物化在一定

---

① Walter Benjamin, Jean Lacoste(trans.), *Paris, capitale du XIXe siécle:Le livre des passages*, Paris: Les Editions du Cerf, 3e édition, 2009, p. 48.

程度上存在于"一切已经有商品生产和货币流通的社会形态"中，"但是，在资本主义生产方式下和在构成其占统治地位的范畴，构成其起决定作用的生产关系的资本那里，这种着了魔的颠倒的世界就会更厉害得多地发展起来"①。

所以不奇怪，拱廊街在本雅明看来，就是发达资本主义时代拜物教的病灶。物化作为发达资本主义大生产的重要症候，最典型的表现一如妓女，妓女本身就是贩卖者和商品的暧昧杂糅。本雅明认为拱廊街就是妓女：

> 在商品拜物教的统治之下，女性的性吸引力与商品的魅惑力或多或少地杂糅了起来。并不令人感到意外的是，皮条客将他的女朋友作为"商品"在市面上出售，这样的关系使资产阶级的性幻想燃烧了起来。现代广告从另一个视角展示了在怎样的程度上女性的吸引力和商品的魅惑力融合起来。从社会层面来说，过去，性欲是通过想象繁殖能力的未来而得到激发的，而现在却是通过想象资本购买力而得到调动。②

物化意味着资本主义机器大生产的迅猛发展迫使身体成为机器的零件，被物化为劳动工具。劳动者的体力和汗水，他付出的劳动时间，成为衡量商品交换价值的标准，因此人的肌肉、汗水、血液本身被等价于商品。从身体物化并将其贩卖的角度来说，进行机器大生产的工人就如同妓女，妓女就如挣着血汗钱的工人。妓女们在街上游走，保持着微笑，直到笑到皮肉僵硬；她们付出了自己的劳动时间和劳动资本——身体，等待资本购买力的出现。一如工厂流水线上机械般日复一日做着同样动作的产业工人日渐麻木和呆滞，物化的不仅是妓女们的身体，还有她们的精神。她们出卖自己的爱欲，随时准备接受不洁的性欲。所以在本雅明看来，卖淫充

---

① 马克思：《资本论》第3卷，人民出版社，2004年，第936页。

② Walter Benjamin, Jean Lacoste(trans.), *Paris, capitale du XIXe siècle: Le livre des passages*, Paris: Les Editions du Cerf, 3e édition, 2009, p. 360.

分显示了妓女们的展示价值，它表明了本真之爱的衰落和光韵的消失。故极具有展示价值却光韵不再的拱廊街，与妓女和皮条客具有同构性："拱廊街内部的人肉材料与拱廊街的建筑材料具有相似性。皮条客就是街道的钢铁廊柱，易碎的玻璃就是这些妓女。"①

但是今天来读本雅明的《拱廊街计划》，读者更愿意欣赏的是它的"后现代性"。《拱廊街计划》编辑出版时，因编者以字母顺序有条不紊地将本雅明的词条拼贴起来，就引起过一番争论。有人认为该书编辑这些引用文献时，不分属性、年代错误地将它们并置起来，导致这本书本身就像可以折叠的手册，具有后现代性。随着巴黎整个城区的奥斯曼化带来的道路拓宽，在老佛爷、巴黎春天等大型百货商场的挤对下，很多拱廊街都略显暗淡凄凉，失去了过去人群熙攘的盛况。现代工业高度发展时期的风光不再，只有在高峰时期，上班族们才匆匆忙忙地穿过它们，却对两边橱窗不掷一眼，目的只在抄近路。在后工业时代，拱廊街本身和本雅明的《拱廊街计划》似乎有同构性，显现出后现代性的一面。

从历时性的角度来看，拱廊街就如一件新旧参差的戏仿作品：拿破仑第三帝国时代倡导新古典主义的遗风犹存，模仿古罗马帝国时代风格的廊柱以及庞贝风格的马赛克装饰图，营造出宏伟肃穆的气氛，以此宣扬新市民观念和道德风尚，但所有这一切，一旦与整个钢筋玻璃架构结合起来，便具有诡异的"时代穿越性"。总而言之，拱廊街这类具有嗜古情结的建筑，与当今城市生活的各个方面都已显得格格不入。从共时性的角度来说，这里是各种异域风情的集聚地，也是全球化的突出表征。这里的印度餐馆并不能满足美食家的口味，因为它们减省了必要的烹调工序和对食材的精心挑选，只能满足匆匆过客果腹之需。这也正应和了passage（拱廊街）这个语词的本义，它就是过渡性的通道。香榭丽舍大街上的拱廊街底层已经被跨国资本主义巨头麦当劳所占据，拱廊街作为19世纪巴黎的首都特性也荡然无存。这也

---

① Walter Benjamin, Jean Lacoste(trans.), *Paris, capitale du XIXe siècle: Le livre des passages*, Paris: Les Editions du Cerf, 3e édition, 2009, p. 177.

很符合巴黎本身的形象：在巴黎，虽然各种美食争奇斗艳，但巴黎本身并没有什么特色佳肴，只是各国美食的再分配者。

后工业时代的拱廊街应该怀念当年本雅明的激烈批判。在这个全球化的后现代社会，19世纪资产阶级的"高雅"品位面临着被平民分享的威胁，或者说，这威胁正在日益成为现实。只有"科尔贝尔特"拱廊街里硕果仅存的几家餐馆，大水晶吊灯还映照着金碧辉煌的壁饰，映衬出发达资本主义时代的旧梦。西装笔挺的商人们和怀旧的老头儿、老太太们觥筹交错，炫耀斗富，尽散千金，向窗外瑟瑟发抖的乞讨者证明自己的雄厚财力和高贵地位。当波德里亚的拟像文化替代马克思以生产为中心的政治经济学，消费的目的已不再单纯地为了物质的满足，而成为对社会等级秩序的确定和象征性身份资本的维持。这在物是人非的拱廊街并不例外。

六、本雅明读过马克思吗？

本雅明读过马克思吗？假如读过，何以没有把马克思主义当作批判资本主义的利器？本雅明当然读过马克思。《拱廊街计划》的第X卷就是以马克思为主题，他引用了20多页马克思和恩格斯的文字，以及德国学者对两人思想的介绍和批评。其中包括《资本论》《1844年经济学哲学手稿》《德意志意识形态》等书的片段。由于《拱廊街计划》本身的拼贴特性以及计划最后中断，我们并没有看到本雅明对这些引文的评论和注释。英国马克思主义艺术史家T. J. 克拉克在《本雅明应该读过马克思吗？》[①]一文中，对本雅明的马克思主义背景有深入分析。他着重谈了本雅明对马克思的误读或者说与马克思的分歧。

克拉克指出，本雅明的马克思主义只是阶段性的现象，如果一再重复刻画、强调一个左翼的本雅明，那么就太老生常谈了。克拉克认为，本雅明的错误在于认定资本主义社会只有在它变得令人窒息且沉闷无聊，继续沉睡、做梦并看到它自身

---

① 本节参考引用T.J.Clark, "Should Benjamin Have Read Marx？", *Boundary 2*, Spring 2003, pp. 31–49.

的低俗性和荒诞性，同时有胆量唤醒自己无尽的力量时，才能让人可以忍受。他认为，本雅明试图以诗人的和类似民间传说的话语，通过一遍遍的叙述来唤醒大众，唤醒无产阶级用现实生产力来重新塑造全新的集体生活。而这一循环往复的诉说具有内在的封闭性，很难向外找到突破口，最后导致无产阶级命运的"永恒轮回"，根本改变不了现状。在这一集体生活中，本雅明没有做出明确的阶级区分，没有看到资产阶级和无产阶级同床异梦，有着各自不同的诉求。因此，应该用"阶级"的概念来取代"集体"的概念，而这一点，也是马克思所再三强调的。

这样来看，拱廊街展示的最新款型的名牌香水、最经典款式的手表、灯火辉煌的晚餐，无疑就是集结了这一全新集体生活的欲望。当无产阶级享用着它们时，欲望得到满足，身份仿佛得到提升，用商品结构中物的关系掩盖了人与人之间的剥削关系，阶级差异虚幻性地消失了，两个具有完全不同利益诉求的阶级其乐融融地生活在全新的集体生活中。马克思早就把生产过程的异化作为其异化理论的重要批评范畴，法兰克福学派更提出消费过程的异化才是渗入人的毛细血管和每一根神经的恶魔，它麻痹无产阶级的批判意识，腐蚀工人阶级的革命理想，使人成为单向度的人。拱廊街里琳琅满目的商品展示、蛊惑人心的商品招贴画不断地刺激着大众的虚假消费要求，追赶别人所爱，追逐自身根本不需要的欲望的满足，使人心彻底被商品所操控。诚如马尔库塞《单向度的人》中指出，资本主义生产机构及其所生产的商品和服务设施"出售"或强加给人们的，是整个社会制度公共运输和通信工具，衣、食、住的各种商品，令人着迷的新闻娱乐产品。这一切，带来的都是固定的态度和习惯，使消费者同生产者愉快合作，在思想和情绪上都有良好反应。在这一过程中，产品就起着思想灌输和操纵的作用。故在马尔库塞看来，资本主义社会的商品需求，大都是"虚假需求"，是利益集团制造出来强加在人的欲望之上的，以保证生产机器的永恒运转和无产阶级的永续被剥削状态。这样来看拱廊街，它的光鲜外表之后竟也是鬼影幢幢了：

拱廊街是彻彻底底的败笔和永久的战利品。它们是速朽的，就在它们被创造出来，人们宣称它们是最前卫的创造的那一时刻，早在19世纪30年代，评论家们就认为它们已经无可救药地过时了。它们就像早产儿一样，过早地使用了钢铁和玻璃，显得幼稚、夸张而又诡异；它们既沉闷又昏暗，而且单调乏味；就如一幅了无生趣的透视画。它们鬼影幢幢，显得阴沉、单调而又凌乱；它们是遏制了的视角（perspectives étouffées）。①

因此，克拉克认为，剩余价值率体现的不仅是本雅明所说的商品交换价值的旋涡，背后隐藏的是一整套对无产阶级劳动力的征用和控制系统。所以关键不在于睡梦——唤醒这一辩证法，而是彻底的革命。

从当时的历史状况来看，在20世纪30年代，克拉克认为本雅明从来没有被鼎盛时期的斯大林主义所吸引，当时也没有受到他的精神伴侣——法兰克福学派所吸引，他也没有像阿多诺那样，花费毕生的时间制造理论武库来包抄第三国际，因为本雅明根本不知道历史唯物主义潜藏的敌人到底是谁。因此克拉克认为，20世纪30年代，本雅明和马克思所揭露的资本主义代表逻辑的共同点，在于商品交换的逻辑。但是本雅明不满马克思把商品交换关系抽象化，反之描绘了漫游者、摄影师、妓女等形象，以具象的形式来描绘"抽象劳动力"的模式，以还原历史的可感知性。因此，对本雅明来说，重要的不是马克思指出的经济和文化的关系，即文化的经济根源，而是经济在文化中如何得到表达；也就是说，要从可以感知的"元现象"中把握经济进程，通过这些文化现象，理解生活的所有表现方式。

问题在于，本雅明所堆砌的那些声色俱全的生动意象，尽管让人眼花缭乱，是不是混淆了谁是敌谁是友的界限？甚至，《拱廊街计划》中摘抄的段落往往充满魅惑，富有诗意，这是不是无意之中把赤裸裸的物对人的压迫，也就是背后隐现的资

---

① T. J. Clark, "Should Benjamin Have Read Marx？", *Boundary 2*, Spring 2003, p. 36.

本主义私有制对无产阶级敲骨吸髓的现象遮蔽甚至美化，其蛊惑人心的文字使原本每个毛孔都渗透着工人血汗的商品洒上了鬼魅重重的"光韵"？这是本雅明生前未必意识到的。无怪乎在现今全球化后现代文化里，《拱廊街计划》成了小资们悉心追捧的读物。这其中有读者的误读意趣，但本雅明摘抄的关于巴黎的那些词条委实也太迷人了，再加上巴黎本身作为文化意象重重堆砌和建构出来的世界时尚之都，向来都是高雅文化和新奇发明的渊薮，自然令一片读者倾倒。具有讽刺意味的是，在本雅明《拱廊街计划》推波助澜之下，在巴黎的城市导游手册中，拱廊街成了市政府大力推介的旅游项目。早在上个世纪70年代，拱廊街就进入了法国历史遗产增补名录。目前，巴黎市政府正倾全力把拱廊街纳入联合国教科文组织的世界文化遗产名录中。本雅明当年批评拱廊街成为拜物教的病灶，今日却无形之中成了推广拱廊街的同谋，不知他九泉之下作何感想。

第十六章　哈贝马斯

尤根·哈贝马斯（1929—　　），当代西方最有影响力的思想家之一，德国著名哲学家和社会学家，起初作为阿多诺的弟子在社会研究所工作，而后成为法兰克福学派的第二代掌门人，同时被誉为现代性语境下文化问题的阐发家。尤以交往理性和公共领域的研究而蜚声。尤根·哈贝马斯出身于莱茵省一个传统的中产阶级家庭，因先天上唇开裂，交往常遇挫折，童年就做过两次矫正手术。哈贝马斯日后宣称，他吐词不清的表情达意困难，导致他对交往的重要性有异于常人的不同看法，甚至以写作来弥补言语的缺陷。1949年起他分别就读哥廷根大学、苏黎世大学和波恩大学，1954年以博士论文《绝对与历史：论谢林思想中的分裂》获哲学博士学位。1956年起，他在法兰克福大学社会研究所学习哲学和社会学，师从霍克海默和阿多诺。但是两位导师围绕他的论文发生分歧，霍克海默强令修改，意见非他所能接受。同时他自认为法兰克福学派是坚持政治怀疑主义，鄙视现代文化的。这使他最终是跟随马尔堡大学马克思主义法学家沃尔夫冈·阿本德罗特完成了政治学的教职资格论文，这部论文就是日后大名鼎鼎的《公共领域的结构转型：资产阶级社会一个范畴的研究》。1962年哈贝马斯成为马尔堡大学的特职教授。同年教职资格论文的出版使他在德国一举成名。1964年，阿多诺力挺哈贝马斯回到法兰克福大学，接替了霍克海默的哲学和社会学教职。1971年至1983年他在慕尼黑附近的斯塔恩堡担任马克斯·普朗克科学—技术世界研究所所长。1983年重回法兰克福大学教授哲学与社会学，直到1993年退休。

哈贝马斯没有犹太血统。他学术上受到德国古典哲学、马克思主义哲学、弗洛伊德的精神分析学、语言分析学派、解释学现象学和德国社会理论的影响，这使他几乎毕生致力于构建一种卷土重来的现代性，让理性在历史中变为现实。因而，他的文化理论对前期法兰克福学派的大众文化理论既有继承，又保持着一定的观审距离，一方面受到巴赫金影响，一方面又借鉴英国伯明翰学派文化研究的思路，从而提出立足交往的大众文化理论。故哈贝马斯的文化概念与合理性、交往等概念相互交织。此外，哈贝马斯已经不在霍克海默所持的文化与文明对立的视野中去讨论文化，也不再固守阿多诺的文化工业批判立场，更不像本雅明将文化批判作为文学批判的延伸。哈贝马斯眼中的文化是一种与传统相沟通的"知识储备"，大众文化不是承托主流文化的消极框架，而是定期反抗等级世界的颠覆性力量。正是在此基础上，哈贝马斯与前期法兰克福学派的大众文化极端否定立场分道扬镳。自从1984年当选为美国艺术与科学院荣誉院士起，哈贝马斯一生各种荣誉名誉多不胜数，而且始终笔耕不辍，著述丰厚。主要著作有：《公共领域的结构转型》（1962）、《作为意识形态的技术与科学》（1968）、《文化与批判》（1973）、《论历史唯物主义的重建》（1981）、《交往行为理论》（1981）、《现代性的哲学话语》（1985）、《名实之间》（1992）、《老欧洲、新欧洲、核心欧洲》（2005）等。

一、现代性重建

围绕现代性问题，哈贝马斯以同他当时所谓的年轻一代保守主义人物利奥塔、德里达和福柯的论争而蜚声。之所以称利奥塔等人的离经叛道"后现代话语"为保守主义，在哈贝马斯看来，是因为此一类话语彻底毁灭了现代性自我更新的希望，劝人随遇而安。哈贝马斯发现，后现代理性主义批判的基本思想实为尼采下衍的两个传统，一是从尼采经海德格尔到法国小说家巴塔耶和福柯，二是从尼采到海德格尔到德里达。前者致力于将知识权力化，视现代的知识和社会结构为其背后权力意志的不同形式；后者则是将知识隐喻化，化解学科的边界而使之泛文学化。语言符号自身的差异乃至异延一跃而成为哲学的主体力量。哈贝马斯尤其反对德里达"文本之外一无所有"的理论，虽然他多次强调他同德里达其实是好朋友。反之德里达则抱怨哈贝马斯误解了他，声称哈贝马斯未及细读他的书就无端指责他将哲学化解为文学。

哈贝马斯肯认马克斯·韦伯对现代性的阐释，指出韦伯不仅从合理化的观点出发论述西方文化的世俗化过程，更以此为线索阐述了现代社会的发展进程。而现代社会的制度结构，又是源自资本主义企业和官僚国家机器的组织核心。这就是韦伯所说的目的合理的经济行为和管理行为的制度化。如是，日常生活中此一文化的和社会的合理化诚然是给把握住了，然而以往那些传统的、首先表现为职业等级差异的生活形式，则已经自行解体了。反顾法兰克福学派的传统，《启蒙辩证法》中阿多诺和霍克海默接过了韦伯的悖论，判定合理化的过程既导向自由和解放，同时又导向束缚和物化。但哈贝马斯不同意阿多诺和霍克海默的看法，尽管他对批判理论始终情有独钟。他讲过，他的哲学和社会学理论信念在1950年代中期就打上了西方马克思主义的痕迹，经历了卢卡奇、科尔施、布洛赫、萨特和梅洛–庞蒂的影响，但是最大的影响是他的老师阿多诺。他指出，阿多诺让他接受了卢卡奇和科尔施，促使他将物化理论同韦伯的合理化理论联系起来。但是他认为《启蒙辩证法》的两位作者把现代性的形象过于简单化了，不足以表明资产阶级理想中文化现代性的理性内容。阿多诺和霍克海默发现现代社会已经变成一个完全是非理性的极权社会，理性的工具化使得启蒙精神的理性主义走向了自己的反面，理性正在自我毁灭。他们相信这就是启蒙辩证法。而由于现代社会的政治制度、社会制度和日常生活全没有留下理性的任何痕迹，理性事实上已经失缺实质内容，成了仅流于字面义的乌托邦。

　　哈贝马斯认为，阿多诺和霍克海默忽视了现代性中最基本的东西，而这些东西和无所不在、目的性极强的形式合理性并不是一回事。故《启蒙辩证法》是植根于确定论的悲观主义之中的。包括后来阿多诺的否定辩证法，强调辩证法否定再否定之后还是否定，而不复可能得出黑格尔式的辩证扬弃然后继续前进。对于这一殊为悲观的辩证法，哈贝马斯认为是一相当危险的倾向，是批判理论的倒退而不是进步，因为它威胁到了现代性的理性和规范基础。而哈贝马斯强调说，自治领域和专家们的纷纷出现，并不一定就意味工具理性的胜利，因为专家们论证每一个领域的合理性时，必然要能同时论证该领域核心处的基本原理。而问题在于，每一个领域的价值，并不是自动得到合法性的，它们必然历经批判探讨的过程，由此在非专家人群中得到共识。简言之，在哈贝马斯看来，每个领域的真正潜能，恰在于它超越了纯粹的技术和形式知识，而涉及现代文化的基础，涉及法律和道德、政治体制、经济结构以及审美形式等一连串的问题。这样做的结果，我们有望得到实质合理性，并不仅仅是形式合理性。这就是启蒙的尚未完成的解放核心，而这一点，恰恰是被阿多诺和霍克海默忽略了。

　　实际上，哈贝马斯发现阿多诺和霍克海默的批判传统，同韦伯的现代性批判结合起来，倒不失为一种有益的理论探索。韦伯以科学、道德和艺术这三个自治领域的独立而为现代性的标志，哈贝马斯对此完全同意，但是他并不同意韦伯由此对启蒙之解放潜能所抱的悲观主义态度，对此他说：

现代性的工程系18世纪的启蒙哲学家们形构而成，他们努力开拓了客观科学、普遍道德和法律以及依凭其内在逻辑而自足自立的艺术。与此同时，这一工程意在使这些领域中的认知潜能，各各从它们晦涩艰深的形式中释放出来。启蒙哲学家希望通过利用此一专门文化的累积，来丰富日常生活，即是说，用理性来将日常的社会生活组织起来。①

这可见，上述三个领域的知识积累并不必然导致人性的奴役，相反它们将有可能使社会和生活世界的内在潜能更多地释放出来。但是这一乐观前景的前提，当是韦伯模式同阿多诺和霍克海默的批判理论结合起来，由此在集体实践的基础上建构一种交往行为的理论，只有如此，现代性的工程方同日常生活联系起来。所谓交往行为，哈贝马斯认为，至少有两个以上的行为者，通过语言来理解相互之间的关系。这是一种互动的行为。行为者们共同寻求对情境和行为构架的理解，由此得以用一致的方式进行交流，达成对情境知识的共识。交往行为的根本前提，是客观世界、社会世界和主观世界的存在之外，还认定存在着一个作为知识和观念载体的语言世界。因为交往行为正是通过语言，方与客观世界、社会世界和主观世界发生关系。故此交往行为的合理性标准，除了必须满足语言表情达意的要求，而不是如解构主义更强调语言白纸黑字的符号性质之外，还必须同时满足三个条件：一、对客观世界事态作出的陈述是真实的；二、交往行为建立的人际关系是正当的；三、言辞表达与说话人的意图是一致的。这也分别就是真理、正义和真诚的要求。

比照交往行为理论的原则，哈贝马斯认为无论是韦伯还是阿多诺和霍克海默的批判理论，都不分青红皂白地将现代生活的各种形式一棍子打死，从而障掩理性内在的解放逻辑，使得"自我实现""自我发展"这一类理念变成了空中楼阁。适因于此，哈贝马斯充分强调艺术的解放力量，强调前卫艺术之颠覆传统以及艺术批评

---

① Habermas, "Modernity: An Incomplete Project", H. Foster ed. *Postmodern Culture*, London: Pluto Press, 1985, p. 9.

所展示的批判逻辑，认为它们都不失为对现存社会秩序的尖锐挑战，具有值得充分肯定的正面价值。总而言之，三个领域的合理化和分化过程，以及伴随产生的特定的文化形式，在哈贝马斯看来是为知识、批评和交往铺平了道路。这就是现代性的规范内容，它意味着对话、消解中心和异质并存的多元文化将替代铁板一块的一元话语。而这一点也正是巴赫金的文化理念。反之法兰克福学派的文化工业批判则是狭仄理解现代性的内容，将个人拘禁在一个被认定是一成不变的封闭世界里。

二、两种大众文化

《交往行为理论》第一卷在阐发马克斯·韦伯的"合理化"理论时，哈贝马斯从"合理化"概念出发，指出现代社会典型的意识结构都来自"文化合理化"（die Kulturelle Rationalisierung），它包括三个价值领域：认知（die Kognitiven）、美学表现（dieästhetisch-expressiven）和宗教传统的道德评价构成（die moralisch-evaluativen Bestandteile der religioesen Ueberlieferung）。他认为，随着科学技术的发展、自律艺术价值的自我展示以及普遍性法律道德观念的出现，三个价值领域依照各自逻辑产生了分化。[①]也就是说，文化价值领域的科学、艺术与法律和道德三个方面，分别遵循各自的内在规律从传统的宗教—形而上学世界观中脱离出来，共同构筑了现代生活世界。

在《现代性的哲学话语》这部著作中，哈贝马斯进一步指出："从单个文化价值领域来说，日常生活世界作为一个整体，或是表现为'生活'，或是表现为'实践'，或是表现为'精神'，它们与'艺术'、'理论'与'道德'形成鲜明的对照关系。"[②]这是说，在没有批判和哲学作为中介的情况下，贸然将关于"艺术""理论"与"道德"的专门知识转入日常生活的私人领域和公共领域，会带来两方

① Jürgen Habermas, *Theorie des kommunikativen Handelns, Band 1: Handlungsrationalitaet und gesellschaftliche Rationalisierung*, Frankfurt am Main: Suhrkamp, 1981, S. 234.

② 哈贝马斯：《现代性的哲学话语》，曹卫东等译，译林出版社，2011年，第384页。

面的危机：一是危及知识体系的自主性；二是破坏生活世界的完整性，进而打破日常交往的平衡。

这样，哲学的理性批判意识，作为协调系统知识与日常生活的中介，其作用就凸显出来了。在此基础上，哈贝马斯提出了交往理性概念，认为其克服了以主体为中心的思维窠臼，因而摆脱了工具理性的权威特征和理性的总体化特征。他把交往行为和生活世界作为一对互补概念，用来取代马克思的劳动与自然概念。生活世界具有三种结构性成分：文化（Kultur）、社会（Gesellschaft）、个性（Persönlichkeit）。其中，"文化（Kultur）是一种知识储备，交往行为者通过它与旧世界中的事物达成沟通，并用这些知识储备来做出富有共识的解释"①。在生活世界当中，"社会"是一种合法的秩序，"个性"标志主体所习得的言语行为能力。交往行为通过文化再生产、社会一体化、成员的社会化，分别在语义、社会空间、历史时间三个层面，达到新产生出的语境和现有的世界状态很好融合的效果。此外，文化、社会、个性彼此分化的过程是生活世界合理化的过程，同时也是它们各自内部产生分化的过程哈贝马斯认为这一理论打破了马克思实践哲学所坚持的社会由集体组成、集体由个体组成的传统观念。

值得一提的是，哈贝马斯认为现代社会在文化层面上出现了一种不断修正反思传统的状态，而传统文化则被浓缩为一些像世界概念、交往前提等抽象的元素。文化随着交往行为愈来愈显著地与社会、个性分隔开来，各自遵循自己高度抽象的原则进行再生产。他还指出，文化中的壁垒业未消除，报纸和文化期刊至今还将专业书籍和文学作品完全区分成对真理的探讨和虚构类作品，前者是哲学家和科学家的作品，后者是诗人和作家的创作；但是像弗洛伊德、阿多诺、海德格尔这样的哲学家，同时也是杰出的作家，他们的作品可以作为散文来阅读。故而，哲学、科学同文学之间文类差别的消除，哲学语言范式的转变，标志着哲学讨论对文学的表达方

①　哈贝马斯：《现代性的哲学话语》，曹卫东等译，译林出版社，2011年，第387页。

式有了新的理解，并尝试打破以主体为中心的理论思维或对象化思维的束缚。

由此，哈贝马斯的"文化"概念主要集中在科学、哲学、文学、法律、道德等领域，并且与社会领域、个性领域共同构筑了我们的生活世界。这同我们通常对"文化"概念的理解并无二致，然而他的"大众文化"概念在中文中却需要加以辨析，因为他笔下两种截然不同的"大众文化"概念在中文里拥有同一个译名，在德文中意义差距不可以道里计。其一出现在1962年《公共领域的结构转型》第18节"从进行文化批判的到文化消费的公众"，文中所批判的"大众文化"（Massenkultur）多用于贬义，甚至 Massen 一词也可直接译为"乌合之众"，它指的是广大无名群众被动接受的消费文化；其二见于《公共领域的结构转型》1990年版序言，是自发产生于普通民众当中肯定意义上的"大众文化"（Volskultur）。

哈贝马斯认为，"Massenkultur"随着欧洲中产阶级公共领域文化旨趣的转型应运而生。他提到，在18世纪以中产阶级家庭为核心发展起来的文学公共领域是沙龙、俱乐部和读书会。在这些地方，市民们通过对经典文学作品的阅读与讨论，形成一种公共交往式的批判性质的文化圈。它并不仅仅是意识形态，因为在这些私人的会所产生的批判性话语并不直接受制于生产和消费的循环和基本的生活需求，它具有希腊意义上的"政治"的特征，即从基本生活需求中解放出来。[①]但自19世纪以来，以家庭为核心的文学公共领域机制开始动摇，文学沙龙为受众面狭小的文学杂志取代，之后又为大众画报所取代，通俗画报更符合市民家庭的口味，于是，以扩大书籍销售额为目标的画报目睹了文化的兴起。[②]这里的文化指的即是Massenkultur，大众文化表面上增强了公共批判的广泛性，发展出繁荣的舆论景象，但实际上则带有消费的性质。公共讨论、专业对话通过电视媒体变成了明星的节目，进而跨入了交易领域。

哈贝马斯认为，俯就普通大众品位的大众文化遵循市场规律，其本质是一种

---

① 哈贝马斯：《公共领域的结构转型》，曹卫东等译，学林出版社，1999年，第187页。
② 哈贝马斯：《公共领域的结构转型》，曹卫东等译，学林出版社，1999年，第189页。

消费文化，而参与其中的大众则放弃了理性的公共运用，盲目追逐文化商品抛出的诱饵。在这一节，哈贝马斯的口吻与阿多诺、霍克海默的文化工业批判基调一脉相承，认为大众深受大众传媒的影响，不但毫无还击之力，并且自愿沉湎于大众媒体所创造的幻想之中。同时，真正从事批判的少数专业人员则与大众参与其中的大众传媒日益远离，公众分裂为没有公开批判意识的少数专家和在公共领域自愿接受消费文化的大众。

时隔三十年后，哈贝马斯在《公共领域的结构转型》1990年版"序言"中修正了自己先前的大众文化观，认为自己在写作《公共领域的结构转型》一书时没有考虑到亚文化公共领域。他注意到E. P. 汤普森《英国工人阶级的兴起》出版之后，英国出现了大量有关乡村下层民众和城市劳动人民的研究论作，底层平民参照资产阶级公共领域创立了平民公共领域，它有着独特的组织行为方式，创造出新的大众文化。哈贝马斯转而使用"Volkskultur"一词，认为它具有反抗的内在动力："大众文化显然绝不仅仅是背景，也就是说，绝不是主流文化的消极框架，而是定期出现、反抗等级世界的颠覆力量，具有自身的正式庆典和日常规范。"[①]这表明，在资产阶级公共领域里排挤与反抗并存，大众文化作为人民自己的创造物恰好成为反抗的力量。

哈贝马斯在这篇序言中，肯定了大众文化内在的反抗性，他坦言这一观点的形成主要是受到巴赫金《拉伯雷和他的世界》的启发。根据巴赫金的解读，拉伯雷在小说中运用了丰富的大众节日形象，它们因年深日久而具备自由的特权，以这种特权为依托拉伯雷抨击了基本的教义规范、圣礼和中世纪意识形态的神圣性。此期间哈贝马斯所言的"大众文化"意为大众自发创造的反抗文化，它与霍克海默、阿多诺《启蒙辩证法》中所述的消费、宰制大众的"大众文化"（Massenkultur）迥然不同。前者可以理解为来自普通群众的、传统基础上进行创新的文化，与伯明翰学派

---

① 哈贝马斯：《公共领域的结构转型·1990年版序言》，曹卫东等译，学林出版社，1999年，第7页。

传统里的大众文化（popular cultur）含义相近。而霍克海默和阿多诺所批判的"大众文化"是一种自上而下控制、欺骗大众的国家意识形态，是宰制者所提供的文化。因而，"Volkskultur"与"Massenkultur"在社会文化领域是一对含义相反的"大众文化"概念，前者为大众进行反叛的文化，后者则为统治阶层宰制大众的文化。

其实早在20世纪80年代，哈贝马斯便写过一篇《启蒙与神话的纠缠：霍克海默与阿多诺》的文章，当中专门对其文化批判理论进行了反思，他核心的观点是：一、霍克海默、阿多诺努力为他们的文化批判提供论证，抽象和简化现代性图像，使其所讨论的内容缺乏可信性；二、《启蒙辩证法》未能妥善处理在资产阶级理想中确立并被工具化了的文化现代性的合理内涵，主要集中在科学、法律、道德和艺术领域，如：推动科学自我反思的理论动力、宪政民主制度、审美经验的创造性。总之，哈贝马斯认为，在霍克海默和阿多诺由于所身处的时代（20世纪40年代），他们当时所依据的理论及其意识形态批判都失去了意义，所以才沉溺于对理性的彻底怀疑之中，而没有为社会批判理论提供坚实的规范性基础。[①]

从大众文化概念的这一变迁来看，可以看出哈贝马斯的一种历史主义文化阐释立场。即是说，大众文化（Massenkultur）在传媒时代的确有俯就、迎合普通民众的一面，但是随着代表型公共领域的瓦解，大众开始从自己所接受的代表性（主流）文化当中进行筛选、创造，产生出大量具有反叛风格、批判意识的大众文化（Volkskultur）。哈贝马斯认为这种文化是统治阶级施行压迫的产物，正所谓哪里有压迫哪里就有反抗。概言之，随着时代发展，哈贝马斯的大众文化理论逐步从前期批判理论中的脱离出来，在更为积极的意义上审视大众，充分肯定了大众在现代社会中的批判潜能和创造力。

---

① 哈贝马斯：《现代性的哲学话语》，曹卫东等译，译林出版社，2004年，第122—150页。

三、批判“大众文化理论”

哈贝马斯对前期法兰克福学派大众文化理论的批判，可视为法兰克福学派的代表人物第一次从批判理论内部对“工具理性”“文化工业”进行的系统性反思。哈贝马斯立足其交往理论，赋予了“大众文化”一种新的打开方式。

哈贝马斯先是继承了经典法兰克福学派对文化工业所持的批判性视角。他认为，霍克海默和阿多诺的工具理性批判与韦伯的合理化理论一脉相承，它坚持卢卡奇的观点，把韦伯提出的资本主义合理化理解为物化（Verdinglichung），因而工具理性批判将自身理解为卢卡奇从韦伯那里接受过来的物化批判。哈贝马斯进一步将卢卡奇源自马克思商品拜物教思想的物化理论，与韦伯的合理化理论相结合，撰写了长文《合理化的辩证法：生产与消费中的贫困》，旗帜鲜明地批判了消费品与大众之间的异化关系，认为抽离了手工技艺的消费品不能从根本上满足大众的需求，因而生产与消费实际上均陷入了困境：

> 工业化的劳动越来越远离了制造对象，摧毁了手工技艺，即“手的智慧”，让人们熟悉物质原料并将其缩减到统计上可论证的最小量。同样地，它也日益拉开了大众消费与消费品之间的距离。人们对这些产品的“善好”和品质的感觉越来越弱，因为人们只能越来越空洞地和短暂地接触那些物品，并且人们对于物品本质的感觉也更为模糊，与物的亲近越来越不真实……①

由此可见，哈贝马斯对现代社会的消费文化持一种保守的批判态度。但是在1981年，哈贝马斯《交往行为理论》第一卷第一部分，开始对否定消费文化的“大

---

① 见罗尔夫·魏格豪斯：《法兰克福学派：历史、理论及政治影响》下册，孟登迎等译，上海人民出版社，2010年，第712—713页。

第四编 法兰克福学派

众文化理论"展开批判。首先，他还原霍克海默和阿多诺"文化工业"批判的理论背景，认为它是建立在卢卡奇的物化理论的基础之上。卢卡奇的物化概念一半来自马克思，一半来自黑格尔哲学。是以卢卡奇一方面承认物化的普遍存在，另一方面又断定物化过程并不能将人的本质变成商品；一方面批判实证主义狭隘的科学观念，另一方面却认为人自身的理性形式是反抗的潜力。哈贝马斯进而分析霍克海默和阿多诺的论证结构，认为他们沿着卢卡奇对实证主义的狭隘科学观的批判路径，从历史经验出发，推断大众的主观自然已经被卷入了商品化的旋涡中，内心的分裂与畸形已经涵盖了个性的动机基础。因而，"大众文化理论"（Theorie der Massenkultur）的出发点是"商品形式"（Warenform），它波及了文化，因而逐步地占据了人的一切机能，从而导致了主观自然（subjektive Natur）对"物化"进行反抗，它被霍克海默称为"自然的造反"（Revolte der Natur）。纳粹恰恰利用了大众对合理化的反抗，吸收了"自然的造反"的力量，操纵底层民众以达到自己的目的。

其次，哈贝马斯立足交往行为理论展开对大众文化理论的批判。他指出："大众文化理论涉及的现象较少引起注意，它是一种依附于大众传媒之上的意识的社会整合的现象。"[①]哈贝马斯肯定了阿多诺对待大众文化的批判视角，认同阿多诺没有像本雅明在论及电影时对大众文化的解放力量寄予希望，而采取了适当怀疑的态度。但是他质疑阿多诺对于大众传媒的社会控制角色缺乏明确的概念分析，他认为阿多诺从"文化物品"（Kulturgüter）的商品形式出发，将新的"大众交往工具"（Massenkommunikationsmittel）同化为"交换价值媒介"（Medium des Tauschwertes），但是实际上，后者用"金钱媒介"取代"言语的理解"充当行为协调的机制，而大众交往的媒介依然指靠言语的理解。大众交往媒介通过技术强化克服了时间和空间上的距离，大大加强了交往的可能性，因而言语理解在交往中的重要性日益凸显，通过言语这种非强制性的力量可为社会、个人提供理性的整合原

---

① Jürgen Habermas, *Theorie des kommunikativen Handelns, Band1: Handlungsrationalitaet und gesellschaftliche Rationalisierung*, Frankfurt am Main: Suhrkamp, 1981, S. 495.

则。所以，在他看来，一种剪裁过的大众文化或者可通过大众传媒发挥出意识的恢复整合力量，这首先取决于交往是否可以通过它的个体化而使人们得以融合，而绝不是阿多诺所认为的取决于市场法则是否越来越深入。文化生产自身当中。①这样一来，哈贝马斯便将阿多诺等对大众交往工具、媒介的批判，转向对言语媒介的功能阐释，强调言语在交往中的重要性及其对文化的重塑作用。

在《后形而上学思想》中，哈贝马斯对作为重要交往媒介之"言语"的思考渐入佳境。他将人们的"行为"（Handeln）区分为"言语表达行为"与"非言语行为"。前者可简单理解我一种"目的行为"（Zwecktätigkeit），通过这种行为，行为者进入世界选择和使用适当的手段来实现既定目标；"言语表达行为"则是帮助言说者来和他人就某件事取得共识。二者的区别在于，"非言语行为"只能让人推测行为意图，无法让人根据行为表象来断定行为意图；"言语表达行为"则可以让人清楚地领会行为者的意图。②也就是说，我们可以通过言说，向听众敞开自己的所作所为，达到可能的相互理解，从而形成社会的凝聚力。正如居伊·珀蒂德芒热指出的："哈贝马斯的思想是各种思想交汇的哲学，紧凑而稳妥，对哲学中明确的文化形象进行论述的同时，似乎又将两种相关的偏移联系在一起：其一是，我们在行政方面、管理方面、人类行为学方面对社会的掌控；其二是，在我们的行为和话语中，始终有以否定名义而存在的欺骗性言语。"③

哈贝马斯将以"言语"为中介的互动类型被称为"交往行为"（kommunikatives Handeln），而把以"非言语行为"为中介的互动类型被称之"策略行为"（strategisches Handeln）。这两种互动类型，主要是依据行为的协调机制来加以区

---

① Jürgen Habermas, *Theorie des kommunikativen Handelns, Band1: Handlungsrationalitaet und gesellschaftliche Rationalisierung*, Frankfurt am Main: Suhrkamp, 1981, S. 497.

② 见哈贝马斯：《后形而上学思想》，曹卫东、付德根译，译林出版社，2012年，第53—55页。

③ 见居伊·珀蒂德芒热：《20世纪的哲学与哲学家》，刘成富等译，江苏教育出版社，2007年，第250页。

分的。在交往行为中，语言凭借自身的约束力将行为协调起来，但是它必然会同由信服而达到理解的机制发生排斥；在策略行为中，协调效果取决于非言语行为对行为语境以及行为者之间所施加的影响。也就是说，策略行为建立在个体行为假话的目的理性基础之上，而交往行为建立在交往理性的基础之上，所依靠的以理解、共识为前提的语言用法，因此它的实现需要参与者都付诸努力，在共同的生活世界当中，在充分注意到相互之间分歧的情况下，达成共识并确定行为计划。

　　哈贝马斯"交往"概念的引入，应当说弥补了大众文化理论的盲点。在哈贝马斯看来，"交往"是人和人之间的原始本性，可作为政治公共领域和高效公民社会之间的连接纽带。公民的职责即是通过自发组成的社团、组织和运动阐述在公民社会中形成共鸣的社会问题，并将其引入公共领域。在交往行为理论的基础上，哈贝马斯推出了曾经被经典法兰克福学派所忽视的大众的内在动力。他发现，随着大众传媒技术的提高，大众文化日益显现出自身独立的精神，人们通过交往而日益融合，意见达成一致，而不是由市场机制灌输而变得同一化，也就是说市场逻辑对文化的操作和影响是有限的，文化的再生产与交往行为紧密相联。修复业已崩溃的现代性，锲而不舍地持续追求文化、社会和经济领域中的现代性可能。这是哈贝马斯始终引为己任的不二使命。哈贝马斯的文化理论，最终落脚点还是在他的交往行为理论之上。

M

马克思主义
文化理论发展史

下

◎陆扬 等 著

百花洲文艺出版社
BAIHUAZHOU LITERATURE AND ART PRESS

第五编 文化研究的轨迹

文化这个概念可以大得没有边际，我们生活在其中的这个世界里，凡不属于自然的东西，可以说都属于文化。由此我们的一切知识探索，一定程度上也都可以说是"文化研究"。这个大得无边无际的"文化研究"，不是本书讨论的对象。我们这里讨论的"文化研究"，主要是伯明翰中心的传统。它强调文化的意义不光来自社会经验，同样来自社会的个体成员，即是说，每一个人正是通过社会身份的建构，得以在工业化和后工业化社会中确立自己的位置和社会关系的。这样一种文化研究和以往传统文化的研究（study of culture），显而易见有所不同。它的发端和发展中的一个标志性事件，就是伯明翰当代文化研究中心（CCCS）的成立。

文化研究的兴起与英国新左派运动直接关联。新左派是20世纪60至70年代波及欧美各国知识界的新马克思主义运动，总体上倡导更为广泛的社会改革，劳工运动和阶级斗争不复成为关注焦点，而将同性恋权利、性别歧视、堕胎和毒品等新的社会问题，也提到议事日程上来。1956年2月赫鲁晓夫秘密报告谴责斯大林在英国引起轩然大波。同年10月—11月，匈牙利"十月事件"爆发，苏联出兵干预，导致将近三分之一的英国共产党员退党。有些共产党员加入了各种托洛茨基团体，有些加入工党。英国新左派运动正是在此一背景下发展起来的。它见证了早期相关刊物的出现，《新明理者》（*New Reasoner*）和《大学与左派评论》（*Universities and New Left Review*）这两家英国新左派的标志性刊物，1959年合并为《新左派评论》（*New Left Review*），斯图亚特·霍尔担任杂志第一任主编。1961年霍尔辞去主编，佩里·安德森接手《新左派评论》。在他的主持下，该刊成为英国新左派运动的大本营，法兰克福学派、葛兰西霸权理论、阿尔都塞意识形态理论等各路新马克思主义思想，都是通过这个窗口传布到了英国。霍尔后来说过，假如没有这一时期欧洲理论的大量翻译介绍，不可能有伯明翰中心文化研究的诞生，即便它诞生，也撑不过70年代。

1956年到1964年为英国新左派的理论盛产期，理查·霍加特的《识字的用途》、雷蒙·威廉斯的《文化与社会》和《漫长的革命》以及E. P.汤普森的《英国工人阶级的形成》这四部文化研究的经典著作，都诞生于这一时期。另一方面，以霍加特、威廉斯、E.P.汤普森和霍尔为代表的英国文化研究的第一代传人，都有从事成人教育的相关经历。战后英国很多大学纷纷设立EMS（Department of Extra–Mural Studies），即成人教育部。霍加特、威廉斯、霍尔、汤普森都曾担任过成人教育部的教师，为来自社会各阶层的学生授课。伯明翰大学"当代文化研究中心"是1964年正式成立的，它可视为同文学研究分道扬镳结出的果实。中心第一任主任是伯明翰大学英文系教授理查·霍加特。两年之前，霍加特荣膺伯明翰大学历史上第二个英国文学教授职位，然后自己筹措经费，最终同英文系的高雅文化分庭抗礼，成立了这个专门招收成人教育研究生的当代文化研究中心。1964年中心成立之际，不过主任霍加特、"义务"助理斯图亚特·霍尔以及一位秘书，一共三人。中心是从成人教育起步的，最初是清一色的研究生教学。

文化既然被解释为日常生活的全部方式，生产与消费在伯明翰中心看来，便不再是势不两立的两个极端。这和法兰克福学派文化工业理论描述的生产和消费关系判然不同。在文化工业理论看来，一方面是主导意识形态联手寡头资本，炮制愚弄民众的大众文化；一方面是深陷圈套不能自拔、有似乌合之众的无知受众。而在伯明翰中心充分认可大众文化正面价值的视野中，文化生产最终被看作生产方式之一，这样就把文化从上层建筑拉回到基础中来，与社会经济生产和结构有了直接的联系。而注重消费研究，则将英国的中产阶级和下层阶级一并纳入研究对象，这样不光是资本主义，主要以跨国公司和媒体带动的后资本主义消费和剥削模式，也一样进入了细致分析和批判的文化研究视野。对于生产和消费的这一新的理解，很显然是秉承了英国的新马克思主义传统，这也可以说明何以伯明翰中心成立之初，便致力于消除英国知识分子与工人阶级之间的隔膜，将工人阶级的日常生活，列为文化研究的首选。

第十七章　文化研究的缘起

　　文化研究所具有鲜明的政治内涵和大学背景。伯明翰当代文化研究中心成立的初衷之一，是为亚文化族群，特别是工人阶级文化和青年亚文化族群作出辩护，它的研究对象是阶级、文化和传播学，政治上属于新左派。20世纪60年代后期风起云涌的社会和政治运动，给中心提供了大量的批判资源。但文化研究并不是一开始就作为一门学科出现的，依照斯图亚特·霍尔的说法，它深深植根于英国的新左派政治之中。霍尔甚至把伯明翰当代文化研究中心的成立视为新左派政治在大学体制里寻到的一个避难所，使新左派政治得以改头换面薪火相传。用斯图亚特·霍尔的说法，中心是他们这些马克思主义活动家，在资本主义的"光天化日世界里对话难以为继之后"，退避学院搭建起来的一个避风港。霍尔后来在他题为《文化研究的兴起和人文学科的危机》一文中回忆说：

　　我们因此是来自一个远离英国学术中心的传统，我们对文化变革问题的研究，诸如怎样理解它们，怎样描述它们，怎样从理论上来说明它们，以及它们产生怎样的社会影响和结果，最初都是在肮脏的外部世界里得到认可的。文化研究中心是光天化日之下对话难以为继之后，我们退隐其中的一方土地，它是其他手段的政治。①

文化研究的开创性人物威廉斯、霍加特和汤普森，以及霍尔本人，都有浓重的马克思主义背景，最初都是在成人教育的工人阶级校外生中间，点燃了文化研究的薪火。霍尔称他们当中有些人，特别是他本人，曾经打算再也不回大学，再也不去"玷污"大学的门扉。但霍尔并没有如其所言同大学分道扬镳，他最后是在开放大学的教职上退休的，用他自己的话说，这是为文化研究实际工作的需要作出的妥协。究竟是或不是妥协无关紧要，关键是文化研究的马克思主义政治内涵，仅此一例就表现得相当充分了。

一、伯明翰中心花开花落

伯明翰当代文化研究中心的成立，标志着高等教育体制内部致力于考察工人阶级和边缘群体日常生活的文化研究有了一席立足之地。但是文化研究鲜明的跨学科性质，也使得它本身的学科定位，迄今还是众说纷纭。中心一开始的三人小组团队编制，一直延续到霍尔出任第二任主任。当时霍尔麾下，也不过只有分别从历史系和英语系过来的两个助手。霍尔主掌CCCS的时期，是文化研究如日中天的时代。中心的工作人员大体保持在六至十人之间，研究的方式主要是在中心成员聚焦大众传媒、大众文化和亚文化等等话题提交论文，组织讨论。这些文章后来大都发表在中心自己简易印刷的内部刊物《屏幕》之上。中心的研究方法是典型的跨学科的方法。除了马克思主义的批判视野、来自文学的文本分析，以及来自人类学和社会学

① Stuart Hall, "The Emergence of Cultural Studies and the Crisis of the Humanities", *October*, 53（1990）, p. 12.

的民族志研究这三大主要方法论，从霍尔开始，在方法上霍加特和威廉斯的文本分析主流，逐渐转移到法国理论的影响，包括结构主义符号学的方法、结构主义意识形态的方法，后结构主义，特别是拉康的理论方法，以及很快流行不衰的后现代传媒理论。其他如女权主义、种族理论等，也都是中心娴熟的研究方法。

中心在斯图亚特·霍尔主持下，经历了它登峰造极的鼎盛时期，成为举世瞩目的新理论中心。霍尔和中心的学生和研究人员安吉拉·麦克洛比、保罗·威里斯、理查·约翰逊、迪克·赫布迪基等人，继承了霍加特对工人阶级文化的民族志研究兴趣。但是，70年代伯明翰中心面对的战后世界，已大不同于霍加特当年《识字的用途》中描写的50年代。这个世界见证了如火如荼的学生抗议和激进批判，还有妇女解放、同性恋解放、反种族歧视。这是《识字的用途》的世界闻所未闻的。但即便时代不同，伯明翰中心依然能感受到下层阶级文化生活中的抵制情绪，著名的例子有迪克·赫布迪基1979年的作品《亚文化：风格的意义》，以及它给出的一系列与黑人宗教、时尚、颓废男孩、摇滚乐手、光头、朋克等等相关的问题。这一类亚文化诚如霍加特呼唤昔年的工人阶级文化，引发的是活生生的文本，便于作细致分析。但赫布迪基和伯明翰中心如今重视的是符号学的文本分析方法，将目光投向索绪尔、俄国形式主义和罗兰·巴特。赫布迪基认为这类抵制主流意识形态的亚文化，总是受到市场化商业娱乐的威胁。商业主义吸收了抵制的模式和风格，在赫布迪基看来，它终究是稀释并且摧毁了亚文化的真正反抗抵制力量。

伯明翰中心声誉如日中天之际，它当仁不让是全球范围文化研究的精神源泉。但是伯明翰中心今已不存。80年代中心与社会学系合并，改称文化研究与社会学系，这在关心伯明翰中心的人看来，似乎已经是一个鼎盛期过后的衰退征兆。结果是重建了社会学也重建了文化研究的构架。伯明翰校方对新建的系有明确的要求，要求它招收本科生，它的研究方向，自然也得有所改变。同时新一代的教师充实进来，新的领域如技术、公民义务、环境科学等等，纷纷开辟出来。这是标新立异呢，还是与时俱进呢？似乎也难一言定断。但毋庸置疑的是，文化研究的领域，拓展下来已经是今非昔比了。

2002年6月27日，伯明翰文化研究与社会学系最终在暑假期间以学科重组的名义被伯明翰大学撤销了。这意味文化研究的发源地历经合并重组，在三十四年后，终于宣告关闭。学生们一开始反应激烈，8月1日，伯明翰大学学生就关闭事件召开大会，发表声明称他们正在经历的时刻，是支配人的意志变成被支配人命运的时刻。在经济需要和高效率研究的名义下，批判性质的社会科学面临市场化的逻辑，正危机重重，因为市场逻辑视批判思想为绊脚石，恨不能将它一脚踢开。比较在中国本土文学研究和文化研究的恩怨交锋，或许伯明翰中心本身的关闭，可以显示传统人文学科面临上述市场逻辑的冲击，除了与时俱进，恐怕是别无选择。

但伯明翰文化研究和社会学系的撤销，对于文化研究本身，除了一个符号意义上的失落，应是无伤大体的。许多院别已经纷纷开设文化研究课程，所以事先没有得到通知的学生再是惊诧不解，对于学业倒也无妨，大多数课程可以继续开设下去。专业并没有取消，而是重组，这也是校方愿意强调的说法：文化研究和社会学系是经历了重组，因为它没有通过是年的研究考评。文化研究和社会学系教学上基本每年都是名列前茅。它所提供的课程，普遍认为是最优秀的。该系在上一年的教学评估中，就得了最高分24分。现在问题出在研究考评，我们不妨来看这个"研究考评"又是什么东西。

研究考评就是我们所说的科研考评。它或者可以显示科研第一的高等教育办学方针，在发达国家中，亦是被贯彻得多么无情无义。伯明翰中心的最终消失，与文化研究关注的政治权力其实关系不大，而是反映了英国高等教育机制内部的压力。这压力似乎是无所不在的，据称高等教育人工部长的迫切使命之一，就是要让英国50%的学生都可以上大学。与此同时，许多奖学金项目纷纷落马，导致学生的债务直线上升。牛津、剑桥这样的老牌名校可以理直气壮，不断拉涨学费，一些财力捉襟见肘的新校，就只有广开门路，多多吸收来自四面八方的学生。所以科研经费的竞争，说它已经关乎许多学校的生存问题也不为过。此外教工薪酬和工作条件持续滑坡，高等教育面临的就业危机则反过来与日俱增。这一切不稳定因素，足以显示伯明翰中心的关闭有许多无奈。不说其他高校类似的系多遭此同类命运，莱斯特（Leicester）大学关闭了它享有盛誉的大众传播研究中心，一样叫人颇费猜测。这一股流行一时的关闭之风，被认为是标记了英国尝试高校重组的一个开端。重组的目标是提高财务状况良好的研究机构的竞争力，将之推向全球市场，同时使政府对高校事务的参与，可以惠及每一个国民。

但即便如此，关闭事件还是显得突兀。因为伯明翰文化研究与社会学系前不久还在政府的教学评估中得了最高分数。社会学的教学计划也经历了评估，从政府公布的数字来看，被认为是在全国范围内提供了最好的本科生教学。照市场逻辑来看，本科生和研究生入学率不断提高，世界各地的访问学者慕名纷至沓来，显然都是成功的标记。那么，问题为什么出在这个"科研"上面呢？关闭伯明翰中心的主要理由，是它在政府研究性评估方面表现不佳。评估本身是多有争议的，以至于有人说，由于一些系所擅长此道，导致评估优秀的单元数量急遽膨胀。此外同行评估，更是成为争议的焦点。评估小组逐系审读每一个教工的成果，根据业绩来分派预算。在这里，教学优秀是不起作用的。伯明翰中心校方的要求，是各系的考评不得低于4分，这是通行全国的优秀基准。而2001年的文化研究和社会学系，恰恰是在这个基准之下，分数是3a。因此，不乏有人将中心的关闭归结为同道的妒忌。

伯明翰中心的撤除，可以说是它全盛时期突然遭此厄运，是不是意味着文化研究的气数已经耗尽？答案是否定的。在许多人看来，它更像是文化研究另起炉灶的一个新的开端。中心的薪火相传已经完成，仅就伯明翰大学来看，今日许多其他系所的专业和教师，也在潜心从事CCCS传统的文化研究。而随着此前霍尔等人移师开放大学和曼彻斯特大学等等，文化研究早已经在全英国范围内扎根开花。而且，它的重镇总是在成人教育和传统工业城市区域，总而言之，文化研究我们喜欢它也好，不喜欢它也好，它委实是已经无所不在了。其全球范围内的流行不衰标志着学术热点和专业的重组。这个重组已经不需要伯明翰中心的神话，中心完成了它的历史使命。所以我们现在的问题是，伯明翰中心留下了什么样的遗产，它对于文化研究的发展前景，又意味着什么呢？

理查·约翰逊后来接替霍尔担任伯明翰中心主任，鼓励社会和历史研究。当时中心的成员有莫林·麦克内尔、迈克尔·格林和安·格雷，三人均擅长文化理论和传媒研究。迈克尔·格林后来在以"当代文化研究中心"为题的文章中，就伯明翰中心的早期研究成果，归纳过以下四个主题：

其一，强烈、复杂且持之以恒的文化差异。如E. P. 汤普森论早期工人阶级是怎样自觉形成的；霍加特谈英国北方坚韧的工人阶级文化；威廉斯则着目于劳工运动，讲工人阶级的集体主义成就。这里面话题都是工人阶级，但是文化各各不同。此种差异，甚至见于形形色色的青年亚文化的研究，而青年亚文化普遍被认为是阶级或"父母"文化内部压力释放的集中宣泄路径。

其二，倡导文化是"普通平常的"，强调文化是从日常生活之中发现和汲取意义。这和战后英国的政治形势是背道而驰的。比如劳工党的英国"人民"节被吸引眼球的加冕礼取而代之，约翰·里斯麾下的BBC热衷走教育路线，轻视平民娱乐，以及40年代和50年代的英国出版界，也普遍抵制异端。

其三，强调形形色色的教育和传播新形式，从根本上说都是不民主的。例如威廉斯《漫长的革命》中，就提出要进行第三次革命，将能动积极的求知过程，普及到所有民众，而不是局限在少数人集团。当年霍加特批评过英国独立电视台，威廉斯也对当代影像传播中的商业主义表示反感，呼吁关注民主的表征形式，促进非资本主义的生产和流通模式。

其四，有关英国和"体面"的辩论。不仅否定大英帝国主义，同样不愿意效法颐指气使的美国商业文化，抑或悄然无言的瑞典式社会民主模态。反之有意预示一个充分重视地方乡土色彩的英国文化，甚至威尔士文化。①我们可以注意到，威尔

---

① Michael Green, "The Center for Contemporary Cultural Studies", John Storey ed. *What Is Cultural Studies?: A Reader*, London: Arnold, 1996, p. 51.

士正是威廉斯的家乡。

从以上归纳的伯明翰中心文化研究的四个主题，可以看出英国新左派注目的政治生活的特点，即强调文化是社会生活中共享的意义生产和流通。中心不但关注工人阶级文化，对于日常生活和本土文化，也都给予了充分重视。反之把大众传媒的语言和形象，看作特定阶级和集团假公济私的虚假表征。换言之，它们所表现的，并非"共享"的价值观念。所以这样来看，大众传媒一方面是主导意识形态的宣传阵地，一方面也是受众自觉不自觉的抵制场地。文化研究就在这一动态的抵制和协调过程中，书写着资本主义既定秩序的颠覆努力。

无疑，伯明翰中心的文化研究挑战了"二战"之后英国的主流文化。文化曾经是文学和艺术的一统天下，无论是文本还是行为思想，文化分析几乎是清一色的美学的标准。反之大众文化体现的就是商业趣味、低劣趣味，或者说纯粹就是没有趣味，是审美趣味的堕落。但是现在，趣味的天经地义的高雅和风雅，在文化研究的挑战之下，已经将变得摇摇欲坠了。文化研究虽然走的是外围路线，但是很显然，它已经在高等教育的体制中站稳了脚跟。或许今天它还是一门准学科、新兴学科，但是相信不用太久，它会像我们的其他传统学科一样，在不同的专业里牢固地确立它的地位。

二、文化研究的跨学科性质

文化研究的历史不长，但是它在表现为研究方法和策略的同时，很显然已经形成了一门相对独立的新兴科学。但诚如文化研究作为研究方法千头万绪，各成体统，文化研究作为一门新兴学科，它怎样从哲学、社会学、文学这些传统学科中脱胎而出，以及它如何依然难分难解地呈现着鲜明的跨科学态势，也必须交代清楚。斯图亚特·霍尔后来这样回忆伯明翰当代文化研究中心成立时的"窘境"：

中心成立之日，我们收到了各家英文系的来信，说他们做不到真心诚意欢迎我们；他们知道我们在这里，但是希望他们不得不一如既往，做他们本分工作的时候，我们不要挡路。我们还收到了另一封来自社会学系的信，更要尖锐得多，事实上它说："……我们希望你们别以为自己在做社会学，因为社会学压根就不是你们在做的事情。"[①]

霍尔的话可以显示文化研究是怎样从文学的母体之中脱胎而出，而走向不被正统社会学认可的社会学研究。即便是与它关系最为密切的两个传统学科文学和社会学，当时对它的抵制态度也是显而易见的。但是毋庸置疑，伯明翰中心以边缘向中心进军，以日常文化向高雅文学发难的解构主义策略，取得了始料不及的巨大成功。或者可以说，霍加特在有意无意之间，开创了一个新的学科，至少，一个方兴未艾、正在向许多传统学科发起挑战的"准学科"。

我们可以首先来看文化研究与文学研究的关系。文化研究如上所见，学科体制上它是英文系的产物，与文学关系密切，从中汲取了文本分析的主要方法，虽然最终是和文学分道扬镳了。从一定程度上讲，诚如批评家所言，它是从"左派利维斯主义"起步的。F. R. 利维斯主编的《细绎》杂志提倡文本细读，后来也成为文化研究将大众文化现象当作文本分析的看家方法。此外，文化研究与社会学也关系密切，从社会学中它借鉴了民族志的研究方法，关心特定文化群和亚文化群的意义建构，专心考察边缘群体的生活方式。不但如此，文化研究同历史学也有着千丝万缕的联系。文化研究也研究历史，不过这是广义上的下层阶级的历史，此外它还侧重口传历史、大众记忆。这一切同英雄政要的正统史学，固不相同。

早在伯明翰中心成立之前，霍加特的《识字的用途》（1957）、雷蒙·威廉斯的《文化与社会》（1958）和《漫长的革命》（1961），就是文化研究三部典型的先驱著作。前者是工人阶级通过阅读自己的文本，来表达对资产阶级主导意识形态

---

① Stuart Hall, "The Emergence of Cultural Studies and the Crisis of the Humanities", *October*, 53, 1990, p. 13.

的反抗。这里的"文本"远不限于文学，而是从邻里文化、生活习俗到报纸杂志的形形色色的"工人阶级自己的声音"。威廉斯的《文化与社会》如前所见，表达了与利维斯主义的分歧。他的《漫长的革命》，则将《细绎》杂志所关注的艺术、教育、政治和交流等等诸多话题，置于乐观主义的未来框架中来加以叙述，一反利维斯对当代大众文化忧心忡忡的不屑一顾态度。这一切，都是与利维斯主义定位在英国文学伟大传统上面的高雅文化针锋相对的。诚如霍加特所言：

> 因此，我是选取了非常单一的工人阶级群体，通过描述他们的居住环境和人生态度，尝试再现他们的生活氛围和质量。在这一背景中，我们可以看到，大众出版物五花八门，其无边弥漫的感染力，如何连接着广被接受的人生态度，以及它们如何改变这些态度，又如何遭遇抵抗。[1]

这可见，霍加特充分肯定了大众传媒的政治内涵，不是把它们看作利维斯主义视野中的乌合之众娱乐产品，而是强调它们与不同阶级和集团的连接关系，以及抵抗意识在其中的展示。这是鲜明的新左派的立场。加上对日常生活经验的重视，这一切都预演了以后文化研究的基本方向。

在《文化与社会》中，雷蒙·威廉斯直接质疑了利维斯传统的文学至上主义。他指出，利维斯的文化观点主要来源于马修·阿诺德，而阿诺德的观点又可上溯到柯勒律治。但在柯勒律治看来，"少数人"是一个阶级，即受国家资助的知识阶级，其使命是普及一切学科的知识，而到利维斯，"少数人"本质上就成了文学上的少数派，其使命相应成为保持文学传统和最优秀的语言能力。但威廉斯最终鲜明地表明了他的观点：由利维斯奠立基础的以文学为中心的英语教育，固然是所有教育中的一个中心，但是英语教育并不等于整个教育。同理，无论正规教育多么高

---

① Richard Hoggart, *The Uses of Literacy*, Harmondsworth: Penguin, 1957, p. 19.

尚，也不是过去和现在社会经验的全部。

但是学术范式变迁不断，很大程度上犹如时尚流转。新近的时尚，是文学重归审美。从再现、表现、模仿、典型乃至审美这些当代中国文学理论的风行术语来看，基本上是西方话语的一统天下，以至于时而有学者愤愤不平，认为中国古典文论患了"失语症"。同理，此一新近流行的重归审美的时尚，也有相应的西方理论后援。其中一马当先的，就是2004年姗姗来迟的美国批评家哈罗德·布鲁姆的《西方正典——传大作家和不朽作品》中译本的面世。该书中译本序言中，作者这样描述当今文学研究与文化研究的纠葛：

> 在现今世界上的大学里文学教学已被政治化了：我们不再有大学，只有政治正确的庙堂。文学批评如今已被"文化批评"所取代：这是一种由伪马克思主义、伪女性主义以及各种法国/海德格尔式的时髦东西所组成的奇观。西方经典已被各种诸如此类的十字军运动所代替，如后殖民主义、多元文化主义、族裔研究，以及关于各种性倾向的奇谈怪论。[①]

布鲁姆自称他的英雄偶像是以标举古典主义趣味著称的19世纪英国批评家塞缪尔·约翰逊。可是又说，即便是约翰逊，在如今大学的道德王国里，也难以找到一席之地。很显然这还是"政治正确"的老话：文化研究在他看来涉及各种各样的价值判断，偏偏就是没有关于审美的价值判断。所以文学批评的当务之急，便是重归审美。《西方正典——伟大作家和不朽作品》的英文初版是在1994年，那正是文化研究如火如荼的鼎盛时期，无怪乎作者开篇就说，我们的每一所高校中都将设立文化研究系，这趋势就好比一头公牛不可拂逆。但是面对这一仿佛势不可当、将一应后现代理论悉尽收入罟中的"文化研究大潮"，布鲁姆有心力挽狂澜，重申文学的

M
KARL MARX

马克思主义文化理论发展史

---

① 哈罗德·布鲁姆：《西方正典——伟大作家和不朽作品》，江宁康译，译林出版社，2005年，中文版序言第2页。

尊严，所以再一次树起了仿佛已成明日黄花的审美大旗。

有意思的是，究竟是文化研究异军突起导致文学研究危机深重，还是文学研究眼见文化研究从自己的母体中脱胎而出，有心扼杀这个新生儿，看法还见仁见智，不尽相同。2008年访问过中国的英国传播学者科林·斯巴克斯在其《文化研究的演进》一文中，就认为文学研究的危机，并非通常如人所言，全然是因为目光只盯住经典作家、经典作品，从而排斥了大众文化的研究。即便是马修·阿诺德、T. S. 艾略特和F. R. 利维斯这些作家，说他们一味鼓吹精英主义路线，在斯巴克斯看来他们也是多少受了冤枉，虽然这一指责对于他们的追随者们来说，或许倒是所言不虚。理由是这三人都对文化非常关切，特别是高雅艺术与文学同社会体制的关系。阿诺德的《文化与无政府状态》固不待言，T. S. 艾略特的《文化定义笔记》亦然。利维斯对文学抱有过高期望，也算是对民间文化情有独钟，而民间文化同样也是一种"生活方式"，是社会生活的真正艺术。所以，言及危机的真正原因，斯巴克斯将之定位在政治上面。换言之，传统的文学研究和新近的文化研究之间，矛盾终究是在于反民主和要民主之间。斯巴克斯这样描述文学研究对于文化研究的畏惧：

> 文化研究整个儿接过了文学批评的方案，却高举民粹主义，同父亲划清界限，由此来界定自身。故此它是将自己发落到边缘地带，其方式与社会学还有不同——它有意填补的知识空间已经被它充满敌意的父亲占领在先，后者自有种种制度上的强烈动机，将这个新生儿扼杀在襁褓之中。[1]

这可见，文学研究不满文化研究的半路杀出，抢了它的饭碗，文化研究还觉得自己在受压迫呢。无论如何，文学研究应当有充分的理由同文化研究和平共处。就文化研究是以当代工业或者说后工业社会生活方式为其考究对象而言，仿佛是形同

---

[1]　Colin Sparks, "The Evolution of Cultural Studies", John Storey ed. *What Is Cultural Studies?: A Reader*, London: Arnold, 1996, p. 15.

陌路的法兰克福学派批判理论和伯明翰的传统一样，正不妨视为文化研究相辅相成的双翼。伯明翰学派固不必对法兰克福学派走精英主义贵族路线耿耿于怀，反过来法兰克福学派也无须质疑伯明翰学派浪漫化了工人阶级文化。

其次来看文化研究与社会学的关系。这一关系可以追溯到传统社会学的文化理论。此一理论的基本前提是生活方式，包括支撑各种社会关系的价值观念和信仰模式，必受到社会关系模式的限制——不论是平等的，抑或等级制的社会关系模式。故而社会学的文化理论，其目的便是去解释这些模式及其形构过程。这里面自然与日常生活有着密切联系，因为正是在社会生活之中，人们学会如何与他人交往，以及期望别人如何与自己交往。比较社会学的一般理论侧重考究个人和集团如何通过政府和市场得到自己想要的东西；社会学的文化理论则着重解释为什么人们想要这些东西，这里面就涉及意义和符号的表征了。

社会学和文化研究的关系是错综复杂的。事实上许多文化研究学者本身就是社会学家，许多社会学家也同样在从事文化研究。但是差别毕竟存在，社会学作为"社会"的话语，必然有它的特定语境或者说本土性。就伯明翰传统的文化研究来看，我们发现它对于社会学，特别是美国的社会学传统，是多有言所不及的。一般来说，在澳大利亚这样一些学科分野比较模糊的国家，文化研究和社会学融合得较好。而像美国这样学科分类明晰的国家，文化研究又大都在人文学科里安营扎寨，文化研究和社会学的关系，就比较能见出分歧来。

美国的文化研究主要是在高等教育体制内部发生发展，这一点不同于英国伯明翰文化研究传统发端于成人教育。英国的成人教育和开放大学传统自有它的渊源，这个渊源其他国家未必一样具备。就此而言，中国的成人教育一定程度上与美国相仿，迄今不成大的气候；中国的文化研究也同美国相似，迄今主要还是在高校机制里展开。但即便是在美国，文化研究在高校里也大都作为跨学科课程教授，或者成立研究中心进行研究。这和社会学稳固的学科地位尚不可同日而语。

社会学一向关注文化。文化是社会变革的动因，它可以解释传统的回归，也可以解释社会生活新形式的出现。文化使社会学的研究见出深度，尤其面对社会差异，它有助于以多元视野来替补一元理性分析。这样来看，马克思对意识形态和商品拜物教的分析、韦伯对传统价值与新教伦理的比较，以及涂尔干对"失范"和集体表征的研究，都可视为早期社会思想家对社会文化内涵的关注。但是，假如把文化看作一个符号系统，那么很显然文化分析理所应当有它自己的领域。比较来看，社会学的传统重心则是在科学。早在19世纪，作为社会学原型的人口统计学，其奉行的对社会给定事实的量化分析方法，就是典型的科学主义传统。而正是在这一背靠科学的氛围中，社会学确立了它的学科地位。在传统社会学中，文化隶属于社会制度、社会过程、社会集团及其社会实践。个别的文化产品，比较它们的社会生成和接受语境，其本身的意义和形式是无足轻重的。

20世纪60年代之后文化社会学开始兴起，社会学历经了一个"文化转向"。文化转向意味什么？首先，它意味承认大众文化特别是消费文化，与高雅文化一样具有重要意义。其次，它意味社会学的几乎每一个研究领域，无论是性别、种族、科学和国家研究，必须与文化携手，方有可能建立其学科地位。最后，它意味社会学的学科边界将是开放性的，特别是文化研究的成果，将被大量吸收进来。这样来看，文化社会学兼收并蓄，将大众文化、高雅文化特别是文化产品，包括它们的价值及其接受过程，以及知识社会学、文化资本、政治文化等等尽收囊中。

但是文化研究与社会学的差异，也是明显的。美国社会学家斯蒂芬·塞德曼在他题为《相对的社会学：文化研究的挑战》的文章中，提出文化研究与社会学的差异至少表现在以下三个方面。第一是符号学转向的问题。社会学力求对社会作系统分析，其方法与文化研究的多元视野比较，相对显得单纯。社会学家大都雄心勃勃，意在全面理解社会，给社会提供全面整体的系统分析，这与经济学、政治学，甚或哲学和宗教等其他领域术业有专攻的特点，都有不同。文化研究在这一方面对社会学提出的挑战，表明它同样有意识地对社会的方方面面作出系统分析，但是不同于社会学采用的统计学的理性分析方法，文化研究则显示了文本分析，或者更确切地说，符号分析的方法转向。如是社会现实将被视为一个符号和意义的领域，甚至，被解释为一个文本的世界，无论分析的对象是电视、电影、言情小说、时尚，还是各种亚文化现象。

文化研究历经了符号学转向，社会学则没有历经这一转向，这可以从大众传媒的研究上见出一端。社会学的大众传媒研究偏重内容分析，找出分散的价值观念予以量化统计，由此分析传媒对受众的影响。但是文化研究把电影和电视看作符号和意义的内在秩序，致力于探究意义如何约定俗成为惯例所编码。因此意义就是解码的过程，鉴于不同的受众有不同的解码和阐释习惯，所以意义也就因人而异，显示出多元化的特征。如霍尔就多次强调意义的符号学内涵和阶级的、政治的内涵之间从来就没有一对一的对应关系，两者之间的关系是流动不居的。所以不妨说文化研究的符号学转向开辟了一个社会分析的新领域，传媒、受众、亚文化、意识形态、共识达成、主导、抵制、权力等等，这些社会学通常忽略的话题，都成了热门研究对象。

文化研究与社会学的第二个差异，在塞德曼看来与"自我"的理论描述有关。社会学一般视个体为社会生活的基础，把自我看作一个内在统一的理性的动因。当代社会学中的许多范式，诸如交换理论、冲突社会学、理性选择和网络分析等等，都设定了一个知识和行为主体，认定他有追求快乐回避痛苦的本能，能够理性思考，有自然的性趋向，换言之是异性恋。这样一个自我一切正常和具有规范的"自然"属性，是天经地义的理性的人和社会的人，受制于种种外部的力量——诸如阶级地位、经济地位、劳动分工等一系列因素。文化研究则偏离这个传统，把个体看作社会生成的，为生理属性和社会属性都带有多元矛盾特质的生存主体，因为主导自我的不复是意识，而是无意识。这样来看，文化研究就是致力于说明主体形成过程中的社会历史因素，开拓个人、社会和历史的无意识层面。更确切地说，是用阿尔都塞、葛兰西、福柯、女权主义和精神分析改写了古典理论。

最后，在对待知识方面，文化研究和社会学的态度被认为大致可以见出政治和科学的区别。文化研究的社会分析侧重经验的历史内涵，社会学则讲究结构和量化分析。而与社会学家大都力求持客观的立场，致力于量化分析而超然于道德和政治纷争的科学立场比较，文化研究大都把社会知识看作社会冲突的背景，不遗余力地标举明确的政治目标，它更关心现实政治和道德舆论问题，倡导知识分子为了社会正义而介入日常生活的方方面面。用一句老话说，文化研究培植公共知识分子，典型的例子如霍加特和威廉斯，毕生孜孜不倦投入工人阶级生活的研究，这是足以令人起敬的。

塞德曼的结论是，如果我们认真来重新思考现代启蒙的框架，这一切都是一个更大的思想构架的组成部分：

> 假如我们不复独恋"真实"，把它看作我们知识的第一基石，社会学会发生什么变化？当我们的知识被发现是浸透了社会和政治的恣意妄为，而知识对启蒙神话和那类自以为是真理可以拯救人性的宏大叙事的投资，被揭示本身就与某种功业成就白骨枯的社会意志合谋，人文科学又会发生什么变化？大梦初醒并不意味人文科学的终结，但是至少我们可以希望，人文科学将不再矢口否认它们的社会生产性。[1]

这可见，背靠人文科学的文化研究与社会学联姻，不但有可能性，而且具有必然性。当然文化研究也有自己的局限，比如它忽略文学和美学的批判，一向为人诟病。其把一切社会现象文本化的做法，不妨说同样具有科学主义的倾向。

最后来看文化研究与人类学和传播学的关系。就文化研究与人类学的关系来看，文化也是人类学的传统研究领域。文化研究将文化定义为普通人的整个日常社会生活，更是受惠于19世纪英国人类学家爱德华·泰勒《文化的起源》给文化所下

---

① Steven Seidman, "Relativizing Sociology: The Challenge of Cultural Studies", Elizabeth Long ed. in: *From Sociology to Cultural Studies*, Oxford: Blackwell Publishers, 1997, pp. 55–56.

的著名定义，即将文化与文明并提，认为从其广泛的民族志意义上言，文化是一个错综复杂的总体，包括知识、信仰、艺术、道德、法律、习俗和人作为社会成员所获得的任何其他能力和习惯。如上所述，泰勒的这个著名的人类学文化定义，往上看是秉承德国人类学家G. F. 克莱姆攀缘文化来描述人类从野蛮到教化，再到自由的发展历程。往下看，则是开启了威廉斯之强调文化为一种特定生活方式的总的文化研究纲领。

文化研究将社会生活视为文本，加以条分缕析，这非常类似人类学的研究方法。而这一条分缕析过程中文化研究所通力标举的提倡深入考察对象的"民族志"的方法，则是直接从人类学田野调查传统那里借鉴过来的东西。有人类学家甚至认为文化研究"劫持"了人类学的"文化"。但是文化研究的此"文化"其实并不完全类似于人类学研究的彼"文化"。一般认为，人类学家感兴趣的是农村、社区，如社会底层阶级或移民的居住社区。而文化研究关注的是经验型的文化现象和场域，如足球、百货商场、主题公园、旅游以及电视、传媒、大众杂志和广告等大众文化形式。这些大众文化在传统的人类学家眼中似还不够真实可信。但是毋庸置疑，今天文化研究热心的课题正在有条不紊进入人类学研究领域，如电视、主题公园、消费文化等的研究。毕竟，文化是人类生活中最是举足轻重的组成部分。

文化研究与人类学的差异，美国文化研究理论家劳伦斯·格罗斯堡等人所编的《文化研究》一书中，也有一个说明。作者的看法是，文化研究之所以是一门跨学科、超学科，甚至反学科的学科，是因为它一方面有意识地将一个无所不包的人类学意义上的文化概念囊括进来，一方面又侧重更专门意义上的人文文化概念。故而与传统人类学不同，它的研究对象不是原始社会，也不是前工业社会，而是现代工业社会的文化现象。从方法上看，文化研究固然普遍采用了阐释、分析和价值判断这些人文学科的方法，但又不同于传统的人文主义思潮，它拒绝将文化视为高雅文化的同义词，拒绝独尊文学和艺术而将大众文化挡在门外。反之强调任何一种文化生产形式，必须结合其他文化实践以及特定的社会和历史结构来加以分析。故此：

它在方法上是典型的阐释型和评估型的，但是不同于传统的人文主义，它反对把文化和高雅文化画等号，而主张文化生产的所有形式都应当根据它们同其他文化实践的关系，以及同社会和历史结构的关系来加以研究。文化研究因此致力于研究一个社会的艺术、信仰、制度，以及交流实践等一切对象。[①]

文化研究由此涉及政治，也涉及历史，比如抵制理论、知识分子的使命问题、民主问题等等，显然就都不是单纯的人文视野可以涵盖的了。它继承了人类学以文化为一种特定生活方式的复杂综合体的传统，但是它的研究对象不是原始社会和传统的农业社会、前工业社会的文化现象，而是现代工业社会的文化现象。

文化研究与传播学或者说传媒研究，彼此的联系更为直接。伯明翰大学当代文化研究中心以斯图亚特·霍尔为代表的第二代传人，从他们身上我们都可见出一个明显的符号学或者说传媒转向。文化研究具有鲜明的社会干预精神，关注当代永远是它的学术取向。如果说这一当代语境曾经是摇滚乐这类青年亚文化的语境，那么今天它理所当然就变成了互联网和新媒体的语境。如霍尔早在他1974年的《失范、政治与传媒》一文中，就围绕传媒着重分析了"政治失范"的社会生产。霍尔发现传媒在当代社会中大体有一个很有意思的定位，这就是它被视为合法的政治异端声音，代表某一种社会抗议，所以是为"失范"。但是霍尔不是简单分析传媒表达的内容，而是采用符号学方法，把传媒看作一个编码的话语系统，由此发现一系列二元对立：多数和少数、规范和失范、道德和颓废、成熟和不成熟等。霍尔认为它们就是彼时英国传媒表现的主体结构所在。当然光有符号学还不够，到头来这些各式各样的政治失范事件，必须回归到社会形态的层面上来加以分析，这样权力、意识

---

① Lawrence Grossberg, "Cary Nelson and Paul A. Treichler", eds.*Cultural Studies*, New York: Routledge, 1992, p. 4.

形态、冲突这一类批判性概念，终究还是有了用武之地。霍尔的例子可以表明，文化研究和传媒研究的亲缘关系，再怎么强调都是不为过的。

综上所述，文化研究作为一门跨学科性质非常明显的新兴学科，它又意味着什么？英国新马克思主义文化研究学者托尼·本内特在他《文化：一门改革者的科学》一书中大体给出了如下界说：首先，文化研究是一门交叉学科，其中借鉴了许多不同学科的视野，以审度文化和权力的关系。其次，文化研究探讨的权力形式是形形色色的，包括性别、种族、阶级、殖民主义等等，不一而足。文化研究则是旨在探讨这些权力形式之间的联系，以摸索思考文化和权力的新方法，且使这方法具有可操作性，最终的目标是追求变革。再次，从事和推进文化研究的机构，最主要是在大学，就此而言，文化研究的学科地位应无异于高校设置的其他学科。而与其他学科不同的是，文化研究在尝试走出学院，建构与社会的种种联系，包括与政治权力的联系、与文化机构员工的联系以及与文化管理的联系等等。所以可以说：

> 文化研究关注所有这些实践、机制和分门别类的体系，而通贯其间，是在谆谆诱导，普及那一些特定的价值、信仰、资质、日常生活和习俗行为形式。①

这还是伯明翰的传统：文化是我们的整个生活方式，文化是普通人的文化。虽然，文化研究迄今还很难说是边界清晰的统一的学科，可以归纳在它的名下的亚学科及其概念和研究方法，同样盘根错节，界限模糊。但这并不意味文化研究什么都是，比如说它不是社会学，不是语言学，不是人类学，当然也不是文学，虽然它从这些学科里汲取了许多东西。也许，文化研究与其他学科一个最大的不同地方，可以说还是它那自觉和不自觉的政治参与意识，这一点恰恰是本内特没有说到的。

① T. Bennett, *Culture: A Reformer's Science*, St. Leonards, NSW: Allen & Unwin, 1998, p. 28.

三、 伯明翰学派与法兰克福学派

如上所述，对于霍克海默和阿多诺的文化工业批判理论，学界并非没有异议。比较有代表性的反对意见是认为阿多诺用"标准化"和"伪个性化"这类术语来描述文化工业，有可能误导分析，会仅凭先入之见就将大众文化看成是千篇一律的东西。同时，暗示大众文化的生产无异于流水线式的工业生产，这也不利于深入探讨大众文化的商品性质，因为商品的性质同工业生产的性质并不是一回事。进而视之，将大众文化命名为文化工业，然后进一步将文化工业漫画化，判定它是根据自上而下的独断意志，由工厂流水线源源不断吐出毫无个性的标准化产品，这终究是将文化生产的理论分析简单化了。对文化工业批判理论的这些质疑，大体也是伯明翰学派对待法兰克福学派的态度。

比较法兰克福学派和伯明翰学派的文化理论，我们发现两个学派都充分重视文化在发达资本主义社会里扮演的重要角色。两者都有鲜明的马克思主义背景，有一种强烈的使命感。它们都自觉采取马克思主义的立场，同时又反对这一立场的经济决定论阐释。而且两个学派都反对当代资本主义社会中的保守力量。比如它们都追求社会正义，都毫不掩饰要抵抗、规避，最终颠覆资本主义的文化霸权。尤其是伯明翰的传统，具有很强的实践性，而不仅仅满足于纸上谈兵。它强调文化研究的一个原则，便是理论必须付诸实践，而实践必须反过来丰富理论，如此等等，不一而足。这一切都使人有理由相信两个传统之间应当有所沟通，哪怕是有所论争。但令人多少感到迷惑的是，后来居上的伯明翰学派，对法兰克福学派为我们耳熟能详的文化批判理论，基本上是置若罔闻。事实上伯明翰学派对于法兰克福学派的文化批判，显得并不特别热心，这是为什么？

伯明翰学派同法兰克福学派没有过节。但是两者为什么少有交通？加拿大学者沙恩·冈斯特对这两个文化研究的理论渊源有过比较分析。他认为法兰克福学派的文化思想之所以没有得到伯明翰学派的充分重视，与文化研究第一代传人威廉斯、汤普森和霍加特的影响有关。伯明翰中心开张之初，目标之一即是改写阿诺德的精英主义文化定义。《文化与无政府状态》中，阿诺德把文化的目标定义为消灭类别，将最好的思想传统发扬光大到世界的每一个角落。而威廉斯针锋相对地提出"文化是普通平凡的"，这可以兼容汤普森视文化为斗争场所的立场，为把文化重新定义为各种不同力量的社会实践，提供了理论资源。文化的定义由此有了新的内涵，意味着人们能各抒己见，表达自己的生活经验，而不是如阿诺德定义的那样，把文化看作一种典范，将种种异质实践包裹起来。换言之，将文化定义在文本上面，纸上谈兵而忽略生动的生活。

阿多诺猛烈抨击大众文化，这样来看，与阿诺德认同文化为最优秀思想遗产的定义模式是不谋而合，也是如出一辙。阿多诺对先锋实验性艺术作品表现出浓厚兴趣，却对流行音乐甚至爵士乐深恶痛绝，而通力标举他秉承勋伯格的无调性音乐，这都也可以判定为认同资产阶级的美学趣味，认同大写的高雅文化而不是复数的通俗文化。冈斯特这样比较了阿多诺和伯明翰学派的立场：

考虑到阿多诺战时流放加利福尼亚的悲悲喜喜，不难把他对商品文化的攻击归入保守派批判大众社会批判时所持的精英文化感伤主义一类。但伯明翰学派没有意识到，大众文化的商品化一般来说，比较它诸如标准化、平庸陈腐、缺乏文化传统等其他罪责，只是一个空洞的能指。而阿多诺则是相反，根本问题就在于商品形式"本身"。①

这可见两个学派在怎样看待大众文化的商品形式上，就有显著分歧。霍尔在他的《解构"大众"笔记》一文中，有一句名言是"普通人并不是文化白痴"（ordinary people are not cultural dopes）。这个口号和当年雷蒙·威廉斯提出的"文化

① Shane Gunster, *Capitalizing on Culture: Critical Theory for Cultural Studies*, Toronto: University of Toronto Press, 2004, p. 175.

是普通平凡的"可视为文化研究一先一后、一脉相承的两个标识。与法兰克福学派相比较，霍尔的这个口号不妨说是针对批判理论中视大众为消极被动受众的思想而来。霍尔本人就认为法兰克福学派批判理论中有明显的精英主义倾向，而视卢卡奇、戈尔德曼和法兰克福学派之迅速被法国结构主义替代为当代英国精神生活中最是意味深长的事件。

紧随着结构主义而来的是后结构主义，学术风向更替迅捷，转眼就完成了现代性向后现代的过渡。但说来令人难以置信，伯明翰中心统共只发表过一篇专论法兰克福学派的文章，那就是1974年菲尔·斯莱特写的《法兰克福学派的美学理论》，发表在中心的刊物《文化研究工作报告》是年秋季号上。作者以当时走红的一批法国理论家罗兰·巴特、拉康、阿尔都塞等人的思想作背景，翔实介绍了阿多诺的文化工业理论。但斯莱特的结论是阿多诺的著作同批判美学的实践并不相干，理由是阿多诺视大众为听凭操纵的愚氓，判定大众文化就是如此这般操纵大众的愚民机器。阿多诺文化理论的对立面是布莱希特、本雅明的文化观。作者的立场是在后者而不是前者一边。斯莱特的看法，在伯明翰学派的其他成员中应当具有相当的普遍性。

伯明翰传统的后起之秀托尼·本内特，在他的两篇文章中也议及过法兰克福学派的文化工业理论，这两篇文章是《传媒理论、社会理论》和《"大众"的政治与大众文化》。本内特承认法兰克福学派将意识形态重新提到马克思主义的日程上来是一大贡献，但是同样认为，法兰克福学派没有就如何改变现实提出建设性的看法，这就使大众文化的研究实际上是难以为继，变得毫无意义。在本内特看来，文化工业理论之所以不可取，不仅仅是因为它自身分析方法上的缺陷，更因为它对大众文化取不可救药的悲观主义态度。概言之，阿多诺的文化理论肯定是没有受到伯明翰学派的充分重视。往好说，它被认为是体现了一种历史批判价值；往坏说，它就成了反批判的讽刺对象，或者干脆就被忽略不计。本内特甚至把法兰克福学派同文化主义的先声阿诺德—利维斯主义并论，称研究大众文化同时又对它采取敌对立场，满心想要用"高雅文化"来取而代之，这一观点不仅是改良主义批评家如F. R.

利维斯所持的立场，而且说来奇怪，它在阿多诺、马尔库塞和法兰克福学派其他成员——这些马克思主义者的著作中同样风行不衰，这就几近嘲讽了。比较来看，本雅明受到的待遇要好一些，其《机械复制时代的艺术》中的观点每每被引用，但总体上看，本雅明的文化思想同样没有得到重视。

那么反过来，站在法兰克福学派的立场上，伯明翰学派又有什么局限呢？首先，伯明翰学派对大众文化的商品化性质置若罔闻，这对于阿多诺指责的文化工业产品因伪个性化而意义缺失，因标准化而千篇一律，因陈腐平庸而不见文化传统，能不能给出有力的辩答？阿多诺视商品形式本身为罪魁祸首，这里面究竟又有多少过错？其次，不同于法兰克福学派对大众传媒的敌视态度，伯明翰学派认为大众有可能用自己的方式给"统治话语"解码，大众的反应未必一定是机械被动的，但是脱离批判的语境，其风靡一时的抵抗理论的提出，会不会就成为一种顾左右而言他的策略？再次，判定阿多诺一心想用"高雅"文化来替代"低俗"文化，是不是同样显得牵强？特别是在阿多诺看来，两者显而易见都是中了资本主义的流毒。故而阿多诺的理论目标，是否最终在于揭示资本主义文化的集权主义性质，而不是简单回归一个含情脉脉的过去？是否在于以艺术原本应当具有的样式，来对照今日粗制滥造的商业文化产品？这样来看，伯明翰中心显然是拒绝了阿多诺的上述比较方法，而致力于将文化的确定性落实到每一种文化实践上面。问题是，这样一种看上去无分差异的立场，是不是同样存在弊病，比如它是不是把工人阶级的文化过分浪漫化了呢？

第十八章　霍加特

理查·霍加特（1918—2014）出生于英国利兹一个普通的工人阶级家庭，8岁时成了孤儿，之后由祖母、姨妈等共同抚养长大。在库克伯恩中学毕业后他进入利兹大学学习，获得文学学士学位。"二战"时霍加特曾在北非战场服役。1946年至

1959年，在赫尔大学的成人教育部担任文学教师，之后又在莱斯特大学任英国文学高级讲师。1960年，霍加特作为主要辩护者为企鹅出版社出版的D.H.劳伦斯《查泰莱夫人的情人》正名，诉讼的胜利使得霍加特得到企鹅出版社的资金资助，它带来的一个成果便是1964年伯明翰当代文化研究中心（CCCS）在伯明翰大学被创办，是时他本人已经在伯明翰大学担任英国文学教授。1976年至1984年，霍加特在伦敦大学任教直至退休。除了从事教职之外，霍加特还活跃在社会公共文化领域与各式委员会之中。1971—1975年，霍加特在联合国教科文组织担任副理事长，从事艺术、文化、广播及与教育相关的诸多活动。他也曾任广播研究委员会主席、艺术委员会副主席、成人教育与继续教育咨询委员会主席等；参与致力于青年服务的阿尔伯马尔委员会、皮尔金顿委员会、里斯讲座等等。

霍加特是当代文化研究中心的开山鼻祖，而伯明翰中心秉承了英国新左派的学术传统。霍加特虽没有如霍尔、威廉斯、E. P. 汤普森一般投身于新左派刊物，但与新左派亦关系密切，经常被邀请至《大学与左派评论》刊物俱乐部担当主持。除了代表作《识字的用途》（1957），霍加特先后共出版了27本著作，涉猎范围非常之广，从文化分析《我们现在的生活方式》（1995），到个人反思《最初与最后的事》（1999），再到多样主题的散文集，如《对话》（1970）、《英国气质》（1982）、《两个世界之间》（2001）等，种类繁多。霍加特在八十四五岁的高龄之际依旧笔耕不辍，出版了《日常语言与日常生活》（2003）、《大众社会中的大众媒体：神话与现实》（2004）。所有这些著述是他极为丰富多彩的职业生涯的见证，无不反映了他作为一个关注社会的真正的知识分子并不是生活在象牙塔之中，而是积极参与到社会中，从社会内部寻求改变。

一、英国新左派运动

从某种意义上来说，文化研究的兴起与英国新左派运动的出现有直接关联，文化研究的四位奠基人理查·霍加特、雷蒙·威廉斯、E. P. 汤普森和斯图亚特·霍尔，都属于风靡一时的新左派阵营。英国新左派运动发端于1956年，是一场由法国传入英国的，试图寻找共产党与工党这两个传统左派之外的新的"第三条道路"的思想运动与政治运动，它吸引了一批学者、教师、学生以及其他人员，《大学与左派评论》与《新明理者》（New Reasoner）是其早期最为主要的两份刊物。出于现实需要，上述两份刊物在1959年合并为《新左派评论》（New Left Review），斯图亚特·霍尔担任杂志第一任主编。20世纪60年代新左派内部发生分裂，内缩为一个围绕在《新左派评论》杂志周围的知识分子团体，并在20世纪70年代以后走向终结。

英国新左派的出现与当时的国际形势密切相关。1956年2月苏共召开二十大，在大会闭幕后，赫鲁晓夫向与会代表们作了《关于个人崇拜及其后果》的报告，从根本上否定斯大林，要求肃清个人崇拜在各个领域的流毒和影响，这在国内外掀起了轩然大波。同年10月，英法联军与以色列一起对埃及发动了夺回苏伊士运河的战争，英国共产党对此表示支持，这令不少英国共产党员感到失望。11月，苏联出兵介入匈牙利的"十月事件"，更导致将近三分之一的英国共产党员退党。这是新左派成立的社会背景。

新左派最初是由创建《明理者》与《大学与左派评论》这两份政治理论杂志的团体构成。《明理者》于1956年7月中旬出现，由32个油印版面组成，团体成员主要来自因"十月事件"退党的共产主义者。杂志仅发行了三期（1956年7月、9月、11月）即被勒令停刊，继而汤普森与萨维勒创办了《新明理者》，倡导"社会主义的人道主义"。《大学与左派评论》则是由反对英国介入"苏伊士运河事件"的一批牛津大学学生创办，奉行"竭尽全力的社会主义"，关注"整体的生活方式"和文化。与《新明理者》的严肃性不同的是，《大学与左派评论》突破常规，一方面广泛动员不同身份的人参与进来，另一方面又极力避免官僚与等级制度在政治活动中形成的氛围。在50年代末核裁军运动与杂志的财务危机影响之下，《新明理者》与《大学与左派评论》被合并——《新左派评论》于1959年12月在伦敦的圣潘克拉斯大厅诞生，斯图亚特·霍尔担任主编。1961年霍尔辞去主编一职，佩里·安德森接过《新左派评论》，意味着第一代英国新左派的淡出，进入公众视野的则是以《新左派评论》杂志为中心辐散开来的热衷于更理论化、更正统的马克思主义的第二代新左派。

1956年到1964年是英国新左派历史上的理论盛产期，理查·霍加特的《识字的用途》、雷蒙·威廉斯的《文化与社会》，还有E. P.汤普森的《英国工人阶级的形成》这三部奠定后来文化研究基础的著作都诞生于这一时期。

新左派作为观念的孕育地，它的遗产并非是传统意义上的政治运动，而在于它为英国的文化研究提供了空间。诸如《新左派评论》所热衷的对流行文化、媒体文化的解读，以及对文化工业的批判，都成为日后文化研究探讨不息的母题。或者按照霍尔的说法，文化研究深深根植于英国新左派之中，"没有60、70年代的《大学与左派评论》对欧洲理论的大量翻译介绍，文化研究就不会存在，也绝对不能存活过整个70年代。第二个刊物《新左派评论》也同样至关重要，因为它译介了当时其他刊物没有关注的重要书籍"[①]。他甚至把CCCS这个世界范围内第一个体制化的文化研究中心的成立，视为新左派政治在大学体制里寻到的一个避难所。中心依托的是新左派的学术历史，并成为文化研究的一面旗帜。

随着"二战"以来对"福利国家"的憧憬，教育被视为人人应该享有的社会权利，无知为社会所诟病。英国政府早在1944年就颁布了教育法，普及中等教育，在高等教育方面力图实现平等化。因此，当时很多大学都纷纷设立了EMS部（Department of Extra-Mural Studies），即成人教育部。霍加特、威廉斯、霍尔、汤普森等人都曾担任过成人教育部的教师，为来自社会各阶层的学生授课。这方面的工作经历，对霍加特来说无疑是一种催化剂，让他对大众文化的兴趣与理解与日俱增。

---

① 转引自武桂杰：《"新左派"刊物与英国"文化研究"的原动力》，《文艺研究》2010年第6期，第97页。

二、怀念工人阶级文化

伯明翰中心根植于新左派，一路秉承了英国式马克思主义传统，致力于打破知识分子与工人阶级之间的陌生化想象，因此，英国工人阶级生活与文化自然而然成为其研究的重要一环。霍加特的《识字的用途》于1957年出版，在当时的英国学界引发了大讨论，负面声音极大。在当时的批评界看来，霍加特在好几个方面违背了不证自明的英国传统：第一，把大众流行文化视作必须加以批判审查的对象；第二，将文学分析的方法与社会政治问题的探讨相混合；第三，把个人传记这种经验式的写作方式与社会历史、文化分析相结合。此外，《识字的用途》还把文本的焦点聚焦在阶级问题上。在自传里，霍加特也描述过《识字的用途》出版后在学界同事中所引起的反应："国内英语系中我所认识的很多人都对它保持沉默，就像一只癞皮猫从会议室旁门叼来了一样奇怪的甚至是难闻的东西跑进了房间。"[1]

但是《识字的用途》对于文化研究的开山意义不容低估。首先，霍加特为文化正名，将文化定位为普通人的文化，这个传统后来被雷蒙·威廉斯和E. P. 汤普森等人发扬光大。就学理层面而言，霍加特反对利维斯主义精英文化观，再加上对经典马克思主义，尤其是经济决定论的机械理解的不满，促使文化主义在上述两种批判话语中应运而生。由是观之，霍加特是开启了从大写的"文化"到小写的"文化"的伯明翰中心文化主义的先河。

其次，《识字的用途》中对20世纪50年代牛奶吧里的"自动电唱机男孩"的观察与描述，揭开了青年亚文化研究的序幕，为后来的研究者提供了新的研究对象与关注焦点。虽然后来的研究者对霍加特青年亚文化的评价提出了诸多质疑与批评，认为其抹杀了青年亚文化的积极抵抗与反"收编"的因素，但是这不能否认霍加特在这一领域的开端性意义。

再次，《识字的用途》提供了一种方法论上的革新。霍加特创造了一种不同

① Sue Owen ed. *Richard Hoggart and Cultural Studies*, Sheffield: Palgrave Macmillan, 2008, p. 4.

的学术表达方式：问问题的方式，以及回答问题的方式。他不仅将工人阶级文化视作一个文本，进而运用了文本细读的方法，来作整体性的解读，又兼顾了社会学、政治学、历史学、心理学等多重学科视角，来阅读工人阶级活生生的文化，这对社会学来说有着方法论上的革新意义。同时，霍加特结合自身的童年记忆与经验，采用民族志的写作方式对工人阶级文化进行内部解读，以突破专业知识的局限，从而获得随意发问的自由，跨越了学科间的边界。加上其来自文学批评的文本细读的技巧，使得在归纳与统计中丢失的生活价值在工人阶级经验的叙述纹理中得以确证，为日后的文化研究提供了一个建立在"普通"日常生活之上的根基。霍加特的研究为之后的文化研究建立了方法论上的可行性，跨学科研究，以及后来的语言研究、历史研究、媒介文化研究等等自此兴起，研究方法日趋多样化，成为文化研究最明显的特征之一。

《识字的用途》原名为《识字的滥用》（*The Abuse of Literacy*）。全书主要分为两个部分：在第一部分中，霍加特详尽描述了20世纪30年代英国工人阶级的生活场景；第二部分则具体描述了昔日工人阶级文化如何在20世纪50年代遭遇以美国大众文化为首的大众文化的威胁。凭着对文化差异的敏锐性，霍加特观察到工人阶级文化的连续性及其变化，因此他用显而易见的两个大标题把此书一分为二：一是《"旧的"秩序》（*An "Older" Order*），二是《让位于新异》（*Yielding Place to New*）。《识字的用途》第一部分主要通过展示20世纪30年代——霍加特青年时期的工人阶级生活环境，并以《派格报》、酒吧驻唱等为例证，来还原人民的"真实"世界与其充实而丰富的生活，赞美了富有弹性的工人阶级文化。

霍加特注意到日常生活其实具有饶有趣味的本质。他说："工人阶级艺术本质上是一种'展示'（而不是一种'探索'），是对已知事物的一种呈现。它起源于这样一种假定，即人类生活本身是迷人的。"[1]在此基础上，他肯定了那些贴近读

---

① Richard Hoggart, *The Uses of Literacy*, London: Penguin Books, 1992, p. 120.

者生活细节、"把人表现为人"的艺术，视艺术与生活之间的关系为风筝与坚实地面的关系：正如风筝从地面起飞，艺术则从生活中产生。霍加特承认通俗文学的形式与价值已为人所熟知，毫无标新立异之处，但是他反对对大众文化持居高临下的讽刺态度，认为仅仅嘲笑这些作品，没有任何意义，反之我们首先需要欣赏可能蕴藏在平淡故事中的稳固而亲切的生活方式，因为：

> 这些故事展现了一个有限的、淳朴的世界，以一些为人们所接受并长期信奉的价值为基础。它往往是一个幼稚而华美的世界，情感的迸发生产出极大的激情。但它们的确在起作用。这不是一个腐败或虚伪的世界。[①]

继而，霍加特以自己的童年和家庭、邻里生活为蓝本，绘声绘色地回忆了工人阶级巴洛克式的生活方式：

> 大多数工人阶级的乐趣趋向于大众娱乐，喜欢拥挤不堪与参差不齐。既然大多蜂音器都在一个小时之内彼此吹响，每个人也因此都抢着在同一时间里取乐。假设是特殊的场景，比如婚礼、哑剧旅行、考察、游览等，也一定有着一种格外的壮丽与灿烂。婚礼多半总是想要沾上些上流社会生活方式的华丽。大蛋糕毫无疑问是"好的"，但是精心制作的白色婚纱和面纱，却也只能是真品的可怜的仿制品，不然得花去一百个基尼。所有女傧相的礼裙都是相似的，下至小臂章、长网手套和大帽子，不过完美度与合身性却不够好。特别值得一提的是酒水，包括更为丰富的品种——波特酒，在慷慨地流淌。[②]

① Richard Hoggart, *The Uses of Literacy*, London: Penguin Books, 1992, p. 129.
② Richard Hoggart, *The Uses of Literacy*, London: Penguin Books, 1992, pp. 145, 146.

在霍加特看来，如果我们把更多的注意力放在工人阶级的生活上，就会更接近工人阶级态度的核心，即个体性、具体化与本地性。它们无时无刻不充斥在他们的家庭生活与邻里关系中。在家庭生活中，母亲比父亲更多地扮演着一个联结者的角色，这种联结主要体现在家庭内部成员的联系，比如祖父母、兄弟姐妹与表亲。对于外部世界的联系则交由父亲来承担，父亲负责养家糊口。母亲对父亲的工作是几无所知的，更不会有外界的朋友，如果说有，也是与她的丈夫共同的朋友。在这里，母亲与父亲的职责分工是相当明确的，各司其职。家庭生活在某种程度上来说具有个体性、私密性，与之相对的邻里关系则显得复杂些。不过因为有共同的话题、兴趣爱好与文化设施等，处理邻里关系的原则被简化为"自尊"。

霍加特在该书第一部分中，对工人阶级的社区日常生活进行了详尽的描写，譬如家庭生活、邻里关系、流行杂志、公共酒吧等，极力为读者呈现一个原生态的工人阶级文化场景。他认为20世纪30年代的英国工人阶级的文化是有限的、淳朴的、美好的，人们在有机的社群里过着恰到好处的充实而丰富的生活，享受着人民的"真实"世界。书中提到的工人阶级到海边度假的"海滨一日"的例子，正是验证了霍加特意图呈现给读者的"曼妙"场景：

游览车启程了，穿过沼泽，从瞧不起海边派对的人家门口经过，驶向司机所知道的有咖啡和饼干，甚至是有风声的鸡蛋培根的地方。到了海边，饱餐一顿之后，大家便各自分开活动，罕见有人独来独往，因为无论是在城镇还是在海边，他们都感觉像是在家里一样……他们逛店铺，喝饮料，坐在椅子上吃冰激凌或是嚼薄荷糖。约翰逊夫人坚持要自己划船，于是干脆把上衣塞进她的灯笼裤里；亨德森太太假装与侍者结识，以便插个队上洗手间。她们的举止引来大家的朗朗笑声。接着，大家便开始给家人准备一些礼物，享受丰盛的下午茶，在回去的路上人们还不忘停下来喝几杯。如果有男人在场，或者说这只是一次男人们的外出，那么估计路上要停好几次，只为了喝装在后备厢里的一两箱酒。穿过沼泽的时候，这群男人都开始胡闹起来，开着一些不太正经的玩笑。司机明确地知道自己的职责所在，将这群热情、唱着歌的人送回城镇。在到目的地之前，人们会付给他一笔相当可观的小费。①

这是霍加特对理想中的社会文化生活的生动描述。人们成群结队，自由自在，不受过多的拘束，他们的行为举止可能粗俗可笑，显得不那么有教养，但是他们确实是在平等自由地选择各自的生活方式。他们自然而淳朴，真实而不做作，其乐融融，一派和谐之态。这样的社会是开放的，它既不朝着商品社会，也不为权威主义、激进左派或者右派的政治潮流所裹挟，每个人都能够进行真正的自由选择。

三、对"新"秩序的批判

与第一部分饱蘸深情、充满怀旧与赞扬的笔触不同，《识字的用途》第二部分则描述了20世纪50年代的一系列社会现象，诸如"自动点唱机男孩"、"下流"杂志、性与暴力小说等这些来自"棉花糖世界的邀约"，尤其是论及了以美国文化为代表的大众娱乐文化对英国工人阶级文化造成的巨大冲击。同时对华而不实的民粹主义与平庸的流行报纸杂志、虚伪而了无生气的广告、流行小说文学上的平淡无奇和道德上的空洞无物，进行了强有力的批判。霍加特认为，30年代那种工人阶级与大众出版物之间互相强化以构成某种"旧的"秩序的东西，在50年代是难以为继了，昔日工人阶级自然的、淳朴的、健康的文化发生了转变，正在被一种新的、堕落的、虚伪的文化所侵占。后者不是有机性的，它缺失日常生活这一牢固的根基，而日常生活，恰恰是霍加特在《识字的用途》第一部分大为赞赏与倡导的工人阶级文化的地面基础。

① Richard Hoggart, *The Uses of Literacy*, London: Penguin Books, 1992, pp. 147, 148.

霍加特对消费文化的大规模来袭表示了沉重的忧虑。他指出,现在很多人,尤其是年轻人,觉得以前的日子都是陈旧缓慢、迟钝、假装正经,一切过时的东西都日渐变得古板与可笑。不时髦、不流行之类的话语不但被用来形容礼服、行为和舞蹈风格,而且被用来谴责道德态度,如指责某人信仰陈腐、教义过时等。只要是流行的、新异的,也就被人等同于最好的。整个社会弥漫着大众娱乐狂欢的气息,对此他表示了深深的忧虑:

> 如此最后终将会失去生活的张力以及生活挑战真实的滋味,真正的乐趣和快乐的动力既然来得如此广泛而容易,那么,它也会同样轻而易举地衰退。"过得快乐"看起来是如此重要,以至于其他一切都像是不重要的。因此,"过得快乐"也在很大程度上成为一种常态。现代大众娱乐最大的争议不在于它贬低了品位——贬低可以是鲜活的、积极的——而是过于刺激了品位使其最终变得单调乏味,直至消磨殆尽。[1]

在霍加特看来,新的美国式大众娱乐文化正以无孔不入的姿态入侵人们日常生活的方方面面,人们非但没有丝毫察觉,认识到它潜在的危害性,反而沉迷其中,极尽享乐之能事。它们在精神上扼杀了品位,然而受众却是麻木不仁。故而这样的视觉、听觉、味觉文化,表面是一派风光,无比诱人,长此以往却会扼杀人们的品位,消磨人们抵抗的意志。这也正是霍加特担心的。

因此,霍加特批判美国电视、流行音乐与杂志、性与暴力小说等等都不过是一种文化赝品,尤为人津津乐道的是霍加特在《识字的用途》第八章第一节对奶吧(milk-bars)及经常光顾奶吧的自动点唱机男孩(juke-box boys)的批判分析。作者认为,奶吧这一新兴的大众文化形式与自动点唱机男孩是具有症候意义的:奶吧里

---

[1] Richard Hoggart, *The Uses of Literacy*, London: Penguin Books, 1992, pp. 196, 197.

肮脏的现代性小摆设，它们耀眼的浮夸与18世纪城镇房屋的起居室布局相较，意味着美学的彻底崩溃。而光顾奶吧的大多为15岁到20岁之间的男孩，他们穿着有褶皱的衣服，系着有图案的领带，一副美国人的懒散的样子。他们大多喝不起一杯接一杯的奶昔，所以他们就用茶水来维持一两个小时，同时把一个个铜币塞进自动点唱机里，而这也是他们来这里的最主要的原因。奶吧里提供不同类型的唱片，而且两个星期会换一次，人们可以按下数字按钮，来选择自己想听的音乐，但是这些音乐几乎都是来自美国。霍加特把奶吧与街角的酒馆进行了比较：

> 这是异常单薄与苍白的损耗形式，煮沸的牛奶的气味中包裹着腐朽的精神。许多顾客的衣服、发型和面部表情，无一不显示着他们在很大程度上生活在一个虚幻的世界里。这个世界由一些简单的元素组成，他们称之为美国式生活。①

霍加特指出，这些孩子形成了一个令人沮丧的团体，他们没有目标、抱负与信仰，活像是塞缪尔·巴特勒笔下19世纪中叶农家孩子的现代翻版。然而，作者进一步强调说，他们绝不是工人阶级的典型，也许他们中的大多数人智力并未达到工人阶级的平均水平，所以才更容易受到当今使人衰落的大众潮流的影响。但是这些人的的确确存在着，他们是当今现代化力量驱使下的产物，是丧失了主体性的"现代等价物"，是被机器驯服的奴隶。

霍加特的批判锋芒指向大众文化的生产者，他们向工人阶级贩卖着来自美国的大众流行文化，身处其中的工人阶级不可避免地受其影响。可是即便现实如此令人失望，霍加特还是对工人阶级的反"收编"与抵抗能力寄予厚望，认为识字的能力会赋予他们更好的判断力与甄别能力。与此同时，他们依然保持着古老传统赋予

---

① Richard Hoggart, *The Uses of Literacy*, London: Penguin Books, 1992, p. 248.

他们的开放性与抵御能力，这使得工人阶级沦为乌合之众的预言成为空谈。总之，工人阶级受众并非中产阶级与大众媒介可予规划的白板，他们并不仅仅是"虚假意识"或"文化荼毒"的产物。工人阶级有其自身的"文化"，尽管它可能缺少文学的精密性和权威性，但是它将以其自身的方式，显示并不逊于有教养阶层的精致文化。

进而视之，《识字的用途》把教育，尤其是"好的文学"视为英国工人阶级可借用抵御大众文化冲击的武装。同时批判"坏的文学"，如把一篇当代作品与伍德夫人的《东玲园》、乔治·艾略特的《亚当·比德》进行了对比，得出的结论是前者不仅思想空洞、乏善可陈，且不具备应有的"道德严肃性"，不契合好的文学应有的有助读者移风易俗的教化功能。霍加特甚至不止一次宣称"好的文学是社会健康的标志，是促进社会健康的养料；而大众文学则是每况愈下的社会堕落的标志"①。在霍加特眼里，当代的大众文学意味着堕落的与坏的，与健康的、好的毫不相干，非但无益于理解文化与社会，反而充当了昔日生机勃勃的工人阶级文化的腐蚀剂。

四、《识字的用途》关键词

得益于利维斯文学批评的文本细读传统，霍加特采取了后来被称为"左派利维斯主义"的方法，即用文学批评的方法，却又不局限于文学作品本身，从社会学、历史学、心理学、政治学等多重视角出发，把包括通俗报纸、杂志、酒吧、流行音乐等大众文化现象与日常生活视为文本来加以分析、解读。纵观《识字的用途》，我们发现霍加特的写作是小说家式的，他善于捕捉重要的场面与每一个意味深长的细节，把近距离的观察与虚构的同情相结合，以此设定日常生活具体场景，以及生活在其中的一个个活生生的人。比如他这样描述图书馆阅览室：

①　理查德·霍加特：《当代文化研究：文学与社会研究的一种途径》，见周宪等编：《当代西方艺术文化学》，北京大学出版社，1988年，第33页。

这是一个特殊的避难所，里面容纳着不合时宜与剩菜剩饭，凹陷的面颊、泪水迷蒙的眼睛以及暗地里的悲伤。一种偏执的仪式的古怪感充盈着这里：一个痛苦的未婚兄弟因为他战争抚恤金的缘故而不得不与结了婚的姊妹住在一起，一个来自廉价的出租房或者来自永远散发着老茶和煎锅气味的房间里的上了年纪的寡妇。……一些人毫无目的地翻动着书页，或者茫然地盯着一页就看上十分钟；一些人仅仅只是呆坐着什么也不看，时不时挖着他们的鼻子。他们生活在生活的外围，看着彼此的日常生活却从来不曾有过接触。①

这样的段落整个文本触目皆是。作者想借此来鼓励读者进入场景，让他们对工人阶级社区的成员以及文化感同身受。有鉴于此，以下本节选取《识字的用途》中若干关键词，分别予以阐述。

工人阶级（the working-classes）

《识字的用途》开门见山地提出，极有必要对文本中的"工人阶级"进行重新定义，书中一开始就避免过分强调早期工人阶级文化的优秀品质，对照他们今日的低质量生存状况，避免陷入浪漫主义情感。考虑到文本作为"无阶级"出版物的趋势与定位，霍加特寻找到了一个聚焦点："我描述为'工人阶级'的很多态度，可能会被归因于通常所说的'中产阶级的下层'。我不知道如何去避免这种类型的重叠，希望读者能像我一样去理解，它并不削弱我论证的主线。"②

在选定了对象之后，霍加特给"工人阶级"下了一个描述性的粗略定义。他们生活在社会的底层，但是他们远比其他阶级健康。尽管他们粗鲁，缺乏教养，不够聪明，但是他们的双脚站在大地上，他们慷慨、直率，有纵情大笑的能力。他们

① Richard Hoggart, *The Uses of Literacy*, London: Penguin Books, 1992, p. 70.

② Richard Hoggart, *The Uses of Literacy*, London: Penguin Books, 1992, pp. 18, 19.

住在类似利兹、曼彻斯特、谢菲尔德和远离赫尔的地区，"这些人们身上有着可供辨认的城镇的部分。他们有自己可供辨认的房屋风格——背靠背或者在隧道后面，几乎每个城市都是这样。他们的房屋通常是租借的"[1]。工资每周发一次，很多人并没有其他收入来源。但自从工人阶级的工资水平发生了巨大的变化后，单从赚钱的多少已经很难把工人从其他人群中区分出来。教育方面，他们中的大多数人在被认为是中等现代学校里受过教育，而事实上它们多是初级学校。就所从事的职业而言，他们通常是劳动者，或者有技术，或者没有技术，或者是工匠，或者是学徒。

可见，虽然霍加特认为工人阶级是一个个复杂的个体，存在于拥有自身理念的网络社区之中，而远不是一个均匀、均质的团体，但事实上，霍加特还是给"工人阶级"下了一个群像式的、经验性的、描述性的定义，将工人阶级及工人阶级文化作了整齐划一的理解。而这一切是建立在作者所熟知的工人阶级社会之上，并把自己不太熟稔的工人阶级的说话方式或者模糊叙事，或者干脆搁置起来。这是一种略嫌粗糙的以情感经验总结来替代抽象思辨的下定义方式，与经典马克思主义根据生产资料和劳动的占有关系而进行的形而上划分截然不同。但是两者在工人阶级的内核上却是不相违背的，只不过霍加特把现实的实践因子加入其中，使工人阶级的形象鲜活生动，呼之欲出。

大众文化（mass culture / popular culture）

"Mass culture"和"popular culture"中文都译为"大众文化"，但两者可谓是全然不同的概念。"Mass"一词，在英文中含有贬低的意思，相当于"乌合之众"之意。随着现代资本主义经济、科技体系的日臻完善，个体自主性不断丧失，逐渐沦为"乌合之众"的一员，文化的物化状况也持续恶化，德国法兰克福学派对"文化工业"的批判即基于此。

在《识字的用途》中，单从文本标题来看，我们便很容易发现文本的第一部分

---

[1]　Richard Hoggart, *The Uses of Literacy*, London: Penguin Books, 1992, p. 19.

和第二部分在提到大众艺术、大众文化时，霍加特的表述是不一样的：第一部分是"Illustrations from Popular Art–Peg's Paper"，以及"Illustrations from Popular Art–Club–Singing"，而第二部分则是"The Newer Mass Art"和"Mass Culture"。霍加特鲜明的褒贬之态无须赘言，无怪乎其在第二部分对商业驱使下的大众传播产业所生产的典型产品，如电影、收音机、唱片、广告、通俗新闻和电视等进行了毫不留情的声讨与批判，因为所有这些对由民众自发生产的文化予以了降格处理，进而阻止大众在资本主义社会里获得对真实生活的真实意识。随着文化物化程度的日益加深，大众文化演变为一种可怜的、贫困的美学产品，它们的诉求对象是一群庞大而匿名、被动而不知反省的同质化大众，是极易受到操纵与控制的单向度人。在这样的大众文化面前，人们绝不容许存有任何想象的空间。这样的大众文化是典型的"乌合之众"文化，欠缺一种既超越又批判的功能。它用虚假的快感来麻痹工人阶级，消解反抗意识，使其变得毫无理性，进而忘却自身肩负的推翻资本主义制度的使命。要之，大众文化（mass culture）的同义语无非就是标准文化、程式文化、机械复制文化和肤浅文化等，它是一种低级、琐细的文化，是虚假的感官快乐。

身份 / 认同（identity）

霍加特注意到："在当代文化研究和文化批评中，'identity'一词具有两种基本含义：一是指某个个体或群体据以确认自己在一个社会里之地位的某些明确的、具有显著特征的依据或尺度，如性别、阶级、种族等等，在这种意义上，我们可以用'身份'这个词语来表示。在另一方面，当某个人或群体试图追寻、确证自己在文化上的'身份'时，'identity'也被称为'认同'。"[1]事实上，identity的这两层含义无法如此细致区分，更多时候它们是互相缠绕在一起的，加之社会身份与文化身份所具有的流动性，会随着历史与现实的语境而发生变迁。在霍加特这里，"工人阶级学者"的身份本身就是identity上述两层含义的形象融合。

① 汪民安主编：《文化研究关键词》，江苏人民出版社，2007年，第283页。

霍加特自称他是一个来自工人阶级的作家，多少与来自另一阶级的作家有些不同。他来自工人阶级，现在依然感到自己既与他们亲近又与他们分离。霍加特对自身所属的工人阶级文化从小就耳濡目染，确证了阶级文化上的身份认同；但是作为学者的身份认同在霍加特身上同样得到了确证。那么，一旦身份上的双重认同无法形成一个平衡点，就不可避免地会往其中一方倾斜，用霍加特自己的话说，他发现自己经常不得不抵制一种强大的内在的压力，即认为古老的比新异的更加令人敬佩，新鲜东西更应被谴责。这股厚古薄今的力量博弈也直接牵涉到"我们"与"他们"的关系。

与霍加特双重身份失衡形成对照的是30年代的工人阶级。在作者笔下，彼时的工人阶级通过类似的衣着服饰、言语习惯、生活习俗等媒介物，非常容易地在共同的生活社区里得到身份的体认，一眼望去，便能清楚判断究竟哪些人是"自己人"，哪些人不是。要之，霍加特虽极力抵制自身身份认同的失衡，但收效甚微。在"距离"与"参与"的模糊边界上，我们仍能在其行文中发现不可避免的断裂与无法解决的张力。在霍加特这里，身份/认同与"怀旧"显然是紧密相连的。

怀旧（nostalgia）

怀旧，指的是对过去的一种情感，是对好的旧时光的一种怀念，尤其在面对新的流行文化时，更易常常勾起这种乡愁的特质。此外，它也与想象中的历史真实感的失落、人类的自我意识、身份认同等相关联。

纵观《识字的用途》，通篇弥漫着怀旧的气息，在被称为半自传式民族志研究的第一部分中，对20世纪30年代工人阶级生活进行了全方位的描写，不管是家庭生活、邻里关系，还是公共娱乐的酒吧与当时的流行期刊，无一不显现出是时工人阶级文化的美好与淳朴，作者的赞美之情溢于言表。反观作者笔下的50年代，到处充斥着商业味浓厚的大众文化，不管是描写性与暴力的杂志，还是流连于牛奶吧不肯离去的"自动电唱机男孩"，都是现时腐败、虚伪世界的具体表征，"不负责任"与"逃避现实"的大众文化正在将古老而有益的工人阶级文化格局破坏殆尽。

今昔对比，今不如昔的现状鲜明而赫然地摆放在作者和读者眼前。事已至此，除了一面去严厉批判当代大众文化，另一面对哺育自己的30年代的那种生机勃勃、有生命力的工人阶级文化加以怀念之外，也似乎没有更好的表达方式。或者也不妨说，是霍加特先行的怀旧情绪，使得他更为挑剔甚至是略为偏激地去看待新兴的50年代大众文化，虽则霍加特本人也无时无刻地不在提醒自己不要陷入"怀旧"的诱惑之中。

日常生活（everyday life）

霍加特在《识字的用途》中采用民族志手法，对社区中的日常生活进行了事无巨细的描绘，从家庭生活、邻里关系，写到流行的杂志、体育活动、酒吧驻唱等。如指出工人阶级在传统上，或者是至少维持了好几代，把艺术看作一种逃避，视为某种可供欣赏的东西，但是它们被认为与日常生活没多大关系。艺术是边缘性的，他们知道这不是真的，"真实的"的生活在其他地方。艺术只不过是一种工具。而工人阶级艺术，本质上就是一种"展示"，是对已知事物加以呈现，而不是去"探索"。霍加特认为，因此这就是《汤普森新闻周刊》的魅力源泉，一种亲近的、缜密的家庭魅力。这一点，使中产阶级背景的广播连续剧在工人阶级中间得以流传，因为它们反映的，就是日常生活的缜密细节。

在霍加特看来，只有日常生活，尤其是日常生活的缜密细节，才能真实反映工人阶级的文化状况，才是工人阶级美学的不二根基；工人阶级追求的并不是逃避日常生活，而是日常生活饶有趣味的本质。霍加特对日常生活的倡导，生动地诠释了文化的"普通性"：一方面跳出了学院派只研究社会惯例的局限性，将处于边缘地位的工人阶级文化吸纳进来；另一方面，对日常生活的倡导，也厘清了工人阶级文化与工人阶级运动的关系，两者并不是人们所设想的那样是同一回事，事实上工人阶级绝大多数对政治缺乏兴趣。

随着20世纪50年代的到来，"稳固而亲切的生活方式"受到大众文化的席卷，居于日常生活之上的工人阶级文化遭遇前所未有的侵蚀：广播肥皂剧在女性工人阶级中广受欢迎，只因为它们美化了平淡普通的日常生活；报纸上刊载的漫画无非叫人去消磨、打发无足轻重的日常生活。在这个新时期里，日常生活的本质性与真实性被抽离出来，成为一个无生命的形式。

社区（community）

"社区"着重强调一群人共同居住的地理区域或位置，侧重的是地理上的概念，但是"community"也有"社群""共同体"的译法，也就是说在共同区域的前提下，还存在着共同的语言、观念、信仰等精神层面的共同点，而且在某种意义上还与"身份"/"认同"相关联。在《识字的用途》中，"community"就是这样一个既具象又抽象，既是实体又是虚拟的存在。

对此霍加特有如是描述："在工人阶级的购物和娱乐中心，古老的习俗仍以其现代风格而存在。比如，它们不仅存在于大型家具商店和高档次的超级影院，也存在于橱窗里，装点着廉价的衣服。工人阶级城市中心的存在原理跟中产阶级的城市中心一样。它们在地理上连成一体，互为重叠，过着毫无二致的生活，然而它们也有着与众不同的气氛。工人阶级的城市中心为所有的群体共有，大家各取所需，以此形成自己的中心——喜爱的街道、流行的商店（Wooley's、Woolworth's，都是工人阶级的人们非常喜爱的）、电车站、大大小小的市场、娱乐场所以及各色喝茶的地方。"① 无疑，这是一个令人自得其乐、适得其所的社区，人们共享着一个地域，同时也分享着共同的巴洛克式的生活方式。人类的个体性与多样性在这里同时存在，共同构成了以共同文化观念为基础的特定的社会关系形态，成为一个共同体载体。工人阶级文化因而具备一种稳固的形式，整体性的构想投射其上，自由而普遍的选择在这里成为可能。社区这个大容器规划了工人阶级的共同体观念与共同文化，如果没有这一有机的、健康的社区，工人阶级文化就无法做到"民享"与"自力更生"。霍加特在这里强调社区意识是工人阶级文化的主要特征。反过来说，工

① Richard Hoggart, *The Uses of Literacy*, London: Penguin Books, 1992, pp. 144, 145.

人阶级的文化也塑造了社区的独特性与自主性。

第十九章　雷蒙·威廉斯

　　雷蒙·威廉斯（1921—1988）无疑是20世纪英国最重要的马克思主义文化理论家。有人说，早期伯明翰文化研究传统基本上就是雷蒙·威廉斯的思想，这不是夸张。威廉斯除了在文学，特别是在戏剧批评上卓有建树外，在文化理论、文化史、电视、出版等领域，都做出过巨大贡献，影响迄今不绝。而思及他出生在威尔士边境一个普通工人家庭，是一个普通铁路信号员的儿子，这贡献就显得非同寻常。威廉斯14岁就参加过工党的活动，18岁进剑桥大学三一学院学习，是剑桥为数极少的工人阶级出身的学生。1939年他加入英国共产党，1945年主编《政治与文学》杂志时开始关注文化问题。战后至1961年他曾在牛津大学执教成人教育，1974年起，受聘剑桥大学耶稣学院讲座教授，直至1988年去世。雷蒙·威廉斯一生著作极丰，他本人就写过小说和剧本。此外，无论是早年的《阅读与批评》（1950）、《戏剧：从易卜生到艾略特》（1952）等还是后来的《英国小说：从狄更斯到劳伦斯》（1971）、《马克思主义与文学》（1977）和《英国戏剧：形式与发展》（1977）等，都可以见出他对文学一以贯之的浓厚兴趣。但是威廉斯对于马克思主义美学的最重要贡献，是他开辟了一个时代的文化理论。他的《文化与社会：1780—1950》（1958）、《漫长的革命》（1961）、《乡村与城市》（1973）、《电视、科技与文化形式》（1974）以及《文化社会学》（1983）等，都堪称文化研究里程碑式的作品。他身后出版的《现代主义与形式》（1989）、《表演中的戏剧》（1991）以及《文化唯物主义》（2005年）等，都显示了其学术影响在当代仍延绵不绝。

一、文化唯物主义

　　"文化唯物主义"（cultural materialism）是雷蒙·威廉斯发明的语词，大体可以概括他一以贯之的文化思想。《马克思主义与文学》一书的导言中，威廉斯追述了他文化唯物主义思想形成的过程。作者告诉我们，他最初接触马克思主义文学观点是1939年在剑桥大学主修英语文学时期，当时他更为熟悉的是马克思主义的政治经济学分析方法。之后他开始广泛阅读马克思主义的历史，逐渐明了马克思主义文化与文学理论首先是由普列汉诺夫根据恩格斯晚期著作中的观点加以系统化的，苏联成立后被普及。明确了这一过程以及明确了马克思主义同英国本土民粹主义的混合，他才能弄清楚什么是马克思主义的本来面貌以及它在传播过程中的变异。威廉斯谈到他从不同视角读过英国30年代马克思主义者克里斯多弗·考德威尔的著作，并且关注过有关争论。考德威尔的观点是否是马克思主义的？这类问题在威廉斯看来，只不过是反映了正统色彩的僵化的马克思主义立场多么热衷于排斥异端。而只要将马克思主义理论本身看成是积极的、动态的，绝非僵化且不断辩证发展的，威廉斯相信，许多问题就会迎刃而解了。

威廉斯谈到他进一步读了卢卡奇的晚期著作、萨特的晚期著作以及戈德曼和阿尔都塞等人的著作，并且重读了20年代至30年代法兰克福学派兴盛时期学者的作品，特别是本雅明以及葛兰西的著作。这样做使得他对传统有了重新认识，由此他经常思考的一个问题是，持有社会主义观点的文学研究者们在40年代所处的情境同70年代有何不同；进而思考何以30年代末40年代初围绕马克思主义文学理论的论争，不是钻进死胡同，就是沦为地域上或观念上的偏见，反之70年代以来却能重开同样话题的讨论，而且论争显得生机勃勃。威廉斯最终这样表达了文化唯物主义这个观念的由来：

> 在本书各个部分中进行的这种对马克思主义思想关键要素及其变化的分析和讨论中，我还尝试着建立一种观点。这种观点作为一种理论，已经在我的头脑里形成多年了。这种观点在某些关键之处同大多数人所认为的马克思主义理论有所不同，甚至同一些业已变化的马克思主义观点也有着区别。可

以把这种观点称作文化唯物论，它是一种在历史唯物主义语境中强调文化与文学的物质生产之特殊性的理论。①

威廉斯认为马克思主义哲学说到底是一种唯物主义。从《文化与社会》《漫长的革命》到《马克思主义与文学》，威廉斯的文化唯物主义理论是逐渐清晰起来的。这个理论强调在历史唯物主义的内部深入解剖物质生产、文化生产和文学生产的特征。它不同于马克思主义的经济决定论，认为上层建筑活动和经济基础一样，本身就是物质性和生产性的。这和阿诺德将文化比喻为光明和甜美的精神历程大不相同，它意味着文化不仅仅是高高在上的启蒙理念，反之亦是整个社会的生活方式和生活过程。马克思反复阐述的经济基础和上层建筑的关系，威廉斯也由此认为两者之间应当是一种互动关系，而不可能是简单的经济决定论。对此他说：

> 马克思主义的文化理论承认分歧和复杂性，它在变化中来理解延续性，认可机遇和适当自主，但是，尽管有这些保留，它肯认这个事实：经济结构及其相应的各种社会关系，是交织文化的主导线索。只有如此，文化才得到理解。②

很显然，这是反对将文化理解为物质生产的单纯反映，由此威廉斯得出经济基础第一位，文化次之的结论。同时威廉斯从相反高度反复强调文化本身具有物质的属性，本身就是一种物质生产。诚如威廉斯《文化是普通平常的》一文中的一句可以作为文化唯物主义注脚的话："文化必须最终在与其潜在生产系统的关系中，来

① 雷蒙德·威廉斯：《马克思主义与文学》，王尔勃、周莉译，河南大学出版社，2008年，第5—6页。

② Raymond Williams, *Culture and Society*: *Coleridge to Orwell*, London: Hogarth Press, 1987, p. 269.

作阐释。"①威廉斯指出，马克思主义的文化理论头绪繁多，但是他感受最深的便是这一原理。这个原理他反复强调过，如前所述，他本人在偏远乡野的童年经历，也把他引向这个结论：文化是一种生活方式的总和，而各种艺术，则是随着经济变革而剧烈变革的社会机体的组成部分。

在《漫长的革命》中，威廉斯也阐述过他的文化唯物主义思想。文化作为日常生活的意义和价值，本身就是社会关系的一种总体表述是无疑问的。《漫长的革命》中，文化理论因此被界定为一个总体生活方式中诸成分之间的关系研究，威廉斯再一次重申文化主要有三种定义。第一种是"理想"的文化定义，它把文化看作人类心灵完善的状态和过程，赋予它许多普世价值。按照这一种定义，文化分析便是从生活和作品之中，发掘上述放之四海而皆准的永恒价值，描述普世人性。第二个是"文献"的文化定义，就此而言，文化就是知识和想象性作品的集合体，它们以各种各样的方式，翔实地记述了人类的思想和经验。在这第二个定义上，文化分析的典型形式应是文学批评，即描述这些思想和经验的性质、语言的细节等等，同时给予评价，来探讨阿诺德所言之"所思所言之最好的东西"如何被传承下来。就此而言，它与文化的第一种理想主义的定义是殊途同归的。但是，威廉斯最看重的还是文化的第三种定义：

> 第三是文化的"社会"定义，其中文化是一种特定生活方式的描述，这种生活方式的特定意义和价值观念，不但见于艺术和知识，同样也见于制度和日常行为之中。根据这一定义来看，文化分析即是澄清某种生活方式之中或者内隐或者外显的意义与价值。②

---

① Raymond Williams, "Culture is Ordinary", Ann Gray ed. in: *Studying Culture*: *An Introductory Reader*, London: Arnold, 2002, p. 8.

② Raymond Williams, *The Long Revolution*, London: Chatto & Windus, 1961, p. 57.

威廉斯强调说，这样一种分析包括了传统的历史批评，联系特定的传统和社会来分析知识和想象性作品，但是它同样也包括了其他文化定义的追随者压根就不认为是"文化"的生活方式：生产组织、家庭结构、表达且统治社会关系的制度结构、社会成员的交流范式等等，不一而足。要之，文化作为一种特定的生活方式，其分析必立足于文化唯物主义视野，即不仅包括文学和哲学作品牵涉到既定传统和社会历史批评，同样也分析传统上并不归属于"文化"的那些因素，诸如我们的全部生活方式和社会制度结构。由此寻找出某些普遍的"法则"或"趋势"，只有如此，才能达成文化的全面理解。这适用于"社会"的文化定义，同样适用于"理想"和"文献"的文化定义。可以说，威廉斯这里是用他的文化唯物主义思想，将前述之两种"高雅"的文化定义一并兼容进来了。

威廉斯承认上面三种文化定义各有其合理之处，但同样承认他更愿意强调第三种视文化为日常生活的定义。因为显而易见，以文化为人类创造性活动的记录，其意义和价值就不仅存在于艺术和知识之中，同样也存在于制度和生活方式、社会形式之中。霍尔《文化研究与伯明翰中心》一文，称《漫长的革命》的问世是战后英国思想生活中一个具有开创性意义的事件。威廉斯坚持文化的理解，必须在物质生产和物质条件的背景中，通过日常生活的表征和实践来进行。对此威廉斯将之命名为"文化唯物主义"，倡导在历史唯物主义的语境中来研究特定的物质文化和文学生产。这意味着上层建筑的各种活动，并不仅仅是经济基础的反映或者结果，而且本身就具有物质性而且具有生产性。意识形态不复是一个高高在上的独立的信仰和观念系统，而是被视为鲜活生动的总体社会过程的组成部分。如果认可文化唯物主义为意义生产的物质层面及必要条件，那么，文化研究的内容就包括：一、艺术和文化生产的机制，即艺术和文化生产的工艺和市场形式；二、文化生产的形构、培育、运动以及分类；三、生产的模式，包括物质手段和文化生产的关系以及产品显示的文化形式；四、文化的身份认同以及形式，包括文化产品的特性，它们的审美目的以及生成和传达意义的特定形式；五、在时间和空间上传统的再生产，它必然涉及社会秩序的重组和社会变革。

二、情感结构

肯定以文化为生活方式的总和，威廉斯进而以"情感结构"（structure of feelings）为此种全部生活方式的组构原则。情感结构意味着社会经验的一个个鲜活的个案，它寄寓在一种特殊的生活、一个特殊的社群之中，其鲜明的特征不证自明，无须外部分析来加说明。对此威廉斯指出：

> 我建议用来描述这一现象的术语是"情感结构"：它就像"结构"一词寓示的那样，坚定而又明确，但是它运作在我们行为的最精致、最捉摸不定的部分。从某种意义上说，这一情感结构就是一个阶段的文化；它是那个普遍机制里的所有要素的一个活生生的特定果实。[1]

由此可见，情感结构同时表现出了社会和物质世界的常规和非常规经验。威廉斯认为，正是这些情感结构，潜移默化形成了系统的观念信仰以及意义传达模式，虽然它们本身是活生生的生活经验。故此，情感结构一方面是指文化的正式构造，一方面又是指文化被感受经历的直接经验，具体说，它就是某个特定阶级、社会和集团的共享价值，或者说是一种集体文化无意识。

《漫长的革命》中，威廉斯用他的"情感结构"分析过许多19世纪小说。他指出，19世纪作家经常出奇制胜，用奇迹的发生来解决彼时社会中所谓伦理和经验之间的矛盾，如男男女女从没有爱情的婚姻中解脱，或者是打发伴侣"上西天"，或者让伴侣发疯，都是转瞬之间故事。再不就是大笔遗产从天而降，一贫如洗的主人公顿时变成巨富。抑或现存社会秩序中一筹莫展，处处碰壁的人物，可以漂洋过

---

[1] Raymond Williams, *The Long Revolution*, London: Chatto & Windus, 1961, p. 48.

海，到遥远的异国他乡去实现雄心壮志。或许最好的例子莫过于狄更斯《大卫·科波菲尔》中的密考伯先生。这个总是在异想天开的无可救药的乐天派，在19世纪的英国社会中穷途潦倒，一事无成。可是小说结尾处，说后来去了澳大利亚的密考伯，在那个罪犯流放发配的国度，终于心想事成，做成了事业。遥远陌生的澳大利亚莫非就是白日梦主义者的乐土？用威廉斯"情感结构"的视角来分析，那便是这些异想天开故事，都是表现了一种共享的情感结构，是19世纪社会中潜伏在主流文化之中的无意识和有意识诉求。故此这里文化分析的使命，便是在以文学为主要载体的文献文化之中，来寻找真实的生活。文献文化的主要意义，由此可见，便也在于当这些情感结构的当事人归于沉默之后，继续在给我们提供此种生活的第一手材料。

《马克思主义与文学》中，威廉斯辟专门章节进一步就情感结构作了说明。他指出，这个结构之所以是"情感"的，是为了强调同"世界观""意识形态"这些更正规的概念区别开来，从而表明一种既超越传统的意义和价值体系，又悄无声息渗入其中的双重微妙立场。之所以是"结构"的，是因为这是一种现时在场的、相互关联的、活跃连续的实践意识，其间冲动、抑制以及精神状态等个性气质因素，以及它们同意识和思想的复杂微妙关系，正可被界定为一种结构——一个其特定的种种内部关系既相互联系又相互对峙的有机结构。由于这个结构是流动不居的，而不是一成不变的，它与社会习俗制度的变化有着千丝万缕的联系，事实上也是常新不败的。

从方法论上看，威廉斯强调情感结构是一种文化假设。它包罗万象，囊括了一切社会经验和物质经验，但唯有在文学和艺术形式中，我们能最为切实地感觉到它。他特别指出，由于情感结构可以被界定为溶解且流动中的社会经验，有别于那些已经沉淀出来的、更为显见且直接可用的社会意义形构，所以并不是所有的艺术都与同时代的情感结构有关。当今大多数艺术的形式构造都牵掣着社会非常显见的主导或残存的文化形态，但是新的社会形态则更多联系着处于融化流动状态的情感

M
KARL MARX
马克思主义文化理论发展史

结构。所以情感结构表征社会存在和社会风习，自有意识形态所不及的优势。例如：

> 维多利亚时代的意识形态往往有意识地对贫穷、罪孽以及造成社会衰败和偏差的种种不合理现象进行揭露。而与此同时，这一时代的感觉结构则通过狄更斯、艾米丽·勃朗特及其他作家的新的语义形象，专门显示这种揭露，显示已成为普遍状况的人际隔阂，显示作为这种状况的相关例证的贫困、罪孽或种种不合理现象。而同这种对社会秩序本质的揭露相关的、某种取代性的意识形态却是到后来才普遍形成的。[①]

简言之，19世纪小说的情感结构或者说感觉结构先于此一时期的意识形态形象地展示了这个时代带给我们的恐惧感和羞耻感。等到意识形态"接手"，社会批判的张力反而已成强弩之末，明显是弱化了。

我们不难发现，威廉斯的上述情感结构的文化唯物主义分析，首先是一种文学批评的方法，确切地说，它也就是传统意义上所说的文化批评。是以威廉斯认为他的这些理论，同当时一样首先作为文学批评方法流行的法国结构主义符号学有着这样那样的联系。如他所言："我记得我说过，充分意义上的历史符号学，基本上可以和文化唯物主义等量齐观。"[②]这可见威廉斯是有心将他的文化唯物主义思想同20世纪下半叶从结构主义到后结构主义的法国理论联系起来，唯独对于各门各类的符号系统究竟能在多大程度上沟通历史，他多少还是心存疑虑。

总之，在威廉斯看来，文化就是由普通男男女女生活的意义和实践所构成。文化是鲜活的经验，作为文化研究对象的文本是一切人的生活实践以及意义。文化不

---

① 雷蒙德·威廉斯：《马克思主义与文学》，王尔勃、周莉译，河南大学出版社，2008年，第143—144页。

② Raymond Williams, *Writing in Society*, London: Verso, 1984, p. 210.

可能脱离我们的物质生活条件，恰恰相反，文化实践无论服务于什么目的，它的生产意义无可争辩永远是物质性的。

三、 文化是普通平常的

由此来看，"文化是普通平常的"（culture is ordinary）是伯明翰早期文化研究传统的基本纲领。这一纲领的阐释集中见于威廉斯1958年的著名文章《文化是普通平常的》之中。此文系作者在完成《文化与社会》后所撰，文中威廉斯告诉读者，他正在撰写另一本书，以期从历史和理论上，来阐释当代日益扩张之文化的性质和条件。他坦承假如他没有从马克思主义者和利维斯那里习有所得，那么就不会动笔来写这本书；而假如他不能从根本上修正他们以及其他人留下来的一些观念，那么他就无法完成这本书。这本书就是《漫长的革命》。

如上所见，在威廉斯看来，文化就是由普通男男女女的意义和实践所构成。文化是鲜活的经验，作为文化研究对象的文本，是一切人等的生活实践以及意义。文化不可能脱离我们的物质生活条件，恰恰相反，文化实践无论服务于什么目的，它的生产意义无可争辩永远是物质性的。那么，文化是普通平常的，这个命题意味着什么呢？威廉斯对此作如是说：

> 文化是普通平常的，这是首要的事实。每一个人类社会有它自己的形态、自己的目的、自己的意义。每一个社会在制度习俗、艺术和知识里表达了这些内容。社会的形成即在于发现共同的意义和方向，其发展则是在经验、接触和发现的压力下，某一种能动的论辩和修正，且将这些压力书写在土地之中。社会是在发展，可是它也是由每一个个人的心灵造就和再造就的。①

① Raymond Williams, "Culture is Ordinary", Ann Gray ed. in: *Studying Culture*: *An Introductory Reader*, London: Arnold, 2002, p. 6.

事实上这篇文章中反复强调的主题，便是文化不仅仅是图书馆和博物馆里的高头讲章，也是日常生活本身。它是街头上《六点零五分特别节目》和动画片《格列佛游记》的海报，是公交车上的司机和女售票员，是城外的小桥、果园和青青绿草地以及登高放眼望去灰蒙蒙的诺曼底古堡和延绵不绝山脉上的莽莽森林。这是雷蒙·威廉斯自小熟悉的威尔士故乡景色。作者告诉我们，就在这一带，他的祖父一生务农，直到50多岁走出农舍，当了一名养路工。他的父亲在15岁离开农田，先是在铁路上当脚夫，后来做了信号工，在山谷里铁道边上的小木屋里，工作毕生直到去世。至于他本人，先是上一块布帘隔开两个班级的乡村小学，11岁读本地的中学，后来则众所周知去了剑桥。

文化是普通平常的。威廉斯说，生活在这一块乡野，这样一个家庭里，他看到了文化的形态，看到了它的模式变换，同样也看到了心灵的成长：学习新的技能、适应新的关系以及见证不同的语言和观念逐步出现。威廉斯讲到他的祖父在教区聚会上说起如何被迫离开农舍时，泣不成声、义愤填膺。可是他的父亲，就在谢世前不久，说起他如何组建工会分会以及在村里创建劳工党支部，语调是平静且快乐的。而他自己，虽然说的是另一种方言，但是思想和他的祖辈们一脉相承。

雷蒙·威廉斯因此强调文化是有两个方面：一方面是已知的意义和方向，这是社会成员训练有素的；一方面则是新的视野和新的意义，这是有待检测的。他认为这就是人类社会和人类心灵的普通过程，由此可以见出一种特定文化的性质：它总是既是传统的，又是创新的；既是最普通平常的共同的意义，又是最优秀的个别的意义。所以我们是在两种意味上使用文化这个语词：一方面它是指某一种生活方式的全部，那是普通意义；另一方面它又是指艺术和求知，那就是特殊的去发现、去创造的过程。他指出，有一些作家偏向这一端或那一端，但是就他本人而言，他是坚持两者兼顾、两者结合。所以，对于每一个社会、每一个心灵而言，文化都是普通平常的。

我们可以发现，威廉斯这里所说的文化的两种理解路径，和他《关键词》一书中分辨的文化的三个层面，是异曲同工的，即一方面是文化的第一个层面心灵的培育，以及第三个层面此一过程的物化结晶即知识和艺术；另一方面则是第二个源自人类学的定义层面：文化是一种特定生活方式总和。威廉斯强调有人对文化的这两种理解，是非此即彼，但是他本人愿意坚持两者兼顾。故对于每一个社会、每一个心灵而言，文化都是普通平常的。

威廉斯任教的剑桥大学是利维斯主义的大本营。F. R. 利维斯秉承马修·阿诺德的传统，以文化为少数知识精英的专利，坚持一个民族的最优秀文化是传承在经典文学里面。同样是在《文化是普通平常的》这篇文章中，威廉斯指出，利维斯为英国文化开药方，认定有一个古老的农业社会的英国，其传统文化充满了伟大价值，不幸这种农业社会被寡廉鲜耻的现代工业社会取而代之，致使平庸的趣味畅行其道，文学和艺术苟延残喘、日薄西山。所以唯有推广文学、推广高雅的趣味。这样至少可以在少数人当中把最优秀的价值保留传承下来。但是在威廉斯看来，利维斯对是时大众文化随着美国文化入侵大有泛滥成灾之势的担忧，是基于劣币驱逐良币的格雷欣法则（Gresham's Law），换言之劣质文化在驱逐优质文化。威廉斯认为这不是事实，理由是今天的优质文化，比过去繁荣得多：

> 优质文学的出版远较过去丰富，优秀音乐的听众也远多于过去，欣赏优秀视觉艺术的人数之众，为前所未有。如果根据格雷欣法则，劣报驱除良报，那么，计上人口增长的因素，何以今日《泰晤士报》与它1850年实际上是垄断报业的那些时日相比，发行量增长了几乎三倍？[1]

半个世纪之后，我们对今天的高雅文学和文化，还能有当年威廉斯的那一种自

---

[1] Raymond Williams, "Culture is Ordinary", Ann Gray ed. in: *Studying Culture: An Introductory Reader*, London: Arnold, 2002, p. 13.

信吗？今天我们的优秀文学、优秀音乐、优秀艺术，比较半个世纪之前的那个饥饿中国，又是怎样一种光景？我们什么时候有过一个充满人文关怀的黄金时代？在新媒体发展突飞猛进，文学自身流通形式发生戏剧性变化的读图时代，我们又能在多大程度上为文学的生产和消费张目？要之，理论攀缘后现代的各路思潮，极尽晦涩艰深、莫测高深之能事，什么都谈但偏偏不谈文学，或者最多是蜻蜓点水、浅尝辄止，细想起来，或许是情有可原。因为文学本身在今天的文化与社会中，已经无可奈何地被边缘化了。乃至随着原创性的大师们相继辞世，理论终而被视为与文化一途，回到走大众路线的文化研究上面，这又何尝不是一种幸事呢？

四、关键词：美学与艺术

雷蒙·威廉斯收集有关文化与社会的110个语词，对它们分别予以阐解的《关键词》发表在1976年。1983年该书再版，作者又增补了"无政府主义""生态""性"等21个新词。《关键词》中威廉斯专门写了一个美学词条。美学与文学批评和文学理论有所不同，更有别于"文化"，它并不是威廉斯等人垂青的对象。但是借此词条，我们可以追踪威廉斯的美学理念和美学思想，以及更进一步发现美学作为一门学科的发展和接受概况。威廉斯指出，"美学"（aesthetic）这个词是18世纪开始在英语中出现的，且一直到18世纪中叶，它都是一个冷僻语词。鲍姆加通1750年和1758年分别出版《美学》第一卷和第二卷，美学这门学科由此得名。威廉斯强调鲍姆加通是将美定义为感觉现象的完善，由此推及艺术，则是充分重视我们通过感官而得到的相关领悟，换言之，聚焦我们的美感经验。

但是即便在对鲍姆加通的阐释中，我们也发现了威廉斯毋庸置疑的文化唯物主义思想。他指出，"美学"这个鲍姆加通取法于希腊语aisthesis的新词，在其希腊语境中主要是指物质的东西，也就是说，通过感官感知的东西，这和那些非物质的或者仅仅驻留在思想层面的东西，是不一样的。所以鲍姆加通借美学这个新词伸张主体性，是旧词新用了。对于康德，威廉斯注意到，虽然康德从根本上说，同样是将美视为一种排他性的感觉现象，但康德是反对鲍姆加通在"美学"这个词的最初希腊语境中，以背靠"感觉认知完善的条件"这一古希腊的广义上的学问来界说美学的。而对于英国，威廉斯发现，19世纪中叶"美学"一语开始流行以来，很快同艺术结缘，由此也带来一系列问题。他指出，早在1821年，柯勒律治就表示他希望能找到一个比aesthetics更适合的语词来指涉有关"趣味"和"批评"的著作；1824年，柯勒律治又指责aesthetics是一个"愚蠢的学究语词"。而到1859年，物理学家威廉·汉密尔顿爵士则将aesthetic理解为趣味的哲学、美术理论、美的科学。虽然汉密尔顿承认美学这个术语不但在德国，而且在欧洲其他国家也已被广为接受，但是他还是觉得用"放纵"（apolaustic）这个词来取而代之更恰当一些。总而言之，通过威廉斯的以上举证，我们可以发现，美学这个概念在19世纪以来的英语世界中，它的所指对象是逐渐从鲍姆加通的感性学传统中超脱而出，更为明确地同趣味和艺术勾连起来，而在威廉斯看来。美学担当的这一潜移默化陶冶情操的社会功能，同马修·阿诺德的文化理论，亦是殊途同归的。

由此我们可以来看雷蒙·威廉斯本人给美学所下的一个概括性定义：

> 很显然，从以上美学这个词的历史来看，特别是就它同艺术、视觉外观以及所谓"美的"或"漂亮的"那一类东西的联系而言，它是一组意义的关键形成过程。这一过程同时既强调又孤立了作为艺术和美之基础的主体感觉活动，比如说使它同社会的和文化的阐释区分开来。它是被分化后的现代艺术与社会意识中的一个成分，一个超越了社会实用和社会评价的坐标，就像"文化"的一个特定意义一样，是旨在表达典型社会形态似乎被排斥在外的那一种人类维度。①

① Raymond Williams, *Key Words: A Vocabulary of Culture and Society*, New York: Oxford University Press, 1983, p. 32.

通过威廉斯给予"美学"的这一概括性说明，我们可以发现，威廉斯的着目点与其说在于审美，不如说在于社会，同"文化"一样，他更多是从社会发展的视域来考量美学这个概念的意义演变过程。适因于此，对于是时流行的"审美考量"（aesthetic consideration）一语显现的与实用功利的唯美主义倾向格格不入，威廉斯在表示理解的同时，也保留了适度的谨慎立场。

关于"艺术"（art），早在1958年的《文化与社会》中威廉斯就有过一个谱系分析。他指出，诚如industry这个词在工业革命之前的含义是勤劳刻苦，18世纪之后则演变为工业生产一样，"艺术"的本义原是技艺，可以指人类的任何技术，而不是专门指今天所认为的创造性的艺术。"艺术家"（artist）的原意是技术熟练的手工业者，是工匠，然终于演变为今日展示"想象性真理"的特殊人等。由此aesthetics（美学）这个词也被发掘出来，用来形容艺术判断，文学、音乐、绘画、雕塑、戏剧等则被统称为艺术，意思是它们本质上有共通之处。"艺术家"不复是过去的"工匠"，"工匠"有了新的名词craftsman，两者的意蕴，自不可同日而语。总之，艺术一语的流变是记录了艺术的性质和目的、艺术与人类活动之关系以及艺术与整个社会之关系等观念上的显著变化。

在《关键词》中威廉斯则强调，今天意义上抽象的、大写的"艺术"，是直到19世纪才被英国公众普遍接受的。就此而言，它是同"文化"和"美学"的发展历史交织在一起的。

五、论大众

如前所言，今天我们所说的大众文化，英语中对应的语词通常是popular culture。popular的本义应是of people，即民有。这一点雷蒙·威廉斯在《关键词》中也说得清楚。假如我们约定俗成地将popular译作"大众"，我们看到威廉斯这样阐述了这个概念的来龙去脉：

popular（大众）最初是一个法律和政治术语，源自"为民"（popularis），从更宽泛的意义上说，即是民有。15世纪以降，"大众法案"是指向一切人开放的法律程序。16世纪以来的"大众地产"和"大众政府"是指由所有民众建构或执行的政治体系。但是它也有"低等"和"低下"的普通意义。①

　　威廉斯进而指出，popular这个词发展到"流行通俗""喜闻乐见"这一现代主导意义的过程中，有一点想起来是很有意思的，那就是它处心积虑在迎合公众的趣味，这到今天也有迹可循。很显然，威廉斯的这个"大众"词源考，很大程度上，正也可显示大众文化价值取向的发展脉络。

　　在《出版业和大众文化》一文中，威廉斯在追述17世纪以来英国出版业历史的同时，区分过"大众"（popular）一词的三层意义。第一是"为民众"，这是这个词传统的激进意义，比如宪章运动时期和20世纪工党运动时的报纸就是很好的体现。威廉斯认为这些报纸在资本化过程之中先天不足，经济上受限制，文化上受抑制，所以很难保持独立的政治观念。第二是反抗权威的大众欣赏趣味，诸如犯罪、丑闻、罗曼史和体育等，总是广受欢迎的内容。第三是依赖市场。威廉斯指出，这一层意义是从政治激进主义中慢慢分离出来的，它越来越依赖习惯趣味和市场，而不是像激进主义那样高高在上，对它们不屑一顾。在今天，新的集中生产和发现体系已经充分认识到这一点，其结果便是大众报纸成为一种适应"民众"需要的高度资本化的市场的产物。总而言之，威廉斯认为，"大众"的这三层意义，虽然在历史中多有变化，但是它们在他写这篇文章的20世纪70年代中，还是广有影响，为阐释整个现代文化的发展提供了重要依据。

　　从20世纪60年代开始，威廉斯致力于用中性感情色彩的popular culture一语来替代明显是贬义的mass culture。但即便是mass culture，它的含义也并非一无是处。威廉斯

---

　　① Raymond Williams, *Key Words: A Vocabulary of Culture and Society*, New York: Oxford University Press; Reviewed Edition, 1983, p. 236.

在其《关键词》中，就mass词条有过细致分析。他指出，单数的mass在社会描述方面，是一个非常普通又非常简单的语词。但是复数的masses，一方面复杂性稍减，一方面又格外有意思，因为它是一个模棱两可、自相矛盾的语词：在许多保守思想家看来，它是一个表示轻蔑的语词；但是对于社会思想家而言，它是一个积极的术语。具体来说：

> 就现代社会意义上说，masses和mass具有两种互不相同的含义。masses（1）是乌合之众或者说群氓的现代表述，他们低贱、无知，又蠢蠢欲动。masses（2）是指的是同一群人，但是如今将他们视为积极的，或者潜在的积极社会力量。[1]

这可见，将大众文化的前身mass culture理解为群氓文化，说到底还是一个立场问题。诚如威廉斯所言，同样的人群、同样的文化，在精英知识分子看来是暴徒暴民文化和乌合之众文化，以无产阶级革命的视野来看，他们就是一支潜在的生力军。

但是即便如此，大众文化和高雅文化的界限依然是清晰的。两者的区别甚至体现在文学的分类上面。在《关键词》的"文学"词条中，我们发现，威廉斯就把武侠小说、色情小说、侦探小说、科幻小说、恐怖小说一类，都挡在"纯文学"门外，发落到上述所谓的"大众文学"一类。这类作品用雷蒙·威廉斯的说法，是一个新的文类，可以名之为大众文学。如他所言："一个新的范畴的'大众文学'或者说'次文学'被制定出来，用来描述可能是虚构性的，但未必是想象性和创造性的作品，故此它们是缺乏审美趣味，不是艺术。"[2]这就像前面分析"大众"语义

---

① Raymond Williams, *Key Words*: *A Vocabulary of Culture and Society*, New York: Oxford University Press; Reviewed Edition, 1983, p. 195.

② Reymond Williams, *Key Words*: *A vocabulary of culture and society*, New York: Oxford University Press, 1983, p. 186.

脉络时威廉斯所说的，它是处心积虑在迎合公众趣味，带着"低等"和"低下"的印记。即便在今天，这印记也还是有迹可循的。虽然随着新媒体的不断发展，以经典来界定文学的传统也显得时过境迁，让人有恍若隔世之感，可是文学依然在浸润我们时日太久的集体无意识中维护着自己的尊严。但是说到底，即便是具有充分想象性和创造性特点的纯文学即威廉斯所谓的"艺术"，最终也将在市场之中得到完成，换言之，它同样将在大众文化里得到洗礼。

第二十章　霍尔

　　霍尔（1932—2014）出生在牙买加的一个具有印第安、非洲和英国血统的中产阶级家庭，自幼受到良好教育。在当地他曾就读按照英国模式设置课程的牙买加学院，除了加勒比文学，他还广泛阅读了T. S. 艾略特、詹姆斯·乔伊斯、弗洛伊德、马克思和列宁的著作。1951年霍尔年移民英国，获奖学金入牛津大学，在此获得硕士学位。匈牙利事件后，他同E. P. 汤普森和雷蒙·威廉斯一起创办了《新左派评论》，成为积极的左翼政治活动家。1964年应霍加特之邀，霍尔加盟新成立的伯明翰当代文化研究中心。1968年霍尔接替霍加特成为中心第二任主任，和理查·霍加特、雷蒙·威廉斯一道，被公认是伯明翰学派的三个奠基人之一。1979年他出任开放大学社会学系主任，1995年至1997年，他当选为英国社会学学会主席。在担任伯明翰当代文化研究中心主任之际，霍尔引导中心将文化研究的范围扩展到种族和性别研究，对传媒予以极大关注，同时致力于吸纳从结构主义到后结构主义的法国理论。作为文化研究的一个标志性人物，霍尔的研究和举措标志着文化主义到结构主义范式、文学方法到社会学方法以及亚文化研究到传媒研究的模式转换。霍尔的著述不以鸿篇巨制见长，而是以一系列影响巨大的文章和文献编纂董声。在霍尔的主持下，伯明翰当代文化研究中心到达了它的鼎盛时代。就此而言，霍尔可以说是当仁不让的文化研究之父。

一、制码与解码

霍尔的著述大多涉及传媒研究。早在1964年与英国著名电影学者帕迪·沃内尔合著《大众艺术》一书时，他就对大众文化和传媒本身的研究表现出浓厚兴趣。如两人倡导研究以好莱坞为主的流行影片，而当时在英国文化界，好莱坞还是堕落文化的代名词。霍尔也强调文化研究的政治含义，认为文化研究是一个各种政治权力和社会关系你来我往的批判场地，就像葛兰西的霸权理论所演绎的那样，新的政治力量在斗争和协商之间崛起，但是崛起并非意味着一劳永逸，如果没有相应的文化建构，它一样面临着被颠覆的威胁。

1973年霍尔最初以油印形式发表的长篇论文《电视话语的编码与解码》，是文化研究范式转换中的一篇经典文献。它的意义和影响，远不止于文化主义向结构主义符号学的转化。在《电视话语的编码与解码》中霍尔指出，电视形形色色的生产实践和结构，其"对象"都是某一种"信息"的生产，即是说，它是一种特殊的符号载体，就像语言和其他传播形式一样，是在话语的语义链内部，通过代码的运作组织起来的。由此可见，索绪尔的符号学理论，一样适用于电视生产的分析。当然，这个符号的载体传输意义，必须有其物质基础，比如录像带和电影以及各种发送和接收器械等等。但是，对于电视产品在不同受众群体之间的传播来说，首要的还是这个符号形式。现在的问题是，符号形式一旦构筑成功，其信息必须转译入社会结构，以达到传播和交流目的。唯有如此，信息流通方告完成。故此：

> 既然研究不可能限定在"仅仅追述内容分析中冒出来的线索"，我们就必须认识到，信息的符号形式在传播交流中具有一种特殊优势："编码"和"解码"的契机是举足轻重的，虽然与作为整体的传播过程相比，它们只是"相对自足"。电视新闻是无法以这种形式来传达原始的历史事件的。它只能在电视语言的视听形式之中，化为所指。当历史事件通过语言符号来作传

达的时候，它须服从语言得以指意的一切错综复杂的形式"规则"。①

在霍尔看来，这意味着事件本身必须首先变成一个"故事"，然后才能还原为可以传播的历史事件。在这里电视制作人怎样编码和电视观众怎样解码，对于事件的意义得到怎样的传播，自然就是举足轻重的了。因为说到底，它们都涉及变动不居的当代社会中的政治立场问题。

霍尔认为，他在这里高谈传播的符号/语言学/代码性质，并不是画地为牢，把自己关进封闭的符号世界，恰恰相反是开放视野，旨在传达文化之视而不见的重要内容，特别是代码和内容如何互动，而使意义从一个框架移位到另一个框架，最终令被掩饰的形式浮出水面，这也是一个特定文化中被压抑的内容。电视的符号格外复杂一些，因为它自身是由视觉和听觉两种类型的话语构成的，它是图像符号，是将三维的真实世界转化为二维的画面，事实上不可能还原为它所指的对象或概念，比如电视画面中的狗会叫，却不会咬人。所以，现实存在于语言之外，需要通过语言的中介，通过代码的运作，来达到意义传播的目的。对此霍尔提出他著名的三种解码立场的理论，它们分别是：

第一种立场叫作"支配或霸权代码"（dominant or hegemonic code）。它是指观众直接且充分接受电视新闻的内涵意义，解码的方式同制片人的编码程序特别吻合，即是说，观众的需求完全符合制作人的期待，运行在支配代码内部，是为清澈透明传播模式的典型。

第二种立场霍尔称为"职业代码"（ASCO Code）。它相对独立于电视制作人的支配代码之外，因为它有自己的标准，特别是专业技术方面的标准。但即便如此，它依然是在支配代码的"霸权"之下运作。比如对英国的北爱尔兰政策、智利政变和"工业关系法案"的阐释，究其实就是政治精英们的霸权阐释，是他们精心挑选

① Stuart Hall, "The Television Discourse—Encoding and Decoding", Ann Gray, ed. in: *Studying Culture: An Introductory Reader*, London: Arnold, 2002, p. 28.

了播出的场面、人物、图像以及辩论场景等等。电视专业人员与政治精英们有着密切联系，这不仅是因为广播电视作为"意识形态机器"的自身机制，而且更多有赖于电视特定的"进入"结构，即是说，系统地让精英人物频频出镜，播出他们对形势的各种界定。甚至可以说：

> 职业代码以专业形式再生产霸权定义，主要不是通过明显倾向于这些定义的运作方向而达成的，所以这里的意识形态再生产是不经意之中，无意识之间，"背地里"发生的。当然，在支配和职业这两种指意系统及其意指媒介之间，冲突和矛盾，甚至于"误解"，也是层出不穷的。①

第三种立场是"协商代码"（negotiated code）。霍尔指出，大多数观众可能相当清楚什么是支配代码，什么是职业代码。支配代码之所以拥有霸权地位，是因为它们将形势和事件的判断，以压倒多数的普遍形式表现出来。但是观众站在协商立场上来解码，说到底是接受和拒绝兼而有之。它们承认支配代码霸权定义的合法性，但是保留下自己的团体利益以及同支配代码协商还价的权利。故协商代码立场上的解码过程，是充满了矛盾。最简单的例子，便是工人看电视。霍尔对"工业关系法案"限制罢工或者冻结工资之类做出的反应，一方面是认可国家利益的霸权定义，同意工人必须减工资来对抗通货膨胀；可是另一方面，这又不能妨碍工人继续罢工，以求改善薪酬待遇。

但是这一切说到底都是政治。霍尔的结论是，要让主流精英们的支配代码更为清楚明白而且卓有成效地向大众传播，与其说是一个中立的技术问题，不如说是政治问题。故将政治选择"误读"为专业技术的选择，是表明了与支配阶级的利益一种无意识的合谋关系，一种所有社会科学研究者十分热衷的"技术理性"形式。在

---

① Stuart Hall, "The Television Discourse—Encoding and Decoding", Ann Gray, ed. in: *Studying Culture: An Introductory Reader*, London: Arnold, 2002, p. 32.

这里结构和代码推波助澜的建构作用，就是无论如何不容小觑的了。

霍尔的编码和解码理论不但标志着文化研究从文化主义到结构主义的范式转换，也显示了文化研究从文本分析到民族志传媒受众研究的转型。霍尔的编码和解码理论强调受众的能动性，把意义的生产重心从编码一端移位到受众解码一端，从而改变了以往美国传媒理论中观众被动接受的传统模式。事实上霍尔的编码和解码理论对于法兰克福文化工业的批判理论来说，也是一种有力反驳。假如说霍尔的编码和解码理论标志着文化研究的一个新时代的开始，当不是夸张之词。

二、表征政治学

表征一词无疑是文化研究最核心的概念，霍尔主编的《表征：文化表象与意指实践》（1992）一书，即尝试在具体的文化实践中探讨表征问题。该书不单系统回顾了人文学科领域的语言学转向留给文化研究的理论资源，还全面收录了包括博物馆学、摄影、广告、肥皂剧的分析在内的文化研究案例，这也使它广被高校视为最流行的文化研究教材。

霍尔在序言中将表征置于整个文化空间内考察，解答了它为何在人们的生活中如此重要。他重申雷蒙·威廉斯的文化观，指出文化不单是一套抽象观念，而且是我们"共同的生活方式"；文化直接影响人们的行为并带来实践效果，它既是我们共享的意义空间，又是我们都参与其中的日常生活自身。在这一文化定义的基础上，霍尔考察了表征、语言、文化意义之间的关联。他认为，虽然当下的传媒时代给我们的日常生活带来许多改变，但语言依然是最基本的文化意义生成渠道，是我们进入文化空间的媒介。霍尔重点考察的表征问题，就是语言符号如何在运作中生成意义。

说明语言、文化与表征的相互关系后，霍尔进一步提出，有两种相互关联的表征系统在文化意义的形成中发挥作用：第一重表征系统运作于我们头脑中的概念图式与外部世界的事物之间，它利用相似关系使我们能赋予世界以意义；而第二重表征系统则在头脑中的概念图式与符号之间建立起替换关系，它实际就是语言自身，而文化意义的生成就是这两重表征系统交织运作的结果。值得注意的是，通过把语言定位为第二重表征系统，霍尔实际就清楚地说明了语言的非自然性，语言是由符号意指实践建构出来的，并非以往认知中清晰透明、毋庸置疑之物。进而，霍尔也就将语言学研究的新进展融入对表征问题的考察中。霍尔如此评述语言学转向带来的新路径："事物并没有意义，我们构成了意义，使用的是各种表征系统，即各种概念和符号。因而这种理论被称作通向语言中的意义的结构主义或构成主义途径。"①

我们不妨从霍尔对一幅运动会照片的分析，引入他从结构主义路径出发创立起的"表征政治学"。这张照片是《星期日泰晤士报》上的一张奥运会男子100米决赛照片，照片反映的是久为人们津津乐道的1988年"药物奥运会"事件——黑人短跑选手本·约翰逊获得冠军，但被检测出使用药物，最终他被长久地取消参赛资格，奖牌也转授给卡尔·刘易斯。霍尔强调的是照片和它的标题"英雄与恶棍"是如何在相互作用中产生意义的。霍尔指出，倘若没有这个标题，照片可以具有很多潜在意义，而正是"英雄与恶棍"这个标题，从照片可能具有的众多意义中选出一个，用词语固定了它。这实际上便是霍尔所言的意义的结构主义路径，表征策略把我们引向一种"优先意义"，这一意义便是主流媒体希望传达的。但霍尔同时指出，虽然这一标题尝试通过词语完全固定意义，但实际上意义依然"漂浮着"，无法最终固定下来。在照片和标题饶有意味的互动中，有两种相反的意思都说得通。我们既可以读出一种积极的黑人形象：即便约翰逊最终被取消资格，但他依然还是英雄；又可以读出一种消极的黑人形象，即便黑人最终取得了胜利，也是无法抹掉其道德的污点。如此，虽然意义的制作者力图在表征中固定下一种"优先意义"，但是愿意读出哪种意思，还要经过读图者自身的选择。

---

① 斯图尔特·霍尔编：《表征：文化表象与意指实践》，徐亮、陆兴华译，商务印书馆，2003年，第25页。

英雄还是恶棍？霍尔指出，虽然掌握话语权的传媒形象制作者必然预设一种"优先意义"，但在观众读解意义的过程中，却既可以认同主流意识形态扩散的种族偏见，又可以拒不接受，相反将之理解为对黑人的赞美，大可对这则报道置若罔闻。但同时，霍尔提醒我们注意，尽管在大众传媒的意识形态场域中，同化与对抗、规训与冲突兼而有之，但只要观众成功地参与进意义的读解中，也就完成了意义传递者的预设，观众或顺从或逆反的态度，都要建立在和话语权的掌控阶层共享同一套文化惯例的基础上，用结构主义的术语来说，也就是只能在意识形态的场域内部进行。而这在当下人们对影视节目的态度中体现得尤为明显，人们边骂边看、愈骂愈看的态度，并不能说明制作者意义扩散的失败，观众在读解意义的态度上可以判然有别，但只要收看了节目，就达成了影视剧的制作商预设的文化消费，达成了主流意识形态的扩散。

霍尔以"共享信码"这一概念来解释意义传递的相对稳定性。《表征：文化表象与意指实践》的序言中霍尔指出，正是"共享信码"使意义在特定文化内的传播成为可能。进一步说，上述观众解码的三种模式，都离不开共享信码支配下观众对主流文化意义的理解，文化意义的制作者（掌握话语权的阶层）和意义的接受者（文化受众）共享着同一套理解，信码更像辅助不同文化主体进行交流的"翻译官"，霍尔指出：

> 表征的功能不大像单声道的发报机，而更像"对话"，如人们所说，它是对话体的。维持这一"对话"的是被共享的文化信码的存在，它们并不能担保意义会永远稳定——尽管企图固定意义正是权力要干预话语的原因。但是，甚至在权力渗透到意义和知识中时，各种信码也必须在某种程度上被共享，至少有可能使说话者之间进行有效的翻译，否则就不能运行。①

---

① 斯图尔特·霍尔编：《表征：文化表象与意指实践》，徐亮、陆兴华译，商务印书馆，2003年，第10页。

至此我们抵达了霍尔所论述的结构主义路径的核心。表征领域在霍尔那里是置身同一文化空间的人们在一套共享信码下对话谈判的场所，是收编与反抗并存的流动不居的场域。因此，在他看来，重要的并非是探讨掌控话语权的阶层与作为文化消费者的大众在"对话"中谁赢谁输的问题，关键在于对表征的构成主义理解，它揭示了文化意义的传播并非一成不变的单向传递。

霍尔在《文化、传媒、语言》一书中将文化研究的任务定位为打破共享信码的自然化策略，进而将流动的文化意义释放出来。或者用马克思主义的术语来说，这一任务也就是对大众传媒领域文化信码的"去魅"，霍尔对信码运作系统的建构性有过这样一段论述：

> 毫无疑问，字面的误解的确存在。观众不懂使用的术语，不能跟随争论或展示的逻辑，不熟悉语言，觉得概念太陌生或太难，被阐述的叙事所欺骗。但更常见的是广播员担心观众不懂他们作为广播员所想表达的意思。他们真正要说的是观众未能在"支配"或"建议"的信码之中运作。①

充斥于生活世界的各类传媒影像极易化身为政治操纵工具，而揭示文化常规背后的权力相关性，也就是霍尔表征政治学的要旨所在。在《表征：文化表象与意指实践》一书中，他又为自己的表征政治学寻到了两个理论源头：一为索绪尔的"诗学"路径，一为福柯的"政治学"路径。具体来说，索绪尔和罗兰·巴特等人的符号学路径更关注对意指实践运作过程的分析，也就是探讨支配性意识形态如何建构起文化；而福柯的权力—话语路径则更关注表征运作的实践效果，关注权力的扩散与再生产，而这两条路径的叠合就是霍尔试图创立的"表征政治学"。

---

① Stuart Hall, D.Hobson, A. Lowe & P. Willis eds.*Culture, Media, Language*, London: Hutchinson, 1996, p. 135.

三、文化身份

identity一词在中文语境中既可以译作"身份"，又可以译为"认同"，它也是霍尔重点关注和论述过的一个概念。在《文化身份与族裔散居》等文章中，霍尔结合自身的"异族"体验，吸收后结构主义等诸多思想理论资源，对文化身份与认同问题进行了深入分析。该文开篇，霍尔就提及，晚近的阐释理论已经启发人们，即使声称"以自己的名义讲述自己的经验"，这类叙事过程中的讲述者和被讲述的主体也不是一回事。也就是说，主体身份问题并不像人们普遍认知的那样清晰透明且毋庸置疑。霍尔开宗明义提出设想：

> 也许，我们先不要把身份看作已经完成的、然后由新的文化实践加以再现的事实，而应该把身份视做一种"生产"，它永不完结，永远处于过程之中，而且总是在内部而非在外部构成的再现。[1]

这其实也正是霍尔在后文所要论证的观点。霍尔坦言，人们总是在特定的历史、文化与语境之下言说，而他对文化身份问题的关注也多半受到自身移民社群经验的影响。

在有关文化身份的诸多既有讨论中，霍尔概括出了两种代表性的思维方式。其中，第一种立场将文化身份视作某种共同体内部成员的"共性"，它代表了一种集体共有的文化特征，不仅体现在当下的社群成员身上，而且与历史经验密切相关，也就是说，它是一种为历史、为祖先所共享的"自我"。这样一种标定共性的文化身份具有稳定、不变、连续的特征，被认为是表面差异背后的某种实体性或本质。举例来说，"加勒比性"就以这样一种同一化的方式标定了黑人移民社群的文化身

---

[1] 斯图亚特·霍尔：《文化身份与族裔散居》，见罗钢、刘象愚主编：《文化研究读本》，中国社会科学出版社，2000年，第208页。

份与历史经验。霍尔指出，这种认知文化身份的思维方式在后殖民斗争中起到重要作用，诸如"黑人性"这样的身份认定在有关少数族群、边缘族裔的文化表征形式中发挥了巨大的创造力量。人们一度认为，殖民与后殖民的历史就是对土著社群中这样一些同一的、本质的身份的破坏与置换，殖民经验将边缘族群的文化身份掩盖、压抑并埋葬。因此，重新挖掘和揭示这些属性，也就成为抵抗的策略。在这种抵抗过程中，一些其实是分散和破碎的经验甚至要通过想象统一起来，只有这样，文化身份的断裂才能被弥合，抵抗才能有资源、力量和保障。

霍尔也正是对此提出了质疑：这样的过程真的是对文化身份的"揭示"或"重新发现"吗？这究竟是对被掩盖了的同一性本质身份的考古式发掘，还是借"重述"生产一种新身份？为辨明这一点，就要引入对文化身份问题的第二种思考模式。

与前一种"共性"的认知方式不同，第二种立场认为，文化身份和诸多深刻而重要的差异息息相关，正是这些差异构成了所谓"真正的现在的我们"和"真正的过去的我们"。也就是说，即使某种本质化和实体性的身份属性存在的话，它们也是通过差异而非共性来标定的。举例来说，所谓的"加勒比性"正是被那些相异、断裂的属性和特征界定出来的。与此相关的，在第二种认知方式下，文化身份也就不再是某种恒定不变的历史经验，它不仅仅是某种可以被回溯、被发掘的过去，而且与现在、与未来密切相连。霍尔提出：

> 它们决不是永恒地固定在某一本质化的过去，而是屈从于历史、文化和权力的不断"嬉戏"。身份绝非根植于对过去的纯粹"恢复"，过去仍等待着发现，而当发现时，就将永久地固定了我们的自我感；过去的叙事以不同方式规定了我们的位置，我们也以不同方式在过去的叙事中给自身规定了位置，身份就是我们给这些不同方式起的名字。①

---

① 斯图亚特·霍尔：《文化身份与族裔散居》，见罗钢、刘象愚主编：《文化研究读本》，中国社会科学出版社，2000年，第211页。

由此可见，与"共性"的认知方式不同，第二种立场将文化身份视作某种动态、可变的存在，认为其塑形、发展与历史、文化、权力等要素关系密切。霍尔立场鲜明地指出，只有从第二种立场出发，我们才能正确地理解"殖民经验"令人痛苦而难忘的性质。他进一步分析道，所谓的"黑人经验"等身份的认定，其实正是由西方主导的文化范式和权力知识界定、规范的结果。从东方主义的视角来看，"他者"正是被占据主导地位的权力—知识建构起来的文化身份。在这个意义上，那种人们一度想回溯、揭示、重新发现的"真实"和"本质"的身份，其实并不存在。

在霍尔看来，这第二种认知方式才真正揭示了文化身份的要义，也就是在特定的历史文化语境中，在权力、话语、知识等要素共同作用下的动态建构过程。而也正是由于这种动态建构性的存在，"身份"与"认同"变得密不可分，霍尔指出："文化身份就是认同的时刻，是认同或缝合的不稳定点，而这种认同或缝合是在历史和文化的话语之内进行的。"①因而，在他看来重要的不是某种文化身份的实体性，而是对这一身份的动态定位过程，从中也孕生了某种关于身份认同的政治学，一种"位置的政治学"。

在分析了这两种认知方式之后，霍尔再度强调，文化身份并不是一个仅仅建基于"共性"、同一性的概念，而是涉及了两个同时发生作用的"轴心"或"向量"。他以加勒比黑人身份为例，指出文化身份一方面涉及相似性、连续性，另一方面涉及差异与断裂，而这两个向度之间的对话、协商才是理解文化身份问题的关键。具体而言，加勒比黑人的文化身份并不是一个同质的实体，他们的"非洲经验"也存在着国家、族群、村落、语言、宗教等多方面的差异，也就是存在着内部的异质性和断裂。但在另一角度，与发达的西方相比，这些同属边缘族群的共同体

①　斯图亚特·霍尔：《文化身份与族裔散居》，见罗钢、刘象愚主编：《文化研究读本》，中国社会科学出版社，2000年，第212页。

又确实体现出"共性"的特征,并被标定了作为"他者"的文化身份。在历史进程中黑人奴隶制、流放制度的废除以及西方种植园经济的发展,都促使这些边缘社群弥合差异,趋向"统一"。

霍尔的总结是,在文化身份中,差异性与连续性相伴而生、持续共存,他要思考的也就是如何在同一性内部描绘差异性这一问题。为此,霍尔使用了上文已经提到的"嬉戏"(play)一词来描述文化身份的运作机制:"嬉戏"一方面隐喻了某种不稳定性和可变性,这正是文化身份的内在特征;另一方面,在霍尔看来,同一与差异、连续与断裂之间并不是界限分明的对立格局。这一描述方式提醒着我们超越绝对、稳固的二元对立结构的必要性。为了更好地说明这一点,霍尔还援引了德里达的"异延"理论,他认为,"异延"过程中意义的永不完结与不断生产的特征,正与文化身份的运作机制有着相似之处。

在这一认知立场的基础上,霍尔又一次提及加勒比黑人文化身份的定位问题。他指出,加勒比人的文化身份涉及了三个在场:非洲的在场、欧洲的在场以及美洲的在场。其中,非洲的在场是一种被压抑的存在,它一直都是加勒比海文化中未被言说、不可言说,却又始终隐藏、渗透着的身份要素。而这样一种在场的"非洲",并不是某种可以回归、恢复的身份的"本源",而是在历史进程中被建构、被想象、不断变化着的身份认同。在这一动态变迁的过程中,欧洲的在场也发挥着重要的作用,它代表着那种"嬉戏"的权力,在规范、拒绝、对话中参与到文化身份的建构之中。除此之外,美洲的在场则涉及土地、领土意义上的混杂性,这一"新大陆""新世界"的在场正意味着多样、混杂身份发展的开端。通过加勒比黑人的例子,霍尔具体揭示了文化身份内在的复杂性、异质性与动态过程。

从霍尔对身份问题的分析中不难看出,文化身份与历史文化语境、权力知识关系等密切相关,其中,各种话语、表征就起着极其重要的作用。霍尔明确指出,他将身份视作是在表征之内而非之外构成的。文化表征对于文化身份和主体的建构,因而是举足轻重的。这意味着绝不仅仅是镜子般的模仿、反映那样简单,而是被赋予了建构身份认同的能动性功能。在这个意义上，身份与认同事实上也就是"关于在形成的进程中（而不是在存在的状态下）运用历史、语言、文化资源的问题：不是'我们是谁'或'我们从哪里来'，而是我们可能成为什么，我们被怎样表征和再现，以及我们可以怎样表征自我"[1]。

第二十一章　伊格尔顿

伊格尔顿（1943—　　），英国当代马克思主义文学和文化批评家，出身于英国曼彻斯特附近萨尔福的工人阶级家庭，1961年进入剑桥大学学习，师承雷蒙·威廉斯，在威廉斯的影响下研读了大量马克思主义理论著作。伊格尔顿早年致力于考察意识形态与文学文本的复杂关系，尝试援引阿尔都塞和马歇雷的结构主义文论，以突破英国文化主义的局限，这一时期他著有《马克思主义和文学批评》（1976）、《批评与意识形态》（1976）等。作于1981年的《瓦尔特·本雅明或走向革命批评》可看作伊格尔顿思想的一个转折，伊格尔顿开始将文学批评看作与政治权力直接相关的社会话语实践，并将与资产阶级争夺话语表述权规定为马克思主义批评家的文化政治任务。伊格尔顿的文化政治批评体系，就是在自觉履行这一任务的基础上建立起来的，从而将这场话语权力的争夺战从文学批评转移至美学领域和文化领域，《美学意识形态》（1990）、《意识形态导论》（1991）、《文化的观念》（2000）等著作均为例证。伊格尔顿是西方文化左派中锋芒正盛的批评家，在新千年他所关注的问题也从文化领域拓展至时下的政治热点。最近几年，伊格尔顿又跻身西方左派宗教转向的大潮中，开始从宗教领域寻找辅助左派政治实践的话语资源。最近几年的著作有《甜蜜的暴力》（2002）、《理论之后》（2003）、《论邪恶》（2010）、《马克思为什么是对的》（2011）、《陌生人的麻烦：伦理学研

[1]　Stuart Hall, "Who Needs 'Identity'?", Stuart Hall and Paul du Gay eds. in: *Questions of Cultural Identity*, London: Sage, 1996, p. 4.

究》（2008）、《理想、信仰与革命：反思上帝的争论》（2009）、《文化与上帝之死》（2014）等。

一、美学意识形态

伊格尔顿的《美学意识形态》可以视作一部后现代视野中的新马克思主义美学史来读。它从夏夫兹伯里和康德开始，一直写到法兰克福学派以及福柯和利奥塔。但是导言部分作者开篇就说，本书不是一部美学史，相反是试图在美学范畴之内，来探索现代欧洲思想的一些中心问题，通过美学发展的线索，来书写不同时代社会意识形态的历史。在这样一种理论构架之中，美学更像是一种元美学，即美学将以它自身作为描述的对象。伊格尔顿陈述了该书的马克思主义立场：

> 本书亦是一种马克思式的研究——人们既可能认为它过于马克思主义化，也可能认为它过于非马克思主义化。说它过于马克思主义化，是因为人们可能指责本书时常滑入把美学的内在复杂性简化为直接的意识形态功能的"左翼功能主义"。……另一方面，这类研究之所以过于非马克思主义化，那是因为如果把本书论述的作者的思想置于他们所处的历史时代的物质发展、国家权力的形式以及阶级力量的平衡的大背景下来论述，那么对其中任何一位作者的著作作出令人满意的历史唯物主义解释都需要一卷书的篇幅。①

这可见，美学的意识形态化或者非意识形态化，在伊格尔顿看来是一个涉及马克思主义基本立场问题的悖论。他注意到欧洲哲学自启蒙运动以降，始终高度重视美学问题已经是一个不争的事实。在康德看来美学提出了自然和人应当和谐的问题，黑格尔对艺术也有过大量论述，尼采和叔本华的哲学固然离经叛道，却更以审

---

① 特里·伊格尔顿：《美学意识形态》，王杰等译，中央编译出版社，2013年，第4—5页。

第五编 文化研究的轨迹

373

美体验见出最高形式的价值。到20世纪，海德格尔的沉思终究是在审美本体论中得到完成，而从卢卡奇到阿多诺的西方马克思主义传统，热衷于对艺术作理论说明，更给人留下深刻印象。即便现代性和后现代性争论不清的晚期资本主义社会中，"文化"也还是一个令人着迷的字眼。美学在现代欧洲总体思想中占有这样显赫的地位，伊格尔顿认为主要是德国人的功劳，是以他这本《美学意识形态》所讨论的思想家，差不多都是德国人。美学的生命力何以如此顽强，特别是当文化尽失在传统社会中的灵光，差不多沦落为一般商品生产的一个分支之时？这也正是伊格尔顿努力要作解答的。

美学与艺术的大众性质不同，伊格尔顿认为，它一方面固然像艺术一样，是植根于日常经验的领域；但另一方面，美学被认为是自然和自发的表达方式，还必须被抽象化和理论化。不仅如此，美学还必须为人格的完美发展提供一种理式，它不同于铺天盖地、滚滚而来的种种异化了的认知模式，而且永远在向统治意识形态提出挑战。在冷战之后的当代西方，伊格尔顿指出，尤其不能让花样不断翻新的政治形式抹杀和歪曲国际社会主义运动的丰富遗产。对此作者自称出生而且成长在一个具有工人阶级社会主义传统的环境之中，自青年时代起，就义无反顾地投身于政治活动，自然坚信当前任何避开社会主义的激进立场都是注定要失败的。

正是在这一语境当中，伊格尔顿提出了《美学意识形态》中的肉体（body）主题。作者直言不讳他有意为这个后现代社会中的时髦主题辩护，指出今天的文学文本倘不能提供一个残缺不全的肉体，新历史主义批评便无从谈起。肉体和灵魂不同，它不要求真理只要求快感。不明确这一点，想读懂罗兰·巴特和福柯的后期著作，便是奢望。伊格尔顿认为肉体与审美的密切关系，实在是被康德用理性压抑得很苦。他显然更喜好尼采哲学就是对人体作出解释的说法，而且引《权力意志》中尼采的话——肉体是比意识更丰富、更清晰、更实在的现象。伊格尔顿评价尼采的立场虽有叔本华生理主义的庸俗味道，却是言中了传统哲学的盲点。

赛伊德《文化与帝国主义》导言中，曾讲到文化的含义之一就是指一切相对独立于经济、社会、政治领域的活动，就像形式描述、传播和表现的艺术，时常是以审美的形式出现。故而它所追求的主要目标之一就是快感。后现代文化被认为是一种抽去了理性主义，热衷于感官愉悦的享乐主义文化。但是肉体和快感作为弗洛伊德所说的欲望主体的存在形式和追求目标，本身也是后现代美学中一个热门的话题。德勒兹和伽塔利《反俄狄浦斯》中就已指出，他们倡导的"精神分裂症分析"旨在消解自我和超我，再现无意识被压抑的前人格领域，创造后现代的欲望主体。

"欲望"是革命的，"肉体"也是革命的。伊格尔顿指出，美学固然是一个资产阶级的概念，因为它萌芽和发育于启蒙运动时期，但《共产党宣言》问世以来，马克思从来就没有停止赞扬过资产阶级大革命的遗产，美学绝不能因此被视为资产阶级意识形态的帮凶。反之他大力阐明，美学作为早期资本主义社会中人类主体性的秘密原型，作为人类力量的幻象和追求境界，是一切专制思想和工具主义的死敌。

美学标志着社会文化向感性的肉体作创造性转移，也标志着用细腻的法则来强制雕塑肉体。这是一对矛盾，但是这一对矛盾将有可能得到缓和。对此伊格尔顿十分欣赏曾经是解构主义"耶鲁学派"领袖人物的已故批评家保罗·德曼，认为他的后期著作令人振奋地化解了笼罩在美学上面的神秘氛围，以美学意识形态经历了从语言学到感性经验的现象学还原，认识到心灵和世界、符号和事物、认知和感觉原是混沌难分的。这一混沌状，在伊格尔顿看来正是客体潜在的审美诱惑，它的根源在于一种感性实践，它是人类存在的动物性方面，是赐予我们快感、自然和愉悦的源泉，也是久被埋没的审美动因。由是观之，《美学意识形态》的主旨，即是让久被理性压抑的感性开口说话。伊格尔顿背靠肉体来重写美学的底蕴，从理论到实践上的局限，应是在所难免。我们不妨来看作者对马克思和弗洛伊德的美学观的阐释。

《美学意识形态》第八章以"马克思主义的崇高"为题，讨论了肉体主题在马克思美学中的地位。伊格尔顿认为迄至马克思，美学的唯物史观还远没有充分发展起来。据他观之，康德是从审美表现中驱逐了一切感性的东西，只留下纯粹的形式。他引布尔迪厄《区隔》一书中的评语：康德式的审美愉悦是一种空洞的快感，它本身就包含了对快感的抛弃，是一种纯化了的快感的感觉。同样他发现黑格尔对肉体也颇有挑剔，仅仅认可了在他看来是对理性开放的视听两种感觉。如果说这一切都是事实，那么唯一的策略便是回到起点重新开始。而如何拯救美学中的唯物主义，把美学从窒息它的唯心主义重负下解放出来，伊格尔顿提出，只能是通过一种发生于肉体本身的革命来实现。把目光紧盯住审美中的感性因素，伊格尔顿称马克思、尼采和弗洛伊德是现代社会中三个最伟大的美学家：马克思是通过劳动的身体，尼采是通过权力的身体，弗洛伊德是通过欲望的身体，都强调了作为理论基础的物质实践的重要性，三个人殊途同归。

伊格尔顿大量引证了马克思《1844年经济学哲学手稿》（以下简称《手稿》中的内容），认为马克思主义必须能够说明：人类的身体怎样向社会和技术延伸，逐渐超越它自己的界限而达到空虚，抽空它自己的感性财富，从而把世界转变为它自己的身体性器官。如《手稿》中马克思的这段话：

> 通过把工人的需要降低到维持生理存在所需要的最低限度，通过把工人的活动降低到最抽象的机械运动……政治经济学家宣布人没有其他的需要，他既不需要活动，也不需要消费……他把工人变成既没有需要，也没有感性的存在，并且把工人的活动从全面的活动中转变为纯粹的抽象的活动。[①]

但是伸张感性的权利并不意味一种庸俗的经验论，伊格尔顿强调说，马克思之所以能够倡导一种基础的感性科学，又不陷入经验主义的渊薮，是因为感觉对于马克思而言，一方面是一个较少异化的领域，一方面它作为我们与现实的实践性关系的中介，可以由理性来审视它的"规则"。问题是在资本主义社会之中，感觉都给异化掉了。不说工人的活动被降低到最抽象的机械运动，资本家剥夺工人感觉的

① 特里·伊格尔顿：《美学意识形态》，王杰等译，中央编译出版社，2013年，第181页。

同时，也剥夺了他自己的感觉，诚如《手稿》中马克思所言：一方面越少吃少喝，少上剧院、舞厅和餐馆，就越能积攒资本；一方面有资本替代感觉登场，凡人所不能，金钱样样能够帮你办到，它能吃能喝，能上剧场能去舞厅，能拥有艺术、学识、历史珍品和政治权力。总之资本像个幽灵，在主人睡觉的当儿偷偷地跑出来，机械地享用主人认真抛弃的快乐。这样一种颠倒的镜像，伊格尔顿指出，就是资本主义社会的幻觉性的审美主义。

因此马克思主义的目标在伊格尔顿看来，在于恢复肉体被掠夺走的力量。而只有推翻私有制，感觉才能回到它们自身。共产主义的理想之所以是必然的，就是因为现在我们还不能如其本然地去自由感觉这个世界。而一如伊格尔顿再次引用马克思《手稿》中的名言：

> 因此，私有财产的扬弃，是人的一切感觉和特性的彻底解放；但这种扬弃之所以是这种解放，正是因为这些感觉和特性无论在主体上还是在客体上都变成人的。眼睛变成了人的眼睛，正像眼睛的对象变成了社会的、人的、由人并为了人创造出来的对象一样。因此，感觉通过自己的实践直接变成了理论家。感觉为了物而同物发生关系，但物本身却是对自身和对人的一种对象性的、人的关系；反过来也是这样。因此，需要和享受失去了自己的利己主义性质，而自然界失去了自己的纯粹的有用性，因为效用成了人的效用。[①]

伊格尔顿对于这段话的评价是，马克思是最深刻的"美学家"，相信人类的感觉力量的运用，本身就是一种无须功利论证的绝对目的。所以可以说，马克思这里是在鲍姆加通为美学命名一个世纪以后，来重新号召确立这门科学。

当然，这样一种感性的丰富展开，只有在颠覆资本主义社会的工具主义之后才

---

① 特里·伊格尔顿：《美学意识形态》，王杰等译，中央编译出版社，2013年，第183页。

能实现。由于人类感觉的主体是一种客观的存在，是社会历史的产物，因此只有通过对象的历史性转变，感觉的主体性才能建树起来，这也正如马克思所说："只是由于人的本质客观地展开的丰富性，主体的人、人的感性的丰富性，如有音乐感的耳朵、能感受形式美的眼睛，总之，那些能成为人的享受的感觉，即确证自己是人的本质力量的感觉，才一部分发展起来，一部分产生出来。"①对此伊格尔顿的评论是：美学渗透了马克思主义最重要的政治范畴和经济范畴。

《美学意识形态》第十章"父亲之名：西格蒙·弗洛伊德"，系统探究了弗洛伊德的美学思想，其展开的视野与我们所熟悉的俄狄浦斯情结、诗人与白日梦一类精神分析的程式多有不同。他认为在弗洛伊德看来，美学既可以成为想象的慰藉，又是一颗能量极度释放的炸弹，它表明人类主体是分裂的，表明人文主义完美的梦想本身就是一种性欲的幻想，这就是传统美学的现实。传统美学由是观之，是在渴求既是感性的又受规则控制的客体，把大量美好的感觉与抽象规则的权威混为一统，然而它仅仅是一个想象的世界。弗洛伊德对于现代美学的贡献，在伊格尔顿看来，便如马克思无情地从历史的野蛮主义中揭示出文化的隐秘本源一样，是无情地追踪文化的黑暗根源，一直追踪到无意识的深处，即揭示出一种原初的自恋语境。

伊格尔顿对弗洛伊德拒绝求诸理性而欲使分裂人格重归和谐的思想感触深刻。他指出，对于精神和感觉、肉体和理性两相统一的传统美学理论，弗洛伊德的出现无异于晴天霹雳，因为他的理论是肉体根本就不擅长语言，肉体在语言形式中从来就不是自由的。言语和欲望之不可能协调一致，正如意义和存在不断地相互置换。虽然广义的语言揭示了原初的欲望，可是欲望也有口吃和失语之时。欲望本身是崇高的，最终战胜所有的表象。就此而言，伊格尔顿认为，弗洛伊德的思想完全是"审美的"，因为它涉及的完全是感觉生活的戏剧。假如说古典的愉悦是人性本能冲动的平息而不是它的产物，那么弗洛伊德则是恢复了这一愉悦所具有的粗俗的不

---

① 特里·伊格尔顿：《美学意识形态》，王杰等译，中央编译出版社，2013年，第183—184页。

快乐性以及它的怨恨、施虐狂等等一切消极的性质。审美可以补偿生存的痛苦，但是无以保护我们不受这痛苦的伤害。在对社会秩序的这一悲观看法上面，伊格尔顿发现弗洛伊德就是一个20世纪的霍布斯，一个激烈的反美学主义者。

伊格尔顿集中分析了弗洛伊德的欲望概念，说明弗洛伊德的启示是，规则及其符号说到底是文化本身，只有在欲望之中，而不是欲望之后得到满足。这应是一个非常重要的思想，因为它涉及后现代思潮对理性和感性，进而对西方和东方文化的重新认识。

二、普世文化与具体文化

伊格尔顿《文化的观念》发表于2000年。这是新锐理论潮起潮落、风光不再的特殊年代。学界流行的口头禅从当年解构主义如日中天之际的"文本之外一无所有"，转到是时多少显得无可奈何的"理论死了"。但是，诚如当初主要源生于法国的形形色色的先锋理论基本上大多无关文化自身的思考一样，即便一定程度上认可这个夸大其词的"理论死了"，似乎也不怎么妨碍文化理论按部就班地在新的语境和新的视野里继续一路前行，甚至开创新的局面。该书中，作者开篇就称"文化"是英语中两三个最为复杂的语词之一，而文化的反义词"自然"，则可以当之无愧地荣膺最复杂概念。言及"文化"今日流行的意义，伊格尔顿将之上溯到17世纪哲学家弗兰西斯·培根与19世纪诗人和批评家马修·阿诺德。他说：

> 弗兰西斯·培根在施肥与精神的区分方面犹豫不决，说过"文化与心灵的耕作"这样的话。"文化"在这里指一种活动，距离它指涉某个实体，还有很长的路要走。直到马修·阿诺德，这个语词才摆脱诸如"道德"和"知识"这类形容词，成为"文化"本身，一个独立自足的抽象概念。[1]

---

① Terry Eagleton, *The Idea of Culture*, Malden: Blackwell, 2000, p. 1.

由此可见，"文化"作为心灵的培育者，具有根深源长的哲学传统。伊格尔顿进而指出，"文化"词义不断丰富变化的过程当中，或者可以见出一个悖论：今天有"文化"的是城市居民，反之依然在土地上挥汗劳作、耕耘如初的农人，因其少有闲情逸致"培育"心灵，故被认为是没有"文化"。伊格尔顿同样注意到，拉丁文中"文化"的"栖息"（colonus）一义后来发展成为19世纪的殖民主义（colonialism），故一定程度上言，文化与殖民主义又是近义词。伊格尔顿对文化的这一调侃，应当说是显示了一种后现代的哲学视界。且不说19世纪以降帝国主义的文化侵略，即便将文化定义为自由、平等、博爱的启蒙理念，它是不是意味着只有少数知识精英已经进入这个高级文明阶段，大众社会还处于懵懂混沌、有待启蒙的时候？由是观之，文化与精神殖民的关系，似乎又变得颇费猜测起来。我们没有忘记，事实上对于文化这一偏重精神的形态，马克思和恩格斯都是始终拒绝将之释为社会进步的主导路径。

《文化的观念》第三章"文化战争"里，伊格尔顿从19世纪以来文化裂变的线索入手，区分出"作为文明的文化"（culture as civility）、"认同文化"（identity culture）、"商业文化"（culture as commercialism）三种互相关联的文化样态，并重点分析了它们在后现代社会联姻与对抗的具体形式。在伊格尔顿看来，上述三种变动不居的文化样态，构成了文化冲突的主要方面。"作为文明的文化"属于前资产阶级的文化传统，高雅文化是其当代遗产，以教养、美德为标识，可被称为一种美学性的文化形式，几乎成为"西方文明"的代名词。"认同文化"是一种最无定形的存在，它易与各种形态的文化联姻，强调一种复数性，并与族群身份、地缘政治直接相关。伊格尔顿将"认同文化"称作一种人类学意义上的文化，他指出，这一文化样式在历史时期曾与波澜壮阔的民族解放运动相连，而在当代，它又同后现代文化交叠在一起，囊括了性别、种族诸类亚文化研究。"商业文化"则被看作消费社会最突出的文化样式，它最易与后现代文化结盟，改头换面地出现于后现代亚文化研究之中。伊格尔顿认为"商业文化"总是交叠进"认同文化"的某些样式中，以同性恋消费主义研究、黑人流行歌手研究等样式呈现，他调侃道：

> 这种区别是不稳定的，因为后现代主义与同一性政治的更为文明的形式在许多方面是结成同盟的。但是，这里要紧的是，比如，蒙大拿的白人基督徒枪手与麦克尔·杰克逊之间的区别。这完全不是在神志清楚之程度上的区别，而是同一性的文化与发达资本主义消费文化意义上的后现代文化之间的区别（将其称作"晚期"资本主义有些专横，因为不知道它有多么晚）。这两种意义上的文化都受到了作为文明的文化之挑战。[①]

伊格尔顿以这一插科打诨的例子来强调后现代文化样态的不稳定性，三种文化总是既构成同谋关系，又处于交战状态。这就是"文化战争"。

在这些文化冲突中，伊格尔顿认为，最激烈的文化战争发生于西方"一般文化"（Culture）与地方"具体文化"（culture）之间，或者说，发生于美学性的文化与人类学性质的文化之间。在伊格尔顿看来，这一演变为一种全球性的现实政治问题的文化冲突，与后现代主义直接相关。他强调说，以一种普遍排他性姿态出现的后现代主义，将上述几种文化样态皆纳入彀中，再以西方文明的外包装，将这一多元复合物兜售到全球市场。在他看来，这也就是一般文化扩散至世界各地的资本策略，旨在将西方的生活方式与价值观念恒久地合理化。

伊格尔顿发现，正是因为后现代文化普遍的排他性，认同文化的不同样态被圈定在文明／野蛮两个极端，导致完全相反的评价。即是说，与民族主义、原教旨主义等实际政治行动相连的认同文化样态，被西方一般文化的推行者定义为野蛮的，它是西方文明的反面；而认同文化的另一些形式，诸如同性恋维权运动、影视

---

① 特瑞·伊格尔顿：《文化的观念》，方杰译，南京大学出版社，2003年，第74页。

剧研究、青少年亚文化等，却和西方商业文化联姻，反倒摇身一变成为西方文明的标志，为资本主义学院体制所资助。伊格尔顿认为，西方一般文化的评判体系，将民族激进政治与美国式的消费文化混为一谈，并将威胁现行政治秩序的认同文化样态界定在文化外围。故这个文化评判体系，实为一种掩盖真正文化冲突的意识形态伎俩。它妄图取消高雅文化／大众文化、认同文化／消费文化、普遍文化／地方文化之间的本质性差异。鉴于此，伊格尔顿尝试追溯了19世纪以来文化的几条裂变线索，在历史时空中呈现文化冲突的由来。他归纳出三条文化裂变线索，基本是对威廉斯在《关键词》（1976）中梳理出的三种文化现代性定义的再解说。线索一是文化与"文明"的日趋分离，线索二是一种"人民性"的转向，线索三是精英知识分子对文化"人民性"转向的反拨。不同于威廉斯的判定之处，伊格尔顿指出后现代文化发展的新转向，也就是文化裂变的这三条线索被直接打断了。他强调说，巧妙混合各种文化样态的后现代主义，并非历史时期复数的文化观，它以表面上的多元共存，取消了真正意义上的文化冲突，实为西方应对意识形态危机的新工具。他如此评论后现代语境下西方一般文化表面上的多元性：

> 两者（一般文化与同性恋文化——笔者注）都将文化界定为集体身份或一种特殊的生活方式，而不是批判或与无论什么生活方式相关的价值形式。在这种程度上，一般文化比同性恋权利集团或工会显得更具有多元性。事实上，一般文化的多样性带有几分欺骗性，因为它所维护的准则往往不是很多并且是绝对的。一种容忍的多样性正好就是同性恋权利集团所倡导的。确实，它们部分地从一般文化本身获得这种信条……①

借与后现代同性恋身份文化的比较，伊格尔顿强调，以多元性为标志的后现代

---

① 特瑞·伊格尔顿：《文化的观念》，方杰译，南京大学出版社，2003年，第75页。

主义，与以文明为标志的西方一般文化，实则都是掩盖矛盾冲突的意识形态工具，服务于西方霸权秩序。后现代主义将处于实际对抗冲突之中的文化样式改造为单薄的拼贴平面，在资本逻辑的支配下服务于西方一般文化的营造工程。

伊格尔顿意识到一般文化对地方文化的压制是当前文化危机的根源所在。鉴于西方一般文化排他性的统治局面，他号召批评家们有意识地介入文化表意领域，以革命性的批评实践来恢复文化战争的第四个维度——"敌对的文化"（culture of opposition）。事实上，伊格尔顿早在《马克思主义批评》一文中就清醒指出，"西马"种种艺术批判理论的薄弱之处就在于缺乏政治介入性，脱离大众的实际革命实践，仅仅是一套封闭的科学理论建构，因而极易被西方学院体制征用。伊格尔顿据此明确构想出一种"革命文学批评"，号召把政治干涉与文化分析糅合为一体。① 《文化的观念》中所强调的"敌对的文化"向度，无疑是重新呼应了这一主题。

文化作为一种日常表意实践，故而是社会权力关系复制再生产的场域。而保持文化的对抗性维度，正是为了避免文化直接为统治权力征用。在后现代文化业已成为伊格尔顿所言的"肯定的媒介"和"新的控制形式"之时，批评家们介入资产阶级话语的裂缝处，策动一场文化权力的争夺战，也就成为应时之举。对此伊格尔顿的看法是，假如说文化在今天已经变成了一种肯定的媒介，那么它也发明了新的控制形式，故说到底，文化战争最终是有四个维度，而不仅仅是上述三个方向的参与。第四个维度是敌对的文化，它未必一定是个自成一体的范畴，反之它是可以由高雅文化、后现代文化和认同文化三者的互动置换产生的。由此可见，文化的对抗根深蒂固地存在于西方文明，只不过意识形态的卫道士们煞费苦心地经营出一套西方的一般文化，封闭了文化的第四维度。打破这一封闭性文化，希望就在现实政治行动之上。

这意味着倘若高雅文化／大众文化的对立，仅仅是知识分子的纸上谈兵而不能冲击资本主义的现实世界秩序的话，那么真正炮火弥漫的世界战争，是发生在西方

---

① Terry Eagleton, *Walter Benjamin, or towards a Revolutionary Criticism*, London: Verso, 1981, p. 98.

文明与地方具体文化的遭逢中。具体文化在捍卫自身生活方式之时，必然质疑西方文明的合理性，从而引发实际的政治反抗。伊格尔顿指出，在这场实质性的文化战争中，西方并不处于优势地位。与后现代主义同构的西方一般文化，既非扎根于群体认同和文化共识，亦非与经典和文明恒久相连，它自身就处在商业文化与高雅文化、后现代消费形式与前资产阶级文明遗产的冲突中，无力调和其固有矛盾。即便一般文化的权威依然余绪未绝，但在西方当权者遗忘了其文明的来源，不断试图将地方具体文化囊括进统摄范围之时，据伊格尔顿言，也就成了西方自掘坟墓之举。

三、文化与上帝之死

文化与上帝有什么关系？2014年伊格尔顿的新作《文化与上帝之死》，回应了当前西方社会频繁以宗教形式出现的政治危机。伊格尔顿照例是站在文化左派的立场，发出了不同于西方主流话语的声音。今天的世界上充斥与原教旨主义密切关联的恐怖主义，在伊格尔顿看来，这应当归罪于西方政治哲学家为应对资本主义文明的合法性危机而创制的世俗宗教。他进而追本溯源地梳理了自资本主义制度确立以来，长达三个世纪的世俗宗教谱系。指出这一宗教谱系既造成了尼采意义上的"上帝之死"，使人们的信仰持续堕落，又将西方文化送入了危机。而在当前的政治局势下，这一积重难返的世俗宗教谱系，终究还是孕生出了内部的颠覆势力：地方宗教势力与恐怖暴行联袂演出，以抗议西方社会长期以来对宗教的不恰当"征用"，伊格尔顿将其形容为"复仇的上帝重新复活"。假借宗教话语寻求文化、政治问题的解决之道，可视为他这本书的旨归所在。

伊格尔顿指出，在西方主流话语中，原教旨主义和恐怖势力往往被看成西方文明的外在威胁，这恰恰造成以暴抗暴的政治僵局。他强调说，被界定为邪恶势力的极端原教旨主义，实际上该被看作西方意识形态的寄生物。故当下政治危机的症结，必然要回溯至资本主义漫长的意识形态史，方能获得解释。因此，重现西方意识形态的营构者们如何不恰当地挪用宗教话语，被伊格尔顿定位为一项政治任务。

凭一贯的文学史梳理功底，自列奥·斯特劳斯、阿诺德、孔德，至阿尔都塞、哈贝马斯以来的西方政治哲学史，被他改写为一部无信仰者的世俗宗教史。伊格尔顿感慨道，宗教虽然几经演化得以幸存，但却也因此被政治哲学家们改造为阶级统治工具，降低至政治仆从的位置。伊格尔顿尤其强调了精英与大众在这一世俗宗教谱系中的分化，他将这一由知识分子创制的、隔开信仰与日常实践的宗教谱系称作"勉强无神论"（reluctantatheism）。该书结尾处，伊格尔顿对百弊丛生的西方宗教史作出了这样一番概括：

> 我们看到"勉强无神论"的宗教谱系已时日久长，自马基雅维利以来许多人就认为，宗教教义无论多么虚无，都是一种应对恐怖行径的策略，是平定暴乱的有效途径……阿诺德用他诗化了的基督教教条来应对与宗教信仰日行渐远的工人阶级，而这一教条是他自己所蔑视的。奥古斯都·孔德，一位彻彻底底的世俗主义者，以世俗化的神职人员团体将这一可疑的宗教谱系推向了荒谬的极致。涂尔干从没和上帝打过交道，但他认为宗教是陶冶情操的宝贵资源，列奥·斯特劳斯认为宗教对社会秩序是必需的，尽管他自己一刻也不信神。这些哲学精英意识到的政治智慧，即政治社会没有稳定基础这一点，无论花费多大代价也要在大众面前遮蔽起来。①

上述文字中，伊格尔顿实则说明了运作于世俗宗教之中的"政治智慧"：世俗宗教是精英们为控制大众思想而创制的一套意识形态修辞术，上帝只不过是统治阶层随时操纵的傀儡，仅仅在政治危机之时复活演出。这一意识形态的营构历史，也就被伊格尔顿比喻为统治阶层不断创制上帝新替身的政治发明史。在他看来，18世纪的启蒙理性主义、19世纪的美学和高雅艺术、20世纪以来泛滥的文化主义等，都

---

① Terry Eagleton, *Culture and the Death of God*, New Heaven: Yale University Press, 2014, p. 207.

是其中最为杰出的发明。

伊格尔顿在该书序言中，就提醒人们注意统治者不断更换上帝新代理人的政治策略，而这一轮番登台的统治权替换游戏，在西方愈演愈烈的政治危机面前，却遭受了最大的质疑。如果换掉伊格尔顿本人关于上帝替身的含混譬喻，在他看来，当下西方意识形态危机的症结，事实上也就要从探寻这一问题入手：为何包括文化在内的诸多统治意识形态的新样式都只能是宗教不合格的替代者，无法完满履行原始宗教的意识形态职能？

解答这一问题，伊格尔顿的思路从现代性进程中的学科分化起步，尝试对西方"去魅"的世俗宗教史进行一次"再去魅"。科学、美学、文化、政治，各学科分立的新局面，被他描绘成不肖子孙急于瓜分祖辈遗产的场景。原本浑融、整全的宗教被分化至各个领域：科学理性主义继承了宗教教义的确定性，审美捍卫了宗教的内省精神和道德维度，文化持存了宗教的社群精神和整合功能，激进政治则秉承了宗教改造世界面貌的使命。伊格尔顿指出，这些宗教的后继者都妄图否认自身学科的来源，在对宗教遗产的拣选中，他们不仅将最核心的宗教信仰抛之脑后，更重要的是，连宗教的社会批判功能也被直接扔进了历史的垃圾桶。伊格尔顿将此称为"俄狄浦斯式的僭越"。伊格尔顿重申，正因为后继者们对原始宗教职能的这一背离，才使他们只能是不合格的继承者：

> 宗教一向是将政权合法化的重要方式之一，将它降至这一功能的确是荒谬的。如果说宗教提供了对权力的懦弱辩护，那它也间或充当了生长在权力边侧的荆棘。由于上帝在维系政权层面发挥的巨大作用，即便到了这个世俗年代，大多数人也无法坦然接受上帝影响力的衰退，即便是那些对上帝连最微弱信仰都没有的人。①

① Terry Eagleton, *Culture and the Death of God*, New Heaven: Yale University Press, 2014, p. 3.

M
KARL MARX
马克思主义文化理论发展史

正因为宗教总是反抗既定权力关系，抗拒被完全吸纳进社会秩序之中，才使它具备后继者无法比肩的社会包容性。统治阶级精英们费尽心机营造的大众信仰神话，也正是在这一点上和宗教拉开了距离。伊格尔顿尤其强调了运作在资本主义的文化、美学等意识形态新样式中不平等的权力关系，指出这些不合格的后继者对内将不公正的社会秩序典律化，对外将帝国主义的侵略行径神圣化，因而违背了宗教的原始教义，必然在知行不一甚至严重相悖的实践中，耗尽宗教的象征资源。

如果像伊格尔顿所描述的那样，在西方意识形态史中，惯用的策略就是以上帝的替身游戏来暂时性地克服危机，那么在与原教旨主义关联的地缘宗教面前，这一愈演愈烈的内部危机将直接暴露在光天化日之下。伊格尔顿所言的西方"勉强无神论"的宗教世系家族，虽然在18世纪的理性主义中得以幸存，但在当下与地方具体文化的遭逢中，必将走到它的尽头。伊格尔顿强调说，这一世俗宗教谱系使弱势群体长期处于被压迫奴役的地位，这就使弱势群体汇集在宗教形式下反抗西方社会具有了必然性。他将之形容为"愤怒的上帝再次抬头"：

> 西方资本主义不仅成功促生了宗教怀疑论，也同样促生了原教旨主义，这是辩证法一项声名卓著的功绩。屠杀了上帝之后，现在它发现自身正在帮助上帝重新复活，为那些在自身弱肉强食的政治体制下受到压迫的人们提供庇护所和力量。如果西方资本主义发现自身在外被充满杀戮气息的宗教包围，在内亦被孤立无援、被排斥在资本主义优先秩序外的原教旨主义者们的愤怒和偏执所抨击；在这个非常时段，当代资本主义似乎正在进入一个后神学、后形而上学、后意识形态，乃至后历史的时代，一个愤怒的上帝再次抬头，急于抗议他的讣告被过早张贴。①

---

① Terry Eagleton, *Culture and the Death of God*, New Heaven: Yale University Press, 2014, pp. 198-199.

伊格尔顿这一极富修辞性的论述，亦是当下地方具体文化与西方一般文化遭逢的真实写照。被实用主义、文化主义、享乐主义、相对主义装点的西方意识形态现在遭遇了以地缘宗教形式出现的有血有肉的反抗。正如伊格尔顿在《文化的观念》中早已论述的那样，西方与他者世界之间展开的实质性文化战争，暴露了西方社会早已积重难返的体制弊端。在内外交困的局势面前，伊格尔顿认为值得反思的，是在西方意识形态无力继续征用宗教充当社会整合工具之时，该如何重建宗教、文化与政治的新框架？

出于文化左派的身份自觉，早在伊格尔顿写作《甜蜜的暴力》时，他就将这一思索作为文化左派的新任务提出。在该书的序言中，伊格尔顿将宗教领域定位为尚未为左派充分关注的新战场。他将宗教话语中尚未被发掘的宝贵遗产称为一种"启蒙性神学教义"[①]，并提出对这一开拓性视域的期待，认为一直在文化理论中兜兜转转的左派兴许可以在这里打破理论的瓶颈。秉承这一使命，伊格尔顿在《文化与上帝之死》的第四章"文化危机"中，专门在宗教视域下重新反思左派的文化批判实践。虽然，这里的后现代文化讨论，一如既往地与《文化的观念》一书多有相似，同样是不厌其烦地重申了后现代看似多元的文化如何是实质上的铁板一块，其内部又如何预设了权力支配关系；但两者比较，一个思路上显著的差异在于，伊格尔顿不再把视线囿于当下。以重寻"启蒙性神学教义"为旨归，伊格尔顿将20世纪末方才出现的文化危机，回溯至两个世纪以前的维多利亚时代，转而从文化精英主义者阿诺德等人如何歪曲宗教教义谈起。

伊格尔顿评述了阿诺德在《文学与教条》（1873）中援引希伯来传统改造新约的行为，将阿诺德试图重建的新宗教称作精英分子的文化道德学。伊格尔顿指出，阿诺德宣称的接近大众、投身尘世的新宗教，实际是在美学不具备政治重建性之

---

① 特里·伊格尔顿：《甜蜜的暴力——悲剧的观念》，方杰、方宸译，南京大学出版社，2007年，第9页。

时，援引希伯来圣经所强调的敬畏、臣服的宗教情绪，作为抵抗社会动乱的壁垒。在伊格尔顿看来，阿诺德声称在新约的道德内省维度与旧约行动主义维度间谋求平衡，只是为了扩大自身道德学的影响范围，以文学修辞调动起普泛的社会情绪。他因而将阿诺德的新宗教称作"被情绪强化、激发、点燃的道德学"，指出它以知识分子施加的有限道德影响来维系政权，却预设了大众的臣服：

> 阿诺德没能考虑的是这一潜在可能，宗教与大众的相关性并非源于他们对政治稳定的需要，而是犹太教圣经中呈现的这一事实。耶和华，作为穷苦无告之士的声援者和拥护者，那个轻视宗教仪式，斥责拜物教和偶像崇拜，拒斥头衔和圣像，并带领他的人民摆脱奴役的非神祇……宗教于是被改造成带点超验性的道德形式，或一种"被情绪强化、激发、点燃的道德学"。圣经在阿诺德的观点中是世界上重要非凡的作品之一，但它仅仅以被彻底净化的面貌出现。一个讨论救赎的、事关赈济贫弱的文本，据此被简化为一种情绪问题。①

不难看出，在伊格尔顿那里，真正的神学教义仰赖革命主体的参与，是在政治反抗中方能创生的平等新秩序。文化精英们提前规划的道德学，忽视了民众的参与，必然浸透了权力支配关系。如此，伊格尔顿也就揭示了当下文化危机的内在必然性，事实上文化更易反映社会阶层的分隔，而非将之综合。一旦社会纷争浸透文化概念自身，文化就从解决之径转为问题自身了。

伊格尔顿2003年出版的《理论之后》一书中，已经在预言文化试图取代宗教的年代行将结束，它无力从意识形态工具的地位摆脱出来，将大众的祈望与需求带到权威的庇护下。十一年后的《文化与上帝之死》里，伊格尔顿指出，文化资源已几近枯竭，对左翼的政治实践无所助益；而唤起革命的行动维度、要求更平等的文化

① Terry Eagleton, *Culture and the Death of God*, New Heaven: Yale University Press, 2014, pp. 137-138.

政治秩序需要另觅他途。如此对文化主义的追溯中回应左翼批评何以出现神学转向的问题，伊格尔顿再次提及他自身跻身其中的宗教转向：

> 在西蒙·克里齐利《无信仰者的信仰》中，这标题或许可用来标示近期左翼思想的整个系列，他承认了任何彻底的世俗主义者世界观的局限，并记录了自身对无宗教维度的激进政治是否真正有效的疑惑。现在是一些左翼人士，而非右翼人士，寻求宗教对政治的补充，毫无疑问，部分是为了回应晚期资本主义的精神空白；但也因为在宗教和信仰、希望、正义、群体、自由等世俗观念之间，的确具有一定程度的亲和性。一系列声名卓著的左翼思想家，从巴迪欧到阿甘本，从德布雷到德里达、哈贝马斯和齐泽克，因而皆转向了神学问题，转向一向作为政治侍从的宗教自身的苦恼和困惑。[1]

事实上，伊格尔顿花大量的篇幅梳理知识分子的世俗宗教话语，正是为了表明激进政治的倡导者需主动介入宗教领域，争夺话语表述权。这也就回应了他上文言及的英国年轻一代哲学家西蒙·克里奇利《无信仰者的信仰》（2012）这部探讨宗教与政治关系的著作里提出的问题：没有宗教作支撑的西方左翼激进政治运动究竟有无可能获得成功？一如他的一贯风格，伊格尔顿直到该书最后方才发出逆转性的号召，提出重建革命神学的呼吁：

> 如果宗教信仰要从装点社会秩序，并提供一系列它们存在即合理解释的重负中解脱出来，那宗教将会自在地重新发掘它的真正宗旨，作为一种对所有这些政体的批判。从这个意义上，它现今的充溢也意味着它的救赎。新约和市民责任没有丝毫关系，它并非教化文献，它对促成社会共识并无热情。

① Terry Eagleton, *Culture and the Death of God*, New Heaven: Yale University Press, 2014, p. 204.

它对公民杰出的、善好的行为准则并不以为意，因为它认为这些价值观迫近消逝。它增添进平庸道德的并非一些超自然的支撑物，而大体上讲是一则不合时宜的消息：我们的日常生活形式如果期望重生为公正和人同此心的社会，必须历经一场激烈的瓦解，瓦解的标志是穷苦无告者联合成的共同体。它是一个信仰的新框架，文化和政治将会由此重生。[①]

伊格尔顿进而援引宗教中反抗权威与涅槃重生的教义，为激进政治行动张本。该书结尾部分西方左翼政治运动与宗教救赎精神的联合，我们大可作为最明确的政治行动口号来看待。不同于以往梳理审美与文化问题时的迂回曲折，现在伊格尔顿以最迫切的方式，发出无产阶级联合起来重铸社会秩序的行动号召。简言之，将激进变革付诸政治行动，才是符合宗教真正精神的"启蒙性神学教义"。

由上可见，当下西方左翼已无意在泛滥的文化理论里徘徊不前，而转向宗教领域寻求行动支撑，保罗神学传统则为激进变革提供了一整套话语资源。在这一传统中的末日审判主题，以及以耶稣基督复活来界定新纪元的信仰，都赋予中断既有历史秩序的革命行为以神圣意义。这在很大程度上改变了以往政治哲学家营造的那套西方世俗宗教的话语秩序。无产阶级革命不再是暴力、流血、乌合之众的代名词，它意味着普遍救赎与涅槃重生。阿甘本的《剩余的时间：解读〈罗马书〉》（2000）、巴迪欧的《圣保罗：普遍主义的根基》（1997）皆援引保罗神学传统为革命张本，齐泽克的《木偶与侏儒：基督教的倒错核心》（2003）则直接呼应本雅明《关于历史的哲学论纲》（1940），将本雅明置于保罗主义的传统中解读。这样来看，它们就都是伊格尔顿谈文化与上帝之死的先声。

作为天主教徒的伊格尔顿虽然早于上世纪70年代就离开了教会，但是始终保持了对宗教教义与政治变革问题的思考。自早年的《瓦尔特·本雅明或走向革命的批

---

① Terry Eagleton, *Culture and the Death of God*, New Heaven: Yale University Press, 2014, pp. 207-208.

评》，伊格尔顿就深受本雅明的犹太教弥赛亚救赎传统影响，革命神学的维度可以说一直是伊格尔顿思想的潜在脉络。但是显而易见，跻身西方左翼宗教转向的大趋势中，伊格尔顿的独特之处恰恰是在于他对文化问题的追本溯源。事实上，伊格尔顿始终没有虚晃一枪，像他自己声称的那样放弃他一直坚守的文化领域，而是自觉将当下的文化危机置放于西方政治哲学营造的一整套宗教话语之中予以深入考究，最终希冀有重建宗教、文化与政治新框架的可能性。

第六编　后工业社会的文化理论

后工业社会可视为工业社会进步—发展形成的社会形态。它的关键变量是信息和知识。服务业即第三产业迅速崛起，压倒农业和制造业，由此完成从前工业社会、工业社会，到后工业社会的过渡。特别是20世纪后半叶西方发达国家走过的道路，其从工业社会向后工业社会的转变，很大程度上也是从福特主义向后福特主义（Post-Fordist）的转变。所谓福特主义是指对"二战"以后的西方经济，特别是英美的工业经济模式的一种描述，该模式实行以福特公司为代表的福特主义生产方式，以市场为导向，以分工和专业化为基础，以较低产品价格作为竞争手段。伴随大规模生产和大规模消费的推广是广告文化的兴起，中产阶级的价值观念成为这个社会的文化导向。根据哈维《后现代状况》一书中的分析，从1972年石油危机开始，福特主义下的资本主义发达国家就开始明显见出生产过剩的危机，这并非意味人人都能按需所得，有了充裕的消费品，相反消费者的消费能力已是捉襟见肘。特别是西方国家面临日本和当时崛起的亚洲四小龙的价格竞争，加上石油输出国组织（OPEC）推动世界石油价格一路走高，这都导致后福特主义的兴起。后福特主义在许多方面与福特主义大相径庭，它主要是主张实行以满足个性化需求为目的，以信息和通信技术为基础，生产过程和劳动关系都具有相当灵活性的生产模式。后福特主义的一个显著的特点就是消费者主权论。在供大于求的过剩经济时代，需求和消费力成为制约经济增长的主要矛盾。它意味着大规模生产转化为小规模生产，一元化模式转化为多元化模式，大规模的统一市场转化为竞合型的小规模市场结构。生产形态的转化带来文化模式的转化，由此进入了今天我们称之为后工业、后现代、全球化的新时代。

这个后福特主义的"新时代"又有什么特点？我们发现它把市场和消费分合成了"生活方式""壁龛""目标消费群""市场片段"。"生活方式"与其说是指消费大众现实的生活方式，不如说是通过广告、媒体，组织引导消费大众来加以"生产"的新的时尚。依波德里亚《消费社会》中所言，被消费的不复是物质商品，而是符号即身份象征。这可以解释何以服务业在各国GDP中的比重突飞猛进，重要性与日俱增。"服务业"的概念本身含义广泛，许多服务业包含大量物质产品，如麦当劳销售的汉堡以十亿计，旅游业的发展必然需要基础设施建设予以配套。但是另一方面，服务业中的许多消费是由信息、咨询、专家意见和休闲和娱乐活动构成的。甚至物质商品，也日益在增强它们的非物质成分，如商品的华丽包装已经远不只是喧宾夺主、反客为主、铺张浪费的问题。我们面对的是一个符号和表征的世界：电视、电影、流行杂志不是在反映生活而是在领导生活，在向我们展示生活方式应该是什么模样。视觉形象替代了记忆，电视川流不息地在向我们展示变化无定的现实，记忆在它面前已经显得无足轻重。从理论上说每个人都有创办文化企业的自由，但事实是即便具有相当实力的企业，今天要想进入文化传播的渠道，也几无可能。后福特主义畅行其道的结果，是社会的重心由传统的工业制造向筑基在信息技术之上的服务产业转移。知识的生产和规划，由此在后工业社会中占据举足轻重的地位。信息和文化产业替代重工业，成为国民经济的重中之重。

美国新保守主义社会学家丹尼尔·贝尔早在20世纪70年代，就在描述"后工业社会"的到来。这个后工业社会也就是现代资本主义，或者说弗雷德里克·詹姆逊所说的"晚期资本主义社会"。按照贝尔的判断，它是由经济、政治和文化三个领域组成。贝尔自称他的后工业社会理论，很大程度上得益于他对马克思主义方法的运用，即把技术关系放到当代科学，特别是20世纪符号学理论的背景中来加以理解，故而，是用"知识技术"替代了以往的"机械技术"。贝尔说，他提出了后工业时代的概念，首先针对的就是这个技术—经济领域，以及它的巨大影响。

在贝尔看来，后工业社会的到来也意味着文化大变革的到来。它破除压抑，声张感性。可是我们马上发现横在面前的是一个悖论："矛盾且荒谬的是，那些运用马克思主义的方法，强调经济与结构变化的人，被视为保守主义和技术官僚主义者，那些强调意识自足，即意识形态领域的人，被认为是革命家。"[①]贝尔认为这个悖论之所以叫人纠结，是因为两方面都有道理，问题在于用什么理论来加以阐释。比如如果用黑格尔、马克思、韦伯的理论该做出何种说明？假如用黑格尔的理论来加以阐释，贝尔指出，那么每一个社会都是结构上相互关联的一个整体，系根据精神发展的某一个"契机"，也就是历史发展的某一个阶段组织起来。它意味着这个整体中的任何一个部分，都不可能是孤立的现象。反之根据马克思的理论，贝尔引马克思《〈政治经济学批判〉序言》中的名言，认为生产关系的总和构成社会的经济结构，即有法律的和政治的上层建筑树立其上，并有一定的社会意识形式与之相适应的现实基础。物质生活的生产方式制约着整个社会生活、政治生活和精神生活的过程。而在马克斯·韦伯看来，产生资本主义的决定因素，最终是在于不懈的理性追求，包括理性的决算、理性的技术、理性的法律等等，不一而足。

---

① Daniel Bell, *The Coming of Post-Industrial Society: A Venture in Social Forecasting*, New York: Basic Books, 1999, p. 476.

第二十二章　丹尼尔·贝尔

丹尼尔·贝尔（1919—2011）的身份是美国社会学家，著名的文化保守主义者，以后工业社会的经济、政治和文化三类研究而蜚声。他久被认为是美国战后知识界的领军人物。他的三部大著《意识形态的终结》（1960）、《后工业社会的到来》（1973）以及《资本主义文化矛盾》（1976），都产生了持久的巨大影响，也都分别有了中文译本。

丹尼尔·贝尔出生在纽约曼哈顿下城东端的一个东欧移民家庭。父母都是犹太人。丹尼尔八个月大时即丧父，全赖母亲在制衣厂辛勤劳作，维持一家生计。有一阵甚至不得不被白天上班的母亲寄托在孤儿院里。儿时的贫困家境以及作为犹太移民群体游走在美国主流社会边缘的深切体验，无疑都使日后成为一流学者的贝尔对社会主义有种与生俱来的向往。1935年至1938年他在纽约城市大学就读社会学，毕业后在哥伦比亚大学又读了一年硕士。之后二十年主要从事新闻工作，关注劳工运动，先后担任《新领袖》和《财富》杂志的编辑。1960年，他最终在哥伦比亚大学获得了博士学位，博士论文就是那本大名鼎鼎的《意识形态的终结》。这本书甫一出版，就争议纷至。其立论是，马克思主义的意识形态理论已经不复能够吸引美国知识界的如火热情，因为它同美国的社会现实日渐脱节。马克思主义力求解决资本主义制度产生的社会和经济不平等现状，可是在贝尔看来，这一不平等状态依靠美国现存制度中政治和管理结构的调节，是可以得到调剂解决的。

从1959年开始，贝尔在哥伦比亚大学教授社会学，1969年又移师哈佛大学，直到1990年退休。1964年他当选为美国艺术与科学学院院士，并在2000年担任主席。1987年应邀在剑桥大学做美国历史与制度访问教授。1964年至1965年间，他是总统技术咨询委员会成员。1979年，他又是总统国家80年代发展计划委员会成员。贝尔一生得到过许多荣誉。他获得过哈佛大学、芝加哥大学等美国16所大学的荣誉学位，获得过英国爱丁堡龙比亚大学和日本庆应义塾大学的荣誉学位。1992年，他获得美国社会学家协会的终身成就奖。1993年，又被美国艺术与科学学院授予帕森斯社会科学奖。1995年，法国政府授予他托克维尔奖。但是贝尔最终同与他应有血亲缘分的马克思主义分道扬镳，同样与右翼保守主义拉开距离，成为一个在资本主义与社会主义之间探寻第三条道路的"新保守主义者"。

一、后工业时代的文化

贝尔对自己的"新保守主义者"头衔颇不以为然。在《资本主义文化矛盾》1978年再版前言中，贝尔就曾替自己的这个称谓有过一个辩护。他说，今天的美国自由主义思想偏见占据主导地位，一个论点假如同自由主义相悖，就会让一些评论家不舒服。而假如你抨击口口声声宣扬"解放"的当代文化的某一个方面，那么马上就会发现自己被贴上了"新保守主义"的标签。贝尔这样表明他的立场：

> 既然一个作者的观点跟读者对他意图的理解有关，那么，我想我这么说没有错：我是经济学领域中的社会主义者，政治领域中的自由主义者，文化领域中的保守主义者。[1]

按照贝尔的解释，上面的表述看上去矛盾，会叫人迷惑。但是在他这并不矛盾，因为他的立场里有一种内在的一致性。

我们可以来看贝尔怎样在经济、政治和文化三个领域中来协调他所谓社会主义、自由主义和保守主义三种立场的一致性。就技术—经济领域来看，它体现的是资本的自由竞争原则，如果一个新产品、一种新服务更廉价更有产能，那么为成本计，大家就会使用它。所以它是一个不断更新换代的过程，通过市场达到均衡。但是贝尔重申上述工具主义经济学中的道德因素，指出从亚里士多德、阿奎那到约

---

① 丹尼尔·贝尔：《资本主义文化矛盾》，严蓓雯译，江苏人民出版社，2012年，第2页。

翰·洛克和亚当·斯密，都没有把经济同道德分立开来，也没有认为创造财富本身即是目的，反之它被视为鼓励德行、引导文明生活的一个手段。所以，价格体系只是一种机制，最终指导经济的还是深深植根于经济内部的文化价值体系。适因于此，贝尔说，他是经济学领域的社会主义者。对他来说，社会主义不是经济中央集权制或生产资料的集体所有制，相反它是对经济政策优先权的判定。同时他认为，在判定经济政策合法性的价值观方面，共同体较个人为优先。

所谓政治或者说政体领域，贝尔强调那不是指某一种体系，而是一个社会秩序，一系列规章制度，用来约束各式人等的竞争，其政治地位和政治特权的"进进出出"，由此构成了一个社会正义和权力的竞技场。同时，政治还是保护个人、惩治坏人的司法规则。诚如马克斯·韦伯的名言，国家是合法、垄断使用武力的唯一单位。作为政治领域中的自由主义者，贝尔指出，他认为政治应该维护公众与个人的区分，不像共产主义那样把一切行为都看成是政治化的，也不像传统资本主义社会那样一切放任自流。但这并不等于流行意义上的平等主义，因为事实上这种情形不是平等，而是数字配额的体现。所以他要坚持需求（need）和欲求（want）的古典区分。对于需求，它是所有社会个体都具有的维持生存之必需；对于欲求，那是相应于各人不同口味和特质的不同欲望。一个社会的首要责任是满足基本需求，否则各人无法成为这个社会的完全"公民"。但是体现优越感的欲求永无止境，应予适当限制。但是政治领域中的自由主义，最终在于体现平等。不但包括公共领域的平等，而且包括社会生活其他方方面面的平等，诸如法律、公民权利、机会，甚至结果的平等。由此使我们可以作为市民全面参与社会。简言之，政治的核心就在于表达和参与。

关于文化，贝尔指出他对文化这个概念的使用，比人类学家将文化视为一切人工制品和一个社群的生活方式的定义要狭窄得多，但是又比马修·阿诺德这类看作个人完美成就的贵族传统精英主义定义要来得宽泛一些。具体说，文化可视为意义的领域，是以想象的形式，通过艺术和仪式，特别是我们必然会面对的来自生存困境的悲剧与死亡，来理解世界的努力。《意识形态的终结》中，贝尔则给了文化如下说明：

> 文化具有两个维度：一是表现类艺术的各种风格；二是意义的模式，即历史上宗教的意义模式。有时候这两个维度是彼此交融的，如天主教会的礼拜、祈祷、音乐和建筑。更多时候，就像在"现代"时光，它们是分离的。就表现类艺术而言，替代的原则无从谈起。布列兹"替代"不了巴赫。更新颖的色调和绘画透视运用，拓展了人类的审美技能。在佛教、儒教、犹太教、基督教、伊斯兰教这些历史上伟大的宗教里，尽管形式千变万化，因果报应、轮回、一神教、立约，以及《古兰经》和先知的核心教义，今天依然广被认可。[①]

我们可以发现，以上说明主要是从艺术和宗教两个层面来界说文化的。在他看来，文化的形式可以在历史中不断被改变，但是精神内涵可望与世长存。诚如20世纪法国的指挥家和作曲家布列兹再优秀也替代不了巴赫的魅力一样，世界上各大宗教形式早已变化多端，但是古老信仰的基本教义也还是留存了下来。甚至，经济体系可以崩溃，政治帝国可以消亡，以宗教和艺术为其两大支脉的文化，从埃及浮雕、中国书画，到今日博物馆里不可胜数的收藏，依然历久弥新，魅力不减当年。这就是文化的魅力。

那么，经济、政治和文化这三个领域，有没有可能在新的视野中重新整合起来，特别是在今天冷战结束之后的新时代里？贝尔的回答同样是肯定的。他的回答是，除开中国，或许还有印度的崛起，以及非洲国家的经济困境和种族冲突不谈，依然有可能勾勒出一幅乐观的图景。那就是一个重新配置生产和技术的全球化的

---

① Daniel Bell, *The End of Ideology*: *On The Exhaustion of Political Ideas in The Fifties*, Massachusetts: Harvard University Press, 2000, p. xviii.

"经济"社会，一系列统一预算和福利规则的"政治"集团，以及民族国家和地区内部的"文化"自治。换言之，保护民族文化，在贝尔看来，是日后工业社会的当务之急。

贝尔指出，传统社会学几无例外都认为社会为社会结构和文化的两相统一。社会结构指的是一个社会的经济、技术和职业系统，文化则是意义的符号表达。但是在过去的一个世纪里，贝尔发现，社会结构与文化之间的分裂，正在日益扩大。前者的根基是工具理性，紧盯效益；后者是反成规，伸求正义，张扬自我。就社会结构的"生活方式"来看，它是处心积虑将时间和工作理性化，体现的是一种线性的进步观念。而所有这一切都来自以技术来主宰自然的努力，期望用工业时代的生活节奏，来替代日出而作、日落而息，束缚在土地上的农耕生态。而技术至上的理念，反过来重塑了这个时代的社会性格，使不轻易满足、强制献身工作、节俭节制等，在事奉上帝和自我实现的名义下，成为唯责任感是瞻的神圣道德。就此而言，19世纪的资产阶级社会可以视为一个整体，其间文化、性格结构和经济悉尽由一个单一的价值系统融合了起来。这就是鼎盛时期的资本主义文明。

具有讽刺意味的是，所有这一切都被资本主义自身瓦解了。对此贝尔的解释是，通过大规模生产和大规模消费，资本主义摧毁了新教伦理，代之而起的是狂热追求享乐主义。生活水平的提高和道德责任的松懈，假借个人自由的名义，本身成了目的。如是必然导致社会结构的内部分裂：一方面是生产和工作的系统，它要求人勤勉刻苦、自我控制，追求有所作为的素朴人生；一方面是消费的领域，它倾向于人及时行乐、穷奢极欲，一味追求享受。但是有一点不谋而合，那就是两个领域里流行的都是世俗价值观念，超验的信仰和伦理缺失不见了。

与建立在技术基础上的社会结构不同，贝尔认为更关注自我的当代文化，是把人类最深切的冲动本能同对资产阶级的反叛结合了起来。他指出，文化的反传统性质从来都是人类社会的一个周而复始的特征，压抑和释放的辩证，早就在宗教和世俗道德中屡见不鲜。这也是人类用有限的自我来对抗死亡之永恒命运的悲壮努力。

如古代的狄俄尼索斯的狂欢歌舞以及早期基督教中的诺斯替教派，都相信自身可以免除道德法则的束缚。19世纪的浪漫主义，则以放浪不羁、唯美主义这一类文化形式，来反对资产阶级道德。特别是法国诗人波德莱尔、洛特雷阿蒙、兰波等，可谓在这一高扬波西米亚精神的反传统浪潮中一马当先，通力表现"真正的"自我，随心所欲，一切道德和法律的陈规陋习，何足道哉。

贝尔指出，这一反资产阶级传统价值观念的潮流，就意识形态层面上言，是与新兴知识阶级的兴起以及追求自我实现的风云际会的青年运动携手并进的。它们的一个共同特点，就是文化反叛，强调个性自由。故而这一时期"敌对文化"（adversary culture）和"反文化"（counter-culture）的出现，也可谓适当其时。所谓敌对文化，贝尔的阐释是，历史上它是出身于现代主义运动，反对资产阶级传统道德，从艺术，特别是实验先锋"艰难"艺术中汲取了大量营养，包括20世纪早期的大量文学、音乐、绘画和诗歌。对此贝尔的评价是：

> 这类艺术所为，首先在于打破了传统的"理性宇宙论"，它秩序有定地排列时空，分出次序和比例、前景与背景、距离与控制，这都是从15世纪到19世纪，绵绵不断的经验组构而成的感性模式。通过现代主义，上述忤逆冲动吸引住了文学和艺术这些高雅文化的眼球。①

比较"敌对文化"，"反文化"又是什么？贝尔的说明是，反文化是生活方式的一场革命，它认可冲动，探索幻想，追求各式各样的快感，总而言之是以解放自我的名义，针锋相对地挑战资产阶级社会规范。但是，鉴于资产阶级文化随着19世纪的过去早已成为明日黄花，故而反文化不过是一方面拓展了文化现代主义的路数，一方面重演了六十年前即已诞生的早已被资本主义市场化的享乐主义。贝尔指

① Daniel Bell, *The Coming of Post-Industrial Society*: *A Venture in Social Forecasting*, New York: Basic Books, 1999, p. 479.

出，反文化鼓吹个人自由、极端经验以及性解放，这都让自由文化（liberal culture）措手不及，因为它向来只在艺术和想象领域而不是在现实生活中接受这类先锋意识。其结果只能是导致道德混乱，反弹一触即发。但即便如此，贝尔还是充分肯定了文化对社会的引导作用：

> 观念与文化风格并没有改变历史，至少，并没有一夜之间改变历史。但它们是变革的必然前奏，因为意识之中，即价值观念和道德评判之中的变革，正是驱使人们去改变其社会格局与制度的动因所在。[①]

要之，贝尔发现，资本主义社会由此面临着一个文化悖论：如今它必须承认一个敌对的"意识形态"，纵使心有不甘。这意味着承认撑起这个异端意识形态的新兴阶级，承认传统的价值系统已经分崩离析，而埋葬它的，恰恰是资本主义自身的结构转型。关于这个敌对的意识形态及敌对的新兴阶级，贝尔特别指出，它不是工人阶级的世俗社会主义，而是"现代主义"的文化靓仔；他们既被现存体系收编进来，也保留了与生俱来的忤逆态势。这个新兴阶级主导着媒体和文化，表面上并不似"自由派"那般标榜极端，可是它围绕着"个人自由"的价值观念，是彻头彻尾反资产阶级的。所以，即便资本主义的价值体系在重申虔诚，可是虔诚在现实社会中显得空洞，在由这个体系本身培植的享乐主义生活方式面前一败涂地。概言之，正如马克思所预言的那样，资本主义成了它自己的掘墓人。

贝尔认为上述文化悖论正是资本主义挥之不去的社会危机。他指出，变革不是一朝一夕的事情，而且也很难还原到哪一个时间点上。但是其意识形态根源可以上溯到19世纪的文学团体，以及半个世纪之前资本主义促生的生活方式的变化，当然，还有近十年崛起的新兴知识阶级。总而言之，文化危机不可能像政治问题那

① Daniel Bell, *The Coming of Post-Industrial Society: A Venture in Social Forecasting*, New York: Basic Books, 1999, p. 479.

样，由收编或排斥哪一个社会集团来得到解决。它深深植根在支撑或者未能支撑住某一个体系的核心价值里面。适因于此，这个文化悖论实是资本主义社会的一个持久性危机。

回过头来再看文化与社会结构脱节的问题，贝尔认为，在后工业社会，这一脱节是不减反增。后工业社会技术替代了传统宗教，在通力证明资本主义社会的历史合法性。但是贝尔指出，一个技术官僚的时代绝不是一个高贵的时代。物质丰富给人的满足感转瞬即逝，它无法替代精神生活的渴求。而人类最深切的本能，莫过于构建神圣制度和信仰，来寻求生命的意义，以否定死亡的虚无。故而后工业社会在贝尔看来，除了献身科学圣殿的少数人，并不能提供高远的伦理表率。愤世嫉俗的游戏人生最终将人引向自我中心主义的孤独症，导致社会共同价值的分崩离析。故缺乏一个根深源长的道德信仰体系，是后工业社会的文化矛盾所在，不解决这个矛盾，后工业社会将没有前路。这就是贝尔的结论。

那么，后工业社会文化语境中的美学和艺术，又当何论？贝尔的回答一言以蔽之，那就是现代主义艺术及由此导致的审美经验变迁。《资本主义文化矛盾》中，贝尔对此专门谈了现代主义和审美体验的问题。他认为现代主义是一种持续了一个多世纪的文化风尚，早在马克思主义产生之前就开始攻击资产阶级社会，影响遍及所有艺术领域。诸如马拉美的诗、形式错位的立体主义绘画、弗吉尼亚·伍尔芙和詹姆斯·乔伊斯的意识流小说以及阿尔班·贝尔格的无调性音乐，当其面世之时都叫人错愕不解。所以现代主义艺术的一个与生俱来的标志，即是制造审美经验的错位：它自觉追求晦涩，采用陌生形式，以先锋实验姿态给观众制造不安、震惊、慌乱，甚至就像宗教那样改变和征服他们。简言之，现代主义艺术改写了传统的审美体验。

改写首先体现在距离的消解上面，无论是心理距离、社会距离，还是审美距离，都坚持经验的绝对在场、直接同步。贝尔认为这一从秩序向无序的过渡，是19世纪中叶以来发生的一场审美观念大变迁，其中举足轻重的不是情感变易，而是时空的错位。所以：

> 如果从美学角度问，现代人在体验感觉或情绪时与希腊人有何不同，答案将跟基本人类情感无关，比如（任何时代都共同的友谊、爱情、恐惧、残忍和侵犯），而是跟运动和高度的时空错位有关。在19世纪，人类旅行的速度有史以来第一次超过了徒步和骑马，他们也因此获得了对不断变化的景物、连续不断的形象和万物倏忽而过的运动的完全不同的感觉，这是他以前从来没有经历过的。①

这一变迁表现在艺术领域，贝尔指出，那便是艺术主题不复是以往的神话人物，或者大自然中的静物，而是海滨漫步，城市生活的喧嚣，以及电灯的发明赐予都市夜生活的绚烂多姿。这一切都是对运动、空间和变化的回应，其结果是为艺术提供了新的句法，跟传统形式形成错位。

贝尔进而指出，在前现代观念中，经典的看法是艺术大体就是沉思默想，艺术家凝神观照对象，保持审美距离，其审美经验是为主体所清醒支配的。但是在现代主义之中，艺术的目的是"彻底征服"观众，故作品本身，是在用自己的那一套新话语，把自身强加给观众。具体表现是绘画中透视的缩短，诗歌中则有杰拉德·霍普金斯式的"跳跃节奏"，等等。不仅如此，由于对于艺术作品的传统整体把握感被颠覆不再，碎片和部分替代整体，残损的躯干、断离的手臂、原始的痛苦表情，以及被框架切割的人体，凡此种种替代整体形成了新的美学。在这一审美经验的变迁流动中，艺术体裁变成一个陈旧的概念，不同体裁和类型之间的区分和界限，悉尽被抛诸脑后了。对此贝尔讽刺说，或许，这场美学的灾难本身成了一种美学。

贝尔认为后工业社会是一个享乐主义时代。这个时代的文化风格，便是波普艺

M
KARL MARX

马克思主义文化理论发展史

① 丹尼尔·贝尔：《资本主义文化矛盾》，严蓓雯译，江苏人民出版社，2012年，第49页。

术。波普艺术是不是名如其实，源自流行、源自大众，反映了大众的审美观？贝尔的回答是否定的。他指出，波普艺术的主题来自日常世界，诸如家居物品、电影、漫画和广告中的形象、汉堡、可乐以及衣服等都是波普艺术的主题。波普艺术的关键，是绘画中没有张力，只有戏拟。所以不奇怪，在波普艺术中，我们可以看到海伊五英尺长的普通邮戳，李奇登斯坦的巨型作文本，奥登伯格用乙烯基塑料做的大汉堡。对于这三位美国著名的波普艺术家，贝尔的评价基本上是中性的。他既没有像发现新大陆那样对波普艺术的"化平庸为神奇"赞不绝口，也没有嗤之以鼻不屑一顾。他指出上述作品都是对现实物品的戏拟，不过总是带着善意的揶揄，并表示赞同评论家盖布里克的一段话，即波普艺术的美学前提是传统艺术的等级观念，将蒙德里安和米老鼠等量齐观。同时艺术的边界被无限扩大，而将普遍认为是艺术之外的因素也囊括进来，如技术、赝品和幽默等等。

同对波普艺术的客观态度相反，贝尔对对传媒时代到来先知先觉的麦克卢汉，却很是不以为然。他认为麦克卢汉就是享乐主义时代的先知，是将这个时代的市场知识编织进了信息代码。他说：

> 麦克卢汉是位作家，他不仅用这种编码手段详细描述了享乐主义时代，还用一套适于这个时代的公式编码了时代思想，通过自己的手段风格示范了对这种技巧的超越。媒体即信息（这意味着思想是次要的或者说并不重要）；一些媒体是"热的"，比如广播（它把听众排斥在外），而另一些是"冷的"，比如电视（它需要观众介入来完成参与）；印刷文化是线性的，而视觉文化是共时性的，等等——所有这些概念特点不是用来分析，或者用一些实证来检验；它们是缓解人们焦虑的连祷文，以便让他们在新通讯方式中仍能感到应付自如。[1]

---

① 丹尼尔·贝尔：《资本主义文化矛盾》，严蓓雯译，江苏人民出版社，2012年，第76页。

这几乎是冷嘲热讽，将麦克卢汉整个儿数落了一遍。麦克卢汉"媒体即信息"这句名言，就像他的另一句格言"媒体即人体的延伸"一样，都被认为是预言了媒体为王的新时代到来的革命宣言。但是贝尔从中读到的却是思想的缺场。贝尔的结论是，麦克卢汉极具煽动能力，这种能力是广告人的梦想，其理论不过是心灵土耳其浴。换言之，它们是心灵鸡汤。

事实上，不光是对其热媒体和冷媒体的区分的观点，贝尔对麦克卢汉"地球村"的概念也不以为然，认为其意义是微不足道的，至多不过是呼应了大规模通信网络普及导致社会分化及碎片化这个事实。反之针对麦克卢汉印刷文化是线性的及视觉文化是共时性的这个命题，贝尔反过来重申古老的印刷文化要优于异军突起的视觉文化。他的论据是，印刷媒体有助于人从容理解某一个观点或思考某一个对象，与之展开对话。因为印刷媒体不仅强调认知和符号模式，更重要的是它为观念思维提供了一种必要的形式。反之视觉媒体，比如电视和电影，是将自身强加给观众，重形象不重语词，引发的不是概念思考，而是戏剧效果。电视新闻青睐灾难和人类的悲剧，它唤起的不是净化和理解，而是很快就消耗殆尽的滥情主义，以及对这类事件的伪仪式感和伪参与感。其结果不可避免地会导致过度的戏剧化，观众的反应也要么变得虚饰做作，要么厌倦不堪。不但是电视和电影，戏剧与绘画亦然，都是在耸人听闻，哗众取宠。总之，视觉文化固然是更适宜于表现已经由大众文化接手的现代主义冲动，作为一个整体，它自身在文化的意义上也必然衰竭得更快。

贝尔认为现代主义是抛弃了古典艺术的模仿原则。他指出，模仿是对现实的解释。正如艺术是自然的镜子，模仿则是生活的再现，是对现实价值的思考，并且在思考中创造理论。贝尔特别强调"理论"（theoria）这个词，指出其最初的意义就是"看"。理论意味着主体跟对象保持一段距离，在确立的必要时间和空间之中，来吸纳和判断。这一段距离，通常也就是审美距离。由此来看现代主义，贝尔发现它否认外部世界作为既有事实是第一位的。它既想重新安排现实，又想退回自我内心和私人经验，视之为审美观照的源泉。在他看来，这可以说是源自笛卡尔和康德的审美经验转向，最终导致行动替代沉思成为知识来源，导致实践替代理论，导致结果替代起因。

贝尔具体分析了现代主义绘画怎样背离了模仿这一立足于沉思基础的古典美学原则。他指出，塞尚的美学观念就体现在他那句名言里：真实世界的所有结构在于三个基本固定体的变化——立方体、球体、圆锥体。所以不奇怪塞尚的绘画就被组织在这三种原型不同组合的平面空间里。特纳的绘画中，则可见出一种笛卡尔转向，从描绘物体过渡到描绘感觉，如《雨、蒸汽和速度》这幅画中，火车驶过泰晤士河上的桥梁，就可看到一种捕捉运动的努力。而到印象主义、未来主义、表现主义和立体主义运动中，更将现代主义推向高潮。有的是人物与背景几乎融为一体，有的是前景与背景几无差别。未来主义则干脆就取消了距离，不论是时间距离还是空间距离。以将"观看者放在画的中心"，通过行动而不是通过审美观照，来寻找客体和情感的同一性。而对于立体主义来说，把握现实就意味着同时从各个方位来观察事物，结果便是将对象的多重平面重叠到绘画平面的二维空间之中，由此来捕捉同步感，以同一平面上相互割裂的多重视角，消解了单一视角。由此贝尔认为他可以概括出现代绘画的意旨，那就是在语法层面上打破有序空间；在美学层面上建构起审美对象与审美观照者的桥梁，作品将自身扎入鉴赏者脑海，后者不再解释画面，相反去感受作品的刺激，即时即刻被其情绪俘虏过去。这还是消弭距离的老话。要言之：

突出的关键是，在所有艺术——绘画、诗歌、小说、音乐——中，现代主义冲动在各种体裁的不同本质背后，有着一种共同的表达语法。正如我已经说过的，那就是观众和艺术家之间距离的销蚀，审美体验和艺术作品之间距离的销蚀。人们把这现象看成是心理距离、社会距离和审美距离的销蚀。①

距离的销蚀意味着时间的搁置，它分裂瓦解了过去的记忆和现时的感觉。同样意味着人失去了对经验的控制，以及与艺术对话的能力。当直接、同步的感官冲击成为一种固定的审美模式时，贝尔指出，这是将每一时每一刻都戏剧化了，将张力提高到狂热的地步，而将宣泄净化的空间一笔勾销。当感官刺激的狂风暴雨掠过之后，我们一无所获，一片茫然，唯有灰头土脸地回到枯燥乏味的日常生活。

贝尔的结论是，距离的失落作为美学、社会学和心理学的事实，再一次颠覆了西方15世纪以降的"理性宇宙观"。它意味着对人类的思维建构来说，再也没有边界，没有秩序有定的原则来界定经验和判断。我们祖先拥有的宗教寄托被釜底抽薪，信仰的根基被斩断之后，个人只能成为无家可归的文化漂泊者。问题是，今天文化还能重新提供内聚力——一种实质性的，而不是徒有其表的内聚力吗？

应该说，贝尔的资本主义文化批判和与之相应的现代主义艺术批判具有毋庸置疑的现实意义。每一个时代都有一种与生俱来并且是与时俱进的怀旧本能。贝尔怀念的是文艺复兴以来西方的理性主义人文传统，这个传统有思想，有信仰，有从容不迫的古典趣味，用他的术语来说，即是有着心理的、社会的和审美的距离，由此来展开"距离销蚀"的后工业社会文化和美学批判。这正呼应了他前面自白的：他是文化领域中的保守主义者。在各路天马行空的先锋理论相继耗尽自身血脉，审美主义重振雄风的今天，我们重读丹尼尔·贝尔的"后工业社会"文化与美学批判，当是不无裨益的。只是，贝尔的文化和艺术批评立足道德主义，实际上是以经济领域的清教伦理之必然，来对抗文化领域的消费主义之必然，而不去触及资本主义制度本身更深层面的剖析和批判。这可见他本人念念于心的"新保守主义"标识，其实是所言不虚。贝尔在美国知识界虽然名重半个世纪，可是在中国的影响远不如矢

① 丹尼尔·贝尔：《资本主义文化矛盾》，严蓓雯译，江苏人民出版社，2012年，第122页。

志不渝坚持马克思主义批判立场的弗雷德里克·詹姆逊，这应当也是一个重要原因。

二、意识形态何以终结？

《意识形态的终结》曾在1995年被《泰晤士报》评为"二战"后最有影响的100本书之一。它有一个副标题："论50年代政治观念的衰微"。这个书名应当是耸人听闻的，而且此书面世是在意识形态的冲突盘根错节、愈演愈烈的1960年，"终结"一语听上去就像天方夜谭。贝尔承认这本书之所以非常有名，同书名起得奇崛不无关系。他发现意识形态的终结，早在20世纪20年代的美国社会里就初见端倪。彼时一代人面临的一个很大的问题是弄不清楚"敌人"究竟在什么地方，而无法弄清敌人，也就无法确定目标、寄托激情。就这个时代的作家来看，不论是达达主义者、门肯主义者，还是虚无主义者，蔑视的对象都是资产阶级道德。这同30年代的反"资本主义"和再后来的反"法西斯主义"等比较起来，显得无足轻重。所以悖论在于，这一代离经叛道的年轻人有心要过一种"英雄"生活，可是到头来却发现自己变成了堂吉诃德，陷入绝境。这标志着一个时代的终结。用贝尔自己的话说，这个时代亦是见证了"意识形态的终结"：

> 意识形态家——共产主义者、存在主义者、宗教家——想要过走极端的生活，他们批评普通人不能庄严伟大地生活。只有真正有可能下一刻能在事实上变成一个"转变时刻"，能够实现拯救、革命或者真正的激情，人们才能作如是尝试。但是这类千年难得的时刻其实只是幻想。剩下的只是毫无英雄气概，日复一日的机械生活。[1]

---

[1]　Daniel Bell, *The End of Ideology*: *On The Exhaustion of Political Ideas in The Fifties*, Massachusetts: Harvard University Press, 2000, p. 302.

从更大的背景看，20世纪50年代后期，也正是欧洲知识分子对斯大林主义心有余悸的特殊年代。无论是萨特、梅洛-庞蒂、布莱希特和卢卡奇这些"西方马克思主义"阵营的中坚人物，还是加缪、雷蒙·阿隆这样的反极权主义作家和哲学家，似乎都对意识形态的话题有一份特殊敏感。加缪早在"二战"结束后的1946年，就使用了"意识形态的终结"一语。它可以呼应几近半个世纪之后弗朗西斯·福山所说的"历史的终结"。两人无疑都认为一个崭新的全球普世化时代正在到来。但是对于贝尔则不然。

就意识形态（ideology）一语作词源考，这个词被公认是拜18至19世纪法国启蒙哲学家特拉西伯爵所赐。1817—1818年间，他出版了《意识形态初步》（Eléments d'idéologie）五卷，是为先前相关专论作的一个总结。特拉西秉承了洛克的唯物主义经验论与孔狄亚克的感觉主义心理学，有意造出"意识形态"一词，期望能对人性有更进一步的确切说明。从字面上看，意识形态不过是指"观念的科学"（Science of Idea），但实际上，特拉西恰恰是希望能更多从生理学而不仅仅是心理学的角度，来重新审度人性。立足于孔狄亚克的感觉主义，特拉西将精神生活分为四个层面：知觉、记忆、判断和意愿。其中知觉是此时此刻神经末端引发的感觉，记忆是以往经验刺激神经的结果，判断是不同感觉之间的知觉，意愿是欲望的体验，所以也是一种感觉。这样一种感觉唯物主义认知哲学，在今天看来或许是落落寡合，但是它确实也就是特拉西当年树起"意识形态"旗帜的一个基本视域。对此丹尼尔·贝尔的看法是，特拉西和爱尔维修、霍尔巴赫这些唯物主义哲学家相似，殚精竭虑想找到一条不是通过信仰和权力，不是通过教会和国家来发现"真理"的道路，同样消除一切偶然、成见、个人嗜好的干扰。总之，当务之急是"提纯"观念，取得"客观"真理与"正确"思想。而特拉西，正是通过将观念还原为感觉经验，反对宗教偏见，使观念成为一门科学，由此开启了意识形态的历史。

贝尔也注意到拿破仑对特拉西们的"意识形态"不屑一顾，拿破仑曾斥之为无耻的投机之论。但是他认为拿破仑是情有可原的：作为共和主义者，拿破仑一向对哲学家有同情心；而作为皇帝，他认识到了宗教正统对于维护国家统治的至关重要。

意识形态的真正历史始于马克思。贝尔指出，是马克思赋予了意识形态这个词以截然不同的新意义，诚如《德意志意识形态》中所言，意识形态被认为同唯心主义哲学有着千丝万缕的联系，它意味着观念是自主的，观念直达真理和意识。而对于坚持存在决定意识这一唯物主义根本立场的马克思来说，作上述认知的意识形态，只能是虚假的东西、虚假的意识。贝尔进而指出，马克思对意识形态还有进一步论述，那就是意识形态不仅是虚假的观念，而且掩盖了特殊的利益。就是说，资产阶级意识形态本来是反映了特定阶级的利益需要，可是偏偏被打扮成普世性的绝对真理。这势必导致两个结果：其一是人忽视观念的内容，反过来深究其背后的利益功能结构；其二是检验某一种观念是不是真理，这取决于它为哪一个阶级服务。换言之，不存在客观的哲学，只有"资产阶级的哲学"和"无产阶级的哲学"。但贝尔强调，这样一种相对主义，压根就不是马克思主义。因为马克思坚信社会发展自有其从低级阶段走向高级阶段的客观规律，判断一种理论是否是真理，取决于它是否符合历史的进步。

那么，意识形态何以终结？在该书题为"意识形态在西方的终结"的结语中，贝尔的回答是，发端于19世纪人本主义的那类所谓客观性、普遍性的意识形态，随着20世纪50年代政治观念的衰微已是明日黄花，反之新的地区性的意识形态正在兴起。贝尔指出，意识形态有一种激情，它将现实社会的情感引向政治。但是正像同样充满激情的宗教在19世纪日益衰弱，世俗的政治热情也今非昔比。共产主义也好，资本主义也好；左派也好，右派也好，政治不过是走向权力的捷径，并不具有让人心潮澎湃的信仰和情感力量。如莫斯科审判、苏德条约、集中营、匈牙利事件等构成一个系列，资本主义的改良、福利国家的产生又是一个系列。哲学上，理性主义也几成众矢之的。总而言之，贝尔认为，对于激进知识分子来说，旧的意识形态已经失落了它们的"真理"和说服力。故一方面清醒的人很少再以为一旦制定一个新的蓝图，就能实现社会和谐的乌托邦；另一方面"古典"自由主义者也很少再坚持国家不应干涉经济的论调，同时严肃的保守主义者很少再相信福利国家会走向农奴制度。贝尔的结论是：

> 所以在西方，知识分子中间今日就政治问题大致达成了一个共识：接受福利国家，期望权力的分散，以及混合经济体系和政治多元主义。就此而言，意识形态的时代已经是终结不返了。[①]

意识形态的终结并不意味，也不应当是乌托邦的终结。对此丹尼尔·贝尔的看法是，意识形态是一个贬义词，但是乌托邦未必是。我们尽可以重开乌托邦的讨论，但前提必须是认识到意识形态是一个陷阱。就是说，它将个别问题同个别价值对应起来，实在是太简单化了。如是意识形态仿佛是自动售货机，塞进硬币，就能给出现成公式。假如为狂热分子所用，观念即变身武器，结果是灾难性的。在这里贝尔再一次显示他的文化保守主义立场，对"新左派"表示了怀疑。他说，他这本书以意识形态的终结作结尾，但这不等于鼓励对意识形态不闻不问。特别是对过去少有记忆的"新左派"，虽然来势汹汹，可是对未来却鲜有规划。所以，它要去往哪里？它所说的社会主义、民主计划是什么意思？以及社会主义如何抵挡官僚化？如此等等一系列问题，是需要逐一经过深思熟虑之后，才可以做出回答的。

三、历史没有终结

值得注意的是，《意识形态的终结》2000年出第五版时，贝尔又新写了一个题名为"新世纪里续写历史"的序言。彼时东欧剧变、苏联瓦解已近十年过去，冷战的时代亦已成为记忆。诚如福山所言，历史都已经终结，何况区区的意识形态。所以在这个新的语境中来重读这本大著，我们可以有什么收获？这也是作者贝尔有意

---

① Daniel Bell, *The End of Ideology: On The Exhaustion of Political Ideas in The Fifties*, Massachusetts: Harvard University Press, 2000, p. 403.

在这篇新的序言中向读者传达的信息。

如上所述，对于什么是"意识形态的终结"，按照贝尔的说法，他所说的意识形态，并不是文化意义上的世界观，或者说实际利益的遮羞布，而是一个在历史中得到定位的信仰体系，它以激情来融合不同的观念，以求将观念转化为社会杠杆，在转化观念的同时也转化人。这篇题名为"新世纪里续写历史"的新序言，开篇就作如是说。作者介绍是书的由来，《意识形态的终结》初版是在1960年，内容是讨论马克思提出，经由德国社会学家曼海姆发扬光大的意识形态这个概念的变迁兴衰。但意识形态一旦成为压倒性力量，它就紧闭双眼看世界，变成一个封闭的体系，事先给可能提出的一切问题预备好了答案。为此贝尔坚决反对苏联的"教条主义马克思主义"，认为从列宁到斯大林的所谓历史唯物主义已经分崩瓦解。但只要统治意识形态谋求改变历史也改变人，那么千百万人民就可能面临同样的命运。所以说到底这是上帝的错误。贝尔重申，这就是"意识形态的终结"这个命题的含义。

有鉴于此，贝尔交代了他本人的历史观。他指出，"历史的终结"是黑格尔提出的，是一种形而上学的教条。历史哲学可以呼应历史神学。基督教教义中，人因为堕落同上帝分离，诚如奥古斯丁所言，时间将终结于基督的再次降临，彼时人将与上帝重新合二为一。历史遂告终结，这也是人在世俗世界的时间的终结。而在黑格尔看来，太初有宇宙意识，自我意识既出，便与之分道扬镳。人由此被分为主体和客体，一如"我"的主格I和宾格me，这也是表象与实在的区分。随着时间流逝，这一历史分裂过程，内在意识的层面上通过理性的精心策划在一路发展；外在层面上，它则通过一些世界性的历史人物，诸如亚历山大、恺撒、拿破仑，得到了实现。所以对于黑格尔，历史的终结变成了超验的王国。

那么马克思呢？贝尔认为，马克思是接过黑格尔的剧本，给了它一个社会定位。即是说，人类最初的原始统一状态，虽然渐而分裂为精神劳动与体力劳动、城镇生活与乡村生活，以及最重要的有产阶级与无产阶级，但是到了共产主义，社会层面上的历史终结，同样也是以上分裂的终结。而在意识层面上，贝尔指出：

> 诚如恩格斯所言，将出现"意识形态的终结"，因为意识形态，这些"虚假意识"的欺骗性形象，将同物质世界，即现实的结构资源融合起来。在两种学说中，表象与现实的融合，都意味着人不再受制于形形色色的幽灵、精神、迷信，亦即宗教。相反，用雪莱《被解放了的普罗米修斯》中的话说，人将变得"平等、无阶级、无部落、无国家，/摆脱恐惧……统治自己的/国王……"。①

很显然，在贝尔看来，历史终结于马克思的共产主义宏伟构想也好，还是恩格斯的"意识形态的终结"也好，都意味着人类精神和物质层面上的彻底解放。就像雪莱著名诗剧《被解放了的普罗米修斯》中预言的那个何其美好的浪漫主义乌托邦。可是，它也仅仅是乌托邦而已。

贝尔进一步分析了美国日裔史学家弗朗西斯·福山的历史终结论。贝尔发现福山使用"历史的终结"这个概念，同黑格尔迥异其趣。福山认为，冷战的终结是民主和市场的胜利，也是一个独步天下的普世信条的胜利。但贝尔并不看好这样普世的民主胜利。他指出，伊斯兰教和天主教也有普世信经，伊斯兰教曾试图用剑来征服天下，天主教曾试图通过世俗君主的武力来扫平群雄。但是今天两者都未能成为普世宗教，特别是伊斯兰教，因为它就像共产主义，理论同经济、政治和宗教混淆一体，自成一个信仰体系。而假若认定民主将命令世界人民效忠于它，那么不啻认定"观念"将驱动历史。这又是落入了一厢情愿的历史观念，即认定历史有一个目的，一个方向，而掩盖了我们生活其中的历史的极度复杂性。要之，在"意识形态终结"之后，我们的这个后冷战时代，当作如何认知呢？

---

① Daniel Bell, *The End of Ideology: On The Exhaustion of Political Ideas in The Fifties*, Massachusetts: Harvard University Press, 2000, p. xvi.

贝尔的回答是，历史不是物，而是一系列恒新恒异的关系。我们过去生活在历史之中，今天也生活在历史之中。故问题在于，我们如何来认知这些常新常异变化关系的意义模态？我们习惯说古代史、中世纪史、现代史。亚当·斯密及其苏格兰启蒙学派基于物质模态的变迁，提出了四阶段的发展理论：狩猎社会、游牧社会、农业社会和商业社会。马克思则以生产方式为社会进化的支点，由此分出奴隶社会、封建社会和资本主义社会。但贝尔对亚当·斯密和马克思的历史描述都不满意，认为它们都是试图用统一的构架来框定历史，所以必然遇到许多困难。因为按照他的看法，事实上每一个时期的社会，都是由三个不同的领域组成，它们分别是技术—经济领域、政治或者说政体领域以及文化领域。

以三个领域来解释社会发展，是丹尼尔·贝尔的一贯思想。1973年出版的《后工业社会的到来》中，贝尔再一次把社会分为三个领域：一是社会结构，即技术—经济领域；二是政治；三是文化。前工业社会土地主和军人执掌政权，直接使用暴力来行使权利。工业社会商人后来居上，通过政治家来间接行使权利。然而在后工业社会，科学家和研究人员走向前台，力图达成技术和政治的平衡。贝尔认为，后工业社会的变化首先表现在经济领域的变化，服务替代商品生产，成为后工业社会的主流，特别是医疗、教育、调研和政府服务，是后工业社会的决定性因素。与之相应，专业性和技术性工作在职业中占据主导优势，科学家与工程师所占比例日增，理论性知识取代经验性与典籍知识，成为发明创造和政策制定的基础源泉。其次是政治领域，贝尔强调它不是指某一种体系，而是一个社会秩序，一系列规章制度。诚如马克斯·韦伯的名言，国家是合法使用武力并垄断武力使用权的唯一单位。贝尔指出，他认为政治应该维护公众与个人的区分，不像共产主义那样把一切行为都看成是政治化的，也不像传统资本主义社会那样一切放任自流。但这并不等于流行意义上的平等主义，因为事实上这种情形不是平等，而是数字配额的体现。所以他要坚持需求（need）和欲求（want）的古典区分。对于需求，所有社会个体都具有的维持生存之必需的权利；对于欲求，它是相应于各人不同口味和特质的不同欲望。一个社会的首要责任是满足基本需求，否则各人无法成为这个社会的完全"公民"。但是政治领域中的自由主义，最终在于体现平等。由此我们可以作为市民全面参与社会。简言之，政治的核心就在于表达和参与。

最后是文化，贝尔所说的文化一般指艺术和精神生活两个层面。用他自己的话说，他对文化这个概念的使用，比人类学家将文化视为一切人工制品和一个社群的生活方式的定义要狭窄得多。但是又比马修·阿诺德这类把文化看作个人完美成就的贵族传统精英主义定义要来得宽泛一些。具体说，文化可视为意义的领域，是以想象的形式，通过艺术和仪式，特别是我们必然会面对的来自生存困境的悲剧与死亡，来理解世界的努力。1976年出版的《资本主义文化矛盾》中，贝尔为该书使用的"文化"一语首先作了一下狭义的说明：

> 我的文化概念——在此我追随恩斯特·卡西勒的意见——指的是象征形式的领域，而且，在此书讨论的范围内，是表现象征主义这个更为狭窄的概念：即在绘画、诗歌、小说，或连祷文、礼拜、仪式，以一些想象形式，试图揭示人类存在意义的努力。①

很显然，这是一个有相当限制的瞩目于艺术和想象性创造的狭义文化定义。但这并不排除广义的文化理解。对此紧接着贝尔又陈述道，文化的形态并不多，它们来自所有的人在所有时期于意识的本质中都会面接的生存状态。如怎样面对死亡，怎样理解悲剧的本质，忠诚和责任的意义，灵魂的救赎以及爱、牺牲和包容等等，不一而足。就此而言，贝尔的结论是，历史上文化从来就是与宗教纠结难分的。

回到如何看待历史的问题，我们如何将经济、政治和文化融入历史这个统一结构之中，使之相互协调？贝尔认为，从文明初创起，制度结构一直是历史的框架。

① 丹尼尔·贝尔：《资本主义文化矛盾》，严蓓雯译，江苏人民出版社，2012年，第13页。

从技术上说，存在前工业社会、工业社会和后工业社会。其间的封建主义、资本主义和社会主义，都是一些强势制度。但是从政治上看，最为持久的制度是凭借武力维持幅员辽阔的帝国。而20世纪最为重大的一个事实，便是帝国的崩溃。这也导致文化的变迁。如19世纪多用种族（race）一词来表示拥有一个共同祖先的民族。但是在20世纪这个词因为纳粹染上种族主义嫌疑，被等同于肤色，由此大家改用nation和people这两个词来表示民族。但是nation是国家，people是人民，这两个词其实多有不同。那么，如何来看"国家认同"（national identification）？贝尔指出，当今世界中，几乎每一个国家都是多元国家，各民族杂居，文化多元倾向愈益明显。而考虑到"续写历史"意味着国家的解体和作为社会实体的"民族"的再生，那么当今国际社会通行用来表达"民族"的ethnie这个词，就更值得重视，它的所指是分享着共同情感纽带和语言，其传说、诗歌和歌曲述说着共同命运，属于某一种共同生活的共同体。

那么，冷战结束之后，世界社会是否出现了新的气象？贝尔从他的经济、政治、文化三元论出发，认为即便不谈中国、印度这样的新兴强国，以及南部非洲的种族冲突和经济转型的困难，仍然可以形成一种建设性看法，那就是今日世界将是重新配置生产与技术的全球经济社会，分成带有统一预算和福利规章的不同区域政治集团，以及民族国家和地区内部的文化自治。就后者而言，贝尔举的一个例子是《欧洲区域或少数民族语言宪章》。该宪章1992年在欧盟委员会支持下通过，旨在保护欧洲各国官方语言之外的历史方言与少数民族语言。如亚美尼亚被保护的语言有亚述语、希腊语、俄语和库尔德语。奥地利则达六种：克罗地亚语、斯洛文尼亚语、匈牙利语、捷克语、斯洛伐克语以及罗马尼亚语。2000年撰写的新序言中贝尔指出，这个宪章已经被40个国家采纳，虽然它被法国以威胁母语正常使用为由否决，但这类矛盾并不是文明冲突。文明冲突是外显的历史，在外显的历史背后还有内藏的历史，那就是国家内部国家和民族之间的权利冲突。《欧洲区域或少数民族语言宪章》被采纳情况显示的文化矛盾，便是属于此种若隐若现的内藏历史。概言之，"意识形态"的终结走完了自己的历程，现在该来续写业已起步的新的历史了。

四、同马克思的分歧

1999年《后工业社会的到来》第三版出版，作者也加了一个长篇序言。其中谈到他和马克思主义的渊源关系。贝尔在谈到他曾为苏联正统意识形态不容，被视为一个反马克思主义者。但是他其实不是反马克思主义者。鉴于马克思对于社会结构的分析早已经深深渗透到当今的社会科学之中，任何一种理论洞见，必涉及与马克思主义的关系；鉴于对于从1750年到1970年这一段西方资本主义社会来说，马克思的分析是始终是最为透彻的洞见之一，或许我们可以提前将贝尔称为一个后马克思主义者。很显然，在贝尔看来马克思主义已经不适合1970年以来的所谓后工业社会的分析。那么，问题的症结出在哪里？贝尔认为这个话头可以从1948年马克思和恩格斯的《共产党宣言》说起，他援引了其中经常被人转述的这一大段话：

> 资产阶级，由于开拓了世界市场，使一切国家的生产和消费都成为世界性的了。使反动派大为惋惜的是，资产阶级挖掉了工业脚下的民族基础。古老的民族工业被消灭了，并且每天都还在被消灭。它们被新的工业排挤掉了，新的工业的建立已经成为一切文明民族的生命攸关的问题：这些工业的建立所加工的，已经不是本地的原料，而是来自极其遥远的地区的原料；它们的产品不仅供本国消费，而且同时供世界各地消费。旧的、靠本国产品来满足的需要，被新的、要靠极其遥远的国家和地带的产品来满足的需要所代替了。过去那种地方的和民族的自给自足和闭关自守状态，被各民族的各方面的互相往来和各方面的互相依赖所代替了。①

---

① 马克思、恩格斯：《共产党宣言》，《马克思恩格斯文集》第2卷，人民出版社，2009年，第35页。见Daniel Bell, *The Coming of Post-Industrial Society: A Venture in Social Forecasting*, New York: Basic Books, 1999, pp. xxviii–xxix.

M
KARL MARX

马克思主义文化理论发展史

我们可以注意到贝尔这里着眼的是资产阶级社会的经济构成，马克思紧接着被人更广泛引用的关于"世界文学"形成的一句话，反而被他省略过去。贝尔承认，马克思的上述宣言，是一个令人瞠目结舌的伟大预言，是一个过去一百五十年里我们眼见它不断展开，而且势将延伸到下一个世纪的伟大场景。

但是贝尔也对马克思提出了疑问。他的疑问是，马克思认为变革的主体是"资产阶级"，因为在马克思看来，整个社会结构也就是阶级结构。故而在上面这幅宏伟图景中，马克思是在预言资本主义如此势不可当地发展下去，到头来只会剩下互相对峙的两个阶级：资产阶级和工人阶级。诚如马克思本人所言："以前的中间等级的下层，即小工业家、小商人和小食利者，手工业者和农民——所有这些阶级都降落到无产阶级的队伍里来了，有的是因为他们的小资本不足以经营大工业，经不起较大的资本金的竞争；有的是因为他们的手艺已经被新的生产方法弄得不值钱了。"[1]总而言之，资产阶级创造了新的历史，也创造了它的掘墓人无产阶级，无产阶级将收容除资产阶级之外的一切中间阶级。

马克思的上述判断在丹尼尔·贝尔看来是没有能够与时俱进。理由是今日发达社会中，无产阶级工业无产阶级都在日渐萎缩。而在后工业经济中，专业人员、管理人员、技术人员和行政人员的数量，几乎占劳动力的60%。贝尔认为，马克思作为第一批系统描述资本主义发展过程的先驱，是以技术替代劳动，并把它看作变革的重要机制，由此来理解资本主义发展过程的自足性质。但是马克思在社会学方面看法有失误，即历史诚然可以被释为阶级斗争的历史，但是今天人们更倾向于将之视为国家冲突的历史，这就是说，它表现为一个由市场和利润驱动的世界中，地理经济和地理政治之间的抗衡，国家在这里经常是只能被动防御全球经济力量的冲击。故而在贝尔看来，马克思只说对了一半，即对于社会关系和技术关系这一对推

---

[1]　马克思、恩格斯：《共产党宣言》，《马克思恩格斯文集》第2卷，人民出版社，2009年，第39页。

动社会变革的双生兄弟，马克思是偏重前者而忽略了后者。比如，依凭生产方式来解释世界，阐述人类怎样从奴隶社会到封建社会，从封建社会到资本主义社会，就是忽略了两者的交互关系。而解决之道，据贝尔言，莫过于社会关系和技术关系双管齐下。要之，围绕社会关系，我们有奴隶社会、封建社会和资本主义社会；围绕技术关系，则有前工业社会、工业社会和后工业社会。

综上所述，我们可以发现，丹尼尔读马克思，总体上是将马克思主义理解为历史观上的黑格尔主义、文化观上的经济决定论。这无疑是忽视了马克思主义巨大的实践性和与时俱进的革命潜能。就意识形态终结来看，它并不是一个孤立的话题，在20世纪50和60年代的西方学界曾经一时流行，不光是丹尼尔·贝尔，社会学家爱德华·希尔斯和哲学家雷蒙·阿隆等人也都有过相关著述。问题是，当大一统的意识形态风光不再，形形色色反传统、反理性的新潮理论崛起之时，又有多大理由判定它们不是意识形态，或者干脆一股脑儿发落到马克思、恩格斯《德意志意识形态》中"意识形态"的第二种含义，即掩耳盗铃、歪曲现实的"虚假意识"之中？在贝尔看来，社会主义愿景在全能全在的国家权力面前已经没有意义，判断左派右派孰是孰非的意识形态问题，被化解为大政府还是小政府，以及具体的经济规划问题，哪个政党掌权，对于"终结意识形态"也好，叙写历史也好，也是无关痛痒，没有什么大的差别。或者问题在于，贝尔这里究竟是展现了一种历史终结论的戏拟式演绎，还是鬼使神差地演示了资本主义意识形态的穷途末路？

五、论大众社会

值得注意的是丹尼尔·贝尔的大众文化及大众社会理论，可以说是20世纪40年代以来大众文化蒙受的一面倒批判中一个难得的例外。这个例外不是来自新左派和自由主义阵营，反之恰是出自素以文化保守主义者蜚声的丹尼尔·贝尔，这耐人寻味。《意识形态的终结》中，丹尼尔·贝尔对大众文化及其基础大众社会有过专门分析。作为此一时期美国声望最高的社会学家，丹尼尔·贝尔首先关注的是大众社会，这个大众文化的基础和土壤。该书题为"作为大众社会的美国"的第一章开篇就说，当今西方世界里，除了马克思主义，大众社会理论也许是最有影响的社会理论。这一理论主要是由现代社会的贵族批评家们所炮制，这些批评家的名单里包括奥尔特加·加塞特、卡尔·雅斯贝斯和汉娜·阿伦特。贝尔认为这些大众社会的批评家有一个特点，那就是不太关心社会自由的普遍性状态，反之格外关心个体的自由。他这样概括了此种大众社会理论：

> "大众社会"的观念可以概括如下：交通和通讯革命促成了人与人之间更加密切的交往，以一些新方式把人们连接了起来；劳动分工使人们更加相互依赖；某一方面的社会变动将影响到所有其他方面；尽管这种相互依赖日益强化，但是个体之间却变得日益疏远起来。家庭和地方社区古老而原始的团体纽带已经被摧毁；自古以来形成的地方观念信仰受到了质疑；没有什么统一的价值观念能取代它们的位置。最重要的是，有教养精英的批判标准再也塑造不了世人的意见和趣味。[1]

这里的关键就是"有教养精英的批判标准再也塑造不了世人的意见和趣味"。在贝尔看来，精英批评家好为人师，一旦发现大众社会自行其是，不再处处仰仗他们的鼻息，难免就要来数落它的种种不是。所谓世风日下，人心不古，过去人与人之间的有机关系荡然无存，一切都表面化和细分化，以至于个体焦虑与日俱增。

贝尔认为像《大众的反叛》的作者，西班牙哲学家加塞特这类早期大众社会理论家，主要是担忧精英社会的退化。换言之，大众平庸、野蛮，而且理直气壮的反叛冲动，势必影响到精英阶级的价值判断。而后期的大众社会理论家，如德国的曼海姆和汉娜·阿伦特等人，则关注社会是如何过度组织化，以及社会传统结构瓦

---

[1]　丹尼尔·贝尔：《意识形态的终结：50年代政治观念衰微之考察》，张国清译，中国社会科学出版社，2013年，第4页。

解如何导致法西斯这类极权主义的兴起。但贝尔指出，并不是贫困本身导致大众反叛，反之贫困通常导致宿命论，把人引向迷信和宗教，而是社会不公无端刺激人的欲望，方使激进主义流行起来。由是观之，美国不满现实的政治理应怨气最深，盖因都市化、工业化和民主化对传统社区纽带的损害程度是史无前例的。但是美国既不是共产主义的大本营，也没有效法欧洲法西斯主义的热情，这又当何论呢？

贝尔的回答是社会的多元化。甚至"原子社会"这个声名狼藉的工业社会代名词，也被他作了相当乐观的正面阐释。他指出，今天美国从事各种文化、社会与政治活动的族群数量惊人，爱尔兰人、意大利人、犹太人、波兰人、捷克人等等，不一而足，各个在美国生活中起着举足轻重的作用。甚至街道邻里之间，也显出顽强的文化多元化特征。如芝加哥市区有82份社区报纸，周发行量达100万份。按说在国家媒体压力之下，这些传播街谈巷议的地方小报很难有生存空间。但是贝尔发现事实竟恰恰相反：就在芝加哥，1910年以来，这类小报的数量增加了165%，发行量则在过去四十年里猛增了770%。同时，教育水平的提高促使人们文化鉴赏力的同步提高，人们把更多的钱花在古典音乐会上而不是棒球上，一个庞大的雅俗共赏社会正在兴起。当然也有反叛，贝尔举了"垮掉的一代"这个边缘文学的例子，指出这一群诗人和艺术家虽然奇装异服、吸毒、听爵士，放浪不羁不可一世，但是他们反叛的不过是美国文化生活的笼统惯习和惰性，并没有具体的目标。不像以往的离经叛道都是明确攻击上流社会的清教主义和维多利亚道德主义，包括图书检查制度、禁酒令，和警察制度支撑下的伪道学。但是"垮掉的一代"没有真正的敌人，所以大家相安无事，由着它去标新立异。

不仅如此，贝尔还反过来质疑了早期的大众社会批判理论。他认为齐美尔等大众社会理论家之所以谴责大众社会，是因为现代都市里人孤立无援。但这或者是欧洲社会的特征，却不是美国社会的特征。反之美国在战后的社区重建中千方百计营造博爱、团结的和睦气氛，虽然被讥为制造隔阂，缺乏个性，但美国其实非常敏感地接受了欧洲的批评。又如美国被公认存在离婚、犯罪和暴力高涨的现象。但贝尔的看法是，离婚数量持续上升并不表明家庭的解体，而是显示了更自由、更个人化的选择基础以及新婚姻方式的出现。至于犯罪和暴力，贝尔陈列的数据和个案表明较之二十五年或五十年前，它们实际上有了大幅度下降。彼时人们眼中的芝加哥、旧金山和纽约，差不多就是罪恶的渊薮。人们之所以感到犯罪和暴力与日俱增，可以说是拜电影和电视的大肆渲染所赐。总之，当代美国社会和文化的变化较之其他国家即便是更大也更快，但这并不等于社会混乱与道德沦丧必然接踵而至。对此贝尔表达了他对于1950年代美国大众社会及大众文化的一个相当乐观的结论，认为它们不过是揭示了这样一个简单的事实：

> 这些变化是出现在这样一个社会里的，它现在正在对过去200多年里西方社会以及现在的世界面临的如下质问作出回答：在自由构架之内，如何去提高大多数人的生活水平，同时维护和提高他们的文化水平。由于这些原因，大众社会理论已经无法作为西方社会的描述，而只能作为对当代生活不切实际抵制的意识形态。①

所以不奇怪，在贝尔看来，意识形态的终结，同样意味着大众社会及大众文化无条件盲目批判理论的终结。

贝尔认为，大众社会这个概念语焉不详，一定程度上是因为"文化"这个语词的两种用法常常被人混淆。这两种用法其一是注目于人类学的意义，其一是注目于人文主义的意义。是以有些批评家忧心忡忡于地方民俗和地区习俗的"瓦解"，诸如方言、烹饪、歌谣、舞蹈、幽默等等，指责它们都是被整合进了大众社会里面，被统一的民族模式取而代之，故而标志了文化的衰落。贝尔承认这些指责是有道理的，但是它们都是站在人类学的意义上来解读文化，反之假如立足于人文主义的视

---

① 丹尼尔·贝尔：《意识形态的终结：50年代政治观念衰微之考察》，张国清译，中国社会科学出版社，2013年，第22—23页。

野来看文化，未必就得出同样的结论。因此殊有必要做出区分：

> 人类学的文化概念是相对的。它不蕴含关于任何一个特定文化的判断，并且它不可以被用作批判"高级文化"的工具。那些能让人找到乐趣的事物已经从乡村舞蹈和民间幽默转向巴西的桑巴舞和百老汇的浮光掠影。从分析角度上看，这个事实同文化性质相比是一个不同的问题。如作出这些批评那样，有人探讨的是推测的社会混乱的问题，而有人探讨的则是文化性质问题。①

要言之，大众文化的怀旧情结是人类学意义上的文化认同，让人感叹世风日下，人心不古；但是它与文化本身是什么东西，也就是说人文意义上的文化认知，不是一回事情。

本着以上认知，我们可以来看贝尔围绕《异议》（*Dissent*）杂志，对美国20世纪50年代所作的文化分析。《异议》是美国这一时期少数几种公开宣扬社会主义政治，且对当代文化批判持激进立场的杂志之一。作者指出，它就像英国的《大学与左派评论》和法国的《论争》那样，同正统马克思主义的教条主义阐释是格格不入的。《大学与左派评论》创刊于赫鲁晓夫秘密报告引发的共产主义阵营骚乱之际，《论争》创刊于1956年波兰波兹南事件和匈牙利事件之后。《异议》的面世较这两家刊物要早五年，更多带有30年代的发牢骚遗风，没有前者一往无前的新鲜气息，显得世故而乏味。但即便如此，《异议》作为同欧洲"老左派"决裂的产物，大家还是对它寄予了很大的期望。

贝尔认为，《异议》作为一家激进刊物，它的鲜明特点是将美国概括为一个大众社会，由此来抨击此一社会方方面面的奇形怪状。就此而言，《异议》同《大

① 丹尼尔·贝尔：《意识形态的终结：50年代政治观念衰微之考察》，张国清译，中国社会科学出版社，2013年，第18页。

学与左派评论》以及热衷抨击现代社会的其他左派声音开始合流了。但是大众社会作为一个概念，自有它自己的特别氛围。人固然可以使用激进主义的陈词滥调，去攻击"资本家"，甚至"资产阶级"，可是在"大众社会"里，你抨击的只是"文化"，很难发现究竟谁是敌人，什么东西是敌人。贝尔发现最早运用大众社会概念的一批早期作家却不是这样。如西班牙哲学家奥尔特加·加塞特、德国哲学家卡尔·雅斯贝斯以及诗人T. S. 艾略特等，这一批人都持有一种贵族的、宗教的、精英主义的文化观念。在他们看来，以往有教养阶层确立的趣味和优雅标准，都已经被大众拆解得面目全非了。他们反对平均主义，反对工业社会，反对给予大众"文化投票权"，总而言之他们是彻头彻尾的精英主义立场。问题在于今非昔比。贝尔指出，今天的青年激进主义者很难再采取他们先辈的立场，因为田园牧歌的浪漫意象早已经给冷漠无情的机械社会所摧毁。一如对于工业社会的抗议，也总是乡村社会反对无根匿名城市生活的呼声，虽然后者享有隐私和自由，而且年轻的激进主义者们，可不是白痴乡巴佬。对此贝尔陈述了他反对盲目怀旧，坚持文化进步的明确立场：

> 我认为，像《异议》和《大学与左派评论》使用的那样，这幅大众社会的景象是误导人的。像爱德华·希尔斯一直认为的那样，把"大众"带入他们以前一直被拒绝进入的社会是一个漫长而艰难的过程。在"传统社会"中，人们过着一种同样抑郁、单调、生硬、机械有时是野蛮的生活（索尔·帕多维尔在一项法国研究中曾经指出，相当多的法国人从来没有出去旅游过，从来没有参加过志愿者协会，甚至从来没有去看过博物馆展览），与此相反，伴随着流动性、职业选择、剧院、图书和博物馆的可能性，现代社会是更加丰富多彩的社会，也是更加富足的社会。[1]

① 丹尼尔·贝尔：《意识形态的终结：50年代政治观念衰微之考察》，张国清译，中国社会科学出版社，2013年，第291页。

适因于此，贝尔反对《异议》和《大学与左派评论》这一类刊物连篇累牍攻击大众文化，认为它们多是套用早期马克思的语言，特别是马克思的异化观念，由此使炮火带上一种似是而非的政治色彩。问题在于，大众文化可能具有种种弊病，可是这些弊病说到底是文化的问题，而不是政治的问题。贝尔指出，在吸取极权主义和官僚主义的教训之后，在混合经济和政治多元化时代，人们渐而接受社会政治的温和状态之际，要来叙说清楚"文化激进主义"的具体内容更是难上加难。因为悖论在于，无论什么东西，只要被认为是文化激进主义立马就被人接受；同样无论什么东西，只要自命为先锋派，不管它是抽象的表现主义，还是"垮掉的一代"诗歌，马上就有人欢呼喝彩。当高雅文化的产品，从勋伯格到马蒂斯再到"纽约学派"成为畅销文化产品时，确认什么是标准"腐败"的源泉，马上就成了一个棘手问题。循规蹈矩的资产阶级道德和自由不羁的艺术精神，从来就是一对纠缠不休的冤家兄弟。

所以文化激进主义，最终将被向以标新立异为荣的美国社会与美国生活方式收编。贝尔举的例子是，一方面许多新的文化批评家，如绘画方面的格林伯格和文学方面的特里林等，在先都可算是古典左派，可是如今他们的趣味不光影响严肃的画家和小说家，而且影响到了广大公众的趣味标准；另一方面，像哈佛、哥伦比亚、伯克利大学那样的文化精英圈子，同五十年前相反，如今变成了博采众长、兼收并蓄的"自由文化圈"，鼓励批评和争鸣，哪怕怀旧也好。就此而言，在这里我们遇到了最后一个悖论，甚至《异议》这家鼓吹不同声音的刊物，也成了此种文化的一个合格成员，而且是个受到欢迎的成员。

六、文化批判的困顿

在1976年出版的《资本主义文化矛盾》中，贝尔回顾了他当年的大众文化辩护立场。就后来流传广泛的麦克唐纳的大众文化理论而言，贝尔的看法是，那应属于激进知识分子对中产阶级文化的反叛。他引了麦克唐纳的这一段话："大众文化的花招很明显——就是要用各种手段取悦大众。但是中产文化从两方面做到了这一点：它假装尊重高雅文化的标准，但实际上给高雅文化掺了水，将之庸俗化。"[①]进而说明，麦克唐纳的用语本身需要作一解释，那就是它是彼时政治激进意志的反映，一如是时兴起的无产阶级文学被称为普罗文化（proletcult），麦克唐纳就是身体力行在实践这一套行话。言外之意，就是麦克唐纳迷恋俄苏走火入魔了。他进而指出，战后麦克唐纳的名著《大众文化与中产阶级文化》加剧了马修·阿诺德高雅文化与低俗文化将被抹平差异的恐惧。该书不仅对电影及电视类大众文化发动毁灭性攻击，而且攻击自身趣味平庸的文化传道者。总之，大众文化是人为制造的文化，根据套路打包奉送，没有个性，缺乏标准，完全屈服于观众。但说到底，贝尔发现，那其实还是针对中产阶级文化的敌意，一如用修订标准版《圣经》替代钦定本《圣经》，以及向制片大佬高德文献媚的现代艺术电影馆等，在贝尔看来，麦克唐纳其实是在给一个时代的趣味败落唱哀歌。

　　贝尔发现麦克唐纳的问题也一样波及汉娜·阿伦特这位著名的犹太裔哲学家和政治学家。他指出阿伦特是一位富有思想且令人不安的社会批评家，她进一步延伸进上述麦克唐纳的"中产文化"经典命题，将之与历史主义和马克思主义的分析结合了起来。他引述汉娜·阿伦特《社会与文化》一文中的观点，发现阿伦特认定资产阶级社会永远是把文化看成商品，认为它培植的是一种势利的价值观。这显然是将文化无条件等同于大众文化。而资产阶级社会又被自动精英化，被视为受良好教育、有良好素养的人构成的相对同质的共同体。由此，贝尔指出阿伦特对大众文化本能的敌对态度，显示了一种不可救药的怀旧主义：过去可以逃离社会，彰显生机勃勃的个人主义，那是典型的叛逆不羁波西米亚作风；而今天当大众社会将所有阶层人口聚合在一起时，实际上也就迅速堵死了逃离路径。不仅如此，大众社会今天

----

① 丹尼尔·贝尔：《资本主义文化矛盾》，严蓓雯译，江苏人民出版社，2012年，第45—46页。

已不复需要文化，它要的是娱乐。文化产品被社会消费，一如其他任何商品。对于阿伦特的这类精英主义立场，贝尔终究还是如此耿耿于怀。当50年代的政治激情消散远去，贝尔认为，文化批判是改头换面，通过攻击大众社会、社会的动乱，以及异化这些主题，凭借阿里阿德涅线团的引导走出混沌，延续了其攻击社会的本能。一个例子便是知识分子成为昔年讽刺对象的座上客。如《党派评论》20世纪30和40年代不遗余力讥嘲《纽约客》，如今则转身成了它的统治者。

贝尔早在20世纪70年代就在描述后工业社会的到来。今天看来他颇有先知先觉的意味。他强调后工业社会是一个享乐主义时代。何为享乐主义？贝尔指出，享乐主义的世界是时尚、色情、广告、电视和旅游畅行其道的世界，也是一个虚伪的世界，人们都是为了唾手而得的期望而活着，完全无视手里已经拥有的东西。他以《花花公子》的成功为例，指出到20世纪70年代，这本新杂志过去十年里累计销量达到600万册。究其原因，很大程度上就是因为它在鼓励男性的性能力幻想。故到60年代，性高潮崇拜替代财富崇拜，成为美国生活的基本欲望。享乐主义的前提是大众消费的兴起，以及由此带来的文化变革。贝尔枚举的相关技术革命改变生活习惯的例子，即在大众消费的象征中，一马当先的是汽车、电影和广告。汽车消除了小镇社会的距离约束，年轻人可以轻而易举开车去20英里外的路边旅馆参加舞会，汽车的封闭空间成为中产阶级的密室，热衷冒险的年轻人就在里面释放性压抑。电影代表世界的窗口，它改变了文化。年轻人模仿电影明星，学会两性之间的微妙互动，养成了虚饰的老练。广告最突出的特点是它的普及性，霓虹灯闪烁不停的街道上，摩肩接踵的人群分享着都市的活力。广告不仅是物质商品的标志，也是新生活方式的展示、新价值观念的预报。对于上述享乐主义时代大众文化全面登陆的结果，贝尔的看法是，它导致大众放弃清教主义和新教主义道德观，让资本主义失去了所有超验伦理，这不仅突显了文化规范和社会结构规范之间的断裂，也彰显出社会结构本身的突出矛盾。

但贝尔反对高雅文化与低俗文化的截然两分，认为这两种文化数百年来的人为隔离，到后工业社会已经行之无效。为此他专门提到美国文化批评家苏珊·桑塔格1964年发表的《关于"坎普"的札记》（"Notes on 'Camp'"），认为这篇两年后被收入作者文集《反对阐释》中的著名文章，开辟了文化鉴赏的第三条道路。他引用了该文对"坎普"的描述："它完全取消了高雅与低俗的区别，并提供了一个新立场，那些并不墨守成规的观众想要用享受来替代严肃，而且仍然是用审美术语来思考这些问题。坎普是嘲弄、抱怨的一种形式，然而也是局外人的一种审美判断。"[①]桑塔格对于"坎普"的这一定义，在贝尔看来，正是表达出了不同于高雅文化，也不同于低俗文化的第三种文化趣味标准。但贝尔认为它同样不足以解决资本主义社会文化矛盾，因为文化阶层是如此迫切地拥抱新生事物，以至于"坎普"这个新潮概念本身，一转眼发现自己就成了陈词滥调。对此贝尔的感受是，现代主义很艰难，它一心否定历史，但是历史永远矗立在那里。后现代主义虽然并不专门同现实过不去，但是它攻击一切，取消学科分野，这只能是一种杀敌一千、自损八百的自杀策略，就像他的先祖力士参孙，这个加沙的盲人，终究是同宿敌非利士人同归于尽。要之，用贝尔自己的话说，那便是"现代主义已弹尽粮绝，如今，文化也已筋疲力尽，唯一留下的矛盾就是政治矛盾了"[②]。

既然文化已经筋疲力尽，独剩下政治矛盾，那么，求诸政治挂帅的马克思主义，是否可望解决当代资本主义社会的文化矛盾？贝尔就此有过一个分析。他认为马克思主义思想体系的最大弱点，是在于没有文化理论。文化只是"上层建筑"的一部分，不但马克思本人，而且之后几乎没有一个马克思主义者，说明过经济基础是如何产生出不同的文化模式的。他表示欣赏《共产党宣言》中关于资产阶级开拓世界市场，使一切国家的生产和消费都成为世界性的这一著名论述，称赞这是最天才的预言。但他认为马克思没有预见到，在现代工业社会中，新兴崛起技术阶层的

① 见苏珊·桑塔格：《反对阐释》，（纽约）中午出版社，1966年，第275—292页；丹尼尔·贝尔：《资本主义文化矛盾》，严蓓雯译，江苏人民出版社，2012年，第312页。

② 丹尼尔·贝尔：《资本主义文化矛盾》，严蓓雯译，江苏人民出版社，2012年，第335页。

人数，将压倒旧工业时代的无产阶级。这个事实也使"资产阶级文化"和"无产阶级文化"的两分变得没有意义。所以与其从外在社会因素来说明文化，不如更多关注文化的内在力量：

> 影响了科学和文化发展的"社会"因素这个概念，忽略了科学研究项目展开过程中的"内在"力量，这力量想要回答理论为什么能解释以及怎么解释经验的变异和异常；或者忽略了对形式结合的内在探究，这种形式结合是艺术家使用的文类所设定的限制，比如音乐中的奏鸣曲，或比如立体派绘画中的单幅画面之多重视角。当有人问马克思，为什么在科学和产品之新物质时代，我们仍然欣赏希腊绘画和悲剧时，他回答说，那是因为希腊代表了人类的孩童时期，我们被它的丰富艺术性所吸引。①

贝尔指责马克思没有留下一个文化理论体系是没有道理的。马克思的时代与贝尔写《资本主义文化矛盾》的20世纪70年代，文化的自觉意识不可同日而语。马克思虽然没言必称文化，但是他的意识形态等理论，本身成为贝尔文化思想巨大资源。值得注意的是，贝尔认为马克思以儿童的天真来说明希腊艺术的不朽魅力未能由表及里，切中要害。是以无法解释历史上伟大的宗教，如佛教、基督教、伊斯兰教等历经数千年留存至今；而巨大的政治帝国和经济体系，却分崩瓦解了。

丹尼尔·贝尔认为西方社会由经济、政治和文化三个独立的领域构成，自称是经济学领域中的社会主义者、政治领域中的自由主义者、文化领域中的保守主义者。比较他20世纪50年代和20世纪70年代的大众文化理论，可知贝尔的文化保守主义名号所言不虚。在50年代大众文化与大众社会挂钩并引来层出不穷的一面倒批判时，他认为这不过是政治激进主义作祟。当70年代大洋彼岸伯明翰学派中兴，大众

---

① 丹尼尔·贝尔：《资本主义文化矛盾》，严蓓雯译，江苏人民出版社，2012年，第355页。

文化本身而不是大众文化批判被释为一种叛逆姿态时，贝尔又以视觉文化为对象，开始关注大众文化异于常态的审美体验和价值取向。赵一凡曾将贝尔同詹姆逊比较，认为这两位名教授代表了美国知识界的左右之争，称贝尔的后工业社会批判理论得益于他自己开阔的社会性视野、精到的结构分析、厚重的历史意识。然而出于精英立场，他对后现代主义偏见严重，责难太多，如斥其俗鄙、反智、不敬鬼神、享乐放纵等。总之，"贝尔的后现代批判难免老气横秋。而他的信仰重建方案，实与阿诺德、艾略特的宗教情结一脉相承"[1]。这应是一个中肯的评论。《资本主义文化矛盾》中贝尔谈到过他同阿诺德文化观念的区别，认为阿诺德把文化看作塑造完美人格的必由之路，但是他自己更愿意视文化为符号形式的艺术表达。贝尔发现阿诺德有信仰，麦克唐纳没有信仰，认为这是两人大众文化批判出发点的差别所在。虽然，阿诺德以文化替代上帝，或者说，以伦理和美学替代宗教的路数已经时过境迁，风光不再，但是我们反观贝尔的大众文化认知，其实多多少少还能瞥见马修·阿诺德的影子。

第二十三章　詹姆逊

弗雷德里克·詹姆逊（1934—　）对于中国来说，当仁不让是后工业文化理论的教父，假如后工业文化的另一个名字也就是后现代文化的话。作为美国马克思主义文化理论的领军人物，詹姆逊的中国情结和对中国的影响都是举世瞩目。他自己还取了一个中文名字——詹明信。詹姆逊生于俄亥俄州的克利夫兰，1954年毕业于哈佛福德学院，任课老师中就有文学批评名家韦恩·布斯。次年他旅行欧洲，分别求学于普罗旺斯的艾克斯以及慕尼黑和柏林，接触到了欧洲大陆哲学的新动向，包括结构主义的崛起。一年后他回到美国，在耶鲁大学师从德裔著名批评家埃里

---

① 赵一凡：《从胡塞尔到德里达——西方文论讲稿》，生活·读书·新知三联书店，2007年，第52页。

克·奥尔巴赫，攻读博士学位。1961年，他的博士论文《萨特：一种风格的起源》出版，论文被认为已经带有很深的奥尔巴赫德国思想痕迹，以萨特为线索，将诗、历史、文献学和哲学串联起来。同样因为对萨特存在主义的浓厚兴趣，他走向马克思主义。这一切都迥异于英美经验主义、逻辑实证主义，外加新批评形式主义的文学研究学术传统。这一锋芒毕露的学术个性决定了詹姆逊在哈佛大学的教职。之后，他又移师耶鲁等名校。1985年詹姆逊任美国杜克大学比较文学讲座教授，并担任批判理论杜克研究中心主任。以批判理论为核心，詹姆逊顺理成章从文学批评转向了文化批评。

詹姆逊的马克思主义文化批评转向，被认为受到卢卡奇和法兰克福学派布洛赫、阿多诺、马尔库塞、本雅明以及阿尔都塞、萨特等人的广泛影响。这些新马克思主义先驱者如果说有什么共同点，那就是大体都把文化批判看作马克思主义理论的一个有机组成部分。在这一点上，詹姆逊应是与同时代的伊格尔顿等人相似，更多关注起当代哲学和文学批评走向。1985年詹姆逊应北京大学邀请来华讲学，演讲稿以《后现代主义与文化理论》为题出版，一时洛阳纸贵，成为中国后现代文化理论的启蒙读物。但是这一启蒙的结果，以及由此导致的对后现代文化、大众文化无保留的赞扬是否正确，我们应当要反思。詹姆逊的主要著作目录，亦大体可以反映出他的马克思主义文化批判历程：《马克思主义与形式》（1971）、《语言的牢笼》（1972）、《政治无意识》（1981）、《理论的意识形态：1971—1986文集》（1988）、《可见的签名》（1990）、《后现代主义，或晚期资本主义文化逻辑》（1991）、《地缘政治美学：世界体系中的电影与空间》（1992）、《文化转向》（1998）、《单一的现代性》（2000）、《为了考古学》（2005）、《詹姆逊论詹姆逊：关于文化马克思主义的对话》（2007）、《重读〈资本论〉第一卷》（2013）等。2004年中国人民大学出版社出版了四卷本的《詹姆逊文集》。

一、晚期资本主义文化逻辑

詹姆逊不仅是当代马克思主义文化理论中的翘楚，对于中国的读者来说，也很有后现代主义教父的地位，中国的后现代主义普及很大程度上受惠于他的启蒙。1985年詹姆逊来北京大学讲授后现代文化理论，讲稿经唐小兵译出于次年出版后，风行不衰。詹姆逊认为资本主义文化经历了三个阶段：第一是国家资本主义阶段；第二阶段是列宁的垄断资本或帝国主义阶段，在这个阶段形成了不列颠帝国、德意志帝国等；第三阶段则是"二战"之后的资本主义，它的主要特征可概述为晚期资本主义或多国化的资本主义。艺术和这三个阶段相关联：第一阶段的艺术准则是现实主义，产生了如巴尔扎克等人的作品；第二阶段出现了现代主义；第三阶段出现了后现代主义，现代主义便成为历史陈迹。后现代主义的特征是文化工业的出现。值得注意的是，詹姆逊多次声明他这三个阶段的划分是针对西方发达国家而言，而第三世界则多是三种不同时代并存或交叉存在。詹姆逊的三个阶段划分说，在国内也盛极一时。

詹姆逊就现代主义和后现代主义的艺术作品也多有比较，结论是：现代主义时代的病状是隔离、孤独、疯狂和自我毁灭；后现代主义的病状则是零散化，已经不复有自我存在。他举例说：

> 现代主义作品，如《尤利西斯》，就强调自己是一部"绝对"的作品，所有的一切都包括在里面，任何读者都没有必要再去读任何其它的书，只消这一本书便足够你去阅读、解释、理解的了，所有的图书馆都是没有用的。这样一本书就象是经文一样，事实上乔伊斯正是相信这一点，他就希望自己的书成为一部《圣经》……后现代主义作品恰恰是不可以解释的，例如品钦的《万有引力之虹》，虽然也是很广阔的画面，也象《尤利西斯》一样有百科全书的性质，但这里并没有什么可以解释的，毋宁说这是一种经验，你并

不需要解释它，而应该去体验。这里没有必要去寻找什么意义，因为品钦已将他要表达的全部意义都明确地写进作品了。①

简言之，现代主义的作品是告诉你怎样解读，后现代主义的作品则是永远无法解读。另外，从现代主义到后现代主义，一个明显的变化就是从语言符号到图像符号的转移，所以后现代文化也是一种视觉文化。但詹姆逊似乎没有充分意识到，后现代文化并不似他断言的那样清楚明白。如他视为后现代主义代表作品的《万有引力之虹》，事实上也经常被归入现代主义小说一类。乐黛云给詹姆逊上述讲演系列作的序应和詹姆逊的看法，称晚期资本主义时期的文化特征是多民族、无中心、反权威、叙述化、零散化和无深度，而"后现代主义"正是对这些特征的概括。中国对后现代主义的认知大体是由詹姆逊定下基调。

詹姆逊讲演的底本主要是他刊于1984年夏季号《新左派评论》上的著名文章《后现代主义，或晚期资本主义的文化逻辑》，此文被公认为詹姆逊后现代文化和美学理论的代表作。詹姆逊认为后现代主义的概念最早清楚体现在建筑方面，即它是对高度现代主义和"国际风格派"的严厉批判，与城市规划的审美考虑密不可分。后现代主义认为高耸的现代主义建筑破坏了传统上的城市结构和先前的邻里文化，因为它的乌托邦高度鹤立鸡群，从根本上脱离了周围的环境，同时现代运动中预言的杰出人物统治论，也以其专横跋扈的集权主义遗患为人所不齿。

因此，詹姆逊指出，建筑中的后现代主义就是一种美学上的大众主义。他认为这同艺术史论家文图里等人在《向拉斯维加斯学习》这部谈论后现代建筑的名著里的论述相仿，两者体现了利奥塔《后现代状态》中的精神。詹姆逊对建筑的重视应是体现了明显的美国后现代语境，20世纪70年代北美后现代主义的崛起，与后现代建筑关系密切，后者直接挑战源出柯布西耶乃至20年代包豪斯主义的现代建筑运

---

① 弗雷德里克·杰姆逊：《后现代主义与文化理论——弗·杰姆逊教授讲演录》，唐小兵译，陕西师范大学出版社，1987年，第159—160页。

动。这一点詹姆逊在给利奥塔《后现代状况》所写的序言中也说明了，他指出现代主义建筑大师柯布西耶和赖特都算得上是绝对的革新者，他们支持形式革新和建筑空间的转换，期待建筑空间能整个改变社会生活，如同柯布西耶所言，取代政治革命。詹姆逊认为这样的观点和席勒《审美书简》中的立场相似，已经显得不合时宜。而后现代主义使现代主义者意识到他们根本失败了。柯布西耶和赖特的新建筑并没有改变这个世界，也没有能够美化晚期资本主义制造出来的垃圾空间。如摩天大楼林立在全世界各主要城市中心，玻璃幕墙"泛滥成灾"。这都体现出现代主义高高在上的乌托邦野心，可是这野心如今已是强弩之末了。反之"向拉斯维加斯学习"后，人们可以发现后现代建筑则是大众化的，它们尊重原来的城市建筑格局，并不强迫向周围花里胡哨的商业化方言灌输判然不同的、清晰的、高雅的乌托邦语言。他以洛杉矶新下城由约翰·波特曼营造的波拿文都拉大酒店为例，对其大加赞赏，认为它是融入周围环境的后现代建筑典范，甚至戏拟海德格尔的话，说此建筑是"让堕落的城市结构继续保持原样"。但是不少批评家指出，波拿文都拉大酒店并不是后现代建筑，它是现代主义晚期的建筑。

对于后现代主义的特征，詹姆逊的描述是令人失望的。他认为由后现代主义衍生的大众主义虽然形形色色，但是有一个基本特征，那就是取消高雅文化和大众文化或者说商业文化之间的界限，将利维斯、美国新批评派与法兰克福学派都强烈谴责过的文化工业灌注进新的文本：

事实上，后现代主义迷恋的恰恰是这一完整的"堕落了的"景象，包括廉价低劣的文艺作品，电视系列剧和《读者文摘》文化，广告宣传和汽车旅馆，夜晚表演和B级好莱坞电影，以及所谓的亚文学，如机场销售的纸皮类哥特式小说和传奇故事、流行传记、凶杀侦探小说和科幻小说或幻想小说；这些材料它们不再只是"引用"，像乔伊斯或梅勒之类的作家所做的那样，而是结合进它们真正的本体。①

詹姆逊强调不能把后现代主义理解成一种风格，而必须理解为一种文化要素，一个一系列大相径庭又彼此牵扯不断的特征可以并存其中的概念。同样詹姆逊也承认美学现代性预言了后现代性的特征，故后现代主义至多不过是现代主义本身的又一个阶段。因为后现代主义的所有特征都可以在以前杜尚等人的这种或那种现代主义中找到，这些人完全可视为后现代主义这个词出现之前的后现代主义者。

不似利奥塔和波德利亚等社会理论家把后现代看作后工业社会的特征，詹姆逊将后现代社会称为资本主义世界系统最晚近的阶段，这同他资本主义三个阶段划分说一道是受了马克思主义经济学家厄内斯特·蒙代尔《晚期资本主义》一书的影响。他认为蒙代尔资本主义三个阶段的划分，同马克思19世纪的伟大分析根本就是遥相呼应的。关于美学，詹姆逊以卢卡奇传统的现实主义以及现代主义和后现代主义来分别命名市场资本主义、垄断资本主义和跨国或者说消费资本主义这三个阶段的文化逻辑。虽然这可能引来许多非议，但是如果以安东尼·葛兰西的文化霸权理论来看，也可以说詹姆逊的观点是比较有代表性地表述出了一个时代占据统治地位的文化范式。而文化特征随着经济特征的改变而改变，这正是马克思主义经济基础决定上层建筑理论的一贯思想。

詹姆逊1993年在《社会文本》杂志上刊出专文谈了他对文化研究的看法。在专文中他对文化研究的看法基本上是不以为然的。他开篇就说，与其把文化研究看作新的学科，不如从政治和社会入手，视其为社会各群体的大联盟构想。个中的政治不消说首先是学术即大学里的政治，但是也指广义的知识生活和知识分子空间的政治。所以学术问题绝非单单限于"学术"。关于文化研究何以崛起，詹姆逊的解答是文化研究崛起是出于对其他学科的不满，故针对的不仅是这些学科的内容，也是

① 詹姆逊：《后现代主义，或晚期资本主义的文化逻辑》，见詹姆逊：《快感：文化与政治》，王逢振等译，中国社会科学出版社，1998年，第154页。

这些学科的局限性。正是在这一意义上，文化研究成了后学科，其自身的定义，也取决于同其他学科的关系。

詹姆逊的分析对象是1990年春在美国厄巴纳—尚平（Urbana-Champaign）召开的文化研讨会的41位与会者提交的论文。他从群体问题、马克思主义、连接概念、文化与利比多、知识分子作用、大众化、地理政治和乌托邦八个方面，陈述了对文化研究这个大联盟的不满。就他一直支持的马克思主义而言，詹姆逊指出文化研究很显然有别于后现代主义，因为它并不鼓吹高雅与低俗间的界限，不宣扬弱势群体的多元论，也不鼓吹用图像和媒体文化来取代意识形态里的政治斗争。故若要反击后现代主义，论证文化研究的哲学之必然，殊有必要重新评估文化研究与马克思主义的传统关系。然而恰恰在这个节骨眼上，文化研究在这次大会里居然是个无人问津的空缺。甚至，雷蒙·威廉斯的"文化唯物主义"，这一英国式的马克思主义文化新阐释，事实上也给忽略过去了。詹姆逊感慨地说，无论对于威廉斯还是伯明翰学派来说，文化研究或者说文化唯物主义中都蕴含着政治意志，是真正的马克思主义事业。然而当外国理论跨越大西洋进入美国时，它们的斗争锋芒常常就被挫败，被磨去了棱角。他尤其反对托尼·本内特关于停止呼喊马克思主义的口号，转而献身更具体、更直接的政治思考和政治行动的所谓澳大利亚式的激进观点，指出似这般抛弃大理论并转身参与模模糊糊民主化的政府的理念，在有社会主义传统的小国家或许有些意义，而在美国则根本就是舍本求末。

引人注目的是詹姆逊还反对约翰·费斯克的大众文化理论，认为他的文化概念含混不清，他的上层建筑概念则如斯图亚特·霍尔曾经指出的那样，作为客体是脱离了社会生活：

> 费斯克的研究建立在对这种脱节的认识上，强调经济压迫和社会剥削的现象，同时又把文化解读为一整套"反抗束缚的手段"。令人担心的倒不在于反抗纯属想像（马克思对于宗教说过同样的话），而在于有人认为知识

第六编　后工业社会的文化理论

437

分子也许会把宣扬群众文化当作一种仪式，由此想像出自己特殊的结构"距离"。①

费斯克以鼓吹大众文化可以颠覆既定的权力结构而蜚声。但詹姆逊同样反对文化研究把权力结构放在中心地位，即便是被解构和被颠覆的对象。詹姆逊承认韦伯和福柯对权力问题都有过精辟分析，同时坚持认为，研究权力是一个反马克思主义的策略，是旨在取代对生产方式的分析。这是知识分子应该加以警惕的。

詹姆逊希望在文化研究中同样可以清楚看到政治意识。对此他作如是陈述：把文化产品当作纯粹形式化的消费过程中被淘汰的商品，好像是在贬低它们的形象，降低它们的尊严，忽视它们其他的社会和群体功能。但是，如果分析讲究适当的复杂性的话，情况就不同了。因为消费行为是一种空洞的行为，对物体的具体内容毫不关心，所以不宜对消费行为作细致深入的分析。那么，分析什么？詹姆逊的回答是分析冲突、异化和再统一，分析谬误和意识形态，分析乌托邦。即便乌托邦被乌烟瘴气的现实熏得几乎窒息，詹姆逊最后说，他也宁可看到乌托邦像星汉灿烂的天空一样，照耀着这本大会论文集的。

二、回应后现代主义论争

詹姆逊一贯以中立姿态介入与调和德法理论界的后现代纷争。早在他为法国后结构主义文论家利奥塔《后现代状况：关于知识的报告》一书的英文版（1984）撰写序言时，他就正面回应了20世纪70年代以来利奥塔与德国学者哈贝马斯在界定后现代主义时的分歧，主张重回经典马克思主义的问题框架，融合当下语境中分立的艺术领域与社会批判领域，跳出德法理论界各持一端的局面。在《大众文化的物化与乌托邦》（1988）一文中，詹姆逊进而从德法理论界的分歧切入，解析法兰克

① 詹姆逊：《论"文化研究"》，见王逢振主编：《詹姆逊文集》第3卷，中国人民大学出版社，2004年，第35页。

福学派和太凯尔小组对后现代文化前景判然不同的态度。之后在《单一的现代性》（2002）中，詹姆逊则尝试在资本主义的现代性进程中重审这段积怨已久的现代主义／后现代主义争端。这里不妨逐一勾勒，以考察或许被中国文学理论界过分诠释的后现代主义概念。

在为利奥塔《后现代状况》英文版撰写的序言中，詹姆逊指出，不管学者们是否承认"后现代主义"这个词，他们都有意无意地承认了20世纪50年代以来在各个领域发生的这场社会突变，只不过由于视域的不同，学者们提出的表征术语各异：丹尼尔·贝尔将之称为"后工业社会"，居伊·德波以"传媒社会""奇观社会"为之命名，而哈贝马斯提出了"现代性的合法化危机"，利奥塔创造出由科技精英构成的"边缘化"小叙事，诸如此类。在这一局面下，詹姆逊着重评述了利奥塔和哈贝马斯看似针锋相对的观点，他指出，反驳启蒙宏大叙事的利奥塔，与高扬现代性的哈贝马斯，只是评判的领域各有侧重，其论调未必完全抵牾。

詹姆逊进而将利奥塔改头换面地评作一个典型的现代主义者，他指出，浸淫于法国理论传统的利奥塔看重后现代艺术的政治反叛价值，将艺术形式革新与科学范式的革命性转换等量齐观。因而在詹姆逊看来，利奥塔的后现代主义论调和现代主义艺术的文体实验本质上并无差别，都是在艺术形式内部打转。詹姆逊同时指出，德国文论深厚的辩证法根基直接影响了哈贝马斯对后现代主义的态度，在整体性的社会批判视域关照下，哈贝马斯才会将后现代主义与文化工业画上等号，将其视为资本主义合法性危机的症候加以批判，并以他的交往行为理论为指导，号召从科学、艺术、伦理等社会各领域重建"未完成"的现代性。这样一来，詹姆逊就将二者理论冲突的症结引向艺术领域和社会批判领域在当今理论界的分隔。对他而言，艺术风格的变迁是更为隐蔽的资本扩张、社会关系变迁等基础性问题的显现。因此，詹姆逊认为，只有将利奥塔的艺术视域与哈贝马斯的社会批判视域合并到社会关系的总体中，才能对后现代问题形成更清晰的认知。

詹姆逊强调说，经典马克思主义的生产方式概念恰好提供了这样一个总体性的社会文化空间，现代主义与后现代主义在这一问题框架下都可以得到恰如其分的评判。詹姆逊进而援引马克思对资本扩张的内在逻辑的论述，指出生产方式概念是马克思历史叙事的前提，它是推动整个社会结构变革的动力机制。倘若不联系以生产方式为核心概念的历史叙事，仅从当代批评界限于一隅的"小叙事"入手，人们必然得不出正确的社会结构分析。所以：

> 问题的最后是生产模式的本质，特别是资本主义生产模式的本质和这种生产模式可能产生的各类结构变体。换一个方式来说，这个问题可变为一个关于马克思主义的问题：今天当我们迈进一个拥有第三阶段科技的跨国性传媒社会时，那些为分析古典资本主义而产生的问题范畴，仍然继续有效且具备解释权威吗？在权力和操纵仍然是关键问题之时，尤其是私人企业日渐形成对资讯的垄断，我们似乎无可避免地作出一个肯定答复，重新确立马克思主义的解释模式在分析正统资本主义时的特权地位。①

詹姆逊就此论证了经典马克思主义的生产方式概念在当下的阐释权威，在这一问题框架下，利奥塔与哈贝马斯的片面性暴露无遗。这一具有理论生发性的问题框架，也就成为詹姆逊调和后现代纷争的关键，他尝试借此澄清理论界久已有之的误区：对后现代主义文化样式不恰当的贬低和对现代主义文化样式过分的赞誉。

为澄清这一误区，在《大众文化中的物化与乌托邦》一文中，詹姆逊再次回应了肇始于上世纪70年代末的德法理论纷争，并将问题的关注点移向了法兰克福学派和太凯尔小组对后现代艺术的误解。在生产方式的问题框架下，詹姆逊尝试从"物化"概念入手，消除造成这一误区的根源：社会批判视域与艺术视域的分立。在他看来，阿多诺、霍克海默、马尔库塞等法兰克福学派成员所批判的文化工业，和罗

---

① Jean-Francois Lyotard, *The Postmodern Condition: A Report on Knowledge*, Manchester: Manchester University Press, 1984, p. 12.

兰·巴特、苏珊·朗格等太凯尔小组成员所赞扬的艺术自律，二者在本质上是同构的。詹姆逊认为，这都关系到当代艺术的物质化问题。在他看来，作为资本主义生产方式内部源动力的物化力量，贯穿于现实主义、现代主义、后现代主义文化三个发展阶段，正是在它的驱动下，这几种文化形态既同源相生又彼此分裂。批评家对高雅文化与大众文化判然不同的态度，也就被詹姆逊指责为一种意识形态误解：

> 在垄断和晚期资本主义的条件下，还有其他一些艺术境遇的方面尚未探讨，而它们同样为观察现代主义和大众文化以及它们结构上的依赖性提供了丰富的视角。例如，另一个这样的问题是当代艺术物质化的问题——一个遗憾地被许多当代马克思主义理论误解的现象（由于明显的原因，这并不是一个引起学院形式主义注意的问题）。这里的误解由于恶意地强调关于美学物化现象的黑格尔传统（卢卡奇以及法兰克福学派）而被戏剧化了——它提供了否定的价值判断的条件——把它与法国传统对"物质性的能指"和"文本的物质性"或"文本生产"的物质性的赞扬并置起来，为了它的权威性诉诸阿尔都塞和拉康。如果你愿意接受这种可能性，即"物化"和日益物质化的能指符号的出现是同一种现象——在历史上和文化上都是——那么这种意识形态的大争论就是以一种基本的误解为基础的。[①]

上述论断中提及的"法国传统"与"黑格尔传统"的调和，也就是艺术视域和社会批判视域的综合。詹姆逊指出，在相同的物化逻辑支配下，大众文化和高雅文化必然同时面对两种困境："形式的困境"和"公众的困境"。一方面，在高雅文化的反抗姿态老化之后，它不再具有新意的文体实验必然使自身不可避免地落入与大众文化相同的命运。高雅文化在后现代语境下同样陷入生产、消费、再生产的

---

① 弗雷德里克·詹姆逊：《可见的签名》，王逢振、余莉、陈静译，南京大学出版社，2012年，第19—20页。

链环之中，受相同的机械复制逻辑支配。另一方面，不管是大众文化，还是高雅文化，都面临着有机读者群的瓦解。高雅文化在艰涩的文体实验中将自己孤立起来，而大众文化则只按照消费原则进行机械的文化生产，而能将读者与作者联结为共同体的有机文学早已不复存在。这大体上是詹姆逊所言的当代艺术的物质化。

借助物化概念澄清了德法理论界的意识形态误区后，詹姆逊引出了他的论断：现代主义与后现代主义的文化样式在本质上具有同构性。他的这一论断，实则回应了资本主义现代性进程中的社会文化断层。在晚期资本主义社会，经济危机使经济学家追根溯源地去探讨往昔带来巨大生产力和社会效益的经济运作模式为何会失效。而批评界也对当今语言文化的现状产生了质疑：现代主义充满活力和反叛激情的叙事，何以变成了法兰克福学派猛烈抨击的文化工业？

在2002年出版的《单一的现代性》中，詹姆逊尝试进一步解答这些问题。在这本书里，詹姆逊将批评界对现代主义／后现代主义的意识形态论争，上升到对资本主义现代性进程中社会内在矛盾的探讨。他指出，一方面，现代主义与后现代主义是现代性历史进程中的两个不同时期中的重要思潮，现代主义是未完成的现代化的副产品，而后现代主义则是现代化进程更为成熟的体现，社会的现代性因而是延续的，受相同的资本逻辑支配。另一方面，他强调说，那种现代主义与后现代主义之间存在历史断层的假定，是考察资本主义现代性进程中社会内部矛盾的必然要求；现代主义与后现代主义的断裂，应被视作现代性进程内部叙事范畴的替换。

詹姆逊提醒他的读者，现代性并不是后现代主义者宣称的过时之物。实际上，后现代主义者和现代主义者的批评实践，皆是对现代性进程中社会矛盾与文化断层的反思。不同于哈贝马斯通过简单否定后现代主义来维护现代性，詹姆逊再次重申了他为利奥塔撰写序言时业已提及的观点，利奥塔的边缘化小叙事与德勒兹的精神分裂叙事，并非如表面上理解的那样是一种"反叙事"。后现代主义者对碎片化、断裂性、边缘化的提倡，在詹姆逊看来，依然是对现代性进程的回应，只不过囿于艺术视域的利奥塔等人将社会革新的希望仅仅寄托在叙事形式上。詹姆逊因而将后现代叙事评定为隐形的政治宏大叙事：

> 对叙事真正的拒绝和否认，会引起被压制叙事的回归，并且它倾向于不管不顾地借助另一种叙事，以论证自身反叙事立场的合理性，而这体面的掩饰使论证得到种种利益……现在应重回那种语境，考虑在充分的后现代性中某些过时的、最后的回归或重现，这无疑是一种最具悖论的重现，因为它证明是现代性概念本身的重现，而我们长期以来一直天真地认为它已被取代。①

由此可见，詹姆逊谈"单一的现代性"正是为了强调资本逻辑在历史叙事中的延续性。被赋予过多赞誉的现代主义和被不恰当贬低的后现代主义，皆被詹姆逊看作资本物化逻辑的必然结果，是资本主义现代性进程中社会冲突的体现。至此，詹姆逊将后现代意识形态纷争视作资本逻辑的两张脸孔，即资本主义机械化大生产带来的巨大效益以及对这种生产力的反思批判。

三、认知绘图美学

詹姆逊的"认知绘图美学"（aesthetic of cognitive mapping）从初次露面到成为独特的叙事美学体系，经历了一个相对漫长的过程。它首次出现在《后现代主义，或晚期资本主义的文化逻辑》（1984）一文中，仅仅是詹姆逊应对后现代主义危机的一个理论号召。四年后詹姆逊又专门撰写《认知绘图》一文，开宗明义地提出建立一种新空间美学的设想，并表达了自己综合城市空间美学和意识形态理论的意图。而直至《地缘政治美学》（1992）一书，詹姆逊方才在电影领域把认知绘图美学的设想付诸实践，建立起传媒空间的叙事美学。

---

① Fredric Jameson, *A Singular Modernity*: *Essay on the Ontology of the Present*, London: Verso Press, 2002, p. 6.

在《后现代主义，或晚期资本主义的文化逻辑》一文中，詹姆逊将晚期资本主义的文化时空命名为一个网状的"超级空间"。他指出，这一巨型的网状系统由自主运作的数据信息、金融资本构成，它替代了地缘社会真实的人际关系网并消抹了时空分野。在这一系统中，以往划分历史时间与区域空间的传统地理坐标（如城乡分野、历史古迹、城市地标、自然景观等）都无法发挥作用；而帮助个体建立身份认同的族裔、国籍标识，也都失去了独特性。因而，后现代个体既无从把握自身，亦无从洞悉这一网状系统的运作，只能陷入詹姆逊所谓的"精神分裂症"状态。基于后现代主体无所作为的社会处境，詹姆逊在"社会绘图的象征"这最末一节提出了"认知绘图"的文化政治使命，将其定为一种"具有真正政治效用的后现代主义"：

> 在这后现代空间里，我们必须为自我及集体主体的位置重新界定，继而把进行积极奋斗的能力重新挽回。就目前的现状而言，我们参与积极行动及斗争的能力确是受到我们对空间以至社会整体的影响而消退了、中和了。倘使我们真要解除这种对空间的混淆感，假如我们确能发展一种具真正政治效用的后现代主义，我们必须合时地在社会和空间的层面发现及投射一种全球性的"认知绘图"，并以此为我们的文化政治使命。①

值得注意的是，以上论述还只是詹姆逊的一种理论号召，他并未解释为何后现代的空间定位同时也是一种社会政治任务，他也并未说明对地理空间的认知绘图与对社会身份的认知绘图真正的关联。时隔四年，在《认知绘图》一文中，詹姆逊再度梳理了建立认知绘图美学的理论资源，他将美国城市设计师凯文·林奇开创的城市认知绘图学与阿尔都塞的意识形态理论建立起类比关系，表明自己沟通空间美学

---

① 詹明信：《后现代主义，或晚期资本主义的文化逻辑》，见张旭东编：《晚期资本主义的文化逻辑》，陈清侨、严锋等译，生活·读书·新知三联书店，2013年，第422页。

与社会政治学的新尝试。

詹姆逊指出，林奇在《城市的意象》（*The Image of City*）（1960）一书中将个人无法形成对城市总体图像的感知归于城市空间结构的异化，并认为这一认知绘图的失败导致城市居民无法再对城市产生一种传统意义上的美学满足和自由感。詹姆逊最为欣赏林奇这一连接个人即时性精神体验与城市空间结构总体的尝试，他指出这和阿尔都塞的意识形态理论有潜在关联。在他看来，阿尔都塞的联结起个人主体与社会语境的意识形态概念，实际正是一种想象性的社会地图。这一"主体和他存在的真实境况之间的一种想象性关系"，正是个人确立集体身份必需之物。詹姆逊指出了阿尔都塞的社会地图和林奇城市空间美学的互补性：

> 我一直被林奇对城市体验概念的表述方式所吸引，此时、此处的即时性概念与对城市这一缺场总体的想象性、虚幻性概念之间的辩证法，呈现着和阿尔都塞伟大的意识形态概念的一种空间性类比。阿尔都塞的意识形态概念也即"对主体和他存在的真实境况之间的一种想象性关系"……这里提出的认知绘图概念因此包含着一种拓展——从林奇的空间分析到社会结构领域，在这一历史时刻也即全球范围（或者我应当称作跨国范围）的阶级关系总体。第二个需要确保的前提是，社会层面的绘图无能对政治体验带来的损害，和空间层面的绘图无能带给城市体验的损害是相同的，也就是说，认知绘图美学是任何一个社会主义者政治计划的有机组成部分。[①]

认知绘图在詹姆逊笔下因而具备了双重内涵：一者与空间美学相关，旨在恢复个人对城市地缘空间的感知，以重建主体的区域身份认同；一者与社会政治使命相关，着力于重建个人的集体性经验，唤起主体的政治行动力。詹姆逊将林奇的空间

---

① Fredric Jameson, "Cognitive Mapping", Cary Nelson, Lawrence Grossberg. eds. in: *Maxism and the Interpretation of Culture*, Champaign: University of Illinois Press,1990, p. 353.

绘图美学扩展为一种社会政治绘图，将空间美学与反思晚期资本主义既定文化秩序的任务联系起来。延续他对资本主义文化三阶段的划分，他在此又区分出资本主义空间发展的三阶段，并在每一阶段的空间体验与个人主体的社会集体经验间建立起对应关系。

詹姆逊指出，资本主义市场秩序建立的过程，是往昔异质性的神圣空间到同质性几何空间的转换过程。这一空间也可称作"笛卡尔式的空间"或者福柯意义上的"权力空间"，位于其中的个体按照理性原则方便易行地把握它。至垄断资本主义阶段，我们便进入一个结构与个人体验、日常印象与价值体系二分的空间，这一分立在现代艺术中表现得最为明显，私人经验蜷缩至狭窄的社会角落。不过在这两个空间里，个人都还未丧失从整体上把握社会空间的能力。詹姆逊强调指出，直到进入晚期资本主义"距离压缩"的空间中，认识测绘才作为一个亟待解决的任务被提出来。

进一步说明这一后现代空间的特征，詹姆逊还列举了一系列理论术语，将自己提出的"距离压缩"置放在本雅明的"灵韵"概念和列斐伏尔的"抽象空间"之中加以解释。他指出，这一空间被接连涌现的感性碎片填充，而后现代主体则在这些碎片的侵袭下头晕眼花，既无从认知这一空间，更无力介入周遭的社会环境。他又指出，这一无边无际的符号自动指涉系统，将主体的思维能力排除在外，对它的认知绘图只能由机械复制技术自身来完成。这也就是我们之前叙述过的晚期资本主义社会真假难辨的传媒类像空间，詹姆逊将这一时期的认知绘图称作一种"降格的图像"：

> 我在其他处谈及一种机械复制主题学的转向：大多数后现代艺术的自动指涉系统以与电影、磁带、录像、电脑之类的机械复制技术相互嬉戏的形式出现。这在我看来，也就是为尚待认知绘图的超级跨国空间提供了一种降格的图像：它（认知绘图图像）以对那类最精致的阴谋情节不可穷尽的生产来

呈现自身，至少在另一层面上，正如弥漫遍布的妄想狂主题一样引人注目。阴谋总是诱使人们将它说成是穷人们在后现代时期的认知绘图。阴谋是对晚期资本主义的总体逻辑一种降格了的图像，是一种呈现其运作系统的绝望尝试。而它总是跌入对内容和主题的偏离，正标志着这一尝试的失败。[①]

值得注意的是，詹姆逊上文言及的机械复制技术再现社会总体的"绝望尝试"，在其《地缘政治美学》中得到了重新评估。在该书中，詹姆逊将认知绘图的任务移交至最能体现后现代空间特征的电影领域，尝试从这一"降格的图像"中发掘出蕴含的积极因素。由此，后现代文化空间的"阴谋"，被带入一片清晰明朗的境地。詹姆逊从广义和狭义两个层面定义了这一"阴谋"：一方面，"阴谋"被普遍化，它是后现代个体进入社会、理解历史、把握自身处境的唯一途径。在詹姆逊看来，"阴谋"即新闻、电影、电视、计算机等传媒技术自身。他指出，在后现代空间中新近发生的事件总是被传媒行业迅速转化为影像资讯，人们只能借助这些虚拟影像来理解历史与日常现实；另一方面，从狭义上讲，詹姆逊将这一巨型的后现代"阴谋"空间，缩小至20世纪70年代以来美国流行的阴谋题材电影。他认为这类电影调动起诸多传媒手法，将后现代主体迷失于网络空间的真实焦虑，替换为可由英雄主人公化解的政治或商业阴谋。上文提及的"对内容和主题的偏离"也不再是认知绘图失败的标志，而被詹姆逊化为这类阴谋叙事的独特寓言结构。詹姆逊开篇即将电影叙事的认知绘图功能称为寓言式的，并提出认知绘图美学的三个任务：

一是探讨日常生活世界何以被寓言化为媒体世界，而媒体设备何以在调动起人们现实焦虑的同时，凭自身之力将其化解；二是考察个人依凭阴谋叙事进入集体的方式；三是考察局部的事物，何以用忽隐忽现的寓言手法表现

① Fredric Jameson, "Cognitive Mapping", Cary Nelson, Lawrence Grossberg. eds. in: *Maxism and the Interpretation of Culture*, Champaign: University of Illinois Press, 1990, p. 356.

并不在场的总体。①

这实际上也就照应了他在《认知绘图》一文提到的绘制"社会地图"和"空间地图"的双重任务。只不过在此詹姆逊又增加了一项——考察电影如何凭寓言手法在影像空间里将前两项任务交融。詹姆逊从电影镜头调度与叙事手法入手，试图分析这一可控的影像空间如何既营造出阿尔都塞意义上的意识形态表象，又呈现出后现代网状空间的全貌，使个体不再迷失于后现代的"超级空间"。这就是他将标题命名为"地缘政治美学"的要义所在：强调电影叙事的地缘性，即是说，侧重它替代昔日民族地理符号、重建区域身份认同的能力；而强调其政治性，则意味着重视这类叙事对后现代社会集体经验的传达，以唤起社会主体的政治行动力。阴谋叙事替代意识形态表象，发挥出纽带作用。其寓言结构作为唤醒社会想象力的媒介，重新将作为认识主体的个人与作为认识对象的后现代网状空间系结起来，使后现代个体再次与社会语境关联起来并重获一种集体经验，詹姆逊将之概述为"集体的和认识论的统和"。简言之，电影这台集体造梦机独特的寓言结构，为人们提供一幅后现代社会的定位地图。

我们可以来看詹姆逊对美国导演阿兰·帕库拉的电影《总统班底》（ *All the President's Men* ）的分析。詹姆逊从横、纵两个维度切入，谈了电影叙事的寓言结构。

在纵向的时间维度，詹姆逊特别评价了这部电影中影像传媒与历史事件的交互指涉关系，考察观众如何被带入一则历史政治事件。事实上，《总统班底》从题材上讲，就是一部记录新闻媒体如何介入历史的电影。这部揭露"水门事件"的政治纪录片，由两位华盛顿邮报记者伍德沃德和伯恩斯坦亲自撰写的纪实书翻拍而成，他们二位也因揭露尼克松丑闻而名噪一时。詹姆逊提醒我们应当注意的是，尼克松

① Fredric Jameson, *The Geopolitical Aesthetic: Cinema and Space in the World System*, Bloomington: Indiana University Press, 1992, p. 10.

总统作为丑闻的主角却并未有专门演员扮演，他的出场总是以适时插入的纪录片资料呈现。詹姆逊认为，这一剪辑技巧实则是这类电影的惯用手法，它有效解决了历史纪实片的一个麻烦：当下社会中的个体如何才能把这段尘封的"缺场"历史认作真实，并对和自己不相干的公众政治事件产生参与欲望呢？

詹姆逊将关注重点引向电影中频繁出现的各类电子设备，譬如电话、自动收报机、留声机、打字机、影像播放机等。他强调说，这些传媒设备该被理解为寓言符号，它们的出现，正是为了调动观众脑海中的历史范式，将观众带入电影营造的历史空间。他同时指出，电影的欲望叙事，则是依赖诸多细枝末节的通讯传递线索达成的，诸如电影中作为侦查线索的一卷录音带、国会图书馆的借书条等，观众正是在这些细节中回返至具体的生活情境，进而被激起到现场去听、去看的欲望。虚拟影像内外的传媒设备，也就被詹姆逊视作系结个人欲望机制与历史政治事件的纽带。

在横向的空间维度，詹姆逊着重分析了电影的镜头调度如何营造出闭合的寓言性空间，使观众在忽隐忽现的瞬间产生把握住社会总体的幻觉。他指出，在两位新闻记者逐步接近水门案件的真相时，导演一直采用持续的单幕上升镜头，对政府阴谋的揭露与不断上移的镜头同步。在国会图书馆的那一幕，摄像机镜头从调查资料的特写，上移至阅览室的穹顶，再至图书馆的整幅大全景，直到清晰浮现的整幅城市全景图：以华盛顿城为轴心不断向外四散辐射的网状街道。这就是詹姆逊所谓的"认知绘图"呈现的一刻。

在詹姆逊看来，这一系列镜头手法，亦使伍德沃德和伯恩斯坦这两位记者探寻事件真相的强烈意图被淋漓尽致地呈现出来：他们拼凑线索时的执着专注，对隐蔽官僚机制无所畏惧的心态，以及他们对人民终将掌控全局、重获正义的信心。这正是此类电影的价值所在。他强调说，电影主人公把握全局的强烈意图，应被看作集体意愿的投射，它体现了信息社会中愈益抽象的社会体制运作引发的大众焦虑，而电影的造梦机，恰是提供了缓解焦虑的寓言性空间。虽然在詹姆逊那里，社会总体、历史等终极存在，并非是一种可以直接表明的实体概念，只能呈现为替代性的叙事寓言。但他同时指出，这一认知绘图的"总体性意愿"自身具有价值：

> 阴谋叙事，它投射出这样一种无意识的集体尝试：标示出我们的位置，我们在20世纪晚期身处的总体图景、面对的社会势力，这一时期因其体制的隐蔽化和官僚机制的非人格化令人深恶痛绝。而阴谋类电影直接刺入（我们置身的）情境中心，在此情境中，重要的不是电影中貌似真实的这个或那个阴谋设想，而是对身处社会的总体进行猜测的意愿本身具有价值。这一意愿即被称作认知绘图，人类最原初的智慧即在这一意愿中。[1]

至此我们可以说，詹姆逊的认知绘图也回应了这一现实政治：在这个由新闻影像、数码技术、计算机网络构成的类像社会，政治权力的支配并非以明显的阶级对抗形式呈现。金融资本家与技术精英们的特权，大都借助抽象的信息网络实现，资本技术、文化信息看似飞速流动、不断膨胀，但无力洞悉抽象体系运作的大众却无所受益，社会分化也愈益加深。事实上詹姆逊自己也意识到，集体经验与政治意识在晚期资本主义社会很少见于意识层面，因而大都寄托在营造意识形态幻象的电影寓言结构中。认知绘图作为具备政治效用的后现代主义策略，正是对这一电影类型所投射的集体经验的重视。在詹姆逊看来，置身集体的经验是调动政治意识必不可少的基础，它使个体不再囿于当下社会的时空感知，在完全相异的文化体验中挑战当下看似合理的社会秩序。唯有如此，迷失于媒介信息时代的个体，才能重获主体的反思批判力和政治行动力。

---

① Fredric Jameson, *The Geopolitical Aesthetic*: *Cinema and Space in the World System*, Bloomington: Indiana University Press, 1992, pp. 2–3.

第二十四章　大卫·哈维

大卫·哈维（1935—　）是美国著名的文化地理学家、纽约城市大学的杰出教授，一生著述丰厚，尤其以广为传布的空间理论和城市权利而蜚声。哈维出生在英国，1961年在剑桥大学获得地理学博士学位。之后他曾任教于布里斯托尔大学和美国的宾夕法尼亚大学，1969年他移居美国，长期执教于约翰·霍普金斯大学地理学与环境工程系。哈维在现代地理学建设中地位举足轻重，可以说是以一己之力开辟了马克思主义地理学的新局面，其影响同时被及社会理论和文化研究。他的马克思主义空间思想，不但称空间是一种美学范畴，而且也切实开拓了一个后现代视野和马克思主义交相渗透的空间美学研究模态。2001年，哈维作为杰出教授移师纽约城市大学。2007年，他在人文学科与社会科学著作被引用最多的作者中位列第18位。2007年，他在人文学科与社会科学著作被31次数最多的作者中位列第18位，自他1969年一举成名的地理哲学方法论名著《地理学中的解释》问世以来，哈维著作多不胜数，已被译成十余国语言广为流传。主要有《社会正义与城市》（1973）、《资本的都市化》（1985）、《后现代性的状况》（1989）、《正义、自然与差异地理学》（1996）、《希望的空间》（2000）、《资本的空间》（2001）、《新帝国主义》（2003）、《新自由主义简史》（2005）、《马克思〈资本论〉手册》两卷（2010、2013）、《反叛的城市》（2012）等。

一、后现代状况与时空压缩

早在当年划时代的《地理学中的解释》一书中，哈维就不厌其详地讨论过地理学中的空间语言问题。他指出，空间概念是建立在看得见、摸得着的经验之上的。但从此种空间的初始经验到直观的空间概念的提出，最终到以几何学语言来表达此类空间概念的公式，是有一个转化过程的。要清楚地明白逐一交代最初的感性经验、传说、想象，文化形式和科学概念之间的相互影响，进而使得空间的概念如何产生，以及如何得到明晰表达，极为困难。对于空间的概念如何因文化背景不同而发生变异，哈维有如下说明：

> 一个社会所发展的用来表示空间的概念框架不是静态的。自古以来空间概念已发生了实质性的变化。文化的改变一般包括空间概念的变化，但有时通过科学发现突然需要对空间概念进行重新评价，这对现行的一套文化价值给予了猛烈的一击。[①]

这是说，文化价值观念的演变，势必也会导致对空间这一古老概念的认知的演变。与文化相对的是物理学中的空间阐释。哈维引经据典，特别是引用以色列物理哲学家马克斯·詹默的《空间的概念：物理学中的空间理论史》（1954）一书，书中指出物理学中有两种本质迥异的空间概念。其一将空间视为一种相对质量，即物质世界中物体或事件的位置；其二是把空间看作一种绝对质量，即世上所有物质实体的容器。空间的绝对概念一般认为源于牛顿，但是照爱因斯坦的看法，早在古希腊哲学，原子论者似乎就已经假设了绝对空间。而牛顿，则将绝对空间等同于上帝。相对空间与绝对空间的区分，大体也是哲学与科学的区别。哈维注意到，牛顿在其本人的大多数著作中，对空间的形而上联想走向了反面。所以莱布尼兹坚决主张空间"只是关系的一个系统"，这并非言过其实，它不过反映了同物理学绝对空间机械论格格不入的哲学的相对空间立场。

爱因斯坦的相对论在哈维看来是贯通了绝对和相对的空间阐释。他指出，爱因斯坦制造的一个重大的空间概念变化，是以空间—时间的单一概念取代空间和时间的个别概念，来尝试估量光速运动现象。虽然哈维愿意认同罗素的判断，认为爱因斯坦延绵不断的相对论时空概念，某种意义上只是一种便利方法，并没有影响到

---

① 大卫·哈维：《地理学中的解释》，高泳源等译，商务印书馆，1996年，第235页。

时间和空间的实际感知，但是哈维表示爱因斯坦持有的理论在这里的哲学意义依然是清晰的，那就是空间的不同概念可以适用于不同的理论目的。故此，根据文化背景、感知能力和科学目的，在概念具有不同含义的这一考量视角上，哈维承认，将空间概念看作"多维"概念，是现实可行的。

那么，这一多维的空间视野，对于地理学的空间概念定义，又意味着什么，特别是它同文化的关系？对此哈维作如是说：

> 地理学的空间概念建立在经验之上。在部分上，对于地理学家工作其间的整个社会来说，经验是普遍的。因此它取决于亲身的实际经验和特定的社会积累起来的文化阅历。不去参照特定文化在语言、艺术和科学方面所发展的空间概念，就想理解地理学的空间概念是不可能的。关于空间的地理学观念因此被深深地置于某些较广泛的文化体验之中。[1]

由此可见，从文化多元化的视野来解读地理学中的空间概念，不但是可行的，而且也是势在必然的。对于日后哈维广为传布的后现代时间和空间理论，这一多维度的视野不仅仅是一个序曲、一个前奏，它可以说是提供了一个基本的阐释框架。

1989年出版的《后现代性的状况》一书中，哈维系统阐述了他的后现代时空思想。该书被认为是从马克思政治经济学和都市地理学出发，对全球化语境下的后现代文化作社会和空间层面的深入阐发。其中一个引人注目的观点便是反对现代主义的理性主义都市规划并倾向于个性化的美学追求。哈维指出，空间和时间是人类存在的基本范畴，可是很少有人去论辩它们的意义，我们倾向于将时间和空间看作想当然的东西，赐予它们许多不言自明的属性。比如我们用秒、分、小时、日、月、年、世纪来记录时间，仿佛万事万物按部就班定位在一个单一的客观的时间序列

---

① 大卫·哈维：《地理学中的解释》，高泳源等译，商务印书馆，1996年，第274页。

里。即便物理学中的时间概念更为复杂，而且多有争议，我们通常也懒得让它来干扰我们的日常时间观念。

同样是空间，哈维指出，我们习惯于将空间视为一种自然事实，通过日常生活中的常识意义将它"自然化"了。空间在一定程度上说，比自然更要复杂：它有方向、区域、形状、模态，还有距离。总之，我们将它视为可予度量和定位的事物客观属性。当然，我们承认我们的主观经验会介入我们的感知、想象、虚构和幻想领域，由此生产出种种精神空间，就像电影造梦一样，让人对海市蜃楼信以为真。同样，我们也发现不同的社会和群体拥有不同的空间认知，比如在历史文献记载中，孩子、精神病人、被压迫民族、不同阶级的男性和女性、乡村和城市居民等对空间的认知如何各不相同的事例，多不胜数。但即便如此，我们对于空间的习惯认识还是根深蒂固的，同时间一样，习惯将空间视为一种单一的客观存在，在它们的背景之上，我们来计量人类观念和感知的多元性。在全球化后工业社会这个大背景下，挑战这个单一的、客观的时空观念，已是当务之急。

哈维同詹姆逊相似，以1973年布雷顿森林体系——"二战"后以美元为中心的国际货币体系——的瓦解为后现代时期的开端。资本国际化流动这一经济全球化趋势，由此成为后现代文化现象的源头。哈维发现，自此人们对时空的体验有了戏剧性的改变。进而言之，空间甚而可视为一种美学范畴。这就是说，科学和道德的联系分崩瓦解，美学战胜伦理学，成为社会和知识关注的焦点。不仅如此，图像战胜叙述，朝朝暮暮和残缺破碎在畅行其道，永恒真理与一统政治退居一边。阐释和理论告别它们的物质基础经济王国，转身投靠文化和政治实践的考量。所以：

另一方面，美学理论有意找出根本原则，以在潮起潮落、流动不居的大涡流中传达永恒不变的真理。建筑家是最为显见的例子，他们试图通过空间形式的建构来传播某种价值。画家、雕塑家、诗人和形形色色的作家也毫不逊色。即便是书写的语词，也在经验川流中抽象取义，将它们固定在空间形式里。有人说，"印刷的发明在空间中嵌入语词"，而文字——"一系列排列齐整、大步向前的符号，就像蝗虫大军，穿过了一页又一页白纸"——因此也是一个确凿无疑的空间化事实。[①]

上面这段话中的引文，系哈维援引美国文学批评家布莱恩·麦克海尔1987年所著《后现代主义小说》中的文字，说明后现代小说的意义漫无头绪，就像白纸黑字排队挺进。据哈维讲，任何一种表征系统，事实上都是一种空间化，把经验川流自动冻结起来。它既经空间化，也就必然歪曲了本来努力表征的对象。

在哈维看来，研究后现代状态应该向美学理论学习，特别是了解空间化的不同形式以及怎样抑制或者推动社会变革。反过来看，关于流动和变革，美学也应该多多向社会理论学习。哈维认为，这两股思潮交相作用下来，有助于我们更好地理解政治—经济变革怎样揭示相关的文化实践。可见，导致后现代状况的资本过度积累和美学还是大有关系，不但日常生活在经历一个审美化过程，政治同样在被审美化。传统价值分崩离析、信仰迷茫的后现代社会，在哈维看来，是整个儿在经历一个审美转向，从专注科学和道德转向了对审美的迷恋。从时代背景上看，导致布雷顿森林体系崩塌的一个主要原因是1973年的石油危机，以此为转折，这一事件实际上为嗣后西方经济体的快速发展铺平了道路，从而使僵化的福特主义和国家控制，转向弹性积累模式。故此，后现代文化不仅与美学认知有关，更与产业发展及消费模式的转变直接相通。正是在这一背景下，哈维提出他的时空压缩（time-space compression）理论。

哈维提出"时空压缩"概念，很显然针对的是当代风起云涌的"空间化"实践。这个概念有美学的、政治的考量，同样具有日常生活的社会基础。这个基础就是从"福特主义"向资本弹性积累的"后福特主义"的转化。所谓"福特主义"是

---

① David Harvey, *The Condition of Postmodernity: An Enquiry into the Origins of Cultural Change*, Cambridge, Mass: Blackwell, 1990, pp. 205-206.

指现代生产标准化、大规模和劳动相对稳定的状态。但福特主义本身具有不稳定因素，它们在20世纪70年代转向"弹性积累"，即开启了后现代的资本主义金融新市场。这一福特主义向后福特主义的转变，在哈维看来，也是从现代性向后现代性的转化。对于福特主义，哈维的解释是通过组合权力来建构社会。8小时工作制，5美元时薪，这是将工人绑定在流水线上的基本手段。与此同时，它给予工人足够的薪水和休闲时间去消费大批量生产的商品。反之，弹性积累则是同福特主义背道而驰，它有赖于劳动过程、劳动市场以及产品和消费模式的流动性。是以新产品和新市场的开发、新式金融服务的出台，以及高科技和商品化的携手并进，都显得势在必然而且举足轻重了。

信息技术的突飞猛进，卫星实时传播的全球化普及，都是时空压缩理论问世的可能条件和必然条件与麦克卢汉的"地球村"比较，哈维时空压缩理论的意蕴显然复杂得多，它更多寓指空间与地方之间复杂的关系。空间是全球性的，地方则是地域文化的最后堡垒，这两者之间的关系可谓盘根错节，势必产生新的动态空间形式。资本主义现代化在经济过程中的突然加速，顺理成章地带动了社会生活变迁的突飞猛进。而经济加速的目标，说到底是缩短资本翻番的时间，它包括生产时间，同样也包括流通时间。在这一过程中，哈维发现在时间的飞速流动面前，空间的阻碍似乎变得微不足道了。事实上，排除空间障碍的种种努力，在资本主义历史上从来就没有停歇过，其结果是现代化的历史变成了个极具有地理色彩的故事：铁路、电报、汽车、广播、电话、喷气机和电视以及晚近的电子通信革命，都是众所周知的例子。这一切都使世界变小，并把分散世界各地的本土市场组成了一个全球化的大市场。生产是全球化的，消费同样是全球化的。关于这当中时空经验的变化，哈维举证了距离不断缩小的四种世界图式：其一是从1500年到1840年，以最好的马车和帆船为交通工具，平均时速为10英里；其二是从1850年到1930年，蒸汽机火车的时速为65英里，轮船的时速为36英里；其三是1950年代，螺旋桨飞机时速为300至400英里；其四为20世纪60年代，喷气机的时速为500到700英里。由此来看，1960年空间与时间的比率相较1500年一下子提高了几近70倍。交通工具的不断提速，也足以显示在每一个时期全球的空间经验都在发生变化，且变化不仅仅孤立在空间，而且是与时间紧密相连。这可视为时空压缩理论的由来。

"时空压缩"这个术语，如是看来，正可恰如其分地描述在资本流动积累加速过程中空间阻隔被层层打破、世界仿佛朝我们崩塌的那种感受。即是说，由现代性促进的时空压缩趋势，到了后现代时期愈益鲜明地显示出来。它的要害或者说关键，是通过时间来消弭空间。哈维指出，这极大地改变了日常生活中商品的再生产状况。多不胜数的地方食品体系被重组进全球化的商品交换系统。如法国奶酪在20世纪70年代的大多数美国大城市中，除去若干美食店，几乎无处可觅，而如今美国到处都是。从经济层面看，时空压缩已经使天方夜谭变成了真实。诚如哈维所说，一秒钟之间，银行计算机可将上千万美元从一国货币转换成另一国货币，凭借汇率的点滴差异，无中生有，无本万利。资本主义一心跑赢时间的梦想，果不其然就成了现实。但时空压缩并不仅仅意味国际金融市场出现分秒必争的状况，决策的时间范围大大缩小，它同样意味着生活方式的迅速变换。空间关系的急遽重组、空间障碍的进一步消除最终导致后现代新地理形势的出现，并影响到政治和文化的方方面面。即是说，如果全球金融体系多少还流于抽象层面，尚没有直接介入日常生活，那么在电视新闻之中，空间在半个小时之中走马灯般闪现切换下来，无论如何都充满后现代意味了。

哈维看到了中东巴勒斯坦人在阳光灿烂的街道上投掷石块，看到了非洲的翠绿山谷里卢旺达的胡图族和图西族在相互屠杀，看到了一张秘鲁城市游击队员的脸，看到了巴黎人在街边喝咖啡，看到了被洪水淹没的中西部小镇，而探索频道干脆就把我们带到了喜马拉雅山。杂货店里，则充斥着肯尼亚扁豆、加利福尼亚芹菜、北非的土豆、加拿大的苹果和智利的葡萄。世界变成了一个摸彩袋，我们司空见惯的是仿制、拟像和并置，而这些正是后现代艺术的特征。在日常生活中同一时间和空间里，各式各样的商品世界聚合到一起，构成各式各样的拟像。它们互相交织起来，这几乎就消抹了一切原初的痕迹，其生产过程和其中包含的种种社会关系，也深藏不露，不见丝毫痕迹。结果是拟像反客为主，真可以说是"假作真时真亦假，无为有处有还无"。

时空压缩既然成为后现代性状态下唯一的真实，那么如何应对这一新的生存现实便也成为当务之急。在《后现代性状况》第四部分第七节"时空压缩的对策"中，哈维枚举了时空压缩的五种应对方式：

其一是解构主义的对策。解构主义怀疑一切，试图摧毁一切，故而动摇了一切基本命题。但是解构主义挑战真理、伦理和意义约定俗成的标准，将一切宏大叙事消解为语言游戏，结果导致虚无主义，为或许是更宏大的真理话语卷土重来铺平道路。

其二是随心所欲否定世界的复杂性，以便用言简意赅的修辞话语来做大而无当的概括。结果是左派右派的各种标语扑面而来，肤浅的意象遮盖了复杂的意义，而且最终深化了偏见。

其三是在政治和知识生活里走中间路线，撇弃宏大叙事，可是很少有人付诸行动。它比较适合后现代主义的地方文化保护路线，也尊重他者。但结果难免狭隘近视，对资本流动的普遍性力量视而不见。

其四是知难而上。用哈维的话说，是通过建构可以反映并且掌控时空压缩的一种后现代语言、一种意象来驾驭这只猛虎。他认为，法国的两位文化理论家波德里亚和维瑞利奥的狂热文字就属于这种类型。甚至美国的詹姆逊，有时候也把握不住，落入了这个套数，从而对他试图表明的现实以及原本可以恰如其分来表明现实的语言都有所失控。

最后一种应对方式是多元共存（schizophrenia）的分析。它是第四种反应的深化，schizophrenia跟精神分裂症也是同一个词。哈维指出，上述后现代的夸张修辞发展下去，其焦虑紧张的表象背后，自有欣喜若狂的幻觉，这就像詹姆逊读一个精神分裂症女孩的自传时所言的。同样，德勒兹、伽塔里加上福柯的赞许，也促使我们接纳一个事实，那就是资本主义无孔不入地策动激活"我们的"艺术及科学的精神病潜流，一如它们凝化而产生疾病，即精神分裂症。所以在德勒兹和伽塔里看来，革命者就要有担当，直面精神分裂过程，直面社会分崩离析的现实，直面差异。因为精神分裂者陷入了欲望之流，虎视眈眈威胁着社会秩序。要之，哈维最终引了英国商界大亨阿兰·苏格的一段话做结论："假如大规模生产手提核武器有市场，我们一样来开拓这个市场。"①

很显然，上面五种对于时空压缩的应对方式都不是周全之策。在哈维看来，后现代的时空压缩状况，在许多方面都进一步放大了以往资本主义现代化进程中遭遇到的困境，如1848年欧洲革命以及"一战"之前的欧洲局势。我们相应地从经济、文化和政治角度来应对变局，虽然比较以往似曾相识，但是今天在许多方面又多有不同。对此哈维对此哈维表示，西方资本主义自20世纪60年代以来，时空压缩愈演愈烈，无论是在政治、私人还是社会领域，变化无常、支离破碎都是它的一贯特征。这似乎在指向一个让后现代状况多少显得另类的经验语境。但一旦将这一状况置于它的历史语境之中，视其为此起彼伏时空压缩历史中的一个组成部分，同时明白这一历史萌生于资本积累及它永远在尝试通过时间消抹空间并化解周转时间的压力，那么我们至少可以将后现代状况拉进历史唯物主义的分析和阐释视野中来。②

这可视为哈维给予时空压缩的一个后现代阐释期待。哈维从地理学角度，概括了西方文化中空间观念的变迁：在中世纪，人们是凭借感觉来描绘地图；文艺复兴时期透视规则凸显出来；启蒙时代将文艺复兴的透视传统发挥到淋漓尽致；而从1848年开始，时空压缩开始以前所未有的方式出现，其70年代之后的进一步深化，导致的直接结果就是后现代状况的诞生。

---

① David Harvey, *The Condition of Postmodernity*：*An Enquiry into the Origins of Cultural Change*, Cambridge, Mass: Blackwell, 1990, p. 352.

② David Harvey, *The Condition of Postmodernity*: *An Enquiry into the Origins of Cultural Change*, Cambridge, Mass: Blackwell, 1990, pp. 306-307.

二、现代性的神话

大卫·哈维作为当今英语世界与曼纽尔·卡斯特尔、爱德华·索亚三足鼎立的空间理论领军人物，其对城市和社会公正的描述一向引人关注。在他卷帙浩繁的相关著述中，巴黎的城市空间很显然是一个焦点。梳理这一段学术因缘，我们可以发现，哈维大体是以历时态的叙述为我们展示了巴黎这个当代资本主义第一时尚都市的三个空间视野。假如以人物的名字来命名，它们分别是巴尔扎克的巴黎、奥斯曼的巴黎和列斐伏尔的巴黎。

我们可以从他2003年出版的《巴黎：现代性的都市》说起。该书开篇的话题是现代性。哈维说，关于现代性的神话之一与过去的决裂。这决裂是如此绝情而又决然，以至于世界仿佛白板一块，新世界可以在上面尽情书写，但凡有过去横亘其间，那也只管删除便是。这样来看，不管现代性是温和的民主的也好，创伤的革命的也好，抑或独裁的专制的也好，它都是一种"创造性的破坏"。这类现代性之所以成为神话，哈维说，是因为在周而复始大量并非如此的证明面前它依然具有相当的诱惑力和影响力。而另一种现代性理论发端于圣西门，马上就被马克思接手，它认定社会制度的任何变革必先孕育于现存秩序之中。问题是，圣西门也好，马克思也好，这两位现代性的先贤一方面坚决否定决裂传统，一方面又在鼎力鼓吹革命。革命能够不破坏传统吗？你能够不打破蛋壳做出一份煎蛋来吗？事实是，一切新世界的建立必以打破旧世界为先决条件。这样来看，现代性"创造性解构"的提法当非无稽之谈。

哈维大量引用法国19世纪著名讽刺画家奥诺雷·杜米埃的巴黎时态像，图文并茂、洋洋洒洒讲述了巴黎的故事。这段故事的起点是1848年：

> 在这之前，城市愿景充其量不过是浮光掠影，修修补补中世纪城市的基础建设；在这之后，有奥斯曼大开大合将巴黎拽进了现代性；在这之前，有古典主义者安格尔和大卫、色彩主义者德拉克罗瓦；在这之后，有库尔贝的

写实主义和莫奈的印象主义。在这之前，有浪漫主义诗人及小说家，如拉马丁、雨果、缪塞和乔治·桑；在这之后，有洗练紧凑、精雕细琢的福楼拜的散文和波德莱尔的诗。在这之前，是一盘散沙的制造工业，由工匠行会分头组织；在这之后，它们大都给机器和现代工业取而代之。在这之前，小店铺沿着狭窄蜿蜒的街道，或在拱廊里面开张；在这之后，巨大的百货商店闪亮登场，张牙舞爪挤到了大街上面。在这之前，流行乌托邦主义和浪漫主义；在这之后，是精明务实的管理主义和科学社会主义。①

在这一长列排比句里，作者的激情清晰可见。一切的一切无不表明，1848年是一个举足轻重的特殊时刻，许许多多的新生事物从旧时代中破茧而出。在这一年里，巴黎到底发生了什么事情呢？

1848年的巴黎见证了"二月革命"和"六月革命"的英勇巷战。这是平民阶层和君主政府的对决，其结果是奥尔良王朝的路易·菲利普国王逃往英国。巴黎成立诗人拉马丁为首的临时政府，昙花一现的第二共和国由此诞生，并且最后由拿破仑一世的侄子路易-拿破仑·波拿巴坐上总统位置。哈维重申这场革命就是典型的"创造性的破坏"。群众攻进国王的杜伊勒里寝宫，大肆劫掠，割烂了所有绘画，挨个儿坐到王位上过瘾。然后王座给拖到巴士底，付之一炬。哈维指出，巴尔扎克虽然急着去俄国幽会他心爱的韩斯卡夫人，但还是忍不住亲自赶到杜伊勒里一观究竟。福楼拜也到了巴黎，在二十年后的《情感教育》中，作者精准又翔实地回溯了这一事件。波德莱尔则直接卷入了这场革命。后来成为巴黎空间大改造幕后推手的奥斯曼，当时则在布莱任副省长，事发两天后才得到消息，跟其他外省人一样，他感到惊诧不安，认为临时政府不合法统，罢官以示抗议。但最终是这位波拿巴主义的拥趸，破旧立新开启了巴黎的现代性空间。

① David Harvey, *Paris: Capital of Modernity*, New York: Routledge, 2003, pp. 2—3.

哈维发现，奥斯曼1853年受命于政变称帝的拿破仑三世，主掌巴黎的现代化工程之后，立志以前所未有的庞大规模来进行创造性的"破坏"。重建巴黎基础设施的计划在"七月王朝"时期即已出台，如在凯旋门和西边的布洛涅森林之间新建大道、改造中央市场等。但奥斯曼总体上对现成的计划视而不见，甚至连皇帝的指示也是虚与委蛇，一心创立一个与过去决裂的神话，而事实上这个神话也一直维持到了今天。这里面原因有两个：一是决裂过去可以创造出建国的神话，这对于一切新政权都是势在必行的举措；二是这个神话让人相信独裁帝国施行仁政，它是唯一选择。哈维特别提到了著名建筑家维克多·巴尔塔那个被人戏称为"市场堡垒"的中央市场（Les Halles）最初设计。它修到一半给拿破仑叫停，皇帝说是他宁可要一把"钢铁雨篷"。巴尔塔另起炉灶，果真就造出了这么一个钢铁支架的超级市场。奥斯曼觉得这个1855年完工的古典又现代的中央市场，正合他心意。哈维却觉得遗憾，巴尔塔这一类空间巨大的新科技拱廊建筑，怎么就没被本雅明的法眼中看中，收入他的《拱廊街研究》呢？

哈维对奥斯曼全面改造巴黎的计划表示赞许，认为这个计划虽然是个与过去全盘决裂的神话，其效果值得质疑，但是它毕竟在新科技和新组织的启发和推动下，给巴黎带来了剧变，使巴黎甚至包括它的市郊成为一个有机的整体。不仅如此，1848年作为现代性的一个分水岭，哈维强调，不光是奥斯曼有勃勃雄心，甚至福楼拜、马克思和波德莱尔也都是在1848年之后锋芒毕露。就福楼拜来说，在1848年根除浪漫主义和乌托邦幻想之后，几近潦倒的他才抛弃对巴尔扎克的物质主义偏见，从1851年开始，历时五年埋头写出了《包法利夫人》。就马克思来说，1848年他正流亡伦敦，但是他是年3月确实到过巴黎，假如没有1848年至1851年间巴黎发生的那些事件，马克思不可能摆脱早年的浪漫主义和乌托邦热情，转向科学社会主义。这当中的差异，只要比较马克思《1844年经济学哲学手稿》和此后的《资本论》便见端倪。对于波德莱尔，哈维指出，这个现代性的使徒每天都生活在传统和反传统的两难之中。一方面他是个游手好闲的纨绔子弟，一个愤世嫉俗的偷窥者；一方面他又是一个热烈追求美好目标的人。1848年他参加了"二月革命"和"六月革命"，可是理性幻灭之后，又转向蒲鲁东的无政府主义和库尔贝的现实主义。可以说，正是这一矛盾造就了波德莱尔一力鼓吹的美学现代性的不尽魅力。

三、巴尔扎克的巴黎

那么，1848年之前的巴黎是什么模样？《巴黎：现代性之都》的第一部分"表征：1830—1848年的巴黎"，是通过巴尔扎克的视野来展示的。哈维指出，巴尔扎克是用散文来描绘老巴黎的日常生活，但是其中并非没有诗意。巴尔扎克的小说绝大部分以巴黎为中心，《人间喜剧》等约90部长短篇小说，差不多都是在1828年到1850年巴尔扎克去世这20余年间写成的。要从这些丰富得令人难以置信的作品中挖掘出现代性和巴黎的神话，自然殊非易事。言及空间，哈维指出，巴尔扎克小说有强烈的空间意识。作者很明白巴黎的每一个区域都有一种生活方式，它揭示你是谁，你干什么，你来自哪里，你又在追求什么。故分隔不同阶级的物理距离，一样展示了不同阶级之间的道德距离。而社会阶层的分隔，不仅见于横向的空间生态，同样见于垂直的空间表现。诚如巴尔扎克所言，巴黎的脑袋在阁楼上，那里住着科学家和天才；二楼装着满满当当的胃；底楼店铺林立，那是腿脚，因为忙碌的商人就在这里进进出出。哈维特别引用了巴尔扎克小说《十三人故事》中一大段巴黎社会等阶中的看门人的角色描写，认为它正可印证巴尔扎克小说中反复出现的空间理念：每一个历史时期，上层阶级与贵族的巴黎都有它自己的中心，一如无产阶级的巴黎亦有它自己的空间区域：

> 在巴黎这座张牙舞爪的巨大城市里，每一部分的面相都有其不同类型，而这些类型又天衣无缝地配合着城市的总体性格。所以看守，或者说看门人、门房，不论我们管巴黎这巨兽体内这个基础神经系统叫什么名字，他总是跟他工作的地区匹配无间，而且经常画龙点睛。圣日耳曼区的看门人

的每一条衣缝上都有穗带，他是个悠闲的汉子，还研究政府股票；昂丹道（Chaussée）的门房过得舒坦惬意；证券交易所的看门人各自看报；蒙马特区的看门人兼做生意；在红灯区里，门房本人就是退休的妓女，在玛莱区，她可敬可畏，特立独行，异想天开。①

《十三人故事》是巴尔扎克第一部巴黎场景小说集。哈维认为，巴尔扎克上文所展示的空间模式，其意义远大于门房这个阶级的范围。只要有人跨出自己的空间，即在错误的时间进入错误的空间，他就得死。故小说人物倘若越位，就是搅乱生态和谐，玷污道德秩序，他必须付出代价。如朱丽夫人出于对父亲费拉古的一片孝心，进入了一个与她社会身份不相符合的地区，其后果就是身体疾病和精神摧残尾随而至，她最后死于非命。

但哈维发现巴尔扎克的空间视界也有一个演进过程。即是说，早期作品如《十三人故事》中壁垒森严的空间等级到了后来有所松动。如晚期作品《邦斯舅舅》，可怜天下好吃者无出其右的同名主人公，就是死在他可恶的女门房手里。因为这个公寓女管理员不光掌管着邦斯舅舅的居住地，给他提供一日三餐，而且还利用看门人关系的"神经系统"，编织了一张阴谋大网，与势力网遍布整个巴黎的歹徒结盟，轻而易举地盗走了邦斯舅舅品位极高的绘画和古董收藏。可见，即便处在底层的人，也可以如此这般来主掌和生产空间，由此颠覆既定的空间模态。

哈维特别注意到巴尔扎克对巴黎的大街小巷和公共景观倾注的满腔热情，认为它可以让我们从多重视野了解巴黎。巴黎一方面有万花筒般旋转不休的迷宫；另一方面又有若干稳定中枢，它们周转承合城市意象，使之定型下来。如圣日耳曼区、右岸的商业世界、证券交易所、皇宫、圣奥诺雷街、索邦周围学生区、无所不知的工人阶级影子等等，还有巴黎美轮美奂的标志性景观如歌剧院、大大小小的其他剧

① David Harvey, *Paris: Capital of Modernity*, New York: Routledge, 2003, p. 39.

院、林荫大道、咖啡馆、纪念碑、公园等，它们星罗棋布在城市的幕布上面，给城市生活编织出一张意义的网络，使巴黎不再晦暗不明。特别是巴黎的林荫道，那真是充满诗情，是城市的象征。

哈维认为巴尔扎克小说的空间观念是雄心勃勃的，即它表现了资产阶级消灭时空进而主宰世界的崇高欲望。这是笛卡尔和歌德的传统。动态与静态、流动与运动、内部与外部、空间与地方、城镇与乡村，这当中的辩证关系值得深究。哈维指出，巴尔扎克是有心占有巴黎的，可是他对这个城市太敬重、太热爱，将它当成了一个有血有肉的道德实体，结果就很难对它颐指气使。所以他的占有欲并不是破坏欲。巴尔扎克需要巴黎来滋养他的形象、思想和情感，他不可能像之后的奥斯曼和福楼拜一样，把巴黎当作一个没有生命的物体。巴黎不但有血肉之躯，而且有人格、品格。所以，巴黎这个"最漂亮的怪物"，经常被描绘为女人形象，用《十三人故事》中的话说，她既悲伤又快乐，既丑陋又美丽，既活力十足又死气沉沉，每一个人，每一栋房子，都是这个伟大妓女的一个细胞组织。可是巴黎的大脑功能却是男性的，他是全球的思想中心，是引领文明的天才、不断创造的艺术家，是深谋远虑的政治家。哈维指出，巴尔扎克的巴黎愿景就是流行于19世纪的巴黎形象。他这样比较了巴尔扎克和奥斯曼的巴黎情结：

> 奥斯曼装备了气球和三角测量台，在开始重建巴黎的时候，一样也是在想象世界里占有了巴黎。不过这里有个重大差异。对于巴尔扎克来说，他是一意孤行欲发号施令，经过穿透、分解，然后将与这个鲜活城市相关的一切吞下肚去，变成自己的东西。对于奥斯曼来说，他则是将这一异想天开的冲动转化成一个独特的阶级计划，这个计划中，国家和金融家将会领导表达和行动的技术。[1]

① David Harvey, *Paris, Capital of Modernity*, New York: Routledge, 2003, p. 50.

从上可见，国家和资本将替代巴尔扎克的浪漫主义巴黎幻想。在哈维看来，这就是奥斯曼改造巴黎的实质所在。

四、奥斯曼的巴黎

奥斯曼受命于拿破仑三世，主掌改造巴黎的任务，是在1853年6月——第二帝国成立后的第七个月。哈维认为延续了十八年的第二帝国并非如梯也尔预言的那样"痴呆"，也未必就如马克思预言的那样"滑稽"，反之它是个同时拥有警察力量和民意基础的独裁国家，是一场相当严肃的国家社会主义的实验。在这一时空背景下，拿破仑及其幕僚有心将巴黎连带它的经济、文化、生活，从坚固的中世纪束缚中解放出来，这应是势所必然。有些工程是迫在眉睫的，如改善通往中央市场的交通道路、清除市中心周边的贫民窟以及改善火车站通往市中心的交通等。对于奥斯曼，哈维觉得他具有浓重的马基雅维利情结——口头上全心全意贯彻皇帝的意志，实际上雄心勃勃，压根不把异议和民意放在眼里。不管怎么说，奥斯曼着实在政界大放了一阵光彩。

但哈维发现奥斯曼有一点甚是吊诡，即他一方面对巴黎作为一个都市经济体面临的种种危机了如指掌，一方面他的反应却总是集中在叫人非常头疼的细节问题上。比如他仔细监督街道设施的设计，包括煤气灯、报摊，甚至行人小便处的设计。而且他分明是给直线迷住了，如调整塞纳河上叙利大桥（Pont de Sully）的角度，以使先贤祠和巴士底的立柱成一直线，又大费周折将胜利纪念柱移到了新建的夏特莱广场。总而言之，到奥斯曼失势被解职的1870年，他启动的城市转化已经势不可当，无人能够阻挡它的脚步。另外，哈维强调，巴黎外部空间关系的转化也给内部空间的协调带来巨大压力。就此而言，奥斯曼的成就堪称现代主义都市规划最伟大的传奇之一。奥斯曼有皇帝的支持，又有大规模公共工程来吸收剩余资本和劳动力，这都使他能够有条不紊地对巴黎社会与经济生活的空间构架进行重组。故投资不仅涵盖了新的道路网络，而且波及下水道、公园、纪念碑和标志性空间、学校、教堂、行政建筑、民居、旅馆、商业用房等等，不一而足。总之：

> 奥斯曼展开的都市空间概念无疑是相当新颖的。他不是"东拼西凑将彼此少有联络的一条条公共大道计划集合起来"，而是追求一个"总体规划，其中细节不厌其详，足以将各地互不相同的地方环境完美协调起来"。空间被视为一个整体，其间城市的不同区块和不同功能相互牵掣，形成一个运作良好的整体，奥斯曼也是这样做的。①

引号中的内容是哈维引用奥斯曼的话。很显然，对于奥斯曼整体性和细节关注双管齐下的都市空间构想，哈维是愿意充分认同的。

但是哈维更看重的是资本在空间重组中发挥的巨大作用。哈唯指出，奥斯曼虽然大权在握，而且经常异想天开，可是也清醒意识到自己的角色其实是多有限制的，知道巴黎要转型，光是将物流和民众从中世纪的束缚中解放出来是不够的，他必须启动资本的流通，而且事实上到头来是资本主掌了奥斯曼本人。这也是第二帝国成立之初必须面对的现状。它要生存，就必须吸收剩余资本和劳动力。而转化了巴黎内部空间的公共工程，也通过有的放矢地重新布置原有环境的空间格局，促进了资本的自由流通。而资本一旦挣脱它封建的紧身衣，便根据自身独特的原则来重组巴黎的内部空间。哈维强调说，奥斯曼希望将巴黎建成一个对得起法国——倘若不说对得起整个西方文明——的现代首都。可是到最后，他整个就是在推波助澜，将巴黎打造成了一座资本流通能掌控一切的城市。新的空间关系对巴黎经济、政治和文化影响深远，给巴黎人造成的情感冲击更是非同小可。仿佛他们一头钻进了一个不断增速、空间关系被急遽压缩的眼花缭乱的世界。所以有一点不奇怪，那就是

---

① David Harvey, *Paris, Capital of Modernity*, New York: Routledge, 2003, p. 106.

第二帝国在经历剧烈的时空压缩之后，反作用也纷纷冒将出来，特别是空间和地方的矛盾，几乎无处不在。如新投资总是趋向于巴黎行政、金融、经济和人口的集中化，这就将国家疆域内政治权力如何处理地理集中和地理分散的棘手老问题重新推了出来。同时，这也导致在建构公民权利和政治认同过程中，社区扮演怎样的角色成为论争焦点。中央集权仿佛是天经地义。哈维引拿破仑的话：巴黎就是中央集权。又引奥斯曼的话：巴黎就是法国的大脑和心脏。君臣唱和相应，自豪之情跃然纸上。可是这自豪在挑战地方共同体的生存和意义，甚至危及巴黎内部的地方共同体。政治利益的地理疆界愈益模糊，这又在多大程度上阻碍了地方空间的政治认同和政治诉求呢？

哈维在他的多种著述中区分过三种空间。其一是绝对空间（absolute space）。这是欧几里得、牛顿和笛卡尔的空间，通常表现为先天存在的和固定不变的坐标方格，亦即我们的物理空间，如国家领土、城市规划等。其二是相对空间（relative space）。它涉及爱因斯坦的理论，比如根据交通方式的不同可以绘制出完全不同的地图，甚至可以通过网络和拓扑关系来确认两点之间的最短距离。它当然也影响现代人对世界的看法。其三是相关的空间（relational space）。这是莱布尼兹的理论，反对牛顿式的绝对空间和绝对时间，反对牛顿式的仿佛上帝都身处其间的绝对空间和绝对时间。相对的时空暗示时间和空间的内在关系，这会把我们带到数学、诗和音乐的汇聚点上。假如有人问天安门广场和世贸中心遗址意味着什么，那么回答只能是按照相关的状况来进行思考。值得注意的是，针对马克思在《资本论》第一章中提出的使用价值、交换价值和价值这三个关键概念，哈维认为它们大体正可对应他的绝对空间、相对空间和相关的空间：

> 一切属于使用价值的东西都存在于绝对空间和时间的领域中。个体劳动者、机器、商品、工厂、道路、房屋、实际劳动过程、能源消耗等等，全都可以在牛顿的绝对空间和时间的框架内部被个性化、描述和理解。一切

属于交换价值的东西都存在于相对时空之中，因为交换需要有商品、货币、资本、劳动力和人员在实践和空间中运动……资本的循环和积累发生在相对时空之中。然而，价值是一个相关概念，因为它的所指是相关时空。马克思（有点令人惊讶地）宣称，价值是非实体性的，却是客观的。[①]

可以说，正是基于这一错综复杂的空间认知，以及它同权力和生产过程密不可分的联系，哈维才引用列斐伏尔《空间的生产》中的名言："在权力空间中，权力并非如其本然显示于人，它隐藏在空间的组织里。"[②]哈唯进而指出，奥斯曼很显然明白他手里这一形构空间的权力一样也可以影响社会再生产的过程。比如，他很显然希望巴黎能摆脱它的工业基地和工人阶级，如此巴黎或者可以摆脱革命，成为支持资产阶级秩序的温和堡垒。这个愿景太为宏大，一代人光景难以完成。事实上，一直到20世纪最后几年里，奥斯曼当年的这个梦想才最后成真。但是，奥斯曼对巴黎的重工业和污染工业，甚至轻工业不断施压，以至于到1870年，巴黎市中心的大部分地区实际上已经完成了非工业化。工人阶级也大都被迫迁出城市。市中心让位给了帝国权力的纪念性建筑，以及行政、金融和商业区域，还有急剧增长的旅游服务业。这大体上也是我们今天看到的巴黎模样。

五、列斐伏尔的预言

关于今天的巴黎什么模样，哈维似乎并不乐观。他在2012年出版的《反叛的城市》是从列斐伏尔的预言出发，分析了今日都市的动乱动因。该书序言就起名为"列斐伏尔的愿景"，作者一开始讲了一个故事。在1970年代中叶，有位生态主义者给了他一张招贴画，画面上是熙熙攘攘的旧巴黎邻里生活景象：阳台上鲜花盛

[①] 大卫·哈维：《作为关键词的空间》，《外国美学》第22辑，阎嘉译，江苏教育出版社，2014年，第147页。

[②] Henri Lefebvre, *La Production de l'Espace*, Paris: Anthropos, 1974, p. 370.

开，广场上老老少少摩肩接踵，店铺林立，游人如织，咖啡馆铺天盖地，喷泉流淌，行人休憩于河岸，还有星罗棋布的社区公园。当此良辰美景，真叫人情不自禁欲找三两好友一叙心扉，或者掏出烟斗抽上一把。哈维说，他非常喜欢这张宣传画，可是天长日久，破损严重，他给扔了。如今，他真希望有人把它重印出来。

那么今天的巴黎呢，也许我们对其永远都有一种挥之不去的怀旧情结。今天的巴黎在哈维看来，城市景观是令人失望的，与那个充满生机、极具亲和性的老巴黎形成对照。对此哈维的描述是，意大利广场周围鬼影幢幢高楼林立，虎视眈眈，仿佛欲同56层高的蒙巴纳斯大楼联手，里应外合入侵老城。还有计划中左岸的快速路，13区和郊区那些毫无个性的公共廉租房，千篇一律的商业化街道。当年玛莱区生机勃勃的手工作坊、巴士底杂乱无章的房舍、孚日广场的曼妙建筑，今天都给毁于一旦。总而言之，从1960年代起，巴黎就在历经生存危机，老的不能长久，可是新的太不中看，空空洞洞没有灵魂。哈维认为法国名导演让-吕克·戈达尔1967年的影片《我略知她一二》（*Deux ou trios choses que je sais delle*），用审美的眼光，恰到好处地捕捉到了这个敏感时机。电影讲述一个已婚母亲做兼职妓女，究其原因，固然有生计的无奈，可是也有生活的无聊。电影的背景是美国资本大举入侵巴黎，越南战争本来是法国的事情，如今给美国接手，巴黎郊区的扩张工程中，高速公路和高楼大厦如雨后春笋般冒将出来，没心没肺的消费主义全面登陆城市的街道和店铺。不过哈维对戈达尔以妓女之口来对建筑和城市发表无厘头感慨的先驱后现代作风，十分不以为然。

哈维指出，同样是在1967年，列斐伏尔发表了他的著名论文《城市的权利》。这权利既是一声呼喊，又是一个要求。所谓呼喊，是回应城市里日常生活日益凋敝的生存危机；所谓要求，是指清醒认识此一危机，以创造一种全新的都市生活。它将少一些异化，多一些意义和游戏。但是诚如列斐伏尔的一贯描述，它也总是布满冲突和辩证契机，永远开放通向未知的新世界。今天回过头来看列斐伏尔这一时期的写作，哈维发现时不时可以读出海德格尔、尼采和傅立叶的影子，或者对阿尔都塞、福柯的默默批评。当然，整个框架必然是马克思的遗产。但是，哈维呼吁学者关注实际上经常被当代学者忽略的社会空间维度。即是说，今日城市的各种流行情绪，都是从街头产生的，拆迁改造工程似乎是无所不在，有些区域像中央市场那样，给整片整片推倒重来。街头游行的悲欢喜怒，13区廉租房地带那些星罗棋布的越南餐馆，毫无个性的郊区中，给边缘化后的绝望，失业率上升导致年轻人无所事事，这一切最终都将是动乱的根源。

哈维认为列斐伏尔是清醒意识到城市的这一反叛态势的。某种程度上，《城市的权利》指出了1968年巴黎"五月风暴"的潜在动因，而这一部分的研究，恰恰被日后的学界忽视了。哈维强调说，1968年巴黎革命之后那段和解时期里，城市生活经历文化转型，赤裸裸的资本披着商品拜物教、小众市场和文化消费主义的外衣，扮演的角色远不是清白无辜的。一如当年萨特等人创办的《自由报》渐而转向个性十足的文化激进主义，政治上却不温不火。他之所以旧话重提，是因为在过去的十年里，城市的权利这个问题有所复兴。街头的社会运动此起彼伏，这在欧洲和南北美洲都不例外。可以达成共识的则是，城市权利的思考主要并不是发生于各式各样的学院幻想和流行时尚，而是主要来自街头底层阶级的绝望呼喊。而关于"工人阶级"的构成，哈维注意到列斐伏尔已经在暗示工人阶级并非清一色是工厂的产业工人，反之成分比较分散凌乱，成员的目标和需求也各有不同，经常处在流动不居的无组织状态。所以假如从革命而不是改良的角度来看城市权利这个问题，那么列斐伏尔的预言就绝不是明日黄花：

无论如何，列斐伏尔立场背后的逻辑在我们自己的时代被更进一步强化了。在许多发达资本主义国家中，工厂要么消失，要么缩减，这导致产业工人阶级人数锐减。创造和维持都市生活的日益扩张的重要劳动，越来越靠那些毫无保障、经常是临时性质的劳工完成。他们没有组织，收入低下。所谓的"朝不保夕阶级"（precariat）替代了传统的"无产阶级"。倘若我们的时代会发生革命，至少在世界的我们这一部分（如另一边有正在工业化的中国），这个问题丛生、漫无组织的"朝不保夕阶级"，是必须认真以待的。①

哈维一向对列斐伏尔推崇备至。《空间的生产》1991年出英译本，其后记即是哈维所撰。在向英语世界全面介绍列斐伏尔的同时，哈维指出，1968年之后列斐伏尔开始特别关注都市化的性质和空间的生产。但是列斐伏尔对都市问题的关注，很快又导致他否认城市在现代生活中具有任何意义的实体地位，他认为作为实体的城市必被都市化过程，或者广而言之，空间生产的过程取代。由此全球与地方、城市与乡村、中心与边缘，都以完全不同的崭新方式连接起来。这样来看，列斐伏尔曾经热心的日常生活批判也好，马克思主义理论也好，革命政治也好，最终将在一个恒新恒异的空间生产的背景中得以重新阐释。

巴黎是引领天下浪漫时尚的现代性之都。雨中漫步在拉丁区的卵石街道上，感觉优雅寂寥，恍惚而又迷离。从巴尔扎克笔下的曲折小巷，到奥斯曼督建的星形广场和金碧辉煌的巴洛克歌剧院，一切无不时时刻刻发散出迷人的古典现代性光泽。但是巴黎也有阴暗面。当年波德莱尔作为19世纪藏污纳垢都市里的"游荡者"，他所见证的巴黎，到今天也还是一如往昔。特别是美丽城这样的"朝不保夕阶级"的城中之城，依然是女孩晚上怯于单身行走的罪恶滋生地。2005年发端于巴黎郊区的移民暴动，迄今让人记忆犹新。它亦足以显示，列斐伏尔的预言并没有过时。

由此我们看到哈维笔下的三种巴黎空间，它们分别是巴尔扎克的巴黎、奥斯曼的巴黎和列斐伏尔的巴黎。从现代性的尺度来看，前者可谓是自然的空间，以物理空间标界出社会等级。诚如巴尔扎克所示，巴黎的每一个区域都有它自己的生活方式，这会揭示出你的身份和欲求。其次是资本的空间，就像哈维所言，奥斯曼重

① David Harvey, *Rebel Cities: From the Right to the City to the Urban Revolution*, London: Verso, 2012, p. xiv.

造巴黎，必须启动资本的流通，可是到头来资本反客为主，掌控了奥斯曼本人，成为巴黎至高无上的第一主人。最后是反叛的空间，一如列斐伏尔的预言，今日都市的各种流行情绪，都是从街头产生，拆迁、移民、失业，这一切最终都将是动乱的根源。这三种巴黎空间叙述不光是历时性的描述，而且一样具有毋庸置疑的共时性的意义，无论对于巴黎这个古典现代性的地标，还是对于当今全球化背景中一切如火如荼抑或不动声色的都市再规划，它未必不是一个形象写真。故而，假如我们判断它们一定程度上都在呼应马克思《资本论》中的使用价值、交换价值和价值这三个关键概念，应当不是夸张。即便经过奥斯曼的大规模改建，巴黎市区依然建筑密集，小巷曲曲弯弯一如迷宫，多首尾相衔泊于小街的汽车，相对于大都会中心的地位显得相当尴尬。无论如何，当绵长雄厚的历史成为浮光掠影，当美和艺术的经典成为走马观花中的飘忽拟像，巴黎将会记住大卫·哈维煞费苦心、立足资本为它量身打造的城市空间分析。

六、《共产党宣言》的空间意义

后现代文化千变万化，哈维坚持认为，背后作祟的说到底是美国的霸权文化。2003年出版的《新帝国主义》一书中哈维指出，欧洲中心的帝国主义土崩瓦解，导致民族主义与帝国主义妥协当中挥之不去的种族主义变得声名狼藉。联合国《世界人权宣言》和教科文组织都试图寻找一种新的普世价值系统来保护私有财产和个人权利。在这一背景中，美国就必须把自己描绘成文明制高点和个人权利的大本营，必须种植亲美主义，将之投放到世界各地。要之，文化便是攻城略地的好帮手：

> 由此开始了针对"颓废"欧洲价值的文化大攻击，进而高扬美国文化和"美国价值"的优越性。金钱力量被用来主导文化生产，左右文化价值（这是纽约从巴黎"偷窃"现代艺术理念的时代）。在确立全面霸权的斗争中，文化帝国主义一马当先。好莱坞、流行音乐、各种其他文化形式，甚至所有

的政治运动，诸如民权运动等等，都发动起来，刺激欲望，让人去追赶美国生活方式。①

总而言之，哈维通力宣传美国是自由的灯塔，具有绝对力量保证世界的其余地区长治久安、走向繁荣。他指出，这就是美国文化给资本扩张涂脂抹粉的意识形态使命。

在此种后现代和新帝国主义文化语境中，深入探究空间重构的潜能，在哈维看来具有革命意义。由此回顾他2000年出版的《希望的空间》，我们可以发现哈唯一方面深化对资本主义空间生产的批判，一方面展开一种后现代的空间乌托邦的构想。即不光继续进行空间布局、环境变迁这些以使用价值为中心的资本主义批判，而且以更为广阔的开放性和可能性来重构他的"希望的空间"。作为当今马克思主义地理学的领军人物，哈维将这个乌托邦传统回溯到马克思主义的开山之作——《共产党宣言》并不奇怪。

《希望的空间》开篇谈的就是《共产党宣言》的空间意义。哈维指出，资本积累从来就是深刻的地理事件，假如没有地理扩张、空间重组等一系列大动作，资本主义的政治经济系统早就不复存在。资本主义的内部矛盾普遍表现为特定空间范围内的资本过度积累，加上不同地区和不同社会形态纷纷挤入资本主义世界市场，这就产生了资本积累的全球历史地理学。今天来反思它具有哪些特点，将比过去任何时候都更加重要。如是重读《共产党宣言》（以下简称《宣言》），哈维认为，马克思和恩格斯极其准确地概括了资本主义自由市场摧枯拉朽的扩张力量，它将人和人之间的一切联系化解为赤裸裸的利害关系，以至于我们几乎只能以原教旨主义、神秘主义和自我异化来反抗它。而资产阶级无休止地夺取新市场，同时更彻底地利用旧市场，期望由此来克服经济和道德危机，其结果只能是雪上加霜，酝酿更猛烈

① David Harvey, *The New Imperialism*, New York: Oxford University Press, 2003, pp. 56—57.

的新的危机。哈维指出，《宣言》上述观点中的空间维度是显而易见的，即是说，既然它不厌其详阐明了资产阶级如何创造又毁灭它自身活动的包括生态、空间和文化在内的地理基础，并按照自己的面貌来创造一个世界，那么对其空间和地理维度做更进一步的深入考察就是殊有必要的：

> 《共产党宣言》的地理学因素，在嗣后的评论中很大程度上是给忽略了。凡是它关注的焦点，又经常被视为在政治行动方面无足轻重。今天我们回顾这一点，它喻示着一种双重反应。首先，殊有必要认识到（诚如《共产党宣言》再清楚不过表明的那样），地理的重组和重构、空间策略和地理政治因素，以及不均衡的地理发展等等，其方式都是资本积累和阶级斗争动力的举足轻重方面。①

认识到这一点，也就意味着阶级斗争和社会主义运动的研究都必须将地理现实与地理政治的变化可能性考虑在内。另外，哈维再次强调了一种空间批判。他指出，列斐伏尔的《空间的生产》（1976）或许有所夸张，但是哈维愿意重申列斐伏尔的一句话，那就是资本主义完全靠着"占据空间、生产空间"在20世纪幸存下来。假如到21世纪末叶我们依然作如是说，那该是怎样的讽刺！

哈维认为马克思和恩格斯的空间观略有矛盾，那就是一方面城市化、地理转型甚至"全球化"这样的问题在《宣言》中非常醒目，但是另一方面，两位革命导师往往又情不自禁，总是将时间和历史凌驾在空间与地理之上。《宣言》开篇第一句话是"一个幽灵，共产主义的幽灵，在欧洲大陆徘徊"。这就将话题定位在欧洲，故这个文献是以欧洲为中心，而不是国际视野。但即便如此，全球背景的重要性并没有因此降低，哈维指出，马克思注意到资产阶级的革命变革是与美洲的发现、绕

① David Harvey, *Space of Hope*, Edinburgh: Edinburgh University Press, 2000, p. 31.

过非洲的航行，以及对殖民地、东印度和中国市场的贸易直接相关的。资产阶级的兴起从一开始就和它在世界舞台上的地理活动与策略紧密联系着。他引了《宣言》中这段著名的文字：

资产阶级，由于开拓了世界市场，使一切国家的生产和消费都成为世界性的了……古老的民族工业被消灭了，并且每天都还在被消灭。它们被新的工业排挤掉了，新的工业的建立已经成为一切文明民族的生命攸关的问题；这些工业所加工的，已经不是本地的原料，而是来自极其遥远的地区的原料；它们的产品不仅供本国消费，而且同时供世界各地消费。旧的、靠本国产品来满足的需要，被新的、要靠极其遥远的国家和地带的产品来满足的需要所代替了。过去那种地方的和民族的自给自足和闭关自守状态，被各民族的各方面的互相往来和各方面的互相依赖所代替了。物质的生产是如此，精神的生产也是如此。各民族的精神产品成了公共的财产。民族的片面性和局限性日益成为不可能，于是由许多种民族的和地方的文学形成了一种世界的文学。①

这恐怕是《宣言》中被引用频率最高的一段文字。哈维指出，倘若它不是关于"全球化"的一段标志性描述，那就很难想象它究竟是什么东西。马克思和恩格斯紧接着断言资产阶级摧毁一切万里长城，征服野蛮人最顽强的仇外心理，迫使一切民族仅为生存计不得不变身资产者。在哈维看来，这暗示着资本主义的内在矛盾和社会主义革命同样可能冲破欧洲中心的边界而具有更大的空间定位。是以阶级斗争开始在全球蔓延，乃有《宣言》中的著名口号：全世界无产者，联合起来！

但是哈维认为从现时代，而不是《宣言》发表的1848年的视角来看，《宣言》

① 马克思、恩格斯：《共产党宣言》，《马克思恩格斯文集》第2卷，人民出版社，2009年，第35页。

的地理学或者说空间意识，有七个方面可以商榷。第一是它将世界分成"文明的"和"野蛮的"两种，这是不加批判地接手了黑格尔的目的论。但其实《宣言》本身也暗示，应当更辩证地看待掠夺全世界财富的商业活动中资本起源的问题。第二是《宣言》强调正确地通过交通、通信的革新和投资来化解空间阻隔，这对于发展和维护资产阶级权力至为重要。这是预言了后面马克思认可的资本积累的历史中，一个特征就是"通过时间消灭空间"。第三，《宣言》没有关注领土组织，没有对国家这个资产阶级的执行机构从领土空间上来加以充分的界定和说明。第四，货币和金融作为像国家一样极大影响资本积累和阶级斗争的媒介机制，同样被忽略了。而且问题是，局部的资本积聚与世界市场资本流动的关系，总是不甚了了。第五，对于阶级斗争而言，空间的生产并不是中立的。无产阶级可以跨越国界联合起来，资产阶级也可以发展自己的空间策略分而治之。第六，对于乡村和农民革命的潜能，《宣言》应还是估计不足。第七，"全世界无产者联合起来"对抗资本积累全球化策略这一依然有效的唯一对策，其实现方式和理论说明是不是需要更进一步的深入考察？哈维引了《宣言》中的著名段落：

> 工人没有祖国。决不能剥夺他们所没有的东西。因为无产阶级首先必须取得政治统治，上升为民族的阶级，把自身组织成为民族，所以它本身还是民族的，虽然完全不是资产阶级所理解的那种意思。
>
> 随着资产阶级的发展，随着贸易自由的实现和世界市场的建立，随着工业生产以及与之相适应的生活条件的趋于一致，各国人民之间的民族分隔和对立日益消失。
>
> 无产阶级的统治将使它们更快地消失。联合的行动，至少是各文明国家的联合的行动，是无产阶级获得解放的首要条件之一。[①]

---

① 见马克思、恩格斯：《共产党宣言》，《马克思恩格斯文集》第2卷，人民出版社，2009年，第50页。

马克思的这些话是针对资产阶级责备共产党人要取消国家、取消民族而展开的辩护。哈维认为，我们可以从两个方面来理解这一辩护的当代意义。其一是《宣言》认为，抵抗资本主义、实现社会主义的唯一途径就是通过全球性的斗争，工人阶级由地方到全国再到全球，一步步发展壮大起来，获得充分的权力和空间来实现它自己的历史潜能。这是正解。其二有点机械化，即理解为随着资产阶级的发展，工人阶级人口及其政治诉求和政治运动逐渐非国家化，国家差异与分化亦将会自动消失。哈维认为这是曲解，即便《宣言》本身可以找出实质性依据。

那么，重读《宣言》的空间意义，在如今来说又有什么现实意义？哈维指出，如今虽然工人阶级人口全球化、同质化的趋向日益明显，可是资本主义同时也在竭力分化工人队伍，时而依凭传统文化差异、性别关系、种族偏见和宗教信仰等，在全球化资本主义市场空间中植入各式各样的阶级、性别和其他社会分化因素。这样来看，城市和乡村的差异，地区与地区、国家与国家的差异，就不是古老秩序的遗风，而是资本积累和市场分化刻意为之。所以说到底，哈维认为，《宣言》对于资本的力量是估计不足的，资本分化、吸收、转化甚至恶化古老的文化分歧，由此制造空间差异，调动地缘政治。总而言之，立足资本来发掘《宣言》的空间意义，来为今天的后现代、后马克思主义政治学提供一种新的文化地理学维度，可谓是哈维近年著述的一贯思路。由是观之，《宣言》展示的空间思想，就不仅是当今资本全球化扩张的一个雄辩的历史唯物主义说明，它同样与时俱进地在向未来开放，显示资本从来就不是自然物，而是社会关系。如今它在全球空间与地方文化的尖锐对峙中，势将酝酿筹划新的革命。

第二十五章 "法国理论"在美国

"法国理论"这个术语的原文不是法语théorie français，而是美国出产的英语

French theory。当年"法国理论"是假道美国走向了全球化,以至于现在断言后现代的原生态理论以及它的几乎所有灵感皆来源于法国理论,都不是夸张。所谓"法国理论",就其专门意义上而言,指的应是过去将近半个世纪里,德里达、波德里亚、拉康、德勒兹和伽塔利、福柯、利奥塔、阿尔都塞、克里斯蒂娃,以及埃莱娜·西苏这一批大家撰写的形形色色、天马行空的艰涩文字。这些人同马克思主义或许有这样那样的关系,但是更适合聚集这些名字的大纛应是后结构主义和后现代主义。此外大体不错的是,上面这些人物基本上都属于左派阵营。因此将他们归纳进广义上的马克思主义文化理论,虽然有些牵强,但是并非无的放矢。今天怎么来看法国理论呢?进入新世纪以来回顾这一段历程,有关文献从西尔维尔·洛特林格和桑德·科恩2001年的《法国理论在美国》[1]算起,年复一年相继面世的相关著述不计其数。[2]有意思的是,在理论的本土——法国,回过头来看这一段历史,显示出来的学术热情,同样是难分难解地纠缠着它的这一美国化的历史。或者更确切地说,"法国理论"的定义就是过去半个世纪里经过美国包装之后的各门各派的法国新潮理论的总和。所以不奇怪,今日巴黎学人言及的文学理论,很大程度上也还是从大洋彼岸的美国回馈过来的"法国理论"。

一、索卡尔效应

法国年轻一代学者弗朗索瓦·库塞2003年写了一本《法国理论:福柯、德里达、德勒兹公司怎样改造了美国的知识生活》,这本书2008年被译成英文。就像法国的新潮理论总是墙里开花墙外先香,必假道美国的经济和文化全球化向世界每一个角落传播一样,这本《法国理论》也借此译本回传法国本土,成为巴黎学界的一

① Sylvère Lotringer and Sande Cohen ed. *French Theory in America*, London: Routledge, 2001.

② 如 R. Barsky and E. Méchoulan, *"The American Production of French Theory"*, *SubStance*, vol. 31, n.3, 2002. François Cusset, *French Theory*: *Foucault, Derrida, Deleuze & Cie et les mutations de la vie intellectuelle aux États-Unis*, Paris: *La Découverte*, 2003. Sarah Wilson, *The Visual World of French Theory*, New Haven: Yale University Press, 2010.

个热门话题。按照库塞的看法，上面这些法国人物在它们的美国化旅途中，都是给"过度解码"了，反之他们的法国乡音，倒是日见遥远。而事实上，正是在20世纪末一个秋天发生的一场短暂论争改变了局势，使得这些当初是墙里开花墙外香的名字，终而在其本土也被认真看待起来。按照库塞的说法，大致从1980年代开始，美国文化从电子音乐到互联网、从概念艺术到主流电影，特别是从学术界到围绕文化与政治的种种论辩，莫不被笼罩在上述法国人物的魅影之下，这些人物虽然是风起青蘋之末，但是很快际会风云，扶摇直上，成就了在其本土永远不可能达到的声名及正统意识形态潜流。

值得注意的是，这本书的序言副标题就是"索卡尔效应"。作者开篇就说，在20世纪的最后三十年，美国有几个法国思想家气场之好，历史上只有美国神话里的英雄和娱乐业的名流可以望其项背。更具体说，这些当时在他们本土多遭冷遇的法国思想家们，大体可以和好莱坞的西部英雄们一较高低。如德里达好比克林特·伊斯特伍德，是孤独的开拓者和征服者，说话云里雾里，可是具有不容争辩的权威性。波德里亚又似格里高利·帕克，有种波西米亚的黑色野性，总是出人意料地在你眼前亮相。拉康呢，则是反复无常的罗伯特·米彻姆，充满杀机，又能出其不意引出反讽来。

关于所谓的"索卡尔效应"，当时它引起的轰动仍然令人记忆犹新。1996年索卡尔先是在《社会文本》上发表了文章《超越边界：走向一种量子力学重力理论的变形阐释学》，引经据典，论证量子力学的新近发展，雄辩地证明了后现代哲学的离经叛道果然所言不虚。科学与人文关系向来不睦，这等高见居然出自索卡尔这样一位纽约大学的量子物理学教授，《社会文本》这家后现代名刊自是喜出望外。可是不料转眼之间，索卡尔又在《纽约时报》上刊载声明，说他纯然是跟反科学的后现代思潮开了一个玩笑。也许索卡尔本意就是玩笑，可是这个玩笑是开大了，一夜之间，纽约各家媒体围绕"法国理论"展开热烈论争。是否索卡尔完全正确，"法国理论"纯粹就是胡说八道？抑或"索卡尔事件"压根就是一个阴谋，是精心策划攻击法国文化?

据库塞观之,就"索卡尔事件"在美国的影响来看,有两个方面是耐人寻味的。其一是美国的大学对它的反应寥寥,仿佛将这一类论争记录下来交付出版是掉了身价。只有斯坦利·费希这位著名的批评家是个例外,他在《纽约时报》上发表文章,认为科学法则无异于棒球规则。其二是马克思主义知识分子和报刊阵地仇视后现代主义,他们提醒读者别忘了索卡尔的光荣家世:他在尼加拉瓜教授数学,而且是推行强硬社会主义的桑定主义国家解放阵线(Sandinista)的忠实拥趸。他们坚决拒绝文化研究和解构主义的大师们称他们为"左派",认为那是"右派"送给他们的帽子。库塞这样描述了"索卡尔事件"的影响:

> 从巴西到意大利,从日本到《世界报》的专栏,全球的出版界很快就开始回应这场闹剧。大多数时候是谴责索卡尔的"科学主义",同时也批评学院派们太热衷于营造自己的小山头,除了法国以外,每一个热心后现代的国家都有诸如此类的山头,各个进口了些被美国化了的文化研究或"建构主义"。①

看来,"索卡尔事件"委实叫法国人大吃一惊,他们实在没有想到法国文化居然会如此深深地渗透到美国知识生活的肌理之中。其中一个显著结果便是美国精神生活的两极分化,诸如"人文主义"对"怀疑主义"、"保守主义"对"文化多元主义"等。可是这一切并没有在理论的源头法国同步发生。由是观之,美国学界对法国理论的接受或者说"挪用",是不是多少也有断章取义、削足适履的嫌疑?

"索卡尔事件"有一个原型,确切地说,它的前身是C. P. 斯诺的两种文化论。C. P. 斯诺生于1905年,卒于1980年,是英国的物理学家,可是同时也是一个地道的小说家,尤其以描写知识分子的《陌生人与亲兄弟》系列小说蜚声。C. P. 斯诺在

---

① François Cusset, *French Theory: How Foucault, Derrida, Deleuze, & Co. Transformed the Intellectual Life of the United States*, English trans. Jeff Fort, Minneapolis: University of Minnesota Press, 2008, p. 7.

1959年5月7日发表著名讲演《两种文化》，影响迄今余波未消。斯诺所说的两种文化是科学和人文，它们可以相互沟通吗？我们理所当然地认为科学需要人文，人文也需要科学。可是C. P. 斯诺认为这两种文化之间存在沟壑，比如科学家大都没有读过狄更斯的书，反过来艺术家也大都对科学一窍不通。说实话，斯诺对"两种文化"的描述已经是够乐观的了。我们的人文总是在煞费苦心地标榜科学，反之科学对人文除了好奇和消遣，基本上是不屑一顾。C. P. 斯诺抱怨英国教育自维多利亚时代以来，过于偏重人文，忽视了科学，反之认为德国和美国的教育做到了人文和科学并重，其良好的科学教育使这两个国家在当今的科学时代更具竞争力。这可见，斯诺也在责怪自己的国家轻慢了科学。我们今天怎么来看C. P. 斯诺所说的"两种文化"？特别是如何看相关论争中经常被忽略的教育体制和社会体制的差异？今天科学已经成为舍我其谁的无冕之王，早已不屑同人文一争长短，这样来看"索卡尔事件"，它难道不是当事人先辈的"两种文化"的后现代翻版？要之，这个"两种文化"的模式一再被仿效，又是说明了什么？

　　1997年9月，前一年的闹剧"索卡尔事件"又生余续。主人公照例是两位物理学家，除了美国的艾伦·索卡尔，还有比利时鲁汶天主教大学的让·布里克蒙。两人在巴黎联袂出版了《知识欺诈》（*Impostures intellectuelles*）一书，把战火直接烧到后现代的法国故乡。一年之后两位作者修订该书，复出英文版，易名为《时尚胡言》（*Fashionable Nonsense*）。知识欺诈也好，时尚胡言也好，顾名思义，显示的都是科学对人文的傲慢，假如我们愿意把离经叛道的后现代话语视为人文正统的话。该书指责人文学者滥用科学和数学术语，鼓吹相对主义，否定真理价值，总而言之是冒充内行，陶醉于文字游戏。用当下流行的行话来说，就是"后现代主义"。库塞对这本书耿耿于怀的，不仅是两位作者判定所谓的后现代话语一笔勾销了启蒙运动以降的理性主义传统，把科学仅仅视为一种"叙述"、一种"神话"，或者与所有人文话语不分伯仲的一种社会建构，更在于该书的炮火几乎是一股脑儿冲着法国的作者而来，诸如德勒兹、德里达、伽塔利、露西·伊利格瑞、拉康、布鲁诺·拉图尔、利奥塔、米歇尔·塞尔、保尔·维瑞利奥，以及大名鼎鼎的波德里亚、克里斯蒂娃和福柯。这些人物可不全都是"法国理论"的开创者！

在索卡尔和布里克蒙看来，正是上述"法国理论"的作者们信口开河乱用科学概念，结果不但导致思想混乱，而且流于反理性主义和虚无主义。故而殊有必要在传播更广的英文版面世之前，先在"法国理论"的故乡来发表此书，由此来维护理性主义的经典和知识诚信，以其作为一切学术的基本准则。这当中的逻辑是清楚明白、一目了然的：假如文本读上去显得不知所云，那么它们确实就是不知所云。《知识欺诈》的两位作者果然如愿以偿，这本书当时在法国学界引起轩然大波。1997年9月30日，《世界报》发表职业书评家玛丽永·伦特根的著名文章《美国人索卡尔面对法国思想的欺诈》，予以有力抨击。克里斯蒂娃也不甘示弱，指出这是一场针对法国知识界的阴谋，它充分暴露了大西洋彼岸的学术界其实有着一种"恐法症"。

这场从美国烧到法国，然后又烧向世界的论辩，连同此前围绕《社会文本》的"索卡尔事件"，酿成了一场后来所谓的"科学大战"。值得注意的是，科学家对索卡尔和布里克蒙基本上持默认和支持态度，人文学界对于这本书的反应则是两极分化。批评者无非是指责《知识欺诈》和《时尚胡言》的两位作者对他们攻击的领域其实并不熟悉，所以书中断章取义、前后矛盾的地方比比皆是。可是支持索卡尔的也不乏人在。如哲学家和政论家雷维尔在1997年10月的《观点》（*Le Point*）杂志上刊出《假先知》一文，批判后现代比索卡尔和布里克蒙有过之而无不及。据他言，叫作"法国理论"的这些蠢东西显示的是种后现代的傲慢，它抹杀真与假、善与恶的差异，压根就是颠倒黑白。如德里达的所作所为，无异于堕入当年的纳粹窠臼，对真正的左派在过去一个世纪里获得的成就视而不见。更有人指责布鲁诺·拉图尔的理论同墨索里尼的如出一辙。总而言之，索卡尔和布里克蒙在法国本土出版此书，合力批判可以用后现代主义一言以蔽之的哲学奇谭，可谓适当其时。

库塞对上面这一场今日看似偃旗息鼓的名为科学大战、实为法美思想界大战的纷争，有两点深切感受。其一是从1970年代开始的法国和美国主流思想界的理论分歧，如今将战火烧到了法国本土。而反过来，这把火又再次烧回大洋彼岸，在美国高校里再次燃起理论的热情。其二则是感慨法国评论界对于索卡尔和布里克蒙的反击，其实误读得厉害。两人与其说是在向法国的思想家们全面宣战，不如说是针对美国高校发泄不满。即是说，紧紧追随上面这些法国大佬，导致美国高校里的学术"衰退"了。法国读者对当时流行的许许多多后现代术语——文化研究、建构主义、后人文主义、多元文化主义、经典战争、解构以及政治正确等的了解，大多是捕风捉影、蜻蜓点水，不识其中"真义"。而这个真义在库塞看来，是和20世纪最后三十年里美国高校整个的学术大动荡紧密联系在一起的。它所涉及的，并不仅仅是人文领域。

进一步地看，库塞认为这些时兴术语的出现，追根溯源，同学术与政治的曲折结盟还大有关系。这也直接导致国家及其多元身份认同之间的张力。它可以说是间接解释了"9·11"事件之后，新帝国主义和新保守主义的崛起，以及左派制衡力量的疲弱。如此来看"法国理论"在美国的新近遭际，便豁然开朗：

> 这就是"法国理论"这个奇特概念的赌注，故此也是眼下这本书的目标：揭示法国文本与美国读者之间甚至我们也不能幸免，而且延伸至今的一种创造性的误解，探讨它的知识谱系及其效应。这是一种名副其实的结构性的误解，即是说，它不光是简单指向一种误释，而且指向法国和美国知识领域之间内部组织的差异。[1]

要之，当务之急不在于如何根据文本的"真理"来判断此种误解误读，而在于深入探讨这类有意无意的误解误读中出其不意的诡谲内涵。这就说来话长了。

---

[1]　François Cusset, *French Theory: How Foucault, Derrida, Deleuze, & C. Transformed The Intellectual Life of United States*, English trans. Jeff Fort, Minneapolis: University of Minnesota Press, 2008, p. 5.

二、霍普金斯会议

我们可以从"法国理论"在美国的历史说起。一般来说，这段历史的起点可以定位在结构主义在大洋彼岸美国的全面登陆。再往前看，或许可以上溯到萨特存在主义在美国的被接受。如现执教于蒙特利尔大学的加拿大学者米歇尔·彼埃森斯，即作如是观。彼埃森斯在美国教学多年，且撰文参与过围绕"索卡尔事件"的论争。在论及"法国理论在北美"这个话题时，他就认为法国理论在美国的出现要早于20世纪60年代。故现在来谈"法国理论"，第一个人物应该是萨特。[①]

在库塞看来，"法国理论"在美国甚至有一个三阶段的"史前史"。第一个阶段是1940年至1945年纳粹占领法国期间，法国艺术家和哲学家流亡到新大陆。这段历史同德国法兰克福学派的美国经历颇有相似处，但是理论成果和影响显然是大不相同。第二个阶段是战后法国思想三大流派的美国之旅，它们分别是超现实主义、萨特存在主义，以及年鉴学派。但是说到底，"法国理论"进入美国的标志性事件，是在这段"史前史"的第三个阶段，即1966年在约翰·霍普金斯大学召开的研讨会。

1966年应是法国的结构主义之年。这一年出版了罗兰·巴特的《批评与真理》、拉康的《文集》，以及福柯的《词与物》。一些结构主义口头禅诸如"人之死""范式转移"等等，都赫然出现在主流媒体的头版上面。在美国，同年列维-斯特劳斯出版了《野蛮的心灵》英译本，《耶鲁法国研究》杂志出了一期结构主义专刊。但是两者都反应平平。正是基于结构主义在美国这一波澜不惊的现状，约翰·霍普金斯大学的两位教授理查·迈克希和尤金尼奥·多纳托才突发奇想，邀来法国结构主义一线人物，在福特基金资助下，于10月18日至21日在巴尔的摩校园召开了题为"批评语言与人的科学"的研讨会。百余人规模的会议上，最引人注目的无疑是到场的十位法国明星。他们是巴特、德里达、拉康、勒内·吉拉德、希波利

---

① 见陆扬：《"法国理论"在法国》，《复旦大学学报》2013年第2期。

特、戈德曼、莫哈泽、普莱、托多洛夫，以及让·比埃尔·韦尔南。就在这次会议上德里达结识德曼，说来也巧，两人此时都对卢梭的《论语言的起源》深感兴趣。后来同样成为"耶鲁学派"核心人物的希利斯·米勒，当时坐在会议的听众席上。

后人忆及此次盛会，一般会提及德里达对列维–斯特劳斯斯的发难，由此将此会看作解构主义阴差阳错进入美国的起点。但事实是几乎每一场演讲都有尖锐争论。如普莱坚持文学想象，反对巴特的结构分析；戈德曼在文本的"社会化"方面，则有意识地同德里达拉开了距离；希波利特开讲提出的问题后来广为传布：在我们的时代来谈黑格尔是不是太晚了一点？但是说到底，这次研讨会上出尽风头的终究还是两位结构主义新星：罗兰·巴特和雅克·德里达。巴特的演讲是《写作：一个不及物动词？》。德里达的发言《人文科学话语中的结构、符合与游戏》，则更以破解结构主义为人瞩目。这篇被认为是了解解构理论不可不读的文章，有一个明确的靶子，它就是列维–斯特劳斯斯的结构主义人类学。结构意味着有一个中心，但列维–斯特劳斯斯本人的文字，据德里达分析，又恰恰可以证明这个中心并不存在。这便是逻各斯中心主义之自我解构的绝好例子。德里达说，他之所以选定列维–斯特劳斯斯来作解构，不仅仅是因为人类文化学在人文科学中占据了特殊重要的位置，更因为列维–斯特劳斯斯的著作中，有一种明显的自我解构的倾向，而这一倾向直接关系到对传统语言的批判，也关系到这一批判的语言在社会科学中的地位。德里达没有无的放矢信口开河，这次研讨会的议题，就是"批评语言与人的科学"。三十余年之后，库塞这样总结这次会议的"德里达"效应：

问题很清楚：这个崇高的结构主义以及它被冲淡了的部分，美国大学一向只知晓它的叙事学版式，如热奈特和托多洛夫。如今，它该被我们抛诸脑后，以便来迎接一个更认同游戏的"后结构主义"。虽然这个词直到1970年代初叶方才出现，但是在1966年约翰·霍普金斯大学研讨会上，到场的所有美国人都意识到，他们刚刚出席了它公开诞生的现场表演。①

　　由此可见，约翰·霍普金斯大学当初迎接法国结构主义主流理论的夙愿基本上是不了了之。这个会议鬼使神差地悄悄开启了一个先是叫作后结构主义，然后叫作解构主义的新时代，并且最终形成了约翰·霍普金斯大学、康奈尔大学和耶鲁大学这个解构主义重镇的"金三角"。也许后来将1966年的约翰·霍普金斯大学研讨会追记为解构主义进军美国的起点，未必名副其实，因为当时的话题是结构主义，大家还不清楚解构主义究竟是什么东西。甚至在之后的十年之中，在新大陆业已安营扎寨的"法国理论"，很大程度上也还是纠缠在结构主义与后结构主义分与不分以及如何分界的迷惘之中。比如拉康、福柯、德里达有一阵子身份是疑神疑鬼的结构主义者，可是一转眼，就变成了巴黎后结构主义的三驾马车。又如罗兰·巴特，其身份从结构主义向后结构主义的转化发生在何时？是不是该以他1970年出版的*S/Z*为分界线？可是，乔纳森·卡勒，这位美国"法国理论"三大重镇之一康奈尔大学的比较文学掌门人，在他普及解构主义功不可没的《论解构》一书中，明确告诉我们，早在巴特1964年《批评文集》的重要序言中，已经出现了强烈的"后结构主义"兴趣。卡勒本人这样交代解构主义在美国的被接受：

　　　　解构主义被人形形色色地描述为一种哲学立场，一种政治或思维策略和阅读模式。文学或文学理论专业的学生，最感兴趣的无疑是它作为一种阅读和阐释方法的力量了。但是，倘若我们的目标是描述并估价文学研究中的解构实践，那么这也是一个充分理由先宕开一笔，暂从解构作为一种哲学策略

第六编　后工业社会的文化理论

---

① François Cusset, *French Theory: How Foucault, Derrida, Deleuze, & C. Transformed The Intellectual Life of United States*, English trans. Jeff Fort, Minneapolis: University of Minnesota Press, 2008, p. 31.

487

说起。①

这可见，解构主义在美国并接受后向全球蔓延的接受模式，首先是"作为一种阅读和阐释方法的力量"。换言之，它是文学批评不断涤古革新、改朝换代的最新版式，即便是钟情文学的德里达，从来没有动摇过自己的哲学家身份。

三、杂志的功绩

库塞称，他追记"法国理论"在美国的旅途所采用的方法不是硬性地打开文本的"黑匣子"，而是注重描述符号的社会流通、引文的政治运用以及概念的文化生产。事实是，法国理论的旅行在其出发起点和接受终点，很少见到同质同步的局面。如法国哲学家进入美国，是文学界在做不懈努力；革命问题到了美国，变相跟少数族裔话语混合起来；伽里玛和午夜这些大牌出版社的作者，到美国则成了大学出版社和一些边缘出版商的常客。这一切，都足以显示理论的一种创造性的不对称传播。

"法国理论"在美国的最早传布中，杂志的功绩值得纪念。这些刊物最初常常是简陋的油印本，用订书机装订后在课堂和会议上手手相传。一些新锐法国文本，最初就出现这等场合。油印本不足为奇。几乎是在同一时期，斯图亚特·霍尔大名鼎鼎的《电视话语的制码解码》，最初形式也是流传在伯明翰中心内部的油印文本。这些大多出自年轻人手笔的"法国理论"的最初翻译，质量叫人不敢恭维。它们有时候是著作的节选，有时候是作者的随机性访谈，因为没有版权，大抵只能在法文系的课堂内外私下交流。这一切与结构主义流行前夕，包括1960年创办的《传播》、1966年创办的《语言》、1970年创办的《诗学》等等一批法国本土的学术刊物，走过的路径大不相同，显示了业余与专业的鲜明对比。特别是得名于《如实》

M
KARL MARX

马克思主义文化理论发展史

---

① 乔纳森·卡勒：《论解构：结构主义之后的理论与批评》，陆扬译，中国社会科学出版社，1998年，第72页。

（*Tel Quel*）杂志的"泰凯尔"团体，其对法国文学和文化理论产生的那种引领潮流的深刻影响，在美国基本上罕有其匹。

关于美国当年致力于引进"法国理论"的杂志，库塞注意到其中一批左翼刊物，如《党派评论》（*Partisan Review*）和《泰劳斯》（*Telos*）等，倾向于将上述"法国理论"的干将们，表述为一批非正统的法国马克思主义新作者，比如：波德里亚被描述为摧枯拉朽的法兰克福学派继承人；刊物又质问福柯对阿狄卡监狱的观感，以及对美国刑罚制度的危机有何感想；至于利奥塔，则成了阿多诺的"利比多"式批判者。库塞强调说，就在大约十二年间，围绕"法国理论"的登陆，包括《字符》（*Glyph*）、《疆界2》（*Boundary* 2）等在内的十六家新杂志冒了出来。这些刊物大都开宗明义，不遗余力地从欧洲引入新思想和新范式，是以德里达的解中心主义、福柯的社会控制、利奥塔的冲动装置以及德勒兹与伽塔利的精神分裂等等，一时成为常新不败的话题。

库塞将三家杂志作为引进"法国理论"的先驱刊物。除了后文的《符号文本》，其他两家都是1971年在法文系创办的：康奈尔大学的《析辨》（*Diacritics*）和威斯康星大学的《潜姿态》（*SubStance*）。我们不难发现，这些新锐杂志的刊名大都起得稀奇古怪，用德里达的术语来说，它们充满了潜文本的延异和播撒态势，怎样恰如其分地译成中文，叫人伤透脑筋。《析辨》杂志面世之初，凭借斯坦纳与福柯的生动交流，赢来了一个开门红。福柯的《词与物》英译本在1970年出版，1971年2月，法裔批评家乔治·斯坦纳在《纽约时报书评》上发表《名流时刻》予以尖锐评论。紧接着，《析辨》创刊号刊出福柯的答辩《批评中的怪物》，第2期又刊出斯坦纳的再答辩《斯坦纳答福柯》。此刊后来又同解构主义打得火热，分别发表过德里达《论文字学》的书评，哈罗德·布鲁姆、保尔·德曼的解构高论，以及论阿尔托和拉康的文章。不过同其他刊物相似，《析辨》也渐而从主打拉康—德里达牌，转移到主打德勒兹—利奥塔的社会颠覆模式。1973年夏季号上，《析辨》封底上刊印过一首打油诗：

在请进病人之前，拉康博士，请告诉我们

列维-斯特拉斯、德里达和德曼的最新动向……

黑格尔之后辩证的东西还能结构吗？

名称的物化真的能替代面包圈吗？

能指是不是果真就意味着所指呢？

噢，妈的！拉康，你的病人自杀啦！①

　　这首叫人忍俊不禁的打油诗也许可以读作一个风向标。它是不是意味着抛弃"漂浮的能指""文本之外一无所有"这类后结构主义标识，再次重申文本的言外之意？也许就像打油诗一样本身不过是文字游戏，它说到底是不是彰示了一切法国新锐理论的游戏作风？

　　《潜姿态》同样将传布法国先锋思潮引为己任，也一样经历了传播重心的"德勒兹转向"，从最初三年里鼎力介绍索绪尔、克里斯蒂娃、德里达和法国结构主义，渐而转向对德勒兹和伽塔利的"精神分裂症分析"和"反俄狄浦斯"理论的介绍。1976年它的弗洛伊德批判引人瞩目，次年又转向阿尔托。1978年它出了一期德勒兹与福柯专辑，"边缘政治"一时跃居中心，包括刊布了福柯《性史》的最早英译节选。很显然，这一切都与后结构主义热衷的文本理论渐行渐远了。此外，1976年在约翰·霍普金斯大学创办的《字符》杂志，扉页上就赫然在宣示它的两大主旨：其一是质疑"表征与文本性"，其二是探究"美国与大陆批评科学的对抗"。所有的此类刊物一开始的话题似乎都是德里达，但是后来《字符》也尝试运用解构批评分析过麦尔维尔和歌德的小说。另外，《社会文本》，这家后来被索卡尔狠狠

---

　　① François Cusset, *French Theory：How Foucault, Derrida, Deleuze, & C. Transformed The Intellectual Life of United States*, English trans. Jeff Fort, Minneapolis: University of Minnesota Press, 2008, p. 63.

要了一把的人文杂志，是1979年由社会学家斯坦利·阿诺罗维兹与日后成为中国后现代教父的詹姆逊在杜克大学创办的。这家大刊稿源丰富，坚持其左派文化定位，目光并不紧盯着文学理论。故除了德塞都、福柯等"法国理论"的文本，它还刊发过美国本土理论家赛义德和康内尔·韦斯特等人的文章。对于1974年在芝加哥大学创办的《批评探索》，库塞的评价是，它一方面围绕福柯的论争发表了斯坦利·费希和保尔·德曼的开拓性文章；一方面又注意保留对话姿态，重历史而轻政治，是以能出人意表地将加缪、博尔赫斯、艺术中的女性主义这类题材一并收入彀中。

但是"法国理论"借助媒体畅销美国，第一功公推法国哲学家西尔维尔·罗特林奇1974年在哥伦比亚大学创办的《符号文本》杂志。这本后来发展成出版名牌的大刊，首先刊物的名字Semiotext（e）就有讲究，它是将"符号学"（semiotics）与"文本"（text）两个词对接，后缀加上一个带括号的e，显示杂志最初的双语性质。说到底，这个别出心裁的刊名，显示的还是一种符号学的解构态势。罗特林奇1970年到美国，1972年在哥伦比亚大学法文系得到终身教职。哥伦比亚大学的里德讲堂（Reid Hall）接待过罗兰·巴特、德里达、波伏娃等法国名家，向来以法美交流的桥头堡著称。在此授课的罗特林奇本人，也亲自邀请过伽塔利、热内特和拉康来此做过讲演。这一切都使《符号文本》的面世变得水到渠成。草创之初的杂志成员共有10人，大都是罗特林奇的学生。10个人每人凑了50美元作为启动资金。经过筹备，围绕监狱和癫狂话题、以"精神分裂症—文化"（Schizo—culture）为题的第一次"法国理论"研讨会在1975年拉开帷幕，德勒兹、伽塔利、福柯和利奥塔均到场演讲。这些已故的大师们，如今都是Semiotext（e）出版社重版目录中的主干。

罗特林奇推广"法国理论"的时代背景，一般认为是20世纪60年代法国马克思主义的热情消退之后，理论界不复从阶级斗争中获得灵感，转而向资本主义内在机制中寻找颠覆动因。如此，在致力于系统引进"法国理论"的罗特林奇看来，美国新大陆正是实践此一理念的最好场地。罗特林奇曾经在纽约的西村同约翰·凯奇对弈，后者的《4分33秒》一类先锋实验性作品，其离经叛道肯定不下于后来的"法国理论"。对弈中，他感觉到梭罗、尼采和后结构主义息息相通。在不满法兰克福学派后续以及美国左派之余，罗特林奇决定独立引进流动不居、如根茎般枝丫蔓延的法国新锐思想。故早在杂志创办之前，罗特林奇已经先是把德勒兹、伽塔利和福柯，然后又将文化理论家维瑞利奥的"速度学"（dromoloy）和波德里亚的消费文化理论，引进了美国的政治话语。

《符号文本》第一期是索绪尔专辑，但重点是罗特林奇在日内瓦图书馆发现的一篇索绪尔晦涩手稿《回文字谜》（*Anagrams*）。如此，读者实际上看到了两个索绪尔。一个索绪尔是语言学大师，另一个索绪尔却在引诱人一头钻进文字游戏，进而来怀疑语言符号。1976年起，它又分别出过巴塔耶、《反俄狄浦斯》、尼采以及"精神分裂症—文化"专辑。就像《析辨》和《潜姿态》杂志一样，《符号文本》也完成了一个完美的德勒兹与伽塔利转向。1983年，罗特林奇联手自治传媒（Autonomedia）出版社，开始出版他起名为"外来物"（Foreign Agents）的"小黑书"丛书。丛书第一辑推出的《仿真》《纯粹战争》《在线》三书，当时就一路畅销，大获成功。其中《仿真》是罗特林奇编译波德里亚《符号交换与死亡》及《拟像与仿真》两书而成，《纯粹战争》系罗特林奇同"速度哲学家"维瑞利奥的长篇访谈，《在线》则系德勒兹与伽塔利的文集。尤其是《仿真》，它成为1999年基努·李维斯经典电影《黑客帝国》的直接理论后援。这套丛书之后被源源不断地生产出来，当仁不让成为"法国理论"介入美国的第一通衢。

但是《符号文本》同自治传媒的合作也有局限，主要是后者大体属于一个比较松散的出版草根联盟，缺乏稳定性。它的圈子主要是军事爱好者、工会网络，以及所在地纽约布鲁克林区的一些社会活动家。其习惯做一锤子买卖的作风，与罗特林奇念念不忘的长久之计相抵牾。所以到2000年，《符号文本》同自治传媒分道扬镳，转而移师西海岸的洛杉矶，加盟麻省理工学院出版社，这个经营"法国理论"的美国第一号媒体品牌，终于"圆满功德"。库塞给予罗特林奇这样的评价：

因此，西尔维尔·罗特林奇在法国理论的传播方面，也许就是冲锋陷阵的第一人，任何其他人都望尘莫及。他时时遭受着灭顶之灾的威胁，在支持和讽刺的夹缝当中艰难生存，同时顶住了双管齐下的制度化巨大压力：其一是走向一个丰富多彩的美国路线生活世界，其间理论动因与生活经验永远和谐共鸣；其二是走进游戏者与赌徒的轻松天地，内心里只觉得天降大任于斯人，可是压根就无法成功。①

罗特林奇之所以得到库塞的高度评价，一个重要的原因是他终究是应付了学院抑或游戏的两难选择。罗特林奇一直保留着他在哥伦比亚大学的教职，同时始终与后来被哈罗德·布鲁姆叫作"憎恨学派"的敌视经典立场保持了相当距离；他是"法国理论"在美国的第一批传播者，可是一转眼又来谴责铺天盖地的新概念过度阐释。由此可见，"法国理论"在美国必走学院路线，否则它不成其为"法国理论"。

四、马克思的幽灵

如前所见，"法国理论"在美国的旅途，大都经历了一个"德里达—德勒兹"转向。故假如我们把德里达的解构主义视为它的一个未必名副其实的起点，应该不是盲目武断。但或许正是对文学的过分热心，致使德里达在本土一时命乖运舛，事实上被排斥在法国主流哲学圈子之外。包括他的母校巴黎高等师范学院，在满世界文学批评言必称解构的解构主义黄金时代，还舍不得给解构主义的父亲授予一个正教授的职称。在1979年出版，后来被誉为所谓"耶鲁学派"宣言的《解构与批评》一书中，细心的读者不难发现，这本文集的五位作者里，布鲁姆、德曼、哈特曼和米勒都是耶鲁大学文学专业的大牌教授，可是他们的"灵魂"德里达，身份其实有点尴尬。该书的"作者介绍"里就说得明白："雅克·德里达在巴黎高等师范学院

① François Cusset, *French Theory: How Foucault, Derrida, Deleuze, & C. Transformed The Intellectual Life of United States*, English trans. Jeff Fort, Minneapolis: University of Minnesota Press, 2008, p. 75.

教授哲学与哲学史，1975年起，他任耶鲁大学的人文访问教授。英语世界中，他因以下著作蜚声：《〈声音与现象〉和胡塞尔符号理论的其他论述》（1973）、《论文字学》（1976）、《胡塞尔〈几何学的起源〈导论〉》（1978）、《文字与差异》（1978），以及《马刺：尼采的文体》（1979）。"[1]解构主义扛鼎之作《论文字学》英译本1976年由佳亚特里·斯皮瓦克译出，距离它的法文初版已经过去十年。

德里达的著作走进美国的课堂，《论文字学》的出版是标志性事件。这个译本不仅将晦涩艰深的解构理论译介得通俗易懂，而且有一个长达一百页的译者序言。假如说它是一个前无古人的译本，估计也不算夸张。斯皮瓦克的译序中不但系统介绍了德里达的生平、著作和思想，而且就什么是"序言"、怎样来写"序言"大发感慨，被认为从此将写序言提升到了"哲学的高度"。斯皮瓦克早年曾经师承德曼。2007年，她成为哥伦比亚大学二百六十四年历史上，第一个获得"大学教授"（University professor）这一最高职称的有色人种女性。但是开始翻译《论文字学》的1973年，这位年方三十的年轻天才女性还在爱荷华大学任职。一个偶然的机会她捧起德里达的这本大著，出于好奇，大致浏览了一番，当机立断担当起翻译重任，同时说服约翰·霍普金斯大学出版社来出版这部后来被证明是划时代的"法国理论"大著。译序中，斯皮瓦克这样描述她的序言意味着什么：

> 说某个叫作《论文字学》的东西当初是，现在也是我这篇序言一时兴起的缘起，那是理所当然，可是也并不正确。而且，甚至在我写作之时，我突出此时此刻，当你来阅读的时候，也会在我的序言中发现你读《论文字学》一时兴起的缘起。[2]

---

[1]　Harold Boom et al. *Deconstruction and Criticism*, New York: The Continuum Publishing Company, 1979, p. ix.

[2]　Jacques Derrida, *Of Grammatology*, trans. G. Spivak, Baltimore: Johns Hopkins University Press, 1976, p. ix.

M
KARL MARX
马克思主义文化理论发展史

斯皮瓦克是不是感染了德里达的文风？这篇序言曲里拐弯，文体明显也是模拟了《论文字学》的迂回曲折。故而称斯皮瓦克这篇大序开启了一个喧宾却不夺主的"法国理论"新时代，一点不算过分。值得注意的是，德里达的作品以此为契机纷纷进入美国课题，成为批评文本的分析对象，但是在"法国理论"的本土，迄今为止拉康、福柯、德里达、德勒兹这一批已故大师们的身份虽然同样得到了确认，但是他们的著作依然被排斥在文学系的课堂之外，尚无出现取代作品分析的趋势。

《马克思的幽灵》1993年出版，德里达与马克思的直接对话可谓姗姗来迟。该书一开篇就说："现在维护马克思的幽灵。"这句话的法文原文是Maintenant les specters de Marx，[①]开门就是一个双关语，maintenant既是现在、此地的意思，又暗指维护的意思，所以蓓琪·加缪夫在英译文中无可奈何只好把这双关意思同时译出来，是为Maintaining now the specters of Marx。这个开头其实来得突兀，叫人不好理解。它是一个陈述句吗，说作者德里达如今在维护马克思的幽灵？还是它是一个命令句，谓汝等应当维护马克思的幽灵？抑或它就是一个评议句，意谓吾人不论意识到与否，但委实一直是在保养维护马克思的幽灵？德里达以"幽灵"命名他这部姗姗来迟，一直到苏联分崩瓦解，东欧纷纷易帜之后方才面世的马克思主义专论，当然是经过了一番深思熟虑的。从词源上看，它无疑首先取法于《共产党宣言》那一句著名的开场白。再往上推，该书题记引用了《哈姆雷特》第一幕中丹麦王子与老王幽灵宣誓时的一句著名独白：这时代脱节了。

多年以后，德里达本人这样解释过他的"幽灵"情结。他指出，在对马克思的研究中，他之所以重视幽灵的问题，不仅仅是因为马克思说过马克思主义是一个在欧洲游荡的幽灵，也不仅仅是因为哈姆雷特重振乾坤同他父亲的幽灵有怎样的关系，他关注幽灵的原因是"幽灵"的问题也是"幽灵性"的问题。而"幽灵性"的

---

① Derrida, *Spectres de Marx*, Paris: Galilée, 1993, p. 21.

问题、"幽灵性"的概念，如今似乎被用作理解比方说技术、交流变革方法的东西，如电视、网络、电话、手机等等，所以：

> "幽灵性"的概念对于分析我们时代的这些技术、这些新技术的发展都是必不可少的。"幽灵"意味着既不是真实的，又不是想象物，他既不是生者，也不是死者。他制造传播、印迹、技术的形象。①

德里达上述幽灵释义的背景是2000年他访问中国之际在中国社会科学院做报告。德里达称他不知道在中文里如何翻译 spectre、fantôme 和 revenant 这三个同幽灵有关的概念。但是，他对"幽灵"的研究由来已久了，"幽灵"具有它的价值，也具有解构的意义，因为说到底，"幽灵"特点就是非生非死、非在场非缺场、非真非假。至此，对德里达的幽灵我们或许开始看出了些端倪：它是不是同异延、踪迹、补充以及场域（khôra）这类神出鬼没的解构主义概念相知恨晚，愿意形影相随一起叙说在场和缺场、生命和死亡、真实和虚幻之间的那一混沌状态呢？

但是将马克思重读作徘徊在欧洲上空的"幽灵"，无论它被释为20世纪末叶的资本模式也好，弥撒亚式的政治愿景也好，抑或变相取代昔年"异延"的"正义"也好，德里达这一典型的"法国理论"马克思主义阐释模态，与西方马克思主义英美正统，如始终在谴责解构主义是文本主义、反历史主义的伊格尔顿、佩里·安德森、詹姆逊等人，终究还是难合分歧。分歧必然引来反击，方方面面的反击和斡旋后来被汇集到一部不算来得太迟的文集：《鬼魂分割：论德里达的〈马克思的幽灵〉》。虽然詹姆逊和意大利哲学家安东尼奥·奈格里等人的评论还算持理解态度，但占据上风的显然是一面倒的批判，诚如该书编者序言中所言：

---

① 杜小真、张宁编：《德里达中国讲演录》，中央编译出版社，2003年，第78页。

这本文集里的论者们，对于究竟应该赞扬还是谴责（或者某些情况下干脆不屑一顾）德里达处理马克思文本的方式，以及更广泛意义上的马克思主义，是多有分歧的。考虑到大部分撰稿人的政治立场，谴责占据主导地位是可以想见的。这一点都不奇怪，因为在解构主义/马克思主义的分界线上，他们倾向于站在马克思主义一边。[①]

简言之，论者大都倾向于判定德里达对马克思的阅读是误读。皮埃尔·马歇雷的文章是《被分隔的马克思》，伊格尔顿的文章名叫《没有马克思主义的马克思主义》，标题本身就锋芒毕露。德里达本人的答辩文章《马克思及儿子们》亦收入此书，他却不认为自己是在恣意歪曲马克思，理由是马克思主义并不是宗派主义者们的专利，今天我们所有的人都是马克思的儿子，所以我们都有充分的理由根据自己的理解来阐释马克思的幽灵。所以问题依然存在：我们愿意在多大程度上接纳德里达的解构主义的马克思主义呢？

第二十六章　德勒兹与伽塔利

吉尔·德勒兹（1925—1995）是法国哲学家，从20世纪60年代起至1995年一直病魔缠身，最后不堪病痛在巴黎17区他的公寓房跳窗自杀。关于哲学、文学、电影，以及文化和艺术批评他著有大量文字，所以他也是文化批评家，是典型"法国理论"的样板之一。吉尔·德勒兹出生在巴黎一个中产阶级家庭，一生大都也是在巴黎度过。1944年他就读巴黎索邦大学，教师中有乔治·康吉兰、让·希波利特和莫里·冈地亚克这样的大家。1948年他获得哲学教师资格，之后在多家中学任教，并在1953年出版了第一部论述休谟的专著《经验主义与主体性》，1957年入

---

① Michael Sprinker ed. *Ghostly Demarcations: A Symposium on Jacques Derrida's Specters of Marx*, London: Verson, 1999, pp. 2–3.

职索邦。1960年至1964年，德勒兹在科学研究国家中心（Centre National de Recherche Scientifique）工作。这一时期他出版了《尼采与哲学》（1962），成为法国尼采复兴运动中的关键人物，并且结交了福柯。1964年至1969年，他任里昂大学教授。在冈地亚克指导下完成的博士论文《差异与重复》在1968年出版。此书被公认是德勒兹的哲学代表作，虽然不似他和伽塔利合著的《资本主义与精神分裂：反俄狄浦斯》《资本主义与精神分裂：千高原》（后简称《反俄狄浦斯》《千高原》），那样名扬四海。拜福柯引荐，1969年起德勒兹任教于新筹建的巴黎第八大学，直到1987年退休。

德勒兹与他同时代的许多思想家如萨特和福柯一样，是无神论者。他早年就患呼吸道疾病，后来发展成肺结核，导致写作都成困难。去世之前，德勒兹曾宣布他有意写一本大书，书名叫作《马克思的光辉》（La Grandeur de Marx），但终未如愿。

费里克斯·伽塔利（1930—1992）是法国精神分析从业医生，也是哲学家和符号学家。他出生在巴黎郊区的工人阶级家庭，20世纪50年代师从拉康学习精神分析，曾主笔《共产主义道路》（La Voie Communiste）。伽塔利在1968年巴黎红色风暴中结实德勒兹，是以才有《反俄狄浦斯》和《千高原》的著名合作。

一、精神分裂症分析

德勒兹和伽塔利1972年出版《资本主义与精神分裂症》上卷《反俄狄浦斯》，1980年又出下卷《千高原》。这两部著作的影响远远超过了后精神分析批评，可谓振聋发聩，它们围绕弗洛伊德欲望概念的重新界说，形成了精神分析学中的"精神分裂症分析"（schizoanalysis）学派。Schizo源于希腊语skhizein，意为分裂。精神分裂症分析的提出，一方面有伽塔利的临床经验基础，一方面又有德勒兹的哲学和政治学视野。它深入被视为万变中不变的精神病动因的俄狄浦斯情结，针对将此情结视为精神分析万能钥匙的弗洛伊德传统，反过来挖掘其中被掩盖、被忽略的资本主义制度压迫因素。所以精神分裂症分析的第一个使命，就是挣脱俄狄浦斯的铁项圈，即权力的压迫，把被压制的欲望解放出来。这是一个破解神秘的政治使命，它把欲望重新解放到光天化日之下，使它们不再受任何信仰的束缚，从方方面面激发出反俄狄浦斯的力量，搅乱一切编码制码的企图，并向四面八方逃离：比如不再囿于父亲、母亲和我的三角关系，那是孤儿；不再囿于信仰，那是无神论者；不再囿于习俗和领土，那是游牧者。

为什么要关注精神分裂症？在德勒兹和伽塔利看来，弗洛伊德的无意识是一个资本主义的建构，因为传统精神分析是将无意识和欲望界说为匮乏。如是弗洛伊德的无意识和欲望就成为权利关系的一种内在机制，换言之，成为家庭中实施资本主义压抑的一个产品。故此，精神分裂症分析就是打破权力和制度的压迫机制，针锋相对地建构一种新的集体主体，只有这样才有望医治人类的疾病。在德勒兹和伽塔利看来，资本主义着实已经让人类病入膏肓了。

从《反俄狄浦斯》到《千高原》，德勒兹与伽塔利的合作应是哲学和临床精神病学的天作之合。德勒兹是哲学教授，著述亦多涉及文学和电影。在曾经风靡世界的后现代"法国理论"中，德勒兹影响最大的即是他同伽塔利合撰的这两本大著。他1968年出版的哲学代表作《差异与重复》，反倒相形失色。然他著述中较少被"美国化"的部分，今日反过来在他的本土法国已经成为最被文学界看好的理论源泉。福柯曾经说过20世纪是德勒兹的世纪，而且给《反俄狄浦斯》写了一个序言。德勒兹本人也醉心福柯理论，曾经在他执教的万森大学专门讲授福柯。两人的这份情谊，其实值得学界多多关注。伽塔利是临床分析精神病学家，也是符号学家。1950年代他曾师从拉康学习精神分析，之后一直在拉康的学生——精神分析学家让·乌利主掌的拉波德（La Borde）诊所就职，直到1992年去世。这是一家著名的实验性精神病疗养院，有大量哲学、心理学、人类学和社会工作的学生在这里实习交流。伽塔利同德勒兹的合作始于1969年撰写《反俄狄浦斯》，两人视利比多为先于再现与生产的一股潜流。精神分裂症分析，即是意在重新建构一个无意识、一个欲望。

《反俄狄浦斯》有一个福柯撰写的序言，大体交代了此书的写作背景。福柯开篇就将1945年到1965年这二十年间的欧洲流行风习，归结为三个方面：其一是正确地思考，讲究政治话语风格，讲究知识伦理学；其二是读马克思，同时不要忘记弗洛伊德；其三是顶礼膜拜指意系统，确切地说是膜拜能指。这三个方面也是彼时学术的充分条件和必要条件，只有如此，有关自我和时代的真理方可望得到言说。1965年之后是革命的岁月，马克思和弗洛伊德一并燃烧在熊熊烈火之中。这样来看《反俄狄浦斯》的面世，它汗漫无边的旁征博引风格以及临床医学与后现代哲学的前无古人的成功结合，不仅是对过去的一个回顾，特别是对弗洛伊德的一个反思，更是对未来的一种展望。

具体而言，福柯认为，《反俄狄浦斯》是针对三个敌手展开论争的。它们分别是：其一，政治禁欲主义者、不可救药的好战分子、理论恐怖主义者，以及政治和政治话语纯粹秩序的保护者。他们是革命的官僚和真理的公仆；其二，精神分析学家和各式各样的符号学家，他们是可怜巴巴的欲望的技术人员，将丰富多彩的欲望削足适履，填充到结构和匮乏的双重法则之中；其三，法西斯主义。这是战略上的大敌，相比起来，前面两个敌人还是战术层面上 的对手。不光是希特勒和墨索里尼的法西斯主义，我们所有人身上的法西斯主义都在我们的头脑里，在我们的日常行为之中，它致使我们热爱权力，让我们反过来渴望压迫我们、剥削我们的那种东西。要之，《反俄狄浦斯》是一本什么样的书呢？福柯说：

> 要我说，《反俄狄浦斯》（但愿它的两位作者原谅我）是一部伦理著作，是长期以来第一部用法语写成的伦理书（或许这可以解释为什么它的成功并不限于读者众多：反俄狄浦斯姿态已经成为一种生命风格、一种思想和生活的方式）。如何避免成为法西斯主义者，特别是当你自信是个革命战士的时候？如何从我们的言语、行为，我们的喜怒哀乐当中去除法西斯主义？基督教道德家寻出了深藏在我们灵魂之中的肉体踪迹。德勒兹和伽塔利，就

其所为，则是在身体中追踪法西斯主义的蛛丝马迹。①

福柯认为《反俄狄浦斯》所关注的核心问题是法西斯主义的蔓延，这里的法西斯主义并不是希特勒的专利，而是存在于每一个现代人头脑和行为之中的法西斯主义潜流，这潜流使人热衷于追逐权力，使人无止境地欲求那些在支配着我们，并且在剥削着我们的东西。所以法西斯主义是现代权力的终极形式，源出资本主义在经济和政治上再范域化的努力。很显然，福柯将以权力为中心的一切陈规陋习都归结为法西斯主义。在他看来，德勒兹和伽塔利的这本大著，就是这样一部从身体、欲望和家庭出发展开反传统工程的宣战书。就像大多数读者可以体味到的那样，这也是当年尼采负担过的历史使命，而如今它的名字叫作"精神分裂症分析"。

二、什么是俄狄浦斯

言及俄狄浦斯，我们的第一反应便是弗洛伊德大名鼎鼎的俄狄浦斯情结。但是《反俄狄浦斯》中的"俄狄浦斯"一语的含义远要丰富得多，它的所指不但超越了经典精神分析学中的俄狄浦斯情结，同样超越了希腊神话中弑父娶母的俄狄浦斯故事，或许就像福柯序言中口口声声数落不休的法西斯主义一样，它已经成为一个特定的文化符号，同样是一类机制、一类过程、一类结构。问题是，这些机制、过程和结构，又具有哪一些特征呢？

在德勒兹和伽塔利看来，反俄狄浦斯，即是打破传统精神分析和政治分析的极权模式，将欲望从声名狼藉的神经病症和俄狄浦斯桎梏中解放出来。因为俄狄浦斯不仅仅是一种精神分析的建构，它更是帝国主义的傀儡。即是说，压抑并不是突如其来的，俄狄浦斯表明的是父亲—母亲—我这一三角家庭关系，是帝国主义殖民的一个缩影。所以俄狄浦斯是权力的影像，诚如神经病症是权力加诸个人的结果，它

① Michel Foucault, "Preface", Gilles Deleuze and Félix Guattari, *Aiti-Oedipus*: *Capitalism and Schizophrenia*, English trans. Robert Hurley et al. Minneapolis: University of Minnesota Press, 1983, p. xv.

无所不在。对此，德勒兹和伽塔利指出，我们通常都以为俄狄浦斯是一个简单明白的话题，是一个"给定"的东西，从古希腊开始就给定下来了。但事实完全不是这样的，事实是，俄狄浦斯预示了对欲望机器的不可思议的压抑。故此我们需要讨论的问题便是：它们为什么被压抑？为了什么目的？此种压抑果真就是势在必行、尽如人意吗？压抑采用的又是什么手段？再比如，建构俄狄浦斯三角关系，有什么必要条件，它的内核又是什么？是不是母亲的生殖器官就足以解决问题？如此等等，不一而足。要言之，弗洛伊德的利比多本是一种流动不居、生生不息的自由欲望，但是他鼎力鼓吹的俄狄浦斯情结削足适履，硬将自由不羁的欲望框定在一成不变的弑父娶母先入成见之中，这样说到底是用家庭纠葛束缚欲望，对欲望更为丰富复杂的社会、经济和政治内涵视而不见。

俄狄浦斯这样来看，它是弗洛伊德的遗产，而未必是拉康的遗产。《反俄狄浦斯》中德勒兹和伽塔利援引过拉康1970年一次讲习班上的一段话："我没有说俄狄浦斯一无所用，也没有说它与我们的行为毫无干系。但是精神分析学家用不上它，那是千真万确的！……在那一方面，我讲过父亲的隐喻，我从来没有讲过俄狄浦斯情结。"[1]可见在两人看来，拉康同样愿意认同将俄狄浦斯看作一种因循守旧、故步自封的僵化程式，其背后是长期以来以形形色色的变体对欲望进行无休止的压抑。如此可以说，精神分析整个是给俄狄浦斯化了，无论从理论上还是实践上，俄狄浦斯差不多就成了精神分析的代名词。即便拉康有几个好学生追随弗洛伊德，一样鼓吹过俄狄浦斯，但是拉康本人如上文所述，对它应是表示怀疑态度的。现在的问题是，到底是将精神分裂症俄狄浦斯化，还是反过来将俄狄浦斯精神分裂症化呢？换言之，到底是把俄狄浦斯情结看作包治百病的精神分析良药，还是反过来把俄狄浦斯霸占的无意识领域置于精神分裂症的视野之中，由此出发来打碎俄狄浦斯的枷锁，重新发现欲望生产的无所不在的力量呢？很显然，答案是不言而喻的。在

---

[1]　Gilles Deleuze and Félix Guattari, *Aiti-Oedipus*: *Capitalism and Schizophrenia*, English trans. Robert Hurley et al. Minneapolis: University of Minnesota Press, 1983, p. 60.

德勒兹和伽塔利看来，如此就可以在现实界的层面上，复兴分析机器、欲望和生产之间的关系。因为就无意识自身而言，它不但事关结构，同样事关个人的人格。所以，无意识不是拉康理论中的想象界和象征界，它就是现实界本身。

俄狄浦斯之所以是帝国主义的傀儡，在德勒兹和伽塔利看来，是因为它将社会的、政治的、生产性的无意识欲望，无一例外地还原为立足于家庭关系的俄狄浦斯情结。两人指出，生产性无意识的发现，延伸出两个研究分支来：其一是欲望机器与社会生产的直接对峙；其二是社会机器对欲望机器的压抑，进而探究精神压抑与社会压抑的关系。一旦确立俄狄浦斯的统治地位，这些有待开拓的领域势将悉尽丧失，或者草草妥协。自由联想不复向多声部延伸，反之给强纳入单一的渠道。家庭本来是社会的细胞，但是，假如家庭中我们只看到父亲、母亲和孩子的三角构架，那么：

> 俄狄浦斯就到来了：它诞生在资本主义制度之中，这个制度将第一级的社会形象应用到第二级的私人家庭形象之上。它是应和着社会所决定的起点集聚的终点集聚。它是我们应和着社会主权形式的隐私殖民建构。我们都是一块块小小的殖民地，殖民我们的，正是俄狄浦斯。[1]

这是说，当家庭不复成为生产和再生产的单元，而只见出消费的意义来，那么我们消费的就是自己的父亲和母亲。在起点集聚上，我们有老板、领班、牧师、收税员、警察、士兵、工人，以及我们这个社会形形色色的社会形象和形形色色的机器和领域，可是在终点集聚上一无所有，只有爸爸、妈妈和我。爸爸是专横暴虐的符号，妈妈是一块剩余领土，在这当中，是一个被分裂、被阉割的自我。所以俄狄浦斯就是一个专断的能指，在精神分析领域肆无忌惮地推行它的帝国主义统治。由

---

[1] Gilles Deleuze and Félix Guattari, *Aiti-Oedipus: Capitalism and Schizophrenia*, English trans. Robert Hurley et al. Minneapolis: University of Minnesota Press, 1983, p. 287.

此导致的结果，德勒兹和伽塔利指出，便是整个地摧毁了欲望生产，使欲望臣服于表征。欲望的生产与再生产听从表征的需要，无论是实践还是理论，概莫能外。生产性的欲望，让位于只懂得如何表达自己的欲望，无论是在神话中表达也好，在悲剧中表达也好，抑或在梦中表达也好。

三、替欲望"解域化"

进而视之，俄狄浦斯还是三种状态或者说三种机器的重演。具体来说，作为空荡荡未被占领的范域，它在领土机器中做好准备；作为象征占领的范域，它在专制机器中酝酿成形；但它最终是通过生成想象界的俄狄浦斯，在资本主义机器中修成圆满功德。对此，德勒兹和伽塔利的解释是，这就是为什么俄狄浦斯汇聚了万事万物，同时万事万物皆重见于俄狄浦斯的缘故。故而俄狄浦斯固然是整个人类历史的结果，但同时也是资本主义的直接结果。拜物教，专制的偶像和符号、形象再到拟像崇拜，一切在资本主义五花八门的世相之中重演，进而再被分解整合为俄狄浦斯的幻象。故此就俄狄浦斯的家庭关系来看，其父拉伊俄斯作为地方集团的代表，其母作为领土的代表，以及俄狄浦斯本人作为独裁者的代表，就构成了一幅绚丽多彩、大家信以为真的世情画。无怪乎弗洛伊德从索福克勒斯那里找到了俄狄浦斯这个希腊僭主的中心形象，由此神话变成悲剧，这个形象得以从两个相反的方向传播开去：一方面是弗洛伊德《图腾与禁忌》显示的原始文化方向；另一方面是现代人和梦想家的私人方向，因为俄狄浦斯可以是一个神话、一部悲剧，同样也可以是一场大梦。

德勒兹和伽塔利认为马克思《政治经济学大纲》中对路德、亚当·斯密和李嘉图的评价，同样适用于弗洛伊德。两人指出，马克思说过，马丁·路德的贡献是它确定了宗教的本质，不复将宗教看作一个客体，而是视其为一种内在的宗教性；亚当·斯密和李嘉图的贡献，是他们确定了财富的本质，不复把它看作一种客观性质，而是视其为一种抽象的瓦解范域的主体实质，即普遍意义上的生产活动。但是鉴于上述情况确定是在资本主义条件下发生的，他们实际上再一次将宗教和财富的性质客观化了，再一次画地为牢，异化了它们。这样来看弗洛伊德，德勒兹和伽塔利指出，其贡献和局限一如马克思评价的路德、亚当·斯密和李嘉图，即是说，弗洛伊德的贡献在于确定了欲望的性质，显示它不复维系于哪一些目标、目的，甚至渊源或者说领土，而是一种抽象的主体本质即利比多。然而弗洛伊德依然将这一本质圈定在家庭范域，以家庭为人的最终领土，由此俄狄浦斯反客为主，成为欲望精神分析中的终极能指。简言之，弗洛伊德就是精神病学中的路德和亚当·斯密，全力以赴调动了神话、悲剧和梦的所有资源，只为重新奴役欲望，虽然这一回是从内部出击。

德勒兹和伽塔利对弗洛伊德的上述批评与德里达一方面赞扬弗洛伊德打破逻各斯中心主义传统，另一方面又指责他仍为这个传统所束缚的立场有相似处，但是两人并不认可德里达专就语言来谈符号、暗示语言就是一切、所谓文本之外别无他物的解构之道，而更强调不同符号系统之间的区分。欲望在这里作为一切社会和历史事实的创造者，作为社会基础结构的一部分，在弗洛伊德精神分析理论的重写之中，它就势必会突破家庭的范域，而进入更为复杂的社会关系之中。

那么，俄狄浦斯与欲望到底有什么关系？德勒兹与伽塔利的结论是，俄狄浦斯是欲望的全称命题，是人类普遍历史的产物，但是这基于一个条件，而弗洛伊德显然并没有满足这个条件：至少在一定程度上，俄狄浦斯能够开展自我批判。因为普遍历史如果不能控制它的或然性、它的个别事件、它的反讽以及自我批判的种种条件，那只能是神话。那么这些条件又是什么？更确切地说，自我批判展开的或然性和必然性又在哪里？对此德勒兹与伽塔利的回答是：

在家庭还原的背后发现无意识的社会投资性质。在个人幻想背后发现集体幻想的性质。或者，与此相类似，深入探究拟像，直到它不复是影像的影像，从而发现它掩护并掩饰的精神分裂症的川流。①

精神分裂症的产生，在德勒兹和伽塔利看来，是资本主义"解域化"的结果。所谓的"解域化"或者说"解码"，说到底是把物质生产和欲望从社会压抑力量中解放出来。所以这里的精神分裂症不是哪一种疾病或生理状态，而是一种具有潜在解放能力的精神状况，一种彻底解码的产物。它是一个精神去中心化的过程，促使主体逃离资产阶级的现实原则，逃离自我和超我结构的压抑和束缚，逃离俄狄浦斯陷阱。精神分裂过程因而从根本上对资本主义的稳定性和再生产形成了威胁。所以《反俄狄浦斯》一书的结语就是：推翻表征的舞台，以便建构欲望生产的秩序，这就是精神分裂症分析的全部使命。

所以用德勒兹和伽塔利的术语来说，挣脱俄狄浦斯的桎梏，也就是为欲望"解域化"（deterriotrialization）。范域即是领土，它可以是一个特定的知识领域，也可以是欲望直接依赖的一块生理区域。解范域化在这里可以说是解构的另一种表述，它最终意味着将生产力从特定的生产方式解放出来。故而在德勒兹和伽塔利看来，弗洛伊德利比多概念的提出，本来是给欲望开辟了一片新的天地，可是转眼之间弗洛伊德又将欲望一并发落到俄狄浦斯领域，那就是"再范域化"了。"范域化"一词源于拉康的精神分析理论，它指将欲望与特定对象的关系稳定化和固定化的过程，如婴儿固定在嘴唇和母亲乳房这两个区域之间的快感。从广义上看，范域化指现存的、固定化的既定疆域，彼疆域与此疆域之间具有明确的边界。现代性即是将传统浑然一体的社会和文化分隔成条条块块，以便于掌握。这在马克斯·韦伯等人的相关描述中已多有述及。由此，自卫和算计成为两种基本的生存形态。可见，"解域化"不只具有精神病学和人类学的含义，更具有毋庸置疑的政治含义。

所以不奇怪，德勒兹和伽塔利在他们的"解域化"的过程中，采用了马克思

① Gilles Deleuze and Félix Guattari, *Aiti-Oedipus*: *Capitalism and Schizophrenia*, English trans. Robert Hurley et al. Minneapolis: University of Minnesota Press, 1983, p. 294.

的历史回溯叙述方法，它的对象是资本主义社会。资本主义社会的特点是俄狄浦斯化、精神分裂和商品化，这也就是现代性的特点。故现代性是一种资本主义的现代性。德勒兹和伽塔利指出，当资本主义解除前现代世界的神圣意味时，它消解所有前现代形式的规范和从中而出的关系，摧毁了对经济发展的一切限制。资本主义通过"自由"的交换和生产，通过商品化和解除对商品交换的一切限制，使资本主义的私有产权替代了封建社会的土地产权。资本主义将市场关系扩展到地球的每一个角落，创造了更复杂的分工，也造成了社会和心理的支离破碎化。资本主义解放和异化双管齐下，一方面造成了抽象劳动，如政治经济学；一方面也造成了抽象的欲望，如精神分析。

关于德勒兹和伽塔利的精神分裂症分析和弗洛伊德精神分析的区别，《反俄狄浦斯》中两位作者指出，精神分裂症分析旨在消解自我和超我，再现无意识被压抑的"前人格"领域，创造后现代的欲望主体。故弗洛伊德精神分析是生产服从于法律与权威而压抑自身无意识欲望的主体，精神分裂症分析则鼓励抗拒资本主义的自明公理，拒绝俄狄浦斯情结，解读社会符号，打破在范域化的壁垒而进入流动不居的变革领域，从而威胁到整个资本主义的既存秩序。所以，它是革命的。耐人寻味的是，德勒兹和伽塔利反对批评家称他们是在颂扬精神分裂症，声明他们的激进立场其实是有限的。精神分裂症患者，因此并不能与革命者相提并论：

> 我们一点都不认为革命者是精神分裂症患者，也不认为精神分裂症患者是革命者。相反，我们一直都将精神分裂症作为一种实体，同精神分裂作为一种过程区分开来……这说明了为什么我们只提及在社会领域中欲望力量投入里面分裂的一端，这是为了尽可能避免把精神分裂过程和制造精神分裂症混为一谈。[1]

---

① Deleuze and Guattari, *Aiti-Oedipus*, Minneapolis: University of Minnesota Press, 1983, p. 379.

这是说，精神分裂过程固然是被压抑的个体成为革命者所必经的离心化过程，然而一旦超过界限，被压抑的个体就会招致自我的毁灭，成为一个地道的生理上的精神分裂症患者。这样看来，循序渐进比恣意莽撞和亢奋突进要可行得多，无论是在理论中还是在现实之中。

或者我们可以说，德勒兹和伽塔利的"精神分裂症分析"对无意识欲望的看法因而很像是总在两个极端之间摇摆：一端是精神分裂症，它替欲望"解域化"，不断地移换边界；另一端是偏执狂，它热衷"再范域化"，为欲望圈出方向。这也是两人所谓的"物质精神病学"，在它努力把利比多从他们所见的压迫而不是压抑中解放出来时，它就成了一个政治的因素。

在上述框架中，文学的地位被明显突现出来。这是因为文学犹如精神分裂症一样试图打破资本主义的价值体系。最明显的一个例子便是卡夫卡。卡夫卡的作品在德勒兹和伽塔利看来如同一团肥沃的"块茎"，仿佛无中生有，可抽芽生长出令人意想不到的许多植株。一个例子是，《反俄狄浦斯》中两人谈到国家的基本行为，就是书写第二道公文，借此它那个刻板僵硬、一成不变、纪念碑式的新躯体，将所有的生产力和生产工具纳为己用。但是国家的第二道公文也没有把原先领土的诸多公文一笔勾销，还是容许它们作为光鲜外表的"砖块"继续苟延残喘。对此两人举了卡夫卡短篇小说《中国长城》的例子，两人引了小说中的三句话。第一句是："我们只想到皇帝，可是那不是今天的皇帝；或者倒不如说，如果我们知道他是何许人也，知道哪怕一丁点有关他的确切消息，我们也会想到今天的皇帝的。"第二句是："人们不知道哪一位皇帝在当政，甚至今天这朝代叫什么名称，大家也还是心存疑虑。"第三句是："早已死去的皇帝们坐在我们村子里的皇位上面，有一位独独活在歌谣里的皇帝最近发布了一道诏书，牧师在祭坛前面宣读出来。"①

① 见Deleuze and Guattari, *Aiti-Oedipus*, Minneapolis: University of Minnesota Press, 1983, p. 216.

可见，高高在上的皇帝和芸芸众生压根就是毫无关系，后者的功能不过是不断提供砖石和劳动力。德勒兹和伽塔利认为，卡夫卡表现国家怎样高高盘踞在一盘散沙之上，法律如何脱离自然的、和谐的、内在的权力中心，而成为高高在上的形式单元，统治着砖石泥巴垒成的残壁断垣，委实是前无古人。在德勒兹和伽塔利看来，阅读卡夫卡就可以体味到"块茎逻辑"，它同精神分裂症分析的多元化指向是不谋而合的。

"块茎"是德勒兹和伽塔利1980年出版的《千高原》中的主导概念。《千高原》除了秉承《反俄狄浦斯》中的欲望和差异的反叛主题，在内容和风格上作者又有创新。"块茎"一定程度上可以和"高原"互为呼应。高原可以壁立千仞，但是高原的顶部却是平原。高原和高原之间可以相互连接，但是也可以说是参差独立的。"千高原"由是观之，自有一种气象万千的意趣。据两位作者的介绍，他们先后耗时七年写成的《千高原》是作为"块茎"来写作的。每天早上起来，他们都会各自问一下，今天对付哪一块高原，然后这里写上几行，那里写上几行。全书十五章即十五块高原，各章之间犹如块茎，只有根根丝丝的联系，没有时间序列和等级序列的勾连，所以读者自可随心所欲从任何一章开始阅读。《千高原》同样可视为一部卡夫卡式的块茎文本，同样是为语言通向欲望的多元性敞开了大门。

德勒兹和伽塔利的精神分裂症分析学说，也许迄今为止依然是假道"美国化"而传布世界的最有活力的"法国理论"之一。回顾20世纪风起云涌的各路先锋理论，也许我们可以说，其中一个迭出不穷的关键词便是"欲望"。欲望突然发现自己处在各路理论大军的交汇点上，而且被描述为一种普世公理。英国批评家马尔康·鲍威在其《弗洛伊德、普鲁斯特和拉康：作为小说的理论》一书中就指出，百川归一的各派理论中可称为"高等"的一脉，即是从黑格尔流出，经达尔文、尼采，直到萨特、福柯、德勒兹和伽塔利。该书开篇即调动大量修辞，不遗余力地"赞美"欲望，称它是我们天性中的人性，不但对日月星辰进行布局，使其各就其位，孕育生命布满大地，而且因其用之不竭的替代和升华能力，成为艺术、科学、宗教、经济、政治和国际关系背后生机勃勃的原动力所在。鲍威甚至认为，不管德勒兹和伽塔利怎样强调社会各个阶层、各个等级、各种力量以及各种编码系统之间的相互游戏是如何不言自明的事实，在两人理论的根基处，人们看到的还是弗洛伊德的无意识：

> 德勒兹与伽塔利在其针对"资本主义与精神分裂症"的双重抨击——《反俄狄浦斯》和《千高原》中，认可了精神分析的非凡特权：它是洋洋洒洒给诅咒了一千多页的必然大敌；两人据信是属于直线型的阐释逻辑，若无此种逻辑，他们自己的多元复线"块茎"逻辑便无以为继，也无从被人理解；其处于被奴役状态的无意识，也正是他们自己那些有待诞生的潜在无意识。①

看来一切终归无意识。诚然，此无意识非彼无意识，一如此欲望非彼欲望。可是给欲望"解域"，将它彻底解放之后，这个重新建构出来的欲望会是什么模样？欲望被各路理论大军炒得火热的背后，有人认为是资产阶级意识形态中新近崛起的自我性意识在作祟。如是我们看到福柯用欲望改写权力，伊格尔顿用欲望重写审美意识形态，波德里亚用消费和拟像的符号价值巧妙包装欲望，朱迪丝·巴特勒背靠欲望解构又建构了性别理论，如此等等，不一而足。问题是，立足欲望来展开资本主义欲望现代性的批判，一如立足俄狄浦斯情结来反俄狄浦斯，是否同样会陷入一叶障目、言不由衷的困境？值得注意的是，德勒兹与伽塔利的精神分裂症分析结合了伽塔利大量秉承拉康传统的临床病例分析，这是两人的资本主义批判工程不同于其他"法国理论"的地方，或许这也是两人"反俄狄浦斯"理念经久不衰、魅力常新的缘由。

---

① Molcom Bowie, Freud, *Proust and Lacan*: *Theory as Fiction*, Cambridge: Cambridge University Press, 1987, p. 4.

第二十七章 波德利亚

一、后现代的媒介

让·波德利亚（1929—2007）与他的法国同道利奥塔、德里达、福柯和罗兰·巴特等不同，他的盛名几乎与后现代主义同步崛起。像许多有名的后现代主义思想家一样，波德利亚的学术生涯也算同文学结下过缘分。早年他在萨特主编的《新时代》杂志上发表过文学评论，1956年他刚进大学的时候，攻读的就是德国社会理论和文学。精通德文的他还将布莱希特等多位德国作家的作品译成过法文。1966年他在巴黎第五大学法国新马克思主义名家亨利·列斐伏尔的指导下，以论文《社会学的三种周期》获博士学位，并留校讲授社会学。1968年他的处女作《物的体系》问世，其后此书和《消费社会》（1970）、《符号的政治经济学批判》（1972）一起尝试将马克思主义政治经济学和结构主义符号学两相结合，以此来分析当代社会商品性质的变化，被认为是作者早期消费文化研究的三部曲。

波德利亚曾受罗兰·巴特影响，致力于用符号系统来解释当代社会，《物的体系》就是在巴特直接影响下完成的。以原始部落礼物交换研究而蜚声的法国社会学家，涂尔干的学生马塞尔·莫斯，同样也对他产生过不小的影响。1976年出版的《象征交往与死亡》，被认为是波德利亚最重要的作品，书中作者近似极端地阐述在符号和代码主宰的当代社会人们不可能返回到资本主义之前的象征交往时代，人们只能束手待毙。1981年出版的《拟像与仿真》，则进一步论证了后现代社会中的商品文化学说。波德利亚70年代起就频频游走欧美讲学，且文字被译成多种语言，但是他真正走红还是80年代全球化日趋成形、后现代语境日见明晰之际。但是对于学界赐予他的"后现代大祭师"称谓，1991年在同M.阿诺德的一次访谈中，他明确表示反对。他指出大祭师的这个称号并不恰当，因为首先后现代主义这个概念就语焉不详。什么是后现代？波德利亚说，后现代是一种表达方式，一种言词方式，但是它并没有实质性内容，它甚至不是一个概念，因为我们无法对目前发生的一切加以准确定义。这样来看，后现代主义可以说是一个空洞的术语，是填补了宏大叙事缺场之后的空洞状态。而他不过是一个处在这一状态中的人，而且不是唯一的一个。波德利亚感慨，他即便再三声明他同后现代主义没有关系也无济于事，一旦给贴上后现代标签，这标签似乎就是合情合理的。

　　1967年波德利亚给麦克卢汉的《理解传媒》写书评时，还称麦克卢汉的名言"媒介即信息"是把技术社会中的异化特征给自然化了，换言之，麦克卢汉是一个技术决定论者。这一不满情绪是和他当时的新马克思主义立场相吻合的。但是不出十年，我们发现麦克卢汉的上述名言成了波德利亚本人的思想标识。在波德利亚看来，传媒是推波助澜，加速了从现代生产领域向后现代拟像社会的堕落。如果说现代性见于以工业资本主义为特征的生产的时代，那么后现代性则是一个由符号、代码和模型所控制的后工业时代的特征。追随麦克卢汉，波德利亚将现代性视为一个产品生产的商品化、机械化、技术化和市场关系的爆炸过程，反之后现代社会所见的则是内爆，高雅文化与低俗文化、现象与实在等一切传统的二元对立的边界被悉尽清除，而传媒更是一马当先，它不断生产出的拟像铺天盖地，形成一个比现实更现实的超现实独立领域，令现实与表征的界限愈发可疑起来。不妨来看波德利亚的一些尼采式格言，其中不乏文学的反讽和调侃：

　　　　我们处在生产的尽头。

　　　　劳工不复是生产力。

　　我们生活在全民公决（Referendum）的模式之中，这完全是因为我们不复有所指（referetials）。

模型比真实更为真实。①

　　媒介如此成为一个比真实更为真实的真实，而现实成为媒介的模仿和表征的结果，导致现实最终变得可有可无。在《象征交往与死亡》中他说，今天整个社会充满了不确定性，每一种现实都被包容到"代码""仿真"的超现实之中；而今主宰我们的是"仿真"原则而不是已成明日黄花的现实性原则；意识形态不复存在，只有"拟像"（simulacra）。关于拟像，波德利亚认为人类历史上出现过三种拟像秩序：其一是从文艺复兴到工业革命时期的自然的"仿造"；其二是工业资本主义社会中市场价值的产物——"生产"；其三则是当今代码控制之社会的主导因素——"仿真"。值得注意的是，波德利亚强调这三种拟像秩序都不是现实的反映，相反都是建构使然。第一种拟像犹如灰泥做的天使，是人工材料的一次性艺术作品。第二种拟像则表现为工业化带来的形象和表征的多元化，本雅明《机械复制时代的艺术》就是最好的写真。第三种拟像秩序则是电子复制使然，这是一个全新的阶段，"控制论的控制、模型间的启动、差异调制、反馈、问和答，如此等等，这是全新的'操作性'建构，而工业化的拟像不过是纯粹的'操作'"②。第三种拟像大行其道的结果是一片终结。劳动终结了，生产终结了，政治经济学终结了，促成知识和意义积累的能指和所指的辩证终结了，促使积累和社会生产成为可能的交换价值和使用价值的辩证终结了。总而言之，生产的时代终结了。

　　媒介作为比真实更为真实的超现实，意味着现实反过来已经成为表征和媒介的一个分支。在《媒介意义的内爆》一文中波德利亚指出，在传媒信息社会中大众传媒吞噬了信息，消除了意义。一个例子是，大众传媒将火热的体育比赛、战争、政治动乱和灾难等等冷却成了媒体事件，使之失去现场的热情。这样来看，麦克卢

　　① M. Poster, ed. *Jean Baudrillard*: *Selected Writings*, Cambridge: Polity Press, 1988, pp. 129, 130, 142, 186.

　　② Jean Baudrillard, *Symbolic Exchange and Death*, London: Sage, 1993, p. 57.

汉提出的要求参与较少的高清晰度"热"媒体和要求参与较多的低清晰度"冷"媒体的区别，实际上已经消失了。用波德利亚的话说，这是因为信息在直接破坏意义和内容，它把意义和社会分解整合为一种模糊不清的状态，阻止新事物过量出现，反之将信息量在整体上平均分布开来。传媒的上述特征，也使得大众与知识分子之间形成了一种微妙的新型关系。就大众传媒加强人们思想观念和日常经验的一体化过程来看，诚然，通过迎合大众心理，用娱乐场面来复制大众的兴趣口味和生活方式，大众传媒从外部来统一了大众的意识，但问题在于在这统一的过程当中，观众和听众处于一种平面的、单向度的经验，被动地接受和拒斥意义，而非积极地参与到意义的流动和生产过程中去。这意味大众已被大众传媒塑造成一种无动于衷的"沉默的多数"，他们在接受信息和形象的同时便也消除了这些信息和形象的意义。

由此带来的一个结果是，知识分子不复是传统社会中观念的传播者和灌输者，大众也不复是传统社会中被动的观念接受者。波德利亚认为，在大众传媒时代大众已开始用"沉默"来对抗传媒的主宰和知识分子的统治企图。这沉默往好说应是一种权力、一种回应、一种策略，它不是被动的表现，反之恰是终结宏大政治和信息操纵系统的努力，借此大众以沉默回答了上面强加下来的政治的、社会的、文化的控制企图，作出了他们自己的回答。这个回答对于当代知识分子位置和策略的调整，应当说无论如何都是发人深省的。

波德利亚明确宣称他的上述灵感来自麦克卢汉。《理解传媒》中麦克卢汉说，我们用电缆、电报、无线电和所有的电子手段织成了一张我们自己的全球范围的网络。他又说，传媒的"内容"总是另一种传媒。文字的内容是言语，就像书写的语词是印刷物的内容。这很像是对网络文化的一种预言。麦克卢汉相信在电视时代长大的人们，其五官感觉有一种新的"平衡"，大不同于过去四个世纪印刷术一统天下时的感知特征。现代人更像原始部落的人，但是这个新的电子部落是全球范围的，这就是"地球村"。所以，地球村的真正含义是人类的交往方式以及社会文化形态正在向个人对个人的直接交往回归。一定程度上，这是一种返璞归真的交往方式，它使人想起《哥林多前书》中圣保罗的话："我们如今仿佛对着镜子观看，模糊不清，到那时，就要面对面了。""到那时"是进入天国之日。难怪有人说，借着电子传媒的突飞猛进，我们今天不但同天使，甚至开始同上帝平等起来。诚如麦克卢汉原是教授文学出身一样，波德利亚更进一步推演的近乎耸人听闻的超现实理论，使许多评论家认为他无异于在写科幻小说，如道格拉斯·凯尔纳的评语：

> 波德利亚夸大了现代与后现代的断层，把未来的可能性当作现存的实在，给现实描画了一幅未来主义图景，很像反乌托邦的科幻小说传统，从赫胥黎直到赛博朋克。的确，我更愿意把波德利亚的著作读作科幻小说，它通过夸张现时的趋势来预示将来，从而事先警告假若现实的趋势发展下去会是何种局面。[1]

所以波德利亚喜好科幻小说并不奇怪，事实是他的著述实实在在地影响了当代社会相当一批的科幻小说家。无论如何，不管是早期作为法国的新马克思主义左派，还是后来成为是后现代主义的代表性人物，波德利亚思想所显示的挑战性，是罕有其匹的。

二、消费文化

波德利亚早期鼎力阐发的消费社会文化理论，明显是以"消费"替代"生产"，将"消费"确立为全球化语境中后工业社会的核心概念。消费文化意味着物质及商品本身的使用价值已经不值一提，更引人关注的是商品背后的符号价值，即商品可以显示的社会地位。唯其如此，消费文化最终显示的将是阶级和阶层的区分

---

[1] Douglas Kellner, ed. *Baudrellard*: *A Critical Reader*, *Oxford and Cambridge*, M.A.: Basil Blackwell, 1994, p. 59.

和差异。《消费社会》开篇就说，今天在我们周围存在着一种由不断增长的物、服务和物质财富构成的惊人的消费和丰盛现象。它构成了人类自然环境中的一种根本变化。确切地说，富裕的人们不再像过去那样受到人的包围，而是受到物的包围。那么，什么是物？波德利亚的回答是，这里的物既不是动物也不是植物，但是它给人一种密密麻麻透不过气来的热带丛林感觉，在这里现代人变成了新的野人，因为很难从中找到文明的影子。只是如今制约这新物质莽林的，不是自然生态规律，而是交换价值规律。对此波德利亚引用了马克思的一段话，认为马克思对19世纪伦敦商业的描写完全适用于当今的后现代消费景观：

> 在伦敦最繁华的街道，商店一家紧挨一家，在无神的橱窗眼睛背后，陈列着世界上的各种财富：印度的披肩、美国的左轮手枪、中国的瓷器、巴黎的胸衣、俄罗斯的皮衣和热带地区的香料。但是在所有这些来自如此众多国家的商品正面，都挂着冷冰冰的白色标签，上面刻有阿拉伯数字，数字后面是简练的字母L，s，d，(英镑、先令、便士)。这就是商品在流通过程中所表现出来的形象。①

今天比马克思当年的感叹有过之而无不及的消费文化，在波德利亚看来，虽然也成为商业中心的一个组成部分，但这不是文化的堕落，不是商品在"糟蹋"文化。倘若作如是观，那就是把问题太简单化了。因为事实是，商品反过来"被文化"了。这是说，琳琅满目的服饰、餐饮和各式各类的小商品，都披上了文化的色彩，变成一种全新生活方式的有机组成部分。商业中心在空调的调节下冬暖夏凉，就是一个独立的世界，这里凡所应有，无所不有，我们可以一次性地购买个够。不仅如此，咖啡馆、电影院、书店、音乐厅，一切有品位的场所都在这里聚集，莫不

① 波德里亚：《消费社会》，刘成富等译，南京大学出版社，2000年，第2页。

显出城市的情调。概言之，我们的整个生活已经处在"消费"的控制之下了。

波德利亚注意到，今天我们消费至上的经济活动已经给环境带来了恶果：噪音、空气和水污染，风景破坏不存，以及机场和高速公路这些新的公共设施频频开建给居民区带来莫大的困扰。汽车拥挤替代行人成为城市街道的"头号居民"，汽车泛滥造成技术上、心理上和人力上巨大的赤字。可是这一切又有什么关系？波德利亚指出，因为内部结构所必需的设施过剩、额外的汽油开支和为事故受害者所花费的医疗费用等，仍可以作为消费来计算，也就是说，在国内生产总值和统计的名义下它们竟然反过来成了增长和财富的指数。

比汽车更能体现后现代消费文化的是身体，特别是女性的身体。对此波德利亚的描述是，在消费的全套装备中，有一种比其他一切都更美丽、更珍贵、更光彩夺目的物品，它负载了甚至比汽车更为沉重的后现代内涵，这便是身体。在经历了一千年的清教传统之后，身体，特别是女性的身体被"重新发现"。卫生保健学、营养学、医疗学的光环，时时萦绕心头的对青春、美貌、阳刚阴柔之气的追求，以及护理、饮食制度、健身和快感神话等等，都足以证明今天的身体反客为主，成为灵魂的救赎。进而视之，身体的被重新发现，依据的并不是主体的自我意识，而是一种娱乐及享乐主义效益的标准化原则，它直接涉及生产及指导性消费的社会编码规则。换言之，"人们管理自己的身体，把它当作一种遗产来照料、当作社会地位能指之一来操纵"[1]。所以美容院、健身房遍地开花，它们销售给人幸福，给人美的希望，用波德利亚的话说，身体作为娱乐工具和魅力指数恢复过来后，成了一个情感投入工程的客体。而这个工程在光鲜漂亮的解放神话的背后，无疑较之马克思当年耿耿于怀的对于身体的劳动力剥夺异化尤甚了。

马克思的政治经济学将资本主义经济的全过程分为生产、分配、交换、消费这四个环节，它们缺一不可且相互作用。在资本积累的大工业时期，生产是经济乃至

---

[1]　波德里亚：《消费社会》，刘成富等译，南京大学出版社，2000年，第142页。

整个资本主义社会的主题，它是商品经济四个环节的中心，也是其他三个环节的基础和决定因素。由是观之消费是生产的附庸，消费模式取决于生产模式。简言之，消费是生产的产物。但是波德利亚告诉我们后现代社会不同，消费反客为主，一跃成为市场经济的灵魂。而根据《物的体系》中波德利亚的定义，消费现在既不是物质实践，也不是现象上的繁荣，既不取决于我们的衣食和出行汽车，也不由我们所见所闻的形象和信息来作界定，相反消费取决于囊括了上述一切的指意符号系统，它是见于一个特定话语中的所有物品和信息的真实总体。物或商品除了具有马克思所说的使用价值和交换价值外，还有符号价值。要之，后现代文化中的消费概念就成为一种系统化的符号操作行为，工业社会的物的消费由此转化为关于社会的符号的消费，它可以说是对我们自身存在方式的一种言说。故而，消费文化成为西方当代社会的一个新的神话。

　　在消费文化里，消费是符号调控的一种系统行为，它当然建立在认可符号自身价值的前提之上。符号价值由此成为消费文化的核心。据波德利亚的解释，消费社会中物或商品作为一个符号被消费时，是按其所代表的社会地位和权力以及其他因素，而不是按物的成本或劳动价值来计价的。先者就是商品的符号价值，一辆汽车、一瓶香水甚至一本书都具有这种彰显社会等级和进行社会区分的功能。消费者早已把物的基本特性即实用价值弃之如敝屣，而在消费中享受着物带来的身份认同和彰显社会等级的快感。故在消费社会背景下，消费文化打破了旧存的交易关系，对商品明确的需求已经被无节制的消费欲望和消费癖好所代替，商家销售的不再是商品本身而是商品的符号价值，潜移默化中消费者对此种符号进行不由自主的价值认同，陷入消费文化的圈套。

　　波德利亚并非耸人听闻。即便就以上波德利亚表示担忧的后现代社会消费文化的两大主角——汽车和身体——的消费来看，前者的拥堵问题已经成为一线城市的心腹大患；对于后者我们或许还在沉浸于外科手术和基因工程在如何造福我们的身体的美好幻想中。但是，我们早晚会明白那是更加后患无穷的消费工程。所以我们有充分的理由认可波德利亚的观点：消费用符号价值将消费者牢牢拴住了，符号价值为消费文化立下了汗马功劳。而符号价值的形成，便是拜消费模式和这模式的得力助手大众传媒所赐。

问题是，消费文化里是不是有一些积极的东西？消费文化的概念，本身能不能有更进一步的阐释？任教于伦敦大学的英国社会学家唐·斯莱特，在他的《消费文化与现代性》一书中，出人意表地把消费文化同现代性挂起钩来：

> 消费总是而且无处不是一种文化过程，但是"消费文化"这个概念则是独一无二、专有所指的：它是在西方现代性发展过程中形成的文化再生产的主导模式。消费文化在许多重要方面都是现代西方的文化，它对于现代世界中的日常生活实践，当然是处在意义的中心。它普遍联系着界定西方现代性的那些核心价值、实践和制度，诸如选择、个人主义和市场关系。[1]

斯莱特因此认为，消费文化的最大特点，可以说就是通过市场表达出来的一种社会协调，日常文化和社会资源、生活方式和符号及物质资源的关系，莫不奠基于上。诚如作者所说，消费文化不是现代性开张以来的唯一文化再生产模式。就资本主义原始积累阶段来看，正如马克思的精辟分析一样，它的关键词是生产，实际上一直到19世纪纽约曼哈顿市中心还在经营养殖业。即便在今日，我们有时候赠送礼物并非旨在商品交换，我们也很清楚有一些文化产品并非金钱能够买到，比方说友谊。甚至我们有时宁可自己动手做点什么，也不屑于去商场解决问题。这一切足以说明，消费文化以前不是，现在也不是消费实施和日常生活再生产的唯一模式。但同样毫无疑问的是，它肯定是我们如今文化现实中的主导意识形态，而且在很大程度上包容了一切其他文化形态。无论是作为传统高雅文化的艺术和文学，还是教

[1] Don Slater, *Consumer Culture and Modernity*, Cambridge, Polity Press, 1997, p. 8.

育，甚至民间文化、大众文化，或者说法兰克福学派痛心疾首的文化工业，我们发现要么被纳入了消费文化市场机制的轨道，要么多多少少在接受它的影响。这一点无论是在西方发达国家，还是在市场经济正在走向成熟的中国，应该说没有多大差别。

照斯莱特的解释，他之所以认定消费文化总体上是与现代性难分难解的，是基于两个理由：其一是，消费文化实践的核心制度和基础设施早在启蒙时期就已经开始建设；其二是，现代性作为消费文化的纲领本身就具有与时俱进的特征，因为现代性的精义就是不为传统所制，这使得现代性具备不断求知创新的科学精神，就像一句从利奥塔开始便不断被人重复的名言——后现代主义不过是现代性的一个阶段。

英国文化批评家保罗·威利斯曾经提出过一个观点，即认为在日常消费文化中可以发现一种"场地美学"（grounded aesthetics），从而见出一种创造性来。消费者选择再选择，选择的过程中就见出了意义，而此一意义是能动的意义，它诉诸情感，也诉诸认知，从而为美学提供了场地。故"场地美学"的发现也是普通人用文化来认知世界的过程，人在这里体悟到了把握世界的快感，即便程度微不足道。威利斯指出，"场地美学"在消费的感觉、情感和认知活动中表达价值观念，这意味创造力不光见于生产，一样也可以见于消费。威利斯认为，在这里"信息"就不是发送和接收的问题，反之"发送"是给"制造"替而代之。故在传统审美活动中可能是索然无味的一个文本和对象，在场地美学中完全可以焕发青春，显示出巨大的文化意蕴。因为人们是把鲜活的自我带进了文化商品的消费，并且使自我形成于此。鉴于他们带进来的是经验、情感和社会角色，所以像在教育、生产等等其他语境中一样，人们也在消费文化中丰富了自我。他用了一个比喻，认为今天的消费就像阿拉伯神话里瓶子中释放出来的精怪，现在的问题不是怎样把它给塞回瓶里去，而是来发挥想象，看看它可以满足我们什么样的愿望。所以消费文化实际上也是文化的解放，至少普通人可以通过它彰显个性自由，从而不再永远被限定在被教育、被启蒙的位置上：

> 假如说现代"消费自我"不过是在市场提供的文本和艺术作品内部重复了"原有身份"，那么对于场地美学来说，就远远不够了。当然市场没有提供任何完全意义上的文化认同。市场上有选择，但不是非此即彼的选择，我们自己无法确立文化议程。即便如此，市场也提供了其他地方没有提供的一种矛盾潜能。对于大多数人来说，它可能不是最好的文化解放路径，但是它有可能将人引向康庄通衢。[①]

我们的人文理想是不是在令人眼花缭乱的消费广告中遭遇了灭顶之灾，我们不断更新的消费欲望是不是倒行逆施，阻碍了人格的健全发展？威利斯的上述描述，显示出的答案应是相当乐观的。文化从精英阶层的专利演绎到广被普罗大众，其中一个特征便是充分赋予快感本身自足独立的合法性，它不必亦步亦趋地看理性的眼色。由此来看，威利斯在消费文化中读出美学的观点应当说不是奇谈怪论。

三、拟像与日常生活审美化

英国后现代社会学家迈克·费瑟斯通在其《消费文化与后现代主义》一书中，论及日常生活审美化与后现代主义的关系时，认为首先应该读波德利亚的两本书，一本是《拟像与仿真》，另一本是《沉闷多数的阴影》。这两本书的内容都是反客为主的拟像和真实的故事。拟像来自模拟（simulate），它意味着什么？波德利亚就"模拟"和"假饰"（dissimulate）作过一个辨析。他指出，假饰是有装作没有，模拟则反过来没有装作有。前者是在场，后者是缺场。但实际情况更要复杂，因为模拟并不仅仅是伪装。比方说，假如某人装病，他只需躺在床上，无病呻吟，即可

[①] Paul Willis, *Common Culture*, Milton Keynes: Open University Press, 1990, p. 60.

叫人信以为真，但是假若某人模拟生病，那么就远不是无病呻吟那么简单，他必须在自己身上做出病情来。故此，伪装和假饰不过是一种掩饰，并不改变现实，但是模拟却危及真和假、现实和想象的边界。鉴于模拟做出来的是"真正的"症状，这人到底是病了，还是没病，只怕一时还真难下定断。而倘若一切症状都能够"做出来"，能够偏离它的真实性状，那么所有的病情也就是可被模拟的病情，在它们面前，医学失去了意义，因为医学只知道根据客观原因来诊治"真正的"病情。要之，是不是该请出心理分析师来诊断"病人"的无意识层面？可是无意识难道就不能模拟吗？梦难道不是最好的例子？

波德利亚诸如此类假作真时真亦假的推论，显而易见，意味着现实既然不复是既往的现实概念，怀旧念古就有了丰厚的流行土壤。本原的神话、现实的符号、复制的真实，诸如此类莫不显得具有充分的客观性而又确实无疑。我们的真实世界和鲜活的经验在被无限扩大，在卷土重来的修辞和隐喻浪潮中，主体和客体的区分已经变得无关紧要，甚或主体与客体压根就已混沌不分。在这样一个真实、模拟真实、超真实浑然无分的世界里，波德利亚选取的关键词很显然是意象和符号。关于意象和符号在当代社会中意味着什么，波德利亚的看法是，现代社会是以符码和符号替代了现实和意义，由此人类的经验与其说是现实自身，不如说是现实的模拟，即拟像。而拟像说到底是文化的、传媒的拟像，因为正是文化和传媒在创造并且指导我们如何感知现实。这一看法对于日常生活审美化的启示，诚如波德利亚所言，是当代社会高度依赖拟像而日渐失却同真实世界的联系，尽管后者正是拟像产生的基础所在。要之，模拟和真实无分彼此的后现代日常生活，就不啻水中花、井中月。

关于拟像和现实的关系，《模拟》一书中波德利亚反顾历史，认为依据不同历史阶段可以分出三种类型。第一类对应于前现代时期，意象和现实泾渭分明，意象是真实事物的人为地标。第二类对应于工业革命，随着机械产品的大批量制作，无限复制的大众文化替代独一无二的高雅艺术，意象和现实之间的界限开始模糊。第三种类型对应于后现代社会，拟像先于本原，真实和再现之间不复存在任何障碍，甚或真实消隐不见，所见唯有拟像。这就是我们当代由拟像构成的超现实世界。信息、传媒、商品无限膨胀，反客为主后压迫主体，真实的体验被广告的体验取而代之，主客体角色成功逆转。从当年的《银翼杀手》，到如今的好莱坞《终结者》《黑客帝国》《变形金刚》等一系列科幻大片，无疑是在演绎波德利亚的绝非耸人听闻的拟像和模拟理论。

波德利亚早年论述消费社会的著述，在费瑟斯通看来提出了一种商品—符号理论，借此显示商品如何变成某种索绪尔意义上的符号，其意义取决于它在一系列自说自话的能指当中处在哪一个任意的位置。而在20世纪80年代波德利亚的一些著作中，费瑟斯通发现，波德利亚再接再厉发展了上述逻辑，将注意力转向媒体提供的超负荷信息，致使千奇百怪、无穷无尽的图像和拟像扑面而来。正所谓"电视就是世界"。这个比喻似乎可以回应当代中国日常生活审美化论争的一个核心问题，那就是谁的日常生活审美化？这个问题的正方观点是，日常生活审美化虽然无缘于中国大多数远谈不上富裕的人口，可是随着先是电视，然后是互联网和智能手机普及最遥远的边陲乡曲，美轮美奂的超现实画面一样变成了触手可及的"真实"。

费瑟斯通读波德利亚的著作后感叹，在这个超现实世界中真实世界和想象世界混杂在一起，审美幻觉无处不在，以至于一种无意之间的戏拟，展翅翱翔在万事万物的上空，技术的模拟、难以名状的名望浸润着诱人的美感。故在波德利亚眼中，艺术不复是一个独立自足的真实世界：它进入生产和再生产领域，因此日常生活中的一切事物以及平淡无奇、陈腐沉闷到令人乏味的日常生活本身，也由此成为艺术的符号和审美的对象。这一化腐朽为神奇的日常生活美学，正是超现实主义的特点：

> 今天的现实本身，都是超现实主义（hyperrealist）的东西。迄今为止超现实主义（surrealism）的秘密，是最陈腐平庸的现实也能变成超现实，然而

那仅仅发生在特定的时间，并且依然同艺术和想象有着联系。而今天的全部日常现实——政治、社会、历史和经济的现实——自此被整合进了超现实主义（hyperrealism）的模拟维度。我们生活的每一个地方，皆已处在现实的某种"审美"幻觉之中。①

上文中，波德利亚基本上是hyperrealism和surrealism两个词并提。这两个词约定俗成的中文翻译都是"超现实主义"。但两者译名相同，旨趣并不相同，支撑hyperrealism的主要是媒体，surrealism的后援主要是先锋艺术。两者在时间上的发生点，也相距半个多世纪。但是既然波德利亚愿意将这两个概念并提，想必就有自己的理由，比方说，至少对于日常生活，两者都有化腐朽为神奇的功能。对此费瑟斯通的看法是，当代的模拟世界里焦虑释放的幻觉已入穷途，观点和深度被悉尽掏空，真实和想象之间的冲突业已不复存在。

四、《神都龙王》的拟像和仿真

《拟像与仿真》也许是波德里亚流布最广的一部著作。作者开篇转述了博尔赫斯的一则掌故，说某个帝国的制图家们画了一张地图，地图非常地译尽，以至于丝毫不爽地将整个国土包罗进去。可是后来帝国衰败了，地图也日渐磨损，最终被毁坏了，只在沙漠里留下星星点点的痕迹。这是一种形而上的抽象美，它见证了昔年帝国的荣耀，就像一具尸体那样在腐烂，又像一张年代久远的相片，最后回归尘土，到最后跟真实混淆难分。波德里亚指出，假如将博尔赫斯的这个故事看作最恰当不过的仿真寓言，那么这寓言就刚好转了一圈，到如今一无所有，独留下匪夷所思的作为第二符号序列的拟像的魅力。

所谓第二符号序列，也是罗兰·巴特的概念。在1957年出版的《神话学》中，

---

① Jean Baudrillard, *Simulations*, New York: Smiotext(e), 1983, p. 148. See Mike Featherstone, *Consumer Culture and Postmodernism*, London: Sage Publications, 1991, p. 69.

巴特指出，他采用了索绪尔能指加所指等于符号的模式，但是在此基础上，他又添加了一个第二层面的指意系统。什么是第二层面的指意系统？如人所知，能指"狗"产生了所指"狗"，即四足犬类动物。但是巴特指出，这一公式产生的符号"狗"，可以在指意系统的第二层面上再一次成为能指"狗"：一个恶人、小人。如是第一个指意层面上的符号，是第二个指意层面上的能指。第一个层面是以言示物，第二个层面则是以物示物。巴特称，正是基于这第二层面的指意系统，神话才能被制造出来以满足消费之需。神话由此成为他所谓的"第二阶次的符号系统"。那么，拟像作为第二级次的符号系统，如前所言，是我们自己的沙漠，真实自身的沙漠。

在这样一种拟像与仿真的后现代沙漠中，图像的命运无疑是不容乐观的。如前所述，《拟像与仿真》中谈到过图像或者说形象的定义。图像是什么？波德利亚认为图像可以有以下四个相继的侧面：

> 它是某个深刻真实的反映。
>
> 它遮蔽了某个深刻真实，将它引入歧途。
>
> 它遮蔽了某个深刻真实的缺场。
>
> 它同一切形形色色的真实毫无干系：它不过是它自身的纯粹拟像。[1]

关于上述四义，波德利亚指出，就第一个层面来看，图像是很好的外观，给表征披上了一件神圣外衣；就第二个层面来看，图像是种邪恶的外观，表征由此身染重病；就第三个层面来看，图像在同外观游戏，所以在这里表征就是魔术师；就最后一个层面来看，图像同外观已经全不相干，它变身成为拟像了。总而言之，图像作为符号，在波德利亚看来，以前是装模作样表明某样东西，如今是装模作样表征

---

[1] Jean Baudrillard, *Simulacra and Smilation*, English trans. Sheila Faria Glaser, Ann Arbor: The University of Michigan Press, 1994, p. 6.

其实是一无所有。由此开创了拟像和仿真的时代，在这个时代里不再有一个不证自明的上帝，不再有末日审判来分辨何者为假、何者为真。正因为真实不复是原来模样，所以我们怀旧。我们寻找本原，寻找真实，寻找真理，可是到头来一切都是镜花水月。

由此我们可以来看当年票房大获全胜的《狄仁杰之神都龙王》。在让我们目不暇接的惊悚美艳图像盛宴中，它讲述了一个匪夷所思的故事。唐朝高宗年间，有一个蕞尔小国东岛，岛上的歹徒潜入中国，在专供皇室和高官享用的极品雀舌茶里下蛊，转变茶叶的基因，以待一段时间后蛊毒在身体里慢慢发作，弄得宿主人不像人、鬼不像鬼，由此制造内乱，覆灭唐王朝。影片中的东岛人似乎讲日本话，我们马上想到这个东岛是在影射日本，虽然我们还是疑惑我们跟转基因的恩恩怨怨同日本又有什么干系。可是马上电影告诉我们，这个东岛不是日本，而是位于大唐和同它连年交战的扶余之间。这更叫我们一头雾水，扶余国在朝鲜半岛，隋唐屡屡发兵东征高句丽，双方"鏖战方酣"呢。可是在中国和朝鲜之间，古往今来又有什么敌对势力？难道是琉球？但首先地理位置对不上号，再说我们干吗要同琉球过不去？

进而视之，影片还有一条爱情线索，讲的是神都洛阳的花魁名妓银睿姬引得万人痴迷，以至于位居至尊的武则天都禁不住争风吃醋，欲置之死地而后快。不想花魁高风亮节，对王公贵胄全无兴趣，但就因为"得成美眷何辞死，只羡鹣鲽不羡仙"这样几句打油诗即刻爱上了为朝廷专供茶的茶庄少东家。而且这一爱就是惊天动地、海枯石烂，即便茶庄公子身中蛊毒，变身"龙王"，花魁也不弃不离、矢志不渝。在文学早已一落千丈的时代，胡诌两句歪诗便有这等立竿见影的奇迹效果，真叫人羡煞唐朝人极其低廉的艳福成本。不仅如此，狄仁杰以毒攻毒的奇谋，更叫人瞠目结舌。先把小鱼毒死，然后用网兜组合成"毒鱼导弹"，只等超级大鱼张开血盆大口，就发射进去，打发它一命归西。这又影射今天的哪门子的食品玄机？

综上所述，足见这部雷人神片是怎样博古通今、借古讽今，想象力高张远远超过了观众的心骛八极。可是它的票房恰如院线经理所言，是高奏凯歌，转眼就刷新了

《龙门飞甲》的5.4亿票房，成为内地电影史上最卖座的古装动作片。徐克大导演真是鬼斧神工，点石成金！可是它留给我们什么？表面上是光怪陆离，骨子里却是一片虚空。假如就前面波德利亚《拟像与仿真》中给予图像的四个定义来看，那么我们发现：首先，《神都龙王》不是真实的反映，虽然它花里胡哨，天马行空，给表征披上了一件华丽外衣；其次，《神都龙王》遮蔽了真实，将我们对食品安全的忧虑引入歧途，它传达的信息应该不是正确的；再次，《神都龙王》遮蔽了真实的缺场，它只是游戏，纯粹就是真真假假的魔术而已；最后，《神都龙王》同真实毫无干系，它无中生有，然后自己模仿自己，所以它是不折不扣的拟像，简言之，图像不再装模作样地表达所指，而是装模作样地表达虚无。所以我们进入了拟像和仿真的时代，这个时代中不复有上帝，不复有最后的审判，正所谓"假作真时真亦假"，无为有处有还无。拟像和仿真的虚空娱乐，如何就叫我们乐此不疲、沉迷忘返呢？

第二十八章　布尔迪厄

皮埃尔·布尔迪厄（1930—2002）是法国社会学家和哲学家，也是著名的公共知识分子。他出生在法国南部比利牛斯—大西洋省，父亲是邮政工作人员。布尔迪厄读中学时移居巴黎。1951年他考进巴黎高等师范学院，跟阿尔都塞一道学习哲学。1954年通过教师会考当过一年中学教师，次年应征入伍，在阿尔及利亚服役一年，然后又在那里任教。1960年他的第一本书《阿尔及利亚的社会学》出版，奠定了他日后人类学与社会学研究的声誉。同年他回到法国，在里尔大学任教四年。1964年，他在巴黎高等社会科学研究院的前身——巴黎高等研究实践学院（EPHE）获得指导教授职位。1981年布尔迪厄又在法兰西学院出任社会学系主任。1968年，他接手雷蒙·阿隆创立的欧洲社会学中心，主掌这个中心直到去世。1975年，他联合中心的同道创办了《社会科学研究行为》杂志，对社会学经典模态发起挑战。布尔迪厄相较于与他同年的德里达，名扬天下稍晚一些，但是获得的各类殊荣同样不胜枚举。布尔迪厄著述丰厚，主要有《继承人：学生和文化》（1964）、《再生产：教育体系理论纲要》（1970）、《学术人》（1984）、《区隔：趣味判断的社会批判》（1984）、《换言之》（1990）、《语言与暴力符号》（1993）、《艺术的规则：文学场的起源与结构》（1996）、《论电视》（1996）、《经济的社会结构》（2000）等。布尔迪厄的《区隔：趣味判断的社会批判》（后简称《区隔》）是后现代主义的社会性经典，引起了广泛论证，它不但旨在改写马克思的资本理论，同时也对康德理性主义美学提出了立足数据的社会学批判。

一、文化资本

文化和资本是后工业社会的两个关键词，这两个关键词结合在一起就是布尔迪厄提出的著名概念"文化资本"。布尔迪厄将资本分为社会资本、文化资本和符号资本三种类型。三者在社会空间中各得其所、各尽所能，一个人的身份不是单独由社会阶级决定，而更多取决于他或她通过社会关系连接着哪一种资本。假如说社会资本是一种契约和关系的资产，那么文化资本的关键则在于掌握某些特殊能力。它是一种个人资产，可以像经济资本一样做交易，虽然未必能够随心所欲还原为经济资本。而且，并不是一个人拥有财富、地产等一应物质资产，就必然拥有文化资本。因为文化资本说到底是社会地位的一个象征，足以显示你高高凌驾于那些不具有文化资本的芸芸众生之上。

布尔迪厄在他的名著《区隔》中，通过大量数据分析得出一个结论：由于文化资本的缘故，中产阶级和工人阶级的艺术趣味判然有别。所以，文化资本也是趣味的资本。《区隔》开篇就给文化下了这样一个定义：

除非"文化"一语在其限定的、通常使用的规范意义上回归人类学意义上的"文化"，同时对最精致对象的苦心经营的趣味重接同美食风味的基础味觉联系起来，否则我们便无以充分理解文化的种种实践。[1]

　　这里可以见出布尔迪厄的典型的后现代治学立场，即不将文化当作图书馆中的高头讲章，要求文化的研究走出殿堂，走出厨房，在食物色香味的调配中培养出最基本的审美趣味。很显然，这是宏大叙事消解之后的后现代的方法。

　　从食物的口味来培养趣味，就算不过是个比喻吧，这听起来也是现代美学的一种倒退。美学不就是要求摆脱声色感官的快感，把它们升华到精神的层面吗？这是康德的传统。但是布尔迪厄明确表示反对康德美学的审美非功利观点，反对康德主张艺术快感不涉及任何功利目的立场。反之他认为审美感知必包含两个部分：其一是工人阶级的大众趣味，在不无粗鄙的声色犬马中得到快乐；其二是独立于感官诱惑的那种冷静快感，那是权贵阶级维护自身特权的手段。故而在文化消费中出现的趣味分歧，追究到底，是现代社会错综复杂的阶级分歧渗透到了艺术和文化的领域。所以康德美学绝不是一种天真无邪的趣味理论，而丝毫不爽是阶级斗争的产物。用布尔迪厄的话来说，那就是每一个阶级群体都有它自己的艺术家和哲学家、报纸和批评家，一如它拥有自己的发型师、室内设计师和裁缝。

　　但是布尔迪厄还真不是仅仅是在比喻说法。在《区隔》题为"习性与生活方式的空间"的第三章中作者指出，在食物领域，社会等级的区分通常与收入直接相关。但是收入的差异掩盖了背后另一种更为隐秘的差异，那就是文化资本富足、经济资本稍有不足的群体，同反过来经济资本富足、文化资本稍有欠缺的群体，他们的饮食趣味，是随着身份而一路变化。布尔迪厄发现，当某人社会地位一路上升的时候，他收入中食物开销所占的比例会一路下降，或者在其食物开支中，高脂肪食物诸如通心粉、土豆、豆子、培根、猪肉以及红酒一类食品上的消费费用，会有所下降。反之易消化、低脂肪食物，如牛肉、小牛肉、羊肉、羔羊肉，特别是新鲜水

　　① Pierre Bourdieu, *Distinction*: *A Social Critique of the Judgement of Taste*, English trans. Richard Nice, Cambridge: Harvard University Press, 1984, p. 1.

果和蔬菜上面的开支，会随之上升。这里面的差别就在于口味。所以，领班的工资虽然普遍高于白领职员，但他的口味或者说趣味还是"大众"的工人阶级趣味，反之白领们的口味大异其趣，比较接近教师们的口味。布尔迪厄的意思是，当我们高谈趣味判断无标准、非功利的时候，不要忘了，其实它来源于生活的必然。

文化资本从哪里来？在布尔迪厄看来，它在于天成，而不在于后天努力。即是说，它是我们从婴儿时代起，在家庭内部潜移默化早早获得的全部知识。这是我们祖辈留下来的最好遗产，非后天的努力可以达成。这样来看，一个人艺术趣味的形成，更多取决于他的家庭和社会渊源，而不仅仅是天长日久的资本和经验积累。换言之，与生俱来的文化资本要优于后天习得。这当中良好的家庭背景至为重要。比方说，自幼就能得到各类艺术和古典音乐的熏陶，这样一种天成的品位远不能在各式各样的礼仪补习班里可以求得。甚至，家庭背景同教育也有着千头万绪的联系。布尔迪厄发现，精英阶层的孩子与同一阶层的老师一样，对高雅生活方式默会在心，显得游刃有余。而低层阶级的师生，教起来、学起来都就比较吃力。所以，学堂里有钱人的孩子会很快适应期待的行为模式，显得很"乖"，反之穷孩子就"笨"。富孩子的温良乖巧仿佛是自然而然，无须费太多力气逐一学习。这里就见出了"区隔"的意义：文化优势得益于家庭。家庭高雅氛围的潜移默化，不是学校三两年的勤奋努力可以达成。

最有价值的文化资本，就是艺术趣味。但是艺术趣味，同样也体现在商品上面。艺术资本也是最难获得的文化资本。因为这里面不光涉及教育，同样涉及家庭。比方说，一个出身大家闺秀的全职母亲，自可在闲暇时间里面从容地将自己的所学传给孩子。在这样的家庭里，古典音乐是家常便饭，钢琴是必备设施，名家画作和珍稀古董更无须显摆，它们压根就是再普通不过的东西。由此来看，家庭影响和后天教育的区别正好比绅士和学者的区别。先者的气质是自然而然培育而成，仿佛是他的第二天性。后者是迫于生计刻苦造就，具有明显的功利目的性。先者的优雅是超脱淡然的，后者则太多热情和表现欲望，而且容易半途而废。先者是真正的贵族，后者只是造就的新贵。

问题在于，新贵一旦钱囊充盈，自会努力学习，假如他勤奋不辍，是不是终有一天也有望文质彬彬地做一个君子呢？还是真像眼下流行的说法，一个真正的贵族需要至少三代人的培育？或许，布尔迪厄是不是夸大了阶级区分的血缘遗传成分，太过于强调精神，而低估了物质基础？布尔迪厄对此的回答是，假如新贵靠自学可以跻身于"绅士"行列，那么社会等级的流动对于特权阶级来说就是一个非常现实的威胁。故而处心积虑维护，甚至深化"区隔"就成了特权阶级的不二使命。只有如此，特权阶级的社会地位才不至于因为经济地位的上上下下，而变得摇摇欲坠。

由此我们可见，艺术趣味作为文化资本的区隔涉及的并不仅仅是审美的问题，而且也是一种权力运作策略，它把趣味分成不同的等级，所谓高级趣味和低级趣味的界定全由拥有丰厚文化资本的少数精英说了算，下层阶级是望尘莫及的。这里说到底，还是经济、政治的权力在起作用。实际上，布尔迪厄本人也没有否认文化资本形成过程中社会资本和符号资本的重要性。比如，绘画和音乐的才能不光显示了艺术世界里长久操练形成下来的禀赋，同样与经济实力和闲暇时间有关。这样来看文化资本，它同样可以被误读为一种暴力。一如学业平平的工人阶级孩子视中产阶级孩子学业优秀为天经地义，反之心甘情愿自认天资不够、努力不够。这里面的差距，正可体现经济资源向文化资本转化的过程。

美国已故著名的概念艺术家索尔·勒维特，1969年曾经让一个工人给他做了个十英寸边长的不锈钢盒子，然后埋入土中。盒子里装的是一件打算送给土地主人的微型雕塑，可是无论是艺术作品还是包装盒子都再也没有重见天日。假如盒子也算是一件雕塑——事实上它的艺术意蕴或者说作者倾注在上面的心力至少胜过杜尚的小便器，甚至沃霍尔及其助手用现成包装盒加工的布里洛盒子——那么很显然，这两件作品诚然在理论上来说都是清晰可见的对象，然而实际上却从可见世界中消失了，留存的唯有艺术的概念。问题在于，像勒维特的此地无银三百两，以及杜尚和沃霍尔的鱼目混珠，好像我们大多数人都可以如法炮制。可是，我们有勒维特、杜尚和沃霍尔那样的文化资本吗?

二、趣味和习性

"趣味"（test）一语的原初含义应是口味，它是人类最古老的感觉之一。当口味发展到趣味，这意味着当中的感性因素渐行渐远，理性因素占据了上风。但是趣味不但因人而异、各不相同，而且阶级与阶级、阶层与阶层之间也多有差异。《区隔》开篇就宣称，文化商品作为一种经济，有自己的特殊逻辑。而社会学便是不遗余力地说明文化商品的消费者及其趣味是在何种条件下产生，同时描述占有我们的叫作艺术作品那类东西的不同方式及其背后的法理体制。换言之，趣味并非无目的、非功利，而是来源于生活的必然。

趣味一旦同必然或者说必需结缘，布尔迪厄指出，那只能是生活方式"本身"的基础所在。换言之，这一类趣味着实贫乏得可怜。一些人身上的荣耀标记，在另一些人身上就是耻辱。他引了马克思《资本论》第1卷第十二章"分工和工场手工业"中的一段话："正像耶和华的选民的额上写着他们是耶和华的财产一样，分工在工场手工业工人的身上打上了他们是资本的财产的烙印。"[①]他进而指出，这里马克思所说的"烙印"说到底也就是生活方式，正是在生活方式里，被剥夺阶级立马就暴露了自身。他们除了技术之外一无所有，而技术在讲究知识和风度的趣味市场里一文不值。用流行的话说，他们是不懂得如何生活和休闲的人。他们的精力和财力大都耗在食物上面，如面包、土豆、肥肉等，他们偏爱高脂肪的油腻食品。吃得庸俗，喝得同样庸俗，比方说葡萄酒。舍不得在衣着和化妆品上面过多消费。至于休闲，他们会开着雷诺5和西姆卡1000这类平价汽车，假日里面一头扎进堵车大军出去远足，在高速公路边上野餐，在拥挤不堪的野营地支起帐篷，认真地把文化产

① Pierre Bourdieu, *Distinction: A Social Critique of the Judgement of Taste*, English trans. Richard Nice, Cambridge: Harvard University Press, 1984, pp. 178–179. 见马克思：《资本论》第1卷，人民出版社，2004年，第399页。

业工程师们预先设计好的休闲项目逐一品尝。一切皆为事出必需，又属必然。

由此我们可以来看布尔迪厄文化理论的另一关键词"习性"。什么是"习性"？布尔迪厄明确反对以想象力和理解力的神秘结合来解释审美现象的康德美学，认为审美活动事实上不可能独立于外部世界的影响。但是人类的审美和文化活动是不是完全可以由阶级区分这类外部因素来加以说明，反过来将康德传统的主体意识一笔勾销？布尔迪厄的回答是否定的。他的"习性"（habitus）概念正是在这一背景下提出的。什么是习性？据布尔迪厄的解释，"习性"就是社会生活和个人情志双向作用后集聚在个体和群体身上的总体持久性情。它是特定的阶级与文化使然，涉及同一阶级共享的价值观念和生活体验。如布尔迪厄认为，工人阶级的习性说到底是因一种生活必需资料的匮乏而形成的：

> 习性是由必然性构成的一种德行。这个基本命题在工人阶级身上表现得再清楚明白不过，因为对于他们来说，必然性包括这个词通常所指的全部含义，即是说，必需品不可避免地给剥夺一空。[1]

所以在必然性逼迫之下产生的趣味，必然就是形似穷凶极恶的物质追求，它成为一种根深蒂固的性情，足以同革命的意愿声气相求。由是观之，社会阶级的界定就不光取决于其在生产关系中的地位，同样取决于"通常"联系着这一地位的阶级习性。布尔迪厄特别指出，"通常"这个词在这里可是有着大量统计数据支持的。由此可见，"习性"概念的提出可以说一方面跳出了结构主义见物不见人的局限，一方面又避开了高扬主体，视艺术家为造物主的浪漫主义窠臼。

工人阶级的生活方式体现的是粗鄙习性，那么当代技术社会的中坚，受过良好教育的年轻一代"技术"阶层，又当何论？布尔迪厄指出，同他们的长辈一样，这

---

[1]　Pierre Bourdieu, *Distinction: A Social Critique of the Judgement of Taste*, English trans. Richard Nice, Cambridge: Harvard University Press, 1984, p. 372.

些年轻人阅读科学和技术著作，不过比较起来看，他们的趣味会分出一点给哲学和诗歌。同长辈相似，他们也不是博物馆的常客，不过假若要去，他们通常会去现代艺术博物馆。这一倾向在出身中产和上层阶级的技术青年中尤其明显。他们大都知道一大堆音乐家和作曲家的名字，醉心现代艺术和哲学，也经常前往影院。但是年轻一代技术阶层与其父辈——不论是原本就出身小资的小资也好，抑或是从工人阶级当中脱颖而出的小资也好——最大的不同，在布尔迪厄看来，还是在于他们的外表特征，即服饰和发型传达的符号信息。简言之，年轻一代接近学生风格，追逐时尚，张扬个性；他们的父辈则偏爱"稳重得体"抑或"适合身份"的服饰，那正是事业有成的小资们的典型选择。

小资们的趣味应该是比较典型的艺术趣味。但是艺术趣味，同样也体现在商品上面。不同趣味的消费群体，可以决定商品的不同地位。对此布尔迪厄说：

> 根据人们的趣味来做选择，这也是一个鉴别商品的过程。商品客观上是跟人们的社会地位同步的，它们"并肩而行"，因为它们在各自的空间里面大体是处在相同的位置，不论电影还是戏剧，卡通还是小说，服饰或者家具，选择总是由机制相帮来完成的——商店、剧院（左岸抑或右岸）、批评家、报纸、杂志——它们本身根据其在一个特定领域中的地位得到定义的而这个领域的确定，依据的又是相似的原则。[①]

即便如此，布尔迪厄表明，统治阶级的意识形态实际上也是无所不在的，涵盖了文化实践和符号表征的所有领域，包括衣着、体育、饮食、音乐、文学、艺术方方面面的趣味偏好。这里的关键词还是"趣味"。虽然，艺术和文化消费本身并不产生阶级不平等，但是社会主体同气相求、同声相应，正是在文化和艺术的消费中

① Pierre Bourdieu, *Distinction: A Social Critique of the Judgement of Taste*, English trans. Richard Nice, Cambridge: Harvard University Press, 1984, p. 233.

彰显出自己的阶级符号，所以他们不论是有意还是无意，都推波助澜完成了社会秩序的再生产。这一点上布尔迪厄应与福柯相似，认为权力无孔不入地渗透到认知表达的每一个角落，即便是"天衣无缝"的观念背后也潜藏着视而不见的权力阴谋。虽然，在布尔迪厄看来，这无孔不入的的权力计谋更多地同经济和政治力量纠结在一起，故此更多地在充当一种趣味不平等合法化的功能。

《区隔》中布尔迪厄引了马克思的这一段话：

> 人类首先被看作私有财产的拥有者，即是说，一个排他性的拥有者，他的排他性的所有权一方面使他保有了他的个性，一方面也使他与其他人分别开来，同时也联系起来……私有财产是人类个人的、独特的，从而也是本质的存在。[1]

对此布尔迪厄的评价是，占有绘画这样的艺术作品，即具有物质形式的符号对象，就是肯定自己是对象独一无二的拥有者；与此同时，肯定自己排他性地拥有对象权威趣味的判断资质由此转化为一种具体否定，否定一切不足以拥有这件作品的人，他们或者是财力不够，或者是品位不足，或者纯然是缺乏倾家荡产来获得它的强烈动机。文化和艺术作品的消费，由是观之，自然同样缘起于对这一类自由财产的绝对拥有欲望。

三、艺术的场

如此我们可以再来审视布尔迪厄的艺术观念。言及艺术与文化的关系，布尔迪厄指出，如果你仔细"阅读"一件艺术作品，就会发现艺术品的消费不过是制码和解码复杂过程中的一个阶段。故观看（voir）的能力，一定程度上可以说，也就是

---

[1] Karl Marx, "Excepts from James Mill's Elements of Political Economy" in: *Early Writings*, Harmondsworth: Penguin, 1974, p. 266.

知识（savoir）的一种功能。艺术作品只有对于那些具有文化底蕴、懂得怎样制码和解码的人才有意义。一个时代、一个流派、一个艺术家的绘画特点和音乐风格，其审美快感都是积累在充分的专门知识上面。否则，所见所闻不过是色彩、线条、声音和节奏的大杂烩而已。这意味着同艺术作品的相遇并非是想当然的那种"一见钟情"，而是一种移情的过程。这个过程中的认知能力，保证了解码活动的顺利展开，只有如此，我们才能得到审美快感。

由此可见，在布尔迪厄的理论中，艺术和社会生活的其他符号层面一样，难分难解地交织在我们生存的物质条件中，两者你中有我，我中有你，不可能分隔成彼此对立的两元。布尔迪厄的一个核心概念"场"（champ），也正是基于这一认知提出的。据他解释，一切社会结构的形成都取决于一系列场域的等级组合，如经济场、教育场、文化场、政治场等，其中每一个场域都有自己的功能法则以及与其他场域之间的独特关系。换言之，除了经济和政治这两个基础场域本身之外，每一个场域既有独立于政治和经济的自足性，又具有与其他同源同构的相似性，虽然它们等级高低各不相同。布尔迪厄在他的《福楼拜与法国文学场》一文中，给他的"场"下过这样一个定义：

> 我说的"场"是什么意思？我使用这个术语是说，一个场域就是一个分离出来的社会宇宙，它具有自身的独立于政治和经济的功能法则。作家的生存无论在实际上还是在观念上，与作为一个自足宇宙被赋予评价行为和作品特殊原则的文学场的存在，是不可分割的。①

所以在布尔迪厄看来，要理解福楼拜或波德莱尔，或者大大小小任何作家，首先就应该去了解作者处在什么样的社会条件之中，因为作家的创作与"文学场"

① Pierre Bourdieu, *The Field of Cultural Production: Essays on Art and Literature*, ed. Randal Johnson, Columbia University Press, 1993, p. 163.

游戏规则的不断更新是难分难解纠缠在一起的。但是反过来看，文学场和艺术场一样，它们越是遗世独立，就越是紧紧受制于社会结构中无所不在的经济和政治游戏，诚如布尔迪厄本人所言：

> 文学和艺术场的特殊性在于这一事实，那就是它越是自足，即是说，越是彻底完全履行它作为一个场域的自身逻辑，就越是趋向于搁置抑或颠倒无所不在的等级原则。但与此同时，不管它独立到什么程度，它依然受制于经济和政治利润的相关法则，后者始终包围着它的场域。[①]

故而以文学和艺术场为例，根据布尔迪厄的演绎，我们可以发现它是处在权力场的框架里面，这导致文学和艺术再怎么呼吁独立自足，总还是跳不出以阶级关系为标志的那个更大的经济和政治场域。这就是场域"等级化"的含义。

就艺术作品而言，布尔迪厄指出，只要它们被懂得如何鉴赏它们的受众根据社会惯例认知和欣赏，那么它们就是符号的客体。故而，文学和艺术的社会学不能仅仅把它的研究对象看作物质生产，同时也必须视其为一种符号的生产，即是说，同时认可作品的信仰、意义和价值生产。由此被纳入研究视野的不仅仅是作家和艺术家，同样也包括批评家、出版商、画廊经纪人等一系列中介人，正是他们合力给消费者生产了艺术作品的认知和娱乐功能。这些中介当中，布尔迪厄最为看重的是教师和家庭。特别是家庭，布尔迪厄认为它在文化资本形成过程中起着举足轻重的作用，而我们一旦明白这一点，就不会简单将人的音乐和绘画才具一股脑儿归结为教育之功。教育也是资本，但是教育资本说到底，依然是一种势必要依赖家庭背景的文化资本，因为孩子能够上什么学校，很大程度上也还是取决于他的家庭出身。

[①]　Pierre Bourdieu, *The Field of Cultural Production: Essays on Art and Literature*, ed. Randal Johnson, Columbia University Press, 1993, p. 39.

四、摄影的大众美学

布尔迪厄早在1965年就发表过论摄影的专述。他指出，传统认为摄影的功能就是记录，而不是阐释，其精确性和忠实性都是无可置疑的。但是这里存在偏见，事实上摄影捕获的只是现实的一个图像侧面，并且是经过精心选择的，而对客体其他方方面面的许多特质一概忽略不计。摄影历来以"真实"和"客观"著称，仿佛是一种记录客体的"自然语言"。布尔迪厄强调说，这是将摄影定位在模仿艺术层面，从更深层次上看，只有最天真的"现实主义者"才会仅仅看重事物的外表真实，反而对时时定义客体社会功能的规范系统视而不见。

那么，什么是摄影中的"自然"？我们可以从姿势说起。摄影中讲究姿势。姿势的意义又是什么？对此布尔迪厄指出，姿势对于摄影而言，其意义只能在一个特定的符号系统中加以理解。摄影一般拍摄人的正面像，对象站在镜头正前方，距离适中，表情严肃，保持静止状态。这一切说它什么都行，就是很难说事出"自然"。特别是摄影师不时会上来纠正姿势，对象还要换上新衣服，摆好姿势后不希望被人打扰。这一切都足以说明，摄影中的姿势的意义是尊重自己，同时也希望得到别人的尊重。但是尊重依然并不等于"自然"。布尔迪厄发现，事实上你越是让摄影对象"自然"一点，对象越是显得手足无措，"自然"不起来，因为他心里没底，不知道自己上不上相。所以，最好的希望也就是企图达到一种模拟的自然，类似戏剧里的造型。不仅如此，许多业余的摄影家，还不遗余力地逼迫他们的模特儿扭姿作态，摆出"自然"姿势。这同样说明，"自然"其实是一个文化理论，捕捉"自然"，必先创造出"自然"来。

布尔迪厄认为，对于工人阶级来说，摄影的艺术价值就属于上述之天真的现实主义一类，比如巴黎的工人会说这妞长得匀称，真是个美女，美女总是上镜。在布尔迪厄看来，这差不多就呼应了两千多年前柏拉图《大希庇阿斯》中，诡辩学者希庇阿斯面对苏格拉底的诘问时信口开河回答美是什么："我会告诉他美是什么，他一定驳不倒我！说实话，苏格拉底，美就是一个漂亮的姑娘。"由此来看，工人阶级的大众摄影趣味很显然与康德美学迥然不同。康德美学倡导"非功利""无目的"，但是工人阶级的大众摄影大都有相当明确的目的，并不是一切对象都能入照。他们会说，"这玩意儿不能照"，"这哪像照片？"，这当中的取舍标准多为文化的和伦理的考量，同纯粹的审美趣味往往关系不大。针对康德美学的非功利无利害原则，布尔迪厄指出：

> 与此相反，工人阶级期望每一幅图像都能确切无疑地实现某一种"功能"，但凡一个符号总能明确表达某一种道德规范，符合其相关判断的话。不管是赞扬还是谴责，他们的欣赏总是指向一个以伦理为其原则的规范系统。故此，一个士兵尸体的摄影可能引发的不同判断，其矛盾不过是表面现象，即仅见于他们的个人所好。①

　　布尔迪厄指出，比如他们会很干脆地说，这不美，我不喜欢。或者说，我从道德角度反对死尸的照片，这类题材除了职业军人谁都不会感兴趣。还会说，这是战争摄影，我热爱和平，我讨厌它。当然也有喜欢这张照片的人，他们也许会说，那是战争残酷的记录，适合用来做宣传。如此等等，不一而足。由此布尔迪厄得出的结论是，这些互为冲突的不同判断，指向一种能指总是绝对服从所指的美学。这种美学在摄影中尤其如鱼得水，因为摄影作为一门图解和再现的艺术可以还原摄影者选择拍摄的对象，通过肯定或者否定的情感表达展示作品的道德内涵。所以，摄影指向的美学绝非康德美学的非功利原则可以概括，因为它说到底还是社会性很强的"功能"美学。

　　如上文工人阶级那样比照作品的道德内涵做出判断，用布尔迪厄的术语来说，

---

① Pierre Bourdieu, "The Social Definition of Photography", J. Evans and S. Hall eds. *Visual Culture: The Reader*, London: Sage, 2009, p.170.

是属于"野蛮趣味"一类。因为他们总是孜孜以求一些客观原理，只有如此，才能放心给出自己的充分判断。而这些客观原理的获得，似乎又非得走进学堂接受教育，别无他法。这样用普遍原理包容个别的和特殊的审美趣味，只能说是在向正统文化献媚，从而反过来映照出自己在文化上的被剥夺状态。布尔迪厄说，此种"野蛮趣味"也是"大众美学"的趣味，摄影在阐释此种趣味和美学方面可谓是得天独厚。

将摄影定位在阐释"大众美学"的典型艺术，这个判断是不是过分了？布尔迪厄对此的解释是，在一个特定的社会、一个特定的时刻，诸如戏剧、体育、演唱会、诗歌、室内乐、歌剧等等，并不是所有的文化产品都一样高贵体面，一样具有同等级意义。换言之，以上各门各类文化和艺术形式是根据一个独立于个人趣味的等级组合起来的，在这个等级的背后，矗立着正统文化的合法性。由此导致的结果是，对于正统文化圈子外部的艺术消费者自可自由定夺，随心所欲给出自己的判断；反之身处正统文化领域内部，消费者就不得不小心翼翼，用一种仪式的态度，按照客观标准做出判断。故此爵士乐、电影和摄影由于对仪式无多要求，不幸就徘徊在正统文化门外了。

基于这一认知，布尔迪厄将艺术分为三个门类：其一属于正统文化，它们是音乐、绘画、雕塑、文学和戏剧，这是学院派的领地；其二属于正在竞争进入正统文化的领域，它们是电影、摄影、爵士乐和餐厅歌曲，这是批评家和俱乐部的天地；其三是跟正统文化偶尔相关的门类，它们是时装、化妆品、室内装饰、烹饪、运动以及其他日常生活中的审美行为。具体而言，正统艺术无论是绘画、雕塑还是文学等，均由学院构建了相关的理论体系，这些艺术承担着经国济世或者陶冶心灵的神圣使命，学习掌握它们不但要有兴趣，而且要有技巧，且都需要天长日久的方法训练。不过在布尔迪厄看来，学院垄断的结果无非是煞费苦心地张扬它们合法权威的外部特征，这也导致教授们每每是言不由衷，看上去是百花齐放，实际上是千篇一律，只会偶尔论及一些半业余的团体，诸如爵士圈和电影俱乐部。

这样来看，摄影处于上述法理等级的中段，介于"庸俗"和"高雅"趣味之间，既有大众市场，又有精英垂顾。这反而使它的地位显得尴尬，特别是在特权阶层当中，怎样定位摄影常常使人为难。一些虔诚的拥趸绞尽脑汁，意欲确立摄影的完全合法的艺术地位，可到头来总是徒劳无功，这也说明社会上抵制摄影进入正统艺术的惯习不容小觑。这样来看，摄影的"大众美学"维度说到底还是应当在社会之中寻找根源。故此：

> 如上所述，对于工人阶级和中产阶级来说，摄影实践所表达的美学与摄影评论一样，都显示了一种"精神气质"（ethos）的维度，故而浩瀚无边的摄影作品，其美学就能在自身不被因此贬值的同时合法地还原到生产了这些作品的集团，以及这些集团如何赋予作品以功能、授予作品以意义的社会学上面，显而易见的也好，隐而不见的也好。①

这是说，摄影家孜孜矻矻建构自己的美学理论，力争在正统艺术中赢得一席之地的努力从来就没有停止过。应当说布尔迪厄的上述判断我们并不陌生。就电影、摄影、爵士乐和餐厅歌曲这四种半个世纪之前布尔迪厄判定是在正统艺术边缘上游荡的艺术或者准艺术形式而言，电影以它第一等的拟像技术和受众趣味的突飞猛进，在我们今天这个图像和传媒时代里早已成为正统艺术中舍我其谁的新贵；爵士乐一部分成了怀旧的点缀，它的商业效果明显盖过了艺术效果；餐厅音乐似乎也看不出有多大长进。那么摄影呢？我们发现它的地位仍然是尴尬的。多年以前，国内一家著名媒体曾经开辟《摄影文学》周刊，虽然不过是四个版面一的张精美印刷的报纸，可也连篇累牍地邀请文艺名家疲劳轰炸，期望效法当年莱辛《拉奥孔》中诗与画的辩证，通过与文学联姻，让画面开言，复让故事定格，以此力推摄影进军正

---

① Pierre Bourdieu, "The Social Definition of Photography", J. Evans and S. Hall eds. *Visual Culture: The Reader*, London: Sage, 2009, p. 178.

统艺术。但是资金链一旦断裂，它马上悄无声息，日暮途穷。这里面的因缘倒未必是布尔迪厄所说的摄影不够"仪式化"，事实是学院派再有心在仪式化上做文章，没有电影这样雄厚的受众基础以及引领时尚的先锋意识，任何一种新近艺术修成功德圆满，又谈何容易。这也再一次回到了摄影的"大众美学"的话题。

《区隔》的英译者理查·奈斯在其译序中指出，该书的形式是"非常法国化"的，即是说，文化生产的典型表达方式总是取决于在其内部产生的市场法则。这应打破了知识世界的一个禁忌。但是，当《区隔》将知识产品及其生产者同它们的社会生存条件联系起来时，说明它终究还是不敢忽视知识产权的法则，不敢将曾经灵光萦绕的艺术简单地视作科学对象。概言之，布尔迪厄通过分门别类区隔阶级趣味，殚精竭虑地对康德判断力批判中留下来的老问题做出科学主义的答复。问题是，当今天过于早熟的劳动分工将人类学与社会学分隔开来，进而又分出知识社会学、文化社会学，甚至饮食社会学、体育社会学等等时，我们是不是更需要一种整体的，而不是支离破碎的人文关怀？换言之，以背靠社会等级的区分来阐释趣味，是不是在走向有异于康德美学的另一种理性中心主义？

跋：马克思主义在中国的最初传播

马克思主义在中国的最早传播始于1899年英国社会学家本杰明·颉德《社会进化论》的中译，译稿易名《大同学》。虽然李提摩太和蔡尔康的译文与颉德的原文多有差异，但马克思的学说正是在此新旧交替时代被引入近代中国的文化语境。三年后梁启超《进化论革命者颉德之学说》一文中再提马克思，仍然认为颉德较马克思"百尺竿头，更进一步"。然而在当时蜂起的日本社会主义著述的中译中，马克思的中国形象很快地日渐清晰起来，从之前的"百工领袖著名者"发展成科学社会主义的创始人。虽然马克思主义中国之旅的起点阶段尚流于解释世界的启蒙，携手改变世界的革命实践还有待时日，但是它毕竟在苦难中国的改良主义知识语境中播下了一颗很快就成燎原之势的火种。

一、《大同学》的原初语境

马克思主义在中国的最早传播，目前公认的看法是译作《大同学》的刊布。此书最初连载于1899年《万国公报》的第121—124册。这一时期中国渴求维新变法，展望未来，似乎莫不言大同。《礼记·礼运》篇说："谋闭而不兴，盗窃乱贼而不作，故外户而不闭。是谓大同。"大同即是人类公理。康有为直到1913年才首次将其甲部与乙部刊于《不忍》杂志的《大同书》，初名即是《人类公理》。人类公理是变法前后的知识界如饥似渴探求不息的鹄的，由此形成了近代中国西学东渐的第一波热潮。值得注意的是，这一波热潮之出现，主要不是经由政治的和经济的这种直接渠道，而是通过基督教文化推动。《万国公报》的前身是传教士主办主编的周刊《教会新报》，1868年创刊，1873年易名为《万国公报》，1883年停刊。1889年《万国公报》复刊，由两年前成立的教会出版机构上海广学会主办，由周刊改为月刊。《大同学》即是《万国公报》复刊之初全力推介的一部作品。这里面西方传教士们的筚路蓝缕之功不可磨灭。事实上，《万国公报》也是近代中国介绍西学内容最多且影响最大的刊物之一。

《大同学》的原本是英国社会学家本杰明·颉德的《社会进化论》，1894年由麦克米伦公司在伦敦和纽约出版。19世纪末叶"物竞天择、适者生存"的达尔文主义盛行，《社会进化论》明显受其影响。作者通力鼓吹赫伯特·斯宾塞的社会达尔文主义，通篇将"进步"（progress）与"进化"（evolution）并提即为一例。在颉德看来，社会进步体现生物学的进化原则，同理性无关。甚至无所不在的宗教，其功能也无非在于引领个人行为，使之服膺于社会进化或者说进步的利益。而说到底，盎格鲁–撒克逊种族以其天生具有的最高社会效率，过去是，现在是，将来也永远是世界的统治力量。《社会进化论》在当时广有影响，不但在本土英国，在大洋彼岸的美国也广有回应。在今天看来，19世纪末叶在英语世界介绍马克思的学说，是该书的一大亮点。

《万国公报》上连载的《大同学》，系浸礼会传教士李提摩太节译《社会进化论》的前三章内容，由《万国公报》的华文主笔蔡尔康用文言译出。李提摩太在1890年广学会的创办人韦廉臣去世后，接替主持上海广学会的日常工作。这位在中国度过四十五年传教生涯，算得上是康、梁精神导师的英国人，一力支持洋务运动，与清政府关系也相当密切。他多次上书新政，一度被光绪皇帝聘为顾问大臣，后来又成为慈禧太后实际上的外事顾问。1899年5月，《万国公报》的东家上海广学会印行《大同学》全本，李提摩太撰写序言，全书十章的标题译文和原文分别是：

一、今世景象（The Outlook），二、进境（Conditions of Human Progress），三、相争相进之理（There is no Rational Sanction for the Conditions of Progress），四、人世第一大事（The Central Feature of Human History），五、大道关系于兴世（The Function of Religious Beliefs in the Evolution of Society），六、泰西教化（Western Civilization）（上），七、泰西教化（Western Civilization）（下）（continued），八、今世养民策（Modern Socialism），九、教化本于道心非出于学术（Human Evolution is not primarily Intellectual），十、总结（Conclusion）。

对照这个译名章目，可以见出西学东渐初期鲜明的精英文化意识。翻译即便是一手传一手又传一手，就像林纾那样同原本之间还有一层中介，也能做到融会贯通、触类旁通。如将今译宗教信仰的religious belief译作"大道"，社会进化evolution of society译作"兴世"，社会主义socialism译作"养民策"，intellectual译作"学术"，等等。可以说，这是在日语中汉字译名全面登陆之前中国接受西学的原生态译笔，其实值得我们充分重视。

关于马克思，如上所言，他第一次进入中国知识分子的视野应是1899年2月《万国公报》第121期上《大同学》第一章中的下面这一段话：

其以百工领袖著名者，英人马克思也。马克思之言曰："纠股办事之人，其权笼罩五洲，突过于君相之范围一国。吾侪若不早为之所，任其蔓延日广，诚恐遍地球之财币，必将尽入其手。然万一到此时势，当即系富家权尽之时，何也？穷黎既至其时，实已计复无之，不得不出其自有之权，用以安民而救世。"所最苦者，当此内实偏重，外仍如中立之世，迄无讲安民新学者，以遍拯此垂尽之贫佣耳。①

这段话在本杰明·颉德《社会进化论》的语境中是说，当代社会两极分化，一方面资本联手，组成辛迪加等垄断同盟；一方面则有社会、工会和劳工联盟。但是这一劳资分化、阶级分化的趋势，马克思早有预言在先。事实上通览《社会进化论》第一章，言及马克思仅有一处，全文如下：

> 但是卡尔·马克思及其弟子们不仅已经预见，而且已经给我们描述了这一景象。他们说，这不过是我们社会自然发展大过程的一个组成部分，其步骤既可预见，其目的也不言而喻。工人被奴役被压迫与日俱增，阶级意识日益觉醒，且针对公敌组织起来，这一切不仅波及社群，而且超越国界，正是我们期盼已久的现象之一。他们说，另一方面，我们必然同样乐见大资本家继续并吞小资本家，直到随着财富聚集到少数资本巨头手里，社会最终对生产的无序状态忍无可忍，变革的自然过程必然由无产阶级夺取政权而告终结，并将生产资料转化为国家财产。在这之后，他们说，我们必须展望未来，废除所有的阶级差别和阶级对抗，在社群中消灭剥削阶级，使个人不再为生存而苦苦挣扎。②

两相比较我们可以发现，李提摩太和蔡尔康所译的《大同学》相关章节，对本杰明·颉德的原文基本上择要转述了。颉德对马克思的理解是，马克思坚信随着资本主义生产力的发展，无产阶级终将终结资本无序竞争状态，夺取政权，实现生产资料国有化，创造一个没有剥削和压迫的平等社会。不仅如此，颉德注意到马克

---

① 本杰明·颉德：《大同学》，李提摩太译，蔡尔康撰文，载《万国公报》第121期，1899年2月。

② Benjamin Kidd, *Social Evolution*, New York and London: Macmillan and Co. 1894, p. 13.

思主义正在形成，是以有"马克思及其弟子们"之说。关于李提摩太和蔡尔康的转述，所谓"任其蔓延日广，诚恐遍地球之财币，必将尽入其手。然万一到此时势，当即系富家权尽之时"，穷黎必"不出其自有之权，用以安民而救世"，正言中了无产阶级取代资产阶级的社会革命必然趋势。

但是细心的读者不难发现，李提摩太和蔡尔康的译文与颉德的原文其实还多有差异。首先原文中"马克思及其弟子们"的间接叙述，被转移到马克思一人名下，而且变成直接叙述。其次，《大同学》中这段话的开端"纠股办事之人，其权笼罩五洲，突过于君相之范围一国"这句话，为颉德原著所不见。所谓纠股办事之人是说资产阶级，由此我们可以比较《共产党宣言》中那一段著名的话："资产阶级，由于开拓了世界市场，使一切国家的生产和消费都成为世界性的了。使反动派大为惋惜的是，资产阶级挖掉了工业脚下的民族基础。"[①]很显然，资产阶级"权柄笼罩五洲，突破君相之民族国家范围"的这些表述，其来源并不是颉德的《社会进化论》或者说《大同学》，而是马克思和恩格斯的《共产党宣言》。《宣言》作为单篇文献，应毫无疑问是人类有史以来刊行最为广布的著述，发行量之广大迄今无出其右者。早在其1872年德文版序言中，马克思和恩格斯就谈到《宣言》已在德国、英国和美国至少印过十二种不同的版本。1850年第一个英译本在伦敦面世，1871年至少又有三种不同的英译本在美国出版。李提摩太鼎力传布西学，对这篇划时代的革命文献肯定是相当熟悉的，以至于译事言及马克思就马上想起《宣言》揭示的这一全世界资本主义的发展趋势，且将之移植到颉德《社会进化论》的译介之中。当时，中国正经历着戊戌变法、百日维新的血雨腥风，李提摩太或许希望清政府能够多接受西方新进思想，促进改良布局。然而毋庸置疑的是，马克思的学说正是在这一新旧交替的转折关口被引入了近代中国的文化语境。

---

① 马克思、恩格斯：《共产党宣言》，《马克思恩格斯文集》第2卷，人民出版社，2009年，第35页。

跋：马克思主义在中国的最初传播

二、从进化论到社会主义

中国本土作者第一次谈到马克思，一般认为是在化名"中国之新民"的梁启超刊于改良派咽喉《新民丛报》第十八号上的《进化论革命者颉德之学说》一文中，此时距《大同学》全书刊布已经过去三年。但是诚如标题所示，梁启超这篇文章全力推举的是本杰明·颉德。文章开篇便说，20世纪揭开帷幕，年余之中名人著述、鸿篇巨制多有面世，但是能够独辟蹊径，卓然成一家之言，且影响波及世界与将来者，必推颉德的《泰西文明原理》。梁启超对颉德情有独钟，固然非空穴来风。可是包括1902年出版的《泰西文明原理》（*Principles of Western Civilization*），颉德后期著作影响事实上无一可匹他1894年一鸣惊人的《社会进化论》。此书2009年剑桥大学出版社又予再版，足见它对于今日社会学的反思，也并非就是明日黄花。颉德的社会进化论理论渊源主要来自斯宾塞和马克思，从斯宾塞那里他读到物竞天择的达尔文主义，从马克思那里读到了阶级斗争。总之，我们这个社会充满了动荡和冲突。但是颉德对斯宾塞和马克思都不以为然，反之寄希望于基督教的心灵教化。认为只有如此，社会才可望在一片爱的祥和气氛中步入正途。颉德同样反对社会主义，认为未来社会将为个人才情的发展提供极大空间，故而竞争将发生在个人之间，而不会在集团之间。然而社会主义呼吁平等，其结果只能是助长低层阶级的惰性，让社会变得毫无生气，失去竞争力。很显然，在马克思主义成为主导意识形态之前，颉德的这些思想对于暮气沉沉的贫弱中国是非常具有吸引力的。事实上，梁启超就认为颉德与马克思相比是"百尺竿头，更进一步"。我们来看下面这一段文字：

> 虽然，以斯宾塞之睿智，创"综合哲学"，自谓借生物学之原理，以定人类之原理，而其于人类将来之进化当由何途，当以何为归宿，竟不能确实指明，而世界第一问题，竟虚悬而无薄。故麦喀士（日尔曼人，社会主义之泰斗也）嘲之曰："今世学者，以科学破宗教，谓人类乃由下等动物变化而

来。然其变化之律，以人类为几点乎？抑人类之上，更有他日进化之一阶级乎？彼等无以应也。"赫胥黎亦曰："斯宾塞之徒，既倡个人主义，又倡社会主义（即人群主义）。然此两者，势固不可以并存，甲立而乙破，乙立而甲破。故斯氏持论虽辩，用心虽苦，而其说卒相消而无所余。"此虽过激之言，亦实切当之论也。虽然，麦喀士、赫胥黎虽能能人，而不能解难于人。于是颉德乃百尺竿头，更进一步，于一千八百九十四年，初著一书，名曰《人群进化论》，以解此问题。①

　　这段文字应是中国本土话语第一次谈论到马克思，它的背景不是别的，依然还是本杰明·颉德《大同学》的社会进化论。我们看到梁启超将马克思与赫胥黎相提并论，认为两人虽然言语过激，但是对于社会进化论有补偏救弊的镜鉴之功，只是与颉德这位今日已经很少有人提起的英国学者相比较，马克思和赫胥黎还是显得略有不足。值得注意的是，梁启超这一回用"人群进化论"来对译颉德的《社会进化论》，没有沿用此书三年之前"大同学"的中译名。马克思的译名，也译成一个更具有本土色彩的名字"麦喀士"。这是不是意味着梁启超的马克思叙述另有来源？换言之，考察从《大同学》到《进化论革命者颉德之学说》这一从移译到叙述的马克思最初的中国之旅，中间是不是还存在一个迄今尚未发现的迷失环节？

　　从梁启超的转述来看，马克思在当时中国的知识视野中已经成为社会主义当仁不让的代表人物。如果说马克思的社会主义同其他社会论、国家论、人民论、民权论等等有什么不同，那就是鲜明的阶级斗争意识。一如《大同学》中之所言，"纠股办事之人，其权笼罩五洲，穷黎既至其时，实已计复无之，除了奋起反抗，别无他途"。梁启超在上文援引颉德的话中再一次提到马克思时，着眼点也还是阶级冲突：

---

① 梁启超：《进化论革命者颉德之学说》，《新民丛报》第十八号，1902年10月。

今之德国，有最占势力之二大思想，一曰麦喀士之社会主义，二曰尼志埃之个人主义（尼志埃为极端之强权论者，前年以狂疾死，其势力披靡全欧，世称为十九世纪末之新宗教）。麦喀士谓今日社会之弊，在多数之弱者为少数之强者所压伏；尼志埃谓今日社会之弊，在少数之优者为多数之劣者钳制。[①]

尼志埃即尼采，这一回是将马克思和尼采并论，一样重申强与弱、优与劣的社会两极分化。但是很显然梁启超更愿意认同颉德的评价，即二者虽皆持之有故、言之成理，但其目的皆在现在，而未能展望将来。换言之，独有颉德鼎力鼓吹的社会进化论，不但切中时弊，而且可为将来所用。在这里梁启超已经相当娴熟地使用"社会主义"这个从日本转道而来的socialism的汉语译名。在"养民策""人群主义"等名称相继流行过之后，"社会主义"终于得到公认，替代进化论成为约定俗成的天下大同之学的名称。

这一时期蔚然成风的社会主义中国译介和本土传播活动，同日本当时正在兴起的社会主义运动有着千丝万缕的联系。在所谓"十月革命一声炮响，送来马克思主义"之前，马克思主义的中国之旅主要假道日本的见解引介。马克思成为举足轻重的划时代人物，经历了一个日渐清晰的过程。如马君武1903年2月15日发表在《译书汇编》第二年第十一号上的《社会主义与进化论比较》一文，开宗明义就说，社会主义发源于法国人圣西门、傅立叶，中兴于法国人路易·勃朗、蒲鲁东，极盛于德国人拉萨尔、马克思。换言之，社会主义的内涵和外延较马克思主义要广泛得多，它并不是马克思的专利。这很大程度上也是先行一步接受西学的东邻日本影响使然。

就目前可以找到的材料来看，从梁启超刊布《进化论革命者颉德之学说》的1902年到1904年这三年之间，中国至少出版了八种译自日文的社会主义推介专著。

① 梁启超：《进化论革命者颉德之学说》，《新民丛报》第十八号，1902年10月。

其中值得注意的是东京大学英语教授村井知至所著的《社会主义》一书。村井知至是1898年成立的日本社会主义研究会会长。此书应是社会主义日本化的一个硕果，被认为是日本第一部真正的社会主义文献。作者本人是基督教徒，所以此书第九章的标题是"社会主义与基督教"并不奇怪。作者说，基督教历来与社会主义水火不容，互为仇雠，但那只是近代的贵族基督教所为，基督教的原初形态则非如此。所以，既然圣西门写过《新基督教》一书，搜剔古代基督教精义，论证其可与当今社会主义相合，那么，他以自己的切身体验也很愿意将古代的基督教精神同近代的社会主义比较互勘。由此村井知至列出基督教与社会主义的七个相似点。它们分别是：一、理想与目的皆为人类平等与社会协同；二、传道热心相似；三、同遭社会迫害；四、传播之迅速也不分彼此；五、同为世界的思想；六、同样同情贫民；七、同样富于兄弟友爱精神。正是在第五点"同为世界的思想"一段中，村井知至将视宗教为鸦片的马克思引为同道。作者的论述是，犹太教非常顽固，思想所及止于一国，非犹太人不得入其教。但是基督教大开门户，创立之初即传到异邦，成为世界级的宗教。社会主义无疑同样有此世界情怀：

> 故卡尔氏主唱此主义，组织万国劳动者之同盟会，其纲领有曰："吾党无国种之区别，惟依真理正义道德以立此主义，以期传于万国。"[1]

上文中的"卡尔氏"，即马克思。"万国劳动者之同盟会"指的是第一国际。关于纲领的那段话，无疑源自马克思1871年起草的《国际工人协会共同章程》中的这一段话："协会宣布：加入协会的一切团体和个人，承认真理、正义和道德是他们彼此间和对一切人的关系的基础，而不分肤色、信仰和民族。"[2]这里马克思已

---

① 村井知至：《社会主义》第九章，罗大维译，上海广智书局，1902年4月。

② 马克思：《国际工人协会共同章程》，《马克思恩格斯文集》第三卷，人民出版社，2009年，第227页。

经成为社会主义的主唱领袖。然而，宣传基督教社会主义可视为日本这部社会主义开山之作的一大特色。村井知至的《社会主义》系罗大维编译、上海广智书局出版，扉页上印有"光绪壬寅三月初版"，当时为1902年4月。事实上，这也是中国出版的第一部系统介绍社会主义学说的译著，虽然其中马克思仍旧是一言带过，未有专述。

三、马克思主义的系统介绍

马克思和马克思主义的系统介绍终于姗姗来迟，出现在一年后面世的《近世社会主义》之中。此书是福井准造所著，1899年由有斐阁出版，这不但是后来中国，也是当时日本第一部系统介绍社会主义来龙去脉及在各国发展线索的厚实著作。中译本由当时通力译介西学的赵必振译出，铅印线装，分为上下两册，1903年上海广智书局出版，是一部长达五百页的大著。《近世社会主义》全书分为四编，分别介绍巴贝夫、圣西门以降的法英"第一期社会主义"，德国马克思、拉萨尔为代表的"第二期社会主义"，以无政府主义等为代表的"近世社会主义"，以及社会党为主角的"欧美诸国社会党之现状"。其中第二编题名为"加陆·马陆科斯及其主义"的第一章，对马克思及其学说有专门及系统介绍。马陆科斯即马克思，此书中恩格斯的译名，则为野契科斯。很显然，这是比较典型的吴方言译名：恩、野的发音大体可以相通。作者说，法国的第一期空想社会主义，不过是个人的假设，立论根基与原理原则鲜有深入说明。但是马克思考察道德正义和资本历史，进而将其与当代制度和资本相比较，推究经济学理和历史事实，而自成体统。是以"德意志之社会主义，既已如斯，其学识之深远，其思想之精致，与从来之社会主义者，大异其趣"[1]。虽然，该书在叙述马克思生平时注意到恩格斯是马克思"有力之同志"，两人始终同甘共苦，而且提及恩格斯1845年出版的《英国工人阶级状况》，

---

[1] 福井准造：《近世社会主义》第二编第一章第一节，赵必振译，上海广智书局，1903年2月。

但还是毫不含糊地将德国社会主义的创立之功归于拉萨尔和马克思名下。作者说，拉萨尔是德国社会主义运动发起人，其名最是显赫。又说，马克思确立了社会主义的理论基础，写出无二之经典，而闻名于世。这些"无二之经典"中，独占鳌头的不消说是《资本论》。事实上，《近世社会主义》介绍马克思的学说通篇就是在谈《资本论》。诚如斯言：

> 加陆·马陆科斯创设社会主义之实行，与国际的劳动者同盟以期社会之雄飞，其学理皆具于《资本论》，大耸动于学界，为社会主义定立确固不拔之学说，为一代之伟人。其学理与主义，吾人不能不进而采之夜。[①]

在中国《近世社会主义》应是第一部系统介绍马克思《资本论》的相关著述。作者告诉我们，马克思的《资本论》开启了一个全新的社会主义传统，它不同于以往大都属于架空妄说、博取虚名的空想社会主义，而是考察资本的起源与历史变迁，以说明当今世界的经济结构全然为资本所支配。这一切都毋庸置疑地显示着中国前途的直接考量。1903年3月，由康有为、梁启超创办，流亡横滨的梁启超遥控主持的广智书局，还在《新民丛报》第二十七号上刊登《近世社会主义》的出版广告，开宗明义指出此书关系中国前途者有两端：一是此书言欧美各国劳动问题有最详备之解释，对于中国不可限量的工业发达前景尤为可鉴；二是中国的组织党派尚处在幼稚时代，革命宗旨易混淆，尤其社会党与无政府党不好分辨，容易混淆耳目。故此书解析何以社会党为世界所欢迎，无政府主义乃世界所厌恶，对世人亦有直接镜鉴意义。故而广智书局全力推介："即此两端，此书之价值可知，有志者请急先睹。"

关于《资本论》的介绍，《近世社会主义》以这一段话做结论：

---

① 福井准造：《近世社会主义》第二编第一章第一节，赵必振译，上海广智书局，1903年2月。

马陆科斯其著《资本论》，于解释资本之性质，果断定其正当之资本为掠夺之结果与否，尚未定之问题。彼非但举排斥之议论以攻击现时之社会制度者，彼亦鉴于前者社会主义之通弊，徒唱荒唐无稽之暴说，驰于空理，流于空论，不顾社会之大势如何，单诉人间之感情，而计划社会组织之改革者可比。若资本家之专横压抑，大背正理正道者，亦未尝企图社会制度之改革。此前者之通弊也。马陆科斯之所以绝叫社会之改革，企图劳民之改善者，以认识夫正道与正理，以公平之权利，为正当之要求，以分与一切之人民。非如彼狂奔于社会问题，徒激发人心以鼓舞社会，而博一时之虚名，其事业倏忽而可解散者。故彼所采之社会改革者，非仅就其面目，必以学理为社会主义之根据，以攻击现社会，以反对现制度。而创立新社会主义，以倡导于天下，舍加陆·马陆科斯其人者，其谁与归？①

很显然，《近世社会主义》这部广智书局大力推广的译著，可谓在中国第一次系统介绍了欧美各家各派社会主义及马克思学说。马克思已经当仁不让地成为新社会主义领袖人物。比较起来，以往圣西门以降的空想社会主义驰于空理，流于空论和情感主义，不顾社会大势，不识社会制度之改革必然。反之马克思呼吁社会改革，声张公平正义，提出剩余价值学说解释阶级斗争之必然，以推翻现存资本主义制度为己任。这一切，无疑都显示一个革命新时代的到来。

这个新时代或许应当叫作科学社会主义。这一点在1906年由达识译社译出，《浙江潮》编辑所出版的《社会主义神髓》中亦见端倪。该书1903年7月在日本初版，作者是社会主义活动家、中江兆民的学生幸德秋水。该书说，近年出版的许多社会主义著述和译本，大都出于非社会主义者之手，往往陷于独断和片面，所以他

---

① 福井准造：《近世社会主义》第二编第一章第二节，赵必振译，上海广智书局，1903年2月。

竭力剔除枝叶，突显社会主义的大纲和要旨。这个大纲和要旨即是马克思主义的科学社会主义。作者交代写作此书用了八种参考文献。前三种便是今日社会主义的第一经典：马克思和恩格斯的《共产党宣言》、《资本论》第一卷、《社会主义从空想到科学的发展》。幸德秋水的这本《社会主义神髓》凡七章加上短短的自序，不过是一个小册子。但此书在日本和中国马克思主义初期传播史上影响深广，特别是本着以上三部马克思主义的经典著作对马克思主义基本原理逐一引述。如题为"产业制度之进化"的第三章，开篇就说：

> 社会主义之祖师凯洛·马尔克斯者，为吾人道破所以能组织人类社会之真相，曰："有史以来，不问何处何时，一切社会之所以组织者，必以经济的生产及交换之方法为根底。即如其时代之政治及历史，要亦不能外此而得解释。"[1]

这是以马克思为新一代社会主义的开创人。紧接着的引文出自马克思和恩格斯的《共产党宣言》。作者以这段话为人类社会组构的真相所在，故对此的阐释是，人生必先满足衣食需要，然后方有暇从事美术、宗教与学术。这显然沿承了恩格斯在《马克思墓前的讲话》中所说的马克思两大发现之一，即揭示社会生活物质基础的观点。

所以不奇怪，该书又引恩格斯《社会主义从空想到科学的发展》中的一段话，重申一切社会变化及政治革命，其根本原因既不是出于永恒的真理和正义，也不是哲学，但见之各时代之经济。关于经济如何作用于社会发展，作者基本上复述了《共产党宣言》和《资本论》中的著名内容。他指出，中世纪本无资本家和地主，唯久之时易市变，分散的小规模的生产资料集中起来，渐渐成为现代产业的基础。

---

[1] 幸德秋水：《社会主义神髓》第三章，达识译社译，《浙江潮》编辑所出版，1906年12月。

故美洲的发现、好望角的回航、东印度的贸易、中国的市场，必推动生产方式的演变，从地方到全国，从全国到世界，生产方式没有边界。同样，阶级斗争、劳资矛盾是自由竞争的必然产物。对此作者介绍了马克思的另一个主要发现：剩余价值。作者指出，马克思盖谓：交换之时，绝不生价格；价格之创造，绝非在市场。彼等资本家所以厚其资本者，唯从劳动者掠夺此"剩余价格"。"价格"为日语原文所用语词，中译本系直接移用。总而言之，社会主义的神髓就在于完成了从空想到科学的必由之路。作者说，19世纪有欧文、卡贝、圣西门、傅立叶、路易·勃朗、魏特林这一批社会党人，指责现实制度非不痛切，理想非不高尚，然当时社会主义发达犹浅，偏于狂热和空想。近世社会主义者，实从死灰中再燃：

> 一千八百四十七年马尔克斯与其友音盖尔同发表《共产党宣言》，详论阶级战争之由来及其要终，并谓万国劳动者同盟以来，社会主义俨然成一科学，非若旧时之空想狂热也。[1]

作为日本明治时期水准最高的社会主义著述之一，《社会主义神髓》对马克思主义应当有了一个系统的介绍。它以《共产党宣言》为科学社会主义诞生的标志，不但阐述了社会主义从乌托邦走向现实，从狂热走向科学的必由之路，而且对马克思唯物史观的基本认知以及《资本论》中的剩余价值学说都有涉猎与阐解。这也是此书后来一译再译，一版再版，流传广泛的原因。仅在达识社的译本推出后的四年之间，1906年和1907年两个新的中译本就分别在日本印行了。前者为蜀魂译，东京中国留学生会馆社会主义研究社出版。后者为创生译，东京奎文馆书局出版。值得注意的是，1912年上海的《东方杂志》社连续五期刊登了由杂志主编杜亚泉以笔名高劳重译的《社会主义神髓》，此为该书在上海第一次刊布。而陈望道翻译《共

M
KARL MARX

马克思主义文化理论发展史

---

① 幸德秋水：《社会主义神髓》第六章，达识译社译，《浙江潮》编辑所出版，1906年12月。

产党宣言》，将还是八年之后的事情。高劳译本后被收入"东方文库"丛书，1923年由上海商务印书馆出版。建国后，北京商务印书馆又将此书收入汉译名著丛书，1963年出版了马采的译本。从《社会主义神髓》上述蔚为大观的汉语传播史来看，它应称得上是马克思主义中国最初传播阶段中，一个令马克思的中国形象从"百工领袖著名者"日渐清晰为科学社会主义创始人的里程碑。

综观以上从《大同学》到20世纪最初十年的马克思和恩格斯社会主义学说中国接受史，我们可以发现，首先，上海不仅是马克思主义进入中国的最早窗口，而且也是此一时期中国译介马克思主义的第一重镇。这同上海作为近代中国的经济和文化中心有直接关系，它不但在西学译介及出版发行上具有其他省市望尘莫及的得天独厚的条件，而且培育了近代中国第一支产业工人队伍。很快将成为远东第一都市的上海，对于从《共产党宣言》到《资本论》，从阶级斗争到剩余价值的马克思主义学说，具有天然的亲和性与接受土壤。其次，假如说基督教会和英国因其政治、宗教和文化上的多种原因成为马克思学说进入中国的最早渠道，那么随着日本提前一步走向西化与热情传布社会主义以及留日学生学者日众，日本就替代欧美成为20世纪初叶向中国传输马克思主义的主渠道。这一转向与辛亥革命的酝酿有直接关系。最后，虽然此一时期马克思主义的最初传播流于解释世界的启蒙，携手改变世界的革命实践尚有待时日，但是它毕竟在新旧世纪之交苦难中国的改良主义知识语境中播下了一颗新的火种。这颗火种终成燎原之势，映红整个神州大地，不过是转瞬之间的事。

人名译名表

（按汉语拼音排序）

A

阿本德罗特，沃尔夫冈	Abendroth, Wolfgang
阿多诺	Adorno, Theodor
阿尔都塞	Althusser, Louis
阿尔托	Aalto, Hugo Alvar Herik
阿甘本	Agamben, Giorgio
阿格，本	Agger, Ben
阿奎那	Aquinas, Thomas
阿隆，雷蒙	Aron, Raymond
阿伦特，汉娜	Arendt, Hannah
阿诺德，马修	Arnold, Matthew
阿诺罗维兹，斯坦利	Aronowitz, Stanley
爱尔维修	Helvétius, Claude Adrien
艾略特，T. S.	Eliot, T. S.
爱因斯坦	Einstein, Albert
安德森，佩里	Anderson, Perry
安格尔	Ingres, Jean Auguste Dominique
奥登伯格	Oldenburg, Claes
奥尔巴赫，埃里克	Auerbarch, Erich
奥斯曼	Osman, Sultan I.

B

巴迪欧	Badiou, Alain
巴尔塔，维克多	Baltard, Victor
巴尔特，保尔	Barth, Paul
巴尔扎克	de Balzac, Honoré
巴赫金	Bakhtin, Mikhail
巴里巴尔	Balibar, Etienne
巴什拉	Barchelard
巴塔耶	Bataille, G.
巴特，罗兰	Barthes, Roland
巴特勒，朱迪丝	Butler, Judith
鲍威，马尔康	Bowie, Marco
倍倍尔	Bebel, August
贝多芬	Beethoven
贝尔，丹尼尔	Bell, Daniel
贝尔格，阿尔班	Berg, Alban
贝吕贝，米歇尔	Bérubé, Michael
本内特，托尼	Bennett, Tony
本雅明	Benjamin, Walter
彼埃森斯，米歇尔	Pierssens, Michel
毕加索	Picasso, Pablo
别尔托夫	Beltov
波德莱尔	Baudelaire, Charles
波德利亚	Baudrillard, Jean

伯恩斯坦，爱德华　　　　　　　Bernstein, Eduard

伯恩斯坦，J. M.　　　　　　　　Bernstein, J. M.

伯恩斯坦，卡尔　　　　　　　　Bernstein, Carl

B

波利策，乔治　　　　　　　　　Politzer, George

波洛克，弗雷德里克　　　　　　Pollock, Friedrich

波拿巴，拿破仑　　　　　　　　Bonaparte, Napoléon

波特曼，约翰　　　　　　　　　Portman, John

柏拉图　　　　　　　　　　　　Plato

勃朗特，艾米丽　　　　　　　　Brontë, Emily Jane

布莱希特　　　　　　　　　　　Brecht, Bertolt

布朗基，奥古斯特　　　　　　　Blanqui, Louis-Auguste

布尔迪厄　　　　　　　　　　　Bourdieu, Pierre

布里克蒙，让　　　　　　　　　Brickie, Jean

布列兹　　　　　　　　　　　　Boulez, Pierre

布鲁姆，哈罗德　　　　　　　　Bloom, Harold

布洛赫，约瑟夫　　　　　　　　Bloch, Joseph

布斯，韦恩　　　　　　　　　　Booth, Wayne

C

查苏利奇，维拉　　　　　　　　Zasulich, Vera

D

达尔文　　　　　　　　　　　　Darwin, Charles Robert

达芬奇，列奥纳多	da Vinci, Leonardo
大卫	David, Jacques–Louis
但丁	Dante Alighieri
德波，居伊	Debord, Guy
德·昆西	de Quincey, Thomas
德拉克罗瓦	Delacroix, Eugène
德勒兹	Deleuze, Gilles
德里达	Derrida, Jacques
德塞都	de Certeau, Michel
狄德罗	Diderot, Denis
狄俄尼索斯	Dionysus
笛福	Defoe, Daniel
狄更斯	Dickens, Charles
笛卡尔，勒内	Descartes, René
杜米埃，奥诺雷	Daumier, Honoré
杜尚	Duchamp, Marchel
多纳托，尤金尼奥	Donato, Eugenio

E

恩格斯	Engles, Friedrich

F

费尔巴哈	Feuerbach, Ludwig Andreas
费瑟斯通，麦克	Featherstone, Mike
费斯克，约翰	Fiske, John

费希，斯坦利   Fish, Stanley

费希特   Fichte, Johann Gottlieb

福柯   Foucault, Michel

弗里德曼，乔治   Friedman, George

傅里叶   Fourier, Charles

福楼拜   Flaubert, Gustave

弗洛姆   Fromm, Erich

弗洛伊德   Freud, S.

福米娜，伏   Fomina, V. A.

福山，弗朗西斯   Fukuyama, Francis

G

伽塔利   Guattari, Félix

盖布里克   Gablik, Suzi

冈地亚克，莫里   de Gandillac, Maurice

冈斯特，沙恩   Gunster, Shane

戈达尔，让-吕克   Godard, Jean–Luc

歌德   Goethe, Johann Wolfgang von

戈德曼   Goldman, Lucien

格雷，安   Gray, Ann

格里高利·帕克   Peck, Gregory

格林伯格   Greenberg, Clement

格林，迈克尔   Green, Michael

格吕恩堡，卡尔   Grünberg, Carl

格罗斯堡，劳伦斯   Grossberg, Lawrence

葛兰西	Gramsci, Antonio
古特曼，诺伯特	Guterman, Norbert

H

哈贝马斯	Habermas, Jürgen
哈代	Hardy, Thomas
哈维，大卫	Harvey, David,
海德格尔	Heidegger, Martin
海伊	Hay, Alex
韩斯卡	Hańska, Eveline
赫布迪基，迪克	Hebdige, Dick
赫尔德	Herder, Johann Gottfried
赫希伯格，卡尔	Höchberg, Karl
赫胥黎	Huxley, Thomas Henry
黑格尔	Hegel, Georg W. F.
洪堡，威廉·冯	Humboldt, Wilhelm von
霍布斯	Hobbes, Thomas
霍尔巴赫	Holbach, Paul-Henri
霍尔，斯图亚特	Hall, Stuart
霍加特	Hoggart, Richard
霍克海默	Horkheimer, Max
霍普金斯，杰拉德	Hopkins, Gerard Manley

J

吉拉德，勒内	Gilad, Rene

加缪   Camus, Albert

加缪夫，蓓琪   Gamiuf, Bech

加塞特，奥尔特加   Gasset, Ortega

颉德，本杰明   Kidd, Benjamin

K

卡勒，乔纳森   Culler, Jonathan D.

卡斯特尔，曼纽尔   Castells, Manuel

凯尔纳，道格拉斯   Kellner, Douglas

凯奇，约翰   Cage, John Milton

康德   Kant, Immanuel

康吉兰，乔治   Canguilhem, Georges

考茨基，卡尔   Kautsky, Karl Johann

考夫曼   Kaufman, Illarion Ignatievich

柯布西耶   Corbusier, Le

科恩   Cohen, Gerald Allan

科恩·桑德   Cohen, Sander

柯尔施   Korsch, Karl

克拉克，迈克尔   Clark, Michael

克莱姆，古斯塔夫   Cramer, Gustave

克兰，娜奥米   Klein, Naomi

克莉斯蒂娃   Kristeva, Julia

孔狄亚克   Condillac, Étienne Bonnot de

库塞，弗朗索瓦   Coussey, Francois

L

拉法格	Lafargue, Paul
拉斐尔	Raffaello, Sanzio
拉康	Lacan, Jacques
拉克劳，厄内斯托	Laclau, Ernesto
拉马丁	Lamartine, Alphonse Marie Louis de
拉萨尔	Lassalle, Ferdinand
拉图尔，布鲁诺	Latour, Bruno
莱布尼兹	Leibniz, Gottfried Wilhelm
莱辛	Lessing, Gotthold Ephraim
兰波	Rimbaud, Jean Nicolas Arthur
朗格，苏珊	Langer, Susanne K.
朗西埃	Rancière, Jacques
劳伦斯，D. H.	Lawrence, D. H.
勒维特，索尔	LeWitt, Sol
雷维尔	Revel, Jean-François
李卜克内西	Liebknecht, Karl
李嘉图	Ricardo, David
李凯尔特	Rickert, Heinrich
李奇登斯坦	Lichtenstein, Roy
李提摩太	Richard, Timothy
李维斯，基努	Reeves, Keanu
利奥塔	Lyotard, Jean-François
利维斯，F. R.	Leavis, Frank Raymond
列斐伏尔	Lefebvre, Henri

列宁	Lenin, Vladimir
林奇，凯文	Lynch, Kevin
卢卡奇	Lukács, György
卢森堡，罗莎	Luxemburg, Rosa
卢梭	Rousseau, Jean–Jacques
伦特根，玛丽永	Renterghem, Marion van
罗特林奇，西尔维尔	Lotringer, Sylvère
洛克	Locke, John
洛特雷阿蒙	Lautréamont, Comte de
洛特林格，西尔维尔	Reutlinger, Silver

M

马蒂斯	Matisse, Henri
马尔库塞	Marcuse, Herbert
马克思	Marx, Karl
马拉美	Mallarmé, Stéphane
马歇雷，皮埃尔	Macherey, Pierre
麦克海尔，布莱恩	McHale, Brian
麦克奎甘	McGuigan, Jim
麦克卢汉	McLuhan, M.
麦克罗比，安吉拉	McRobbie, Angela
麦克内尔，莫林	McNeil, Maureen
麦克唐纳	Macdonald, Dwight
迈克希，理查	Macksey, Richard
曼海姆	Mannheim, Karl

梅林	Mehring, Franz Erdmann
梅洛-庞蒂	Merleau–Ponty, Maurice
蒙代尔，内斯特	Mandel, Ernest
米彻姆，罗伯特	Mitchum, Robert
米勒，亨利	Miller, Henry
米勒，希利斯	Miller, J. Hillis
缪塞	Musset, Alfred de
摩尔根，路易斯·亨利	Morgan, Lewis Henry
墨菲，项塔尔	Mouffe, Chantal
莫哈泽	Morazé, C.
莫奈	Monet, Claude
默塞尔	Mercer, C.
莫斯，马塞尔	Mauss, Marcel

N

纳瓦洛，费南妲	Navarro, Fernanda
奈斯，理查	Nice, Richard
奈特，德博拉	Knight, Deborah
内尔森，卡里	Nelson, Cary
尼采	Nietzsche, Friedrich W.
尼赞，保罗	Nizan, Paul
牛顿	Newton, Isaac
诺瓦利斯	Novalis

P

帕多维尔，索尔	Padoville, Sol
帕库拉，阿兰	Pakula, Alan
培根	Bacon, Francis
品钦	Pynchon, Thomas
普莱	Poulet, Georges
普列汉诺夫	Plekhanov, Georgi Valentinovich
蒲鲁东	Proudhon, Pierre-Joseph
普鲁斯特	Proust, Marcel

R

热奈特	Genette, Gérard

Q

齐泽克，斯拉沃热	Žižek, Slavoj
乔伊斯	Joyce, James

S

萨特	Sartre, Jean-Paul
塞尚	Cézanne, Paul
赛义德	Said, Edward
桑，乔治	Sand, George
莎士比亚	Shakespeare, W.
圣西门	Saint-Simon, Henri de

施密特，康	Schmidt, Kang
斯巴克斯，科林	Sparks, Colin
斯宾格勒	Spengler, O.
斯宾塞	Spencer, Herbert
斯大林	Stalin, Joseph Vissarionovich
斯多雷，约翰	Storey, John
斯卡利，艾琳	Scarry, Elaine
斯莱特，唐	Slater, Don
斯密，亚当	Smith, Adam
斯密尔诺娃	Smirnova
斯密斯，菲利普	Smith, Philip
斯诺，C. P.	Snow, Charles Percy
斯皮瓦克，佳亚特里	Spivak, Gayatri C.
斯坦纳，乔治	Staner, George
斯特拉文斯基	Stravinsky, Igor Fedorovitch
斯特劳斯，列维	Strauss, Claude Lévi
苏格，阿兰	Sugar, Alan
索福克勒斯	Sophocles
索卡尔	Sokal, Alan
索绪尔	Saussure, F. de
索亚，爱德华	Soja, Edward W.
希尔斯，爱德华	Shils, Edward

T

泰勒，爱德华	Tylor, Edward Burnett

汤普森，爱德华	Thompson, Edward Palmer
汤普森，丹尼斯	Thompson, Denys
特拉西	Antoine Destutt de Tracy
特里林	Trilling, Lionel
特纳，布莱恩	Turner, Bryan S.
涂尔干	Durkheim, Émile
托多洛夫	Todorov, Tzvetan
托尔斯泰	Tolstoy, Alexei Nikolayevich

W

瓦克斯穆特，威廉	Wachsmuth, William
威廉斯，雷蒙	Williams, Raymond
韦伯，马克斯	Weber, Max
韦尔，费利克斯	Weil, Felix
韦尔默，阿尔布莱希特	Wellmer, Albrecht
韦尔南，让-比埃尔	Vernant, Jean-Pierre
维柯	Vico, Giovanni Battista
维瑞利奥，保尔	Virilio, Paul
韦斯特，康内尔	West, Cornel
维特根斯坦	Wittgenstein, Ludwig
魏特夫，卡尔	Wittfogel, Karl August
温克尔曼	Winckelmann, Johann Joachim
沃内尔，帕迪	Whannel, Paddy
沃尼克，安德鲁	Wernick, Andrew
乌里扬诺夫，弗拉基米尔·伊里奇	Ulyanov, Vladimir Ilych

乌利，让	Oury, Jean
伍德沃德	Woodward, Bob
伍尔夫，弗吉尼亚	Woolf, Virginia

X

希波利特，让	Hyppolite, Jean
西美尔，乔治	Simmel, George
西塞罗	Cicero, Marcus Tullius
西苏，埃莱娜	Cixous, Hélène
席勒	Schiller, Johann Christoph Friedrich von
谢林	Schelling, Friedrich Wilhelm Joseph von
辛普森，乔治	Simpson, George
休谟	Hume, David
雪莱	Shelley, P. B.
勋伯格	Schoenberg, Arnold

Y

雅斯贝斯，卡尔	Jaspers, Karl Theodor
亚里士多德	Aristotle
耶格尔，洛伦茨	Gäger, Lorenz
伊格尔顿，特里	Eagleton, Terry
伊利格瑞，露西	Irigaray, Luce
伊斯特伍德，克林特	Eastwood, Clint
雨果，维克多	Hugo, Victor
约翰逊，理查	Johnson, Richard

Z

詹默，马克斯	Jama, Max
詹姆斯，亨利	James, Henry
詹姆逊，弗雷德里克	Jameson, Fredric

后　记

　　本书启动写作，首先要感谢国家社科基金若干年前赐我的一个年度项目"马克思主义文化理论发展研究"。当时我雄心勃勃，有意从马克思恩格斯开始，来写一部迄至今日的马克思主义文化理论通史。及至叙写下来，才发现以我的鲁钝绵薄之力，这实际上是一个无法完成的使命。无论在共时的拓展和历时的梳理上，这一构想的脉络本身，都足以洋洋洒洒写出一本大著来。是以终而举其荦荦大端者，根据时间和发展线索，提纲挈领分出六个板块，以今天的模样成书。感谢本书责任编辑童子乐先生，虽然尚未晤面，但是从本书的出版立项、申报国家出版基金，到文稿的反复往返校对，子乐和百花洲文艺出版社倾注其上的心血，为我铭记不忘。

　　本书写作得到了我学生的支持。马欣撰写了第十三章第一、三节，第十四章第三、四节，第十五章前四节，第十六章；王曦撰写了第十二章第四、五节，第二十章第二、三节，第二十一章第二、三节，第二十三章第二、三节；竺莉莉撰写了第十八章；范佳妮撰写了第十五章第五、六节。韩红艳的学位论文《批判与革命》，亦让我受益良多。在此一并表示感谢。

陆扬

2018年11月